A History of Russian Thought

From the Enlightenment to Marxism

俄国思想史

从启蒙运动到马克思主义

[波兰]
安杰伊·瓦利茨基
—著—

刘文飞
—译—

译林出版社

图书在版编目（CIP）数据

俄国思想史：从启蒙运动到马克思主义/（波）安杰伊·瓦利茨基著；刘文飞译．—南京：译林出版社，2024.11（2025.3重印）
（译林思想史）
书名原文：A History of Russian Thought from the Enlightenment to Marxism
ISBN 978-7-5753-0116-9

Ⅰ.①俄… Ⅱ.①安… ②刘… Ⅲ.①思想史－研究－俄罗斯 Ⅳ.①B512

中国国家版本馆 CIP 数据核字（2024）第 072625 号

著作权合同登记号　图字：10-2023-16 号

俄国思想史：从启蒙运动到马克思主义　［波兰］安杰伊·瓦利茨基／著　刘文飞／译

责任编辑　陶泽慧
特约编辑　张　晨
装帧设计　韦　枫
校　　对　王　敏
责任印制　董　虎

原文出版　Clarendon Press, 1980
出版发行　译林出版社
地　　址　南京市湖南路 1 号 A 楼
邮　　箱　yilin@yilin.com
网　　址　www.yilin.com
市场热线　025-86633278
排　　版　南京展望文化发展有限公司
印　　刷　徐州绪权印刷有限公司
开　　本　718 毫米 ×1000 毫米　1/16
印　　张　36
插　　页　4
版　　次　2024 年 11 月第 1 版
印　　次　2025 年 3 月第 2 次印刷
书　　号　ISBN 978-7-5753-0116-9
定　　价　128.00 元

目 录

中译者前言

波兰历史学家安杰伊·瓦利茨基于2020年8月20日在华沙去世之前，大约没有预料到他这部《俄国思想史》[1]很快就会被译成中文。不过，他这部享誉世界斯拉夫学界的著作早就该译成中文了。此书最初用波兰文写成，1973年在华沙出版，1979年由希尔达·安德鲁斯-卢西斯卡（Hilda Andrews-Rusiecka）译成英文后，30余年间一直被用作英美高校的俄国史教科书，几乎每年再版。

一

此书是一部断代俄国思想史，副书名给出了其涵盖的历史范畴，即“从启蒙运动到马克思主义”。此书的描述始自叶卡捷琳娜二世在位时期，即1762—1796年，止于19世纪末，也就是说，自1760年代至1900年代这130余年间俄国思想发展的历史过程就是本书的论述对象。在为此书波兰文原版所作序言中，作者解释了他“为何分别将1760年和19世纪末选

① 瓦利茨基：《俄国思想史：从启蒙运动到马克思主义》（A. Walicki, *A History of Russian Thought: From the Enlightenment to Marxism*），希尔达·安德鲁斯-卢西斯卡英译（牛津，1980）。

作他叙述的起点和终点”[①]。在作者看来，俄国的19世纪是一个具有鲜明特征的文化时代，便于人们将它视为一个结构整体；正是在这一时代，作为一个群体的知识分子在俄国出现，他们关于俄国的命运、关于自身的使命等问题的思考具有重要的思想史意义；追踪俄国思想家对西方思想的接受过程，也有助于建构整个欧洲的思想史发展语境。将18世纪后期列入考察范围，则是因为这一时期俄国思想家所诉诸的主题已经预示了19世纪俄国思想家们将要讨论的问题，比如俄国未来发展的问题、个人与社会的关系问题等。正是在这一时期，如俄国历史学家米留科夫所言，俄国首度出现了批判性的社会思想传统。而把本书的截止期放在1900年，而非1917年，即大多数研究俄国历史的学者们均会采用的“俄国史”与“苏联史”之间的分界线，本书作者对此做出了解释，即在20世纪初已然出现许多重大事件，如马克思主义的传播，俄国工人运动的兴起，1905年革命后俄国知识分子阵营的分裂，“路标派”放弃了19世纪的激进传统，而经院派哲学家则开始了“专业”路线的发展，也就是说，近现代俄国思想史的本质变化，或曰俄国思想发展史的剧烈转折，在瓦利茨基看来并非发生在1917年，而是在1900年。

总之，本书论述的历史时期实际上就是俄国开始具有现代学术意义上的“思想史”（intellectual history）的时期。19世纪是俄国知识分子阶层的形成时期，也是俄国思想的成熟时期，是俄罗斯民族意识的觉醒时期和俄罗斯人自我身份认同的完成时期，而18世纪后半期则被作者作为19世纪俄国思想发展史的序幕纳入此书。作者在本书结尾论述列宁的早期著作时写道，不应将列宁“排除在一部19世纪俄国社会思想史的范围之外”，这实际上道出了作者本人关于此书的定义，即“一部19世纪俄国社会思想史”（440）。

① 瓦利茨基：《俄国思想史：从启蒙运动到马克思主义》，第xiii页。以下自此书引文仅在引文后括号中标明英文原版页码，见本书边码。

与此同时，此书又是一幅19世纪俄国思想史的全景图。全书论及百余位俄国思想家，其中以姓名加黑方式（在原作中以大写方式）加以凸显的俄国思想家就有80余位，作为专章论述对象的大思想家则有9位，即拉季舍夫（第二章）、恰达耶夫（第五章）、别林斯基（第八章）、彼得拉舍夫斯基（第九章）、赫尔岑（第十章）、车尔尼雪夫斯基（第十一章）、陀思妥耶夫斯基和托尔斯泰（第十五章）以及索洛维约夫（第十七章），作为专节论述对象的则多达25位，即叶卡捷琳娜、诺维科夫、卡拉姆津、斯坦凯维奇、巴枯宁、格拉诺夫斯基、卡维林、奇切林、奥加廖夫、杜勃罗留波夫、皮萨列夫、格里高利耶夫、斯特拉霍夫、拉夫罗夫、特卡乔夫、米哈伊洛夫斯基、克鲁泡特金、达尼列夫斯基、波别多诺斯采夫、列昂季耶夫、维卢博夫、列谢维奇、科兹洛夫、普列汉诺夫和列宁。在这些思想家中，既有人们如雷贯耳的思想巨人，如“俄国第一位贵族革命家”拉季舍夫、“俄国知识分子之父”别林斯基、“俄国现代哲学之父”索洛维约夫以及俄国革命领袖列宁等，也有一些似不太为人所知的“专业”学者，如常居巴黎、用法语写作的实证主义哲学家维卢博夫等。

作者在书中还对18世纪后期和19世纪近20个俄国思想流派或团体加以梳理和评介，如启蒙主义思潮、共济会、贵族保守派、贵族革命派、十二月党人、爱智派、斯拉夫派、俄国的黑格尔主义者、西方派、彼得拉舍夫斯基小组、虚无主义、革命民主派、民粹派、无政府主义、实证主义和马克思主义等。在本书作者的描述中，百余年间，在俄国思想史的城堡之上不断变换着思想的旗帜：18世纪后期至19世纪初，启蒙主义思潮兴起，这既是自彼得改革至叶卡捷琳娜专制时期俄国强制性西化的结果之一，同时也是俄罗斯民族自我意识觉醒的显著标志；1820—1830年代，俄国打败欧洲霸主拿破仑，诞生出“俄国文学之父”普希金，但与此同时，十二月党人起义失败，尼古拉一世当政，由此开始一个赫尔岑所谓“外在约束和内在解放相互交织的奇特时代”①，自由与专制的角力成为这一时期突出的社会思想现象；1840—1850 年代是“多余人”的时代，也是斯拉夫派和西方派两种历史发展观正式摆开擂台的时代；1860—1870 年代则是平民知识分子的时代，一个激进主义的时代，文学中的批判现实主义、文化中的虚无主义、哲学中的实证主义、科学中的自然主义，这些思潮相继涌起，相互交织；1880—1890 年代更是一个百家争鸣的时期，民粹派和马克思主义者关于资本主义的争论，始自索洛维约夫等人的俄国宗教哲学思潮，以及逐渐兴起的白银时代现代主义文学文化运动，这些思想运动风起云涌，各领风骚。在评述这些思潮和流派时，本书作者不仅论及它们的组织和立场，性质和影响，而且还注重揭示同一时代不同思想流派之间的对峙和异同，以及不同时代思想流派之间的承续关系，如启蒙主义思潮对其之后所有思想派别的渗透，十二月党人的立场后来分别对激进主义与保守主义两种思想取向产生了深远影响，斯拉夫派与西方派的对峙作为之前俄国社会两种历史发展观在 1840 年代激烈碰撞的结果，之后又在不同历史时期以不同的方式反复再现，如此等等。

在瓦利茨基的《俄国思想史》中，18 世纪后期至 19 世纪的俄国思想家们济济一堂，各种思想流派琳琅满目，让人目不暇接，读来却又井然有序，脉络清晰。

二

这部在英语世界影响很大的《俄国思想史》，其作者的身份却很独特，即一位波兰历史学家，他置身其间的波兰学术传统以及他与俄苏学界和英

① 赫尔岑：《赫尔岑文集》（*А. Герцен*, Собрание сочинений в 30 т.）（30 卷集，莫斯科，1954—1965），第 14 卷，第 157 页。

美学界的密切关联，使他的这部著作具有某种兼收并蓄的特征，构成一部“三位一体”的俄国思想史。

安杰伊·瓦利茨基于1930年5月15日生于华沙，1953年毕业于华沙大学。在瓦利茨基上大学时，波兰属于以苏联为首的东欧阵营，波兰的大学教育体系大体上是苏式的，俄语和俄罗斯文化在波兰十分流行，瓦利茨基大约就是在那时熟练地掌握俄语的。在这部《俄国思想史》中，我们可以看到作者对俄语文献的大量援引以及他对俄语概念的深刻理解，甚至可以感觉到他对马克思、恩格斯和列宁著作的熟稔。但是，与他那一代大多数研究俄苏问题的波兰学者不同的是，瓦利茨基在大学时期就遇到了一位“私人导师”，此人就是流亡波兰的俄国哲学家和教育家谢尔盖·盖森（Сергей Иосифович Гессен）。盖森于1922年流亡国外，1935年辗转来到波兰，第二次世界大战后任教于波兰罗兹大学。在这部《俄国思想史》中，瓦利茨基将盖森归入“索洛维约夫的继承者们”的行列，并写道：“谢尔盖·盖森（1887—1950）是一位于1935年定居波兰的哲学家和教育家，他代表索洛维约夫思想之更为理性主义的延续。盖森也接受万物统一理念，但他对索洛维约夫哲学中的乌托邦主题进行了批判性的重新审视，他捍卫哲学以及其他所有相关文化领域相对于‘虚假绝对’的自主权。”（393）瓦利茨基在书中还多次引用盖森的德语论文《陀思妥耶夫斯基与索洛维约夫世界观中的乌托邦之争与善的二律背反》（“Der Kampf der Utopie und der Autonomie des Guten in der Weltanschauung Dostoewskis und W. Solowjows”）。1968年，瓦利茨基还为盖森的波兰文著作《文化哲学研究》（*Studia z filozofii kultury*）撰写了引言。由此可见，这对师生的学术交谊很深。盖森作为流亡波兰的“索洛维约夫的继承者”，像十月革命后流亡国外的俄国知识分子一样，把俄国文化，尤其是白银时代的俄国文化带往世界各地，他自身也成了白银时代俄国文化传统的化身之一。与盖森相识并得到盖森的真传，瓦利茨基就像是亲手触摸到了俄国思想史活的肌体。瓦利茨基晚年返回祖国波兰定居后，曾被盖森执教过的罗兹大学授予名誉教授称号，这有可能就是对他与盖森之间学术关系的一种间接认同。

自 1960 年代中期起，瓦利茨基与欧美学界建立起了十分密切的关系。1966 年和 1973 年，他获福特基金会资助，两度前往英国牛津大学访学，1969 年起先后任教于哥本哈根大学、斯坦福大学、日内瓦大学和澳大利亚国立大学等高校，1977—1978 年任华盛顿威尔逊中心访问学者，1986—1999 年任教于美国圣母大学历史系。在欧美斯拉夫学界 30 余年的执教和研究生涯，使他对西方的斯拉夫学，尤其是西方学者的俄国思想史研究有广泛把握，这为他写作这部《俄国思想史》奠定了良好的基础，此书注释中给出的众多最新英文研究文献就是一个证明。在瓦利茨基的俄国思想史研究中，有一位英国学者发挥了相当关键的作用，此人就是大名鼎鼎的以赛亚·伯林（Isaiah Berlin，1909—1997）。瓦利茨基在牛津访学时与伯林相遇，他参加了伯林在牛津大学全灵学院举办的俄国思想史研讨班。此时的伯林正在专心研究俄国思想史，尤其是关于俄国知识分子的研究和关于赫尔岑的研究，他后来出版的名著《俄国思想家》（*Russian Thinkers*，1978），其主要内容大约就酝酿于这一时期。不难想象，与伯林的相处可以为瓦利茨基提供一个多么宝贵的学习和借鉴的机会。瓦利茨基在本书篇幅不长的英文版序言中两次提及伯林："我的第一站是牛津，在那里我遇见以赛亚·伯林爵士，他对我的想法表现出真正兴趣，并积极鼓励我承担一个雄心勃勃的计划，撰写一本关于 19 世纪俄国斯拉夫派和西方派对峙的详尽专著。"（x）"1966—1967 学年，我参加了以赛亚·伯林爵士的俄国思想史研讨班，并写成我关于俄国民粹主义的那本书。"（xi）瓦利茨基在伯林的建议和启发下写成的两本书，即《资本主义之争：俄国民粹派的社会哲学》（*The Controversy over Capitalism: Studies in the Social Philosophy of the Russian Populists*，1969）和《斯拉夫派之争：19 世纪俄国思想中的保守主义乌托邦历史》（*The Slavophile Controversy: History of a Conservative Utopia in Nineteenth-Century Russian Thought*，1975）均在牛津大学出版了英文版，这不仅为瓦利茨基之后关于俄国思想史的系统研究奠定了坚实基础，同时也使他成为西方学界广为人知的俄国思想史研究专家。

然而，瓦利茨基首先是一位波兰学者，他的著作自然首先是遵循“波兰传统”（Polish tradition）的。他在本书英文版序言的开头就写道：“我十分感激此书背后的这一波兰传统。尽管有这样一个广为流传的看法，即波兰人似乎对俄国的一切均抱有敌意，但是，甚至在被分裂的波兰也仍有一些学者和作家对俄国知识分子的伟大传统心怀感激，甚至赞赏有加，他们认为其任务即在俄国和波兰之间构建起思想的桥梁，或更具雄心，在俄国和西方之间构建思想桥梁。”（ix）所谓“波兰传统”其实有两种不同含义：一是瓦利茨基在这里提到的波兰人对俄国抱有的“敌意”。1772—1795 年间，俄国曾联合普鲁士和奥地利三次瓜分波兰，在整个 19 世纪，波兰的大部分国土被纳入俄罗斯帝国的疆域，波兰实际上成为俄国的一部分。为争取民族自治和国家独立，波兰人进行过悲壮的抗争，波兰人也由此与俄国人结下世仇；另一方面，波兰知识分子又对俄国知识分子的伟大思想传统“心怀感激”，波兰与俄国同属斯拉夫文化圈，两国的知识分子心有灵犀，在 19 世纪的思想运动中往往携手同进，不分彼此，所以，作者在这部《俄国思想史》中也提及了多位波兰思想家及其学术贡献。

面对这样的“波兰传统”，瓦利茨基是有其主见的。一方面，对于书中论及的那些俄国大思想家，他不卑不亢，少有俄国学者在论及这些对象时的毕恭毕敬，他甚至不无调侃语气。比如在谈及托尔斯泰对教会的抨击时，瓦利茨基写道：“在对官方基督教的虚伪和谎言的无情谴责中，托尔斯泰完全忽视了基督有关勿动怒的要求。”（338）与此同时，他也不像与他同代的欧美斯拉夫学者那样，在论及俄国及其文化时往往会情不自禁地流露出某种居高临下的姿势和一争高低的欲望。将瓦利茨基的这部《俄国思想史》与另一位美国波兰裔学者埃娃·汤普逊（Ewa M.Thompson，1937— ）所著《帝国意识：俄国文学与殖民主义》（*Imperial Knowledge: Russian Literature and Colonialism*，2000）一书做一比较，就不难发现两者在叙述口吻和学者立场上的差异。在汤普逊的著作中，俄国文学被描述成一种为俄国殖民主义服务的意识形态工具，托尔斯泰在《战争与和平》中让小说人物说法语，是为了炫耀俄罗斯人的高度文化素养，在索尔仁尼琴的《癌病房》等“中亚叙事”作品中，中亚的人与事是完全缺失的，如此等等。瓦利茨基的《俄国思想史》尽管也带有某种“西方视野”，但总体而言，他关于俄国思想史的叙述是心平气静的，不偏不倚的。瓦利茨基的学术“雄心”，或许正如他自己所言，就是要在俄国与波兰，乃至俄国与西方之间构建起一座思想的桥梁。也正因为这一点，他的这部著作相继得到西方学界和俄国学界的共同认可：在斯坦福大学等美国高校以此书为蓝本开设俄国思想史课程之后，作者欣慰地发现，此书可在英美国家被用作“俄国思想史的一本指南”（a handbook of Russian intellectual history）；此书已被译成俄文，在俄文版末尾关于作者的介绍中有这样一句话：“此书的最初版本 25 年间在美国一直被用作俄国思想史教科书（每年再版），因此它亦可被视为 1991 年之前‘境外俄国哲学史’领域的独特‘经典’。”①

三

瓦利茨基在为本书波兰文版所作的序言中提及，“本书是作者对俄国

① 瓦利茨基：《俄国思想史：从启蒙运动到马克思主义》（История русской мысли. От просвещения до марксисма）（莫斯科，2013），第 478 页。

哲学史和思想史的 18 年研究之结果”，如此推算，他走近俄国哲学史和思想史的时间应在 1955 年，当时他刚从华沙大学毕业不久。1959 年，瓦利茨基出版他的第一部专著《个人与历史：俄国文学史和思想史研究》（*Osobowość a historia: Studia z dziejów literatury i myśli rosyjskiej*）。之后，他笔耕不辍，相继写出多部专著，如《在保守主义乌托邦圈子里：俄国斯拉夫派的构成和转变》[*W kręgu konserwatywnej utopii: Struktura i przemiany rosyjskiego słowianofilstwa*,（1964）]，英文版题为《斯拉夫派之争：19 世纪俄国思想中的保守主义乌托邦历史》（1975），以及《资本主义之争：俄国民粹派的社会哲学》（1969）。1973 年，瓦利茨基写成这部《俄国思想史》的波兰语母本，其波兰语原题为《从启蒙运动到马克思主义的俄国哲学和社会思想》①，此书于 1979 年被译成英文，题目也改为《俄国思想史：从启蒙运动到马克思主义》。这部英译本一炮打响，奠定了瓦利茨基在世界斯拉夫学界的著名俄国思想史家之地位。此后，他还撰写了多部与俄国思想史相关的专著，如《哲学与浪漫民族主义：以波兰为例》（*Philosophy and Romantic Nationalism: The Case of Poland*，1982）、《俄国自由派的法哲学》（*Legal Philosophies of Russian Liberalism*，1987）、《马克思主义与自由王国之飞跃：共产主义乌托邦的兴衰》（*Marxism and the Leap to the Kingdom of Freedom: The Rise and Fall of the Communist Utopia*，1995）、《俄国、天主教与波兰问题》（*Rosja, katolicyzm i sprawa polska*，2002）。在瓦利茨基一生的学术写作中，这部《俄国思想史》占据一个中心位置，是他精力最旺盛时期的学术产出，他之前关于俄国思想史的三个个案研究，即个人与历史、斯拉夫派与西方派之争和资本主义之争，为他这本书奠定了坚实的基础，而他在此书之后出版的著作，所讨论的问题也大多是此书

① 瓦利茨基：《从启蒙运动到马克思主义的俄国哲学和社会思想》（*Rosyjska filozofia i myśl społeczna od Oświecenia do marksizmu*）（华沙，1973）。

所涉及的话题之延续。晚年，他又对这部《俄国思想史》进行修订和扩充，以《俄国思想史纲：从启蒙运动到宗教哲学复兴》（*Zarys myśli rosyjskiej od Oświecenia do Renesansu religijno-filozoficznego*，2005）为题出版。如此一来，这部《俄国思想史》的写作也就成了贯穿瓦利茨基整个学术生涯的一项事业。

仅从这部《俄国思想史》的波兰文原题，即《从启蒙时期到马克思主义的俄国哲学和社会思想》，便不难看出，瓦利茨基在对俄国思想史进行梳理时偏重的是哲学和社会思想。瓦利茨基大学毕业后，曾先后在华沙大学社会学系和波兰科学院哲学与社会学研究所工作，时间长达 20 余年，这显然给了他在哲学与社会学之间做勾连的便利，甚至使他养成了将两者合二为一的学术习惯。在此书波兰文版序言的一开头，作者便对此书中“对哲学的讨论为何与对社会思想的讨论有如此密切的关联”这一问题进行了解释。在作者看来，理论哲学很难被强制性地纳入国家框架，因为它讨论的大多为普遍问题，而非具有民族特征的具体问题，而历史学家更感兴趣的是理论哲学中的历史决定因素和社会功能，亦即哲学的实践因素，他们更注重揭示思想与具体的政治、文化语境之间的关联，亦即各种社会政治文化思潮的哲学基础。在俄国，“另有几个很好的理由支持将社会思想纳入哲学史”，即哲学出现得较晚，官方的思想控制，以及俄国知识分子对现实问题的迫切关注。俄国知识分子向来更注重思考如何解决与哲学相关的伦理、道德、社会、政治、历史、宗教等现实问题，而非本体论、认识论等方面的理论问题。比如，瓦利茨基在书中提及，民粹派知识分子甚至认为，在专制制度存在、社会不平等消失之前，“致力于‘纯哲学’被认为是不道德的，是对人民神圣事业的背叛”。面对俄国思想的这样一种实况和特征，瓦利茨基自然会在他的《俄国思想史》中更多地论及实践哲学层面，而在实践哲学层面，他更关注的是俄国思想家们的“历史哲学”（philosophy of history）和“社会哲学”（social philosophy），这两个概念也时常出现在此书所列出的小标题中。

追寻瓦利茨基对俄国思想史的梳理，我们从中或许可以提炼出三大核心命题，即古代俄国与现代俄国、俄国与欧洲、社会上层与社会下层。面对这三大“该诅咒的问题”（проклятые вопросы），俄国思想就像一只巨大的钟摆在两个极端之间来回摆动，官方与在野，保守与激进，精英与民众，不同的思想倾向既相互对峙，又相互转换，构成一条起伏跌宕、精彩纷呈的思想河流。

古代俄国与现代俄国的问题属于历史哲学范畴，其实就是俄国的历史发展道路问题。这一问题因彼得改革而生，按照赫尔岑的说法，这个问题“从彼得一世割下第一把大胡子的时候即已存在”[①]。彼得大帝为使俄国尽快成为一个堪与欧洲列强比肩的国家，不惜采用强制西化的手段，其中就包括要俄国人割掉他们的大胡子，改穿西服，学说法语。彼得改革构成俄国历史上的一个拐点，从而形成两个俄国，即彼得改革之前的俄国和彼得改革之后的俄国。两个俄国孰优孰劣，在恰达耶夫的《哲学书简》引起全社会的思想争论之后便成为一个焦点话题。恰达耶夫认为俄国是一个“没有历史的国家”，他对俄国的过去全盘否定，认为俄国没有对人类做出任何贡献，俄国未来的唯一出路就是加入欧洲的天主教大家庭。恰达耶夫的观点激起了巨大反弹，俄国社会思潮中的斯拉夫主义从此兴起，与西方派构成长期对峙。在整个 19 世纪中后期，对于古代俄国的温情眷恋时隐时现，从斯拉夫派对包括村社（община）和聚合性（соборность）等在内的古罗斯文化元素的推崇和捍卫，到泛斯拉夫主义者基于历史做出的关于斯拉夫民族的乌托邦想象，再到赫尔岑的“俄国式社会主义”（русский социализм）的理论构建以及民粹派的“到民间去”（хождение в народ）

① 赫尔岑：《赫尔岑九卷集》（Сочинения в 9 т.）（莫斯科，1955—1958），第 5 卷，第 154 页。

运动，全都体现着一种全力捍卫俄国独特历史发展道路的强烈愿望。与此相对，对俄国历史的强烈否定也始终是俄国思想史中的一股巨大力量，而此类否定往往就是在将俄国与西欧进行比对时做出的，因此，古代俄国与现代俄国的问题便和俄国与欧洲的问题紧密纠缠在了一起。

在 1840 年代爆发的斯拉夫派与西方派的思想对峙中，“俄国与欧洲”就是两派争论的一个核心问题，而达尼列夫斯基的《俄国与欧洲》一书于 1869 年的出版又最终把这一两难抉择尖锐地摆在 19 世纪下半期俄国思想家的面前。现代俄国的繁荣和进步，究竟得益于看齐西欧的国家意志，还是俄国本土因素的内在驱动，对于此类问题，具有斯拉夫派或西方派两种不同思想取向的人会给出截然不同的回答。历时地看，自 18 世纪后期起，俄国与西欧的关系时近时远，叶卡捷琳娜时期的俄国热情拥抱法国启蒙思想，而 1812 年抗击拿破仑的卫国战争胜利后，俄国第一次有了成为欧洲霸主的心态和实力，但在 1848 年欧洲大革命之后，尤其是在 1856 年克里米亚战争中战败之后，俄国开始恐惧并疏远欧洲，直到 1880 年代俄国社会主义者再次燃起融入欧洲社会主义运动的热情和抱负。欧洲就像是俄国的一面镜子，俄国发现自己在这面镜子中时而高大，时而渺小，时而正常，时而变形。客观而言，现代俄国的崛起，首先就是它自身欧洲化的产物。欧洲文明成为俄国思想家的武器库，他们用西欧的思想资源来唤醒俄罗斯人的民族意识，甚或改造俄罗斯人的国民性，但与此同时，他们也时而会将借自西欧的思想武器反过来针对西方，发现并凸显俄罗斯文明较之于欧洲文明的优越性。奥陀耶夫斯基认为所谓“神性本能”在俄罗斯人中保存最多，他据此蔑视西方，“值得注意的是，对于 19 世纪早期保守的浪漫主义而言十分典型的资本主义批判（与对理性主义的批判密切相关），在俄国思想史中即发端于此”（78）。达尼列夫斯基将人类有史以来的文明归纳为十种类型，并认为“俄国借助疏离欧洲，与欧洲隔绝，借助征服君士坦丁堡，解放和团结其斯拉夫人同胞，将创造一种新的第十一种文化类型”（297）。列昂季耶夫主张，面对在西欧泛滥成灾的“个人主义”，“必须冻结俄罗斯，使它免于腐烂”（302）。陀思妥耶夫斯基将普希金称为“全人”（всечеловек），并由此引申出俄罗斯民族的“世界呼应性”（всемирная отзывчивость）及其载神民族属性。与陀思妥耶夫斯基同时期的俄国大作家们在亲历西欧之后大多会生出某种失望，不满于西欧社会的重物质轻精神、重个人轻集体的“市民气”，他们因此认为，具有集体主义精神和纯真信仰的俄罗斯人最终将成为欧洲，乃至世界的希望，这便是所谓俄罗斯民族的“弥赛亚意识”。

与古代俄国与现代俄国、俄国与西欧的对峙相比，俄国社会的上下层矛盾出现得更早。早在18世纪中期，拉季舍夫就在《彼得堡至莫斯科旅行记》中提出了社会公正的问题，在当时的历史语境下，这一问题主要就是“农民问题”（крестьянский вопрос），亦即农奴制存在的合理性问题。在俄国，一方面，俄国农民被视为俄罗斯民族的最主要构成，是所谓“俄罗斯性”（русскость）的最可靠载体；另一方面，声名狼藉的农奴制却根深蒂固，成为社会不公正的最醒目体现。因此，如俄国当代作家维克多·叶罗菲耶夫所言，屠格涅夫的小说《父与子》中主人公巴扎罗夫所说的一句话，即“人是好的，环境却是恶劣的”，可被当作“伟大俄国文学的座右铭”，整个19世纪的俄国文学均可被称为“希望哲学”（философия надежды）①。与文学一样，19世纪的俄国思想就总体而言也就是一种坚持批判现实、旨在改造社会的实践哲学。值得一提的是，18世纪后期至19世纪的俄国大思想家大多出身于社会上层，但他们中的许多人却成为米哈伊洛夫斯基所谓“忏悔的贵族”（кающийся дворянин），成为本阶层、本

① 维克多·叶罗菲耶夫：《俄国恶之花》（*В.В. Ерофеев*, Русские цветы зла）（莫斯科，1997），第8页。

阶级的叛逆，成为社会的良心和正义的化身，俄国贵族知识分子思想家们的这一立场令人肃然起敬。时至19世纪中期，随着平民知识分子的涌现，俄国思想界对现实的批判愈演愈烈，对未来理想社会的憧憬也愈来愈热切。与之相关，个人与社会、自由与权利、社会正义及其实现途径、人类进步及其代价等问题也得到了被拉夫罗夫称为“有批判性思维的个体”（критически мыслящие личности）的俄国思想家们的深入探讨。

对古代俄国与现代俄国的对比属于历史哲学范畴，对社会上层与社会下层关系的探讨属于社会哲学范畴，但关于俄国与欧洲问题的探讨则同时涉略历史哲学和社会哲学。这三个问题其实是相互关联的，甚至是互为因果的，它们之间的复杂关系构成一种思想张力。在这部《俄国思想史》中，瓦利茨基用富有张力的笔触再现了这一富有张力的思想史进程，就像他在本书波兰文版序言中所写的那样：俄国的思想史十分独特，“在19世纪尤其如此：我们在这里看到了思想与其影响之间最非同寻常的异体受精；一个大国的快速现代化被压缩进一个很短的时间段；社会结构和思维方式中古代因素与现代因素的奇异共存；外部影响的迅速涌入以及对这些影响的抵制；一方面是西欧的社会现实和思想对知识精英的影响，另一方面，他们又在不断重新发现他们自己的本土传统和社会现实。所有这些因素均会使19世纪的俄国思想史显得更加有趣，更富戏剧性，胜过许多拥有更丰富哲学传统的发达国家的思想史。更何况，还必须添加上俄国知识分子毫不妥协的意识形态承诺，他们对道德理想的热情追求，以及他们对他们所面对的那些‘该诅咒的问题’的敏锐理解”（xiv）。

四

俄国历史上的许多大思想家如恰达耶夫、赫尔岑、别尔嘉耶夫等，都曾言及俄罗斯民族性格的矛盾性和极端性，这种民族性格自然会在该民族的思想史中有所体现。在这部《俄国思想史》中，瓦利茨基就发现了诸多此类悖论。

俄国知识分子阶层就总体而言是西化的产物，在18世纪后半期至19世纪末的百余年间，法国的启蒙思想、德国的黑格尔哲学和英国的实证主义先后统领俄国思想界，这一时期的俄国思想家大多对西欧的思想成果如数家珍。但是，正是这些在西欧思想的影响下成长起来的俄国知识分子最早感受到了俄罗斯民族文化的自主性和独特性，他们是俄罗斯民族意识觉醒和成熟的化身，也是俄罗斯民族思想体系的构建者，这便是俄国思想的一大悖论。叶卡捷琳娜承续彼得的改革事业，在引入西方元素的同时也催生出了俄国的知识阶层，这一阶层及其批判意识原本就是俄国西化的逻辑结果之一，但当拉季舍夫、诺维科夫等启蒙思想家开始发挥社会影响时，叶卡捷琳娜这位"哲学家女皇"则很快就变成了自由思想的敌人。作为俄罗斯民族文化最坚定捍卫者的斯拉夫派，他们的知识体系和阐释方式大多借自西方，霍米亚科夫论证东正教优越于天主教和新教的著作大多用法语写成，并在西欧发表，在俄国却反而成为禁书，长期得不到面世的机会，他的思想也遭到东正教会的提防和抵制。在斯拉夫派和欧洲保守浪漫主义之间，瓦利茨基就发现了某种关联，"自历史的角度看，斯拉夫派的思想体系显然只是欧洲保守浪漫主义的一个有趣分支"（106），他因此将斯拉夫派的哲学称为"保守的乌托邦主义"（conservative utopianism）。斯拉夫派是捍卫民族利益的保守派，却似乎有些生不逢时，因为同样保守的沙皇尼古拉一世却是一个有些"西化"的沙皇，他"自视为彼得大帝继承人，他想成为一位欧式皇帝，而非一位旧式俄国沙皇"，"尼古拉正确地意识到，他本人的保守主义和斯拉夫派的保守主义实有区别"（109—110）。

作为18世纪下半期至19世纪末俄国思想史之主体的思想家们，起初多为贵族知识分子，后有平民知识精英加入，他们作为俄罗斯民族最早一批具有自我意识和自省精神的人，在面对社会、民族和国家时也往往会体现出某种矛盾心态和立场。在第一代俄国贵族知识分子中，瓦利茨基区分出贵族保守派和贵族革命派，两者分别以卡拉姆津和十二月党人为代表。卡拉姆津起先以向俄国布道西方文明的“欧洲人”身份著称，但在法国革命后却急剧转向，开始推崇俄国的一切，他撰写的皇皇巨著《俄罗斯国家史》受到广泛赞誉，普希金因此说道：“卡拉姆津发现了俄国，一如哥伦布发现了美洲。”十二月党人作为俄国第一代革命家，他们的意识形态却是自由主义的。“贵族革命家”这一称谓本身也是一种悖论，因为贵族作为既得利益集团应该是缺乏革命性的，在瓦利茨基看来，促使十二月党人选择革命的原因原本就是一种悖论：“十二月党人是遭到彼得羞辱的世袭大贵族的后裔，但与此同时他们也是西方化的精英，西方化精英的存在这一现象自身便应归功于彼得改革。他们反对专制体制，但作为俄国的爱国者，他们也能意识到彼得的统治给俄国带来的益处。他们虽然感激彼得让他们亲近了欧洲，却又反感被彼得强化了的专制体制，因为他们觉得自己是欧洲人，认为专制体制是俄国进一步西化的主要障碍。”（68）因此，“十二月党人的思想体系在后来的俄国革命思想中并无继承者”（69），因为革命者大多反对自由主义，其社会哲学和历史哲学大多是激进的。后来，当别林斯基从承认“存在即合理”走向抨击存在的一切，当赫尔岑把个人的传记视为“历史在个人身上的反映”，当格拉诺夫斯基把历史进步的本质归纳为“民众借助思想的力量实现个体化”，当车尔尼雪夫斯基在小说《怎么办》中图解其“合理利己主义”的理论主张，当奇切林把进步划分为主观进步和客观进步两个范畴，当作为社会主义者的普列汉诺夫将“合理的现实”理解为依据历史进步的理性规律而展开的动态过程，即俄国资本主义关系之发展，当米哈伊洛夫斯基在《何谓进步》一文中质疑

“启蒙者”普遍持有的对于进步的乐观信念，指出历史进程痛苦的矛盾性，并对那种单向进化的概念表示怀疑，当拉夫罗夫在《进步的代价》一文中指出，“为了让少数几位思想家坐在他们的书斋里谈论人类的进步，人类已付出高昂的代价”，少数精英的个人发展，其代价是一代又一代受剥削的男女所付出的艰难劳动和可怕苦难，每一个思想、每一种想法“都是用数百万人的生命、大海一般的鲜血、数代人无尽的苦难或无穷的劳作换来的”，有教养的少数人应竭尽所能地偿还这笔债务，在这些时刻我们每每都能感觉到俄国思想家们在个人发展与历史进步的关系问题上所进行的思考之悖论，之深刻。

被誉为“俄国现代哲学之父”的索洛维约夫，其学说似乎也是一种悖论构成，他创建了俄国的现代哲学体系，但他所采用的手段却是“非哲学的”：“他的体系也是这一总体进程之产物，即哲学正在成为一个由专业哲学家们把持的自治领域，但是，他的体系却也体现出一种抱负，即以‘完整性’理想的名义抗拒这一总体进程，这一理想假设理论哲学应与宗教和社会实践有机地结合起来。”（371）也就是说，索洛维约夫强调的是哲学的宗教性和实践性。他倡导“万物统一”（Всеединство）哲学，他的哲学自身也像一个矛盾统一体，哲学与神学，理性与感性，主观与客观，理论与实践，顿悟与演绎，这一切交织于一体。注意到其哲学体系的矛盾构成，也就不难理解他在理论和实践方面所表现出的种种矛盾，比如，他谴责一切形式的民族主义，却坚信俄国的弥赛亚角色；他主张个人的自由意志，却又为人类设计了一个神权政治乌托邦的未来；他把俄国和欧洲的未来托付给基督教信仰，却在其晚年的《反基督的故事》中把反基督描绘成一位伟大的慈善家。瓦利茨基甚至据此猜测：“索洛维约夫在其生命的最后时刻开始赞同列昂季耶夫的观点，甚或可能觉得其毕生的工作不是在为神的人间王国做准备，而是在为敌基督的王国铺路。由于缺乏额外的证据，我们无法给出这一问题的最终答案，但肯定有充分理由提出这一问题。”（391）也就是说，索洛维约夫可能在其晚年开始了某种自我解构。

值得一提的是，瓦利茨基在梳理俄国思想史时还发现了一个有趣的概念，即“后发优势”（privilege of backwardness）。这一概念最早见于恰达耶夫的《疯人的自白》，即他所谓“没有历史”的俄国反而是一张白纸，好在其上描绘崭新的图画，俄国因为没有历史反而有可能拥有未来。这一立场在斯拉夫派处得到“辩证的”发挥，几乎每一位斯拉夫派思想家在面对咄咄逼人的西欧文明时都会声言俄国十分理想的过去和富有潜能的未来。赫尔岑在提出其“俄国式社会主义”的发展道路时，对斯拉夫派的此类理论无疑也有所借鉴。车尔尼雪夫斯基同样兴奋地意识到，历史上的落后可能成为俄国的一种优势，他说过这样一句名言：“历史就像一位祖母，特别宠爱最小的孙子。”在陀思妥耶夫斯基和索洛维约夫等宗教思想家关于俄罗斯理念和俄罗斯价值的阐释中也都包含着这样的逻辑，即俄国因为其相对落后，没有过多地遭受现代文明的侵袭，反而保留着更纯洁的信仰，并因此拥有更大的救赎希望。由舍尔古诺夫和米哈伊洛夫等起草的俄国革命民粹派的宣言《致青年一代》就有这样的口号：“我们作为一个民族是后来者，这正是我们的救赎。”稍后，瓦西里·沃隆佐夫（1847—1918）对这一概念有了更为具体的阐释：“在历史发展道路上落后的国家较之于走在它前面的国家有一个巨大优势，即它能以那些前行国家的经验为基础，为自己接下来要迈出的一步制订更为可行的计划，然后再有意识地追求或获取其他国家仅靠本能而获得的一切。”（429）在列宁关于社会主义革命首先能够在经济文化相对落后的国家取得胜利的学说中，我们似乎也能看到这一理论之影响的痕迹。“后发优势”这一概念经瓦利茨基梳理和总结之后，现已成为人们在谈论俄国历史时经常提及的概念之一。

俄国思想史中无处不在的这些悖论，对于俄国思想家及其思想而言不仅毫无妨碍，反而赋予其更多的复杂与深刻，这也构成俄国思想史的显著特征之一。

五

研究对象所具有的特质往往会对研究主体产生某种影响，俄国文化中特有的“文学中心主义”（литературоцентризм）似乎也渗透进了瓦利茨基的这部《俄国思想史》。这虽是一部《俄国思想史》，可它却为众多俄国作家、诗人和批评家辟出大量篇幅。出现在此书正文和注释中的俄国作家多达50余位，从俄国文学古典主义时期的诗人和作家如罗蒙诺索夫、杰尔查文、茹科夫斯基等到苏联时期的文学理论家如巴赫金，从普希金、莱蒙托夫、涅克拉索夫、勃洛克等诗歌大师到屠格涅夫、陀思妥耶夫斯基、托尔斯泰等小说大家，从革命民主派批评家别林斯基、车尔尼雪夫斯基、杜勃罗留波夫到白银时代的宗教哲学代表人物梅列日科夫斯基、罗扎诺夫等，18世纪后期和19世纪的俄国文学重要人物几乎悉数登场，其中，拉季舍夫、卡拉姆津、别林斯基、赫尔岑、奥加廖夫、车尔尼雪夫斯基、杜勃罗留波夫、皮萨列夫、格里高利耶夫、斯特拉霍夫、列昂季耶夫、陀思妥耶夫斯基和托尔斯泰等十多位作家和批评家更是得到了专章或专节论述。这样的设置自然是俄国文学自身的特质使然，我们常说，在19世纪俄国，大文学家往往也都是大思想家。相对于俄国文学在18、19世纪之交的迅速崛起，俄国的哲学、史学和神学似乎显得有些相形见绌。因此，在进行这一时期的俄国思想史描述时“借力”俄国文学，也是一件自然而然的事情。

俄国文学家被纳入思想史范畴，首先是因为俄国文学自身的思想史属性，正如瓦利茨基所言：“俄国文学对于人类存在意义的哲学反思，对于其民族和整个世界之命运所具有的深刻道德责任感，或许超过了19世纪其他任何一种文学。在19世纪俄国，一如在波兰，伟大的作家们开始将文学视为一项道德使命，一种改变世界的斗争工具。”（309）在思想史的语境中论述俄国的文学家，瓦利茨基自然更注重发掘和归纳这些文学家的思想遗产，更注重论述这些文学家与各种思想潮流之间的关系。在论述拉季舍夫时，瓦利茨基一方面断言，拉季舍夫的《彼得堡至莫斯科旅行记》“是欧洲启蒙运动最杰出的文学成果之一”（37），即在全欧背景下看待这部文学作品；另一方面，就拉季舍夫的“文学”作品所具有的思想史意义而言，瓦利茨基认为拉季舍夫不仅是“俄国第一位贵族革命家”，更是“俄国第一位革命知识分子”，因为“他的思想是1860年代革命民主派观点的先声”（49）。瓦利茨基这样总结别林斯基的文学批评所具有的思想史意义：“1830年代和1840年代哲学左派的主要人物无疑就是杰出的文学批评家维萨里昂·别林斯基（1811—1848），他的哲学探索在文学批评文章中找到喷发口，而他的文学批评文章在19世纪文学中具有前所未有的、的确无与伦比的影响力。借助这些文章，在斯坦凯维奇小组里得到讨论的那些问题赢得了更广泛的受众。毫不夸张地说，别林斯基戏剧性的思想进化影响到了整整一代人的观点。”（121）依据同样的逻辑，瓦利茨基也给别林斯基的两位继承人车尔尼雪夫斯基和杜勃罗留波夫以很高的思想史定位。他认为车尔尼雪夫斯基美学的意义就在于“能够证明普通人的美学理想并提出最广泛的艺术民主化需求”（192），而杜勃罗留波夫则“把文学批评变成了一种能使社会意识激进化的强大工具”（206）。如果说，别林斯基的文学观源自他的西方主义立场，那么，车尔尼雪夫斯基的美学就是其人本主义哲学思想的另一个侧面，杜勃罗留波夫的“现实批评”（реальная критика）则与他社会哲学中的“人性”（человеческая природа）概念密切相关。也就是说，他们的文学观和美学观实为他们作为思想家的完整思想体系中的一个组成部分。

在《俄国思想史》一书中，思想史论述与文学史论述结合得最为紧密的一个章节，无疑就是“两位先知作家”一章。这一章的题目自身就喻示了两位作家的双重身份，即思想家和作家的合体，“先知”作为神的代言人，是具有超前思想，即“先见”的人。陀思妥耶夫斯基与托尔斯泰两人，本身就是俄国历史上最伟大的思想家，托尔斯泰创建了“托尔斯泰主义”（толстовство），陀思妥耶夫斯基的学说也构成一个完整的思想体系。在这一章中，瓦利茨基先后对两位先知作家进行论述，对陀思妥耶夫斯基的论述分为三个小节，分别论述了陀思妥耶夫斯基思想中最重要的三个观点，即资产阶级理性文明的水晶宫与人的潜意识的黑暗地下室的对比，神人与人神的对峙，以及俄罗斯民族作为“全人”的“世界呼应性”以及其作为载神民族的弥赛亚使命。关于托尔斯泰的论述则分为五个话题，分别探讨了托尔斯泰精神危机的几个阶段，他的生活哲学、宗教观、艺术观以及他对资本主义文明的批判。虽然瓦利茨基明知对这两位作家的对比“已成为一种历史悠久的批评传统”（309），但他仍然做出了自己的比对，他认为两位作家都是富有激情的道德家，都曾经历精神危机，都对现实持批评态度，都亲近俄国农民，最后都主张回归宗教，追求精神复活。而他们两人的不同之处则在于：陀思妥耶夫斯基善于洞察历史的神秘主义，托尔斯泰却完全拒绝历史；陀思妥耶夫斯基主张国家成为教会，托尔斯泰却否认任何制度化的宗教；陀思妥耶夫斯基宣扬民族弥赛亚主义，托尔斯泰则注重形而上学的非人格主义；陀思妥耶夫斯基是浪漫的民族主义者，接近斯拉夫派，托尔斯泰则是坚定的启蒙主义者，接近民粹派和无政府主义；陀思妥耶夫斯基的思想立场从激进渐趋保守，而托尔斯泰对本阶级的拒斥却愈演愈烈；陀思妥耶夫斯基的思想是动态的辩证复合体，托尔斯泰主义则是包含着既定真理的静态系统。因此，陀思妥耶夫斯基的思想影响深远，而对托尔斯泰思想的传承则相对单一。不难看出，瓦利茨基主要是从思想构成以及思想史意义的角度来对两位作家做区分的。

18 世纪后期和 19 世纪的俄国作家具有思想能量，而这一时期的俄国思想家也同样富有文学天赋，他们关注文学，评论文学，甚至亲自进行文学创作。从启蒙者、爱智派到十二月党人，从斯拉夫派、西方派到民粹派，俄国思想史中的所有主要派别均乐于并善于诉诸文学形式，用文学作品来宣传他们的思想。这部《俄国思想史》的论述对象，除了上述作家和诗人外，还有许多人是具有文学家和思想家双重身份的，如诺维科夫、拉季舍夫、卡拉姆津、赫尔岑、索洛维约夫和普列汉诺夫等。在这本思想史著作中，瓦利茨基对索洛维约夫和普列汉诺夫两人的美学思想做了专题论述。瓦利茨基发现索洛维约夫的美学有一个“奇怪的特征”，即索洛维约夫一方面认为美是绝对在物质世界中的显现，是神性因素对现实的渗透；另一方面，他又将艺术视为万物统一的工具，肯定艺术的现实功能，强调具有社会责任的现实主义艺术之价值。“然而，对索洛维约夫而言，现实主义仅为未来真正的宗教艺术之先驱。”（392）普列汉诺夫的美学似与索洛维约夫的美学构成对峙，他试图从历史决定论和实证心理学等“唯物主义”的角度解释艺术。瓦利茨基阐释道：“普列汉诺夫的社会学把艺术史解释为外在条件对人的心理自然的作用史，认为人并非其自然和历史的创造者，但仅为一种产物，是服从‘自然的必然性’之严格决定论的客观过程的被动材料。”（424）瓦利茨基还将普列汉诺夫称为“马克思主义艺术批评的先驱”（427）。

把文学家也纳入思想史的考察范畴，把文学理论和美学思想也视为思想史的重要构成，同时并重俄国思想家的美学遗产和俄国文学家的思想遗产，这构成了瓦利茨基《俄国思想史》的一大特色。在本书波兰文版序言的结尾，瓦利茨基写道：“最后，我想表达我的希望，希望这本俄国思想史著不仅能引起专家的关注，也能激发普通读者的兴趣，如果这位读者渴望更多地了解作为伟大的现代欧洲文学之一种的俄国文学之背景。”（xvii）也就是说，瓦利茨基这本思想史著作原本就不仅是写给同行学者看的，而且也是为那些希望了解俄国文学之思想背景的读者而写的，是面向俄国文学的爱好者的。的确，俄国文学是一种具有厚重思想内涵的文学，若想更好地理解俄国文学，就必须首先对俄国的思想有一定的了解和把握，其中或许就包括对这部《俄国思想史》的阅读。

本书译自英文版，在语言、修辞和调性等方面自然要尽量保持英文原文的风格，但在翻译原作中出现的俄国思想家的引文时，译者对照了俄文原文，在俄文原文与英译不一致时遵从俄文原文，因为所引毕竟为俄国思想家的“原话”。本书原作注释牵涉到英、俄、法、德、波兰等多种语言文献，为让读者可按图索骥地找寻原作，译者保留了所有文献的原文，并给出相应的中译。原作中表示强调的斜体以及作者用大写字母标出的人名，在译文中以**加黑**形式表示。为方便读者查对，译者在书中被着重分析的俄国思想家及其作品后的括号中给出人物和作品的英、俄文名称。

本书的翻译和出版得到了多位友人的大力帮助。译林出版社姚燚女士在联系版权时遭遇很大挑战，可她不弃不舍，最后在中国前任驻波兰大使周晓沛先生以及中国驻波兰使馆的帮助下联系到本书作者的版权继承人，终于谈妥版权；本书是一部思想史著，涉略俄国哲学和俄国历史等方面的专门知识，承蒙北京大学哲学系徐凤林教授和北京大学历史系庄宇副教授拨冗审阅译稿，并给出很多指教；除英语和俄语外，本书还涉及波兰语、德语、法语等多种外语，译者有幸得以随时向北京外国语大学赵刚教授、北京大学黄燎宇教授和中国社会科学院外国文学研究所树才副研究员请教；书中所引马克思、恩格斯和列宁的文字需从英文还原为俄文，再依据俄文查找权威中译，国家图书馆李金涛副研究馆员为此付出了巨大努力；译林出版社陶泽慧先生、张晨女士为此书的编辑付出了艰辛的劳作。在此谨向以上诸位友人表达深深的谢意！译文中的错误之处，还敬请读者诸君批评指正！

刘文飞

2023 年 10 月 28 日

于京西近山居

英 文 版 序

此书系在波兰写成，是本人约 20 年间俄国思想史研究的最终结果。[①]就某种程度而言，此书不仅是我个人努力之产物，也是波兰的哲学史家、社会思想史家以及波兰的俄国文学史家积极的思想交流之结果。我对俄国思想的兴趣源于我许多同胞所共有的一个意识，即对俄国文化感同身受的理解对于波兰人而言至关重要。我十分感激此书背后的这一波兰传统。尽管有这样一个广为流传的看法，即波兰人似乎对俄国的一切均抱有敌意，但是，甚至在被分裂的波兰也仍有一些学者和作家对俄国知识分子的伟大传统心怀感激，甚至赞赏有加，他们认为其任务即在俄国和波兰之间构建起思想的桥梁，或更具雄心，在俄国和西方之间构建起思想的桥梁。仅需举出这些事例：最早的俄国革命运动史著之一就出自波兰的马克思主义者路德维希·库利奇茨基之手（此书在第一次世界大战前的同类著作中首屈一指）[②]；20 世纪初最有影响的波兰哲学家和文学批评家斯坦尼斯拉夫·布尔热佐夫斯基写出了第一部歌颂“民意党”英雄以及俄国民粹主义思想传

① 此书波兰文书名为《从启蒙时期到马克思主义的俄国哲学和社会思想》。

② 见库利奇茨基：《俄国革命》（L. Kulczycki, *Rewolucja rosyjska*）（两卷本，利沃夫，1909）。德译本《俄国革命史》（*Geschichte der russischen Revolution*）1910 年在哥达出版。俄译本是根据作者手稿整理而成的特殊版本，以《俄国革命运动史》（*Istoriia russkogo revolutsionnogo dvizheniia*）为题于 1908 年在圣彼得堡面世。

统的历史小说①；最后，波兰天主教哲学家玛里安·兹德齐霍夫斯基是欧洲最早充分意识到俄国宗教哲学之重要性的人士之一（与捷克哲学家和政治家托马斯·马萨里克同时）。当我在巨变的历史背景下开始我的俄国思想史研究时，此处提及的前两位作者曾对我的想象和思维产生了重大影响。

说了这些，我仍很乐意补充一句，即此书也是我经常访问英国和美国的产物。我与英国和美国学者的联系究竟起过什么作用，这很难定义，但如果没有这些联系，此书一定不会是如今这样。在英译本序言中，我觉得这一事实应得到充分认可。

在我的第一本书②出版后不久，我获得福特奖学金，在英国和美国进修一年。我的第一站是牛津，在那里我遇见以赛亚·伯林爵士，他对我的想法表现出真正兴趣，并积极鼓励我承担一个雄心勃勃的计划，撰写一本关于19世纪俄国斯拉夫派和西方派对峙的详尽专著。之后不久我来到美国，发现自己置身于一些虽然年轻，却已崭露头角的研究俄国思想史的美国专家（如理查德·派普斯、乔治·比灵顿、马丁·玛利亚、尼古拉·梁赞诺夫斯基、乔治·克莱恩等人）中间，他们花费很多时间与我交谈，与我一样意识到了我们共同的研究领域之重要性。俄国思想史在当时的美国（1960）成为一个时髦研究课题，原因显而易见：如同在波兰，这种日益增长的兴趣首先是美国知识分子不断强化的一种意识之表达，即关于苏维埃俄国的更深入认识和理解对于美国而言至关重要，而这样一种理解的关键之一，则只能通过对俄罗斯民族的思想传记之研究去发现。和我的美国同事一样，我有幸与自俄国来到美国的老一辈学者中的一些杰出代表讨论我的想法，如罗曼·雅各布森、亚历山大·格尔申克隆、皮杰里姆·索

---

① 这部小说（1908年出版）题为*Plomienie*，即《火焰》。布尔热佐夫斯基迷恋俄国文化，他在其著作中对此颇多论述。此外，他还写有一篇关于赫尔岑的精彩文章。

② 瓦利茨基：《个人与历史：俄国文学史与思想史研究》（华沙，1959）。

罗金、格奥尔基·弗洛罗夫斯基神父以及鲍里斯·尼古拉耶夫斯基。在加利福尼亚大学伯克利分校，我有机会做了我的第一次英文演讲。[①]与此同时，我完成了对俄国斯拉夫派进行阐释的第一项研究，这项研究后来在我的《斯拉夫派之争》一书中得到扩展。[②]

稍后几年，我在牛津大学全灵学院获得极有成效的访问奖学金（1966—1967年暨1973年秋季），这使我得以扩展与英国学者的联系。1976年冬春季，我在斯坦福大学任客座教授。我作为克拉特历史学客座教授在斯坦福大学的逗留，使我又得以结识许多美国朋友（在此我首先想提及的是特伦斯·埃蒙斯教授），我还赢得一个宝贵机会，获得了面对美国学生的教学体验。作为这一体验之结果，我得出结论，即此书可在美国和其他英语国家被用作一本俄国思想史的指南。

在这一点上，或许应提出某种保留意见。由于我是一名哲学史学者（尽管我的哲学研究方法是历史的，而非纯哲学的），较之于美国大多数俄国思想史著作，此书更重视哲学问题。不过，这里的哲学，连同神学思想、政治思想、经济思想和其他思想，并未被视为一个独立学科，而是被当作这些思潮总体历史的一个部分，这些思潮是自启蒙时期至20世纪初俄国思想家的思想结晶。在我看来，俄国思想史的哲学层面相对而言被美国历史学家忽视最多（或许因为他们大多缺乏特殊的哲学训练）。[③]美国学生通常不得不使用马萨里克的经典旧作（尽管无疑很有价值，但已显过

---

① 演讲稿刊于《加利福尼亚斯拉夫研究》（*California Slavic Studies*）第2期（1963），题为《俄国斯拉夫派思想体系中的个人和社会：知识社会学研究》（"Personality and Society in the Ideology of Russian Slavophiles: A Study in the Sociology of Knowledge"）。

② 此书波兰文题为《在保守主义乌托邦圈子里：俄国斯拉夫派的构成和转变》（华沙，1964）。波兰文书名着重强调的概念在意大利文译名中得以保留，即《保守主义乌托邦》（*Una Utopia Conservatrice*）（都灵，1973）。此书英译本为《斯拉夫派之争：19世纪俄国思想中的保守主义乌托邦历史》（牛津，1975）。该书英译本与此书一样，由希尔达·安德鲁斯–卢西斯卡完成。

③ 这种常态的一个重要例外即专业哲学家乔治·克莱恩（George L. Kline）对俄国思想史研究所做出的贡献。有趣的是，在美国，被研究俄国历史的大学生们广泛使用的一部最有价值的俄国思想家选本却题为《俄国哲学》（*Russian Philosophy*）。见《俄国哲学》，伊迪、斯坎伦、泽尔丁与乔治·克莱恩合编（三卷本，芝加哥，1965）。

时，其写作也源自非常特殊的哲学角度）①，要么他们就得自流亡的俄国东正教哲学家那些非常片面的著作中汲取俄国哲学方面的知识，这种情况其实更糟。②在此情况下，我希望我这本书的哲学部分不仅有益于美国和其他国家为数不多专攻俄国哲学的学者，也能有益于更多对广义的俄国思想史感兴趣的读者。

此书英文版与波兰文原版基本相同，唯一的重大变化在于注释，为使此书能包含更多最新信息，提升它对英语读者而言的教学价值，我觉得不妨列入更多英文重要文献的版本信息。这是一个困难的决定，因为这一领域的大部分文献均用俄语写成。由于同样原因，我在《俄国评论》上发表了一篇关于此书的简介，我在文中写道：大量俄文文献和苏联二手文献"为专家们所知，但是非专家们亦可轻而易举地在英文出版物中找到版本信息"。③

安杰伊·瓦利茨基

1978年8月

① 马萨里克：《俄国的精神》（T. G. Masaryk, *The Spirit of Russia*）（两卷本，伦敦与纽约，1955）。此书1913年初版于德国。

② 两个例子即洛斯基：《俄国哲学史》（N. O. Lossky, *History of Russian Philosophy*）（伦敦，1952），以及津科夫斯基：《俄国哲学史》（V. V. Zenkovsky, *A History of Russian Philosophy*），克莱恩译（两卷本，伦敦，1953）。津科夫斯基的书作为一部研究俄国思想中宗教思潮的著作很有价值，但这两本书对于俄国哲学中非宗教思潮的描述均很扭曲。

③ 瓦利茨基：《俄国社会思想：19世纪俄国思想史导论》，载《俄国评论》（"Russian Social Thought: An Introduction to the Intellectual History of Nineteenth Century Russia," in *The Russian Review*），第36卷，第1期（1977年1月），第2页注释。

波兰文原版序

拿到这本《俄国思想史》的一些读者可能会感到疑惑，即书中对哲学的讨论为何与对社会思想的讨论有如此密切的关联；或许还会另有一种疑惑，即作者为何分别将1760年和19世纪末选作他叙述的起点和终点。

先谈第一个问题：撰写某一国家的哲学史，这显然既有利也有弊。比如，理论哲学就很难被强制性地置入国家框架，除非它在某一特定时期碰巧成为世界哲学中的一个章节。另一方面，历史学家主要对哲学理论中所表达的“世界观”感兴趣，对哲学理论的历史决定因素和社会功能感兴趣，他们更愿意在国家背景层面展开其研究，旨在彰显思想与具体的政治、文化语境之间的关联。然而，这种方法必然意味着要将研究重点从纯粹的理论哲学转向不同政治和社会思潮的哲学基础。

就俄国而言，另有几个很好的理由支持将社会思想纳入哲学史。首先，哲学在俄国的出现相对较晚，要将其作为一门独立学科建立起来并非易事。这在一定程度上是异常艰难的政治时局使然，在被严格控制的大学，探索性思想的发展受到制约，直到19世纪下半叶，这一方面的某些变化方才开始发生。阻碍哲学作为一门独立学科出现的另一个因素，是19世纪俄国知识分子的特殊处境。关于政治压迫、国家落后以及有待解决的紧迫社会问题的痛苦意识，分散了人们对那些与社会实践无直接关联的问题的注意力。因此，哲学反思必然涉及伦理问题、历史哲学问题、政治问题以及更多见的宗教问题，而部分地忽视本体论和认识论等传统问题。在民粹派这一19世纪下半叶最具影响力的知识分子阶层，致力于“纯哲学”被认为是不道德的，是对人民神圣事业的背叛。

前面提及的几种情况，使得从狭义的专业角度撰写一部俄国哲学史变成一件特别吃力不讨好的事情，可资做证的有拉德洛夫、施佩特和雅科文科在第一次世界大战前后出版的此类著作。[①]这几位作者关注的是经院派哲学家，他们用形式主义标准来定义哲学，给出一幅俄国思想史的贫乏图景，并在最终的分析中认定那些经院派哲学家全无原创性。这一结论或能被这些作者自己的论述所推翻，但毫无疑问，严格地说，俄国哲学的原创性并不易确定，而它对西欧思想的依赖却显而易见。只有当我们在俄国思想史的语境中审视这一问题，从这样的角度来看问题，即它最接近受过教育的俄罗斯人的心灵，并被他们视为与祖国未来最为相关的问题，如此方能看到俄国哲学惊人的原创性。在19世纪尤其如此：我们在这里看到了思想与其影响之间最非同寻常的异体受精；一个大国的快速现代化被压缩进一个很短的时间段；社会结构和思维方式中古代因素与现代因素的奇异共存；外部影响的迅速涌入以及对这些影响的抵制；一方面是西欧的社会现实和思想对知识精英的影响，另一方面，他们又在不断重新发现他们自己的本土传统和社会现实。所有这些因素均会使19世纪的俄国思想史显得更加有趣，更富戏剧性，胜过许多拥有更丰富哲学传统的发达国家的思想史。更何况，还必须添加上俄国知识分子毫不妥协的意识形态承诺，他

---

① 拉德洛夫：《俄国哲学史纲》（E. L. Radlov, *Ocherk istorii russkoi filosofii*）（圣彼得堡，1912）；施佩特：《俄国哲学发展史纲》（G. Shpet, *Ocherk razvitiia filosofi v Rossii*）（彼得格勒，1922）；雅科文科：《俄国哲学史》（B. Jakovenko, *Dejiny ruské filosofie*）（布拉格，1939）。

们对道德理想的热情追求，以及他们对他们所面对的那些“该诅咒的问题”的敏锐理解。

这并非是说，哲学问题只能作为社会政治传统的一部分来进行研究。本书之后的章节仅讨论俄国社会思想中那些具有重要哲学内涵的方面。具体的政治纲领不会得到讨论，除非此类讨论为理解社会哲学的发展所必需。哲学理论要自其社会意义和历史重要性的角度来加以考量，但一些脱离俄国思想主流、影响较小的哲学家也得到了讨论。毕竟，本书作者撰写此书的目的之一，即提供一本有用的参考书。本书作者不得不做出一些取舍，但选取或舍弃某位思想家，所遵循的主要是纯哲学标准。①

另一方面，对年代的选择则是由历史标准而非哲学标准所决定的。俄国的19世纪是一个文学和文化蓬勃发展的时代，它有许多鲜明的特征，使得我们能把它作为一个结构整体来看待。在这一时代，知识分子群体出现了。“知识分子”（intelligentsia）一词的俄语含义即指一群受过教育、自己觉得对国家的未来负有责任的群体，这个群体观点不一，却因反对保守的共同精神而团结一体。就这一意义而言，“知识分子”是一个伦理类别（甚或一个政治类别，当知识分子的立场被认为是反政府的时候）。② 俄罗斯人此时向自己提出的问题均与他们的民族身份认同有关：

---

① 需要指出，本书并不讨论俄国的逻辑史或科学哲学。

② 一个非常典型的例证即伊万诺夫-拉祖姆尼克那部非民粹派立场的俄国社会思想史著《俄国社会思想史》（Ivanov-Ruzumnik, *Istoriia russkoi obshchestvennoi mysli*）（圣彼得堡，1907），此书将俄国历史解释为两个抽象原则之间的斗争：一是不墨守成规的“道德个人主义”（其极端表现即为共同利益牺牲自我），一是小市民的利己主义，或资产阶级式的接受现实。在拉祖姆尼克看来，“知识分子”是一个卓越的道德概念，只有“个人主义者”和反对资产阶级的人方能被称为知识分子之一员。

伊万诺夫-拉祖姆尼克这部著作是俄国知识分子的颂诗，它神化了俄国知识分子的角色。在19世纪，这种语气绝不可能出现，因为当时的俄国知识分子热衷于自我批评。只有在20世纪，当俄国知识分子不再是反对保守势力斗争中的领导者，它才可能沉湎于如此大胆的自我夸耀。

值得注意的是，波兰也提供了另一经典案例，即根据知识分子的价值体系将他们确定为一个社会阶层。与流行的观点相反，“知识分子”一词（波兰文为 inteligencja）并非产生于1860年代的俄国，而是出现在1840年代的波兰。关于波兰知识分子与俄国知识分子之异同的有益分析，见格拉：《旧波兰知识分子的生与死》，载《斯拉夫评论》（A. Gella, “The Life and Death of the Old Polish Intelligentsia,” in *Slavic Review*），第30卷，第1期（1971年3月）。

“我们是谁？”“我们从哪里来，到哪里去？”“我们能对人类做出什么贡献？”“我们如何完成我们肩负的使命？”在试图为这些问题寻求答案时，俄国思想家们利用了特殊的“后发优势”（privilege of backwardness），这使他们能够从更先进国家的角度来看待本国的情况，利用那些国家的理论资源。因此，追踪思想的接受过程并不仅仅是一个学术兴趣问题，其重要性还体现为，这是旨在建构俄国思想在其中形成和快速发展的思想语境之努力的一个组成部分。

18 世纪下半叶的思想家也被列为讨论对象，因为他们诉诸的主题预示了 19 世纪所讨论的问题。俄国未来发展的问题，这一在俄国哲学中占据十分重要地位的问题，在叶卡捷琳娜二世统治期间首次开始纠缠人们的思想，它也见证了权力精英和知识精英间之联盟的逐渐分裂。受过教育的精英阶层开始形成，他们既独立于贵族阶层主体，也独立于沙皇专制制度，启动西化进程的沙皇专制制度导致了知识精英阶层的出现。正如米留科夫指出的那样，俄国批判性社会思想的传统起源于叶卡捷琳娜时代。①

一些读者可能会疑惑，此项研究的时间范围为何止于 1900 年而非 1917 年。把研究范围限定在 19 世纪以内，这个决定由多种原因促成。20 世纪初，即专制制度危机的最后一个阶段，目睹了诸多强大政治团体的出现。俄国马克思主义在俄国不再仅是一场知识分子运动，它也在劳工运动中赢得了支持者，其结果即一个组织完备的政党在 1903 年第二届社会民主党大会上的建立。1905 年革命后，各政党开始公开活动。与此同时，知识分子内部出现一场危机，这场危机随着《路标》文集的出版在 1909 年

① 米留科夫：《俄国文化史纲》（P. N. Miliukov, *Ocherki po istorii russkoi kultury*）（圣彼得堡，1901），第 3 卷，第 248—250 页。另见拉伊夫：《俄国知识分子之生成：18 世纪的贵族》（Marc Raeff, *Origins of the Russian Intelligentsia: The Eighteenth-Century Nobility*）（纽约，1966），以及梁赞诺夫斯基：《分道扬镳：俄国政府与俄国精英（1801—1855）》（Nicholas V. Riasanovsky, *A Parting of Ways: Government and the Educated Public in Russia, 1801—1855*）（牛津，1976）。

达到顶峰。在这部文集中，众多著名知识分子转而攻击 19 世纪的激进传统，认为知识分子的唯一使命即创造文化价值。在俄国政治光谱的另一极，日常斗争的战略战术似乎变得比对俄国历史和未来的哲学思考更为重要。与此同时，经院派哲学则沿着专业路线发展，集中研究之前被忽视的本体论和认识论问题。

这并不意味着 20 世纪的开端彻底打断了俄国思想的连续性，相反，19 世纪的那些争论，其中包括关于俄国和欧洲之关系的争论以及关于知识分子之角色的争论，都在哲学语境和政治语境下得以继续。然而，鉴于哲学专业的持续发展以及政治思想和行动间的更紧密联系，似乎再无必要在此书中讨论 20 世纪初的哲学和社会思想。

本书是作者对俄国哲学史和思想史的 18 年研究之结果，因此，它难免要以作者在波兰和国外出版的其他著作和文章为基础。①

最后，我想表达我的希望，希望这本俄国思想史著不仅能引起专家的关注，也能激发普通读者的兴趣，如果这位读者渴望更多地了解作为伟大的现代欧洲文学之一种的俄国文学之背景。

安·瓦

① 尤见我的三本书：《个人与历史：俄国文学史和思想史研究》（华沙，1959）；《斯拉夫派之争：19 世纪俄国思想中的保守主义乌托邦历史》（牛津，1975；1964 年波兰文初版）；《资本主义之争：俄国民粹派的社会哲学》（牛津，1969）。

第一章

启蒙主义思想潮流

启蒙主义思想在俄国出现的条件于数十年间逐渐发生着变化。这一进程虽发端于彼得大帝的改革和俄国的强制西化，但历史学家仍认为，启蒙运动直到18世纪下半叶，即叶卡捷琳娜二世在位（1762—1796）初年方才开始。

彼得改革的主要目的，是俄罗斯国家最迅速、最有效的军事现代化和技术现代化。正如普列汉诺夫所言，18世纪上半叶杰出领袖们对启蒙运动的态度是“着眼于启蒙运动直接的、实际的利益”[①]。他们未曾料到，政治和社会制度或也需要进行彻底改革。他们对独裁制度的“摩西遗训”深信不疑，认为它富有文明的使命，能够唤醒国家，引导国家走向启蒙和进步。就连伟大的俄国科学家、诗人、文学理论家和莫斯科大学的创始人米哈伊尔·罗蒙诺索夫（1711—1765），亦持同样信念。

① 普列汉诺夫：《俄国社会思想史》，《普列汉诺夫文集》（G. Plekhanov, *Istoriia russkoi obshchestvennoi mysli*, in *Sochineniia*）（第二版，莫斯科-彼得格勒，1920—1927），第22卷，第307页。

然而在叶卡捷琳娜在位期间，某种类似独立的公众舆论的东西开始出现，它有异于开明的宫廷人士所持的观点。此时对西化的社会效果和道德效果以及西化的未来前景进行评估，时机似已成熟。如今人们对道德问题更为敏感，这使得人们对现实更具批判眼光，对眼下的恶有更广泛的认识。反省的进程一旦开始，人们便会在那些由社会制度和政府权威所奠定的、之前貌似确凿无疑的原则中寻找恶的根源。现代的政治反对派由此现
1 身，这自然会削减“开明的”独裁政权的改革热情，而由此导致的镇压反过来又强化了当局和国家知识精英之间日趋激烈的冲突。

在这一进程中，法国启蒙主义哲学发挥了重要作用，这一哲学在叶卡捷琳娜二世在位期间盛行于俄国。俄国启蒙运动事实上成熟于法国启蒙思想所造就的氛围，其中包括法国启蒙思想对于各种被盲目接受的传统和社会制度所持的批判态度，我们后面将看到，就连那些启蒙运动最坚定的敌人也曾受到这一氛围之影响。

第一节　叶卡捷琳娜二世与启蒙哲学

女皇本人起先鼓励法国思想的涌入，更为重要的是，她甚至试图把法国启蒙哲学用作其内政和外交工具。[①] 她希望激起一场智性运动，她能自上而下地加以引导，掌控主动权。叶卡捷琳娜还被称为“哲学家君主”中的一位，尽管这一称谓可能是对她过于奉承的描述。伏尔泰在给达朗贝尔的一封信中写道：“像我们漂亮的叶卡捷琳娜这样的学生，并不能给哲学带来什么收益。”然而在对俄国哲学史的叙述中，叶卡捷琳娜不应被忽视，

① 这在米留科夫的《俄国文化史纲》（圣彼得堡，1901）第 3 卷中有详细讨论。另见马科戈年科：《诺维科夫与俄国 17 世纪启蒙运动》（G. Makogonenko, *Novikov i russkoe prosveshchenie XVII veka*）（莫斯科–列宁格勒，1951），第 4 章。

甚至可以说，她的角色至关重要，不是因为她本人做出的贡献，而是因为她那个时代所有更为杰出的俄国思想家均必须关注她的思想，并与她进行或公开、或伪装的讨论。

对叶卡捷琳娜雄心勃勃的天性构成诱惑的是这样一个愿景，即做一位“开明君主”，用其权威改变持续至今的“非理性的”历史进程。她有无限的功名欲望，有震惊世界的追求，与此同时，她似乎又比其他统治者有更大机会来实现她的愿景。她是一个外族人（她是德国不起眼的安哈尔特–策尔布斯特公国的王室成员之一），因此对于她的俄国新家，她没有任何或赞成、或反对的偏见。至少在形式上，她拥有绝对权力。此外，在她
所统治的国家，古老的传统被视为开明君主理性意志之障碍，已被彼得大 2
帝的暴力改革所推翻，所破坏。狄德罗特别强调过后一种情形。狄德罗在写给叶卡捷琳娜的《关于治安的历史散文》一文中宣称，对既有立法制度的改革不可能在法国施行，因为它与传统的所有制关系的关联过于紧密，而在俄国，“殿下却幸运地能承受一切，也幸运地仅渴求更佳”。狄德罗认为，彼得大帝的俄国是一个新兴社会，它不受古代僵化传统的阻碍，因此特别容易成为一位明智立法者之创造性意愿的试验田。“这个至今无所作为的民族多么幸福啊！”①

叶卡捷琳娜即位后与法国百科全书派（伏尔泰、狄德罗和格林）保持频繁通信。她自称是他们的学生，并承诺要实现他们的目标。鉴于《百科全书》的出版在法国所面临的困境，她甚至提议在俄国出版剩余各卷。这一提议在“哲学家的共和国”赢得热情回应。伏尔泰在给狄德罗的信中写道：“我们生活的时代多么惊人啊！法国在迫害哲学，斯基泰人却在为它

① 转引自普列汉诺夫：《俄国社会思想史》，第 144 页。普列汉诺夫引用了冯维辛（见本书第 34 页。注释中所引的本书页码见本书边码，下同）的话：“如果他们先于我们在这里生活，那么我们至少在开始生活时可以选择我们希望的方式，以避免在这里存在的根深蒂固的罪恶。我们开始，他们结束。”“后发优势”概念后被恰达耶夫、赫尔岑、车尔尼雪夫斯基和民粹派所采纳。

提供保护。”叶卡捷琳娜试图给人以这样一种印象，即她本质上是一个共和党人，目标是渐进式地废除专制制度。她甚至试图联系卢梭这样的激进思想家，并邀请卢梭访问俄国。卢梭既未接受邀请，也未接纳十万卢布的报酬，他称这是“俄国暴君”在试图贬损他在子孙后代心目中的名誉。然而，其他启蒙哲学家却对叶卡捷琳娜的姿态印象深刻。狄德罗在给伏尔泰的信中说，她把“布鲁图的灵魂和克利奥帕特拉的魅力融为一体”。他在给叶卡捷琳娜本人的信中则宣称：“伟大的女皇，我跪在您的脚下，我向您伸出我的双手；我想与您交谈，可是我的心在抽搐，我的大脑晕眩，我的思想混乱，我像个孩子一样深受感动。”

为进一步博取“开明君主”声誉，叶卡捷琳娜承诺引入诸多重要的立
3 法改革。1767年，她召集一个旨在编纂新法律的法典委员会，还亲自起草委员会章程，她在其中自如地使用了一些借自孟德斯鸠和贝卡里亚著作的公式。她肯定自己对启蒙主义的自然法理论的信仰，并承诺将俄国变成一个守法国家，这个国家将尊重所有人的自然权利。她宣布：“上帝保佑，在这些立法措施完成后，世界上没有一个国家能比俄国更公正，能比俄国更繁荣。我们的立法初衷也可能难以实现，我不希望我活着看到这种不幸。”

一个重要事实使得人们对这一声名远扬的宣示之真诚表示怀疑，即《章程》用数种语言出版了面对外国读者的豪华版，但在俄国境内，叶卡捷琳娜却禁止其传播。

法典委员会由564名各阶层代表组成，其中包括代表国家农民的100多名代表。然而，占农民人口一半以上的农奴阶层却无代表，他们的命运甚至在委员会成立之前即已决定。叶卡捷琳娜即位后不久即巡访俄国各地，收到500多份农民的绝望请愿书，其结果却是在1765年通过一项法律，禁止农民抱怨其主人；另一方面，贵族们却有权惩罚农奴，将他们流放至西伯利亚。

用普希金的话来说，叶卡捷琳娜的委员会不过是“一场表演粗俗的闹剧”。委员会的审议活动变成了对女皇的集体赞美诗。然而，也有几位代表敢于提出超出《章程》建议的一些想法：尤里·科泽尔斯基对世袭贵族的特权地位进行激烈攻击；商人们要求扩大他们的权利；格里高利·科罗比因以及国家农民代表伊万·楚普罗夫甚至请求通过“合理的、人道的”立法来弱化农奴制。辩论开始失去控制，于是不足为奇，叶卡捷琳娜以俄土战争的爆发（1768）为借口解散法典委员会，该委员会此后再未召集。

此事还有另外一面。法典委员会的实验之失败不仅是虚伪的专制君主的失败，同时也是“开明君主”的失败。公众对选举的态度就是一个令人 4
沮丧的现象：多数选民显然认为，代表职能是每人都应竭力逃避的一种负担。比如，一些最不受欢迎的人被选为代表，这些代表滑稽地抱怨，他们被选中是“受到刁难”。委员会的审议过程以及选举人向代表们提供的详细建议，使得叶卡捷琳娜得以了解俄国生活的真实状况。毫无疑问，他们使她确信，确保人类的幸福并非易事，强大的特殊利益集团要维持现状，试图在一个连废除刑侦酷刑的建议都会遭到激烈反对的社会推行启蒙哲学的人道说教，不啻下策。

叶卡捷琳娜与法国启蒙哲学家们的调情同样也不轻松，事实上，仅格林一人成为俄国女皇的准代理人。狄德罗、达朗贝尔和伏尔泰很快便对他们那位自封的门徒不再抱有幻想（在法典委员会存在时期，他们三人甚至曾将她与梭伦和来库古相提并论）。的确，他们继续赞扬她，但目的仅为对她至少保持一些影响。叶卡捷琳娜并未被这一策略所骗，这在她写给格林的一封信中可以窥见端倪，她在信中写道：“这些人经常说一套，做的却是另一套。”她自己对百科全书派的态度也越来越模棱两可。尽管狄德罗一再提醒，她也做过庄严承诺，但《百科全书》的新修订版始终未能在俄国面世。1773 年，狄德罗亲自访问俄国。他在逗留圣彼得堡的五个月间曾与叶卡捷琳娜长谈，他留下的笔记读来饶有兴味。①

圣彼得堡给狄德罗留下令他沮丧的印象：在这座拥有巨大宫殿和政府大楼的城市，一切都在见证专制统治的无限权力，几乎没有任何一条普通的街道，也没有任何积极的、独立的公共生活之迹象。他指出：“长期的压迫传统造成一种沉默和不信任的整体氛围，造成脑海中的恐惧回忆，这与法国人或英国人自由、自信的心态所造就的高尚的开放性格形成鲜明对比。”在回答“俄国的治理为何比法国更糟”这一问题时，狄德罗说道：“因为个人自由在这里被降低为零，上级的权力仍然过大，人的自然权利仍然受到过多限制。”他试图说服叶卡捷琳娜，“公正和开明的专制制度”
5 中同样存在危险，因为它鼓励这个国家沉湎于“甜蜜但致命的睡眠”。狄德罗对女皇说：“在有过三任伊丽莎白这样的君主之后，英国人将会被没有痛苦地统治很多年。”女皇给出一个模棱两可的回答，表示同意。

狄德罗问女皇，是否有规约贵族与其农奴之关系的法规，叶卡捷琳娜却仅仅回应说，法律上的保障并无必要，因为“每个农夫都会关照能为他提供牛奶的奶牛”。

狄德罗煞费苦心地提醒叶卡捷琳娜，她曾承诺重新召集法典委员会，他甚至敦促她将法典委员会改为一个永久性代表机构。女皇问他：“这是否意味着您建议我组建一个英国式的议会呢？”他答道：“我相信，只需殿下挥动一下魔杖，此事明天就会发生。”他试图使她意识到这种机构能够带来的诸多好处，他建议：“即便这仅能给人一种自由的幻觉，它也会对民族性格产生影响。国家要么必须是自由的，这当然是优先考量，要么至少必须相信自己是自由的，因为这种信念会派生出许多有价值的结果。”

① 由图梅克斯刊于《狄德罗与叶卡捷琳娜二世》(J. M. Toumeux, *Diderot et Catherine II*)（巴黎，1899）一书。

自俄国返乡途中，狄德罗重读了叶卡捷琳娜的《章程》并写下其评论。例如，他建议，叶卡捷琳娜若想避免成为一个暴君，她就必须正式放弃其绝对权力。然后，他再次指出，人民有权罢免违反法律的君主，甚至可对其实施死刑。叶卡捷琳娜是在狄德罗死后才收到这些评论的，毫不奇怪，她是不会着迷于这些言论的。在给格林的一封信中，她对这些评论做出反驳，认为它们“全是胡言乱语，既缺乏对问题的理解，也缺乏判断力和洞见”。

后来，叶卡捷琳娜试图诋毁狄德罗，把后者描绘成一个天真的、不现实的梦想家。她喜欢重复自己对狄德罗的计划做出的回应：“您是一位哲学家，您在纸张上工作，纸张能承受一切；而我这个可怜的女皇，却在人类的皮肤上工作，人类的皮肤要敏感得多。”她的话很有道理，尽管在这个特殊的例子中，天真的与其说是狄德罗的计划（他准备随时做出必要的改变），莫如说是他对叶卡捷琳娜的善意之信赖。

应该补充一点，狄德罗访问俄国时恰逢普加乔夫起义爆发，因此可以
说他来得很不是时候。普加乔夫叛乱（1773—1774）是由一位顿河哥萨克 6
领导的农民起义，这位顿河哥萨克自称是幸存的沙皇彼得三世，他许诺给农民以“土地、草场和森林”，还有“胡须”，换言之，即回归彼得改革之前俄国的旧传统。这次叛乱得到广泛支持，来自乌拉尔地区的铁匠和巴什基尔部落的成员也加入其中，这次起义成为俄国历史上最大的一场农民战争，它对帝国构成了严重威胁。

镇压叛乱后，叶卡捷琳娜进入其所谓“立法热情”的第二阶段。她如今拒绝接受自然权利论，并选择保守的英国法学家威廉·布莱克斯通作为她的导师，而不再是孟德斯鸠和贝卡里亚。在她的新立法中，一种冷静的、务实的调性取代了之前的自由主义措辞。此次立法的主要目的，显然是借助建立一种隶属于沙皇官僚体制的自治机构来加强贵族的地位。叶卡

捷琳娜如今把她著名的《章程》称为“空谈”，并如此总结她在位早期的种种努力：“我的抱负自身并不太糟，但或许我过于自负，相信人可以变得理性、公正和快乐。”

同样重要的是，叶卡捷琳娜如今从贵族沙龙的亲法热情和肤浅的伏尔泰主义转向外省小贵族特有的原始民族主义。她用先入为主的泛斯拉夫主义理论来为分割波兰的行为和她的巴尔干政策辩护，她开始对旧的传统产生兴趣，沉湎于俄国历史。她珍视的一个研究项目就旨在表明，法国和苏格兰许多山脉和河流的名字均源于斯拉夫语，墨洛温王朝可能起源于斯拉夫部族，甚至连路多维奇（Ludovic）这个名字也源于斯拉夫语（即 Lud+dvig，俄文为 Люд+двиг）。在一本书名十分能说明问题的作品《解毒剂》（1770）中，她对沙普公爵恶意的反俄评论做出驳斥，她试图证明俄国是一个繁荣的国家，在遵纪守法、国泰民安等方面远超西欧。

法国大革命是最后一击。起初，叶卡捷琳娜把这完全归因于路易十六的战术失误，在一次谈话中她曾对赫拉波维茨基公爵说，如果她是法国国王，“我就会邀请雄心勃勃的拉法耶特加入我这一方，让他成为我的保卫者。请注意我在登上王位后是怎么做的”。

7 这一自白提供了许多线索，可以用来揭示叶卡捷琳娜的诸多策略，包括她与启蒙哲学家们的调情。然而，随后发生的事件却表明，有些情况过于严重，使得此类战术技巧根本无法实施。法国国王被处决，这使她“像被锤击一样震惊”，并使她最终与百科全书派分道扬镳。她把他们的雕像一尊接一尊地搬离冬宫，仅余一尊伏尔泰的雕像。最终，就连伏尔泰也被放逐到冬宫的地下室。

与此同时，叶卡捷琳娜立即开始对付俄国启蒙运动的那些激进思想家：1790 年，拉季舍夫被流放至西伯利亚；1792 年，诺维科夫未经审判就被囚禁于施吕瑟尔堡要塞。

第二节　俄国启蒙哲学的兴起

且不论叶卡捷琳娜对理性时代思想的真实态度，她在位早期的氛围仍有利于法国启蒙主义思想广泛涌入俄国，也激起了人们对哲学的更为积极的兴趣。这有助于减少沃尔夫主义（Wolffianism/вольфианство，沃尔夫于1750年代主导莫斯科大学、圣彼得堡科学院，甚至俄国的多家神学院）的影响①，使得真正的启蒙哲学得以在俄国出现，这种哲学由专业的哲学家研究，它逐渐摆脱了宗教的影响。②

这一思潮中的典型人物即**雅科夫·科泽尔斯基**（Yakov Kozelsky/Яков Козельский，卒于1793年之后）。③科泽尔斯基1728年前后生于乌克兰，后在圣彼得堡科学院接受教育，并于1768年发表《哲学建议》，这是俄国作者笔下第一部系统的哲学思想阐述。此书仍有沃尔夫主义的思想痕迹（如材料的图示排列、强调定义而非分析等），但也有试图摆脱沃尔夫影响的惊人尝试。沃尔夫的弟子鲍迈斯特所编纂的逻辑学、形而上学和道德哲学等方面的通行教科书，在科泽尔斯基这里受到严厉的批判分析，其中的卖弄学问姿态和对一些无意义问题的刻板关注遭到科泽尔斯基的嘲笑。科泽尔斯基采用自然神论立场，却并未尝试构建一个“自然神学”体系。他 8
捍卫哲学的自主性，反对目的论倾向，反对利用哲学来维护神启和神学教条，而后者正是沃尔夫护教学说的典型特征。他还批判了沃尔夫的唯心主义，并拒绝灵魂作为一个完全自主的精神单体的概念。在肉体和灵魂之关

① 见科甘：《18世纪的启蒙主义者科泽尔斯基》（V. Y. Kogan, *Prosvetitel XVIII veka Y. P. Kozelsky*）（莫斯科，1958），第101—102页。

② 此处讨论的几位思想家，即科泽尔斯基、阿尼奇科夫和杰斯尼茨基，其主要著作被收入《18世纪下半期俄国思想家著作选》（*Izbrannye proizvedeniia russkikh myslitelei vtoroi poloviny XVIII veka*）（莫斯科，1952），第1卷，施帕诺夫作序。

③ 请勿将他与他的兄弟、同名的法典委员会代表尤里·科泽尔斯基混淆。

系的问题上，他更接近唯物主义（尽管他没有明确说明这一点），而在不朽的问题上，他显然完全不曾发表评论。面对沃尔夫学派的权威，科泽尔斯基提出伏尔泰、爱尔维修、孟德斯鸠和卢梭作为对峙。在道德哲学方面，他曾提及夏夫兹博里，他读过后者著作的法语译本。这样一个事实体现了他对法国哲学的兴趣和广泛阅读，即在《哲学建议》面世两年后，他发表了他翻译的一些哲学论文和道德哲学论文（单独发表），其中包括狄德罗《百科全书》中的词条。

科泽尔斯基将哲学定义为一门研究“自然的”、“逻辑的”和“道德的”真理之原因的科学。它可划分为两大类，一是理论哲学，其中包括逻辑哲学（一般的知识理论）和形而上学（本体论和心理学）；二是实践哲学，其中包括法理学（伦理学和法律科学）和政治学。在认识论中，科泽尔斯基支持一种温和的感觉论，他援引过爱尔维修，但反对将概念简化为感知。他将本体论定义为物的科学，“物”即一切“可能的事物”，但物的内在本质是不可知的（这是一篇旨在保护哲学免受经院哲学之危害的论文）。在心理学这门研究意志和理性之获得的科学中，科泽尔斯基以爱尔维修的《论精神》为基础，但为避免与教会发生公开冲突，他降低其主要论点的调门，并不无折中地掺入了沃尔夫的某些思想。

对科泽尔斯基而言，实践哲学最为重要。虽然他的阐述大多是理论上的，但他有一个非常实际的目标，即希望他书中阐述的人道主义原则能对法典委员会的工作产生一些影响。他接受自然法则理论，这使他会对专制体制发出谴责。尽管他支持开明的专制体制，但他却认为，从理论的角度看，最完美的制度还是共和制。他写道，普通人的无知令人遗憾，但在他
9 们“开化”之前，有必要改善他们的处境。他钦佩卢梭，认为卢梭是“实践哲学”最伟大的倡导者，他也接受卢梭对自然状态的理想化，但科泽尔斯基也意识到（正如卢梭本人那样），人的这一首要状态已不可挽回地丧

失殆尽，当下必须尽一切努力利用社会状态的积极一面。他谴责奢侈和极端的不平等，他捍卫体力劳动的尊严，甚至提出每天八小时工作制的理想。在其伦理学中，科泽尔斯基追随的是夏夫兹博里而非爱尔维修，他认为美德高于理性，道德训练高于智力教育。他建议用美德来规范人的行为，而不是用开明的自私，因为美德会带来团结和互助。他甚至建议，遭遇不幸的人应得到整个社会的帮助。政治学也应建立在伦理学的原则之上，科泽尔斯基将政治学定义为这样一门科学，即它能以最有效、最公正的手段实现公正的目标。他虽然认同防卫的必要性，但他谴责旨在征服（包括殖民征服）的战争，认为一个国家的防卫能力不仅取决于其军队的力量，而且甚至主要取决于其内部关系。

在《哲学建议》发表 20 年之后，科泽尔斯基出版了一部哲学对话录，题为《两位印度人迦兰和易卜拉欣关于人类认知的思考》（1788）。这篇对话录原本拟作为一部更庞大作品的开篇部分，其中包含对自然史的哲学思考，其观点在许多方面均很接近唯物主义。

德米特里·阿尼奇科夫（Dmitry Anichkov/Дмитрий Аничков，1733—1788）对俄国哲学讨论标准的形成做出了重要贡献，他是哲学家兼数学家，是莫斯科大学教授。他的著作包括《论自然神学的本质和起源》（1769）、《论人类认知之属性》（1770），拉丁文论文《论逻辑学和形而上学》（1782），以及《论阐释灵魂与肉体最密切关系的几种不同方式》（1783）。

这些著作中的第一篇无疑是最具独创性、最典型的启蒙主义思想著作。在这部著作中，阿尼奇科夫将宗教的起源归因于对自然现象的恐惧，归因于“幻觉”或曰想象的活动，归因于“钦佩”或曰英雄崇拜，亦即无知的大众对那些拥有非凡体力、敏捷和天赋之人的崇拜。在讨论宗教如何 10
转变为有组织的崇拜时，阿尼奇科夫强调，牧师和神权统治者出于物质利益考虑，会有意识地采取口是心非的策略。他的主要材料源自卢克莱修的《物性论》和 18 世纪旅行家们记录的有关原始民族信仰的故事。他在《论自然神学的本质和起源》中提出的观点在理论上仅涉及异教，但这些观点却在教会和保守的学术界引起强烈反对。主教公会下令公开焚烧几乎所有版本，仅有几册幸存。一段时间过后，阿尼奇科夫被允许出版《论自然神学的本质和起源》的一个新版本，前提是必须进行众多修订。他还被迫修改书名，以便确凿无误地表明，他的著作仅涉及"不开化民族"的宗教。

阿尼奇科夫在他讨论认知问题的论文中讨论了先天观念论，他赞同这样一种观点，即大脑中的一切均为先前被感受到的东西。与此同时，他追随科泽尔斯基反对极端的感觉论，认为认知包括三个阶段，即感觉感知、感觉印象生成概念以及借助这些概念进行思考。在列举错误的生成原因时，他推崇培根的偶像理论，并表达了对笛卡尔方法论怀疑原则的支持。在另一篇关于认知障碍的论文（发表于 1774 年）中，除其他问题外，他还对自然和环境在智性发展过程中所发挥的作用提出了一些典型的启蒙主义看法，他特别关注与迷信民众的接触可能带来的有害影响。

在那篇关于灵魂与肉体关系的文章中，阿尼奇科夫讨论了唯物论、唯心论和二元论。在二元论的支持者中，他对信奉莱布尼茨"先定和谐"的偶因论者与逍遥论者进行了区分，阿尼奇科夫更推崇逍遥学派的观点，因为他们假定灵魂作用于肉体，而非两个完全独立的现象序列在相互对峙。道德论据是决定性的，阿尼奇科夫因此拒绝了作为莱布尼茨体系和马勒伯朗士体系之基础的肉体和灵魂二元论，因为它暗示灵魂不对肉体的罪孽负责，肉体无力预防犯罪，如此一来，它便毁坏了道德的基础。

谢苗·杰斯尼茨基（Semyon Desnitsky/Семен Десницкий，卒于 1789
11 年）在其简洁的《圣事的法学思考》（1772）中提出的宗教起源论，近似于阿尼奇科夫的观点。在这部著作中，杰斯尼茨基将宗教的起源归结为恐怖、无知和拟人论，尽管他很自然地将基督教视为例外。杰斯尼茨基是俄国第一位理论法学家，他出版了布莱克斯通《英国法释义》前三卷的注释译本，他或许是他那一代人中最杰出，也最具独到见解的启蒙思想家。他出身乌克兰一商人家庭，先在莫斯科大学学习，后去格拉斯哥，师从亚当·斯密。1767年回到俄国后，他接任莫斯科大学法学系主任。对于其知识发展产生最重要影响的因素无疑就是他在苏格兰的留学，这使他把不列颠而非法国视为哲学的故乡。在他的著作《论直接简便的法学教学法》（1768）中，他提到霍布斯、西德尼、洛克、伯克利、曼德维尔、博林布鲁克、哈林顿、哈奇森等人，更重要的是，还提及伟大的苏格兰学者大卫·休谟和亚当·斯密。他把亚当·弗格森的名字也加入这份名单，这十分耐人寻味，因为亚当·弗格森的影响似乎构成杰斯尼茨基社会哲学中最为典型、最有价值的方面，即他能将社会现象视为历史进化过程的一部分。

杰斯尼茨基以普芬道夫为例，批判了传统的、抽象的自然法理论，建议人们不要专注于“人类的想象条件”，而应更恰当地研究所有权、财产和继承权的历史起源和演变。他在其论著《各民族关于财产和各种社会关系形式之观点的法律思考》（1781）中发展了这一思路。在这篇论述中，他依据经济标准区分出社会进化的四个阶段，即狩猎阶段、游牧阶段、农业阶段和商业阶段（进化规模上的最高阶段）。杰斯尼茨基写道，这里的每一阶段均与某种特定的所有权形式相关，私有财产仅出现在农业阶段，而完全意义上的所有权（即自由处置物品的权利，自非法占有者处夺回物品的权利），直到商业阶段才获得充分发展，取代其他形式的所有权。政府的法律和方式取决于在既定社群中形成的社会关系，取决于适应这些关系的所有权形式。

杰斯尼茨基认为，家庭的进化也受类似法律之约束。在论著《关于婚 12

姻的原则和起源的法律思考》（1775）中，他认为两性关系与社会进化的阶段密切相关：在狩猎阶段没有制度化的婚姻形式；在游牧阶段出现一夫多妻制；在农业阶段出现父权制的一夫一妻制；在商业阶段，给予女性平等权利的条件业已成熟（尽管一夫一妻制原则仍然存在），杰斯尼茨基热情支持这种进展。

杰斯尼茨基关于国家权威之起源的观点也值得研究。他放弃“社会契约”（social contract/общественный договор）概念，认为国家是历史发展的产物，其原因可追溯至人类天然的不平等。①对于原始人而言，体力上的强壮至关重要，他们的领袖因此只可能在身体强壮者中选出。在后来的历史阶段中，智力上的不平等显得越来越重要，因此越来越需要心计、智慧和远见。在商业阶段，财富成为决定性因素，正是这一点如今决定着统治精英的影响以及获取财富的途径。杰斯尼茨基认为，这导致了商业阶段社会制度的某些负面特征，他在对布莱克斯通著作所做的注释中强调，百万富翁的游说团体对英国政府和司法机构产生了有害影响。②然而，他相信商业阶段代表一个进化高峰，因为商人阶级为国家的权力、财富和统一做出最大贡献，使中央集权战胜了各种分离倾向。

这一简短的介绍清楚地表明，杰斯尼茨基的社会哲学本质上是资产阶级的。当他试图将之付诸实践时，这一点就变得愈加明显。1768年，在建立法典委员会的过程中，杰斯尼茨基向叶卡捷琳娜提交一份草案，题为《关于在俄罗斯帝国建立立法、司法和行政机构的呈文》。他的草案提议，作为永久性代表机构的参议院每五年选举一次，该机构在理论上仅有咨政功能，但毫无疑问，杰斯尼茨基希望确保对专制体制施以某种形式的控制

① 见乌捷钦：《俄国政治思想简史》（S. V. Utechin, *Russian Political Thought. A Concise History*）（纽约和伦敦，1964），第55页。

② 见《18世纪下半期俄国思想家著作选》，第1卷，第290—291页。

和限制。参议院由 600—800 人组成，不仅自贵族（包括没有土地的穷贵 13
族）推选，还要在商人、工匠、神职人员和大学教师中选出。如果这一计划得以实施，中产阶级和平民知识分子（raznochintsy/разночинцы）[①] 就将在代表机构中发挥重要作用，即便不能扮演主导角色。

杰斯尼茨基的计划还要求重组财政政策、行政部门和司法系统（其中包括引入公开审判）。他还触及农民问题，但他仅提出了一些谨小慎微的建议，比如禁止出售没有土地的农民，不得仅仅为了向庄园提供家仆而违背农奴的意愿，分割他们的家庭。

科泽尔斯基、阿尼奇科夫和杰斯尼茨基的名字在他们身后不久即被遗忘，后被苏联学者重新发现。总的来说，这种忽视是不公正的，他们或许不是杰出的智者或伟大的文学天才，但在当时的俄国，他们依然是主张引进新的、具有前瞻性的哲学思想和社会思想的先驱人物。

第三节　尼古拉·诺维科夫与共济会

在 18 世纪俄国，理性时代的精神和思想借助通俗文学的形式得到传播，这些人道主义思想的主要代表并非某一位职业哲学家或大学教师，而是作家和讽刺作家**尼古拉·诺维科夫**（Nikolai Novikov/Николай Новиков，1744—1818）。

诺维科夫的家庭属于贫穷的乡村贵族。他就读于莫斯科大学附属中学，但由于某种原因未能完成学业。他为自己在教育方面的种种不足而抱憾终身，尤其是不懂外语。1767 年和 1768 年，他是法典委员会的秘书之一，负责在为“中产阶层委员”设立的特别委员会上做记录，同时也在首

---

① **平民知识分子**一词指出身于不同社会阶层、后接受过教育的人士，他们必须自食其力。值得注意的是，杰斯尼茨基已使用此词。

席委员会的会议上做记录。这项工作使他对当时的社会问题有广泛了解，尤其是那些与“中产阶层”，甚至农民相关的问题。这段经历似乎影响到他后来的所有活动。法典委员会解散后，诺维科夫以极大热情投入讽刺期
14 刊的出版事业，不仅作为出版商，而且还作为主编和主要撰稿人。①

俄国第一份讽刺杂志《万象》由叶卡捷琳娜本人首倡出版，她希望通过这一姿态表明，她尽管解散了法典委员会，但并不打算放弃她的开明自由主义。该杂志名义上的出版人是女皇的私人秘书科济茨基（Kozitsky/Козицкий），但文学界全都清楚，其真正的主编是叶卡捷琳娜本人。在第一期上，她鼓励俄国文人效仿她的榜样，目的是刺激社会热情，对政府的各项政策提供支持。她的鼓励大获成功，甚或超出她的胃口。很快，讽刺期刊便如雨后春笋般地大量涌现。叶卡捷琳娜的杂志试图扮演“祖母”角色，她想控制其他杂志，确保批评不会超过某些明确划定的界限，但这项任务实属不易。

在这些忘恩负义的“孙儿”中，最有趣、最大胆的杂志就是诺维科夫的《雄蜂》，这是1769—1770年间出版的一份周刊。从第一期起，诺维科夫就反驳了叶卡捷琳娜的建议，即讽刺应是“愉快和善意的，讽刺作家要牢记爱其同胞的责任，对现实进行批评的前提是要注意到现实生活中的积极方面”。面对《万象》发出的种种威胁，诺维科夫诙谐地提醒叶卡捷琳娜不要忘记她自己制定的文学游戏规则，他的刊物上还有一些对女皇本人的恶意影射。在《雄蜂》中，对作为《万象》主编的叶卡捷琳娜的尖锐的（虽说是间接的）批评与对女皇叶卡捷琳娜的赞美相互交替。一段时间，这些策略使诺维科夫得以继续他尖锐的社会讽刺，对《万象》展开无情攻击。最终，叶卡捷琳娜失去耐心，决定采取行政措

① 诺维科夫的讽刺作品在勃拉戈伊的《18世纪俄国文学史》（D. Blagoy, *Istoriia russkoi literatury XVIII veka*）（莫斯科，1946）一书中得到详尽讨论。

施。起初，她实施严格的书刊审查制度，后来则决定查封所有讽刺期刊。《万象》也停止出刊，不久之后，《雄蜂》告诉其读者，它必须与他们告别，尽管并非出于自愿。

诺维科夫在1772年又得到一次机会，当时叶卡捷琳娜的喜剧《哦，时代！》在圣彼得堡上演，该剧嘲笑保守的贵族反对派，诺维科夫知道如何奉承叶卡捷琳娜的虚荣心，他于是得到女皇，同时也是这部新喜剧之作 15
者的赞助，获准出版另一本期刊，即《画家》。

诺维科夫讽刺的主要目标是既坏又蠢的地主，他们吹嘘其高贵出身，对农民却十分残忍，他们对社会毫无益处。他最引人注目的讽刺作品是发表在《画家》前几期上的《旅行记片段》，其中有关于“破败村庄”的惊人描述，“哭泣的农舍”在“残忍暴君”的枷锁下呻吟。在拉季舍夫之前，俄国从未有过对农奴制如此强烈的谴责。因此，许多学者后来将《旅行记片段》归在年轻的拉季舍夫笔下，亦不足为奇。

《旅行记片段》和《彼得堡至莫斯科旅行记》的主要区别在于，拉季舍夫笔下的农民有抗议甚或起义的能力，而诺维科夫笔下的农民则胆小谦卑。在诺维科夫对公众良知的呼吁中并无任何东西可被理解为对贵族阶级的攻击，但《旅行记片段》仍在有势力的圈子里引起极大愤怒，1773年7月，《画家》停刊，其存在仅持续一年。

当诺维科夫在作品中对俄国现实做出尖锐批评时，他持有怎样的社会观呢？他的理想模式显然是父权君主制，这种体制能超越一切个人利益，联合所有阶层去进行追求共同利益的和谐活动。在这种体制下，贵族不会拥有或奴役农民，反而肩负着在农民和最高政权之间进行调解的责任。诺维科夫建议，在履行监督职责时，贵族应以“父亲般的”方式行事，关顾其农民，并在洪灾、火灾、歉收或其他自然灾害发生时伸出援手。尽管他深知他的父权田园诗与俄国的现实相距遥远，但他仍相信这一理想化的愿景，即一个好地主能成为其农民的父亲，一个好沙皇将成为整个民族的父亲。①

这种父权制乌托邦与理性时代的资产阶级意识形态很少共同之处，后者主张用基于非个人的理性立法的人际关系来取代个体的人身依赖。诺维科夫认为，国家财富应建立在农业的基础上，他不喜欢资本主义倾向。尽
16 管他尊重，甚至同情商人阶级，但他看不到工业资本的必要性，厌恶一切金融诡计。如果仔细观察他的社会理想，我们会发现这实为一幅关于彼得改革之前俄国社会关系某些方面的理想化图景。

诺维科夫几份期刊的主要读者群是小贵族、中产阶级和商人阶级。事实上，我们有充分理由称他为俄国“第三阶层”的思想家。但必须记住，俄国的这种第三阶层并非一股能够推翻封建制度的革命力量。

“俄国第三阶层”意识形态的一个典型因素即其法国恐惧症，他们所针对的主要是越来越热衷盲目模仿法国一切的大贵族和富有贵族。不过，他们的谴责并不极端。诺维科夫也带有这种厌恶，他在《雄蜂》上也曾抨击对方言土语的普遍蔑视，对巴黎最新时尚的盲目追捧，以及被以法国方式教育出的“年轻贵族猪崽子们”的其他缺陷。

正如前文提及，在与百科全书派的接触以失败告终后，叶卡捷琳娜也对维护民族传统产生了兴趣。在这场战役中，广受欢迎的诺维科夫似是一位潜在盟友。于是，叶卡捷琳娜资助了诺维科夫的“俄国古代文献丛书”，此为一套系列出版物，诺维科夫出版了多种历史古籍。利用叶卡捷琳娜的支持，诺维科夫于 1774 年再次（也是最后一次）尝试出版一份讽刺杂志。这份期刊有一个具有象征意义的刊名，即《网袋》，此指当时时尚人士戴的假发上用来包裹脑后头发的丝绸网袋，这个刊名本身即表明该杂志将与

---

① 见马科戈年科：《诺维科夫与俄国 17 世纪启蒙运动》，第 202—205 页。

崇拜外国时尚的风气做斗争。

诺维科夫在一篇讽刺文中表达了他的厌法情结，他讽刺的是一个名叫门松日的骑士［“门松日”（Mensonge）意即“谎言”（lie）］，他在法国是一位美发大师，但在俄国却做了贵族子女的家庭教师，他不断地向他的学生们灌输对俄国的仇恨。他的对手是一个可爱的德国人，后者为俄国人辩护，将那些真正的、珠宝般的“伟大而古老的俄国美德”与法国流行的人造宝石进行对比。这位德国人是这样结束其讨论的：

> 唉，如果有某种人类力量能把俄国人先前的道德再归还给俄国人就好了，他们先前的道德在引入假发网袋后便遭到破坏，如果俄国人的道德失而复得，他们就会成为人类种族的典范。在我看来，早期那 17
> 些智慧的俄国君主似有预见，在艺术和科学被引入俄国之后，俄罗斯人民最伟大的财富，即道德，便将永远消失。这就是为什么，他们宁愿他们的许多事情一事无成，也依然保持美德，保持对上帝、君主和祖国的忠贞。①

争论似可到此为止，但诺维科夫显然仍有一些疑虑，他在其杂志的下一期又发表一封信，声称是一位“不知名的”法国捍卫者写来的，他对那位古代俄国美德的拥戴者说道：

> 您为何要平白无故地糟蹋纸张呢？如今的年轻人活泼机智，轻浮大胆，他们会嘲笑您对祖国的古老的爱。您出生在很久以前，当时的俄国沙皇在婚礼那天把蜂蜜涂在自己的头发上，第二天早上和新娘去

① 诺维科夫：《诺维科夫文选》（N. I. Novikov, *Izbrannye sochineniia*）（莫斯科–列宁格勒，1951），第 85 页。

> 澡堂，在那里吃饭；当时，所有知识都被写在教会的日历上；当时，蜂蜜酒和葡萄酒要论壶喝；当时，年轻的夫妻直到结婚那天才首次见面；当时，浓密的大胡子是一切美德的同义词；当时，人们在火刑柱上被烧死，或者出于某种特殊的虔诚，因为在做十字架时出了差错而被活埋。①

诺维科夫向他的读者承诺，他将对这种法国式辩护做出回应。在此信第二部分，他让他的“来信者”道出许多夸张之词，因此显得很可笑，比如他说，俄罗斯人不能称之为人，除非他们学会用法国人的方式跳舞和问候。然而，诺维科夫似乎无法找到新的论据来捍卫“古代的俄国美德”，《网袋》的读者们徒劳地等待，终未看到诺维科夫所承诺的回应。②

用诺维科夫自己的话来说，在编辑这些讽刺期刊的年代，他“置身于宗教和伏尔泰主义的分岔路口”。也许可以补充说，他同样也置身于爱国主义情感和启蒙主义之激进的，却是国际化的观念之间，前者在当时局势下即意味着墨守传统，后者则被他用来批判俄国现实。1774 年，在主编《网袋》时，他正经历一场严重危机，新近爆发的普加乔夫叛乱更加重了这场危机。1775 年，诺维科夫加入共济会，他借助共济会运动缓解了他的危机。更确切地说，他与其说是主动加入共济会，不如说是应邀参与集
18 会，因为他的引领人甚至不愿为他举行正式的入会仪式，以免令他们这位新会员感到失望。③

在 18 世纪，共济会运动（Masonic movement/масонское движение）是一个超越国界的最强大、最有影响力的秘密或半秘密（取决于环境）社

① 诺维科夫：《诺维科夫文选》，第 86—87 页。
② 见普列汉诺夫：《俄国社会思想史》，第 307 页。
③ 见马科戈年科：《诺维科夫与俄国 17 世纪启蒙运动》，第 299—300 页。

团。共济会（Freemasonry/масонство）的意识形态从未得到过明确表述，当然，任何明确的声言也均不符合该运动的密谋性质及其深奥教义。不同的系统，甚至不同的会员可能持有完全不同的社会和政治信念，从激进的自由主义到彻头彻尾的守旧派，不一而足。所有共济会成员的共同点则在于，他们相信天下人皆兄弟，相信道德自我完善的目标，相信即将来临的黄金时代。然而，这种信念与任何系统的政治行动纲领均无关联。

总体而言，共济会是一种特殊的、世俗化的宗教生活方式，是封建社会解体和教会权威瓦解的产物，也是传统的宗教信仰完全或部分丧失导致的结果。对于像诺维科夫这样一个置身于传统宗教信仰和理性主义之间的人来说，共济会成了宗教的替代物，而共济会则凭借其等级秩序和精心设计的崇拜成了教会的替代物。

相对于传统宗教，共济会具有双重功能：一方面，它吸引人们远离官方教会，通过宗教经验的理性化来使得人们的世界观逐渐世俗化；另一方面，它也在吸引人们返回宗教，使他们远离启蒙运动之世俗的、理性的哲学。第一个功能借助共济会中理性主义的、自然神论的派别得到最有效的落实，这一派别确立了理性面对教会的权威，坚持宽容和个性自由。共济会的各种自然神论在英国尤为盛行，它与自由主义运动有关联，它在法国也很时尚，常与百科全书派结盟。共济会的第二个功能最常借用神秘的仪式来实现，尽管这也表现为宗教信仰的现代化，因为它提出的信仰模式在根本上是反教会的，假定在灵魂与上帝直接接触的基础之上可能存在高度内在化的信仰。

神秘共济会的追随者主要集中在经济落后的德意志诸邦国，尽管在德 19
国也产生了光照会（Illuminati/иллюминаты），此为共济会一个极端理性主义的分支，它并不畏惧政治行动。共济会的神秘主义主要自雅各布·波墨和圣马丁的著作获取灵感，他们两人的著作均被译成俄语，尤其是圣马丁，他在俄国非常受欢迎，在“马丁主义者”（Martinists/мартинисты）中间更受推崇，诺维科夫与马丁主义者也有联系（不过，“马丁主义者”并非得名自圣马丁，而得名自他的老师、葡萄牙神秘主义者马丁内斯·帕斯夸利）。

俄国的第一批共济会分会出现在18世纪中期，即伊丽莎白女皇在位时期。但从著名的共济会成员叶拉金的回忆录中似可清楚地看出，这些早期的分会更像上流社会的俱乐部，很少能提供智性或精神上的激励。这场运动在叶卡捷琳娜二世统治时期变得显眼起来，因为叶卡捷琳娜对共济会充满敌意。共济会成员中有一些最杰出的古老贵族的代表，其中包括帕宁兄弟和谢尔巴托夫公爵（他们是贵族反对派领袖），以及苏马罗科夫、赫拉斯科夫和卡拉姆津等杰出作家，甚至连拉季舍夫也是“乌拉尼亚”分会的成员。大多数共济会成员均来自贵族阶层，但知识分子中的一些非贵族成员，乃至仆人，偶尔也会成为成员。

1770年代下半叶，在普加乔夫起义之后，共济会分会的数量开始迅速增加。这一时期，更为开明的年轻贵族面临一个令人不安的两难选择：农民起义是一个可怕的警告，诱使他们放弃开明的自由思想；但与此同时，他们也无法返回先前的态度，即理所当然地接受上层阶级对农民的剥削。于是，他们只能步入个人自我完善的王国，即“灵魂的内在生活”，换言之，即步入共济会分会。这种氛围也导致了俄国感伤主义（sentimentalism / сентиментализм）和其他前浪漫主义潮流的兴起。

与许多西欧的共济会不同，俄国的共济会运动在世俗化进程中所发挥的作用微不足道。从彼得大帝时代起，东正教便几乎完全失去对知识精英的控制，国君们很少对东正教会表示尊重（伊丽莎白女皇或许构
20 成例外）。在这种情况下，共济会主要就是对开明社会的“伏尔泰主义”（Voltairianism/вольтерьянство）的反拨。因此，莫斯科都主教普拉东不顾

叶卡捷琳娜的明显敌意，仍相当青睐共济会运动。

当时最杰出的共济会成员之一**伊万·洛普辛**（Ivan Lopukhin/Иван Лопухин，1756—1816），年轻时也是百科全书派的热心追随者。他对霍尔巴赫的《自然的体系》印象深刻，译出该书具有总结性质的最后一章《自然法典》。洛普辛对于其译作十分满意，一直想把它分发给更多的人。但正如他本人在其回忆录中告诉我们的，第一册译作刚一备好，他便开始感觉不安，受到良心上的折磨。他始终无法入睡，直到他把不敬的手稿扔进火堆，在他专门写成一篇论“理性之滥用”的文章后，他方才复归平静。然而，由于他已无法返回传统的东正教信仰，他便在共济会的神秘主义中找到了安慰。[①]

沉湎于神秘主义的一个通常结果，即逐渐放弃对社会改革和政治改革的兴趣。洛普辛是一个有着热烈的人道主义情怀的人，他以从事慈善事业而广为人知，但与此同时，他坚决反对激进的社会变革。他有一篇论著，题名《目睹平等和狂暴自由种种有害后果之时关于专制之益处的内心思考》（1794），他在其中提出一种理论，以证明社会不平等是一种自然法则，他宣称，自然本身即体现着分化和等级原则，如果没有不平等，世界将失去其多样性、和谐与美。

另一位杰出的共济会成员是平民知识分子**谢苗·加马列亚**（Semyon Gamaleia/Семен Гамалея，1743—1822），他是诺维科夫的好友和合作者。他鄙视物质利益，被视为一位圣徒式人物。他在白俄罗斯为政府服务，后获赠300个农奴作为回报，据说他一口回绝，理由是他连自己仅有的一个农奴都对付不了。还有一则趣闻，说他遭到强盗袭击，他并未抵抗便交出其怀表和金钱，回家后，他还祈祷那些被抢走的财产别遭受虐待。另有一

① 见米留科夫：《俄国文化史纲》，第3卷，第162页。

次，他的一个仆人偷了他的东西，仆人被抓获后，加马列亚却把被偷的钱
21 作为礼物送给那位仆人，并让那位仆人“愿意去哪儿就去哪儿”。①

这些故事表明，加马列亚在理论和实践上都赞同托尔斯泰的勿以暴力抗恶原则。这种对个人道德的强调，即坚信只能通过自我完善和道德重生来克服恶，是俄国共济会意识形态的典型特征，这一点使得米留科夫称俄国共济会为18世纪的“托尔斯泰主义”②。虽然这种比较的确引起了人们对共济会信仰一个特殊方面的关注，但它仍具误导性，因为它忽略了这样一个事实，即加马列亚所宣称的福音派伦理毕竟与托尔斯泰特有的社会激进主义相去甚远。

从纯哲学角度看，俄国共济会成员中最有趣的人物是一位俄罗斯化的德国人，他来自特兰西瓦尼亚，名叫**约翰·格奥尔格·施瓦茨**（Johann Georg Schwarz/Иоганн Георг Шварц，1751—1784）。施瓦茨作为一名教师来到俄国，1779年被任命为莫斯科大学教授。不久，他遇到诺维科夫，与他一起组建学者联谊会。1780年代早期，他俩出版两份期刊，即《莫斯科读物》和《晚霞》。

除了干劲十足和理想主义这两种特殊品质外，施瓦茨还具有很高的教学天赋。他倾尽其资产，在莫斯科大学创办一个“教学讲习班”，他在那里通过对斯宾诺莎、卢梭和法国唯物主义哲学家们的批判研习来培训未来的教师。在学生们的帮助下，他还成立一个“翻译讲习班”，将西欧哲学家、神秘主义者和道德哲学家的作品译成俄语。当与校方的争执迫使他递交辞呈之后，他在家中继续授课。他在俄国共济会历史上发挥了重要作用，不仅是一位思想家，也是一个组织者，因为他建立起玫瑰十字会（Order of Rosicrucians/Орден розенкрейцеров）的俄国分会，这缘起于他在

① 见普列汉诺夫：《俄国社会思想史》，第279页。
② 见米留科夫：《俄国文化史纲》，第3卷，第345页。

1781 年旅行德国时与玫瑰十字会取得的联系。莫斯科玫瑰十字会成员是俄国共济会主体中的秘密精英。

施瓦茨不仅是一个神秘主义者和神学家，是雅各布·波墨的追随者，同时还是“神秘科学”的狂热信徒。他实践炼金术，相信有可能获得关于自然秘密的神奇洞察力，认知自然在人类堕落之前真正纯洁的面 22
孔。在某种程度上，他可以说为谢林的自然哲学在俄国的发展铺平了道路。①

施瓦茨在他发表于《晚霞》上的文章中阐述自己的观点。②他的哲学主要关注人的本性。施瓦茨区分了人的身体、精神和灵魂，在他看来，后一种存在是物质元素和精神元素这两者化学融合的产物。他相信动物也有灵魂，而人是连接动物世界和纯灵魂世界的生命链中的中间环节。身体由感官控制，灵魂由智性控制，精神由“理性”控制。智性，或者说是启蒙哲学家们称之为“理性”的那种能力，只能通过感官发挥作用，而真正的理性则能进行超验认知，能理解普通经验无法把握的神性真理。真正的知识是道德的同义词。随着绝对知识的获得，人也会获得绝对道德，人将获得重生，“堕落后的崛起”，这将宣告一个新的黄金时代的到来。

现在让我们回到诺维科夫的观点和活动上来，他在施瓦茨早逝后成为莫斯科玫瑰十字会的领袖人物。对诺维科夫而言，共济会运动代表理性主义和宗教信仰之间的妥协，因此，这并不意味着对他之前信仰的彻底放弃。与施瓦茨不同，诺维科夫对神秘学不感兴趣，仅在很小程度上受到神秘主义的影响，总之，他大体上代表着共济会的理性主义倾向。

1777 年，诺维科夫出版了俄国第一份哲学和道德期刊《晨光》。与后

---

① 见津科夫斯基：《俄国哲学史》，第 1 卷，第 97—98 页。

② 在米留科夫的《俄国文化史纲》第 3 卷第 360—363 页有相关讨论。

来由诺维科夫出版，但实为施瓦茨主编的《晚霞》不同，《晨光》所刊载的均为诺维科夫的文字。这份杂志上发表的最重要文章之一，即他的《试论人在与上帝和世界之关系中的尊严》[①]。这篇文章暗含着对一种流行的神秘主义观点的抨击，那种观点认为，人类是堕落的造物，在上帝面前只是一粒尘埃，是“盛满原罪的腐烂容器”。诺维科夫则针锋相对，给出一个地道的文艺复兴式观点，即人是“宇宙的创造者”。他认为，人和最小的
23 蛆虫一样均由上帝用尘土造出，但只有人是按照上帝的模样被创造出来的，且被赋予理性，人的本性中即已包含神性因素。因此，人是物质世界和精神世界之间的连接纽带。人性的本质是相互矛盾的：人是蛆虫，与此同时也具有神性；人是奴隶，与此同时又是统治者。他必须对造物主谦卑，但他也有权作为尘世上帝的真正代表而感到骄傲。[②]

从这一理论可得出几个具有实践意义的结论。诺维科夫赞扬人类理性的神圣属性，比如他提出，用理性征服世界就是献给上帝的最合适供奉。此外，由于人的本质具有神性，因此每一个人都应得到尊重，无论其出身或社会地位。他还以人的尊严的名义，呼吁人们积极参与为共同利益而进行的事业。他在该文结论部分写道，人本身既是目的又是手段，他是目的，因为无人有权把另外一个人当作手段，他又是手段，因为每个个体都应致力于为公共利益而进行的事业。他总结道，谁若仅把自己视为目的，他就是寄生虫，就是毫无用处的雄蜂。

诺维科夫并非一位具有独创性的思想家，但是他在俄国思想史上的

---

① 见诺维科夫：《诺维科夫文选》，第 387—393 页。

② 在杰尔查文著名的《上帝颂》（Derzhavin, “Ode to God”）中亦可见同样观点，即人是存在链条中的中间环节，既是蛆虫，又具神性。马科戈年科（见其《诺维科夫与俄国 17 世纪启蒙运动》，第 334—335 页）由此得出结论，即杰尔查文受到诺维科夫的影响，并称诺维科夫的人类哲学是“对俄罗斯民族历史道路的概括”。因此，值得注意的是，诺维科夫接受了当时流行的有关“伟大的存在之链”的阐释。他也可能在他肯定熟知的英国诗人爱德华·杨的《夜思》（Edward Young, *Night Thoughts*）中读到这种阐释。这组诗的其中一首《人》（“Man”）也写道，人是介于虚无和神性之间的中间地带，一种将蛆虫的本质与上帝的本质结合起来的造物。

重要地位并不依赖于独创性。他本质上是一个伟大的启蒙者。他可被称为他那个时代的中心人物，这在很大程度上就因为他代表了当时所有主流的（往往是相互矛盾的）思想倾向：既有启蒙运动的普世主义，又有对传统民族价值的捍卫；既有理性主义，又有反理性主义的宗教意识。不过最重要的是，他是一个不懈的改革家，他以其一生证明，教育的传播仅为专制政体之特权的时代已一去不返。

俄国共济会运动拥有众多富有且具有影响力的成员，是当时唯一独 24
立于政府的强大组织。诺维科夫认为它可在社会改革的实施过程中发挥作用，这并不奇怪。早在 1777 年，他就用《晨光》的销售收入在圣彼得堡为中产阶级子女开办了两所学校。然而在都城，在女皇本人的眼皮底下，他的计划几乎无望获得成功。因此在 1779 年，他移居莫斯科，租下莫斯科大学出版社，开始活跃于教育领域。1784 年，他抓住允许设立私人印刷所的法令出台之良机，创建了他著名的印刷所（使用学术联谊会中富有的共济会成员们的资本）。其出版活动的规模在俄国前所未有。他不仅是编辑，也是发行商，努力确保他的书能抵达帝国的最边远地区，其中包括西伯利亚。仰仗诺维科夫，中产阶级，还有一些农民，方才接受到那些步入俄国的新思想。于 1781—1790 年间在俄国出版的所有书籍中，由诺维科夫出版的书约占 28%（即 2 585 种图书中的 749 种）[①]，但其中只有相对较少的书籍是介绍正统共济会思想、神秘学或神秘主义的。事实上，诺维科夫并不愿意出版此类作品，施瓦茨也经常指责他对共济会事务缺乏适当热情。他甚至因此与那些富有的玫瑰十字会成员发生公开争吵，后者威胁要撤出他们的资本。他的大部分出版物均为历史图书或教育图书（包括俄国第一部儿童文选），他出版的主要作家和学者包括弥尔顿、莎士比亚、杨、

① 见马科戈年科：《诺维科夫与俄国 17 世纪启蒙运动》，第 507 页。

莱辛、克洛普施托克、菲尔丁、斯特恩、高乃依、拉辛、培根、洛克、门德尔松、卢梭，甚至伏尔泰和狄德罗，另有一套单独的、精心编选的俄国作家选集丛书。在那些忙碌的岁月里，诺维科夫发现自己依然有精力去从事其他活动。1787 年饥荒发生后，他利用其杰出的组织才能为饥饿的农民提供了大规模帮助。

诺维科夫的活动很难得到叶卡捷琳娜的赞同。如此大规模的、不受她监督的教育行动和公民行动令她深感不安。在她与这位对手的战斗中，她巧妙利用了对方与玫瑰十字会的联系，以便在公众眼中把他诋毁为一个愚昧的神秘主义者，而她自己则是启蒙运动理性理想的捍卫者。1780 年代，
25 她发起一场针对共济会的全面战争，她自己也写了几部嘲讽该运动的喜剧（《西伯利亚萨满》《骗子》等）。她还匿名出版一本小册子，标题意味深长，即《荒谬社团之秘密》，她还试图说服都主教普拉东把诺维科夫指为异端。她推出这些措施并不仅仅因为她不喜欢诺维科夫的热情，而且还因为她担心，共济会的那些分会正在密谋推翻她，用王位继承人（王储保罗）来取代她。

法国大革命使叶卡捷琳娜意识到必须实施更严厉的制裁。1792 年，她下令逮捕诺维科夫，后者未经审判就被监禁于施吕瑟尔堡，刑期长达 15 年。诺维科夫的印刷所被解散，在那里印制的许多书籍和期刊也被焚毁。4 年后，诺维科夫在沙皇保罗即位时获释。他健康状况不佳，生活环境恶劣，在这种情况下，他如今比以往任何时候都更愿意在宗教神秘主义中寻求安慰。他和加马列亚一同，把他生命的最后几年用于编纂一本庞大的有关神智学、神幻术和神秘哲学的文选。

在 19 世纪前 25 年，共济会经历过一次短暂的复兴，其突然衰落在很大程度上归因于沙皇尼古拉一世的即位，他无法容忍任何秘密或半秘密社团，尤其憎恶共济会成员。

第四节　贵族反对派

尽管叶卡捷琳娜的国内外政策无疑符合贵族的最大利益，但最直言不讳的贵族反专制派却在她在位时期达到顶峰。有时，这一反对派声称其植根于彼得改革之前的古代大贵族传统（boyar traditions/боярские традиции），即地方代表会议（Land Assemblies/поместные соборы）和大贵族杜马（Boyar Duma/боярская дума）的传统，但它基本上是西化的产物，其领袖原则上希望用一种西欧式的君主制来取代专制制度。他们的思想源于孟德斯鸠的政治哲学，强调不间断的历史连续的重要性，他们的观点可以用孟德斯鸠的一句短语来很好地加以概括："没有君主就没有贵族，没有贵族就没有君主，但暴君可能会自行生成。"①

极右翼反对派的代表即**米哈伊尔·谢尔巴托夫**公爵（Mikhail Shcherbatov/ 26
Михаил Щербатов，1733—1790）。法典委员会会议上的他是一位优秀的演说家和古代大贵族传统权利的热心捍卫者，而那些古代大贵族感觉其存在受到了彼得制定的官阶表（Table of Ranks/Табель о рангах）之威胁。②谢尔巴托夫认为，只有君主才有权授人以贵族称号。贵族身份作为一种自主特权被赋予特定的军中将领职位或官僚阶层地位，这会让人追逐名利，滋生奴性，使君主制变成专制的官僚机构。谢尔巴托夫也反对对农民做出任何让步（如对农奴制的法律限制），反对对商人做出任何让步（如由商人建厂），事实上，他反对有可能危及贵族和世袭大贵族传统特权的一切事物，在他看来，贵族阶层是荣誉和自由的支柱，是社会中能够保持其独立

---

① 孟德斯鸠：《论法的精神》（Montesquieu, *The Spirit of Laws*），纽根特译（无出版年代），第 2 卷，第 14 页。

② 1722 年制定的官阶表设立 14 个文职等级制及相应的军人等级制，贵族等级（终身的或世袭的）自动与某一文职或军职等级挂钩。

性、不求助于奴性或奉承的唯一力量。在一些未发表的文章中，谢尔巴托夫公然表示，俄国的政治制度不是君主制，而是专制体制，是最糟糕的政府形式，或者更确切地说，是一个错误政府，“一种没有法律，仅有君主疯狂冲动的暴政”。

作为一名历史学家（他著有七卷本《俄国史》，一直写到 1610 年），谢尔巴托夫提出一种观点，即专制制度并非俄国本土的政府形式。之前的俄国大公和沙皇与大贵族们分享权力，沙皇和大贵族结盟，双方均严格遵守盟约，这就是俄国国力不断增强的主要因素。为调和这一观点与伊凡雷帝成功却专制的政治统治之间的矛盾，谢尔巴托夫被迫将伊凡的统治划分为两个时期：第一个时期对俄国有利，因为沙皇对自己的激情尚有所抑制，能听取大贵族杜马的建议；在第二个时期，他成为一位血腥暴君，杀害他的谋士，把他的国家带入毁灭。

对彼得大帝统治的评价给谢尔巴托夫造成了更大困难。尽管彼得大帝粗暴地对待大贵族，制定了官阶表，但他还是巩固并大大增强了俄国的国力。谢尔巴托夫没有否认这一点，但他试图表明，这些只是表面上的成
27 功，为此付出的代价过于高昂。他在一篇题为《俄国道德腐败之思考》的有趣论文中发展了这些观点。这篇文章不可能通过书刊审查，且显然也并非为发表而作。直到赫尔岑于 1858 年在境外发表此文后，它方才为人所知。

在《俄国道德腐败之思考》的开头，谢尔巴托夫就提出了以道德退化为代价的进步概念所固有的矛盾。为证明其论点，他描绘出一幅原始部落生活的理想化画面，并将其简朴与文明的种种诱惑作对比。他甚至赞扬此类部落社会的原始平等主义（包括财产的共有），尽管他也指出，这种平等主义难以持续存在，因为文明的进步就意味着社会分化。

在许多方面，谢尔巴托夫的思想都迥异于流行的启蒙主义定论。他认

为，部落生活并非无忧无虑的“自然状态”存在，恰恰相反，其最值得注意的特点是强大的社会凝聚力，而不是“自然的自由”，他认为这与内心的松弛、利己主义和文明状态下典型的道德无政府主义构成对立。在他看来，原始部落没有“欲望”（voluptuousness/сластолюбие）概念，也就是说，没有满足所有感官欲望的自由冲动，也没有复杂的人为诱导的需求之不断扩散，而后者是与不健康的野心和想要给他人留下深刻印象的欲望相伴而生的。这些观点的原创性基于这样一个事实，即谢尔巴托夫把这种前文明状态置于相对较近的过去，而非遥远的史前时代，因此，原始部落和文明国家的对立在很大程度上是与彼得改革之前和之后两个俄国的对峙相吻合的。

谢尔巴托夫指出，俄国过去年代的生活是简单的，没有过度奢靡之风。孩子们的成长完全处于宗教影响之下，尽管这会诱出某些非理性的、迷信的信仰，但它也灌输了对“上帝律法”的应有恐惧。贵族地位与行政级别无关，相反，它取决于贵族家族的威望和传统。这一原则有利于公民美德的开花结果，因为它限制了个人的野心，使个人野心服从于家庭利益和阶层利益。

谢尔巴托夫声称，彼得的改革给俄罗斯人的生活带来一种之前不为人知的“欲望”，此言有一些可信度，因为他本人就认识许多仍对彼得在位 28
时期记忆犹新的人。因此，他的《俄国道德腐败之思考》在许多方面均有历史文献价值，使我们得以了解彼得改革在多大程度上帮助个人摆脱了传统和宗教仪式的束缚。无情的专制权力、国家的中央集权化和官僚制度，对于个人来说，其负担远不及严格的宗教仪式、持续的斋戒和被谢尔巴托夫理想化了的传统习俗等约束。《俄国道德腐败之思考》中的“欲望”一词即指个人主义，其最初的原始刺激有时令人厌恶，同时也很天真，就像谢尔巴托夫所列出的一长串道德败坏、追名逐利、铺张浪费的例子（主要取自宫廷和新近出现的宫廷贵族的生活）所证明的那样。

谢尔巴托夫尤其关注人际关系的个性化以及随之而来的面对妇女的态度之变化。在彼得统治时期，新娘和新郎在婚礼前见面成为惯例，男女一起参加“集会”，人们更关注自己的外表。“在早先的原始条件下不为人知的激情之爱，开始支配敏感的心灵。”[①] 莫斯科唯一的女美发师被她的顾客们所包围，为参加宴会，她们中的一些人提前三天来到她这里，为了不破坏发型，之后她们不得不一连三夜坐着睡觉。两座都城的花花公子们相互攀比奢华、时尚的服饰。谢尔巴托夫承认，彼得本人并不太喜欢奢侈，但他鼓励别人过度消费，以刺激工业、手工艺品和贸易。

道德腐败的另一原因是彼得建立的官僚等级制度，它鼓励个人野心，并把政府官员置于贵族之上。谢尔巴托夫设问：“一个人在很年轻的时候就因上级手中的棍棒而瑟瑟发抖，他还能够保持美德和性格的力量吗？”[②] 突然实施的残酷改革对民族的道德造成危害，因为彼得对迷信发动了一场过于激进的战争。谢尔巴托夫把彼得比作一个没有经验的园丁，他对树木修剪太甚。“迷信少了，但信仰也少了；先前对地狱的恐惧消失了，但对
29 上帝及其神圣律法的爱也消失了。”[③]

正如赫尔岑指出的那样，就对彼得改革的批评而言，就对“古代俄国与现代俄国”问题异常敏锐、全面的诉诸而言，谢尔巴托夫在某种程度上堪称斯拉夫派之先驱。值得注意的是，谢尔巴托夫和斯拉夫派一样，对于将首都由大贵族的根据地莫斯科迁往新建的、作为官僚专制制度之化身的圣彼得堡持强烈批评态度。

不过，将谢尔巴托夫主义等同于斯拉夫派，这在很大程度上是肤浅

---

① 见谢尔巴托夫：《俄国道德腐败之思考》（M. Shcherbatov, *O povrezhdenii nravov v Rossii*），伊斯康德尔序（伦敦，1858），第 17 页。
② 同上，第 28 页。
③ 同上，第 29 页。

的，甚至是不可靠的。在他的《俄国道德腐败之思考》中，俄国和欧洲并不对立。他对司法问题、社会制度和政治权利意义等的看法显然也源自西欧（尤其源自启蒙运动），因此与斯拉夫派的浪漫主义及其对平民的理想化相距甚远。他对贵族角色的信赖同样是“西方的”。我们稍后将看到，斯拉夫派将“贵族主义”视为一种消极现象，幸运的是，这种贵族主义与古代俄国的“真正基督教”原则完全不同。

谢尔巴托夫所作的乌托邦故事《俄斐国旅行记》（1784）中有着关于其政治理想的有趣表达。一位当代学者恰当地指出，此书给出了“一个有序的警察国家”的理想化版本。[①] 这部作品既不符合斯拉夫派的口味，也不符合孟德斯鸠的口味，谢尔巴托夫自后者的作品中找到一些论据，用以支持他对专制体制的批评。

俄斐国的国民被分为固定的自由民和农奴这两个阶层，作者简称后者为“奴隶”。每个居民的日常生活均受到最严密的控制，过度的奢侈或道德松弛也会受到严厉惩罚。严格的规定涉及某一阶级的公民可以穿何种服装，住多大房屋，有多少仆人，用何种器皿，甚至该付多少酬金。在谢尔巴托夫的理想国度里，这位官僚主义和专制制度的反对者把专制的、官僚的生活方式推向极端。对谢尔巴托夫本人而言，这里不存在任何矛盾，因为他并不认为对道德的严格控制与政治自由是相悖的。在俄斐国，毕竟有一些反专制的保障，如“基本权利”、各阶层代表制、废除家庭卫队等。自由的 30
重要保障之一是这样一条法律，即禁止农民向君主抱怨他们的主人。在谢尔巴托夫看来，向皇帝请愿的权利只会强化粗鲁的农民对“好沙皇”的信赖，而意识到有人民支持的统治者则可能变得肆无忌惮，成为暴君。

谢尔巴托夫乌托邦的某些特征，可溯源至他的共济会成员身份以及他

---

① 拉伊夫：《谢尔巴托夫思想中的国家和贵族》，载《美国斯拉夫和东欧评论》（“State and Nobility in the Ideology of M. M. Shcherbatov,” in *The American Slavic and East European Review*）（1960 年 10 月），第 374 页。

对形式主义、等级制和外在区分等的共济会式崇拜。这种影响在书中讨论教育和宗教的部分最为显眼。俄斐国的教育是免费的，是每个公民的应尽义务，尽管每个阶层接受教育的程度均有所不同。宗教被简化为对最高存在的理性崇拜，也不存在借宗教实践活动谋生的专门的神职人员。圣礼、祭品和一切神秘事物均被丢弃，祈祷的时间很短，次数很少，公共祈祷类似共济会的仪式。然而，无神论是被禁止的，去教堂是强制性的，否则要承受惩罚之苦。

这一乌托邦中某些元素的共济会源头也并不能用来说明一切。理解谢尔巴托夫这则故事的最佳线索，可能仍在于他对“古代俄国与现代俄国”这一问题的看法。有人注意到这样一个事实，即俄斐国详尽的官僚体系其实反映了彼得改革后俄国的某些特征。①然而，若将俄斐国与《俄国道德腐败之思考》中所描绘的彼得改革前俄国的图景进行比较，甚或能提供一个更有成效的路径。在这两种情况下，私人生活都受到各种严格的规章制度的管制：在俄斐国是受法律条令的管制，在彼得改革前的俄国则受神圣传统和宗教的管制。在这两种情况下，阶层的划分和阶层之间的隔绝状态，尤其是贵族阶层的封闭状态，都是社会凝聚力和公民美德开花结果的保证。最后，在这两种情况下，严格的道德和适度的需求均阻止了潜在的“欲望”之传播。需要指出的是，对古代俄国与现代俄国之差异的研究已使谢尔巴托夫确信，对道德的严格控制和管理不应与专制制度相混淆。他声称，古代俄国就总体而言并非一个专制社会，这在很大程度上是因为它忠于传统的生活方式，为包括沙皇在内的每一个人设定了适当的活动领域，从而排除了专断的统治。另一方面，在现代俄国，专制制度却催生出
31 “道德的腐化，这将成为专制制度的最忠实盟友”。

① 拉伊夫：《谢尔巴托夫思想中的国家和贵族》，载《美国斯拉夫和东欧评论》，第375页。

谢尔巴托夫无疑是贵族反对派中最有趣的人物，但他更像理论家，而非积极采取行动的政治家。帕宁兄弟通常被公认为反对派（及其在外交使团和军队中的支持者）领袖，哥哥**尼基塔·帕宁**伯爵（Nikita Panin/Никита Панин，1718—1783）多年任俄国驻瑞典大使，在叶卡捷琳娜在位期间曾任外交委员会首席委员以及王位继承人、王储保罗的老师，弟弟名叫**彼得·帕宁**（Petr Panin/Петр Панин，1721—1789）。在生命的最后一段时间，尼基塔·帕宁聘请**杰尼斯·冯维辛**（Denis Fonvizin/Денис Фонвизин，1744—1792）任其私人秘书，后者是18世纪下半叶杰出的讽刺作家和剧作家，喜剧《旅长》和《纨绔子弟》的作者。

帕宁兄弟的计划远比谢尔巴托夫的计划更自由，也更明显地基于现代宪法理论。虽然帕宁兄弟计划的目的同样旨在扩大贵族的政治特权，但他们也设想对农奴制设定一些限制，赋予农民一定的法律权利。尼基塔·帕宁曾参与把叶卡捷琳娜送上王位的宫廷政变。在叶卡捷琳娜即位之初，帕宁向她提出一项计划，要借助具体的法律来限制她的权力，扩大参政院（贵族代表机构）的作用。叶卡捷琳娜尽管做出了承诺，但她后来并未履行这一计划，而是选择依赖中小贵族的支持，后者担心政府会被贵族寡头所接管。

然而，帕宁兄弟并未放弃他们的计划，他们密谋让王储顶替他的母亲登上王位，但叶卡捷琳娜很快就发觉他们的意图，并成功阻止这一计划。密谋者们得到宽宏大量的饶恕，事实上唯一的惩罚是尼基塔·帕宁不再担任王储的老师。不久之后爆发的普加乔夫叛乱，使叶卡捷琳娜和贵族反对派之间的分歧变得微不足道。彼得·帕宁将军在镇压这场农民起义的过程中发挥了领导作用。

尼基塔·帕宁死后，人们在他留下的文献中发现了一份有趣的文件，题为《论俄国一切政府形式之消失以及随之而来的帝国和君主之不稳定地

32 位》。此为帕宁留给他的学生保罗王储的一份政治遗嘱，众所周知，保罗未能实现他的希冀。冯维辛曾对这篇文章进行文字修饰。

帕宁的这篇文章无疑是18世纪俄国最具洞察力的政治思想文献之一，它包含着修改宪法的大胆要求，并发出警告，若拒绝做出此类修改，便会发生叛乱。关于专制国家中所有形式的社会纽带之消失，文中有一个形象的描述，即“仅靠锁链支撑的巨人”。帕宁发出这样的警告：“如果某人的专断统治即最高法律，那就不可能拥有持久或统一的纽带；有国家，却无祖国；有臣民，却无公民；同样亦无此类政体，其成员仅由相互交织的责任和权利连为一体。”

帕宁这篇文章的题目中所包含的警告，被其作者具体落实在对“某个独一无二国家”的描述中：这个国家很快就可能被其农民带入深渊，“这些农民的人类面孔是他们与牛的唯一区别”（暗指普加乔夫起义）；这个国家的王位有赖于一群“暴乱者”（即对宫殿暴乱负有责任的近卫军）。在这个国家，一些人归另一些人所有，几乎每个人仅扮演两种角色中的一种，要么是暴君，要么是受害者；“在这个国家，依靠荣誉才能获得地位的最受尊敬阶层，如今仅在名义上存在，祖国土地的任何一个掠夺者均可通过贿买而有权自称为最受尊敬的阶层之一员；在这个国家，贵族，这高贵灵魂的唯一拥有者，他们因其远古祖先对国家做出的奉献而获得公正回报，可如今他们却被诡秘的庇护人所遮蔽……这个国家不是一个专制国家，因为这个国家从未把自己托付给君主的专断统治……它也不是君主制国家，因为它从未有过基本的立法；它也不是贵族国家，因为它的最高权力是一台由君主的独断意志所启动的没有灵魂的机器。在这样一个普通人民愚昧无知、毫无怨言地戴着奴隶制残酷枷锁的国家，民主制更是无从谈起。”①

① 见冯维辛：《冯维辛文集》（D. I. Fonvizin, *Sobranie sochinenii*）（莫斯科-列宁格勒，1956），第2卷，第255、258、266页。

这篇文章所展望的宪法，旨在保护自由和财产的不可侵犯性。此类宪治自由最明确的守护者显然是富裕大贵族阶层，其物质基础和社会地位能确保其完全独立于在位的君主。

这篇文章直到1905年革命后才在俄国发表（尽管赫尔岑曾于1861年 33
在伦敦发表此文），但此前它在俄国已为人所知。此文的一份抄件甚至落到叶卡捷琳娜手中，她嘲讽道："天哪！如今就连冯维辛先生也想来教我如何治理国家了。"

这篇文章对十二月党人政治观点的演进产生了相当大的影响。由于米哈伊尔·冯维辛将军，这篇文章为北方联盟成员所知，米哈伊尔·冯维辛是剧作家杰尼斯·冯维辛的亲戚，他也是十二月党人运动的成员。尼基塔·穆拉维耶夫将这篇文章改写成一本政治小册子，并将矛头指向亚历山大一世统治时期。

为准确起见，应当指出，杰尼斯·冯维辛的思想与帕宁的思想存在一定差异，后者的立宪思想中的贵族偏见实际上不同于前者。冯维辛本人的观点更接近外省贵族，例如，他在1777—1778年间自法、德两国写给彼得·帕宁将军的信中所做的一个具有民族主义性质的附注就说明了这一点。帕宁兄弟所属的大贵族阶层，其观点往往更具世界主义性质。冯维辛对西欧的批评远超过帕宁兄弟，他对法律的自由和"现实的"自由做了区分。冯维辛写道，法国农民尽管在法律上享有自由，却无"现实的自由"，比俄国农民更惨。此类观察表明，冯维辛具有某些洞察力，但他似乎也将爱国主义和为本国之落后所做的辩护这两者混为一谈（正如普列汉诺夫指出的那样[1]），这使他产生一个自我安慰的想法，即农奴制实际上并非一种大恶。

---

① 见普列汉诺夫：《俄国社会思想史》，第73—85页。

尼基塔·帕宁伯爵去世后，冯维辛经历了一场思想危机，他不仅放弃写作讽刺作品，而且宣布放弃之前有关政治和宗教的那些独立观点。在这
34 一点上，他的思想传记近似于果戈理的思想传记。

本章涉及作品

叶卡捷琳娜二世：《解毒剂》（*Antidotum*/Антидот），著作
——：《万象》（*All Sorts of Everything*/Всякая всячина），期刊
——：《哦，时代！》（*Oh, Our Times!*/О время!），剧作
——：《西伯利亚萨满》（*The Siberian Shaman*/Шаман сибирский），剧作
——：《骗子》（*The Swindler*/Обманщик），剧作
——：《荒谬社团之秘密》（*Secrets of a Preposterous Society*/Тайна противо-нелепого общества），匿名小册子
雅科夫·科泽尔斯基：《哲学建议》（*Philosophic Proposals*/Философические предложения），著作
——：《两位印度人迦兰和易卜拉欣关于人类认知的思考》（*Reflections of Two Hindus, Kalan and Ibrahim, on Human Cognition* /Рассуждения двух индийцев Калана и Ибрагима о человеческом познании），对话录
德米特里·阿尼奇科夫：《论自然神学的本质和起源》（*Discourse on the Principles and Origins of the Natural Cult of Deities*/Рассуждение из натуральной богословии о начале и происшествии натурального богопочитаия），著作
——：《论人类认知之属性》（*Concerning the Properties of Human Cognition*/Слово о свойствах познания человеческого и о средствах, предохраняющих ум смертного от разных заблуждений），著作
——：《论逻辑学和形而上学》（*Annotationes in Logicam et Metaphysicam*），拉丁文论文
——：《论阐释灵魂与肉体最密切关系的几种不同方式》（*On Different Ways of Explaining the Close Connection Between Soul and Body* /Слово о разных способах, теснейший союз души с телом изъясняющих），著作
谢苗·杰斯尼茨基：《圣事的法学思考》（*Legal Discourses on Holy Matters*/Юридическое рассуждение о вещах священных, святых и принятных в благочестие），著作
——：《论直接简便的法学教学法》（*On the Direct and Simplest Method of Teaching Jurisprudence*/Слово о прямом и ближайшем способе к научению юриспруденции），著作
——：《各民族关于财产和各种社会关系形式之观点的法律思考》（*Juridical Discourse on the Views of Various Nations Concerning Property and Various Forms of Social Relationships*/Юридическое рассуждение о разных понятиях, какие имеют народы о собственности имения в различных состояниях общежительства），著作
——：《关于婚姻的原则和起源的法律思考》（*Juridical Discourses on the Principles

and Origins of Marriage/Юридическое рассуждение о начале и происхождении супружества），著作

——:《关于在俄罗斯帝国建立立法、司法和行政机构的呈文》（*A Letter Concerning the Establishment of the Legislature, Judiciary, and Executive Authorities in the Russian Empire*/Представление о учреждении законодательной, судительной и наказательной власти в Российской империи），提案

尼古拉·诺维科夫:《雄蜂》（*Drone*/Трутень），期刊

——:《画家》（*The Artist*/Живописец），期刊

——:《旅行记片段》（*Fragment of a Journey*/ Отрывка путешествия），期刊连载

——:"俄国古代文献丛书"（*Ancient Russian Library*/Древняя российская вивлиофика），丛书

——:《网袋》（*Bag-wig*/Кошелёк），期刊

——:《晨光》（*Morning Light*/Утренный свет），期刊

——:《试论人在与上帝和世界之关系中的尊严》（"On the Dignity of Man in His Relations to God and the World" / Опыт о достоинстве человека в его отношениях к Богу и миру），文章

尼古拉·诺维科夫，约翰·格奥尔格·施瓦茨:《莫斯科读物》（*Moscow Press*/Московское издание），期刊

——:《晚霞》（*Evening Glow*/Вечерняя заря），期刊

伊万·洛普辛:《目睹平等和狂暴自由种种有害后果之时关于专制之益处的内心思考》（*Outpourings of a Heart Revering the Benefits of Autocracy and Full of Misgivings When It Sees the Pernicious Fantasies of Equality and Liberty Run Riot*/Излияние сердца, чтущаго благость единоначалия и ужасающегося, взирая на пагубные плоды мечтания равенства и буйной свободы），著作

米哈伊尔·谢尔巴托夫:《俄国道德腐败之思考》（*A Discourse on the Corruption of Morals in Russia*/О повреждении нравов в России），论文

——:《俄斐国旅行记》（*Journey to the Land of Ophir* /Путешествие в страну Офирскую），小说

杰尼斯·冯维辛:《旅长》（*The Brigadier*/Бригадир），剧作

——:《纨绔子弟》（*The Minor*/Недоросль），剧作

尼基塔·帕宁:《论俄国一切政府形式之消失以及随之而来的帝国和君主之不稳定地位》（*A Discourse on the Disappearance in Russia of All Forms of Government and Likewise on the Unstable Position of the Empire and Sovereigns Arising Therefrom*/ Рассуждение об истребившейся в России совсем всякой форме государственного правления и от того о зыблемом состоянии как империи, так и самих государей），文章

第二章

俄国启蒙运动的高潮：亚历山大·拉季舍夫

历史学家在使用“启蒙运动”（Enlightenment/Просвещение）这一术语时，脑中所思的要么是哲学史和社会思想史上的一个特定时期，即整个理性时代，要么是指与这一时期相关的特定意识形态。在更为狭义的后一种所指中，该术语描述一种代表理性普遍主义的意识形态，这一意识形态就其定义而言是反封建的，是思想自由的。它提出以“理性”和“人性”为基础的种种理由，开启了使人摆脱封建阶层束缚的个性解放运动。“理性”和“人性”被视为所有人的共性，因此优于人们习以为常的种种特权和迷信。显而易见，如果我们接受这一术语的狭义定义，就必须区分“启蒙”的不同程度，就我们上述结构模型的意义而言，并非理性时代的所有思想家均是“启蒙者”。比如，谢尔巴托夫作为封建制度的捍卫者，他自然就是一个弱于诺维科夫的“启蒙”思想家，而诺维科夫本人也远非那个时代的理想代表。毫无疑问，启蒙运动的最杰出思想家就是**亚历山大·拉季舍夫**（Aleksandr Radishchev/Александр Радищев），他是俄国理性时代最激进、最坚决的代表。[①]

第一节　拉季舍夫生平

《彼得堡至莫斯科旅行记》的这位作者1749年生于他的家族庄园上阿伯里亚佐沃（另据记载他生于莫斯科），他是一位富裕地主之子。他的父母均接受过教育，也是仁慈之人，与邻近的贵族截然不同。比如，邻近一位名叫祖博夫的地主就是一个虐待狂，他把他的农奴关进一个特殊囚室，35 给他们戴上锁链，强迫他们像牲口一样在饲料槽里吃东西。拉季舍夫家庄园里的农奴们很感恩主人给予他们的良好待遇，在普加乔夫叛乱期间，他们把主人家的一些成员藏进森林。拉季舍夫年幼的弟妹们则被带到村民家里，村民给他们的脸抹上烟灰，使他们看上去更像农家孩子。

年轻的亚历山大在圣彼得堡武备学校接受教育。他以优异成绩毕业，和其他学员一同被叶卡捷琳娜送往莱比锡大学学习法律。在莱比锡期间，他还研习莱布尼茨和沃尔夫的著作以及法国启蒙主义哲学，对爱尔维修、卢梭和马布里尤感兴趣。这一时期，他深深迷恋上他的两个同学，即费奥多尔·乌沙科夫和阿列克谢·库图佐夫。几年后，他为英年早逝的乌沙科夫写下一篇非常动人的传记，他把他的《彼得堡至莫斯科旅行记》献给了库图佐夫。

在其《费奥多尔·乌沙科夫传》（1789）中，拉季舍夫叙述了他们学生时期的一个戏剧性事件。俄国学生被送到莱比锡，由少校博库姆监管，博库姆挪用学生的生活费，与此同时还严密监视学生们的生活，其方式粗

① 有两部关于拉季舍夫哲学思想的英文专著，即克拉迪：《拉季舍夫的哲学思想》（Jesse V. Clardy, *The Philosophical Ideas of A. Radishchev*）（纽约，1964）；麦康奈尔：《俄国哲学家亚历山大·拉季舍夫》（Allen McConnel, *A Russian Philosophe, Alexander Radishchev*）（海牙，1964）。

暴至极，甚至不惜使用体罚。博库姆的一名受害者向乌沙科夫抱怨，由于乌沙科夫在学生中年龄最大，也是最有威信的学生之一，他决心出面保护同学们。有一天发生一场公开反抗：一名被扇耳光的学生向博库姆挑战，要求进行决斗，在被拒绝后再次发出挑衅。博库姆被迫逃走，向当地的军事当局寻求帮助，当局将闹事者们软禁起来。这一事件后被俄国驻德累斯顿的领事摆平，他的处理大体上对学生有利。对于年轻的拉季舍夫来说，这种集体抗议“暴君”的个人经历是一个具有重大意义的事件，在他的世界观形成过程中发挥了重要作用。

返回俄国后，拉季舍夫被介绍给诺维科夫，并于1773年出版第一部作品，即他翻译、注释的马布里著作《希腊史观察》。他还进入政府部门，
36 先为参政院职员，后任圣彼得堡总参谋部军事检察官。1775年，他要求退伍，以此抗议被击溃的普加乔夫叛军的最后幸存者所受到的残酷对待。一年后，他返回政府部门，在当时由亚历山大·沃隆佐夫伯爵领导的商务厅任职。沃隆佐夫是一位很有修养的自由派人士，他认同拉季舍夫非同寻常的品质，对拉季舍夫的职业发展也多有提携。拉季舍夫则热情投身于他的新职业，利用一切机会研究俄国的经济发展。

在他翻译的马布里著作出版后，拉季舍夫又写出许多原创作品，其中包括《自由颂》和《致托博尔斯克一友人书》（1782），但由于种种原因，他决定不发表这些作品。1789年，他写成著名的谈话录《关于成为祖国之子意味着什么的交谈》，并匿名刊登在《公民谈伴》杂志上。一年后，他发表《彼得堡至莫斯科旅行记》，这是欧洲启蒙运动最杰出的文学成果之一。这部作品尽管由于一些奇怪原因获得圣彼得堡警方批准，但它如此直言不讳，没有一位出版商愿意承担责任出版它。因此，拉季舍夫不得不自己买来印刷机，亲自印刷这部作品。

尽管拉季舍夫决定只出售所有印制本中的一小部分，但这本书印出

后仍然引起轰动。拉季舍夫为印制《旅行记》所借的是短期贷款，这也让他付出了巨大开支。叶卡捷琳娜偶然读到此书，她称此书作者是“比普加乔夫更坏的叛乱者”。很快，叶卡捷琳娜探明了此书作者的真实身份（《彼得堡至莫斯科旅行记》是匿名发表的），拉季舍夫迅即被捕，并被关进彼得保罗要塞。审查此案的是舍施科夫斯基，此人曾负责审讯普加乔夫，他后来被普希金称为叶卡捷琳娜的“家庭刽子手”。完全是由于已故妻子的妹妹伊丽莎白·鲁巴诺夫斯卡娅的那些珠宝首饰，拉季舍夫才免遭皮肉之苦，伊丽莎白后来嫁给拉季舍夫，并陪伴他前往流亡地（一如后来的十二月党人的妻子们）。拉季舍夫被判处死刑，但女皇又优雅地将该判决减刑为十年流放，流放地是东西伯利亚的伊里姆斯克。在狱中，拉季舍夫有过软弱时刻，但在宣判之后他却恢复了平静，他感到使命业已完成，他甘愿为自己的行为承担责任。在前往流放地途中所写的一首诗中，他动人地重
申了他对自己所选择道路的坚守： 37

> 你想知道我是何人，去向何方？
> 我一如过去，也将一如将来：
> 不是牲口、木头和奴隶，我是人！

由于受到前领导和好友沃隆佐夫的关照，拉季舍夫在西伯利亚的流放生活并不十分难挨。他被允许拥有书籍，得以研习地质学、地理学和史学。抵达伊里姆斯克数日之后，他便开始写作一部新作，即哲学论文《论人及其死亡与不朽》（1809）。他这一时期的其他著作还包括《兼并西伯利亚简述》和《中国贸易书》，此为应沃隆佐夫伯爵之约所作的经济研究报告。

叶卡捷琳娜死后，新皇保罗一世允许拉季舍夫返回俄国的欧洲部分，

在警方监督下居住于他自己的庄园。保罗被暗杀后，亚历山大一世继承王位。沃隆佐夫曾是这位年轻皇帝的自由派顾问之一，他说服亚历山大一世彻底赦免拉季舍夫。1801 年 9 月，拉季舍夫回到圣彼得堡，不久被任命为法律修订委员会委员。他满怀热情地投入新工作，但他的所有建议均因过于激进而被拒绝。普希金有过这样的转述：法律修订委员会主席扎瓦多夫斯基伯爵曾惊讶于“拉季舍夫的白发之年轻”，他对拉季舍夫说道：“唉，亚历山大·尼古拉耶维奇，您真的想说那些同样的老话吗？您还没受够西伯利亚吗？”

1802 年 9 月 11 日，拉季舍夫自杀身亡。有理由推测，这一行为并非抑郁症一时发作之结果。自杀的念头从未远离他的脑海。他曾在《彼得堡至莫斯科旅行记》中写道：“如果可恶的命运向你射出所有暗箭，如果你美德的避难所在人间并无立锥之地，如果你最终发现压迫无处不在，那么就请你记住你是一个人，就请你意识到你的伟大，就请你赞美他们试图从你这里夺走的幸福皇冠。就请你赴死。”①

《论人及其死亡与不朽》一文中也有类似想法，拉季舍夫在文中写道：“折磨，疾病，流放，这一切均有其限度，超出这一限度，尘世的权威便毫无意义。生命的精灵一离开这个痛苦的、受伤的躯体，暴君的权力便
38 被视为徒劳，他们的一切力量便会消失，他们的力量崩溃，他们的愤怒无效，他们的残忍失败，他们的骄傲荒谬。当这个不幸的凡人结束了他的生命时，那些折磨者们的怨恨也随之结束，他们的野蛮行为只会引起嘲笑。”

根据这段引文，拉季舍夫的自杀似能被视为一种政治蔑视行为。在他死后留下的文件中发现的一张纸似乎证实了这一点，他在纸上写道：“子孙后代将为我复仇。”

① 拉季舍夫：《彼得堡至莫斯科旅行记》，维纳译，塞勒编（马萨诸塞州坎布里奇，1958），第 123 页。

第二节　拉季舍夫的社会哲学

启蒙运动主要人物的观点，或更准确地说，启蒙运动激进派的观点，由恩格斯用“法学世界观”（juridical world view/юридическое мировоззрение）[①]这一短语做了很好的总结。爱尔维修所谓“立法无所不能”（la législation fait tout）也表达了这样一种信念，即社会主要由法律塑造而成，社会关系依赖于，或至少应该依赖于特定的司法关系。根据这一观点，社会本身和统治者的权威均源于“社会契约”，即个人为了自己的安全和共同利益而愿意让渡部分固有的自由。然而，这种契约却被理解成一个明确无误的理想主义概念（即便从字面上也很难做出这样的理解），它似乎能逆转社会和立法之间的真正关系。此外，这还是一种抽象的方法，它将个人有意识的、理性的决定作为社会的指导原则，试图将复杂的社会关系网简化为一种由合理的契约关系构成的简单机制。[②]另一方面，这也是一个地道的革命性概念，它针对的不仅是专权的独裁政府，而且还针对一切形式的传统主义。社会建立在理性和利己主义的基础之上，这一论点当然可以用来证明这样一种反抗的合理性，即反抗一切无法证明其合理性或有效性的社会关系。

并非“法学世界观”的所有方面均在拉季舍夫的作品中得到了同样
清晰的体现。如同其他激进的启蒙思想家（如卢梭和俄国的科泽尔斯基）， 39
拉季舍夫倾向于拒绝道德的极端合理化。例如，他在那篇以立法为对象的学位论文中强调，集体道德的支柱是习俗，在《自由颂》中，他甚至称法

① 《马克思恩格斯选集》（K. Marx and F. Engels, *Sochineniia*）（莫斯科，1937），第 16 卷，第 296 页。中译见恩格斯：《法学家的社会主义》，《马克思恩格斯全集》（北京：人民出版社，2018），第 28 卷，第 609 页。

② 见巴奇科：《法国启蒙哲学》（B. Baczko, *Filozofia francuskiego Oswiecenia*）（华沙，1961），第 51—52 页。

律为“无情的神祇”。然而在他的社会哲学中，他却使用诸如“自然法”和“社会契约”等法学世界观的基本范畴，并从中得出政治结论。

拉季舍夫认为人类最初的前社会状态是一种孤立的存在方式，人在其中感觉不到任何等级压力。然而，人类的不完美使这种状态难以为继。人构成民族，从而步入社会状态。拉季舍夫有一个全然理性主义的、唯名主义的观点，即视国家为“公民的结合”①，而非一个具有“集体灵魂”的超个人整体。正如他所言，民族是“个体的结合”，是由这样一些人组成的政治社会，他们“走到一起，旨在通过集体努力来维护他们的利益和安全”，“这是一个屈服于权威的社会，然而，既然所有人均天生自由，无人有权剥夺他们的这种自由，因此，社会的建立便永远诉诸真实的或默认的契约”。②正如这段引文所示，对拉季舍夫而言，“民族”（nation/народ）是一个无法与社会相区分的司法政治概念，而社会又与国家组织不可分割地联系在一起。拉季舍夫甚至试图对“祖国”做出一个法律定义，即借助相互约束的法律和公民义务联系在一起的一群人。他那篇题为《关于成为祖国之子意味着什么的交谈》的文章很好地说明了这一点。拉季舍夫认为，只有享有公民权利的人才能成为祖国之子。农奴无法声张这一特权，因为他们背负着“农奴制的枷锁”；他们不是“国家成员”，甚至不是人，而是“由折磨者驱动的机器、僵死的尸体和负重的牛马”。不过，仅拥有公民权利仍不足以成为祖国之子，同等重要的是，要通过最大限度地履行责任来显示公民美德。因此，那些没有贵族封号或没有获得荣誉的人，那些对公众利益没有做出任何贡献的人，那些不遵从现行法律的人，就不能声称自己是祖国之子。

---

① 拉季舍夫：《试论立法》，见《拉季舍夫文选》（A. N. Radishchev, *Opyt o zakonodavstve*, in *Izbrannye sochineniia*）（莫斯科-列宁格勒，1949），第 619 页。

② 拉季舍夫：《拉季舍夫全集》（*Polnoe sobranie sochinenii*）（莫斯科-列宁格勒，1938—1952），第 1 卷，第 188 页。

与当时社会的思想一致，拉季舍夫对自然法和民法做了区分，前者是一种不成文的固有权利，是人类不可剥夺的属性，后者是在社会契约建 40
立后才出现的书面法典。最糟糕的政治制度是专制体制，因为在这种体制中，统治者的专断意志被置于法律之上。甚至在其第一部作品，即对马布里的《希腊史观察》的译释中，拉季舍夫即已给出关于独裁的这一定义："独裁是一种最违反人性的体制……如果我们放弃我们的部分权利和我们与生俱来的主权，转而支持一部包罗万象的法律，这正是为了使法律对我们有利，为此我们方与社会达成契约。如果这一点遭到侵犯，那么我们也就免除了我们所承担的义务。君主的不公正给了作为其评判者的人民以与法律同等的，甚或更大的权利，使得人民可以去审判君主的罪行。君主是民族社会的第一位公民。"① 在《自由颂》中也可以找到这些话语的诗意表述，此诗含有对诛弑暴君行为的崇高辩护。

在《彼得堡至莫斯科旅行记》中，一位贵族告诉他即将进入政府部门的几个儿子："无论法律多么糟糕，都仍是连接社会的纽带。"② 根据这一假设，拉季舍夫认为，奉公守法，亦即对包括主权在内的一切民法的尊重，就是一个社会正常运作的基本前提。但是，仅仅用法治来取代独裁统治还不够，民法不能违反自然法，它必须建立在整个民族的契约之上。若自然法与民法发生冲突，拉季舍夫会优先考虑前者。他在《彼得堡至莫斯科旅行记》中写道：

> 每个人都生于一个众生平等的世界。所有人都拥有相同的器官，所有人都拥有理性和意志。因此，一个与社会没有任何关系的人，其行为便不依赖于任何人。但是，他会限制自己的行动自由，他会同意

---

① 引自勃拉戈伊：《18 世纪俄国文学史》（莫斯科，1951），第 539 页。
② 拉季舍夫：《彼得堡至莫斯科旅行记》，第 120 页。

> 不在任何事情上都独断专行，他会服从与他身份一致者的命令，总而言之，他会成为一位公民。他为何要控制自己的激情呢？他为何要为自己树立一个权威呢？尽管可以自由地看到其意愿的实现，他为何仍让自己囿于服从的范围之内呢？理性会说：是为了他自己的利益；内心的情感会说：是为了他自己的利益；明智的立法也会说：这是出于他自己的利益。因此，如果做一位公民对他不利，他就不会是一位公民……如果法律不能或不愿保护他，或是法律无力在他大难当头时向他提供直接援助，那么这位公民就会求助于自卫、自我保护和安居乐
> 41 业等自然法……无论上天让一位公民生于何一阶层，他都是一个人，且将永远是一个人；只要他是一个人，自然法则作为一眼不断涌出善良的丰沛泉水，在他身上就永远不会枯竭，任何胆敢伤害其天然的不可侵犯权利的人均为罪犯。[①]

这段话引自“扎伊采沃”一章，在这一章，拉季舍夫讲述了一个残忍的地主（一位陪审员）被他的农奴杀害的故事。叙述者对这一事件的评论是：“杀害这位残忍陪审员的几位农奴在法律面前无罪。基于合理的理由，我在内心认为他们无罪，陪审员之死虽为暴力所致，却罪有应得。”[②]

拉季舍夫把良心自由和完全的言论自由也包括在自然的不可侵犯权利之中，这个问题在《彼得堡至莫斯科旅行记》中的“托尔若克”一章中得到讨论。拉季舍夫认为，书刊审查制度源于宗教裁判所，系由牧师们提出，他们“始终是枷锁的发明者，在不同时期用枷锁束缚人类的思想……并剪断人类思想的翅膀，阻止它飞向伟大和自由”。[③] 真理和美德不需要

---

① 拉季舍夫：《彼得堡至莫斯科旅行记》，第 102—103 页。
② 同上，第 103 页。
③ 同上，第 172 页。

书刊审查制度，因为它们有能力为自己辩护。思想自由只会让这样的统治者感到恐惧，他的“贪婪使他违反法律”，背叛普遍的善，阿谀奉承使他丧失了区分善恶的能力。“在真理的国度，在思想和精神的王国，任何世俗权力均不能或不应做出审判。”[①] 书刊审查制度被任命为理性和想象力的保姆，“但是，有保姆的地方，就有婴儿和常常会导致婴儿两腿弯曲的学步牵引绳；有监护人的地方，就会有不会照顾自己的未成年人和不成熟的人。如果保姆和监护人永远不放手，那么这个孩子就会长时间依赖学步牵引绳，长大后会变成一个跛子”。[②] 拉季舍夫的结论是明白无误的：“要允许任何人发表他大脑中的任意思想。如果有人发现他在出版物中受到了侮辱，就让他通过法律获得赔偿。”[③]

拉季舍夫心目中理想的政治体制是共和制。他激烈反对卢梭的观点，即共和制仅在小国方才可行，而大国则不可避免地要由君主统治。拉季舍 42
夫倾向于将古罗马帝国理想化，并像十二月党人一样，将诺夫哥罗德和普斯科夫的“商人共和国”理想化。他在《彼得堡至莫斯科旅行记》中写道：“从《编年史》中得知，诺夫哥罗德有过民众的管理。他们有王公，但王公的权力很小。政府的所有权力均属于民事官员和军事官员［即地方行政长官（посадники）和千人团总领（тысяцкие）］。议会，即市民大会‘谓彻’（veche/вече）的组成人员才是真正的君主。”[④] 这表明俄罗斯人天生拥有对自由的热爱，只有野蛮的力量才能让专制制度得以建立。由于拉季舍夫不喜欢专制体制，他对彼得大帝便也持批判态度（尽管他欣赏彼得大帝的伟业，并完全赞同彼得大帝的改革）。他在《致托博尔斯克一友人书》中写道，如果彼得建立起了保障个人自由的措施，他理应得到更多赞美。

① 拉季舍夫：《彼得堡至莫斯科旅行记》，第 165 页。
② 同上。
③ 同上，第 167 页。
④ 同上，第 83 页。

他还忍不住补充一句：从未有过任何一位君主会自愿限制其权力。

当然，拉季舍夫对彼得的批评与谢尔巴托夫之前的抨击并无任何共同之处。拉季舍夫非但未将古老的大贵族的自由理想化，反而明确表示，他完全赞同彼得对世袭贵族所采取的措施，拉季舍夫称世袭贵族过时了，“无足轻重”[1]。在《彼得堡至莫斯科旅行记》的开头，他嘲笑了一位古代贵族阶层的卫护者，此人抱怨说，彼得通过他的官阶表“为每个人打开了通过文武仕途获得贵族头衔的道路，却似乎把古老的贵族踩进了污泥”。[2]拉季舍夫建议这位人士把他的族谱表卖给小贩做包装纸，他最后总结道，幸运的是，“吹嘘自己古老血统”这一恶习在俄国几乎已被根除。

拉季舍夫最热情推崇的两个国家是英国和美国，他称赞这两个国家均能保障其公民最大限度的公民权利和政治自由。这种偏爱甚至使他提出了一个非同寻常的建议，即把孩子们的第一外语由法语改为英语，因为英语显示出了“自由精神的张力”。[3]在他为言论自由辩护的声音中能听见弥尔顿的回声，在《自由颂》中我们也发现了拉季舍夫对英国革命的赞扬。他和雷纳尔一样严厉谴责奴隶制，但这并未降低他对美国革命和美国宪法所持的热情。乔治·华盛顿是他心目中的一个伟大英雄。

43 另一方面，拉季舍夫对法国大革命的态度则有些矛盾。他赞同法国大革命的目标，但他也在《彼得堡至莫斯科旅行记》中表达了遗憾，认为“国民议会和之前的国王一样独裁，违反了言论自由原则”。[4]

拉季舍夫的历史哲学可以很好地概括为这样一句格言：“这便是自然法则：自由生于痛苦，奴役生于自由。”[5]这一表述显示出了历史循环论对

---

① 拉季舍夫：《彼得堡至莫斯科旅行记》，第 144 页。
② 同上，第 45 页。
③ 同上，第 115 页。
④ 同上，第 186 页。
⑤ 同上，第 200 页。

拉季舍夫的影响，历史循环论认为历史规律与本质上不变的自然规律有着典型的类同。在拉季舍夫的著作中，我们能发现这种典型的18世纪信念之证据，即相信不可改变的自然法则，相信抽象的人性、抽象的理性和抽象的美德。虽然有人试图在他的世界观中发现历史主义的成分，但这些尝试似乎并不能令人信服。拉季舍夫大胆地将理想化的理性和美德与真实的历史相对立，他的道德绝对主义不允许为愚蠢或犯罪做历史辩护，也不允许接受历史相对论。这种历史视角的缺乏自然与其大胆的革命思想密切相关，这在18世纪也似为常规。诸如孟德斯鸠这样的自由保守派可能持有历史相对论，但在雅各宾派的意识形态中则不会有此痕迹。拉季舍夫谴责罗伯斯庇尔诉诸恐怖，但他与雅各宾派却有相似之处，即信奉大革命后一些保守思想家称之为“思想恐怖主义”（intellectual terrorism/умственный терроризм）的东西，亦即对原则的毫不妥协的坚守以及义无反顾的否定精神。

第三节　拉季舍夫的伦理观和教育观

拉季舍夫的社会观可称为唯名论或社会学个人主义，他认为社会不是一个超个体的、有机的、有序的整体，而是个人与个人的结合；个人的福利是社会的最大关注点。他的一些论述似乎预示了车尔尼雪夫斯基的信念，即民族财富不能脱离普通人的福祉。拉季舍夫在《彼得堡至莫斯科旅行记》中写道：“如果每年能多种植几万斤粮食，而生产这些粮食的人与那些埋头拉犁的牛价值相当，这个国家又能得到什么好处呢？或者说，如果我们的粮仓堆满粮食，他们的胃却空空如也，我们的公民能感到快乐吗？”① 44

① 拉季舍夫：《彼得堡至莫斯科旅行记》，第159页。

这样一种“社会学个人主义”（sociological individualism/социологический индивидуализм，实为启蒙思想的主要特征之一），在伦理学或教育领域并非注定会与个人主义相伴。恰恰相反，它往往与对抽象“美德”的英雄主义信念和人的社会责任感密切相关。拉季舍夫是对于这一问题予以特别重视的启蒙思想家之一。

在这一语境中探究拉季舍夫对卢梭《爱弥儿》中教育观点的批判，则尤其有趣。在其自传体作品《一周日记》中，拉季舍夫批判了卢梭的这一观点，即人天生就是一个隐居者，他最看重的是他摆脱他人的完全独立。《一周日记》描述了孤独带来的痛苦，主人公试图遵从卢梭的建议，“在自己内心”寻求安慰，但他最终却得出结论，认为卢梭的这个建议很糟糕，必须在众人中间寻求安慰和释然，孤独并非快乐，而是“毁灭、死亡和地狱”。这篇《一周日记》尽管也是感伤主义的产物，但它却对夸张的情感提出批评。拉季舍夫拒绝过度的自我分析，拒绝对孤独做个人主义的颂扬，拒绝“坟墓的诗歌”，尽管他接受对友谊的情感崇拜，接受对人类苦难抱有同情的“温柔的心灵”之理想，总之，接受社会层面的情感崇拜。

18 世纪的历史唯心主义假设世界由思想统领，世界的未来因此在很大程度上取决于年轻一代接受教育的方式。与此类假设相关的是，教育问题在拉季舍夫的著作中也占据重要位置。

在《彼得堡至莫斯科旅行记》中，克列斯特济一位贵族对他两个儿子的临别赠言体现了拉季舍夫的教育观。和卢梭一样，他建议两个儿子过简单的生活，避免奢侈，勤做家务，在土地上劳作，要蔑视“上流社会”。他建议他们克制激情，但和爱尔维修一样，他也反对他们压抑情绪，因为，尽管“过度的激情是灭亡，但缺乏激情是精神上的死亡”。[①] 他强调，

① 拉季舍夫：《彼得堡至莫斯科旅行记》，第 118 页。

“人类行为的最高目的”就是美德。然而，既有社会层面的美德，也有个人层面的美德，由于社会美德常与虚荣和野心相关联，一个真正具有美德的人就是能将这两个层面融为一体的人。值得注意的是，这位贵族的建议并未提及宗教。拉季舍夫的伦理观是一个自主个体的世俗理想，他坚守美 45
德，对自己的行为负责，时刻准备赴死而非投降。

应该强调的是，这种伦理观并非片面的理性主义伦理观。与启蒙运动时期的机械唯物主义者（如哲学家爱尔维修、霍尔巴赫或拉美特利等人）不同，拉季舍夫的道德哲学并非建立在理性的利己主义和审时度势之上。事实上，他诉诸无私的动机，接受良知的内在声音之存在，这是一种自主的、与人性融为一体的道德元素。他在《彼得堡至莫斯科旅行记》中写道：“哦！但愿人能更频繁地审视其灵魂，向他那无情的法官，即良心坦承其作为！良心那雷鸣般的声音会将他变成一根不可移动的柱子，他便不敢再偷偷犯罪，破坏和损毁将变得越来越少。”①

显而易见，构成拉季舍夫社会观和历史观之主要特征的抽象理性主义反而在他的伦理观中发生了变异。在其关于人的观念中，他同时给心灵和大脑留有位置。事实上，他在这一方面更接近卢梭，而非百科全书派。毫无疑问，这一点可以用来解释他为何曾被共济会运动所吸引②，我们又为何常将他的作品所具有的诸多特征与感伤主义相提并论。

第四节　激进的改革抑或革命？

拉季舍夫对俄国最重要的社会问题，即农民状况的探讨或许最具独

① 拉季舍夫：《彼得堡至莫斯科旅行记》，第 221 页。

② 我们对拉季舍夫与共济会运动的关系知之甚少，仅知他曾参加“乌拉尼亚”分会，其成员中有无神论者，我们还获知他对共济会的神秘主义抱有敌意。

到性，这也是《彼得堡至莫斯科旅行记》一书的主题。或许正因为如此，此书才被叶卡捷琳娜二世视为严重的威胁，她对普加乔夫的叛乱仍记忆犹新。

拉季舍夫称农民为“法律上的死人”。在一系列不堪目睹的农民生活场景中，他描绘出一幅农奴生活的悲惨画面。他那强烈的愤怒在他对贵族们的苦涩控诉中达到了高潮：

> 这些掠夺成性的野兽，这些贪得无厌的水蛭，我们还能给农民留下什么呢？我们无法从他们那里拿走的东西只剩下了空气。是的，只
> 46 有空气。我们不断地掠夺他们，不仅夺走他们的物产、面包和水，而且还夺走了他们的光。法律虽禁止我们夺走他们的生命，但那只是禁止突然夺走他们的生命。可是有太多的方法可以慢慢地夺走他们的生命！一方拥有几乎无限的权力，另一方却无助无援。因为，地主是农民的立法者和法官，是其判决的执行人，只要他愿意，原告面对的就是一个敢怒不敢言的被告。这是一种被戴上镣铐的命运，一种被扔进阴森地牢的命运：这是一种背负重轭的耕牛的命运。①

在《彼得堡至莫斯科旅行记》中，拉季舍夫给出了解决农民问题的两种可能方案。第一种是在“霍季洛夫”一章中提出的改革派解决方案。在他之前另一位旅行者留下的一沓文件中，拉季舍夫发现一份关于逐步废除农奴制的法律草案。根据这份草案，当务之急是废除“家庭农奴制”，即出售没有居所或土地的农民，他们通常是被分别出售的，卖到农奴主家里做家奴。取而代之的方案是，一个农民若被带到地主家里当仆人或工匠，

① 拉季舍夫：《彼得堡至莫斯科旅行记》，第220—221页。

他应立即获得自由身份。另一项法律试图允许农民拥有自耕土地，以此确保农民及其财产受到法律保护。地主将不再对其农奴拥有无限审判权，农奴将享有被同等身份的人审判的权利，也就是说，地主庄园里的农民也可能被选为法庭陪审员。在采取这些初步措施之后，农奴制将被彻底废除。

正如他的上述观点所显示的，拉季舍夫的计划（与19世纪的土地改革计划相反）甚至试图在农奴制被废除之前就将土地分给农民。当然，他同样反对徭役勒索，并基于人道理由和经济理由，主张用租金取代徭役。

拉季舍夫并不相信这一方案有望获得成功。他写道，自由不应被视为来自大地主的建议，而是源自“奴役自身的重负”。① 在概述了渐进改革的建议之后，他讲述了一位“著名地主”的故事，这位地主的财富全都源自对农民的残酷剥削，拉季舍夫在这个故事的最后呼吁农民起来报复他们的地主：“摧毁他的农具，焚烧他的畜棚、粮仓和库房，把灰烬撒在他作威作福的田地上。”② 他甚至认为，这样的时代终将到来，一次成功的农民起 47
义将使一批新的知识精英自民众中涌现出来，以取代在革命期间被摧毁的旧精英阶层：“哦！如果奴隶们身负沉重的镣铐，在绝望中愤怒，他们就会用限制他们自由的铁链砸碎我们的脑袋，砸碎他们那些不人道的主人们的脑袋，用我们的鲜血去染红他们的土地！这个国家会因此失去什么呢？很快，伟人就会从他们中间崛起，取代被诛杀的一代，但他们将是另一种人，没有压迫他人的权利。这并非梦想，我的视线穿透时代的厚帘，这厚帘遮蔽了我们眼前的未来。我的目光穿透了整个世纪。”③

一些学者认为，拉季舍夫在《彼得堡至莫斯科旅行记》中提出了农民问题的改革派建议，另一方面，拉季舍夫又对革命抱有期望，并为其进行

① 拉季舍夫：《彼得堡至莫斯科旅行记》，第191页。
② 同上，第160页。
③ 同上，第209页。

真正的道德辩护，这两者之间存在矛盾。例如，马科戈年科就认为，“霍季洛夫”一章中提出的计划并未获得作者本人的赞同，它仅为叙述者在之后章节中被治愈的诸种幻觉之一。[①] 这一观点尽管近年来获得诸多热情呼应[②]，但似乎仍不能完全令人信服。另一位研究 18 世纪俄国文学的杰出权威德米特里·勃拉戈伊的立场似乎更值得商榷，他虽然认为拉季舍夫或许对改革的可能性持怀疑态度，却并未把他描述成一个绝对一贯的、坚定不移的革命者。仔细阅读《彼得堡至莫斯科旅行记》便可得知，其作者虽期待革命，为革命正名，但他肯定赞成避免流血；他预见到革命**在未来的**胜利，但他深知起义无望很快获得成功，他希望立即减轻农民的痛苦。拉季舍夫或许怀疑统治精英是否有能力进行必要的改革，但与此同时他也意识到，再无他人能做此事。因此，《彼得堡至莫斯科旅行记》就被视为对君主和贵族阶层的呼吁，这一呼吁由于对人民叛乱之威胁的描述而变得愈加紧迫。此书的出现恰逢法国大革命，这便使得那种威胁变得愈加真实。拉
48 季舍夫所选择的文学形式非常便利，因为这使他能够自不同角度提出具体问题，而无须表达自己的立场。应该强调指出的是，在“霍季洛夫”一章中提出的计划在当时而言是极端激进的，比十二月党人提出的改革方案还要激进，也比 1861 年的土地改革更加慷慨，1861 年的改革并未使农民获得他们身为农奴时耕作的所有土地。

在社会问题上，拉季舍夫同样比百科全书派更为激进，我们在他对普通民众的态度中可以最清楚不过地看出这一点。百科全书派，即富裕、开明的中产阶级的思想代表，他们对普通民众抱有厌恶、恐惧甚至蔑视（伏尔泰的一些言论在这一方面尤其典型）。另一方面，在拉季舍夫和以乌托

① 见马科戈年科：《拉季舍夫：生平和创作素描》（*Radishchev. Ocherk zhizni i tvorchestva*）（莫斯科，1949）。

② 见卡拉金和普里马克：《被禁的思想获得自由——拉季舍夫思想遗产之争 175 年》（Y. F. Karakin and E. G. Plimak, *Zapretnaia mysl' obretaet svobodu. 175 let bor'by vokrug ideinogo naslediia Radishcheva*）（莫斯科，1966）。

邦共产主义者摩莱里和马布里等为代表的法国启蒙运动极端激进派别之间也有明显的界线。拉季舍夫的作品中没有激进的乌托邦主题，这在很大程度上是因为他过于专注于农民问题。他的观点表达了农民和其他小生产者的利益和希望，他们热衷于确保公正和私人财产的更广泛分配，而非废除私人财产。

拉季舍夫只是间接表达了农民的希望和愿景，这自然不言而喻。鉴于他的社会背景，他可被称为俄国第一位贵族革命家。然而，他与其阶级的决裂如此激进（远超作为贵族革命典型代表的十二月党人），使得人们应该真正放弃以“贵族”一词描述他，而干脆称他为俄国第一位革命知识分子。他是赫尔岑所描述的那一过程之出色范例，即“普遍教育”使有思想的俄罗斯人脱离了他们脚下“不道德的土壤”，使他们转变为官方俄国的反对者。[①] 在某些方面，他的思想是 1860 年代革命民主派观点的先声。

拉季舍夫的悲剧在于他的孤军奋战。在他所处时代，俄国的封建制度仍根深蒂固，大环境不利于有组织的激进运动的形成。雅各宾派的恐怖主义和拿破仑的帝国野心浇灭了拉季舍夫早年对法国大革命的希冀。因此不难理解，当在启蒙思想哺育下成长起来的亚历山大一世接替保罗登上王位，自流放地归来的拉季舍夫甘愿把他的信赖再次投向开明君主制。在他 49
那首出色的抒情诗《十八世纪》中，他把逝去的时代比作一条流淌鲜血的汹涌河流：“激流吞噬了幸福、美德和自由。”然而，那个时代并非毫无成就。两位俄国的统治者，即彼得和叶卡捷琳娜，就像两块坚硬的岩石矗立在血河之中，已反射出未来黎明的光亮。不过，拉季舍夫的乐观主义之基础十分脆弱。由于不愿面对新的失望，他在返回圣彼得堡一年后自杀。

---

① 见赫尔岑：《赫尔岑文集》第 2 卷，第 155 页。

第五节 论不朽

《论人及其死亡与不朽》一文在拉季舍夫的作品中独树一帜。这篇写于西伯利亚的文章，无疑代表着俄国启蒙思想在纯哲学思辨领域的最高成就。此文的结论为：人的灵魂是不朽的，由于人的灵魂的目标是自我完善，即便在肉体死亡之后，灵魂仍将继续完善自己。

拉季舍夫借助非常复杂的论述得出这一结论。普希金合理地指出："拉季舍夫尽管反对唯物主义，但他仍是爱尔维修的信徒。他更愿表达支持绝对无神论的观点，而非反驳它们。"[①]

《论人及其死亡与不朽》由四个部分组成。在前两个部分，作者大体上追随霍尔巴赫的思想，对不朽提出质疑。在其本体论中，拉季舍夫以唯物主义的基本论点为出发点给出这样的阐述："万物的存在独立于我们关于它们的认知力，它们是独自存在的。"[②] 在他的认识论中，他持感觉论立场，认为人的大脑中空空如也，仅有后天的感受。从这些前提出发，他证明人是一个地地道道的易朽之物。

然而在第三部分，拉季舍夫试图对这一结论做出反驳，与此同时却不放弃其本体论或认识论前提。他借助于一个万物有灵论观点，即物质的每
50 个粒子都是大小不等的生命体，以此通过对"灵魂"和"精神"这两个概念的区分来达到这一目的。根据这一论点，万物不灭，它们只是会分解为小的粒子。人死后，其肉体遗存与物质融合，其精神元素则与宇宙精神融合。这不能被称为个人的不朽，人的一己灵魂是易朽的，只有精神，即作

---

① 摘自普希金：《亚历山大·拉季舍夫》（"Aleksandr Radishchev"）一文。或许应更确切地说，拉季舍夫支持无神论的论点更具说服力，而非更有热情。

② 拉季舍夫：《拉季舍夫文选》，第 423 页。

为灵魂之普遍化身的精神元素，才拥有永恒的生命。

不过，这个结论并不能使拉季舍夫满意，他理解人类对个人不朽所抱有的渴望。为证明个人不朽的可能性，他引用摩西·门德尔松的《斐多，或灵魂之不朽》一文以及莱布尼茨和波奈特的著作。拉季舍夫认为，人的灵魂是一种简单物质，因此不会分解，也不会失去其个体存在，其目标就是不断的自我完善。因此，它在肉体死亡之后的存在比现世的存在更完美，一如蝴蝶的生命比蛹或虫的生命更完美。既然灵魂获得完美的工具是肉体，那么在死后的生命中，灵魂也会被赋予某种优于人类存在的物质存在。拉季舍夫文章中稍有涉略的这一观点与波奈特的不朽论相关，波奈特将不朽视为一种进步轮回方式，即通过一系列不同化身实现的不断进步，波奈特还提出一个假设，即在“存在的巨链”中一定有着某种比人更完美的理性存在。

拉季舍夫指出，所有这些仅为猜测，仅为信仰而非知识。他宣称他相信灵魂不朽，相信死后持续的完善过程，因为这对他而言似乎构成道德的基本先决条件。不过他也承认，这些信念并无充分的理论依据。

这种观点是启蒙运动时期道德哲学的一大特点。尼古拉·诺维科夫用类似的术语证明他对不朽的信念。拉季舍夫的论文与康德的哲学之间也有一些相似之处。康德承认上帝的存在和灵魂的不朽，将其视为“实践理性之假定”。换言之，他承认上帝的存在和灵魂的不朽，是因为他（与拉季舍夫一样）把这视为道德的保障。

在哲学尚处于起步阶段的18世纪俄国，《论人及其死亡与不朽》别具一格。在这篇文章中，拉季舍夫展示出他伟大的天赋和学识，他几乎援引了法国和德国18世纪所有主流思想家的观点，并显示出他对希腊古典哲学的熟稔。他对支持和反对不朽的两种论点进行了系统阐述，这使他能够揭示关于这一问题的争论实质。尽管如此，拉季舍夫的这部作品却未能对 51

俄国思想的演进产生任何影响，因为拉季舍夫民主和自由思想的继承者们并不关心不朽问题，而宗教哲学家们也不愿在启蒙思想家们的著作中寻求
52 灵感。

本章涉及作品

亚历山大·拉季舍夫：《彼得堡至莫斯科旅行记》（*A Journey from St. Petersburg to Moscow*/Путешествие из Петербурга в Москву），游记

——：《费奥多尔·乌沙科夫传》（*Life of Fedor Ushakov*/Жизнь Федора Ушакова），传记

——：《希腊史观察》（*Observations sur l'histoire de la Grèce*），译作

——：《自由颂》（"Ode to Liberty"/Вольность），诗歌

——：《致托博尔斯克一友人书》（*Letter to a Friend Living in Tobolsk*/Письмо к другу, жительствующему в Тобольске），书信集

——：《关于成为祖国之子意味着什么的交谈》（*Conversation on What It Means to Be a Son of the Fatherland*/Беседа о том, что есть сын отечества），谈话录

——：《论人及其死亡与不朽》（*On Man, His Mortality and Immortality*/О человеке, о его смертности и бессмертии），哲学论文

——：《兼并西伯利亚简述》（*Concise Statement on the Annexation of Siberia*/Сокращенное повествование о приобретении Сибири），文章

——：《中国贸易书》（*Letters on Chinese Trade*/Письмо о китайской торговле），书信集

——：《一周日记》（*Journal of a Single Week*/Дневник одной недели），自传体作品

——：《十八世纪》（"The Eighteenth Century"/Осмнадцатое столетие），诗歌

第三章
贵族保守派与贵族革命派

亚历山大一世在位时期（1801—1825）实质上是一个过渡时期。一方面，这是新的19世纪之开端；另一方面，这也是18世纪的思想潮流之延续，甚至是其顶峰。这一时代的双重性首先体现在政治思想上，尤其是卡拉姆津的保守主义和十二月党人的革命思想。卡拉姆津向后看的保守主义以及对叶卡捷琳娜统治的理想化，业已包含19世纪新保守主义的萌芽。十二月党人运动是俄国第一个革命组织，但它同时也代表着18世纪的贵族反对派之延续。这两个差异甚大的倾向却有其共同之处：卡拉姆津的保守主义和十二月党人的革命理想均体现着西方化贵族的知识激增和政治抱负，这一阶层受到了拿破仑战争以及新皇帝的自由姿态和改革承诺的激励。

第一节　尼古拉·卡拉姆津

尼古拉·卡拉姆津（Nikolai Karamzin/Николай Карамзин，1766—1826）

是亚历山大统治时期俄国的官方史学家。在文学创作中，他是俄国感伤主义的最典型代表，拉季舍夫亦属该流派。然而与拉季舍夫不同，年轻的卡拉姆津对公民美德或社会改革较少兴趣，他更热衷于道德的自我完善之理想。年轻时，他拒绝“世界的喧嚣”，沉湎于独处的冥想以及“甜蜜的忧郁和温柔灵魂的激情”。这种情感自我中心的姿态成为《一位俄国旅行者书简》的基调，卡拉姆津在这些书信中描述了他于1789—1790年间的欧
53 洲之行。把《一位俄国旅行者书简》与同样是旅行见闻的拉季舍夫的《彼得堡至莫斯科旅行记》做一比较，是很有启发意义的。拉季舍夫写道：“我环顾四周，我的灵魂被人类的苦难所伤害。”[①] 卡拉姆津却对社会问题完全不感兴趣（尽管他在欧洲逗留期间恰逢法国大革命的爆发）。他写道，他的《书简》只是一本“抒情小册子”，仅为一些主观印象之记录：“它们是近18个月间我灵魂的一面镜子！ 20年过后（如果我能活得那么久的话），它们对我而言仍是一种快乐，即使仅仅对我而言！我会仔细阅读它们，我会看到我曾经是个什么样的人，我有过什么样的思想和梦想。对于一个人而言（就让我们私下里说上一句），还有什么能比他的自我更有趣呢？”[②]

然而，外部事件也会迫使卡拉姆津进行社会和政治范畴的思考。法国大革命一开始可能会唤起他某种含混的理想主义的同情心，但大革命的第二阶段，即国王被斩首和雅各宾派恐怖统治时期，却让他胆战心惊。“革命澄清了我们的思想。”他本人如此描述其价值观体系发生的深刻变化。他放弃了自己感伤的、相当抽象的人道主义，转而热情地捍卫专制体制，将其视为旧秩序唯一的永久支柱。他之前信仰欧洲，如今却转而批评欧洲是革命、混乱和分裂的温床，他称赞俄国恰与欧洲相反，是一个拥有稳定

① 拉季舍夫：《彼得堡至莫斯科旅行记》，第5页。

② 卡拉姆津：《一位俄国旅行者书简》（N.M. Karamzin, *Letters of a Russian Traveler*），乔纳斯译（纽约，1957），第340页。

的社会秩序、开明的专制政府和坚定的基督教信仰的国度。

由于俄国在反拿破仑战争中的逆转取胜，由于沙皇亚历山大早期的自由主义，尤其是米哈伊尔·斯佩兰斯基当时在皇帝的要求下计划实施的司法和行政改革，卡拉姆津保守的民族主义得到了强化。保守的反对派对仿效《拿破仑法典》重组俄国的计划感到愤怒，因为这部法典是得到拿破仑资助并以拿破仑的名字命名的，而拿破仑不仅是俄国的敌人，还是法国大革命的篡权者和继承者。1811 年，在斯佩兰斯基的影响达到顶峰时，卡拉姆津在他的著作《论古代和近代俄国》中表达了这种普遍的不满情绪，他在这部著作中详细阐述了他对俄国历史的反思，并对政府的政策做出了一些大胆尖锐的批评。《论古代和近代俄国》的主题就是对独裁统治的有益 54
权威之信赖，就是极端的历史持续论，这种观点如此极端，竟然拒绝一切不是源自本民族传统，而是基于外国理论前提或模式的立法。卡拉姆津担心亚历山大试图对专制体制施加宪法限制，这无疑是一种夸大的恐惧，他对亚历山大说过这样的话：

> 对专制统治的滥用激起了普遍愤恨，如果亚历山大因为这种愤恨而拿起笔，给自己制定一份逾越上帝和良心的法律，那么一位真正具有美德的俄国国民便会阻止他，并说道："陛下！你超越了你的权限。俄国正由于其多舛的命运，才在神圣的祭坛前赋予你的祖先以专制权力，要求你的祖先以至上、无形的方式统治她。这一约言是你的威权之基础，你别无选择；你可以做任何事，但你不能用法律来限制你的威权。"①

① 派普斯：《卡拉姆津的〈论古代和近代俄国〉》（R. Pipes, *Karamzin's Memoir on Ancient and Modern Russia*）（马萨诸塞州坎布里奇，1959），第 139 页。

为理解这一奇怪的立场，我们必须意识到，卡拉姆津认为专制体制是一种不可分割的权力，而非一种无限权力。沙皇的权威在国家事务中是绝对的，但它并未延伸至政治王国之外的私人领域。如果接受这一范式，我们便会明白，为何在卡拉姆津看来，专制体制下的个人自由（这自然只能理解为贵族阶层的个人自由）要无限大于雅各宾派“人民主权”下的个人自由。这一点也符合他先前的感伤主义立场，当时他在一个安静的乡村环境中欣赏独处和非政治的自由，而如今他最为恐惧的应该就是“民治暴政”，他视君主制为“可靠的铁锚”。

然而即便在政治领域，卡拉姆津也认为君主应避免独断专行。君主的权威尽管不受任何成文法律或宪法之限制，却受制于在习俗和道德信念中形成的不成文的历史传统。没有考虑到这一传统（其主要构成即专制体制、贵族阶级和东正教会的三者联盟）的君主，就有沦为暴君之危险。自这些观念出发，卡拉姆津强烈反对“贵族之祸”，即贵族试图通过种种法律限制来约束专制体制，但是他也反对沙皇在位时实施的无视贵族的意愿
55 和利益的政策。他称伊凡雷帝是比卡里古拉或尼禄更糟的暴君，但他又认为这并不能免除库尔勃斯基的叛国罪。[①] 卡拉姆津认为彼得大帝也是一位独裁统治者，他认为俄国的现代化应归功于彼得大帝，但又认为彼得大帝的方式是对民族传统的粗暴侵犯，是政治权威对私人领域的非法入侵。

需要补充的是，卡拉姆津所捍卫的专制主义并非一种理想的政治体制，而仅是人的不完善所导致的一种历史必要性。因此，看一看他对市民会议或曰谓彻（他十分看重谓彻在基辅罗斯的作用）的态度，看一看他对诺夫哥罗德和普斯科夫等俄国古代“商人共和国”的态度，是饶有兴味

---

① 安德烈·库尔勃斯基公曾率莫斯科公国军队对抗立窝尼亚骑士团，在听闻伊凡雷帝对大贵族的血腥迫害后逃往波兰。在与沙皇伊凡雷帝的著名通信中，他雄辩地捍卫大贵族的权利，并以贵族可以拒绝服务于不公正君主的古老权利为其逃往波兰作辩护。

的。在他的小说《行政长官马尔法，又名诺夫哥罗德的沦陷》（1803）中，他似乎站在获胜的专制原则一边，但他同时也赞扬诺夫哥罗德市民的“共和美德”，他们“旺盛的自由”之衰亡在文中也被染上一种哀歌般的忧伤。在《论古代和近代俄国》以及十二卷本《俄罗斯国家史》中，也有关于专制体制与旧俄“共和”体制之斗争的类似描述。卡拉姆津在晚年的一封信中甚至写道，他“在内心里始终是一位共和主义者”。

卡拉姆津的保守主义背后的两个基本概念，即相信历史的连续性以及主张政治（专制统治的合法领域）与私人生活相互分离，最终实现了双重功能。一方面，它们表达了一种欲保护个人免遭威权任意干涉的企图（尽管是一种胆怯、片面的企图）；另一方面，它们又坚决反对任何改变现状（对贵族有利的现状）的举措，哪怕是最微小的改革。卡拉姆津特别强调，历史连续性就是一个有力的论据，可以用来反对对农奴制做任何限制。通过卡拉姆津，俄国贵族宣布放弃他们争取政治权利的斗争，但作为回报，他们要求得到保障，以使他们的社会地位继续保持稳定，并切实得到加强。

如果为卡拉姆津说句公道话，他就是开明的保守主义之代表，这种保守主义远离以阿拉克切耶夫、马格尼茨基和鲁尼奇等人为代表的反动的、反西方的蒙昧主义，在卡拉姆津生命的最后几年，上述三人对政府教育政策的影响变得越来越恶劣。卡拉姆津的民族主义情感与谢尔盖·格林卡 56
的《俄国导报》专栏文章里的沙文主义仇外情绪也不可同日而语。卡拉姆津的“忠诚的顺从”远非卑躬屈膝，他在《论古代和近代俄国》中对沙皇的大胆，甚至激烈的批评使得这部著作多年未能面世。他感伤的“共和主义”并未妨碍他称赞专制体制是“俄国的守护神”，不过他仍然不够正统，一个过分热心的告密者曾举报卡拉姆津的作品充满“雅各宾派的毒药”，称卡拉姆津应被烧死。

将卡拉姆津与十二月党人作比，便可清楚地看出，俄国贵族这两派代表人物的观点有多么大的分歧。卡拉姆津反对皇帝计划实施的改革，因为他认为这些改革过于深广，而十二月党人运动则缘起于对这些改革计划之诚意的怀疑，随着政府的政策变得越来越反动，十二月党人运动也越来越如火如荼。然而，十二月党人却兴致勃勃地阅读卡拉姆津《俄罗斯国家史》的第九卷，因卡拉姆津对伊凡雷帝的批评而兴高采烈。《俄罗斯国家史》的前面几卷也为十二月党人提供了许多有关俄国历史中“共和传统”的有趣信息，尽管卡拉姆津的判断往往与他们并不一致。与十二月党多有接触的普希金写道，《俄罗斯国家史》是一种绝对启示，“可以说卡拉姆津发现了俄国，一如哥伦布发现了美洲”。

第二节 十二月党人

十二月党人运动得名于发生在 1825 年 12 月的那场失败的起义，而关于这场运动之历史的讨论已超出本书范围。[1] 在这里，我们将仅讨论起义前几年十二月党人的成熟思想，而不对他们理论的起源或演进做更深考察。在那几年间，举行一场反对沙皇的武装起义的想法开始出现在该运动成员的脑海中。他们受到西班牙和那不勒斯的军事叛乱（1820）、皮埃蒙特王国的革命（1821）、希腊起义（1821）以及 1820 年谢苗诺夫斯基禁卫军团的叛变之鼓舞。幸福同盟（Union of Welfare/Союз Благоденствия）大
57 约成立于 1818 年，此为两年前成立的救国同盟（Union of Salvation/Союз Спасения）的继承者，但后者不适合于该运动的新目标，因此最好解散

① 关于十二月党人的主要英文著作有马祖尔：《1825 年的第一场俄国革命》（A. G. Mazour, *The First Russian Revolution*, 1825）（第 2 版，加利福尼亚州斯坦福，1961），以及拉伊夫：《十二月党人运动》（*The Decembrist Movement*）（新泽西州恩格尔伍德克利夫斯，1966）。

它，以摆脱那些不坚定或不可靠的成员，组成一个全新组织。1821 年，幸福同盟被两个主要由军官们组成的秘密组织取代，这两个秘密组织一直保持密切联系。这两个组织分别是位于圣彼得堡的北方协会（Northern Society/Северное общество）和位于图尔钦的南方协会（Southern Society/Южное общество），图尔钦是驻扎乌克兰的第二军的司令部所在地。北方协会成员的政治观点各有不同，但总的来说远不如以帕维尔·彼斯捷尔上校为首的南方协会那般激进。因此，为清晰起见，我们将分别讨论这两个小组的观点。

北方协会

在北方协会的思想观念中，我们尤其能感觉到叶卡捷琳娜二世统治时期贵族反对派观点的某些元素。十二月党人运动这一分支的许多成员均出身于曾经十分有势、如今却已破落的大贵族家庭，有些人的血缘甚至可追溯至具有传奇色彩的留里克大公（如谢尔盖·特鲁别茨科伊公爵、叶夫盖尼·奥波连斯基公爵和亚历山大·奥陀耶夫斯基公爵等）。尼基塔·穆拉维约夫声称，十二月党人运动的源头即诺夫哥罗德和普斯科夫的传统、12 世纪大贵族杜马的传统、莫斯科贵族 1730 年向安娜女皇提出的立宪要求，以及帕宁兄弟的立宪计划和 18 世纪贵族反对派的立宪计划。诗人康斯坦丁·雷列耶夫描绘出一幅安德烈·库尔勃斯基公（反抗伊凡雷帝的大贵族起义的领袖）的理想化肖像，甚至为他献上自己的一首“哀歌”（这些哀歌是对波兰诗人尤利安·聂姆策维奇的“历史歌谣”之模仿）。在十二月党人起义被镇压之后，彼得·卡霍夫斯基在调查委员会做证时坦言，十二月党人运动起初所反对的主要对象就是官僚体制的重压、对古老的贵族自由缺乏尊重以及对外国人的偏袒。另一位北方协会的十二月党人、作家和文学批评家亚历山大·别斯图热夫（他后以“马尔林斯基”为笔名继续发表作品）写道，他的目标就是建立一种“由贵族修正的君主制”。诸如此类的事实可以用来解释普希金于 1830 年代表达的一个观点，即十二月党
58 人起义是由来已久的独裁和大贵族之争的最后一战。

毫无疑问，激起十二月党人对沙皇专制体制之仇恨的原因，一是对古老“自由”的眷念，二是对官僚体制的厌恶。官僚们的社会地位是他们奴颜婢膝、一心钻营换来的奖赏。但这并不意味着，十二月党人的动机仅为利己主义的阶级利益（此为米哈伊尔·波克罗夫斯基和苏联史学中所谓“庸俗社会学派”所持观点）。即便那些最热衷于将古老的自由理想化的十二月党人也不希望复原过去，他们推翻专制体制的计划旨在让全体人民获益，而非仅为贵族阶级着想，他们也将废除农奴制作为重要任务。如果十二月党人的政治纲领得以实施，它将为资本主义的快速发展奠定基础，这不仅会剥夺贵族的政治特权，还会危及其经济地位。十二月党人意识形态的贵族起源尽管导致了某些明显的局限，但这一意识形态就本质而言仍为现代自由主义的一个样板。此外，它试图推翻作为旧秩序主要支柱的独裁统治，因此它也是一种革命的意识形态。波兰历史中也有相似现象，即革命的反封建意识形态的主要代表反而是特权阶层的成员，即列宁所谓“贵族中的优秀人物”或“贵族革命家”。

十二月党人善于把不同的元素融为一体，这从一个事例中不难看出，即他们对“共和国”（republic/республика）一词的随意使用，而没有充分意识到各种“共和国”之间的本质差异，如罗马共和国、波兰贵族共和国、古罗斯的城邦国家和现代的资产阶级共和国等。北方协会的理论家们将对专制体制的批评和贵族的立场混为一谈，又将对专制制度的批评与资产阶级的观点混为一谈。他们因此认为，对主要源自边沁、本杰明·贡斯当和亚当·斯密作品的那些自由主义观念进行调和并非难事，可在其中加入对之前种种封建自由的美化，对贵族作为“专制体制之制衡”角色的坚

信。这些理论前提均为启蒙时期的“法学世界观”，据此制定的法律和政治形式会制约社会革命。

反映北方协会观点的一份最重要的文件，是尼基塔·穆拉维约夫起草的宪法草案。穆拉维耶夫的草案主张废除所有形式的农奴制，但对土地分配只字不提。相反，该草案明确指出，所有土地仍将继续归大贵族所有。只是在面临协会中一些更激进成员的施压时，穆拉维约夫才提出一项修正 59
案，允许农民拥有宅基地和两公顷耕地。当时俄国的农耕水平落后，如此少的土地并不足以养活一个家庭。由此可见，穆拉维约夫希望农民在经济上继续依赖于他们的主人，即便在废除农奴制之后。这部宪法有一段（在最终版草案中被删除）甚至写道，未来的立法应该明确，农民如果希望离开村庄，就必须向地主支付一定数额的费用，作为对劳动力损失的赔偿。

穆拉维约夫宪法的另一个特点是，成为公民必须拥有高门槛的固定财产。只有拥有至少价值五百银卢布的不动产或两倍于此的其他财产的人，才有资格使用“公民”称号。应聘公职也应具有相似资格，且门槛更高，最高的公职仅对拥有至少价值六万银卢布不动产的人士开放！在后来的草案版本中，穆拉维约夫降低了这一门槛，并愿授予俄国所有居民以“公民”称号。然而，即便是这一版本，也仅将充分选举权给予土地所有者和资本家，剥夺了相当一部分人口积极参与政治生活的权利。唯一“无例外或无区别”对所有人开放的公职，乃是村社负责人。

穆拉维约夫的方案系以美国的政治体制为模型。未来的俄国将是一个由 14 个州组成的联邦，每个州皆有其首府，比如将设沃尔霍夫州，首府为“圣彼得城”，将设哈尔科夫州，首府为基辅，将设乌克兰州，首府为哈尔科夫（各州边界与民族聚居地的边界并不一致）。波兰王国（与民族聚居地一致）将留在联邦之内，但比其他州拥有更大独立性。每州均设两院议会，各州享有经济、行政和文化等方面自主权，但无立法权。整个联邦的最高权力将被授予由最高杜马和众议院组成的人民谓彻（Popular Assembly/Народное вече）。沙皇仅为联邦首脑。为避免宫廷小集团的有害
60 影响，为皇家服务的人士将被暂时剥夺政治权利。此外，甚至还有一项禁止皇帝出国的条款，以免他受到外国人的邪恶蛊惑。

穆拉维约夫宪法最进步的特点，即其公民自由立场。这里有完全的信仰自由、集会自由和言论自由，书刊审查制度将被废除，国家对科研、艺术或教学不加干涉。然而在社会问题上，尤其在农民问题上，穆拉维约夫的方案却十分清晰地显露出贵族心态的局限性。许多十二月党人均认为，农民会因农奴制的废除而欣喜若狂。比如，雅库什金在答应给农民以自由时，却无法掩饰他因农民要求拥有土地而生的愤怒。当农民们被告知，土地仍将是地主的财产，他们给出这样的回答："那么最好还是让一切保持原样吧。我们属于主人，但土地属于我们。"

穆拉维约夫的宪法发挥过重大作用，使其周围其他成员的观点得到具体表述，但它仍不能被视为整个北方协会立场的正式表达。毕竟有这样的共识，即宪法的最终选择权将交给政府被推翻后成立的立法议会。除穆拉维约夫所代表的这一派别外，还有一个更为激进的派系，他们的目标并非建立君主立宪制，而是成立共和国。这一派别的主要代表是诗人雷列耶夫，他是波兰诗人亚当·密茨凯维奇的好友。

尼古拉·屠格涅夫

在与北方协会关系密切的人中，**尼古拉·屠格涅夫**（Nikolai Turgenev/Николай Тургенев，1789—1871）显得别具一格，他曾加入幸福同盟，是诺维科夫的亲密合作者之一、共济会会员伊万·屠格涅夫之子。在十二月党人起义期间，屠格涅夫身在国外。他被缺席判处死刑，后一直没有回国。

屠格涅夫与穆拉维约夫和那些地道的十二月党人（即秘密组织成员和那些决定进行武装叛乱的人）不同，他是一个改革者而非革命者。他同样希望把俄国转变成一个拥有公民自由和法治的国家，但他对大贵族阶级的政治抱负持怀疑态度。事实上他认为，在专制体制和贵族寡头体制这两种罪恶中，前者比后者更可取一些，只有一个强大的中央政府才能实施土地 61
改革。与穆拉维约夫不同的是，屠格涅夫反对依据财产设定各种门槛。他坚持认为，把财富或家产视为爱国主义或自由情感之保证，这是对人的侮辱。不过，他关于土地改革这一恼人问题所提的建议与穆拉维约夫却相去不远。在一本题为《试论税收理论》（1818）的书中，他建议农民可在没有分得土地的情况下获得解放，但应给予他们购买土地的权利。从他的私人日记可以得知，他似乎支持农民拥有部分土地，但又担心此类立法只会激起大贵族更多抗议，进而反对他认为必要的改革，即废除农奴制，代之以自由雇佣劳动。有趣的是，屠格涅夫特别强调解散乡间村社（village commune/деревенская община）的必要性，他认为村社是阻碍农业现代化的主要障碍。穆拉维约夫也是村社的反对者，尽管他不曾用任何经济理由来解释他的憎恶。

南方协会

十二月党人南方协会中的主导人物是**帕维尔·彼斯捷尔**上校（Pavel Pestel/Павел Пестель，1793—1826），他的观点在他起草的题为《俄国法典》的宪法草案中有所阐述。这份草案详尽描述了未来将被引入俄国的政治制度，是南方协会十分重视的一份文件。与北方协会的领导人不同，彼斯捷尔坚持认为，宪法问题不必留给未来的议会，而应事先决定，在军事政变获得成功之后应建立一个具有独裁权力的临时政府。

《俄国法典》中最有趣的部分是与土地改革相关的条款。彼斯捷尔的理论基础是他对两种土地所有权理论的批判性分析。第一种理论认为土地是自然的赐予，因此是公有财产；第二种理论认为土地是耕者的财产。彼斯捷尔认为这两种理论均包含部分真理，因此他试图在自己的纲领中调和这两种理论，他的纲领基于两个假设：其一，人人均有天赋的生存权，因此他理应获得一块足以维持其基本生活的土地；其二，只有那些创造出剩余财富的人才有权享用财富。彼斯捷尔因此建议，在沙皇体制被推翻后，应将土地划分为两个部分，一部分属公共财产（或更准确地
62 说是村社财产），另一部分则归私人所有。前一部分土地用来确保每个人最低水平的生存，第二部分土地则用来创造剩余财富。每个公民均有权要求村社分配给他一块足以养活他全家的土地，如果村社拥有更多可用土地，公民甚至可多次要求进行此类分配。另一部分土地仍将由私人所用。彼斯捷尔认为，他的方案可确保每个人都能获得在村社分得土地的社会福利，同时也为在私人土地上不受限的主动性和创造财富的机会预留空间。

彼斯捷尔相信他的纲领完全有机会获得成功，因为俄国的土地所有权就传统而言就既是公共的，又是私有的。他在此想到的显然是俄国的乡间村社。然而必须强调指出，彼斯捷尔的村社与封建时期的村社有本质不同，因为彼斯捷尔的村社并不限制其成员的行动自由或个人自由，也不对个人成员的纳税义务承担集体责任。

认为乡间村社包含着俄国未来社会体制的种子，这一观点在俄国思想史上有着惊人的传承。就某种意义而言，彼斯捷尔是这一概念的创始者，但值得注意的是，他并未把村社与任何社会主义倾向联系在一起（尽管赫尔岑并不这么认为）。他相信大规模资本主义所有制的重要性，他的经济思想深受亚当·斯密影响。

彼斯捷尔的宪法主张废除包括贵族在内的各封建阶层，但他唯独对贵

族阶层的态度有些模棱两可，他不愿损害贵族阶层的地位，甚至认为保留这些最可敬公民的某些特权至关重要。与北方协会的成员不同，彼斯捷尔并不同情古代贵族，让他感到亲近的只有那些可能担任公职的贵族，他们的社会地位源自为政府服务，而非源自出身。这一点在他的《俄国法典》中有很清晰的体现，在这部法典中，社会问题的决定权大多被委托给了政府官员。在新俄国，一切独立的联盟、社团和协会都将被法律禁止，甚至不允许私人创办学校或慈善机构。

尽管彼斯捷尔的土地改革建议比北方协会的计划更激进，但它也显示出了欲与大土地所有者妥协的倾向。地产规模被划分为三类：拥有 1 万 63
公顷以上土地的地主将无偿放弃其一半土地；拥有 5 000 至 1 万公顷土地的地主将部分有偿地放弃其一半土地；地产更少的所有者也将放弃其一半土地，但有权获得全额赔偿，或在人口较少区域获得同等面积的土地。这项改革试图确保在每个村社都建立起一个占土地总面积一半的土地库（主要为了农民的利益）。在土地改革结束之后，私人地产的规模则不设上限。农奴制将被立即废除，但役赋（corvée，强制劳役）将保留 10 至 15 年的过渡期。

与穆拉维约夫不同，彼斯捷尔坚决反对设置财产门槛。他赞同富人的存在是国家的一种优势，但他反对政治特权和财富之间有任何关联，他认为金融贵族比世袭贵族危害更大。俄国将成为一个共和国，所有 20 周岁以上的男性公民均享有选举权。立法权属于单一的议院，即人民会议，行政权属于由人民会议选举产生的五人国家杜马，国家杜马任期五年。司法和监督职能属于由 120 名当选的终身委员组成的最高理事会。

在对公民自由和政府结构的看法方面，彼斯捷尔的宪法也有异于穆拉维约夫的宪法。《俄国法典》设想信仰自由和行动自由、家庭的不可侵犯以及新闻自由（文章作者仅对法院负责），但禁止建立任何社团或协会，并将政府行为和公民事务行为委托给官僚机构。彼斯捷尔支持建立一个强大的中央政府，他认为穆拉维约夫的联邦制很容易使人回想起中世纪的俄国，它当时分裂为许多诸侯封国。彼斯捷尔认为，正是那种状态使俄国为鞑靼人的入侵敞开了大门。他甚至走得更远，反对给组成俄罗斯帝国的其他民族以自治权，因为他认为，这些民族都应被同化为同一个伟大的俄罗斯民族。他唯一的例外是支持波兰，因为波兰具有传统的国家地位，能够建立起一个强大、独立的政府。彼斯捷尔在与波兰爱国者协会（Polish Patriotic Society/Общество польских патриотов）的秘密谈判中承诺，只要波兰人愿意与俄国结成紧密联盟，并引入类似的社会体制，他们就将获得
64 民族独立。复兴的波兰国将包括几乎整个白俄罗斯、沃伦和西乌克兰。

彼斯捷尔对于解决犹太人问题所提出的建议也值得关注。不愿被同化的犹太人将得到帮助，在近东获得领土，组建他们自己的国家。彼斯捷尔写道："如果所有俄国犹太人和波兰犹太人聚到一个地方，他们的人数将超过 200 万。这样一大群寻找祖国的人是不难克服任何障碍的。"[①]

彼斯捷尔轻而易举地解决了十多个民族的未来问题，这些民族中有许多具有丰厚、古老文化传统的民族，比如格鲁吉亚族，这种轻率与其说是他的沙文主义之结果，不如说是他的抽象理性主义使然，即他倾向于从官僚的国家主义角度看待各民族。对《俄国法典》的作者而言，同胞之间唯一的理性联系就是基于司法前提的联系。彼斯捷尔利用俄语中"общество"一词所具有的"社会""交往""协会"等不同含义（一如英语中"society"一词的多义），坚持认为"社会"只是公民们"为达成某一目标"而结成的协会。[②] 他对民族的定义是："所有人的总和，他们属于同

---

① 转引自涅奇基娜：《十二月党人运动》（M. V. Nechkina, *Dvizhenie dekabristov*）（莫斯科，1955），第 2 卷，第 86 页。

② 彼斯捷尔：《十二月党人社会政治和哲学文选》（*Izbrannye sotsial'no-politicheskie i filosofskie proizvedeniia dekabristov*）（莫斯科，1955），第 2 卷，第 75 页。

一个国家，构成一个公民社会，这个社会的存在目的即尽可能保障每个人和所有人的福祉。”[1] 这种功利主义的定义未能对“民族”和某一特定国家的居民这两者加以区分，因此忽略了国家内部的语言或文化差异。如果社会的基础就建立在为实现某一目标而采取的联合行为上，那么这个社会就可能解体，并在由革命者杜撰出的另一些更高原则的基础上构成一个新的联合体。彼斯捷尔的观点受到“雅各宾主义”信念之影响，后者认为社会可以被规划，这些计划可以通过中央政权颁布的各种法令来实施。

斯拉夫人联合会

除南方协会外，十二月党人还另有一个组织，即由鲍里索夫兄弟和波兰革命者尤利安·柳布林斯基于 1823 年创立的斯拉夫人联合会（Society of United Slavs/Общество объединенных славян），这个协会当时在乌克兰活动。1825 年秋，在十二月党人起义前夕，该组织加入南方协会，作为一 65
个独立部门，即斯拉夫理事会（Slavic Board/Славянский совет）。与“地道的”十二月党人相比，“斯拉夫人”主要是出身贫寒小贵族阶层的低级军官。他们的主要目标是建立一个民主、共和的斯拉夫各民族联盟（但也包括匈牙利、摩尔达维亚和瓦拉契亚），这一联盟的国土将从黑海延伸至白海，从波罗的海延伸至亚得里亚海。与十二月党人不同，“斯拉夫人”并不害怕在军队士兵中宣传他们的纲领。他们的社会改革纲领尽管比较模糊，却比十二月党人其他团体的纲领更民主。此外，“斯拉夫人”倾向于发起一场得到广泛支持的民众革命，而非一场军事起义。

十二月党人运动的主流思想家们对“斯拉夫民族”（Slavdom/славянство）的概念并非不感兴趣，但这种兴趣主要与未来俄国将要采取的外交政策有

① 《十二月党人社会政治和哲学文选》，第 2 卷，第 80 页。

关。而建立一个以各民族平等权利为基础的斯拉夫联邦，这一由斯拉夫人联合会贡献出的原创性概念则颇受冷遇。米哈伊尔·别斯图热夫-留明和谢尔盖·穆拉维约夫-阿波斯托尔试图说服斯拉夫理事会的同事们，称后者的想法会分散人们对十二月党人运动直接目标的关注，“人们必须多考虑自己的同胞而非外国人”。这一“斯拉夫”纲领起源于边境地区，即波兰、俄国和乌克兰的接壤地带，其倡导者之一也是波兰人，这并非巧合。甚至可以确切地说，“斯拉夫思想”系从波兰传至俄国，在当时的波兰，“斯拉夫民族”问题引起了广泛兴趣。①

十二月党人的俄国历史哲学

将“古代俄国的自由”理想化是十二月党人一个十分典型的做法，这也体现为他们对古代风俗和历史记忆的热衷。十二月党人的文献充满许多古老术语，如杜马（дума）、议事会（собор）、参议会（управа）、谓彻（вече）和波雅尔（бояре）等。对于都城而言，十二月党人自然更推崇莫斯科或下诺夫哥罗德，而非没有传统的圣彼得堡。即便彼斯捷尔也深受这一倾向之影响，他用现存最早一部俄国法律文件《罗斯法典》的名称命名了他的宪法草案。

19 世纪初，人们为使其思想立场获得支撑，不仅会寻求理论论据，而
66 且还去发现历史上的相似之处，这一手法十分常见。对于俄国和德国而言，反拿破仑战争在这一过程中发挥了特殊作用。在大多数十二月党人的个人传记中，1812 年战争均是一个转折点。雅库什金称反拿破仑战争是一个“唤醒俄罗斯民族”的事件。爱国主义的战争激发起人们对俄国历史和俄罗斯民族“独特”本质或曰“自在性”（native principle/самобытность）

① 这一问题在卢西阿尼的《斯拉夫人联合会》（G. Luciani, *La Société des Slaves Unis*）（巴黎，1963）一书中得到讨论。

的广泛兴趣。十二月党人对俄国历史的阐释就源自这种兴趣，主要由北方协会成员做出的这一阐释被视为卡拉姆津的专制有益论之反题。

十二月党人认定，对自由根深蒂固的爱就是俄罗斯人的固有特性，这一特性后来的发展曾遭制约，但未被摧毁。在基辅罗斯不存在独裁统治，王公们的权力受到严格限制，关于国家重大事务的决定均由人民会议做出。十二月党人是城邦共和国诺夫哥罗德和普斯科夫的狂热崇拜者，这种热情具有某种实践意义，因为他们确信，他们祖先身上那种“自由精神”仍然存在。雷列耶夫写道：让我们敲响大钟吧，数世纪间初心不改的诺夫哥罗德民众将聚集在钟楼前。卡霍夫斯基将拥有自治机构“米尔”（мир）的农民村社描述为“小共和国”，将其视为古老的俄国式自由的鲜活遗存。[①] 与这一概念相一致，十二月党人认为他们是自由的**恢复者**，他们将一种有着良好历史先例的管理方式带回了现实。

这些论点提醒我们注意如下事实：“革命”一词的最初含义即“恢复”。这个词的古老含义依然存在于波兰和俄国的贵族革命者的世界观之中。不过还要补充一点，俄国革命者和波兰革命者的思想之间也有着某些直接联系，例如，波兰历史学家约阿希姆·列列韦尔就是对十二月党人历史观产生过影响的人士之一，他关于卡拉姆津的《俄罗斯国家史》的评论（刊于《北方档案》期刊）在十二月党人间引起了相当大的、可以理解的兴趣。[②] 专制体制在16世纪的成功，被十二月党人视为迥异于俄罗斯 67
精神的鞑靼人政治原则之成功。十二月党人最厌恶的人是伊凡雷帝，相反，库尔勃斯基却被他们视为民族英雄。他们也倾向于将罗曼诺夫王朝的前两位君主，即米哈伊尔·费奥多罗维奇·罗曼诺夫和阿列克谢·米哈伊

① 见沃尔克：《十二月党人的历史观》（S. S. Volk, *Istoricheskie vzgliady dekabristov*）（莫斯科–列宁格勒，1958），第303页。

② 十二月党人亦对拉科维茨基和多列加–霍达科夫斯基关于古代斯拉夫传统的研究很感兴趣（见沃尔克：《十二月党人的历史观》，第314—318页）。

洛维奇·罗曼诺夫理想化，主要因为他俩系由缙绅大会（Land Assembly/Земское собрание）选举产生，因此听取了大贵族们的某些建议。大贵族杜马和缙绅大会都被认为含有代议制政府的萌芽。

即便是对十二月党人的历史阐释所做的这一简单介绍，也能很清晰地显示出古老世袭贵族阶层的思想之影响。在与专制体制的冲突中，十二月党人更认同大贵族，他们利用一切机会强调大贵族和整个民族拥有的共同利益。他们甚至认定，古老的大贵族曾是人民的一部分，农奴制是违背大贵族的意愿被引入的，目的是奖励新的军人阶层和官员阶层对沙皇的效忠。

彼得大帝的角色给十二月党人造成了很大的困惑。一方面，他似乎是个血腥的暴君，是又一个伊凡雷帝，但另一方面，他又是一个现代西化国家的创建者。当屠格涅夫称彼得为暴君时，别斯图热夫回应道："我深爱这位暴君。"① 雷列耶夫赞扬过彼得，但他在《沃伊纳罗夫斯基》一诗中也描绘了哥萨克盖特曼马泽帕的理想化肖像，而马泽帕曾为捍卫乌克兰的独立和古老的哥萨克自由而与彼得作战。彼得因对民族传统缺乏尊重而受到批评，但十二月党人又普遍认为他的改革至关重要。出于这种历史必然性，彼得的专制得到部分谅解，但他的继任者们却受到更严厉对待。比如，1730 年的立宪要求就博得了十二月党人的充分同情。

关于对彼得的评价的这种矛盾现象，有一种现成的社会学解释。十二月党人是遭到彼得羞辱的世袭大贵族的后裔，但与此同时他们也是西方化了的精英，西方化精英的存在这一现象自身便应归功于彼得改革。他们反对专制体制，但作为俄国的爱国者，他们也能意识到彼得的统治给俄国带来的益处。他们虽然感激彼得让他们亲近了欧洲，却又反感被彼得强化了

① 十二月党人亦对拉科维茨基和多列加-霍达科夫斯基关于古代斯拉夫传统的研究很感兴趣（见沃尔克：《十二月党人的历史观》，第 413 页）。

的专制体制，因为他们觉得自己是欧洲人，认为专制体制是俄国进一步西化的主要障碍。 68

十二月党人在俄国思想史中的地位

十二月党人起义几乎在所有方面均遭失败。1825 年 12 月 14 日，被起义军军官带到圣彼得堡参政院广场上去的士兵们并不知道他们为何而战，因此毫不奇怪，他们在开了几枪之后便四散而去。被选为军事指挥官的谢尔盖·特鲁别茨科伊上校在最后一刻放弃了指挥权，消失得不见踪影。许多起义者是带着一种注定会失败的情绪加入行动的，仅为展示一种绝望、孤愤的英雄主义，而这种英雄主义将成为后代的榜样。圣彼得堡近卫军团并无足够力量采取行动，他们过于害怕大规模起义，不敢利用都城居民的同情。在南方，起义也未获成功，尽管别斯图热夫–留明和穆拉维约夫–阿波斯托尔无疑表现出了英雄主义。然而，这一不成功事件却获得了并不完全名副其实的传奇光环。在十二月党人起义之前，俄国仅有过大贵族的阴谋诡计或不受控制的、原发的农民暴动，而十二月党人起义则是受过教育的精英阶层第一次拿起武器，带着他们变革社会的明确纲领来反对俄国的专制体制。起义的五位领导人（彼斯捷尔、穆拉维约夫–阿波斯托尔、别斯图热夫–留明、卡霍夫斯基和雷列耶夫）被绞死，这给赫尔岑留下了恐怖印象，他似乎成了贵族革命者传统与 1860 年代激进分子之间一条活的纽带。列宁强调指出，这些“贵族中的优秀人物”发起的俄国革命运动后继有人，他们的作为影响深远。

尽管有这种因素的延续性，但我们仍必须指出，十二月党人的思想体系在后来的俄国革命思想中并无继承者。在俄国，没有任何一个激进派别曾提出这种自由主义的自由概念，甚或自由主义和贵族主义兼而有之的自由概念，也没有任何一个激进派别支持过经济自由主义。的确，有两位俄国侨民政治家伊万·戈洛文（1816—1890）和尼古拉·萨佐诺夫（1815—1862）对十二月党人有所继承，但他俩并非一个有组织运动的组成部分，他们的思想，即强化的共和原则，对俄国的革命思想并无影响。[①] 赫尔岑也自视为十二月党人的继承者，但他的“俄国式社会主义”学说却构成一
69 种完全不同的社会政治传统。在俄国，自由主义成为一种公开的反革命力量，革命运动被各种不同的社会主义思想所主导，这些思想通常均伴有对共和传统的厌恶和怀疑，共和传统大多被视为“资产阶级”传统。[②] 正因为如此，列宁在20世纪初写道，在俄国建立一种革命的共和传统至关重要，他指出，在俄国并无这一传统，“如果不谈十二月党人的早被遗忘了
70 的共和思想的话”。[③]

本章涉及作品

尼古拉·卡拉姆津：《一位俄国旅行者书简》（*Letters of a Russian Traveler*/Письма русского путешественника），游记

——：《论古代和近代俄国》（*Memoir on Ancient and Modern Russia*/Записка о древней и новой России），专著

——：《行政长官马尔法，又名诺夫哥罗德的沦陷》（*Marfa, or the Subjugation of Novgorod*/Марфа-посадница, или Покорение Новагорода），小说

——：《俄罗斯国家史》（*History of the Russian State*/История государства российского），专著

谢尔盖·格林卡：《俄国导报》（*Russian Messenger*/Русский вестник），期刊

尼古拉·屠格涅夫：《试论税收理论》（*An Essay on a Theory of Taxation*/Опыт теории налогообложения），专著

帕维尔·彼斯捷尔：《俄国法典》（*Russian Justice*/Русская правда），宪法草案

法杰伊·布尔加林：《北方档案》（*Northern Archive*/Северный архив），期刊

康斯坦丁·雷列耶夫：《沃伊纳罗夫斯基》（“Voinarovsky”/Войнаровский），诗歌

---

① 他俩的观点在斯利沃夫斯卡的《赫尔岑的先驱者》（W. Sliwowska, *W kręgu poprzedników Hercena*）（弗罗茨瓦夫，1971）中得到探讨（该研究以一些未知资料为基础）。

② 这一观点对民粹派而言尤为典型。见本书第十二章。

③ 列宁：《列宁选集》（V. I. Lenin, *Collected Works*）（英文版，莫斯科，1960—1966），第6卷，第122页。中译见列宁：《俄国社会民主党的土地纲领》，《列宁全集》（北京：人民出版社，2013），第6卷，第294页。

第四章

19 世纪初的反启蒙主义思潮

十二月党人的政治改革计划充满了 18 世纪的理性主义精神，他们的历史哲学和文学观也体现出了浪漫主义运动的影响，但他们中间很少有人意识到，启蒙运动的价值观和浪漫主义的价值观往往并不相容。许多十二月党人（如丘赫尔别凯尔）倾心于古典主义风格，认为古典主义诗歌能更好地表达古老的“共和美德”精神。

卡拉姆津地位独特，但他也受到了启蒙运动思想倾向的直接影响，他关于历史连续性之重要性的观点主要就借鉴自孟德斯鸠（尽管他断然拒绝孟德斯鸠的三权分立论）。卡拉姆津尊重宗教，将其视为社会秩序的支柱之一，但他也称宗教神秘主义为“荒谬学”。

本章讨论俄国思想史上启蒙主义哲学的几个极端对立面，从 18 世纪的理性主义到神秘的宗教学说，或带有神秘主义倾向的唯心主义的形而上学。

第一节　神秘主义

亚历山大一世统治时期的神秘主义，是18世纪末俄国共济会内部以施瓦茨和玫瑰十字会为代表的神秘主义派别的直接承续者。叶卡捷琳娜和保罗对共济会成员的迫害并未阻止这一派别的发展，外国神秘主义者著作
71 的原作和译作越出越多。

神秘主义在亚历山大统治期间兴盛起来的主要原因之一，是反拿破仑战争。拿破仑的失败被解释为一个证据，证明俄国肩负一项神圣使命，她被上帝选中来抗御反基督，以使基督教重获新生。法国皇帝的垮台被与《启示录》中白马骑士的失败作比，预示世俗荣耀的无常和人类力量的卑微，它们均难以与上帝的意志相提并论。拿破仑的失败也是一个反对“人类理性之自负”的观点，因此它事实上同样反对启蒙哲学家们的这一主张，即神的王国可以在没有神启的情况下在人间建立。

这场运动的基调系由亚历山大本人定下。这位沙皇年少时曾接受过瑞士自由理性主义者拉哈普的教育，在其统治的后半期，则受到克吕德纳男爵夫人影响，还与她合写了一本书，书名意味深长，即《圣地上方的云朵，或骄傲的哲学甚至也无法预见之物》。亚历山大在起草神圣同盟文本时曾征询这位男爵夫人的建议，他之后在1815年9月与普鲁士国王、奥地利皇帝共同签署了这份文本。这份文本将入盟三国称为“同一基督教民族”的三个成员，三位君主为天启的世俗代表。应该指出，亚历山大真心相信这一虚构的基督教联邦，为了它甚至不惜让俄国的民族利益面临风险。另外两位君主签署《神圣同盟宣言》则纯粹出于政治动机，奥地利皇帝以及他那位有权势的大臣梅特涅公爵甚至认为，这份条约的措辞表明其作者已然精神错乱。

神圣同盟被恰当地描述为一个国际封建守旧派的联盟。不过，亚历山大统治时期的俄国神秘主义并不能被视为一个统一的保守派别。除一些保守的（通常是十分模糊的）倾向外，还有一些旨在升华宗教体验的实在尝试。许多神秘主义信徒不仅尖锐批判18世纪的理性主义，而且也将矛头指向官方的东正教，这驱使他们去寻找一种教会之外的“内在宗教性”（inner religiosity/внутренняя религиозность），这种信仰直接诉诸感情和直
觉。新教信徒，尤其是贵格会信徒，博得了广泛的认同，他们认为每个基 72
督徒灵魂中燃烧着的神秘的“自然之光”能照亮救赎之路，而无须神职人员介入。英国圣经公会在圣彼得堡的活动也引起了广泛关注。

当时俄国神秘主义者中最杰出的人物是**亚历山大·拉勃津**（Aleksandr Labzin/Александр Лабзин，1766—1825）。他是玫瑰十字会会员施瓦茨在莫斯科大学教学时最喜欢的学生之一，他在施瓦茨影响下参与了共济会运动。1806年，他创办期刊《锡安导报》，在教会上层的要求下，该刊几乎立即被封禁。但在1817年，在自身亦为神秘主义者的正教院院长亚历山大·戈利岑接管教育部一年之后，这份杂志又被允许出版。1817—1818年间，《锡安导报》极具影响，连东正教的主教们也被其观点所感染。大牧首福季是异端神秘主义的死敌，可他也称拉勃津是受正教院和圣彼得堡神学院崇拜的“偶像人物”。这种说法自然是夸大其词。不难理解，大多数神职人员均对拉勃津持有敌意，正教院支持拉勃津的观点与其说是出于信念，不如说是为了讨好皇帝和戈利岑公爵。

《锡安导报》宣扬“内在基督教”（inner Christianity/внутреннее христианство）概念和道德觉醒的必要性。它向其读者承诺，一旦他们在道德上重生并因信仰而充满活力，他们就会获得超越理性的认知能力，能够洞悉自然的种种奥秘，从中找到一把能够破解最高启示的钥匙，而不必借助教会。

拉勃津的宗教是一种无宗派的、反教会的基督教。他坚持认为，在创

世的第一天，人们的内心即已充满对基督的信仰。因此，较之于那些虽然受了洗，却被错误的文明价值观所蒙蔽的现代各民族，作为异教徒的原始人反而更接近真正的基督教。官方教会只是一个低级的基督徒团体，《圣经》才是“沉默的导师，能给心中那位活着的导师以象征性暗示”。在拉勃津看来，所有宗教教条均是人的杜撰，耶稣并不强求人们思想一致，而仅希望他们行为公正。耶稣说：“你们所有劳苦担重担的人哪，到我这里来吧！”这句话表明，他并不想在信众和上帝之间设置任何中间等级。

73 当沙皇亚历山大开始受大牧首福季影响时，拉勃津便在劫难逃了。他的期刊再次被查封，他们在找到第一个借口后立即将他流放，他最终死于流放地。

米哈伊尔·斯佩兰斯基（Mikhail Speransky/Михаил Сперанский，1772—1839）是俄国神秘主义思潮中的有趣人物之一，我们在前文论及卡拉姆津时曾提及他。[1]斯佩兰斯基在1812年因涉嫌支持拿破仑被流放，但这位立法改革家的思想却似乎是神秘主义和18世纪司法理性主义这两者相当奇特的有趣混合物，因为他曾在神学院学习，是共济会会员洛普辛的好友。在研习《拿破仑法典》的同时，斯佩兰斯基还阅读了雅各布·波墨、圣马丁、盖恩夫人和希腊教会教父们的著作。他的政府改革灵感源于一种真正的基督教社会秩序观。他相信，在俄国引入代表制、法治和财政问责制是符合《福音书》中的禁令的，他认为《福音书》中包含一切政治问题的解决方法。在流放中，斯佩兰斯基成了一个更加狂热的神秘主义者和更加激烈的反教会者。他写道，官方教会的教义是“一种完全错误的基督教体系”。

尼古拉一世登基后，神秘主义思潮很快遭到冷遇。在这方面最重要的

---

① 见拉伊夫：《米哈伊尔·斯佩兰斯基：俄罗斯帝国政治家》（*Michael Speransky: Statesman of Imperial Russia*）（第2版，海牙，1969）。

一步，是作为神秘主义运动之核心的共济会分会被查封。共济会早在1822年即被禁，在十二月党人起义失败后弥漫开来的恐惧气氛中，任何地下状态的共济会运动均难以为继。然而，隐在的神秘主义倾向依然存在，并在恰达耶夫和浪漫主义的爱智派的思想中留下了痕迹，也波及年轻的巴枯宁以及斯拉夫派的观点。

第二节　爱智派与俄国的谢林主义

除神秘主义外，反对18世纪理性主义的最重要思潮即哲学浪漫主义，这一派别主要以1823年成立的秘密社团爱智者协会（Society of Wisdom-lovers/Общество любомудров）为代表。实际上，此协会仅有五名成员（弗·费·奥陀耶夫斯基、德·弗·维涅维济诺夫、尼·米·罗扎林，以及后来的斯拉夫派伊·瓦·基列耶夫斯基和亚·伊·科舍廖夫），但由于它与被允许公开活动的谢·叶·拉伊奇的文学协会关系密切，因此影响相当可观。爱智派通过1824—1825年间出版的辑刊《摩涅莫绪涅》宣传他 74
们的思想。他们用神秘的共济会术语“爱智”（любомудрие）取代“哲学”一词，以表明他们是独立于法国哲学的流派。该协会主席奥陀耶夫斯基在《摩涅莫绪涅》中写道：“直到如今，大家仍会把哲学家想象成那些18世纪法国饶舌鬼的模样。我想知道，是否有很多人能够理解真正神圣的哲学与伏尔泰或爱尔维修之间的巨大区别呢？”这些年轻的爱智者们在德国看到了这种“真正神圣的”哲学，奥陀耶夫斯基如此表达他们的感情：“古代条顿人的土地，高贵思想的土地！我把我崇拜的目光转向了你。”①

对德国唯心主义哲学的兴趣，就是对十二月党人及其追随者所热衷

① 见萨库林：《俄国唯心主义史论：奥陀耶夫斯基公爵》（P. N. Sakulin, *Iz istorii russkogo idealizma. Kniaz' V. F. Odoevsky*）（莫斯科，1913），第1卷，第138—139页。

的政治兴趣之背离。后者无法接受爱智派从绝对概念的高度看待世界的方式，绝对概念会诱使他们鄙视世俗的“经验主义”，对当时火热的社会和政治问题视而不见。亚历山大·奥陀耶夫斯基和弗拉基米尔·奥陀耶夫斯基这两位堂兄弟之间的通信有趣地显示出了这一差异。堂兄亚历山大是十二月党人，他指责堂弟的“偶像崇拜”，称堂弟会在抽象概念中迷失自我；堂弟弗拉基米尔则指责堂兄缺乏对于精神的更高层面的理解。

正如科耶雷所正确指出的那样，爱智派和十二月党人间的差异不仅体现为两代人之间的代沟（爱智派是更年轻的一代，1812 年卫国战争并未对他们产生巨大的决定性影响），也显示出了俄国两座都城之间的距离。①爱智派的哲学兴起于莫斯科，而十二月党人的主要活动中心是圣彼得堡。十二月党人丘赫尔别凯尔在给弗拉基米尔·奥陀耶夫斯基的信中写道：“看在上帝的分上，请你逃离莫斯科那腐朽、恶臭的氛围。”半宗主制的莫斯科及其古老的贵族家族是古代莫斯科公国的都城和俄国宗教生活的中心，也是保守主义和神秘主义的大本营，它抵制理性主义思想和革命思想，甚至自由主义思想。在 18 世纪，它曾是作为共济会神秘分支的玫瑰
75 十字会的主要中心，在 19 世纪，它又催生出斯拉夫派运动。与其相对，圣彼得堡则是一座没有历史的城池，它是当时俄国唯一的现代城市，它是背井离乡的平民知识分子的摇篮，也是自由思想、民主思想和社会主义思想的主要据点。

这些年轻的爱智者起初主要对谢林的自然哲学和艺术哲学感兴趣。他们视世界为一件活生生的艺术作品，视艺术为无意识创造和有意识创造的有机统一。他们认为，富有灵感的艺术家并未模仿现实，而是在根据神的创造原则重新创造现实，因此，富有灵感的艺术家就真正值得被称为神圣

① 见科耶雷：《19 世纪初俄国的哲学和民族问题》（A. Koyré, *La Philosophie et le problème national en Russie au début du XIX siècle*）（巴黎，1929），第 43—76 页。

的存在。此外，艺术与哲学密切相关，哲学的工具之一其实就是艺术直觉。无怪乎，满怀此类信仰的年轻爱智者们会对古典主义的一切呈现和“模仿法国样板”的一切举动表现出强烈敌意。

爱智派的自然哲学受到两位俄国谢林主义者的影响，一位是**达尼洛·韦兰斯基**（Danilo Vellansky/Данило Веланский，1774—1847），韦兰斯基是谢林的学生，也是圣彼得堡医学和外科医学院自然史教授[1]；另一位是**米哈伊尔·巴甫洛夫**（Mikhail Pavlov/Михаил Павлов，1793—1840），莫斯科大学教授，《摩涅莫绪涅》杂志的创办者。但与这两位导师不同，爱智派并未接受过科学训练，因此他们的自然观极易滑入幻想领域。他们追随谢林，反对原子物理和机械物理，从对立的角度看待一切问题。他们认为：自然是一个活的、精神的整体，其中包含着创造力、运动和对立面之间的斗争，对立面既相互吸引又相互排斥；与此同时，自然又仅仅是精神的外衣，其一切表现因而均具有秘密的象征意义。理解这些象征物并进而阐释和把握自然的钥匙，可在思辨哲学中觅得。奥陀耶夫斯基在半自传性质的《俄国之夜》一书中这样描写他的青年时期：“我的青春时代是一个形而上学成为普遍氛围的时代，一如政治科学在当今成为普遍氛围。我们相信一种绝对理论有可能帮助我们创造（我们当时使用“建构”一词）一切自然现象，一如当今我们相信一种社会秩序有可能满足人类的一切需求。”[2] 76

爱智派世界观的另一重要组成部分是浪漫主义的民族主义。《摩涅莫绪涅》上的许多文章均吁求一种真正“独特的”民族文化，这似与十二月党人的文学纲领相一致，这也正是丘赫尔别凯尔愿意向《摩涅莫绪涅》供

---

① 1834 年，韦兰斯基将谢林的波兰门徒约瑟夫·格鲁霍夫斯基的《哲学与全民生活和个人生活的关系》（Jozef Goluchowski, *Die Philosophie in ihren Verhältnissen zum Leben ganzer Völker und einzelner Menschen*）（1822）一书译成俄语并出版。

② 奥陀耶夫斯基：《俄国之夜》（V. F. Odoevsky, *Russkie Nochi*）（莫斯科，1913），第 8 页。

稿的原因。然而，此类合作的思想基础十分薄弱。依据理性的启蒙主义观点（这种观点对十二月党人影响甚大），民族首先是一个由立法和“公民总和”构成的“政治实体”。可是，爱智派却把民族视为一个超越个体的整体，一个独特的集约个体，这一集约个体是依据其种种“独特的”原则历史地演变而成的。这种解释或许会导致对民族存在中的非理性元素的理想化，对所有那些有可能中断历史连续性的“机械变革”或曰革命的谴责。坚信历史注定会让每个民族均肩负其独特使命，这一看法可能会与理性的普遍主义发生冲突，后者是十二月党人思想主要的（尽管并非总是有意识地表达出来的）前提之一。

十二月党人起义的失败以及起义者们后来的命运对爱智派产生了深远影响。为安全起见，他们的协会立即解散，但成员们继续非正式地会面。1820 年代后半期，他们仍是一个相对一致的群体，并在由历史学家米·波戈金主编的《莫斯科导报》上发文。他们的主要兴趣由自然哲学转向了历史哲学，他们如今关注的问题是俄国相对于西欧的地位，尤其是由两者之间的接触，以及由纯粹的民族因素和被彼得大帝移植过来的西方价值观之间的张力所引发的种种问题。这一问题在诗人兼哲学家德米特里·维涅维季诺夫一篇简短却有趣的文章《论俄国的启蒙状态》（1826）中得到讨论。作者的中心命题是俄国文化缺乏独特的“民族因素”。他认为，让俄国找到其真实本性的唯一方法就是让它与欧洲隔离，向欧洲展示出一种基于坚定的哲学原则之上的人类精神进化的整体观，只有这样，俄国方能发现其位置以及其独特的历史使命。

1830 年代担任爱智者协会主席的是**弗拉基米尔·奥陀耶夫斯基**
77 （Vladimir Odoevsky/Владимир Одоевский，1803—1869），他或许是俄国浪漫主义保守思潮中最具天赋的代表，他后来成为一位著名作家。1844 年，他出版了《俄国之夜》。这本有趣的书包含朋友间的谈话，其中穿插进各种故事，具有一定的历史文献价值，因为（用其作者的话来说）它“描绘出一幅相当精确的画面，展示了 1820 年代和 1830 年代莫斯科年轻人所热衷的思想活动”[①]。

与谢林本人一样，奥陀耶夫斯基也逐渐转向神智学和宗教历史哲学，他花费更多时间阅读神秘主义者和神智学家的作品，如波墨、波尔达吉、圣马丁和巴德尔等人的著作。如今引起他关注的一个重要哲学问题是原罪问题。在奥陀耶夫斯基看来，人曾是一种自由的精神，人目前对自然的依赖是人堕落的结果，因此，肉体应被称为精神之疾。但是，人通过爱和艺术能获得再生，人类的美学进化表明人类有能力恢复其失去的完整性与精神和谐。不过，艺术必须为宗教所渗透，如果脱离宗教，艺术就仅为一种“自我中心的力量”。科学亦如此，如果脱离宗教和诗歌，科学或许会导致一个民族的精神死亡。

在奥陀耶夫斯基看来，能使一个民族融为一体并转变为一个活的整体的力量，即他所谓“本能”（instinct/инстинкт）[②]。这种本能当然不是一个生物学概念，而是一种强大的非理性力量，近似“神的火花”。神秘主义者认为这种“神的火花”是在人类堕落后残存在人身上的，它使人在未来的重生成为可能。原始人大量拥有这种本能力量，但后来由于文明的进步，尤其由于古罗马文明的理性主义，这些力量变得微弱了。虽然基督教业已开创了一个新的本能时代，但在一个较先前更高的文明阶段，这些力量的源泉正再次枯竭。这是理性主义和过度分析的结果，理性主义和过度分析导致了唯物主义和现代工业化的兴起。值得注意的是，对于 19 世纪早期保守的浪漫主义而言十分典型的资本主义批判（与对理性主义的批判密切相关），在俄国思想史中即发端于此。

① 奥陀耶夫斯基：《俄国之夜》，第 21 页。
② 见萨库林：《俄国唯心主义史论：奥陀耶夫斯基公爵》，第 469—480 页。

78 奥陀耶夫斯基宣称，与启蒙时期的理性主义和经验主义不同，真正的哲学是直接以本能为基础的。如果没有直接源自本能的“先天观念”，就不可能将认知客体视为一个活的整体。幸运的是，艺术部分地保留了在理性主义影响下丧失的原始能量，它有助于强化被削弱的本能。诗的直觉永远不会出错，“诗意的冲动是心灵中最宝贵的力量”。诗歌不仅能渗透进知识，而且还能渗透进人类活的社会肌体。诗歌和宗教一样，也是一种能够联结社会的强大的本能力量。在一个科学进步导致宗教和诗歌消失的地方，社会就会变成一个退化的有机体。本能是一种创造性原则，一种有机力量。没有本能，人类的一切努力，无论艺术、科学还是立法，都将是无生命的。没有本能，就没有活的社会纽带，理性主义只能创造出一个“机械的、无生命的”社会。

奥陀耶夫斯基理论的一个重要方面，在于他坚信，西欧居民失去的本能力量财富被保存在俄国，保存在这个仍然生活在“英雄时代”的年轻国度中。由于彼得的改革，俄罗斯人已被欧洲的文明成就所同化，他们虽然获取了老人的经验，却依然是孩童。因此，俄国如今被赋予一项崇高使命，即向欧洲古老、僵死的文化注入新的生命。值得补充的是，奥陀耶夫斯基的德国导师们也分享了奥陀耶夫斯基的某些想法。1842 年，当奥陀耶夫斯基身在柏林时，谢林曾对他说，俄国“注定会建立伟业”。① 德国哲学家弗朗茨·冯·巴德尔在其晚年曾给俄国教育大臣乌瓦罗夫伯爵寄去一份备忘录，备忘录的标题意味深长：《俄国教会在西方基督教衰落背景下的使命》。②

在奥陀耶夫斯基的观念中，俄国和西欧并非相互对立的两极，俄国的

① 见萨库林：《俄国唯心主义史论：奥陀耶夫斯基公爵》，第 386 页。
② 见苏西尼：《弗朗茨·冯·巴德尔未刊书信》（E. Susini, *Lettres inédites de Franz von Baader*）（巴黎，1942），第 456—461 页。

使命是拯救欧洲文明，而非用一种全新的、迥异的文化来取代欧洲文明。在某些方面，他预先道出了斯拉夫派对欧洲的批评，但他也希望俄国能吸收欧洲文明中一切最好的东西，并在其中注入新生命，斯坦凯维奇、别林斯基和年轻的赫尔岑亦持同样看法。

奥陀耶夫斯基在1830年代和1840年代持有的社会观则是保守的浪漫主义之典型代表，他对资本主义的工业化进程和自由主义思想持批判态度。他认为资产阶级社会是一种缺乏诗意元素的机制，一种以自身利益为 79
动机，没有任何道德纽带加以束缚的个体聚合物。在他看来，俄国的半封建制度远比资产阶级国家的制度优越，尽管他也承认，俄国的制度尚有待改进。例如，拥有土地的贵族阶层作为人民的监护人，最好能接受特殊的道德测试和科学知识考试。话虽如此，奥陀耶夫斯基也认为后一个观点过于大胆，他期望到20世纪初再实施这一举措。

爱智派的思想及其在奥陀耶夫斯基后期著作中的延续，构成了俄国思想史上一个重要的过渡阶段。一方面，通过在俄国普及德国哲学，尤其是谢林哲学，爱智派为俄国接受黑格尔哲学铺平了道路。另一方面（也许这才是主要的方面），他们是斯拉夫派的直接先驱（爱智派和斯拉夫派之间的直接联结者是科舍廖夫和基列耶夫斯基）。后来的俄国官方保守主义思想家如历史学家米哈伊尔·波戈金和文学批评家斯捷潘·舍维廖夫也与爱智派有联系。最后，爱智派率先讨论的一些思想后来催生出了恰达耶夫的
《哲学书简》。 80

本章涉及作品

亚历山大一世，克吕德纳男爵夫人：《圣地上方的云朵，或骄傲的哲学甚至也无法预见之物》（*A Cloud over the Holy Place, or Something That Proud Philosophy Dares not even Dream of*/Облако над святым местом, или Нечто такое, чего гордая философия не смеет даже предчувствовать)，专著

亚历山大·拉勃津：《锡安导报》(*The Messenger of Zion*/Сионский вестник)，期刊

米哈伊尔·巴甫洛夫：《摩涅莫绪涅》(*Mnemosyne*/Мнемозина)，期刊

弗·费·奥陀耶夫斯基：《俄国之夜》(*Russian Nights*/Русские ночи)，半自传性作品

米·波戈金：《莫斯科导报》(*The Moscow Herald*/Московский вестник)，期刊

德米特里·维涅维季诺夫：《论俄国的启蒙状态》("On the State of Enlightenment in Russia" /О состоянии Просвещения в России)，文章

第五章

彼得·恰达耶夫

彼得·恰达耶夫（Petr Chaadaev/Петр Чаадаев，1794—1856）是米哈伊尔·谢尔巴托夫公爵的侄子，也是普希金的朋友，他在年轻时与十二月党人运动有过关联。年轻的普希金有充分的理由视恰达耶夫为1820年代杰出的自由主义者之一，他著名的诗作《致恰达耶夫》（1818）是以这几行诗结尾的：

同志，请相信：迷人的幸福欢乐
将像星辰一样升起，
俄罗斯人将从睡梦中苏醒；
专制制度的废墟上，
将镌刻上我们的姓名！[①]

① 引自《亚历山大·普希金诗歌小说剧作集》（*The Poems, Prose and Plays of Alexander Pushkin*）（纽约，1936）。关于恰达耶夫最详尽的英文专著为麦克纳利：《恰达耶夫及其朋友》（Raymond T. McNally, *Chaadayev and His Friends*）（佛罗里达州塔拉哈西，1971）。

受命运的讽刺性左右，这些乐观的诗句所诉诸的对象后来却对俄国生出了极其悲观的看法。

1821 年初，十二月党人在莫斯科的一次会议上决定让恰达耶夫加入他们的秘密社团。但这份邀约来得太晚，因为恰在此时，恰达耶夫决定放弃他前途无量的戎马生涯（原因始终未被探明），退出社交界，埋头阅读宗教著作。他不久之后（1823）出国，表明他倾心于罗马天主教，而罗马天主教当时对俄国贵族阶层有很大影响。1826 年回到俄国后，他隐居数年，几乎完全与世隔绝，全身心投入其新世界观的哲学构筑。这一时期的成果即八封《哲学书简》（1828—1831，用法语写成），其中仅第一封以俄国为讨论对象的信在作者生前面世（1836），刊于《望远镜》杂志。[①] 在写成这
81 些书简之后，恰达耶夫重返莫斯科社交界，并很快成为该城文学沙龙中最受欢迎的客人之一。正是在与他的讨论（更常是争论）中，后来的西方派和斯拉夫派观点初具雏形。

第一节　恰达耶夫的形而上学与历史哲学

恰达耶夫的《哲学书简》是一部内容丰富、思想深刻的作品，它深深地植根于欧洲思想传统和当时的思潮。《哲学书简》中的一些主题可追溯至新柏拉图主义，这一哲学流派留存于欧洲和俄国的宗教哲学，在隐逸派学说和共济会神智学中也有一定程度体现。新柏拉图主义思想通过谢林传达给恰达耶夫（恰达耶夫于 1825 年会见谢林，两人之后通信数年）。值得注意的是，恰达耶夫还读过康德，甚至黑格尔的著作，这在 1820 年代的

① 其中三封信由耶稣会牧师加加林神父首次在境外发表：《彼得·恰达耶夫作品选》（Father I. S. Gagarin, *Oeuvres choisies de Pierre Tschaadaief*），1913 年由格尔申宗转载，并附俄语译文。其余书信由沙霍夫斯科伊于 1935 年发现，并刊于《文学遗产》（*Literaturnoe nasledstvo*）第 22—24 卷（1935）。遗憾的是，此版仅刊出那些书信的俄语译文。

俄国颇为罕见。不过，对恰达耶夫产生最重要影响的仍是一些法国天主教哲学家，尤其是德・梅斯特尔（1803—1817 年间任驻俄大使，他称《圣彼得堡的夜晚》为其最重要著作之一）、德波纳德、巴朗什、夏多布里昂以及神学论时期的拉门内。

与启蒙哲学家不同的是，恰达耶夫认为，对个人自由的渴望并非人的天性。人的真正倾向是让自己服从于某种更高力量，生命之存在于结构上是有等级的，自然秩序建立在从属关系之上。人的行为由一种超越个体的力量在外部引导，人的理性的力量与他的服从和顺从成正比。没有社会，个体便不存在，人的意识和知识均有一个社会的、超个体的来源。个体的思想被锚定在普遍理性之中，从中汲取营养。这普遍理性的元素（近似神启）仍深深嵌在人的意识之中。孤立的个人理性是人为的，是人类堕落后
的人的理性，因此，那些宣称其有限理性拥有自主权的人，那些试图擅自 82
从知识之树上摘取苹果的人，便再次犯下了原罪。恰达耶夫认为，康德的《纯粹理性批判》显示了孤立的个人理性之无能为力，康德所谓“纯粹理性”实际上只是主张自治的个人理性，这一理性本身因此无法解决其矛盾，也无法理解最高真理。这种主观理性会使人与宇宙分离，使真正的理解变得不可能。真正的理解只能通过集体认知、通过参与超越个体思想的集体意识来实现，这种超意识源于上帝，上帝是宇宙统一性的最高原则。

有了这样一种假设，否认个体的道德自主权便是一个合乎逻辑的步骤。因为，恰达耶夫的道德法则和真理一样，不似康德所言，为某种自主之物，而是一种外在于我们的力量。只有历史上那些伟大的、得到神启的英雄方能既自发地行动，又能遵从更高道德的戒律，而普通人的行为不受“神秘刺激”之引导，则必须服从因袭传统的严格制约。应该指出，恰达耶夫认为心理学必须意识到思想的遗传性，意识到代代相传的历史记忆之存在。他强烈反对他所谓“经验主义”的心理学，他指责这种心理学将人

的心理简化为偶然联想的机械玩物。

为支撑这一论点，恰达耶夫推演出一种关于存在状态等级结构的形而上学概念。他在《哲学书简》中写到的“伟大的一切”（the Great All/Великое « Всё »）包含四个层次的等级结构：在这个等级的顶端是上帝；其次是上帝的显灵，即恰达耶夫将其与**社会领域**相提并论的普遍理性，亦即保存在传统之中的集体意识；第三层是经验主义的个体意识，即那些已失去对存在的整体把握的人的个体意识；最底层（第四层）是先于人的自然。在这种情况下，上帝既不像在泛神论中那样被等同于宇宙，也不似在传统有神论中那样与宇宙分离。

恰达耶夫关于“社会领域”及其在人类生活中之意义的观点尤为有趣。他认为，知识是一种集体意识的形式，它产生于许多人之间的互动，产生于许多有意识的思想之碰撞。如果没有能使传统得以传承的社会（即
83 “超个体”领域），人类将永远无法脱离动物状态。在宗教体验中，社会领域也至关重要，因为只有通过它，个体方能认识上帝，并成为神性真理的容器。通往上帝的路不经由个人主义的自我完善或孤芳自赏的禁欲主义，而是经由对社会生活的传统规范和习俗的严格遵循。对恰达耶夫而言，这甚至包括对个人外表和环境的关注，对宗教礼仪的恪守，他称宗教礼仪为“灵魂的纪律”（discipline of the soul/дисциплина души）。与上帝“融为一体”的努力被等同于追求完全社会性的奋斗，恰达耶夫写道：“人别无其他使命，仅需毁灭其个人存在，并让完美的存在或非个人的存在取而代之。”①

要准确理解恰达耶夫的绝对社会之理想，就必须将其与所谓“与人民融为一体”的愿望加以严格区分，后者是俄国思想家讨论异化问题的著作

① 恰达耶夫：《〈哲学书简〉〈疯人的辩护〉》（P. Chaadaev, *Philosophical Letters and Apology of a Madman*），泽尔丁译并序（田纳西州诺克斯维尔，1969），第 136 页。

中经常出现的主题。恰达耶夫对社会性的强调并不排除对社会等级制的卫护，也不排除对典型的贵族阶层、精英阶层的知识理论的拥护。他写道，普通人与理性无关，他们的声音无法等同于上帝的声音。天启真理的守护者是教会，这是一种社会有机体，其作用即成为信众和上帝之间的连接。上帝若再度赐予启示，他不会再利用普通人，而仅依靠被选中的、具有特殊灵魂品质的个体。恰达耶夫对宗教改革提出了批评，主要是因为宗教改革运动倡导的个人主义的平等主义以及对教会作用的贬低。他厌恶各种神秘主义思潮，理由也与此相似。如果我们假设神秘主义的本质即试图与上帝进行直接的、个性化的接触，从而绕过那些异质化的、制度化的宗教形式，那么我们就必须把恰达耶夫视为神秘主义的坚定反对者。

恰达耶夫历史哲学的根源，是他对“普遍理性”（universal mind/всеобщий разум），即一种在历史进程中不断演变的集体意识的信仰，以及对教会的社会功能和组织功能之重要性的信赖。他有意识地试图返回对历史的宗教解释，因为对历史的阐释已被启蒙运动所世俗化了。在这里，恰达耶夫再次与启蒙历史学家观点相左，他认为人的自愿行为在历史中的作用微不足
道。人的行为服从于一种超个体的崇高力量，民众就像“无生命的原子” 84
盲目地服从这一力量，而被选中的个体则是为它服务的有意识工具。当人意识到造物主的旨意，并将自己的意志与左右历史的崇高意志融为一体，他方能被称为真正伟大的、自由的造物。与传统的天启论者不同，恰达耶夫试图以此来调和至上天启概念和内在论的历史哲学。落实造物主旨意的力量也是一种内在模式，这种内在模式左右历史进程，将混乱的偶然事件转化为历史，转化为一个有目标指向的有意义过程。历史的工具，就是被赋予恰达耶夫所谓超个体“道德人格”的个人和民族，他们的使命是走向普遍性，而被束缚在迷信之中的孤立民族就不可能被称为这样的历史民族。自基督时代以来，历史的实质就是基督教，而基督教最纯粹的表现即

天主教。恰达耶夫称教皇为“团结的显在象征”，教皇同时也是未来的全球一统之象征。在中世纪，教皇使欧洲熔铸成一个伟大的基督教民族，但文艺复兴和宗教改革摧毁了这个统一体，使人类重新步入异教的社会分裂状态。幸运的是，这场精神危机已接近尾声，基督教世界已经历了腐败的所有阶段，而腐败是自由不可分割的一个方面。于是，基督教世界尚未崩溃，它也确实不会崩溃。恰达耶夫写道，甚至在当今也依然能感觉到某个伟大的转折点即将来临。基督教一旦重新发挥其由来已久的政治作用，就将成为一种社会化的宗教，人类亦将步入建立人间天国的最后一个阶段。

第二节　俄国的过去和未来

恰达耶夫的俄国观与他的形而上学和历史哲学密切相关。《哲学书简》中的第一封信探讨了俄国问题，恰达耶夫在其中试图分析在他看来他的祖国所缺乏的东西。他认为，他的祖国是一块似乎被天启所忽视的土地。它既不属于东方，也不属于西方，它没有历史连续性，也缺乏“道德人格”。俄罗斯人只是一群互不相关的个体，他们脑海中的一切都是“个人的、不
85 稳定的、支离破碎的”。他们没有恒久感，就像那些注定碌碌无为的无家可归的灵魂。在自己家中，他们感觉自己像个外人；在自家屋里，他们表现得像个访客；住在城里，他们觉得像是游牧人。西方的道德氛围，即责任、正义、权利和秩序等观念，在俄国无人知晓，俄罗斯人对西方的三段论（逻辑和理性思维）也闻所未闻。俄国不属于道德领域，其日常生活尚不具有固定、明确的形式，但正处于持续的发酵状态，近似我们星球现今状态之前的原始混沌。这样的人无法为普遍意识的进化做出贡献，也无法取得真正进步，他们的存在只是为了给世界提供一个伟大教训。在下面这

段话中,《哲学书简》第一封信中的绝望谴责达到了高潮:

我们俄罗斯人来到世界上,就像私生子,没有遗产,与在我们之前生活在地球上的人没有任何联系,我们心中没有保存在我们之前出现过的任何教训。我们中的每个人都不得不自己去系上那根被截断的种族之线。在其他民族那儿已变为习惯和本能的东西,我们还不得不用锤子将其砸进我们的头脑。我们的记忆不会超出昨天;可以说,我们连我们自己都感到陌生。我们在时间中如此奇怪地运动着,以至于我们每前行一步,过去的一瞬便会无可挽回地消失。这是一种完全以借用和模仿为基础的文化之自然而然的结果。我们完全没有内在的发展,没有自然而然的进步;每一个新的思想都不留痕迹地挤走了旧的思想,因为每个新思想都不是从旧思想中派生出来的,而是从天知道什么地方来到我们这里的。我们所接受的永远仅仅是现成的思想,因此,我们的大脑中没有形成起伏不平的脑沟,持续的发展会使它们成为智慧,它们会构成智慧的力量。我们在成长,可我们却无法成熟;我们在向前运动,可我们却沿着一条曲线,也就是说,在走一条到不了终点的路。……我们是世界上被孤立的人,我们没有给世界以任何东西,没有教给它任何东西;我们没有给人类思想的整体增加任何一个思想,我们没有对人类理性的进步做出任何贡献,而我们由于这种概念进步而获得的所有东西,都被我们所歪曲了。①

在此信最后几页,恰达耶夫试图分析造成这种绝望状况的原因。他认为,主要原因是俄国在民族意义和宗教意义上的孤立,而这种孤立又源于

① 恰达耶夫:《〈哲学书简〉〈疯人的辩护〉》,第37、41页。

教会大分裂（the Schism/раскол），即东正教与普世教会的分离。当欧洲各民族携手穿越数世纪，用同一种语言崇拜全能的上帝，并共同为解放耶路
86 撒冷而战时，俄国却从一开始就发现自己脱离了这个伟大群体。为从“经验主义的生活”状态上升至精神生活，俄国必须从头重复欧洲过去的整个发展过程。

将《哲学书简》第一封信中的论述与第二封信中讨论农奴制的片段结合起来看，会十分有趣。恰达耶夫认为农奴制对俄国社会产生了决定性影响，是俄国社会不健康氛围和瘫痪状态的根源。在西方，教会废除了农奴制，而在俄国，教会却主张农奴制，对此没有丝毫抗议。恰达耶夫写道：“仅凭这一点，就会使人对我们引以为傲的东正教产生怀疑。”①

恰达耶夫俄国观中的一些元素可追溯至法国传统主义者们的著作。德波纳德也曾写道，位于欧洲和亚洲之间的俄国仍是一个未成型的社会，他认为俄罗斯人的性格本质上是“游牧民族的”，他曾将莫斯科的房屋比作去掉车轮的西徐亚人战车。在俄国生活多年的德·梅斯特尔称俄国对作为古代文明之果实的某些普遍真理一无所知，他也将这种无知归因于宗教大分裂后的孤立状态。德·梅斯特尔认为，唯一的补救办法即让俄国重新加入天主教群体。②德·梅斯特尔的观点曾在俄国贵族间流传，可能有助于恰达耶夫形成他在《哲学书简》第一封信中所提出的那些观点。③

恰达耶夫的观点与法国传统主义者（以及在较小程度上与德国保守浪漫主义者）的观点之相似并非浮于表面，它们源于所有这些思想家所接受的价值体系。恰达耶夫哲学的主题有：对个人主义以及 18 世纪理性主义

① 恰达耶夫：《〈哲学书简〉〈疯人的辩护〉》，第 58 页。

② 见奎涅：《恰达耶夫及其〈哲学书简〉》（C. Quénet, *Tchaadaev et les lettres philosophiques*）（巴黎，1931），第 155—162 页。

③ 见斯捷潘诺夫：《约瑟夫·德·梅斯特尔在俄国》（M. Stepanov, “Joseph de Maistre v Rossii”），《文学遗产》第 29—30 卷（莫斯科，1937），第 618 页。

和经验主义的批判；将社会视为一个超越其所有个体部分的整体；捍卫传统和历史连续性；对中世纪基督教世界精神统一的眷念。所有这些主题，均可在欧洲保守派的思想体系中找到相似程度不一的对应物。因此，在欧洲语境中，我们不得不将恰达耶夫称为保守派。悖论的是，在俄国语境中 87
我们却很难称他为保守派，尤其当我们考虑到他本人即已指出，俄国缺少保守主义存在的基本先决条件，如持续感、传统和历史根源等。[1]

为理解恰达耶夫，我们必须记住，他的思想充满反对派的精神，反对尼古拉一世在位时期的“东正教、专制体制和民族性”的俄国。他的第一封信就是对官方意识形态的挑战，而官方意识形态宣称西方是腐朽的，而俄国才是人类的“可靠铁锚”。宪兵首领卞肯多夫曾夸耀道：“俄国的过去令人羡慕；俄国的现状好上加好；而俄国的未来甚至会超出最大胆的期望。”因此，恰达耶夫所发表的这封信会引发狂暴的反应，亦不足为奇。沙皇亲自介入此事，宣布恰达耶夫精神失常，并让其接受警察的监视和医生的监管。《望远镜》杂志被查封，其主编尼古拉·纳杰日金被流放至乌斯季西索利斯克。

从赫尔岑的生动描述中我们得知，恰达耶夫的这封信曾对那些最激进的年轻知识分子产生了怎样的影响。赫尔岑写道：“这是黑夜中响起的枪声；好像是什么东西沉没了，在宣告它的毁灭，无论这是信号，是呼救，还是天亮的讯息，反正都一样，必须醒过来了。”[2]

《哲学书简》第一封信的写成（1829）和发表（1836）相距数年，在这段时间里，恰达耶夫的观点发生了某些变化。法国的七月革命令他震惊，削弱了恰达耶夫对欧洲的信心，也使他对俄国的悲观看法有所缓和。

① 德屈斯蒂纳侯爵的情形也很类似，他是一个坚定的欧洲保守派，1839 年来到俄国，他发现俄国十分令人反感，尽管俄国有欧洲保守主义之支柱的名声。见凯南：《德屈斯蒂纳侯爵及其〈1839 年的俄国〉》（George F. Kennan, *The Marquis de Custine and His "Russia in 1859"*）（新泽西州普林斯顿，1971）。

② 赫尔岑：《往事与沉思》（*My Past and Thoughts*），加奈特译（伦敦，1927），第 2 卷，第 261 页。

受到他与未来的斯拉夫派，尤其是与伊万·基列耶夫斯基的讨论之影响，他也开始将俄国视为一种注定肩负特殊使命的天意力量，俄国因此将与各民族的历史大家族分离。这一思想转变之结果便是1837年用法语写成的《疯人的辩护》，在这篇文章中，恰达耶夫试图重新定义他的俄国观，也在一定程度上进行自我辩护，驳斥了对他的第一封信所做出的狂暴反应。

恰达耶夫如今承认，他对俄国历史的阐释过于严厉。他虽然仍继续坚持其主要命题，却从中引出不同的结论。他重申，俄国是一个没有历史
88 的国家，一直缺乏有机的内在发展。他的论据是，如果俄国是一个有历史的国家，彼得的改革就难以实施，因为古老的、根深蒂固的传统将抵制帝王的专断意志。事实上，彼得的立法并未违反“历史性”，因为俄国就是“一张白纸”。① 值得注意的是，这一论据可被视为一种隐在的企图，他试图说服彼得的继承人，只有把俄国视为一个没有历史的国家，这样才能为彼得改革的残暴做出辩护，并进而证明彼得的专断和官僚专制体制的合法性。恰达耶夫写道：“我爱我的国家，以彼得大帝教我去爱它的方式。” ② 他如今强调，俄国的孤立不是它的错，而是其所处地理位置之结果。它没有历史，但这也可以被视为一种优势。欧洲各民族为其传统所累，为其辉煌的历史所累，它们发现当它们为建设未来而努力时，它们还要不断地与历史的力量做斗争。俄国则不同，仅需某个强大的统治者去放任他的意志，所有的信念都会崩溃，所有的思想都愿意接纳新的思想。俄罗斯民族在建设其未来时可借鉴欧洲各民族的经验，同时避免他们的错误，俄罗斯民族

---

① 波兰诗人亚当·密茨凯维奇也曾将俄国比作一张白纸：“这块平原一览无余，荒凉而洁白，/是让上帝书写的巨大纸张。”（诺伊斯英译）恰达耶夫的第一封信与密茨凯维奇《先人祭》（*Forefather's Eve*）第三部［《题外话》（“Digressions”）］中关于俄国的段落之间有许多相似之处，莱德尼茨基在其《俄国、波兰和西方》（W. Lednicki, *Russia, Poland and the West*）（纽约，1954）一书第一章讨论了这一问题。莱德尼茨基认为，密茨凯维奇可能在他逗留俄国期间见过恰达耶夫，《题外话》中的一些段落言及他俩的对话。

② 恰达耶夫：《〈哲学书简〉〈疯人的辩护〉》，第173页。

可以完全被“开明理性和自觉意志的声音”所引导。恰达耶夫写道：“历史不再是我们的，但知识属于我们；我们不能重复人类精神的一切成就，但我们可以参与人类的未来成就。过去不再由我们掌控，但未来是我们的。”[1]这便是恰达耶夫的论据，恰达耶夫据此坚信，俄国注定能“解决大部分社会秩序问题，去完善旧的社会提出的大部分思想，并对困扰人类的那些最严峻的问题做出回答”[2]。

《疯人的辩护》更凸显了恰达耶夫的悲剧性悖论。他的哲学体系认可 89
思想的传承性，认为思想可以通过作为“心理学基本事实”的超个体的普遍理性得以传承，他是洛克的经验主义的执着反对者，但与此同时，他又被迫认为他的同胞们的思想是“一张白纸”，他们的国家是一片没有传承的土地。在《哲学书简》中，他将此视为一场悲剧，但在《疯人的辩护》中他却得出结论，认为缺乏遗产也可被视为一种优势，这种优势能为俄国提供一种独特机遇。

俄国是一个一切均尚未完成、一切均有待完成的国家，这并非一个新观点，莱布尼茨在彼得改革后便发表此论，狄德罗在叶卡捷琳娜大帝尝试立法时亦曾出此言。[3]这样的事实构成了一个戏剧化讽刺，即恰达耶夫是身不由己地采纳这一观点的，因为这一观点与他本人的哲学相悖，他的哲学激烈反对反历史主义的理性主义，体现着他对保守的价值观体系的信仰。他提出的理论不仅可以用来证明开明的专制体制的合理性（如其作者所愿），而且也可以用来证明革命激进分子的理想之合理性。例如，赫尔岑就曾呼应恰达耶夫，他写道，由于俄国人在历史中找不到任何可爱之物，社会革命便不会遭遇任何重大障碍。

---

① 恰达耶夫：《〈哲学书简〉〈疯人的辩护〉》，第 174—175 页。

② 同上，第 174 页。

③ 见里希特：《莱布尼茨及其俄国观》（L. Richter, *Leibniz und sein Russlandbild*）（柏林，1946）。关于狄德罗的观点见本书第 3 页。

第三节　恰达耶夫在俄国思想史中的地位

《哲学书简》的作者无疑是俄国思想史上最引人注目的人物之一。他虽然似是一位孤立的思想家，独立于俄国思想生活的主流，但他率先用激烈的口吻提出的众多基本问题，后来却被那些持各种不同世界观的思想家们所诉诸，如斯拉夫派和西方派，赫尔岑和陀思妥耶夫斯基，车尔尼雪夫斯基和索洛维约夫。他是西方的崇拜者，却反感自由主义的、资产阶级的欧洲；他是革命的反对者，却为革命者提供了思想刺激；他是一位宗教思
90 想家，却被视为一位反宗教的，至少是非宗教的进步知识分子。赫尔岑后来认为，恰达耶夫构成了一个象征，象征着对俄国专制体制令人窒息的氛围之抗议。

在斯拉夫派和西方派的争论中，恰达耶夫的立场同样并不典型。他是一个狂热的西方派，但他所崇拜的西欧并非 1840 年代民主、自由的西方派心目中的西欧，而是革命时代之前的旧贵族秩序。对他而言，自由主义和革命运动是欧洲文明危机的征兆。1840 年代的西方派经受过黑格尔主义的决定性影响，他们后来的哲学演进是朝向唯物主义和无神论的。而恰达耶夫（与斯拉夫派一样）却把他的希望寄托于未来的宗教复兴，并热情欢迎谢林晚年阐述的反黑格尔的“启示哲学”（philosophy of revelation/философия откровения）。

就某种意义而言，斯拉夫派的理论可被解释为“对恰达耶夫的回复”。斯拉夫派坚持认为，没有遗产者的国度不是俄国，而是革命的、个人主义的欧洲，欧洲人相互之间没有任何联系，也无任何传统可依靠。如果说俄国人“对自我感觉陌生”，那仅仅是由于他们因人为的西方化过程而远离了自己的根基。的确，俄罗斯人没有历史，没有传统，没有代与代之间的

联系，他们像游牧民族一样生活，没有延续感，但是在俄罗斯人中间，只有西方化了的精英方才如此，他们被连根拔起，疏远了普通民众。然而，补救的办法无法在欧洲找到，而在于重新融入普通民众，回归自己的历史和宗教，重建被西方影响所削弱的独特的民族生活方式。斯拉夫派认为，这样一个重新融入的进程是可行的，因为俄国人民仍在坚守他们的传统和东正教信仰，而恰达耶夫却未注意到这一点。 91

本章涉及作品

亚历山大·普希金：《致恰达耶夫》（“To Chaadaev”/К Чаадаеву），诗歌

彼得·恰达耶夫：《哲学书简》（*Philosophical Letters*/Философические письма），书信集

——：《疯人的辩护》（*Apologie d'un fou*/*Apology of a Madman*/Апология сумасшедшего），文章

尼古拉·纳杰日金：《望远镜》（*Telescope*/Телескоп），期刊

第六章
斯拉夫派

“斯拉夫主义”（Slavophilism/славянофильство）这一概念最初用来强调某种狭隘的部族特殊性，它被视为俄国西方主义的典型对立面。“西方主义”（Westernism /западничество）概念的产生也与此类似，它最初由斯拉夫派提出，以便让人们注意到他们的对手对本民族的所谓背叛。不过，这两个概念均可做正面阐释，最终也被对峙双方的思想家们当作一种具有挑战性质的用语。

“斯拉夫主义”的词源学含义即“对斯拉夫人的爱”。不过在俄国历史文献中，这个概念更狭义的含义是指一群身为保守贵族的思想家，他们的观点形成于1830年代末，与所谓“西方主义”流派针锋相对。此外，这种情形下的斯拉夫主义与其说指斯拉夫各兄弟民族团结一致的情感，不如说指对古代俄国社会生活和文化中那些本土元素，尤其是斯拉夫元素的培育。对俄罗斯民族之外各斯拉夫民族之命运的兴趣，直到克里米亚战争时期才开始在俄国斯拉夫主义中发挥作用。1840年代，只有霍米亚科夫一人可被称为词源学意义上的“斯拉夫派”。[①]

最杰出的斯拉夫主义思想家是**伊万·基列耶夫斯基**（Ivan Kireevsky/Иван Киреевский，1806—1856）、**阿列克谢·霍米亚科夫**（Aleksei Khomiakov/Алексей Хомяков，1804—1860）、**康斯坦丁·阿克萨科夫**（Konstantin Aksakov/Константин Аксаков，1817—1860）和**尤里·萨马林**（Yury Samarin/Юрий Самарин，1819—1876）。哲学家基列耶夫斯基（他年轻时接近爱智派）是斯拉夫派人类哲学和历史哲学的主要构建者。霍米亚科夫兴趣广泛，个性很强，经历丰富（在一生中做过骑兵军官、诗人、政论家、哲学家和 92
发明家），他首先是一位世俗神学家，是斯拉夫派教会学的创建者。康斯坦丁·阿克萨科夫和萨马林被称为“青年斯拉夫派”（younger Slavophiles/младшие славянофилы），他俩年轻时都对黑格尔着迷，在1940年代初，他们曾被称为“东正教黑格尔主义者”（Orthodox Christian Hegelians/православные христианские гегельянцы）[②]，但他俩在决定接受斯拉夫派观点时放弃了黑格尔主义。然而在斯拉夫主义运动内部，阿克萨科夫和萨马林却代表两个截然相反的倾向。阿克萨科夫对历史和语文学有深入研究，他是一个极端的乌托邦理想主义者，狂热信仰普通民众的美德和“民间原则”，他甚至蓄起大胡子，身穿传统的俄国农民长衫，尽管这只能使他被误认为一位波斯人（据恰达耶夫所言）。萨马林则是一个不爱说教的清醒政治家，他在晚年积极参与起草和实施1861年土地改革，然而他不久后发现，对普通民众的斯拉夫主义崇拜也同样能服务于贵族的政治利益。

① 美国学者研究俄国斯拉夫主义的最重要成果有：梁赞诺夫斯基：《斯拉夫派学说中的俄国和西方》（*Russia and the West in the Teaching of the Slavophiles*）（马萨诸塞州坎布里奇，1952）；克里斯托夫：《19世纪俄国斯拉夫主义导论：思想研究》（P. Christoff, *An Introduction to Nineteenth Century Russian Slavophilism: A Study in Ideas*），卷一《霍米亚科夫》（*A. S. Khomiakov*）（海牙，1961），卷二《基列耶夫斯基》（*I. V. Kireevskij*）（海牙，1972）；格里森：《欧洲人与俄国人：伊万·基列耶夫斯基与斯拉夫主义的起源》（A. Gleason, *European and Muscovite: Ivan Kireevsky and the Origins of Slavophilism*）（马萨诸塞州坎布里奇，1972）。

② 参见塔齐泽夫斯基：《黑格尔在俄国》（D. I. Tachilevskij, *Gegiel w Rossii*）（巴黎，1929）。

我们还应注意到其他三位斯拉夫派的名字，尽管他们并未对该派学说做出任何重要的理论贡献。这三位斯拉夫派是：彼得·基列耶夫斯基（Petr Kireevsky/Петр Киреевский，伊万·基列耶夫斯基的弟弟），他是一位民俗学家和俄国民歌收集者；亚历山大·科舍廖夫（Aleksandr Koshelev/Александр Кошелев），在 1860 年代，他是代表贵族自由派右翼的政治家；伊万·阿克萨科夫（Ivan Aksakov/Иван Аксаков，康斯坦丁·阿克萨科夫的弟弟），他后来成为俄国泛斯拉夫主义的主要代表之一。

第一节 斯拉夫派的历史哲学与社会理想

斯拉夫派意识形态的核心问题在于俄国与西欧的关系，而斯拉夫派依据一种包罗万象的历史哲学来审视这一问题。其哲学的主要原则由基列耶夫斯基于 1839 年在未发表的文章《答霍米亚科夫》中提出，并在其长文《论欧洲文明的性质及其与俄罗斯文明的关系》（1852）中得到发挥。

基列耶夫斯基认为，欧洲文明的主体由三部分构成，即基督教、摧
93 毁罗马帝国的多个年轻野蛮种族以及古典遗产。俄国被排除在罗马遗产之外，这就是俄国有别于西方的一个基本特征。在其思想发展的前斯拉夫主义阶段[①]，基列耶夫斯基认为俄国的这种状况令人遗憾，但在成为斯拉夫派之后，他却开始将其视为一种幸运。他认为古罗马是一种理性主义文明，代表“赤裸裸的纯粹理性的胜利，这种理性仅依靠自身，不承认自身之外的任何东西”[②]。因此，罗马人主要在法律领域表现出众，他们惯于对活的

① 即基列耶夫斯基任《欧洲人》（*The European*）（1832）杂志主编期间。此时其观点受到爱智派的哲学浪漫主义之影响，显然带有亲西方的特点（如该刊刊名所暗示的那样）。他在《欧洲人》上发表的文章《19 世纪》（“The Nineteenth Century”）引起皇帝本人猜疑，导致该刊遭到审查。

② 伊万·基列耶夫斯基：《伊万·基列耶夫斯基全集》（I. V. Kireevsky, *Polnoe sobranie sochinenii*），格尔申宗主编（两卷本，莫斯科，1911），第 1 卷，第 111 页。

社会关系进行有害的合理化和形式化处理。古罗马国家的司法理性主义似乎能把社会联结为一体，但实际上却撕裂了维系社会的有机纽带。罗马社会仅仅是众多充满理性的个人之集合体，他们的集合出于个人动机，除共同的商业利益之外没有任何其他社会联系。国家，或曰“公共”领域，已从尔虞我诈的私人利益领域中分离出来，成为一种疏远的外部力量，它用锁链把人们拴在一起，却未能将他们团结为一个整体。继承了这种异教理性主义的西欧，发现其演进实为一场相互争夺利益的无休止斗争；而俄国没有这份致命的遗产，因此它是建立在纯基督教原则之上的，这些基督教原则与斯拉夫农民村社的精神完全吻合。

基列耶夫斯基写道：“西方的私人生活和社会生活以个人的、疏离的独立概念为基础，这种独立的前提即个体的独处。因此，各种外在的、形式上的关系都是神圣的，私有财产和各种规约都是神圣的，而且比人更重要。”[1] 于是，在这个世界上仅存在一种排除了自由的外在的、人为的统一，因此，欧洲的历史便呈现为“没有自由的团结”（unity without freedom/единство без свободы）和“没有团结的自由”（freedom without unity/свобода без единства）这两者之间的斗争（此为霍米亚科夫的简洁表述）。在霍米亚科夫看来，第一个现象，即“没有自由的团结”，体现在天主教会中，它建立起教皇的专制制度，把爱的纽带变成制度化的纽带，教会本身就近似一个等级分明的威权国家；第二个现象，即“没有团结的自 94
由”，在新教中得到呈现，这应被视为一种消极反应，缺乏建设性力量。霍米亚科夫列出的欧洲精神演进的接下来两个阶段，即启蒙主义哲学和德国唯心主义，前者为法国大革命铺平了道路，后者最终导致了费尔巴哈对人的神化以及施蒂纳对利己主义的颂扬。这种精神演进伴随着相应的社会

① 伊万·基列耶夫斯基：《伊万·基列耶夫斯基全集》，第 113 页。

变化，如社会的日益原子化和日益理性化。原子化反过来自然又会派生出“契约”概念，即把“契约”当作连接那些孤立的自主个体的唯一理性纽带。因此，“社会契约”显然不是“百科全书派的创意，而是一个具体的理想，这一理想曾为西方各民族的无意识所追求，如今却成为他们的有意识目标”（基列耶夫斯基语）。有机的群体被精于计算的协会所取代，人类的能量如今完全转向外部，转向狂热躁动的活动。这种没有灵魂的“逻辑技术”文明是由工业生产的机制所操控的。

基列耶夫斯基写道：“人类仅剩一件严肃的事情，即工业，因为对人类而言，仅有一种存在的现实幸存下来，那便是他实在的个性。工业统治世界，没有信仰和诗歌。在我们这个时代，工业既团结人又分裂人。它定义祖国，它区分阶层，它是国家结构的基础，它驱动各个民族，它宣战，它缔结和约，它移风易俗，它决定科学的发展方向和教育的性质。它受到膜拜，人们为它建造寺庙，它是一个真正的神，人们发自内心地信仰它，服从它。这种无私忘我的活动已变得难以置信，它在现代世界获得的意义，堪比骑士精神在塞万提斯时代所受到的推崇。”①

斯拉夫派相信，他们在彼得改革之前的古代俄国发现了一种完全不同的社会演进方式。东正教作为一种未被异教理性主义或天主教世俗野心所污染的基督教形式，奉献出了西方所未知的一种原则，即聚合性（conciliarism/соборность②，霍米亚科夫提出的概念）。这是一种真正的团
95 契方式，是信众们“自由的团结”，既可排除任性的个人主义，亦可避免强迫的约束。普通民众和“应召”而来行使权力的统治者（指“瓦兰人应召入主罗斯”）之间的关系是建立在相互信任的基础之上的。人们不知道

① 伊万·基列耶夫斯基：《伊万·基列耶夫斯基全集》，第 246 页。（转引自伊迪等：《俄国哲学》，第 1 卷，第 195 页；最后一句译文有改动。）

② 俄语中的“聚合性”（sobornost'）一词源自名词 собор（sobor，即宗教聚会）和动词 собирать（sobirat'，即集合、聚集、结合）。

那种被视为摆脱一切责任之特权的私有制及其所导致的起瓦解作用的利己主义，也对阶层的严格划分和随之而来的对抗一无所知。在古代俄国，基本的社会单位是村社，它以土地的共同使用、相互协商和共同的习俗为基础，由米尔、即长者理事会（council of elders/совет старейших）负责管理，这些长者遵循神圣的传统来化解争端，他们依据的是全体一致原则，而不是机械的多数票制。将社会连为一体的主要是道德纽带，即信念纽带，这种纽带将整个古代罗斯大地联结为一个大“米尔”，一个信仰、土地和习俗的民族共同体。

初看上去，这幅图画中似乎并没有一位绝对统治者或一个强大的中央集权政府的位置，然而事实上，斯拉夫派对俄国历史的阐释与十二月党人对“古罗斯式自由”的理想化很少共同之处，也与波兰历史学家列列韦尔的斯拉夫村社主义概念大相径庭。与以上两个概念相反，斯拉夫派的“古罗斯式自由”（ancient Russian freedom/древнерусская вольность）的理想与“共和制自由”（republican liberty/республиканская свобода）的概念南辕北辙，这一事实在康斯坦丁·阿克萨科夫的历史著作中有最显明的体现。阿克萨科夫认为，共和制自由是一种政治自由，它以人民积极参与政治事务为前提，而古罗斯式自由则意味着一种**脱离政治的自由**，即一种遵循不成文的信仰法则和传统法则而生活的权利，以及在国家影响不到的道德领域充分实现自我的权利。

这一理论的基础即斯拉夫派的真理二分法，他们将真理划分为“内在”真理和“外在”真理。内在真理（inner truth/внутренняя истина）在个人层面即良心的声音，在社会层面即存在于宗教、传统和习俗中的整个价值观体系，简言之，即那些能够共同塑造内在统一力量的所有价值观，它们有助于建立基于共同道德信念的社会纽带。而外在真理（external truth/внешняя истина）则表现为法律和国家，它们在本质上是刻板的、人为的、“外在的”，亦即基列耶夫斯基和霍米亚科夫总结出的所有那些负面品质，他俩把这些负面品质全都归咎于在理性化、形式化过程中形成的那些机制和社会纽带。阿克萨科夫比其他斯拉夫派走得更远，他认为一切形
96 式的法律关系和政治关系自身便是恶，与它们截然对立的便是体现在村社中的公共原则，这种原则（在阿克萨科夫看来）完全基于信任和全体一致，而非任何法律保障或理性合同所特有的种种条款和协议。对阿克萨科夫而言，俄国和西方的区别就在于，在俄国，国家始终没有上升为各种社会组织在很大程度上赖以立足的“原则”。当人性的脆弱和安全需求使得政治组织成为必需时，俄国人便“自海外”“召唤”来他们的统治者[①]，以避免因发展自己的国家体制而损害“内在真理”。俄国沙皇被赋予绝对权力，因此，人民便可避免与“外部真理”有任何接触，避免参与任何国家事务。“土壤”（即生活在内在真理之光下的普通民众）与国家之间的关系建立在互不干涉的原则之上。国家自愿地征询人民的意见，人民在地方自治会议上表达他们的观点，但把最终决定权交给君主。人民可以确保自己如愿拥有充分的生活自由和思想自由，君主也拥有在政治领域的充分的行动自由。这种关系完全依赖于道德信念，而非法律担保，正是这一点构成了俄国较之于西欧的优势。阿克萨科夫写道：“保障也是一种恶，需要保障的地方就没有善；没有善的生活最好瓦解，不让恶的帮助继续下去。”[②]阿克萨科夫承认，理想和现实之间往往存在很大差距，但他将差距完全归因于人类的不完美。他强烈谴责那些试图干涉“土壤”内在生活的统治者，但他不给“土壤”以抵抗的权利，即使面对遭到他强烈谴责的伊凡雷

① 阿克萨科夫所指为涅斯托尔《编年序史》（Nestor, *Primary Chronicle*）中的“召唤瓦兰人”传说，据这一传说，基辅罗斯国家系由“诺曼”（或“诺斯”）王公奠定，争执不休的本地部族最终决定邀请诺曼王公来统治自己。

② 康斯坦丁·阿克萨科夫：《康·阿克萨科夫全集》（K. S. Aksakov, *Polnoe sobranie sochinenii*）（三卷本，莫斯科，1861—1880），第1卷，第9—10页。

帝的过度行为，他也颂扬“土壤”不弃不舍的忠诚。

阿克萨科夫的论点有个自相矛盾的方面，即他在潜意识中采用了政治领域和社会领域完全脱离这一西欧自由主义学说的主要设想之一，并将之运用于俄国历史，与此同时，他却既拒绝自由宪政思想，也不接受关于自由的自由主义理想这一概念本身。阿克萨科夫对“土壤”之自由的解释不能与个人自由相混淆，因为在他的阐释中，自由仅适用于作为整体的“土 97
壤”。这并非群体中的个人之自由，而是群体的自由，是群体在信仰、传统或习俗等方面不受外部干涉的自由。这种不干涉与“自由放任”的自由主义学说毫无关联，因为在阿克萨科夫看来，“土壤”的道德原则会让经济上的个人主义毫无立锥之地。甚至连他对言论自由的吁求也并非真正的自由主义设想，因为这一设想并未考量对多元信仰的接受或社会中少数派的反对立场。在对非政治领域的自由提出吁求的同时，阿克萨科夫希望每个个体均完全服从他的“米尔”，且这种服从是“依据良心”的，而非仅仅“依据法律”。他的理想就是建立在完全一致基础上的“自由的团结”，这种“自由的团结”能将外部限制减至最低限度，同时阻止个人自治以及任何脱离共同传统的行为。

斯拉夫派在对俄国历史进行阐释时所面临的最大难题，是要为彼得改革找到一个恰当解释。他们不得不自问，古代罗斯真正的基督教群体为何会在基于“外部真理”的低层次文明的冲击下做出让步呢？他们认为，过错不在于人民，而在于国家和社会精英，他们被欧洲各民族纯粹外在的成就弄得眼花缭乱。一种基于理性主义标准的文明会比基于基督教原则的文明发展得更快，更轻松，因为其发展并不依赖于人类潜力的内在完美，因此，欧洲在物质领域超越俄国，建立起一种文明，这种文明的技术成就引起了彼得及其支持者的羡妒。

在斯拉夫派看来，彼得改革削减了俄国上层阶级和普通民众间的联系。[①]斯拉夫派思想体系的一个主题是俄国生活中随后的分裂，即人民（people/народ）和上流社会（society/общество）之间的对立，后者就是信奉西方道路的开明精英。人民培育出了稳固的习俗，而上流社会则屈从
98 于时尚的任性；人民保留了父权制家庭，而上流社会则目睹了家庭纽带的断裂；人民仍然忠于古代罗斯的传统，而上流社会则是彼得改革的人为产物。西方化的俄罗斯人已成为“自己国家中的殖民者”（霍米亚科夫语）。他们脱离民族之根，丧失了对历史的亲近感，变成恰达耶夫所指责的人：他们是没有祖国的人，是自己国家中的陌生人，是无家可归的流浪者。社会的开明阶层若能回归东正教传统，回归如今保存在村社中的“人民原则”，就似乎能为俄国提供治愈疾病的唯一希望。

第二节 “完整个性”概念与“哲学中的新原则”

前文已提出，斯拉夫派的思想体系可理解为对恰达耶夫的《哲学书简》做出的回应。[②]从更广的角度看也可以说，这是对知识精英，即“多余人”（superfluous men/лишние люди）一代的思想进程做出的回应，“多余人”生活在尼古拉统治时期，后在屠格涅夫的小说中赢得不朽。赫尔岑恰当地将尼古拉统治时期定义为“一个外在约束和内在解放相互交织的奇特时代”[③]。尽管政府一直试图抵御来自欧洲的“病毒”，但尼古拉统治时期的俄国仍体验到了西欧文化十分深远的影响。文学和哲学成为日益强大的工具，这些工具能帮助个人摆脱那些与母乳一起被吸收的、未加批评就被

① 斯拉夫派坚持认为，在彼得即位之前，社会上层曾是“人民”的有机组成部分。事实上，他们所说的“人民”系指社会上所有忠于旧传统的阶层，如莫斯科的旧式商人家庭是“人民”的一部分，而西方化的商人则属于“上流社会”。

② 见本书第104—105页，关于恰达耶夫一章之结尾。

③ 赫尔岑：《赫尔岑文集》，第14卷，第157页。

认可的公认真理所带来的压力。难以在政治领域展开的农奴解放斗争开始“内转”，在伴有孤独感、疏离感和内部分裂感的哲学探索和自省崇拜中找到出口，年轻的巴枯宁、赫尔岑、斯坦凯维奇和别林斯基的文章与书信充满质疑，质疑会窒息自主性的过度反思，质疑内心二元论，质疑“虚幻性”和哈姆雷特式的自我分析。恰达耶夫的异化主题和无家可归的主题再度出现，赫尔岑在其小说中这样描写他的主人公①：“欧洲的流浪者，自己家中的陌生人，境外的陌生人。”奥加廖夫也对此做出呼应，他写道：“Ich 99
bin ein Fremdling überall”（“无论在哪里我都是外人”），一个无家可归的流浪者，从一个国家流浪至另一个国家。②

在斯拉夫派看来，这些情绪是“精英社会”和普通民众之间的分裂所导致的“精神疾病”之症状。然而，他们对这一症状表示欢迎，将其作为一个证据，证明异化不能被视为正常。他们的目的是向“俄国的哈姆莱特们”展示“完整个性”（integral personality/цельная личность）之理想，帮助后者克服其异化状态和内心二元论。

斯拉夫派（尤其是伊万·基列耶夫斯基）在其人类哲学和认识论中主要致力于对理性主义的破坏性影响之分析。他们认为，理性主义是导致社会解体的主要因素，它也破坏了人之个性的内在完整性。理想的、纯洁的个性是一个具有“内在焦点”的整体结构。这种“内在焦点”有助于协调分散的心灵力量，保障内在的统一和精神的“完整性”（integrality/цельность）。统一的原则是隐在的，但可以通过内在的关注来把握。这一“隐藏在人类灵魂普通状态之下的活的焦点”却能被那些寻求它的人所发现，只有这样的焦点方能使心灵发生变化，不再仅仅是各种庞杂功能的总和。自然理性，或曰抽象思维能力，只是智力的一种能力，且绝不是最高

① 即《谁之罪》（*Who Was Guilty*?）的主人公别尔托夫（Beltov）。

② 见奥加廖夫的《幽默》（“Humor”）一诗。

的一种能力，因为其片面发展削弱了人凭借直觉去直接理解真理的能力，从而降低了人的感知能力。理性崇拜导致心灵分裂成许多互不相关的部分，每个部分均声张其自主权。由此产生的内在冲突，便对应着建立在理性主义原则基础上的社会之中不同党派利益间的冲突。即使理性能够成功控制其他部分，内在的分裂也仍然存在，因为理性的独裁统治加剧了心灵的解体，一如理性构想出的社会纽带“把人拴在一起，却未能团结他们”，从而加剧了社会的原子化。萨马林写道：“理性在哲学、信仰和良心领域
100 的暴政，其在社会生活领域的对应物即中央政府的暴政。”①

因此，针对心灵各部分的自主原则，斯拉夫派提出“完整性”之理想，他们在未受理性主义污染的宗教信仰中发现了这种完整性的前提。他们声称，只有信仰才能确保心灵的完整。信仰有助于融合“分散的心灵力量……使其成为一个活的统一体，从而恢复基本人性之首要的不可分割性”。仰仗东正教，俄罗斯人仍然有能力实现这种内在融合。在寻找真理的过程中，他们不受自然理性左右，而受“完整理性”指引，完整理性代表所有心灵力量的和谐统一。而西欧居民早已失去内心的完整性，失去内心的专注能力，也失去了对精神生活深邃潮流的把握能力。生活的不同领域，如知识、道德、经济和宗教等领域，已相互分离，并相互冲突。这是西方文明的非道德性之原因，西方文明仍可继续发展，即使其内在的心灵力量被削弱，道德价值领域被彻底破坏，但与此同时，西方文明正遭受一个悲惨困境：“生命作为一个整体被分割开来，个人存在和社会存在的所有独立领域也被分割开来。”②

斯拉夫派强调，他们的“完整个性”概念不过是希腊教父哲学之延续，把教父哲学著作介绍给基列耶夫斯基的是马卡里神父，他是著名的奥

---

① 萨马林：《萨马林文集》（Yury Samarin, *Sochineniia*）（莫斯科，1877），第 1 卷，第 401—402 页。

② 伊万·基列耶夫斯基：《伊万·基列耶夫斯基全集》，第 1 卷，第 218 页。

普塔修道院中一位博学的修士。斯拉夫派表达他们对东方教父学的感激，意在凸显他们的思想渊源，但必须指出，他们对这一传统的借鉴其实受到了他们对德国保守浪漫派的解读之影响，他们与后者有诸多共同点。“完整个性”概念与浪漫派对理性主义的一贯批评密切相关，基列耶夫斯基在一篇文章中加以阐述的知识论也同样如此，基列耶夫斯基这篇论述的题目意味深长：《论哲学新原则的必要性和可能性》(1856)。

基列耶夫斯基认为：“逻辑思维在与其他认知能力分离时，仅为思想的一种自然属性，丧失了其完整性。”[①] 理性主义是一种分解力量，因为它把现实转变为许多孤立碎片的组合体，这些碎片仅被网状的抽象关系连为一体。理性是一种纯粹认知能力，只能把握抽象的概念和关系，而本质则 101
只能被一种自身即为本质的能力所理解，换言之，只能被整个心灵所理解。这种理解以认知者和认知对象间活生生的、**直接的**关联为前提。理性主义使认知者脱离现实并与现实对立，从而使认知者对现实和宇宙的客观本质产生怀疑。因此，真正的理解不能仅满足于定义各种关系，而必须尝试参透事物的本质，必须是一种**启示**或一种**直接的**认知。只有基列耶夫斯基所谓**信仰理性**(believing reason/верующий разум)，方能直接接触到作为宇宙同一性之最高原则的上帝。

并非所有人都具有同等程度的真正理解能力。基列耶夫斯基认为，新教(以及后来的笛卡尔体系)的主要弱点就在于它忽视了精神等级的存在，试图在“每个人均相同的人类理性位置”寻找感知真理的基础。因此，受到新教启发的哲学只能“将自己局限在人人共有的逻辑理性领域，而无视每个人的道德价值”，“将所有认知能力集中为一种力量，具备为获得完整真理所必需的心灵完整性，这一切并非每个人都能做到”。[②]

---

① 伊万·基列耶夫斯基：《伊万·基列耶夫斯基全集》，第1卷，第276页。

② 同上，第230页。

初看上去，这种典型的精英认知论似与作为斯拉夫派学说之显著特征的唯社会学论观点并不吻合。比如，基列耶夫斯基就认为，“人类灵魂中的一切都是社会性的生长”①，真正的信仰（以及随之而来的认知）不可能被孤立的个体所体验，正统的东正教信仰仅保存在普通民众之中，而非堕落的精英中间。事实上，这里并无真正的矛盾。斯拉夫派的“精神等级”并非天赋的等级或社会地位的等级，在其顶端是那些信仰异常坚定的人，他们与民间社群和教会人员均保持着十分紧密的联系。

这些思想的运用可在霍米亚科夫的认知论中觅得，该理论假设，只有聚合性的有机团契方能使真正的认知成为可能。他写道，理解的有机根源是**自由意志**（free will/свободная воля）和**信仰**（faith/вера），自由意志和信仰的深度反映着将个人与集体联系起来的那根社会纽带的力度。另
102 一方面，“孤立的个体则代表着绝对的无能为力以及未得到缓解的内在分裂”②。一个人要想理解真理，就必须参与教会的友爱团聚，从而成为一个超越个体的意识之器官［即意识的聚合性（соборность сознания）］。真理亦如此，“似乎只有少数人才能理解的真理，实际上却是所有人的创造和财富”。③

只有东正教会保存了这种纯洁的、超越个体的基督教意识。西欧的思想处处被理性主义的不治之症所感染。基列耶夫斯基和霍米亚科夫赞同黑格尔对启蒙主义的“知性”（Verstand）之批判，但认为黑格尔本人的“理性”（Vernunft）同样是唯理论的，甚或更加危险。霍米亚科夫称黑格尔是现代最地道的理性主义者，是一位将“活的现实”转变为“无形概念的辩证法”的思想家，他将认知理性主义推向其逻辑结论，从而耗尽了认知

---

① 伊万·基列耶夫斯基：《伊万·基列耶夫斯基全集》，第 1 卷，第 254 页。

② 霍米亚科夫：《霍米亚科夫全集》（A. S. Khomiakov, *Polnoe sobranie sochinenii*）（第 4 版，莫斯科，1914），第 1 卷，第 161 页。

③ 同上，第 263 页。

理性主义的潜力。在欧洲，认识到哲学理性之片面性的思想家唯有晚年的谢林，他后来提出与黑格尔主义针锋相对的宗教天启哲学（philosophy of revelation/философия откровения）。[1] 斯拉夫派尽管赞同谢林，但基列耶夫斯基仍批评天启哲学仅局限于对理性主义的消极批判。他认为矛盾之处在于，一种新的、积极的哲学需要真正的宗教信仰，而西方基督教本身却已遭受理性主义的影响。谢林虽然意识到了这一点，并试图清除基督教所沾染上的理性主义污垢，但是，“为自己创造一种信仰也是一项可悲的任务”[2]。

从这些论点可以推断出，只有东正教的俄国方能催生一种能够改变欧洲精神生活的新的、真正的基督教哲学。斯拉夫派认为，他们自己，尤其是基列耶夫斯基和霍米亚科夫，肩负着为这一新哲学制定基本原则的重任。 103

第三节　斯拉夫派的教会学

霍米亚科夫的“聚合性”概念构成了一座桥梁，连接起他的认识论和神学，或更准确地说，连接起他的认识论和教会学。在《教会是统一的》一文中，霍米亚科夫认为教会“既非实体亦非教义”，而是一种充盈着聚合性精神的“真理和爱的活的肌体”。这种“自由的团结”精神使教会成为一个理想的社会肌体，是针对当代世界的社会原子化和精神蜕变的一副解药。

霍米亚科夫对教会作用的看法是斯拉夫派对天主教和新教进行批评的起点，这一点在前文谈到斯拉夫派历史哲学时曾被提及。霍米亚科夫指责

① 1841 年，年迈的谢林被弗雷德里希·威廉四世召至柏林，开始其“天启哲学”讲座，这门哲学旨在调和宗教与哲学，抵消黑格尔左派日益增长的影响。谢林称其为“积极”哲学，并将其与黑格尔的理性主义作对比，称后者为局限于纯粹逻辑思维领域的“消极”哲学。

② 伊万·基列耶夫斯基：《伊万·基列耶夫斯基全集》，第 1 卷，第 262 页。

罗马天主教会选择了一种以教皇本人为象征的物质统一，并因此用功利的计算（赎罪券）和对权威的盲目服从取代了爱的团结。

新教则废除了宗教联系的所有外在象征，成为迷失在原子化社会中的孤独个体们的宗教。新教教徒用**唯心的**理性主义取代了罗马教会**唯物的**理性主义。天主教成为物质化的具体形式，而新教则陷于空洞的主观主义；天主教的精神在德·梅斯特尔的反个人主义的保守主义中得到最突出体现，而新教个人主义则转变为无神论，并在麦克斯·施蒂纳的虚无主义中达到高潮。在霍米亚科夫看来，西方已被一种世俗版本的新教个人主义所统领，甚至在那些形式上仍忠于天主教的国家亦是如此。与此同时，古代天主教“没有自由的团结”原则披上新的伪装，从当代社会主义那里获取新的力量。霍米亚科夫认为，当代社会主义实际上是一种旨在克服社会原子化的尝试，其途径乃是强制推行一种新的、包罗万象的专制统一，这种专制统一是对中世纪天主教的模仿。这一概念显然是在圣西门思想的影响之下形成的，它后来又反过来影响到陀思妥耶夫斯基，后者在许多作品（如《白痴》《作家日记》，首先是《卡拉马佐夫兄弟》中的“宗教大法官传”一章）中证明，罗马天主教会与社会主义有紧密关联。

霍米亚科夫认为，东正教是聚合性精神的唯一宝库，因此也是唯一正确的教会。在他对东正教会的描述中，或者更确切地说，在他对东正教会的理想化中，我们可以看到他在很多问题上均受到约翰·亚当·莫勒的
104 影响。这位住在图宾根的浪漫派天主教神学家声称，当代天主教已退化为教皇主义，教会的最高机构应为大公会议而非教皇。[①] 莫勒将大公会议描述为“多样中的团结”，霍米亚科夫关于聚合性是“自由中的团结”之定义与莫勒的说法很接近。霍米亚科夫认为，在东正教会中，这种团结得到

---

① 见鲍尔沙科夫：《霍米亚科夫和莫勒作品中的教会统一学说》（S. Bolshakoff, *The Doctrine of the Unity of the Church in the Works of Khomyakov and Moehler*）（伦敦，1946）。

根深蒂固的内化传统之护佑，该传统表达出了超越个体、超越民族的共同体意识。这是一种**真正的**团结，它建立在前反思的发展阶段所固有的有机纽带基础之上，并未遭受理性化的影响；与此同时，这也是一种**自由的**团结，不是来自外部的强加，它受制于规范，教会共同体的成员能在这些规范中看到其本性之投射。这个教会中没有权威的地盘，因为权威永远是一种外在之物；这里也没有个人主义或主观主义的地盘，因为个人的认知并未脱离共同体的超个体意识。另一方面，这种集体意识也被个体所**内化**，不会异化为制度化的具体形式。在这样的团契中，衡量真理的标准不是教皇的权威或《圣经》的权威，而是教会和谐的集体意识，这一教会在历史发展过程中逐渐演变为一个超越个体的整体，它是所有信徒的集合体，既包括平信徒也包括神职人员。成为这个超个体整体的一部分，就是通向真正认知的唯一途径，因此，与西欧居民相比，信奉东正教的俄罗斯人具有优势。

霍米亚科夫意识到，在他理想版本的俄国教会与现实之间尚存巨大鸿
沟，他自己也曾指出，他的教会学仅展示了东正教的“理想本质”，而非 105
其“经验主义的现实”。[①] 他本人神学著作的命运也构成关于上述鸿沟的一个例证。他的此类著作只能在国外发表（主要用法语发表），在俄国则被严格查禁。直到 1879 年，正教院才最终批准出版这些著作。即使此时，俄语版的卷首也必须附上一份声明，称“某些段落的模糊性和不够精确系作者缺乏专门神学训练之结果”。从正教院的角度看，聚合性是一个危险

① 当然，这使霍米亚科夫改变他人信仰的尝试变得有些困难。他常在与许多名人的通信中阐述其神学观点，其通信者包括詹森派主教胡斯和新教神学家本森。他最重要的一些信件是写给英国国教神学家威廉·帕尔默的，帕尔默是莫德林学院研究员，牛津运动的成员，也是枢机主教纽曼的朋友。在霍米亚科夫影响下，帕尔默得出结论：在与罗马的争端中，东方教会是正确的。帕尔默非常接近于皈依东正教，但他对他三次访俄期间目睹的等级制所持态度最终使他放弃皈依。后来，帕尔默和纽曼一样信奉天主教，但他坚持保留对宗教大分裂持有私人观点的权利。霍米亚科夫与帕尔默的通信已由伯克贝克（W. J. Birkbeck）整理发表，见《俄国和英国教会》（*Russia and the English Church*）（伦敦，1917）。

的原则，它会导致对教会权威的质疑以及对外在的、制度化的宗教仪式的忽视。

萨马林曾为霍米亚科夫去世后出版的一部神学著作作序，他在序言中称他的朋友和老师霍米亚科夫为教会的导师，称霍米亚科夫为东正教做出了划时代贡献，并请子孙后代将此视为一个不言而喻的事实。虽然这一预言并未实现，但霍米亚科夫对俄国宗教思想的影响确实相当可观。活跃于20世纪初的大批“世俗神学家”（布尔加科夫、别尔嘉耶夫、卡尔萨文和弗兰克等）均在霍米亚科夫思想的烛照下研究东正教，借鉴并发展了他著作中的许多主题。然而必须指出的是，霍米亚科夫在吸引知识分子加入教会方面发挥了更大作用，超过他对俄国神职人员的思想影响。东正教上层不愿出面攻击他的思想，是因为他们不愿冒犯知识分子中的信徒。霍米亚科夫的许多观点在东正教神职人员看来似带有新教自由主义和天主教现代主义的意味，这个事实更加重了神职人员对他的不信任。在谢尔吉修道院出版的一本小册子中，东正教神学家帕维尔·弗洛连斯基神父指责霍米亚科夫拒绝教会权威，拒绝强制的教规和“恐惧原则”，他甚至质疑霍米亚科夫的政治忠诚。①

第四节　作为保守乌托邦主义的斯拉夫主义

斯拉夫派热衷于夸大他们眼中的“本土人”和“地道俄罗斯人”的特征，这是可以理解的。然而自历史的角度看，斯拉夫派的思想体系显然只是欧洲保守浪漫主义的一个有趣分支。斯拉夫派的思想体系十分接近如下德国浪漫主义思想家的观点，如弗里德里希·雅克比（“信仰的理性”概

① 弗洛连斯基：《走近霍米亚科夫》（P. A. Florensky, *Okolo Khomiakova*）（谢尔吉镇，1916）。

念）、谢林（对黑格尔理性主义的批判）、穆勒（“多样中的统一”）、约 106
翰·亚当·莫勒（罗马文明对基督教世界历史的有害影响）以及弗里德里希·施莱格尔（理性主义是心灵解体之原因）等。最惊人的相似出现在伊万·基列耶夫斯基和弗朗茨·冯·巴德尔两人的哲学史观，后者像斯拉夫派一样，也在东正教中寻求俄国未来的救赎希望。①虽然毫无疑问，斯拉夫派的理论家，尤其是基列耶夫斯基和霍米亚科夫，对德国哲学家们的著作非常熟悉，但我们不应将这些相似仅视作影响问题，这些相似的深层原因在于这两个国家的社会发展状况。尽管德国和俄国处于不同发展水平，但两国在经济上都很落后，当资本主义已在欧洲那些更发达的国家开花结果，德、俄两国却均面临着现代化之需求。但在那些欧洲更发达国家，新的社会和政治体制也已开始显露其负面特征，受到右翼和左翼批评者的攻击，这便给了德国和俄国的保守思想家以更开阔的视野，使他们很容易把在他们两国体现出顽固活力的父权制传统和古老的社会结构理想化。

因此，斯拉夫派对西欧的批评，实质上就不仅仅是自浪漫主义保守观点出发对资本主义文明的批判。在这种情况下，保守主义不能等同于对俄国现状的接受，也不能等同于对任何形式的变化之质疑，这与其说是对当下的辩护，不如说是对失去的理想之浪漫怀旧。在这一意义上，可将斯拉夫主义哲学称为保守乌托邦主义（conservative utopianism/консервативный утопизм）：称其为“乌托邦主义”，是因为这是一幅全面、详尽的社会理想图画，它与现有的现实形成鲜明对比；称其为“保守”甚或“反动”，是因为这是一种立足于过往历史的理想。这种乌托邦主义也有强烈的补偿性质，因为对失去的和谐世界的梦想总是暗含着某种疏离感或失却感。作为古老贵族家庭中受过教育的后代，斯拉夫派与旧俄父权制传统之间的联

① 见苏西尼：《弗朗茨·冯·巴德尔未刊书信》，第456—461页。

系如此紧密，与此同时，他们所受到的西方文化的影响又如此之大，这使得他们难以在尼古拉一世执政时期表面西方化的威权官僚体制中感到快乐。

当然，斯拉夫派的乌托邦并非一种关于未来社会的深思熟虑的模式，
107 这只是部分世袭贵族依据其具体经验提出的一种愿景，他们的生活遵循着严格的传统社会规范。因此，斯拉夫主义便包含了或可称之为“前社会学”思想的诸多元素，德国19世纪社会学家斐迪南·滕尼斯在其经典著作《共同体与社会》中所采用的类型学特别有助于厘清这些因素。斯拉夫派提出的一些对立命题，如俄国与欧洲、“人民”和“上流社会”、基督教文明和理性主义文明等，几乎完全契合滕尼斯有关Gemeinschaft和Gesellschaft，即“共同体”和“社会”的划分。[①] 在我于美国发表的第一篇文章中，我曾这样写道：

> 重要的是，就连两者所使用的术语也十分相似。斯拉夫派认为当代俄国是一个分裂的国家，它分裂为两个部分：一部分是“人民”，即“民众”，他们仍然忠于旧的“共同体原则”（community principles/общественное начало）；另一部分是“社会”，一个与人民分离的个人集合体，社会中的人过着守规的、设定好的生活。这里的“社会”概念几乎完全等同于滕尼斯的Gesellschaft（社会），斯拉夫派的“民众”和“村社原则”概念实际上也与滕尼斯的Volkstum（人民）和Gemeinschaft（共同体）内涵一致。滕尼斯认为，共同体成员被赋予了“自然意志”（Wesenwille）；“社会”则由被赋予“理性意志”（Kürwille）的人组成。这一观念在斯拉夫派处也有呼应，后者用人

① 见瓦利茨基：《斯拉夫派之争》（牛津，1975），第168—178、265—266页。书中还将斯拉夫派观点与马克斯·韦伯的历史社会学中对社会关系理性化的阐释做了对比。

的精神力量的有机“聚合”概念来对峙精打细算的理性主义。“共同体”被滕尼斯和斯拉夫派描述为一种活的有机体，而“社会”则是一个机械的人造产物，仅为孤立的个体之总和。滕尼斯和斯拉夫派同样认为，真正的共同体建立在相互理解、和谐以及全体一致（Eintracht）的基础之上，而社会的典型特征则是内在冲突、相互间的压力和机械的多数票规则，这是有机的社会关系之内在原子化和碎片化的结果。共同体就是一个扩大的家庭，而在社会中，人际关系呈现为契约形式。共同体的集体意志表现为共同的信仰和共同的习俗，而在“社会”中，这些统一的伟大精神因素却被总是偶然的、摇摆不定的公众舆论所取代。现代官僚制国家被滕尼斯视为一种 Gesellschaft（社会）现象；同样的概念，同样性质相对的两个范畴，即 Volkstum（人民）和 Staatstum（国家），народ（人民）和 государство（国家），也被斯拉夫派经常使用，对斯拉夫派而言，官僚国家似是一架没有灵魂的机器，是俄国的人为西方化之产物。没有必要再列举此类相似之处，不过，指出这一点或许也很有趣，即在滕尼斯和斯拉夫派纯粹的历史概 108
括中甚至也能发现共同点。我们知道，斯拉夫派相信，旧俄国能够保存我们所谓的 Gemeinschaft（共同体）之纯粹形式，因为俄国从未受累于理性主义的罗马文化遗产，尤其是罗马法，罗马法在西方“共同体原则”分裂和散失的过程中曾是一股强大力量。滕尼斯赞同这一观点，他写道：“一种理性的、科学的法律得以制定，只可能在个人脱离了一切有机的社会关系之后”，“在基督教德国的大部分区域，罗马法的同化作用在过去和现在均服务于 Gesellschaft（社会）的发展”。①

① 瓦利茨基：《俄国斯拉夫派思想体系中的个体和社会：知识社会学研究》，载《加利福尼亚斯拉夫研究》，第 2 期（1963），第 7—8 页。滕尼斯的文字引自滕尼斯：《共同体和社会》（F. Tönnies, *Community and Society*），卢米斯翻译并主编（密歇根州东兰辛，1957），第 202—203 页。

我们关注斯拉夫派观点和滕尼斯观点间的这些相似之处，并非意在强调斯拉夫派理论具有它未必具有的重要学术意义，而是因为滕尼斯的类型学提供了一个很好的概念抓手，可以用来对斯拉夫主义的社会内容做更好的阐释。卡尔·曼海姆在他那部论述德国保守派的著作中写道，19 世纪上半期的浪漫主义的保守主义就是一种思想防御，它卫护**共同体**而反对**社会**。[①] 斯拉夫派为这一说法提供了一个出色例证。

值得注意的是，滕尼斯关于司法理性主义在欧洲历史中之作用的观点已被马克斯·韦伯出色地证实，后者对西方的经济生产、人的行为和社会制度等的日益理性化进行了有力分析，从而得出其结论。韦伯写道："由罗马晚期官僚制国家所修订的罗马法，其重大后果显而易见，即无论在何处，左右民族国家发展方向的政治操控均由职业法学家担当。这些法学家的工作催生了现代西方国家以及西方教会。"在韦伯看来，这种演进为"西方独有"，在世界其他地区并无相似现象。[②] 俄国斯拉夫派定会完全赞同这一观点。

109 斯拉夫派的思想体系是显而易见的保守主义，但该派的思想依然引起了政府的猜疑。尼古拉一世自视为彼得大帝继承人，他想成为一位欧式皇帝，而非一位旧式的俄国沙皇。尼古拉尽管尊重东正教和纯粹的民族原则，但他仍无意为适应宗教或传统习俗之需求而改变其施政方式。此外，他也有理由怀疑，主张在法律和习俗之间建立起有机联系，就是试图对专制体制加以限制。书刊审查总局曾对基列耶夫斯基于 1852 年发表在《莫斯科文集》上的《论欧洲文明的性质及其与俄罗斯文明的关系》一文进行审查，审查官在呈送皇帝的特别报告中倒是给出了正确的评论："不清楚

① 见曼海姆：《保守主义思想》，载《社会学和社会心理学论集》（K. Mannheim, "Conservative Thought," in *Essays on Sociology and Social Psychology*）（伦敦，1953），第 89 页。

② 参见马克斯·韦伯：《社会学论集》（Max Weber, *Essays on Sociology*），格斯、米尔斯编（纽约，1958），第 93—94、299 页。

基列耶夫斯基所言之东正教俄国的完整性究竟何意，但显而易见，作者在他表面忠诚的文章中并未公正评价伟大的俄国改革者及其王位继承者的不朽功勋，伟大的俄国改革者及其王位继承者努力把西方文明带给他们的臣民，以这种唯一的方式使我们祖国的国力和声誉赢得今日之辉煌。”① 审查官对《莫斯科文集》（1852）中其他作者的文章也做出了内容相似的评价。结果，该文集被禁止继续出版，五名主要作者（包括基列耶夫斯基在内）被置于警察的监视之下，之后发表任何文字均需获得书刊审查总局的特别许可。

尼古拉正确地意识到，他本人的保守主义和斯拉夫派的保守主义实有区别。斯拉夫派对古代俄国的看法，即他们对缙绅会议的理想化，他们主张“土壤”与“国家”分离的观点，均是大贵族反对专制体制的理想之体现。基列耶夫斯基对理性主义的批评不仅针对商人和企业主的资产阶级理性主义，而且也指向绝对君主制的官僚理性主义。在这一方面，最不妥协的斯拉夫派就是康斯坦丁·阿克萨科夫，他将“国家”与“共同体”（土壤）对立起来，认为政府机构仅代表“外部真理”，仅代表“奴役原则和外部强制原则”。

由于没有自己的期刊，斯拉夫派如今只能在《莫斯科公国人》上发表文章，这份刊物由历史学家**尼古拉·波戈金**（Nikolai Pogodin/Николай Погодин，1800—1875）和文学批评家**斯杰潘·舍维廖夫**（Stepan Shevyrev/Степан Шевырев，1806—1864）共同主编。由于波戈金和舍维廖夫也对源自西方的“有害影响”持批判态度（舍维廖夫还创造出“腐朽的西方”一词），当时的人们大多将斯拉夫派与“莫斯科公国人团体”混为一谈。然 110
而，这一推论并不完全合理，波戈金就与斯拉夫派不同，他对农民村社并

① 苏联中央国家历史档案馆档案（Tsentr. Gos. Istorich. Arkhiv SSSR），第 772 号全宗，第 1 卷号。

无兴趣，他从不批评彼得的改革，也不将莫斯科和圣彼得堡相互对立，恰恰相反，他称赞彼得大帝是现代俄罗斯国家的创始人，他将西方化描述为一个重要阶段，认为改革时期出现的暴力是俄国历史精神的一种典型体现，在俄国的历史中，国家始终是唯一的创造性力量，它在随心所欲地塑造这个被动的民族。对波戈金而言，俄国的独特之处不是村社或东正教的聚合性精神，而是专制体制的不妥协本性，专制体制的力量就植根于普通民众的无限“恭顺”。波戈金对历史的阐释没有为斯拉夫派关于古代俄国与现代俄国二元对立的观点留下任何余地，他认为，彼得大帝通过强化专制体制巩固了俄国的“本土原则”，而非削弱了它。

因此，斯拉夫派与“东正教、专制体制和民族性”①这一官方意识形态代表人物之间的差异相当明显。斯拉夫派的社会理想虽然具有保守和落后的性质，但他们对 1840 年代的思想争论做出了真正具有创造性的贡献。他们的理想能够提供思想刺激，其证据便是他们对赫尔岑的“俄国式社会主义”以及对陀思妥耶夫斯基和索洛维约夫的著作所产生的影响。

第五节　斯拉夫派的瓦解

斯拉夫派的乌托邦主义是一个时代之产物，在这一时代，俄国社会思想无法在政治舞台上得到表达或经受检验。在俄国输掉克里米亚战争、尼古拉一世去世之后，情况发生了改变。亚历山大二世实施了一些迟来的改革（详见第十一章），其中包括放松对文学和新闻的审查。当时的人们将这些变化称为“解冻”，虽然这种解冻随后又被霜降所打断，并未导致政

---

① 这一“三位一体”的口号由教育大臣乌瓦罗夫提出，后成为尼古拉一世统治时期官方民族性的座右铭。关于官方民族性思想的论述，见梁赞诺夫斯基：《尼古拉一世与俄国官方民族性》（*Nicholas Ⅰ and Official Nationality in Russia*）（加利福尼亚州伯克利，1959）。

府威权结构发生任何基本变化，但它已足以改变普遍的舆论气氛。一个新 111
的因素因此出现，即人们普遍相信，普通公民也有权表达他们对国家事务的看法，并对政府提出的改革方向施加影响。另有一种越来越强的感觉，认为抽象的哲学讨论如今必须让位于现实的行动纲领。在这一语境中，斯拉夫派的浪漫主义的乌托邦主义慢慢开始瓦解，取而代之的是一些最终体现了贵族阶级具体利益的现实关切。如今崭露头角的是一些具有实际领导才能的人，如伊万·阿克萨科夫、萨马林和科舍廖夫等。

在从哲学转向政治学的过程中，斯拉夫派分化为两种倾向，一方是保守的改革主义，另一方是泛斯拉夫主义。即便在斯拉夫派的改革派中也同样存在两种倾向，分别以萨马林和科舍廖夫为代表。这两人的职业道路几乎完全相同：两人均参加了解放农奴法案的起草工作；1863 年波兰起义失败后，两人均被派往波兰执行重要的政府公务；最后，两人都是地方自治会（земство）的活跃人物。他俩深受斯拉夫派思想体系的影响，这体现在他们对乡间村社的捍卫上，尽管他们的论据已很少能让人想起康斯坦丁·阿克萨科夫给出的理想化画面，即把村社描绘成真正的基督教社会组织。萨马林和科舍廖夫认为，村社是控制农民的有用工具，有助于征收税收和补偿金，确保土地所有者获得廉价的农业劳动力。他俩提出的土地改革模式（实际上由政府实施）其实是对普鲁士模式的刻意模仿，萨马林甚至为此撰写了一本详尽的专著，题为《农奴制的废除与普鲁士农民地主关系的结构》。他俩均接受如下观点：俄国需要发展资本主义（因此必须放弃浪漫主义的、反资本主义的乌托邦主义），但他俩也都担心资本主义不受控制的扩张会导致社会动荡。他俩认为，这种危险或许会因村社制度和强大的中央政府的积极干预而减弱。他俩的不同之处在于，萨马林一贯反对所有类型的代表制，而科舍廖夫则支持在莫斯科召开拥有咨政权的全俄土地会议，对彼得堡的官僚机构构成制衡。

112 使斯拉夫主义转变为泛斯拉夫主义的直接刺激事件，自然是克里米亚战争以及由此激发出的对南部斯拉夫人命运的关注。与其他斯拉夫派理论家不同，霍米亚科夫始终关注他的斯拉夫兄弟们（他在三卷本《世界史笔记》中写到过这些斯拉夫兄弟民族），他并非唯一高喊这句台词的人："让军旗飞扬，让军号吹响！"[①]莫斯科档案馆保存的文件中有一部康斯坦丁·阿克萨科夫的文稿，题为《论东方问题》。这份文稿表明，这位不久前还是一个坚定的和平主义者、对土耳其统治下的斯拉夫人的命运完全不感兴趣的人，却也深受时代风气影响，声称克里米亚战争的"神圣目标"就是征服君士坦丁堡，以及把斯拉夫人团结在俄国沙皇的统治下。俄国的战败粉碎了这些希望，但斯拉夫问题仍在民族主义者圈子里继续得到热烈讨论。

如果未经历这些深刻变化，斯拉夫派的思想体系或许不会被迫服务于泛斯拉夫主义。遵循基督教精神和古代罗斯原则使俄国社会获得内在复兴，这一事业如今似乎不如俄罗斯国家的外部扩张那般重要。这一想法呼应了 1863 年波兰起义后席卷俄国的沙文主义浪潮，波兰起义被镇压后，斯拉夫派学说就提供了一系列论据，旨在证明对波兰人采取的严厉措施就是斯拉夫"民间"力量与波兰贵族的"拉丁化"倾向之间的斗争。

斯拉夫主义向泛斯拉夫主义转向过程中的领导人物是**伊万·阿克萨科夫**（Ivan Aksakov/Иван Аксаков，1823—1886），这是一位很有影响力，但很少独创性的思想家[②]。1840—1850 年代，他曾是斯拉夫派中最不正统、最易受自由民主思想影响的一员，但是后来，受波兰起义和日益高涨的俄国

① 这是莎士比亚《亨利五世》一剧中的台词。——译注

② 由伊万·阿克萨科夫领导的泛斯拉夫主义组织"斯拉夫慈善协会"，其影响在 1877—1878 年俄土战争期间达到顶峰。保加利亚获得独立后，一些地方选举委员会甚至将阿克萨科夫选为保加利亚王位的候选人。关于斯拉夫主义在克里米亚战争后的发展，见法德纳：《俄国泛斯拉夫主义七十年：从卡拉姆津到达尼列夫斯基》（Frank Fadner, *Seventy Years of Pan-Slavism in Russia: Karamzin to Danilevskii*）（华盛顿哥伦比亚特区，1962）。

革命运动影响，他甚至对自由主义的最轻微显现也持强烈敌意。阿克萨科
夫的最典型特征，或许就是他对字面意义上的斯拉夫主义的坚守，哪怕他
几乎完全放弃了（虽然是无意识地）斯拉夫主义的反资本主义精神。在他
于 1874 年成为莫斯科一家大银行的总裁时，这一点得到了象征性体现。
并不能说这些反资本主义元素已消失殆尽，实际情况是，它们很典型地转 113
变成了反犹主义（奥古斯特·倍倍尔称之为“傻瓜的社会主义”），这在很
大程度上体现于阿克萨科夫 1861 年之后的观点，这也使他与斯拉夫主义
的创建者们拉开了距离。

伊万·阿克萨科夫讨论斯拉夫问题的那些文章包含着泛斯拉夫主义的所有典型偏见：斯拉夫民族与西欧的对立；对奥地利的强烈敌意；指责波兰人是“斯拉夫民族的叛徒”；希望征服君士坦丁堡，在“俄国鹰的羽翼下”建立一个强大的斯拉夫各民族联盟。尽管伊万·阿克萨科夫十分忠诚于他的哥哥康斯坦丁·阿克萨科夫，但很明显，伊万·阿克萨科夫认为俄国是一个具有强大国家本能、具有扩张主义和霸权倾向的国家，这一观点却迥异于康斯坦丁·阿克萨科夫的田园诗观点，后者认为俄国是一个不关心政治的国家，它仅致力于宁静的基督教在小的乡间村社之存在。伊万的大国沙文主义使他更接近波戈金，波戈金早先曾试图引起尼古拉及其外交部对泛斯拉夫主义思想的关注，但未获成功。与波戈金一样，伊万·阿克萨科夫反对那些“正统的迷信”，希望把“民族”精神注入俄国，其方式就是让国内政策服从于俄罗斯民族主义，让对外政策服从于泛斯拉夫主义。新的政治氛围使得伊万·阿克萨科夫比波戈金更敢说话，他不怕批评政府，他直接呼吁更具民族主义性质的公众舆论。

在此，我们为斯拉夫主义做一个概括：1840 年代的经典斯拉夫主义是一种浪漫主义的保守乌托邦主义，也是一股反动力量，因为其基础是一些怀旧理想。然而，它尽管表达了一种保守的价值观体系，却仍然超越了贵

族们直接、自私的阶级利益。作为一种思想学说，经典斯拉夫主义有助于提升俄国哲学讨论的水平，并激发出对道德的质疑和对社会现实的批判态度。当斯拉夫主义从哲学乌托邦阶段过渡至实践的政治阶段，这导致了更大程度的“现实主义”，同时也造成了智力的贫乏。这一进程掩盖，甚至清除了怀旧的乌托邦主义，同时也强化了斯拉夫派理论家和保守社会力量之间的利益共同体。因此，从一位思想史家的角度看，1840 年代的斯拉夫派比后来的斯拉夫派更有趣，当时他们尚有自己的期刊，可以积极参与政
114 治事务。

本章涉及作品

伊万·基列耶夫斯基：《答霍米亚科夫》(“A Reply to Khomiakov” /Ответ Хомякову)，文章

——：《论欧洲文明的性质及其与俄罗斯文明的关系》(*On the Character of European Civilization and Its Relationship to Russian Civilization*/О характере просвещения Европы и о его отношении к просвещению России)，论文

——：《论哲学新原则的必要性和可能性》(*On the Necessity and Possibility of New Principles in Philosophy*/О необходимости и возможности новых начал в философии)，论文

伊万·基列耶夫斯基等人：《莫斯科文集》(*Moscow Miscellany*/Московский сборник)，文集

阿列克谢·霍米亚科夫：《教会是统一的》(*The Church Is One*/Церковь одна)，论文

——：《世界史笔记》(*Notes on Universal History*/Заметки о всемирной истории)，专著

尼古拉·波戈金，斯杰潘·舍维廖夫：《莫斯科公国人》(*The Muscovite* /Москвитянин)，期刊

尤里·萨马林：《农奴制的废除与普鲁士农民地主关系的结构》(*The Abolition of Serfdom and the Structure of Peasant and Landowner Relations in Prussia*/Упразднение крепостного права и устройство отношений между помещиками и крестьянами в Пруссии)，专著

康斯坦丁·阿克萨科夫：《论东方问题》(*On the Eastern Question*/О Восточном вопросе)，文稿

第七章

俄国的黑格尔主义者：从“与现实和解”到“行动哲学”

1840年代[①]俄国的典型特征之一是对黑格尔哲学的着迷。赫尔岑写道，黑格尔的著作“被热烈讨论……持续不断；《逻辑学》《美学》《哲学科学全书纲要》等书中的每个段落均成为激烈争论的对象，甚至持续好几个夜晚。彼此相爱的人会一连数周回避见面，因为他们对‘包罗万象的精神’的定义有不同理解，或者把关于‘绝对人格及其存在’的某种观点视作对自己的侮辱。每一本在柏林，甚至在外省或县城出版的无关紧要的德国哲学小册子都会被订购，被读得破烂不堪；只要其中提到黑格尔，几天之后这本书就会变得残缺不全”。[②]

黑格尔哲学在俄国的影响与在波兰一样，为任何一位西方思想家所难

---

① 在俄国历史文献中，“1840年代”通常指1838—1848年，帕维尔·安年科夫在其回忆录中将此称为“非凡的十年”。对这一时期思想史最出色的分析见以赛亚·伯林《俄国思想家》（Isaiah Berlin, *Russian Thinkers*）（纽约，1978）中“非凡的十年”（“A Remarkable Decade”）一章。

② 赫尔岑：《往事与沉思》，第2卷，第115页。

以比拟。其影响广泛而深远，抵达遥远的外省中心城市，在俄国文学中也留下了印记。虽然在许多情况下，这只是一种肤浅的知识时尚，但就整体而言，这仍为一个影响深远的现象。

首先，对黑格尔哲学的接受是俄国思想史上一个时期的自然而然的高潮，这个时期可被称为“哲学时代”。在这一时代，进步知识分子因十二
115 月党人起义的失败而深感失望，对政治行动的效果失去了信心。取而代之的是，知识分子开始专注于哲学问题，诸如历史的意义、个人与超个体的社会和文化结构的关系以及俄国在世界历史中的地位等。在俄国，一如在德国，对于那些生活在一个公共生活几乎完全瘫痪的社会、自己又具有智性活力的人士而言，哲学推论具有某种补偿作用。

其次，黑格尔哲学是作为浪漫主义的解药而受到欢迎的。它首先自诩为内省的“白日梦”之对立面，反对拜伦和席勒激发起的浪漫主义反叛态度。在这种语境下，黑格尔主义在很大程度上被阐释为一种“与现实和解”（reconciliation with reality/примирение с действительностью）的哲学。稍后，它也被视为对抗浪漫主义的非理性主义和保守主义的有力工具，后者在俄国以斯拉夫派为代表。与此同时，人们也开始感觉到需要把握和超越黑格尔体系（德国的左翼黑格尔主义者在这一方面不无影响），这反而使得与现实和解的哲学转变成了理性的、有意识的行动哲学（philosophy of action/философия действия）。

最后一点，“与现实和解”与“行动哲学”似乎均为道德困境和哲学困境提供了答案，这些困境曾折磨了前文提及的与斯拉夫主义运动有关的“多余人”。对于受过教育，饱受其疏离感和内心二元论之苦的俄国人而言，黑格尔主义首先是一种重新**融合的**哲学，即通过有意识地适应现存现实或努力改变现实来克服疏离感。在后一变体中，哲学恢复了以前曾遭鄙视的政治行动能力，并引领“将思想转化为行动”的潮流。

第一节　尼古拉·斯坦凯维奇

1830年代，俄国黑格尔主义的主要中心是斯坦凯维奇小组（Stankevich circle/кружок Станкевича）。在尼古拉一世统治时期，这一小组对于进步思想的演进所做的重要贡献，堪比爱智派对斯拉夫主义思想体系的形成所做的贡献。

尼古拉·斯坦凯维奇（Nikolai Stankevich/Николай Станкевич，1813—1840）是贵族出身的年轻进步知识分子的典型代表。用安年科夫的话来说，他“代表了我们发展过程中一个时代的青春，他似乎聚集、结合起了 116
其同伴最好的道德特征，最高贵的追求和希望”。[①] 他的小组包括激进的民主派别林斯基、自由派格拉诺夫斯基和鲍特金、无政府主义者巴枯宁，甚至斯拉夫派康斯坦丁·阿克萨科夫。“俄国式社会主义”的创建人赫尔岑也是斯坦凯维奇的朋友。在这些人后来的回忆录中，所有这些完全不同的人在忆起斯坦凯维奇都怀有同样的挚爱。伊万·屠格涅夫的小说既是“多余人”的文学纪念碑，也是对“多余人”弱点的谴责，屠格涅夫坦承，他与斯坦凯维奇的结交标志着他精神发展的开端。

斯坦凯维奇早年的兴趣集中在浪漫主义的自然哲学上（尤其是谢林的自然哲学），当时自然哲学曾令莫斯科的爱智者们着迷。斯坦凯维奇将存在的本质定义为**创造**，将**爱**定义为自然之活的精神。他关心的首要问题是如何克服主观唯美主义（Schönseeligkeit），即摆脱“特殊性的压迫”，在“普遍性”领域找到支撑。起初，他将这一问题视为宗教认同问题，即个

① 斯坦凯维奇：《斯坦凯维奇书信及安年科夫所编斯坦凯维奇传》（N. V. Stankevich, *Perepiska ego i biografiia napisannaia P. V. Annenkovym*）（莫斯科，1857），第236—237页。新近出版的关于斯坦凯维奇的最全面英文专著为布朗：《斯坦凯维奇及其莫斯科小组》（Edward J. Brown, *Stankevich and His Moscow Circle*）（加利福尼亚州斯坦福，1966）。

人对上帝、对泛神论的自然的认同问题。在黑格尔的影响下，问题的本质发生了几乎难以觉察的变化，直到它表现为个人与历史的冲突，个人的主观愿望与历史必然性的冲突。尽管斯坦凯维奇并未过多阐述与俄国现实和解的必要性，但毫无疑问，黑格尔哲学为他提供了论据，支持他去拒绝浪漫主义的反抗姿态以及种种旨在改变现存秩序的“非理性”尝试。他在一封自身即为微型哲学论文的信中写道：“世界由理性、由精神统领，这会让我的大脑完全静止下来。”①

然而，此言却并非斯坦凯维奇最后的话。尽管肺结核病不断加剧，他的大脑却惊人地活跃至生命的尽头。在其思想发展过程中，他似乎经常能预见俄国哲学左派的许多思想。例如，在生命的最后一年，他读了费尔巴哈的早期著作以及波兰哲学家奥古斯特·切什考夫斯基的《历史学导论》
117 （柏林，1838），这使他假定（追随切什考夫斯基），可以“将哲学转化为行动”，并将其与情感和感性的恢复相关联，正如费尔巴哈呼吁的那样。死亡阻止了斯坦凯维奇发展其思想，但任何一种关于巴枯宁和别林斯基、赫尔岑和奥加廖夫思想进化的描述，均会提及斯坦凯维奇所扮演的角色，他为他的朋友们指明了他们即将踏上的道路。

第二节　米哈伊尔·巴枯宁

斯坦凯维奇在 1837 年出国后，他在小组的领导权由**米哈伊尔·巴枯宁**（Mikhail Bakunin/Михаил Бакунин，1814—1876）接手。巴枯宁的狂热信仰以及他对哲学的挚爱，与他对自己不认同观点的激烈抨击一样，几乎均成为传奇。对于年轻的巴枯宁而言，哲学是救赎的途径和宗教之替代，

① 斯坦凯维奇：《斯坦凯维奇书信及安年科夫所编斯坦凯维奇传》，第 342 页。

他渴念已久的1840年柏林之行就是他的“新耶路撒冷”朝觐之旅。

起初，巴枯宁对黑格尔的阐释受到德国浪漫派的神秘主义之影响。他主要关注神秘主义者一贯操心的问题，即人与上帝的分离。他认为，救赎的前提是杀死“个体的我”，释放被困在小我中的无限。起初他以为，实现这种救赎的方法似乎是借助爱，后来（在黑格尔的影响下）则是借助与现实的完全和解。在巴枯宁看来，现实作为上帝的意志应该是理性的，其中的一切均为善而非恶，因为区别善恶这一行为（即所谓“道德立场”）自身即为人类堕落之结果：“仇恨现实，就是仇恨神，不识神。”诗歌、宗教和哲学有助于调和人与神之间的关系，每一位经历过这三个发展阶段的人均能抵达完美：“现实成为他绝对的善，上帝的意志成为他自己的有意识的意志。”为实现这种人神认同，并成为“人格化的精神”，就必须首先经历“反思和抽象的折磨”，体验“心灵的独立发展和净化”，这就使得人的“虚幻性”能够被清除。对于此时的巴枯宁而言十分典型的是，他会用“折磨”“净化”等神秘主义术语来替代黑格尔的“否定”，在他的阐释中，精神的辩证剧成了一种朝圣者向着“神的王国”的前行过程，哲学在此取代了宗教。

在1838年发表的《黑格尔学校演讲集导论》中，巴枯宁宣称要“在 118
生活的各个方面、各个领域与现实和解”。他认为，脱离现实是一种疾病，是“理性（Vernunft）的抽象和虚幻之不可避免的结果，它无法意识到具体之物，会将生命的每一种表现转化为死亡”。席勒的Schönseeligkeit（心灵之美）、康德和费希特的主观哲学以及拜伦的反叛诗歌，即为这一疾病发展过程中的几个阶段。思想的反叛导致了法国大革命，这个国家病入膏肓，是华而不实的否定和“巨大的精神空虚”之象征。巴枯宁总结道：“在生活的各个方面、各个领域与现实和解，就是我们这个时代的首要任务。黑格尔和歌德是这一和解过程的领导者，引导人们从死亡状态返回生命。”此文被普遍视为俄国黑格尔主义的宣言，可它与黑格尔本人的意图却存在明显差异。例如（仅举一例），黑格尔将其哲学的源头追溯至宗教改革，巴枯宁（追随同情天主教的保守浪漫主义者）却将宗教改革视为“精神疾病”的原始根源。

然而，巴枯宁的观点并非源于一种真正的保守主义立场。巴枯宁是独立知识分子的典型代表，也就是说，他是一位背叛了本阶级的贵族成员，因此能够接受与不同社会背景相关联的新世界观。他后来的哲学进化充分证明了这一点。在德国，他的思想发展如此迅速，时常突然从一个极端跃至另一极端。

巴枯宁思想的内在逻辑使他逐渐肯定个人的能动因素，拒绝沉思、静观的理想。然而悖论的是，即便他短暂地意识到了上帝的个人本性以及灵魂的不朽，他还是朝如下方向迈出了一步，即灵魂的不朽似乎是维护个性的形而上保证，是对灵魂的自主性和能动性的肯定。人与上帝融合的想法几乎在不知不觉地让位于另一种想法，即释放人身上的神性因素。无论如何，巴枯宁的新上帝观支持的是革命的否定和行动哲学，而非与现实和解：
119 “上帝正是其自身的神奇创造……为了能被真正地理解和把握，这一创造就必须被不断地重新理解，行动的本质就是对自在上帝的不断肯定。”①

在巴枯宁的世界观中，“行动”概念并非一个新观点，然而在1830年代，他尚处于费希特影响之下，还没读到黑格尔的著作，他在使用“行动”一词时仅把此词与“精神行为”联系在一起。他批评别林斯基对费希特“罗伯斯庇尔式的”阐释，批评后者对行动这一命题的纯字面理解。到了1842年，巴枯宁本人却也把行动理解为一种积极的参与，参与对现实的革命性变革。

① 巴枯宁：《巴枯宁著作和书信集》（N. Bakunin, *Sobranie sochinenii i pisem*）（莫斯科，1934—1936），第3卷，第111—112页。

巴枯宁的著名文章《德国的保守派》在1842年刊于阿诺德·鲁格的刊物《德国科学与艺术年鉴》①，它进一步阐述了其革命的行动哲学的理论基础。这篇文章的发表恰逢巴枯宁决定留在德国，不再返回俄国，也恰逢他决定放弃哲学，转向政治学。这篇文章针对的是juste-milieu（中庸之道），即那些努力使对立双方和解的“折中的妥协者”。这是对黑格尔主义进行激进左翼阐释的最初严肃尝试之一，即通过黑格尔的辩证法来展示赫尔岑所谓“革命的代数学”。巴枯宁认为黑格尔的最大贡献是对立双方的斗争概念以及对“否定的绝对合法性”的承认。事实上，巴枯宁背离了黑格尔关于否定的阐释，他拒绝了对立双方的调解时刻。与黑格尔相反，巴枯宁认为超越（Aufhebung），即辩证过程的最终结果，并非同时是否定和保留，而是对过往一切的彻底毁灭。他认为，矛盾的本质不是两个对立面之间的平衡，而是“消极面的优势”，消极面起决定作用。作为积极面存在的决定因素，消极面本身就包含矛盾的整体，因此它本身就具有绝对合法性。由此可见，未来的创造需要破坏现存的现实。巴枯宁以一句名言结束他的文章：“毁灭的快乐也是一种创造的快乐。”（Die Lust der Zerstörung ist auch eine schaffende Lust.②）

巴枯宁用法语笔名“朱尔·埃利萨”（Jules Elysard）署名这篇文章。这个署名具有特殊的象征意义，表明他如今已克服他不久前的法国恐惧症，并同情法国，将法国视为一个“行动”的国度和革命的国度。当时， 120
许多进步思想家（包括年轻的马克思）均被这样一种可能性所吸引，即德、法元素将在未来融合，哲学和政治行动将在未来融合。阿诺德·鲁格也公布了成立“法德知识分子联盟”的想法，鲁格是《德国年鉴》主编，左翼黑格尔主义者领袖。他在一篇简短的编辑导言中将朱尔·埃利萨的文

① 英译见《俄国哲学》，第1卷，第385—406页。

② 德文原文与英译略有差异，大意为：“毁灭的欲望也是一种创造的欲望。”——译注

章称为一个新的、引人注目的事实，即“一个精通德国哲学的法国人……将诱使某些德国懒汉从他们的荣誉卧榻上爬起来”。鲁格认为，这个例子能够鼓励德国人放弃他们“在理论王国的自高自大”，并成为法国人。

第三节　维萨里昂·别林斯基

1830年代和1840年代哲学左派的主要人物无疑是杰出的文学批评家**维萨里昂·别林斯基**（Vissarion Belinsky/Виссарион Белинский，1811—1848），他的哲学探索在文学批评文章中找到喷发口，而他的文学批评文章在19世纪文学中具有前所未有的、的确无与伦比的影响力。[①]借助这些文章，在斯坦凯维奇小组里得到讨论的那些问题赢得了更广泛受众。毫不夸张地说，别林斯基戏剧性的思想进化影响到了整整一代人的观点。

与他那些出身贵族的朋友们不同，别林斯基是一位外省医生的儿子，他不得不完全自食其力，且时常捉襟见肘。他被勒令退学，未能完成在莫斯科大学的学业，表面借口是“健康状况不佳和才能平庸”，但实际上是因为他写了一个剧本（《德米特里·加里宁》，一部抨击农奴制的席勒式悲剧），他还天真地把这部剧本提交给了大学的书刊审查官。强烈的人的尊严感作为别林斯基突出的性格特征是在早年形成的，其中没有任何贵族气质，它是在别林斯基反抗他年轻时所处环境的过程中演化而成的，他上中学时学校里采用的原始体罚，他家庭中的冷酷生活，以及在一个压迫社会
121 中时时处处都会遭遇到的羞辱——这些便构成了他年轻时所处的环境。最

① 见特拉斯：《别林斯基与俄国文学批评：有机美学的遗产》（V. Terras, *Belinskij and Russian Literary Criticism: The Heritage of Organic Aesthetics*）（威斯康星州麦迪逊，1974）。关于别林斯基和巴枯宁在黑格尔的“绝对唯心主义”危机中所扮演角色，见比里格：《德国唯心主义在俄国浪漫主义者别林斯基、巴枯宁心中的破灭》（J. Billig, *Der Zusammenbruch des Deutschen Idealismus bei den Russichen Romantikern Bjelinski, Bakunin*）（柏林，1930），以及科耶雷：《俄国哲学思想史研究》（*Etudes sur l'histoire de la pensée philosophique en Russie*）（巴黎，1950）。

后，绝非无关紧要的一点是，这种性格也是在他自幼就酷爱至极的文学与他所处的整个日常环境这两者间的鲜明反差所导致的结果。

青年别林斯基的世界观是哲学浪漫主义（源自谢林）与对教育力量的理性主义信仰这两者的典型融合。他被席勒的悲剧主人公们的叛逆勇气所吸引，与此同时，他也被因社会不公而生的愤恨所左右，试图去寻找一种能够确认抗议和斗争之权利的哲学。他的思想斗争始于1836年，当时他相信他在费希特唯意志论的、激进的唯心主义中找到了这种哲学。

费希特提出全能自我概念，认为意识到了其使命的自我便难以再被制服，别林斯基在这一概念中看到了对反叛，甚至孤立反叛的制裁，如他本人所言，他在这一新理论中“闻到了血的味道”。然而，他根深蒂固的**现实主义**又使他怀疑，英雄主义的唯意志论是否只是一种虚幻的解决方案，“一个脱离了其发展的地理和历史条件的抽象理想”[①]，它一旦接触到严峻的现实法则，便注定会被粉碎。

1837年底，别林斯基在黑格尔的著名命题“存在即合理，合理即存在”中遇到了一个折磨他的问题。根据这一命题，社会现实的“合理”是支配绝对之运动的规律，这是一种不受个体主观意志影响的规律。个人对历史理性的反抗，其动机不可避免地只是局部的理解，因而也只是表面的理解，只是那些主观的、最终是非理性的概念。对于别林斯基而言，这一论据构成对进行反叛的道德义务的豁免，使他能够拒绝沉重的责任负担。他在给斯坦凯维奇的一封信中写道：“力量即法律，法律即力量。不，我无法向你描述我在听到这句话时的感受，这是一种解脱。”[②] 在向历史理性致敬并接受“自由不是肆意妄为，而是依据必然法则采取的行动”这一命

① 别林斯基：《别林斯基全集》（V. G. Belinsky, *Polnoe sobranie sochinenii*）（莫斯科，1953—1959），第11卷，第385页。

② 同上，第386页。

题之后，别林斯基与巴枯宁一样，宣布“与现实和解”。

事实上，别林斯基的这种和解是一种悲剧性的自我否定行为。在他当时的文章中，他对俄国现实的热情赞颂并非其精神状态的真实反映，这一点清晰地体现在他的私人书信中，他在书信中更明确地道出其想法，揭示
122 困扰他的痛苦疑虑。他承认，他违背自己的天性，“强迫”自己接受和解，抛弃了自己的“主观性”。他相信，服从“理性必然性”的严厉法则将帮助他在生活中站稳脚跟，成为一个“真正的”人，而非一个“虚幻的”存在。

在巴枯宁那里，与现实的和解基于对黑格尔主义的保守的浪漫主义和神秘主义阐释。在别林斯基的作品中，我们同样发现了浪漫主义的保守主义元素（如对民族传统中的“直接性”和非理性元素的崇拜），但总体而言，反浪漫主义的主题，如对平凡美德的强调、再现日常生活和“低俗”现实等，却是他更为典型的特征。对巴枯宁而言，只有通过自我对宇宙神性本质的神秘认同方能与现实达成真正和解。别林斯基却不愿如此费神，他满足于扮演这样的角色，即不沉迷于诡辩，双脚牢牢立于大地。他为“普通”，即简单和寻常做辩护，这表明他渴望摆脱斯坦凯维奇小组里那种令人窒息的氛围，而他曾将斯坦凯维奇小组比作一座荒岛。“现实生活”作为一种理想，是恶性循环的“反思”之解毒剂，是冗长的书信忏悔和无尽的自我分析游戏之解毒剂。别林斯基坚持认为，任何一次对社会的有益参与，无论其范围多么有限，均胜过“装扮成唯心主义的陈腐反思”。

别林斯基似乎放弃了和解，正因为和解未能、事实上也无法让他如愿以偿。和解非但没有为他提供重新融入社会的基础，反而强化了他的疏离感，他感觉自己是一个虚幻的人，而非一个真正的人。别林斯基得出结论，“合理的现实”对他个人而言是难以想象的，他在一段时间曾自我安慰，相信作为一个整体的历史进程之合理性，相信一种即便不和谐也能在

其中占有一席之地的总体“和谐”。然而，这些“哲学安慰”并不能阻止新思想的涌入。1840—1841 年间（当斯坦凯维奇和巴枯宁初次开始把玩“行动哲学”的理念时），别林斯基经历了一个深刻的内心解放过程。这种解放是一场斗争的组成部分，这场斗争旨在争取个人权利，彻底重估历史必然性思想的反个人主义内涵，为**积极**参与历史做辩护。

起初，别林斯基拒绝“和解哲学”的理由出于道德层面，而非理论层面。1841 年 3 月，他在给鲍特金的一封信中如此总结他对黑格尔的新态度： 123

> 我最谦恭地感谢您，叶戈尔·费奥多罗维奇[①]，我崇拜您的哲学力量，由于我尊重您的哲学家的冠冕和长袍，我很荣幸地向您通报，即便我成功地登上了进步阶梯的最高一级，我在那里依然会请求您给我解释一下生活和历史中所有的牺牲者，所有那些偶然的牺牲者、迷信的牺牲者、宗教裁判所和菲利普二世的牺牲者等等，否则，我就要从那最高一级上头朝下倒栽下来。如果我无法了解我的所有兄弟们、我的血肉至亲们的命运，我也就不想要任何幸福，甚至连天赋也不想要。据说，不和谐是和谐的前提，或许，这在音乐爱好者听来可能非常愉快动听，但在那些试图表达其不和谐命运的人听来则绝非如此……如果我被命运所强迫，去见证偶然性、非理性和野蛮暴力的胜利，我知道理性最终会获胜，未来将变得美好，可这对我又有何好处呢？[②]

这种情感立场对于别林斯基而言尚显不足，他的黑格尔哲学训练并非

① 指黑格尔，此为黑格尔的名字“格奥尔格·弗里德里希”的俄国式称呼。——译注
② 别林斯基：《别林斯基全集》，第 12 卷，第 22—23 页。

徒劳，他如今觉得他必须为他的反抗找到一个**客观的、历史的理由**。他在这一方面得到了支撑，因为他感到他与民众团结在一起，这使他得以超越悲哀的孤独感。公众对他的文章有广泛回应，反对沙皇政策的公众舆论日益增强，这使他产生一种渴望，即他最终能克服其“虚幻性”。他重新获得对历史的信仰，但他如今信仰的不再是对一切存在之理性的、历史的证明，而是普遍的历史发展的合理性。

成熟时期的别林斯基，其世界观的基本组成部分之一是辩证历史主义，这使他把进步视为一种历史规律，这一规律会对僵化的、过时的社会模式进行持续的批评和否定。别林斯基的辩证法是理性主义的（如同黑格尔的辩证法，但有别于谢林的辩证法）。对于别林斯基而言，历史的本质是理性的运动：“理性不承认现成的真理、学说或现象是真实的，除非理性在那些现成的真理、学说或现象中发现了自己。”① 理性如今要求个性的完全解放，一如“合理的现实”概念暗示对现存现实的否定。这一重点的转移使别林斯基得以重新审视他对法国启蒙运动的态度，并将诸如“伏尔泰、百科全书派和雅各宾派”这样一些“旧秩序的破坏者”当作其新的英雄。与此同时，他明确表示反对反历史主义的启蒙理性主义。他在给一位
124 朋友的信中写道：“不要以为我的思考是纯理性的，不，我并不否认过去，我并不否认历史，我认为它们中间有观念之必然的、理性的发展。我渴望一个黄金时代，但不是过去的黄金时代，不是无意识的、野蛮的黄金时代，而是这样的黄金时代，其前提是社会、法律、婚姻等等，总之，是一切曾经必要和理性、如今却变得愚蠢和琐碎的一切。”②

别林斯基辩证的历史观使他看到一条路径，即调和个人的求变斗争与已建立的社会规范这两者间的悲剧性冲突。他认为，如果能意识到那些左

---

① 别林斯基：《别林斯基全集》，第 6 卷，第 279 页。
② 同上，第 12 卷，第 71 页。

右自然和历史等力量的法则，便能在自然和历史的转变中发挥积极作用。他意识到众多进步理想的乌托邦特征，他试图将这些理想落实于现实，以表明它们是历史进程中不可避免的一部分。他尝试制定一种“行动哲学”，这种哲学不再受费希特的主观主义影响，试图摆脱康德和席勒的伦理学和必然性二元论，弥合抽象理想和具体的客观世界之间的分裂。他面临的困难是缺乏历史进步的客观标准，这构成一种意想不到的主观主义之威胁，在这种威胁中，历史理性有可能被等同于理性思考者本人的理性，即俄国知识分子的意识形态先锋派思想。

别林斯基的思想演进符合欧洲思想的流行趋势，尤其是黑格尔左派在德国的流行趋势，黑格尔左派通过强调黑格尔与启蒙时代理性主义遗产之间的关联，试图综合德国哲学和法国革命思想，将德国的“思想”与法国的“行动”统一起来。别林斯基强调，他对和解哲学的拒绝并不意味着与黑格尔主义的完全分裂。他在下面这段话中改写了恩格斯率先提出的某些观点：“黑格尔把哲学变成了一门科学，这位新世界最伟大思想家的最伟大贡献就在于思辨哲学思维方法，这一方法如此准确，如此强大，以它为基础便可摧毁黑格尔哲学结论中如今看来并不充分或并不正确的那些观点。”①

在别林斯基拒绝与现实和解之后，其世界观的典型主题之一即为个体 125
（真实的个人，生活中的个人）辩护，反对普遍（绝对、理性和精神）之专制。这使他在许多问题上接近作为一个哲学体系的唯物主义，唯物主义把人类视为由个体的、感性的人组成的集体。强调人是有血有肉的造物，这一思想是路德维希·费尔巴哈的人类学唯物主义的典型特征，费尔巴哈

① 别林斯基：《别林斯基全集》，第 7 卷，第 49—50 页。这段话清楚地表明别林斯基受到过年轻恩格斯的《谢林和天启》（*Schilling and Revelation*）一书之影响。别林斯基通过鲍特金发表在《祖国纪事》（*Notes of the Fatherland*, 1843）上关于德国文学的文章了解到恩格斯的这部作品，鲍特金的文章几乎逐字重复了恩格斯书中的整个段落。

的《基督教的本质》一书曾给别林斯基留下深刻印象（尽管他仅听闻此书）。比如，别林斯基曾在《1846 年俄国文学一瞥》一文中宣称，个性是“一个有躯体的人，或是一个因为其躯体而成为人的人”，“没有躯体的思想，没有脸庞的思想，无法对血液产生作用的思想以及无法接受血液之作用的思想，均仅为逻辑的幻想，仅为毫无生气的抽象”。①

值得一提的是，别林斯基至少部分地熟悉马克思和恩格斯的早期著作。早在 1843 年，他就读到恩格斯《谢林和天启》一书的摘要，两年后，他又在 1844 年《德法年鉴》中读到马克思的文章（《论犹太人问题》《黑格尔法哲学批判》）和恩格斯的文章（《政治经济学批判大纲》）。

别林斯基与和解哲学的决裂也影响到他的文学批评。在此之前，他把“主观的”文学看作一种针对现实的非理性抗议，其出发点是个人狭隘的“抽象理性”编造出来的理想。对于这一时期的别林斯基而言，席勒是空虚的白日梦唯美主义的化身，是在现实中缺乏立足点的抽象主义的化身。别林斯基的“神”是“奥林匹斯山上的”歌德和普希金，是回避对现实做出判断的伟大的“客观”诗人。关于创作后期的普希金，别林斯基写道，这位诗人“找到了走出美学困境、走向和谐的路径，即与现实和解的开明精神”。在别林斯基本人拒绝这种和解之后，他重新认可他所谓“主观的”文学，即那些对现存社会现实表达抗议的作品之价值。与此同时，他也对“主观性”提出了一个新的、更复杂的定义，将“主观性”视为对“客观性”的超越，而不仅仅是对“客观性”的拒绝，这种“主观性”并不扭曲现实，而是忠实地再现现实，它对现实做出判断的出发点并非艺术家的心
126 血来潮，而是社会内部的发展趋势。通过其文学批评，别林斯基使人们广泛意识到了意识形态化的现实主义写作之作用。

① 别林斯基：《别林斯基全集》，第 10 卷，第 27 页。

别林斯基坚持认为，现实主义文学［他使用文学中的“自然派”（natural school/натуральная школа）这一概念］必须提供真实、可信的现实画面，但他也警告不要将忠实的画面与简单的复制相混淆。对现实的真实呈现需要揭示具体中的普遍，需要描绘**典型的**现象，典型现象中包含着无限多样的生活之本质，即从看似混乱的事实中提炼出的普遍性。这种艺术概括意味着某种形式的价值判断，别林斯基因此得出结论，即并不存在所谓“纯艺术”，“因为每一件艺术作品都是有倾向性的”。“客观的”文学和“主观的”文学之区别仅在于，前者肯定现实，而后者对现实采取批判的、积极的立场。

别林斯基强调，一件艺术作品的普遍性不应与“逻辑三段论”或“图示的抽象”相混淆，否则就将违背艺术的本质，别林斯基将艺术的本质定义为“形象思维”（thinking in images/мышление в образах）。艺术概括必须通过直接作用于读者情感和想象力的那些生动具体的形象来阐释效果，否则它就是“空洞的修辞”。

这一理论代表着俄国美学一项影响持久的成就，同时也是对“俄国文学中的果戈理时期”（别林斯基本人的表述）的丰富经验之总结。

第四节　亚历山大·赫尔岑

与斯坦凯维奇、巴枯宁或别林斯基不同，**亚历山大·赫尔岑**（Aleksandr Herzen/Александр Герцен, 1812—1870）[①] 和他最亲密的朋友尼古拉·奥加廖夫甚至在青少年时期便自视为十二月党人革命传统的继承者。赫尔岑曾讲

① 赫尔岑是伊万·雅科夫列夫的私生子，雅科夫列夫是一位有教养的富有贵族，是伏尔泰的崇拜者，他很宠爱赫尔岑，赫尔岑的母亲是德国人（路易丝·哈格）。父亲为他这位私生子取名“赫尔岑”［源于德语“Herz”（心）一词］。关于赫尔岑的最佳美国研究著作为马里亚：《亚历山大·赫尔岑与俄国知识分子的诞生》（M. Malia, *Alexander Herzen and the Birth of the Russian Intelligentsia*）（马萨诸塞州坎布里奇，1961）。

述，1827 年（或 1828 年）夏，这两位年轻人在莫斯科郊外的乡村散步时相互拥抱，发誓要把他们的一生都奉献给夺取自由的斗争。在莫斯科大学上学期间，他俩建立一个学习小组，以便为他们立下的理想做准备。在其
127 回忆录（作于作者后来流亡之后）中，赫尔岑将这个小组与斯坦凯维奇的小组做了比较："他们不喜欢我们近乎纯政治的兴趣，我们也不喜欢他们近乎纯抽象的兴趣。他们视我们为投石党人和法国人，我们则视他们为抽象的感伤主义者和德国人。"①

如果细察，这种描述与事实并不完全吻合。尽管赫尔岑和奥加廖夫崇拜十二月党人，并且无疑也反对沙皇专制体制，但他俩对感伤主义和抽象主义的迷恋并不比斯坦凯维奇少。在青年赫尔岑的世界观中，与法国人的影响（圣西门主义者、巴朗什、比谢和皮埃尔·勒鲁等人的影响）并列的，是他从谢林以及德国浪漫主义文学和哲学中借鉴来的那些具有同等影响力的思想。吸引青年赫尔岑走近圣西门主义的与其说是这一学说的政治思想，不如说是其历史哲学，是它对一种新宗教、一个新的"有机时代"的揭示。然而，沙皇的警察对这种微妙差异并不感兴趣。1834 年 7 月，赫尔岑和奥加廖夫被捕，在历时九个月的漫长审查之后，他俩被判流放。赫尔岑先后在两个省份度过五年多，两年在维亚特卡省，三年在弗拉基米尔省。他被迫履行公职人员的职责，这使他亲身了解到沙皇官僚机构的腐败内幕和农奴制的残暴。这一时期，他开始对宗教，甚至神秘主义产生兴趣。这种热情在一定程度上是他与极其虔诚的堂妹娜塔丽娅·扎哈里娜保持通信的结果，他俩于 1838 年在极其浪漫的环境（一次由朋友安排的私奔）下成婚。

1840 年初，赫尔岑流放归来。此时，黑格尔哲学的影响已达到其顶

① 赫尔岑：《往事与沉思》，第 2 卷，第 114 页。

峰。与斯坦凯维奇小组成员见面时，赫尔岑因巴枯宁和别林斯基所宣扬的和解福音而感到震惊，他认为这是一种精神自杀方式。然而，由于和解哲学声称其背后有黑格尔的权威，而黑格尔就意味着最新的“科学”，赫尔岑于是便潜心对黑格尔哲学进行深入、系统的研究。他通过研习得出结论：巴枯宁和别林斯基对黑格尔的阐释是错误的，而最好的反驳就源自黑格尔本人。另一方面，赫尔岑也认为，如果仅从形式方面来阐释，黑格尔主义中的一些元素的确可能会导致对历史理性的崇拜，把历史理性当作一种非个性化的残暴力量，这种力量既疏离于人，也疏离于人所处的环境。因此，赫尔岑对黑格尔主义进行了重新阐释（和批判），认为黑格尔主义 128
能够维护个人的行动和自主的独立性，他认为这两种价值是相互依赖的，他在《科学中的佛教》一文中写道：“行动即个性本身。”①

对黑格尔哲学的反思为赫尔岑的思想演进翻开了新的篇章，有助于他超越年轻时的浪漫主义和宗教信仰。新的个人悲剧，即又一次为期一年的流放（1841—1842年，此次流放地为诺夫哥罗德，原因是他在私人信件中的不慎之词），以及他的三个孩子相继夭折，不仅没有给他带来另一场宗教热情，反而使他坚定了新的“现实主义的”世界观。1842年，赫尔岑已准备接受费尔巴哈批判宗教的那些主要观点以及这些观点所导致的无神论结论。

他这一反思的结果是一组总题为《科学中的一知半解》的系列论文，其中最重要的是第四篇论文，题为《科学中的佛教》，赫尔岑在其中提出了一个将行动和个性联结起来的有趣理论。这组文章的主要影响源（当然是除黑格尔以外）是奥古斯特·切什考夫斯基和路德维希·费尔巴哈，甚至在研读黑格尔之前，赫尔岑就在弗拉基米尔读到了切什考夫斯基的《历

① 《俄国哲学》，第1卷，第332页。

史学导论》。①

追随切什考夫斯基，赫尔岑将历史划分为三大时代，它们分别对应于思想进化过程中的三个辩证时段，即自然直接性时代、思想时代和行动时代。在第一个时代，个体存在于一个具有特殊利益的世界，无法获得普遍性，他们的存在是个体化的，但他们缺乏意识，受盲目力量摆布。随着思想或科学的出现，自然直接性时代遭到否定，仰仗科学，个性放弃自我，以成为非个性真理的容器，从而被提升至普遍性领域。然而，这并非最终
129 目标："在自然直接性的状态中灭亡，就是在精神中再生，而不像佛教徒那样在无限的虚无中灭亡。"②科学之抽象的非人格化反过来又被有意识的行动所否定，个性超越其直接性，在行动中实现自我，为历史过程带来理性和自由。因此，在赫尔岑的论证中，个性不仅是一种工具，还是一切发展的终极目标。对于"形式主义者"，即赫尔岑所谓"科学中的佛教徒"而言，这足以将个性提升到超个性或非个性领域。他们消灭了自我，对于通过参与历史获得重生或实现自我并不感兴趣。赫尔岑承认，这并不仅仅是一个错误阐释的问题，对于这种针对黑格尔哲学的"佛教式"解读，黑格尔本人也负有很大责任。赫尔岑赞同切什考夫斯基的观点，即黑格尔主义是抽象思维的最高成就，因此，当思想在行动中被超越，它便是否定之否定的序幕。作为"思想时代"之子，黑格尔过于关注普遍性领域，即逻辑领域，却忽视了个性的具体要求，但如今，"被科学所忽视的个性在声

---

① 赫尔岑在给威特伯格（A. L. Witberg）的一封信（1838 年 7 月）中就《历史学导论》（*Prolegomena*）写了这样的一句话："令人惊讶的是，我在所有主要观点上竟完全同意此书作者的观点。这意味着我的想法是对的，因此我将继续研究这些问题。"见赫尔岑：《赫尔岑文集》，第 22 卷，第 38 页。关于切什考夫斯基在黑格尔主义转变为"行动哲学"（或曰"实践哲学"）方面的先驱作用，这一问题在洛勃科维茨的《理论与实践：自亚里士多德至马克思的概念史》（N. Lobkowicz, *Theory and Practice: History of a Concept from Aristotle to Mar*）（印第安纳州圣母院城，1967）一书中的第 193—206、218—221 页得到分析。关于切什考夫斯基对赫尔岑的影响，见瓦利茨基：《切什考夫斯基与赫尔岑》，载文集《黑格尔与斯拉夫人》（"Cieszkowski und Herzen," in *Hegel bei den Slaven*）（布拉格，1967）。

② 自《科学中的佛教》（"Buddhism in Science"）一文的所有引文均引自《赫尔岑文集》，第 3 卷，第 64—88 页。

张其权利，声张一种充满激情的生活，只有自由的、创造性的行动方能令这样的生活感到满足”。

赫尔岑的攻击对象并不仅仅是黑格尔的“沉思主义”，而且还有黑格尔的“泛逻辑论”，即黑格尔将历史规律等同于逻辑规律的看法。赫尔岑认为，人除了拥有逻辑推理能力外还拥有意志，意志“可被称为积极的、创造性的理性”。这一费希特式的对意志的强调显然源自切什考夫斯基，后者曾用“意志的纯粹实践领域”来对抗黑格尔的逻辑。在赫尔岑看来，未来的行动时代，而非思想时代（其顶峰即黑格尔哲学）将成为真正历史的时代。在赫尔岑的概念中，“万物皆特殊、皆个体、皆独立的”自然，所对应的是自然直接性时段，而逻辑（黑格尔所谓的逻辑）对应的则是否定直接性的思想时段，行动时段反过来又否定先前的逻辑否定，它将在历史中表达自己，“超越自然和逻辑，并重新创造它们”。值得注意的是，借用黑格尔的三段论，行动在这里表现为直接性的辩证回归。这一路径对赫 130
尔岑而言十分重要，他提出某种旨在恢复自然和自然直接性的方法。他强调，人作为自然的一部分，不仅是一个有思想的存在，而且还是一种拥有感情、激情和感受力的造物。在这里，赫尔岑借用费尔巴哈的论据来支持其观点。《科学中的一知半解》事实上就是一种尝试，试图按照费尔巴哈的人神论精神来重新阐释黑格尔的主题。赫尔岑和费尔巴哈均用相同的术语来表述他们的理想，如特殊与普遍的调和、存在与本质的调和、心灵与理性的调和、个体和群体的调和等。但是，不应过分重视这种措辞上的相似性，费尔巴哈哲学仅为赫尔岑思想演进中的一个过渡阶段，它扮演的角色很重要，但仍属次要角色。赫尔岑提出的个人主义理想假设了唯物主义和唯心主义之综合，“万物皆特殊”的自然与作为普遍范畴的逻辑之综合。这一理想的实现路径，即费尔巴哈的“有血有肉的人”与黑格尔理性的普遍主义这两者间迫不及待的和解。

赫尔岑的主要哲学著作《自然研究书简》（1845）所涉及的似是完全不同的问题，它从一个纯认识论问题开始，将经验主义（等同于唯物主义）和唯心主义（或曰思辨哲学）作为理解现实的两种不同方式来加以讨论。赫尔岑认为，对自然的研究需要一种哲学知识，而哲学也无法脱离对自然的研究而独自存在。实验哲学和思辨哲学是同一知识体系的两个独立方面，纯粹的思辨（远离“经验”）和没有思辨支撑的“经验”均注定会失败。

经过更仔细的研究便会发现，关于经验主义和唯心主义之相对长处的论述具有实际意义，对赫尔岑及其他俄国左派哲学人士感兴趣的伦理问题和社会历史问题产生过某些影响。赫尔岑认为，经验主义（唯物主义）源于特殊，不可能是有机的综合，因此，它将社会视为个体的抽象总和，将个性视为机械过程和物质粒子的总和。唯心主义则源于普遍，源于“思
131 想”或非个性的“理性”，它很可能忽视具体的、个体的人。此文的结论为：“经验”和唯心主义这两者应相互结合，相互补充。这一结论符合《科学中的佛教》一文中详细阐述的“特殊与普遍之和解”的假设。

赫尔岑同意黑格尔的观点，认为自我意识进化的逻辑过程在本质上等同于历史过程，差异仅在于，逻辑以一种完全清除了所有偶然因素的形式来描述这一过程。因此，为理解任何一个重要的哲学问题，均必须展示其历史，并把握实际运动逻辑和认知逻辑这两者间的内在联系。《自然研究书简》试图遵循这一方法，并在欧洲从古至今历史演进的大背景下给出哲学史的发展轮廓。

在赫尔岑辩证的历史观中（如同在切什考夫斯基的相同归纳中），古代对应于自然直接性时段。基督教开启了唯心主义时代，这是一个拒绝自然的时代，一个痛苦的二元论时代和反思的时代。赫尔岑不相信宗教改革能带来任何本质变化，与黑格尔不同，他未将宗教改革后的欧洲视为一个

本质上全新时代的开端，而仅视其为中世纪的最后一个阶段。他将德国唯心主义（包括黑格尔哲学在内）贬为“新教世界的经院哲学”。赫尔岑认为，黑格尔止步于一个新的历史时代，即“行动时代”的门槛前，黑格尔的作用或许就是实现了古代世界与基督教世界的融合。

在赫尔岑的方案中，这种融合对应于唯物主义与唯心主义的融合。对于赫尔岑（如同对于费尔巴哈）而言，唯心主义是基督教神学之延续，而唯物主义则代表古代世界的自然直接性之恢复。文艺复兴时期对古希腊和罗马文明的再发现，即已预示了未来的融合。文艺复兴使唯物主义赢得重生，并使实证探究的进军一路凯歌，而宗教改革则激励了唯心主义的发展，其顶点即黑格尔哲学。新时代的任务，便是实现培根（现代经验主义之父）与笛卡尔（唯心主义之父）的融合，开明的唯物主义与黑格尔的唯心主义的融合。这种融合不仅有利于科学，而且还有利于，甚至更有利于人的个性之发展。赫尔岑年轻时曾热衷于阅读圣西门主义者的著作。像那些圣西门主义者一样，赫尔岑也认为，在综合思维模式 132
与分析思维模式（唯心主义和经验主义）这两者间有着密切关联，同样的关系也见之于社会的融合过程或社会的解体过程这两者之间。唯物主义的复兴，从文艺复兴到启蒙运动对分析和实证研究的日益强调，都标志着一种不断增强的愿望，即自我对传统和权威的专制之反抗。这一过程是有益的，但它也带来一些问题。片面的经验主义独霸天下的一种不良副作用是社会的原子化，甚或个性的解体。这些解体过程在休谟的哲学中达到顶峰，休谟哲学剥夺了个性的实体基础，将个性简化为一组感觉，一串时间环节。

赫尔岑写道：“它是完美的！唯物主义作为一个逻辑时段的作用已经结束，在理论领域它已无法继续推进。宇宙分解为一个由无数特殊现象构成的深渊，我们的自我也分解成一个由无数特殊感觉构成的深渊……理性、思想、实质、因果关系，甚至自我意识，这些真实的存在全都消失殆尽……休谟哲学所造成的一片真空无疑给了人类意识以严重冲击。”[①]这句话解释了赫尔岑为何不愿将唯物主义作为其个性理论的基石。由于他将唯物主义等同于经验主义和自然唯物主义，他便希望保护人的个性不受后者的“解剖式”和原子化思维模式的影响。唯心主义则有助于为此而进行的辩护。

在《自然研究书简》中，赫尔岑未能完成他的哲学史观照，但有充分理由认定，他后来的书简将继续讨论黑格尔哲学和费尔巴哈哲学。赫尔岑观念的主要轮廓是清楚的：在唯物主义（经验主义）和客观唯心主义这两者假定的融合中，唯物主义将保护个性摆脱“逻辑”的专政，亦即抗拒共性的实在化，拒绝自我的绝对服从；而在另一方面，唯心主义则能保护个性，使之免于解体，它能将环境组织成一个合理的结构，防止出现如下场景，即“只有原子、现象和大量事实和偶然性，却无匀称、完整的宇宙”。[②]

133 值得注意的是，就方法论而言，赫尔岑相信唯心主义的优越性。在他看来，唯心主义最伟大的方法论成就是辩证法，辩证法使得人们可以看到现实的所有维度，不是静态地观察，而是面对一个具有各种内部矛盾和关系的过程。当赫尔岑谈及经验主义（唯物主义）与唯心主义的融合时，他脑中所思实为唯物主义与辩证法的融合。列宁因此写道（这段引文亦可用于别林斯基），在《自然研究书简》中，赫尔岑“已经走到辩证唯物主义
134 跟前，可是在历史唯物主义前面停住了”[③]。

---

① 赫尔岑：《赫尔岑文集》，第3卷，第304页。
② 同上，第307页。
③ 列宁：《纪念赫尔岑》，见《列宁选集》，第18卷，第26页。中译见列宁：《纪念赫尔岑》，《列宁全集》，北京：人民出版社，2017年，第21卷，第262页。

本章涉及作品

米哈伊尔·巴枯宁：《黑格尔学校演讲集导论》(Foreword to *Hegel's School Addresses*/Введение к гимназическим речам Гегеля)，文章

——：《德国的保守派》(“The Reaction in Germany”/Реакция в Германии)，文章

维萨里昂·别林斯基：《德米特里·加里宁》(*Dmitry Kalinin*/Дмитрий Калинин)，剧作

——：《1846年俄国文学一瞥》(“Review of Russian Literature for the Year 1846”/Взгляд на русскую литературу 1846 года)，文章

亚历山大·赫尔岑：《科学中的佛教》(“Buddhism in Science”/Буддизм в науке)，文章

——：《科学中的一知半解》(*Dilettantism in Science*/ Дилетантизм в науке)，系列论文

——：《自然研究书简》(*Letters on the Study of Nature*/Письма об изучении природы)，专著

第八章

别林斯基与西方主义诸类型

作为斯拉夫派的对手，所谓“西方派”（Westernizers/западники）与斯拉夫派很不同，他们并未形成一个具有统一思想体系和社会哲学的同质运动。西方主义只是由一些潜在的不同流派组成的松散联盟，1840 年代的民主派和自由派在这个平台上找到了反斯拉夫主义的共同点。导致斯拉夫派和西方派这两个群体分裂的争议问题是“个性观”（idea of personality/идея личности）问题，这是哲学左派的关键问题，斯拉夫主义派斥之为西方的错误观念，是西欧步入歧途的结果。因此，斯拉夫主义便成为一种需要给出答案的哲学，尤其在 1840 年代初，斯拉夫派已对俄国历史做出独特阐释。正如赫尔岑后来所坦承的那样，西方派越来越意识到，必须去“把握斯拉夫派提出的那些主题和问题”。①

当代评论家一致认为，在与斯拉夫派的公开论战中，别林斯基是主

① 安年科夫：《文学回忆录》（P. V. Annenkov, *Literaturnye vospominaniia*）（莫斯科，1960），第 293 页。

角。赫尔岑仅参加私人讨论，他有时会在其日记中记录这些讨论。赫尔岑的哲学观点，尤其是他的“行动”和“个性”等概念，表明他是斯拉夫派的坚定反对者，但是他也并非“欧洲主义”的明确支持者。在某种程度上，斯拉夫派对西欧的批判给他留下了深刻印象，在他看来，这与社会主义者对资本主义的批评有诸多相似之处。赫尔岑显然觉得别林斯基对斯拉夫派的态度过于敌意，这一点体现在他1844年5月的一则日记中：

> 别林斯基常说：“我天生就是一个犹太人，我无法和非利士人坐 135
> 在同一张桌边。”他在受苦，他又因为所受的苦要去憎恨、责骂那些完全无辜的非利士人。对于别林斯基而言，斯拉夫派就是非利士人。我本人不同意斯拉夫派的观点，但别林斯基拒绝接受斯拉夫派无意义废话中的真理。他无法理解斯拉夫人的世界，他绝望地打量那个世界，他也有错，他无法预感到未来世纪的生活……我处于一种奇怪境地，一种在斯拉夫问题上无意中的中间地带。在斯拉夫派看来我是西方派，而在他们的敌人眼中我又是东方派。这就意味着，对于我们这个时代而言，这些片面的定义已不适用。①

第一节　别林斯基的西方主义

古代俄国与现代俄国

在对俄国历史的哲学阐释中，别林斯基所关心的也同样是那些令斯拉夫派感兴趣的问题，首先是彼得大帝的作用以及改革前后两个俄国的对峙。他在分析中使用了在俄国黑格尔主义者中流行的辩证方法，而他是将

① 赫尔岑：《赫尔岑文集》，第2卷，第354页。

这一方法应用于俄国历史的第一人。他认为，个人和整个民族均要经历三个进化阶段：第一个阶段是“自然直接性”阶段；第二个阶段是理性的抽象普遍主义阶段，伴随着“反思的折磨”以及直接性与意识这两者的痛苦分裂；第三个阶段是“合理的现实”阶段，它建立在“直接因素与有意识因素的和谐融合”的基础之上。[①]

早在1841年的长文《彼得大帝之作为》中，别林斯基便详尽演绎了这一观点，他在文中写道：“一个是处于自然的、直接的、父权制状态下的民族，一个是处于其历史发展的理性运动中的民族，这两者是有区别的。”[②] 他认为处于前一状态下的民族，不能确称为“民族”（nation/нация），而只能称之为“人民”（people/народ）。这两个概念的选择对别林斯基而言十分重要，因为在尼古拉统治时期，“人民性”（народность）一词被官方人民性理论的倡导者所使用，或更确切地说是被滥用，因此已带有一种明显的保守色彩；而“民族性”（национальность）一词，则由于其源自法国大革命的外国血统，能与资产阶级民主的民族运动构成呼应。

别林斯基对彼得改革前俄国的描述与斯拉夫派的描述惊人地相似，尽
管两者的结论大相径庭。在彼得之前，俄罗斯人民（即直接性时代的民
136 族）是一个联系紧密的族群，其纽带即信仰和习俗，也就是被斯拉夫派理
想化了的因因相袭的传统。然而，这些品质却未给理性思维或个性的出现
留下任何空间，从而阻碍了社会的动态变化。

在俄罗斯人成为一个民族之前，他们就必须打破这种停滞不前的社会。别林斯基以相当辩证的技巧指出，每个现代民族的诞生均伴随着一个明显的矛盾现象，即斯拉夫派心心念念的社会上下层之间的分裂。他认为，这是现代民族国家形成过程中必然会出现的某些普遍规律，他写

---

① 别林斯基：《别林斯基全集》，第5卷，第308页。

② 同上，第135页。

道："在现代世界，社会内部的所有因素均孤立运作，每个因素均独立自主……以便获得更充分、更完美的发展……然后再融合为一个新的、同质的整体，高于先前那个原始的、无差别的同质体。"别林斯基与斯拉夫派展开了争论。斯拉夫派认为，有教养的精英和普通民众之间的分裂是彼得改革后俄国的主要罪恶，别林斯基却认为："上流社会和人民之间的鸿沟将随着时间的推移和文明的发展而消失。"别林斯基强调，这就意味着"要把人民提升到上流社会的水平"，而不是像斯拉夫派所主张的那样，"迫使上流社会回到人民的水平"。因此，在别林斯基看来，应该对这一社会鸿沟的出现负有责任的彼得改革，实为迈向现代俄国的决定性的第一步。"在彼得大帝之前，俄国还只是人民，仰仗这位改革者实施的改革，俄国成了一个民族。"[①]

彼得改革因此代表了对古代俄国自然直接性的彻底否定，然而根据辩证过程，在这样的正反对立之后必定是合，即"直接性"在更高层面上的辩证回归。彼得大帝以欧洲文明所代表的人类普世价值的名义否定了古代俄国的直接性，这些普世价值观反过来又获得了一种民族形式，因此，对直接的、本能的人民性的否定便会导致一种新的、有意识的民族意识的积极涌现。事实上，这正是在俄国所发生的事情。在别林斯基看来，1812 年反拿破仑战争就是这种新的民族意识的催化剂，这一点在俄国第一位伟大
诗人普希金的诗歌中得到体现，在他的作品中，民族的因素与普遍的因素 137
有机地融为一体。

从这一论点看，由彼得发起的以普遍价值的名义否定民族价值的时期如今可被视为一个封闭阶段。在《1846 年俄国文学一瞥》中，别林斯基事实上明确支持了这一观点，甚至承认斯拉夫派对西方化的批评在某些方面

① 别林斯基：《别林斯基全集》，第 5 卷，第 124 页。

值得赞扬。最令别林斯基感到震撼的，似是斯拉夫派关于俄国生活的分裂状态和缺乏道德团结的评论，亦即他们对“多余人”和“脱离其直接性的社会”所做的批评。[①]有过痛苦思想体验的别林斯基也愿意承认，疏离感就是丧失直接性的后果，然而他不愿相信俄国有可能重新返回社会发展的早期阶段。他运用黑格尔的论据来证明，彼得的改革在历史上不可避免，他指出斯拉夫派的纲领具有乌托邦性质，他们误解了独立发展的概念：“绕过改革时期，跳跃过去，重新返回先前的阶段，这就是他们所谓的独特发展吗？这是一个彻头彻尾的荒谬想法，因为这完全不可能实现，就像人们无法更改一年四季的顺序，强迫冬天在春天之后到来，或强迫秋天在夏天之前到来。”[②]

尽管别林斯基认为改革时期业已结束，但这并不意味着他不再钦佩彼得那样的历史领袖，相反，他继续视彼得为理性的、有意识的活动之理想化身，认为彼得既无不做反思的传统主义，亦无“腐朽的反思”，这两种缺点在彼得的身上都看不到。他在1847年致卡维林的一封信中写道：“彼得是我的哲学，是我的宗教，是我与俄国相关的一切之启示。对于伟大的人或渺小的人，对于任何一位想完成某种事业的人，他都是一个榜样，在所有方面皆可借鉴的榜样。缺乏直接性因素，一切都是腐朽的、抽象的、毫无生气的，但在仅有直接性之处，一切却都是野蛮的、荒谬的。”[③]

文学中的人民性与民族性

138 别林斯基的西方主义或许在其文学批评中发挥了更为重要的作用。在其1834年的评论处女作《文学的幻想》中，他坚称俄国仍然没有自己的

① 别林斯基：《别林斯基全集》，第11卷，第526页。
② 同上，第10卷，第19页。
③ 同上，第12卷，第433页。

文学。他对这一极端观点的辩护，与恰达耶夫用来证明俄国系一个无历史国家的论据如出一辙。别林斯基写道，所谓俄国文学是一种没有历史连续性或内部有机发展的模仿的产物。几年后，他改变了这一观点，但直到他生命的最后，他都只承认俄国文学是一种在欧洲影响下产生的文学，在他看来，这种文学由“俄国文学中的彼得大帝”罗蒙诺索夫所奠定。别林斯基确信，俄国文学中所有有价值的东西，其存在均应归功于西化，而在此之前出现的一切均很难称之为文学。

对于斯拉夫派而言，这些观点自然证明了别林斯基的无知以及他对俄国“本土”文化之根的蔑视。斯拉夫派同样也因别林斯基对民间诗歌的态度而感到震惊。别林斯基倾向于认为，民间诗歌的优点是让我们忆起“人类的童年”，“那个自然直接性的时代，在那时，一切都一清二楚，没有压抑的想法或不安的问题困扰我们”，但与此同时，他又全身心地不喜欢一切形式的“民间崇拜”。他在争论中强调，纯粹的民间性（простонародность）与民族个性（национальная индивидуальность）不可同日而语。他在激烈的争辩中甚至会走得更远，声称“一位老练艺术家的一首短诗，其价值都要远远高于整个民间诗歌”。①

别林斯基向那些试图在作品中表达真正民族精神的作家发出警告，要他们别在民间诗歌中寻求灵感。民间谣曲仅能传达关于部落存在的有限的特殊情感，而民族则是“个性化”之结果，它要求对部落的特殊情感做出否定。打破了自然直接性的彼得改革就代表了这种否定，其作用是使俄国更接近欧洲各民族，而欧洲各民族是当时仅有的“历史民族”和人类的真正代表。

黑格尔的“历史民族”（historical nation/историческая нация）概念在

① 别林斯基：《别林斯基全集》，第 5 卷，第 309 页。

别林斯基的批评中占有重要地位。尽管别林斯基反复重申他相信俄罗斯“本质”的巨大潜力，但他同时也强调，这种潜力无法在“历史土壤”之外得以显现，由于俄罗斯民族“尚处于其进化的早期阶段”，它无法声称
139 它在人类思想生活领域拥有“世界历史意义”。因此，别林斯基认为诸如《伊戈尔远征记》这样的古罗斯史诗缺乏普世价值，无法与中世纪的骑士史诗相提并论，甚至连他本人最喜欢的作家果戈理的作品（别林斯基曾就果戈理的创作与康斯坦丁·阿克萨科夫展开争论）也无普遍意义，比不上詹姆斯·费尼莫尔·库珀和乔治·桑等这样一些“具有世界历史意义的”作家之作品，更遑论荷马和莎士比亚（阿克萨科夫曾将果戈理比作莎士比亚）的杰作。①

然而，别林斯基却坚持不懈地努力推进民族文学的事业，并相信它在未来将赢得普遍意义，然而他所谓“民族特色”却受到了其西方主义之影响。他认为《叶夫盖尼·奥涅金》的作者普希金是一位真正的民族诗人，而作为那些童话诗作者的普希金则不是，因为在那些童话诗中，普希金在有意识地模仿民间诗歌的风格和内容。关于莱蒙托夫的《商人卡拉什尼科夫之歌》，别林斯基写道，这虽为一部才华横溢的作品，但它已耗尽此类诗歌的一切潜力，因此其他诗人最好别再尝试，别再试图模仿它。

尽管别林斯基对民歌和谣曲持保留态度，但他无疑对“民间风格的伪拟仿”抱有更大敌意，这种伪拟仿将民族性与民间传统的外部特征混为一谈，要求文学去再现社会最落后阶层的生活和语言。②他写道：“民族性不是一件粗布外衣、一双树皮鞋、一瓶廉价的伏特加酒或是一棵酸白菜。”③无论斯拉夫派如何主张，俄国真正的民族特征依然系由有教养的精英所代

① 别林斯基：《别林斯基全集》，第 5 卷，第 649 页。

② 此类文学受到政府鼓励，“народ”一词在俄语中既指“民族”也指“人民”，官方民族性的三位一体口号中的“народность”（人民性）一词因此也方便地涵盖了广泛的语义域。

③ 别林斯基：《别林斯基全集》，第 7 卷，第 435 页。

表，而非由普通民众所展现。别林斯基写道："如果诗歌作品的民族特征就是其最伟大的价值之一，那么真正的民族作品无疑应仅属此类诗歌作品，它们描绘了彼得大帝改革后出现的、接受了文明化生活方式的社会群体。"①

别林斯基毫不妥协地反对这些"粗布外衣和树皮鞋式的"观念，他代表着西方主义的一种极端形式，甚至连他最亲密的朋友有时也会因此感到不安。例如，赫尔岑认为别林斯基的一些言论有些鲁莽，充满对穿粗布外衣和树皮鞋的人的蔑视，他对安年科夫说，他发现他有时很难出面保护别 140
林斯基，以抵御斯拉夫派的攻击。此类保留态度（格拉诺夫斯基也持有这种态度）反映了受过教育的进步贵族的某种复杂心理，他们似乎害怕炫耀其社会优越感。别林斯基出身平民阶层，因此并无此类顾虑。他知道，他所鄙视的并非普通百姓，而是在官方民族性的国家宣传口号中被理想化了的无知和落后。当格里戈罗维奇的《苦命的安东》和屠格涅夫的《猎人笔记》等作品在1840年代下半期面世后，别林斯基表示热情欢迎，因为这些作品并未将本土的落后理想化，反而以批判的目光看待俄国乡村的社会现实，别林斯基为这些作品辩护，反驳那些抱怨"农民侵入文学"的伪贵族读者。

别林斯基著名的《致果戈理的信》在1847年7月15日写于下西里西亚萨尔茨勃鲁因附近的温泉疗养地，当时别林斯基已病入膏肓，这封信令人钦佩地总结了他关于文学的民族使命和普遍使命的看法。别林斯基写作此信，是为了回应果戈理的《与友人书信选》。在此书中，这位《钦差大臣》和《死魂灵》的作者放弃了他此前的创作理念，并为东正教和整个沙皇制度辩护。对别林斯基而言，这就意味着果戈理这位俄国作家，这位

① 别林斯基：《别林斯基全集》，第7卷，第435页。

俄国唯一一位奋起揭露“专制制度、东正教和伪民间风格之黑暗”的魁首，却背叛了其崇高使命。别林斯基的抨击充满激情，他对果戈理说道：“皮鞭的宣扬者，无知的传播者，蒙昧和黑暗的捍卫者，鞑靼习俗的颂扬者，——瞧您在干什么！看一眼您的脚下，您的脚下就是深渊。”①

这并非一种失控的愤怒之爆发，而是一种“捍卫真理的狂热”，一种试图夺回作者灵魂的尝试。别林斯基仍希望果戈理能认清其错误，用新的杰作来将功补过。他试图说服果戈理：“俄国的救赎不在于神秘主义、禁欲主义或虔信主义，而在于文明的进步、教育和人道价值。她需要的不是布道（她已经听得够多了！）或祈祷（她已经听得厌烦了！），而是在泥泞中跋涉了数个世纪的人类尊严的觉醒。”他继续说道，俄罗斯人民有许多积极的特征，这些特征“可能包含着［他们］未来伟大历史的萌芽”，
141 但是，除非消除有损人类尊严的前提，否则这巨大的潜力便难以显现。

别林斯基死后，《致果戈理的信》的非法抄本在俄国广为流传，唤醒并鼓舞了反政府的情绪，直到1905年之后，此信全本才获准合法发表。

与迈科夫之争

别林斯基的西方主义的一大特点，在于他强调个性解放与现代民族在摆脱“自然直接性”的束缚中诞生这两者间的密切联系。他对一位才华横溢的年轻文学评论家**瓦列里安·迈科夫**（Valerian Maikov/Валериан Майков，1823—1847）的一篇文章所做的愤怒回应，便十分清晰地表明了这一点。迈科夫在文中认为，个人的解放就意味着民族特征的逐渐剥离。

迈科夫是俄国最早的前实证主义者之一，他并未经历过对辩证哲学的迷恋，而这也是“多余人”一代的共同经历。他曾是彼得拉舍夫斯基

① 别林斯基：《别林斯基全集》，第10卷，第214页。

小组①成员，但他更相信科学的益处，而非傅立叶的乌托邦社会主义。在“社会主义者”与“经济学家”（即自由政治经济的代表）之间的争论中，他倾向于支持后者。他称别林斯基为“半浪漫主义者”，未受过清晰的逻辑推理训练。他尤其认为，别林斯基在民族性问题上前后不一，缺乏逻辑。他本人也相信，普世价值所赋予的自主个性的理想与民族特征并不相容。他写道：“只有一种真正的文明，一如只有一种真理和一种善，因此，一个特定民族独特的文明特征越少，它就越文明。”②“民族性”暗示个人对群体的服从，群体的性格由外部因素决定，而个性的成熟则依赖于个人的自主性。

这一推理的困难之处在于，需要解释那些被解放的伟大个体的思想如何在大众之间传播，并推动大众向进步的普世理想迈进。迈科夫认为，这种思想运动是少数精英的事业，他们代表这个民族中积极的、进步的部分。参与 1840 年代思想大讨论的人士或许可轻而易举地将迈科夫所谓 142
“积极的少数人”等同于彼得改革后出现的西化的“上流社会”，而“被动的多数人”则显然就是被斯拉夫派理想化了的普通民众。因此，迈科夫的定律在本质上就是这样一个西方派观点的普遍化，即这一“上流社会”在俄国历史中所发挥的作用（别林斯基也认同这一观点）。然而，由于没有像别林斯基那样辩证地理解这一过程，迈科夫将其视为一项普遍有效的规律，并将克服直接的民族特殊性与消除民族性混为一谈。

迈科夫的这些观点是在一篇关于柯尔佐夫诗歌的长文中表达出来的，这篇文章实际上是与别林斯基的一场隐在争论。后者反应激烈。别林斯基在《1846 年俄国文学一瞥》中明确表示，他绝不同意“这位人道的世界主义者”的观点（他没有点迈科夫的名）。他写道：“民族性即人类的个体。

① 见本书第九章。

② 迈科夫：《批评试作》（V. N. Maikov, *Kriticheskie opyty*）（圣彼得堡，1891），第 389 页。

没有各个民族的民族性，人类就将是一个毫无生气的抽象概念，一个没有内涵的单词，一个毫无意义的声音。在这一方面，我倒宁愿加入斯拉夫派，而不愿与这位人道的世界主义者为伍，因为前者即便犯错，他们也会像活生生的人一样犯错，而后者即便发出真理的声音，听起来也像是某种抽象逻辑的显现。”①

别林斯基的声言引起了他一些朋友的警觉，他们怀疑他会屈服于斯拉夫派的影响。事实上，在与迈科夫争论时，别林斯基只是在捍卫他于1840年代初在那些关于民间诗歌的文章中提出的观点，他当时即明确表示，他既反对主张无内容的形式的“民族主义者”，也反对“无差别的普遍性”的支持者，后者试图让普遍内容脱离民族形式。别林斯基认为：

> 少数人永远代表多数人，无论在积极意义还是在消极意义上……至于伟人，他们也首先是他们国家的孩子，伟人永远是民族的，一如其人民，因为他们之伟大，恰恰因为他们是其民族的代表。天才与民众之间的斗争并非人类性与民族性之间的斗争，而只是新与旧之间、思想与经验主义之间、理性与迷信之间的斗争。民众总是将习俗当作生活的基础，他们会把他们习惯的一切视为合理的、公正的和有用的。民众热情地捍卫旧东西，可在一个世纪之前或更短的时间里，
> 143 他们也曾将这些东西当作新事物予以反对。民众对天才的抗拒不可避免，这就是民众对天才的测试。②

对这场争论的分析表明，别林斯基和迈科夫至少在区分西方派和斯拉夫派的一个重要问题上达成了一致，即他俩均认为民众是一种保守力量，

① 别林斯基：《别林斯基全集》，第10卷，第29页。
② 同上，第31页。

并相信进步系由个人完成。在这一问题上，别林斯基不时有些疑虑，但他从未放弃西方主义立场。在他生命的最后一年（迈科夫已去世），在与斯拉夫派的冲突达到高潮时（与萨马林的文章《论〈现代人〉的历史观和文学观》有关）[①]，他明确拒绝斯拉夫派以及赫尔岑和巴枯宁均支持的"对人民的神秘信仰"，赞成毫无保留地确认杰出的个人和有文化的精英对进步所做出的贡献。

资本主义之争

西方派强调西方影响在俄国现代化中的积极作用，并希望这一进程持续下去。然而，这并不意味着他们自然而然地接受了资本主义制度，资本主义制度的明显缺点已在西欧进步界得到广泛讨论和批评。别林斯基本人的观点可最好不过地被界定为对资产阶级民主的信仰和对资产阶级本身的厌恶这两者之结合，外加对"社会主义理念"的模糊的、不明确的信赖。这种混合并不奇怪，任何一位生活在欧洲落后地区的真诚的民主主义者，在关注那些更发达国家中所发生事件时，都会发现他很难成为资产阶级的辩护者，他一定会以各种不同方式对受压迫大众的愿望表达同情。

别林斯基就在评论欧仁·苏的《巴黎的秘密》的文章（1844）中表达了此类同情。[②]不过，他的思想立场却因这样一个事实而变得复杂起来， 144
即在俄国，对资产阶级的批评和对普通民众的信仰原为斯拉夫派特权，因为斯拉夫派摧毁了仿照欧洲方式重建社会的信心，因此似与西方主义水火不容。

1847年5月初，别林斯基出国治病，他此时对资本主义问题有了更具

① 见本书第173页。

② 他在文中写道："人民就是孩子，但这个孩子会长大，会成为一个身强体壮、智力健全的男子汉。痛苦教给他理智，并让他看清真正的构成……他还很羸弱，但他孤身一人保存着民族生活的火焰以及那在'文明的上流社会'各阶层中早已熄灭的对信念的新热情。"别林斯基：《别林斯基全集》，第8卷，第173页。

体的认识。他自下西里西亚的萨尔茨勃鲁因写信给鲍特金，说他如今首次明白了“贫民化和无产阶级这两个单词的可怕含义”。与此同时，他开始批评法国乌托邦社会主义者对资产阶级的片面评价，尤其是路易·布朗的观点，别林斯基当时已开始阅读布朗的《法国革命史》。他在 1847 年 7 月给鲍特金的信中写道：“对于布朗而言，自创世以来，资产阶级就一直是人类的死敌，他们始终在密谋反对人类的幸福，然而，他本人的著作又证明，如果没有资产阶级，就不会有他如此热衷的那场革命，资产阶级的一切成功均是他们理应获得的成果。”①

当别林斯基于 1847 年 7 月抵达巴黎时，他身在那里的俄国朋友们关于资产阶级作用的激烈讨论已达到高潮。赫尔岑和巴枯宁无保留地反对资产阶级，认为俄国的未来取决于农民和知识分子，他们认为知识分子是无阶级属性的。另一方为萨佐诺夫和安年科夫。赫尔岑在《玛丽尼大道来信》（刊于《现代人》杂志）中阐述的观点，在莫斯科和圣彼得堡两地的西方派中引起极大恐慌。赫尔岑最坚定的对手是**瓦西里·鲍特金**（Vassily Botkin/Василий Боткин，1811—1869）。鲍特金是商人之子，1840 年代曾为斯坦凯维奇小组成员，他当时提出“实践哲学”（practical philosophy/практическая философия）概念，主张用资产阶级政治经济的“铁律”取代黑格尔的世界精神（Weltgeist）。他在 1846 年写道：“重要的不是攻击现存状况，而是找出原因。简而言之，要去发现在工业世界中起作用的规律。”② 鲍特金将这一原则应用于俄国，由此得出一个明确结论：“但愿上天赐我们以我们自己的资产阶级！”

别林斯基对资产阶级法国的局势所做出的直接反应与赫尔岑并无差
145 异，但回到俄国后，他有时间对自己的片面谴责进行重新思考。他强调资

① 别林斯基：《别林斯基全集》，第 12 卷，第 385 页。
② 鲍特金：《安年科夫及其友人》（V. Botkin, *P. V. Annenkov i ego druz'ia*）（圣彼得堡，1892），第 525 页。

产阶级的历史作用，并仔细区分“必须与之作战、将其作为当代法国之瘟疫或霍乱的大资本家”与其他中产阶级。他承认，工业不仅是万恶之源，它也是社会繁荣的源泉。[①] 后来，在去世前夕，他在给安年科夫的信中写道：

> 法国的整个未来都掌握在资产阶级手中，一切进步均取决于它，人民只能在其中时而扮演被动的辅助角色。在我当着我的一位好友[②]的面说俄国需要一个新的彼得大帝时，他说我的这一观点是异端邪说，并坚持认为人民必须管理自己的事务。一个多么天真的、田园诗般的想法啊！……我这位好友还试图让我相信，上天会保佑俄国免受资产阶级的伤害。但是如今，显而易见，只有当俄国的贵族阶级转变成资产阶级时，俄国内部的公民发展进程方能开始。波兰就是一个最好的例子，在这个国家，资产阶级并未充分享受到其各种权利。[③]

不过，别林斯基的观点与鲍特金和安连科夫观点间的相似只是表面上的。别林斯基与资产阶级和解，因为资产阶级代表了历史必然性的特殊走向，他之所以接受资产阶级，并非源于自发的同情，而是为了避免被人斥为堂吉诃德式的主观主义。值得注意的是，他在巴黎曾对赫尔岑和巴枯宁表示支持，但回到俄国后，当他面对沙皇俄国的悲惨现实，他却改变了主意。他开始坚信，俄国的社会主义可能还是一个遥远的梦想，因为俄国还必须经历西欧走过的漫长的急剧变革之路。由于俄国的落后，民众大多是受宗法制束缚的消极农民，其中很难形成无产阶级的内核，或出现一种力量，能够建立起一种比资本主义更为优越的体制。别林斯基意识到了资本

---

① 别林斯基：《别林斯基全集》，第 12 卷，第 448—449 页。
② 指巴枯宁。
③ 同上，第 467—468 页。

主义的主要内部矛盾以及其过渡性质，但他显然也清楚，资本主义作为一种社会制度要优于尼古拉一世时期的半封建的俄国。这一清晰的意识以及他一贯的渴望，即渴望看到俄国通过资产阶级民主改革来完成西化进程，正是别林斯基西方主义的积极方面。普列汉诺夫强调过这一点，他写道，别林斯基具有“社会学天才的直觉”，他对社会发展的基本原则有着深刻
146 的理解。

第二节　自由西方派

我们使用政治分类法，可称别林斯基的西方主义为民主派，并称安年科夫和鲍特金的西方主义为自由派。在 1840 年代，这种分野尚不明显，直到 1860 年代，两派阵营才逐渐清晰，激进的民主派（别林斯基传统的追随者）代表民众利益，而自由派则支持不会影响到贵族特权地位的有限改革。别林斯基在世时，民主派和自由派的差异主要体现在三个方面，即他们的宗教态度（西方派中的自由派拒绝赫尔岑和别林斯基的无神论）、他们对法国大革命的评价（别林斯基同情雅各宾派，格拉诺夫斯基则谴责雅各宾派），以及他们的艺术观（自由派支持“为艺术而艺术”，以别林斯基为首的民主派则要求艺术介入社会）。这些差异尽管时而会引起愤怒、痛苦的争吵，但它们并未破坏双方共同的政治目标意识。

季莫费伊·格拉诺夫斯基

季莫费伊·格拉诺夫斯基（Timofey Granovsky/Тимофей Грановский，1813—1855）是 1840 年代自由派西方主义的重要代表之一，他曾为斯坦凯维奇小组成员，并任莫斯科大学欧洲史教授。

格拉诺夫斯基的影响与其说源自其著作，不如说源于他与受众的直接

接触。他对西方主义事业的最重要贡献，即他于1842年在莫斯科大学开设的一门面向公众、很受欢迎的中世纪史讲座。赫尔岑写道："格拉诺夫斯基把讲堂变成了客厅，变成了上流社会的聚会场所。"第一堂课结束时，大家自发地热烈鼓掌，女士们和"脸颊红润的年轻人"失声痛哭，会场回响着"经久不息的掌声，热烈的欢呼声，人们纷纷冲向讲台，与演讲者握手，索要他的肖像"。①

格拉诺夫斯基的演讲就内容而言显然是反斯拉夫派的，这一点并未逃过斯拉夫派和官方民族性的拥护者们的注意，他们急忙做出反击，试图以舍维廖夫关于俄国古代文学的讲座来冲抵格拉诺夫斯基的影响力。

在与斯拉夫派的争论中，格拉诺夫斯基和别林斯基一样，集中火力 147
批评了斯拉夫派对普通民众的理想化。他写道："一个大团体提高了我们这个时代的民间传统标准，将其上升为一种绝对正确的人类理性之表达。"格拉诺夫斯基认为，这一倾向受到了德国浪漫派的启发，它对科学或社会关系方面的任何进步迹象均怀有敌意：

> 民众就像大自然或斯堪的纳维亚的雷神托尔那样，都具有轻率的残忍或轻率的善意。他们在历史决定论和自然决定论的重负下变得冷漠，只有有思想的个体方能摆脱这些重负。民众借助思想的力量实现个体化，这才是历史进步的本质。历史的目的即道德的、开明的个体，一个能摆脱外部决定论的宿命压力的个体，历史的目的即是以这样的个体为基础而建立起的社会。②

这段引文强调自主的个性，主张人摆脱"直接性的决定论"，这无疑

① 赫尔岑：《往事与沉思》，第2卷，第245页。
② 格拉诺夫斯基：《格拉诺夫斯基文集》（T. N. Granovsky, *Sochineniia*）（莫斯科，1900），第455页。

表达了别林斯基和赫尔岑所阐述的西方化的历史哲学之精髓。另一位自由派西方主义者则把这一命题用于俄国历史，他便是格拉诺夫斯基的朋友和弟子、年轻的莫斯科历史学家**康斯坦丁·卡维林**（Konstantin Kavelin/Константин Кавелин，1818—1885）。

康斯坦丁·卡维林

卡维林的《古代俄国司法关系一瞥》一文与别林斯基的《1846 年俄国文学一瞥》一同发表在《现代人》杂志 1847 年第一期上，此文完全可被视为“西方派政党”的真正宣言。别林斯基也对此文印象深刻，甚至称之为关于俄国历史的首次哲学阐释，不惜以此压低他本人在这一领域的工作之价值。

卡维林在其文章中阐释了如下论点：俄国的历史进程就表现为，以亲缘关系和习俗为基础的群体关系将逐渐被以政治立法和司法立法为基础的制度所取代，个体也将相应地摆脱传统的父权制束缚。这涉及物质民族性的消解和精神民族性的逐渐生成，物质民族性依赖于一些外在的、僵化的形式，而精神民族性是民族存在的一种特殊道德属性，而不仅仅是外部的
148 具体特征问题。这一进程在彼得改革时达到高潮，卡维林对愤怒的斯拉夫派宣称：“直到 18 世纪，俄国始有精神和道德层面的生活。”

> 彼得大帝这个人物自身便表明，个人在俄国已挣脱直接的、自然的、纯粹的民族决定论的枷锁，他获得了绝对权利，凌驾于一切之上。无论在私人生活领域还是在治国理政中，彼得均象征着俄国历史上个人原则得以确立的第一阶段业已完成。[①]

---

① 卡维林：《卡维林文集》（K. D. Kavelin, *Sobranie sochinenii*）（圣彼得堡，1897），第 1 卷，第 58 页。

为回应卡维林和别林斯基发表在《现代人》杂志同一期上的两篇文章，尤里·萨马林在斯拉夫派刊物《莫斯科公国人》上刊出一篇题为《论〈现代人〉的历史观和文学观》的论战文章。在这篇文章中，萨马林指责卡维林将个性等同于西欧的个人主义，未对农民村社与族亲群体这两者加以区分，并夸大了中央集权国家的正面作用。尤其令萨马林感到愤怒的是，卡维林竟试图为伊凡雷帝恢复名誉，称伊凡雷帝对大贵族开展的残酷斗争只是一种持续的努力，目的在于用个人的功绩来取代世袭特权。萨马林认为，俄国历史的意义不在于个性原则的发展，而在于基督教群体原则的留存，正是后者如今引起了西方的关注。为证明这一点，萨马林提请读者注意波兰诗人亚当·密茨凯维奇在巴黎的演讲，密茨凯维奇的演讲极大地激发了人们对斯拉夫问题的兴趣："为了回应他雄辩的声音，许多人的目光，其中也包括乔治·桑的目光，都转向了斯拉夫世界，将之视为一个村社世界。他们关注我们不仅仅出于好奇，而且还带有某种同情和期待。"①

对卡维林和别林斯基两人的俄国历史观的考察表明，他们两者之间并无本质区别：他俩均相信，俄国的历史进程在本质上就是通过社会关系的合理化来解放个体；他俩均认为，各个民族均由自然直接性阶段发展至完全现代的"精神"民族性阶段。但是，卡维林特别强调司法机构和国家机构在这一进程中所发挥的作用，他认为，中央集权化的莫斯科公国的出
现就是俄国社会关系合理化的一个决定性时刻，因此也是个性摆脱传统枷 149
锁获得解放的决定性时刻。这一观点最初源于卡维林对 16 世纪莫斯科公国专制体制的阐释，他将之视为黑格尔所谓理性国家。后来，此观点发展成为俄国史学中"国家主义"学派（"etatist" school/«государственная» школа）的一个基本命题。该学派的一大代表人物是著名历史学家谢尔盖·索

① 萨马林：《萨马林文集》，第 1 卷，第 39 页。

洛维约夫，他认为在俄国，国家始终是社会的主要组织者和进步的主要代理人，他由此得出结论，国家在未来仍将决定各种改革的性质及其实施方式。

鲍里斯·奇切林

“国家主义”学派的主要理论家是**鲍里斯·奇切林**（Boris Chicherin/Борис Чичерин，1828—1904），他是一位哲学家、历史学家和法学家，也是19世纪下半期右翼贵族自由主义的思想家。奇切林是格拉诺夫斯基和卡维林的学生，也是一位黑格尔主义者，他与1840年代的黑格尔时期有诸多关联（尽管其主要活动开展得稍晚）。我们将在后面的章节展开讨论他的哲学著作，目前我们仅对他作为一位西方派的地位稍做概述。[①]

奇切林所阐述的西方主义是一种混成物，其中既有黑格尔式的强国崇拜和司法秩序，也有萨伊和巴斯夏的经济自由主义。这一立场使得奇切林既可以捍卫俄国专制体制的历史作用（与卡维林一样，他也使用黑格尔的国家概念来进行阐释），同时也支持资本主义和公民权利。他认为，国家机构的弱点以及统一和保卫俄罗斯领土的要求，是导致16、17世纪莫斯科公国不得不剥夺各阶层成员个人自由的原因。在政治权力得以巩固之后，这一进程便出现逆转，从解放贵族开始［《贵族自由宣言》（1762）］，这最终不可避免地将导致农民的解放，并给予更多居民以公民权利。通过这种方式，奇切林确立了自由主义措施的历史合法性和必要性，与此同时
150 也主张改革必须是渐进的，并由国家的合法政府指导，因为改革的成功，其实还有改革的启动，均取决于国家的稳定和强大。

---

① 关于奇切林的西方主义的精深分析见夏皮罗：《俄国19世纪政治思想中的理性主义与民族主义》（Leonard B. Schapiro, *Rationalism and Nationalism in Russian Nineteenth-Century Political Thought*）（康涅狄格州纽黑文，1967）。

奇切林追随黑格尔，对国家和社会做了严格区分，但他倾向于将所有社会纽带均解释为契约纽带。他关于乡间村社起源的理论得到广泛接受，他认为，现今的俄国村社与原始的父权制族亲组织没有任何共同之处，现今的村社出现于16世纪，并非普通百姓的“有机”产物，而是中央集权制国家的人为产物，国家希望简化其财政政策，其手段即强迫村民接受关于各种税赋的集体负责制。①

1856年，这一令斯拉夫派大为光火的观点引发了一场旷日持久的争论，争论的一方是斯拉夫派的刊物《俄国恳谈会》，另一方为《俄国导报》。这场争论具有重大意义，因为其基本议题即乡间村社究竟应继续运作，还是应与农奴制度和苦役一起被废除。奇切林自然是村社的坚定反对者，他认为，并且直到生命的最后都一直在反复论证，农民村社作为一个机构阻碍了经济法律的正常运作，形成一个国中之国，是俄国持续西方化的最大障碍。

作为一名政治家，奇切林对斯拉夫派的敌意要稍弱一些，至少远低于他对民主反对派，尤其是革命运动的敌意，而他在一些实际问题上与斯拉夫派有很多共同点。他的职业生涯为俄国贵族自由主义的演进提供了一个良好范例。格拉诺夫斯基和年轻的卡维林曾与别林斯基关系密切，但奇切林尽管是他们两人的学生，却对别林斯基传统感到陌生，并积极反对别林斯基传统的延续者们。 151

本章涉及作品

维萨里昂·别林斯基：《彼得大帝之作为》（“The Deeds of Peter the Great” /Деяния Петра Великого），文章

① 这一观点并不正确，但它注意到这一事实，即村社的自我管理是一种非常有用的机制，它使中央政府得以控制村庄。因此，在1860年代，卡维林（不像奇切林）主张保留村社。他认为，村社减缓了农业的发展，但同时它也像一个护身符，保护农民免受社会动荡之苦。

——：《文学的幻想》（“Literary Reveries” /Литературные мечтания），文章

——：《致果戈理的信》（“Letter to Gogol” /Письмо к Гоголю），书信

亚历山大·普希金：《叶夫盖尼·奥涅金》（*Evgeny Onegin*/Евгений Онегин），诗体小说

米哈伊尔·莱蒙托夫：《商人卡拉什尼科夫之歌》（“Song of the Merchant Kalashnikov” / Песня о купце Калашникове），诗歌

德米特里·格里戈罗维奇：《苦命的安东》（*Anton the Unfortunate*/Антон-Горемыка），小说

伊万·屠格涅夫：《猎人笔记》（*Sportsman's Sketches*/Записки охотника），小说集

尼古拉·果戈理：《与友人书信选》（*Selected Passages from Correspondence with Friends*/ Выбранные места из переписки с друзьями），书信集

——：《钦差大臣》（*The Government Inspector*/Ревизор），剧作

——：《死魂灵》（*Dead Souls*/Мертвые души），小说

尤里·萨马林：《论〈现代人〉的历史观和文学观》（“On the Opinions of the *Contemporary*”/ О мнениях «Современника», исторических и литературных），文章

亚历山大·赫尔岑：《玛丽尼大道来信》（*Letters from the Avenue Marigny*/Письма из Avenue Marigny），书信集

康斯坦丁·卡维林：《古代俄国司法关系一瞥》（“A Brief Survey of Juridical Relations in Ancient Russia” /Взгляд на юридический быт древней России），文章

《贵族自由宣言》（The Manifesto on Gentry Liberty/Манифест о вольности дворянской），宣言

亚历山大·科舍廖夫：《俄国恳谈会》（*Russian Conversation*/Русская беседа），期刊

谢尔盖·格林卡：《俄国导报》（*Russian Messenger*/Русский вестник），期刊

第九章

彼得拉舍夫斯基派

1849 年 12 月 22 日，圣彼得堡居民目睹了一幕奇特场景：21 名政治犯被从彼得保罗要塞押至谢苗诺夫斯基校场，在蒙着黑布的绞刑架前排成一队。一名官员宣读了死刑判决，一位牧师让囚犯们忏悔，士兵们给每个囚犯套上通常死刑犯才穿的白色斗篷和兜帽。第一批三名囚犯被绑在柱子上，他们的脸被蒙住，鼓声敲响，士兵们听到口令后举起了枪——但就在此时，一名帝国的副官赶来，在最后一刻传达了缓刑圣旨。死刑被减刑为在西伯利亚服苦役、监禁或流放。此时，死刑犯们被命令跪在绞刑台上，穿着彩色长袍的刽子手开始象征性的处决仪式，用剑碰一下囚犯们裸露的脑袋。首犯被立即戴上镣铐，押进马车，送往西伯利亚。

这便是尼古拉一世选择的办法，用来对付 1845—1849 年间活跃在圣彼得堡的一个秘密小组。这个主要小组及其大多数分支均由**米哈伊尔·布达舍维奇-彼得拉舍夫斯基**（Mikhail Butashevich-Petrashevsky/Михаил Буташевич-Петрашевский，1821—1866）创建和领导，正是他在谢苗诺夫斯基校场被当众戴上镣铐。另外两名当时曾面对行刑队的囚犯是两名军官，即尼古拉·格里高利耶夫和尼古拉·蒙别利，尼古拉一世无法原谅他俩“玷污了军官的荣誉”。在余下 18 位痛苦地等待死刑的“彼得拉舍夫斯基派”（Petrashevtsy）中，有一位年轻人后来将成为 19 世纪最伟大的作家之一，他就是费奥多尔·陀思妥耶夫斯基。

第一节　彼得拉舍夫斯基派的社会政治思想

152 由于无法找到任何意图推翻政府的证据，帝国的调查委员会便将彼特拉舍夫斯基运动定性为“思想阴谋”。尼古拉一世对新近在西欧爆发的革命深感恐惧，“思想阴谋”这一指控就足以让他给出最严厉的惩罚。在当时的俄国，一点点思想的影子便能在政府圈子里引起可怕的怀疑，陀思妥耶夫斯基的遭遇即是一例，他的主要罪行就是在彼得拉舍夫斯基小组的一次集会上大声朗读别林斯基致果戈理的那封著名信件。

彼得拉舍夫斯基派进行过十分认真的思想研究。他们收集图书，不久就拥有了俄国最丰富的关于哲学、经济学和社会政治思想的多语种著作收藏。他们特别热衷于法国社会主义者，其中包括傅立叶及其追随者（尤其是孔西得朗）、布朗、蒲鲁东和勒鲁。他们阅读过的书以及他们自己的想法和计划，均会在他们的聚会上得到系统的讨论。每周五的定期聚会不仅有小组成员参加，还有大批受邀的客人。与斯坦凯维奇小组的聚会不同，彼得拉舍夫斯基小组的聚会并非好友之间的自发讨论，而是有组织的定期会议，与会者（他们甚至彼此并不相识）有着共同的兴趣，也希望开展某些迫不及待的改革。已知有数百人参加过此类讨论，因此这些聚会的影响相当可观。彼得拉舍夫斯基派代表着更广泛的社会范围，超过更为同质性的十二月党人运动，后者所获支持主要来自军官阶层。彼得拉舍夫斯基小组的参加者包括富裕地主以及一批著名的作家和教授①，但根据伊·利普兰迪（内政部的一名官员）的报告，其中也有一些“涉世不深的学生、商人甚至烟草小贩”。

彼得拉舍夫斯基派为宣传其思想而做出的最重要冒险举动，是编印《袖珍俄语外来词词典》②，这部辞典的头两辑分别出版于1845年和1846年。第一辑由文学批评家瓦列里安·迈科夫编辑（在彼得拉舍夫斯基协助下），而思想特征更为显明的第二辑则由彼得拉舍夫斯基独自编成。辞典中的许多词条实为短文，其中被巧妙地加入各种违禁思想。彼得拉舍夫斯基借用“自然”、“自然主义”和“自然哲学”等词条来阐述其哲学观点，153
“欧文主义”、“生产组织”、“新基督教”和“正常国家”等词条被用来表达其社会主义思想，“新学”和“创新”等词条包含着对历史中那些革命变革之作用的反思，另有其他一些词条，如“民族”“反对派”等，则阐述了作者的政治信念。当局很晚才意识到此事的性质，国民教育大臣乌瓦罗夫严厉责骂书刊审查官，并下令没收《袖珍俄语外来词词典》，但为时已晚，所有《袖珍俄语外来词词典》业已售出。

彼得拉舍夫斯基小组的主流情绪是社会主义的，一些成员甚至自视为“共产主义者”。法国乌托邦社会主义者傅立叶的学说尤受推崇。彼得拉舍夫斯基本人也是傅立叶主义的忠实信徒，他甚至在1847年尝试把他自己的村庄变成一个“法伦斯泰尔”（phalanstery/фаланстер），即一个傅立叶式的自给自足的公社。然而，他那些疑心重重的农民却终结了这一计划，他们放火烧毁了之后将成为他们乌托邦共同体所在地的房屋。1849年4月，彼得拉舍夫斯基派中一些最活跃的成员组织了一场庆贺傅立叶生日的

① 彼得拉舍夫斯基派的其他成员包括诗人阿列克谢·普列谢耶夫、诗人阿波罗·迈科夫、阿波罗的弟弟瓦列里安·迈科夫、著名经济学家穆留金和年轻的萨尔蒂科夫-谢德林（未来的讽刺作家）。

② 由于书刊审查委员会的干预，这部词典的词条仅编到字母“o”。

宴会，彼得拉舍夫斯基本人以及亚历山大·哈内科夫、德米特里·阿赫沙鲁莫夫和伊波利特·杰布先后发言。哈内科夫大致表达了同道们共同的激情，坚信未来世界将像傅立叶所预言的那样重获新生，他称他们的这次聚会是“一个事件，预示着我们整个星球以及居住在这个星球上的人都将蜕变”。据说他高声喊道：“转变就在眼前。”阿赫沙鲁莫夫则回应他道：“我们就将在这里，在我们的国家开始变革，整个世界都将完成这一大业。”①

吸引彼得拉舍夫斯基派走近傅立叶社会哲学的，是傅立叶对自然规律的捍卫。傅立叶捍卫人类激情之自由、和谐的释放，他的社会体制观主张让人性摆脱种种人为限制，让人类在历史上首次过上“正常的”生活。在这一方面，彼得拉舍夫斯基派的傅立叶主义不过是俄国西方派一个核心观点的再次体现，即个体的完全解放与和谐发展。然而，鉴于他们对西欧资
154 本主义所持的尖锐批判态度，彼得拉舍夫斯基派显然无法被归入西方派。彼得拉舍夫斯基本人常说，资本主义是违背人性的，因为它激发出了反社会的本能，仅使富人受益，却让穷人更穷。另一方面，社会主义对他而言并非“一项现代发明，一个19世纪杜撰出来的狡猾诡计”，而“始终是人性的一部分，并将永远是人性的一部分，只要人类保留着进化和完善自我的能力”。他认为自由主义是一种卫护资本主义的学说，因此与社会主义“截然对立”。②

这些信念能与不同的政治纲领协调一致。亚历山大·别克列米舍夫和尼古拉·达尼列夫斯基（未来的泛斯拉主义者）认为，傅立叶主义是一种非政治学说，俄国政府应将这一学说为其所用。例如，别克列米舍夫建议，傅立叶主义性质的协会有助于和平解决农民和地主之间的冲突。然

① 《彼得拉舍夫斯基派哲学和社会政治文选》（*Filosofskie i obschestvenno-politicheski proizvedeniia petrashevtsev*）（莫斯科，1953），第514、691页。

② 这一观点主要关注经济自由主义，主张不受限制的竞争，反对政府干预经济领域。

而，此类观点并不典型，彼得拉舍夫斯基派的绝大多数成员均厌恶专制体制，他们把对社会主义思想的信仰与民主共和国的梦想联系在一起，至少是与君主立宪制联系在一起，希望这种君主立宪制能保证言论自由、新闻自由和法律改革，减少国家对私人领域的干涉。事实上，彼得拉舍夫斯基运动的原创之处就在于，它采用了一种将社会主义思想与夺取民主权利的斗争融为一体的纲领。

在将他们的纲领付诸实施时，彼得拉舍夫斯基派与傅立叶及其法国追随者不同，他们并未谴责或否定用武力推翻政府的可能性。然而在实践中，他们认为在俄国赢得革命胜利的希望很渺茫，他们担心一场革命运动会演变成又一场原始的扎克雷暴动，就像普加乔夫起义那样。因此，他们采取一种旨在争取局部改革的合法斗争策略。彼得拉舍夫斯基更忠于傅立叶主义的精神，他在原则上支持改革，他写道："傅立叶主义会逐渐走向与共产主义一致的目标，但共产主义试图借助暴力立即达到这一目标……傅立叶主义并不希望在一个病态的、狂热的巨变时刻——无论这一时刻多么辉煌——骤然失去人类数千年努力所创造的结果。"① 因此，较之于废除农奴制和给农民分地，彼得拉舍夫斯基更重视司法改革，这至少能为争取 155
社会改革的合法斗争创造出一些最低可能性，哪怕他完全意识到了废除农奴制和给农民分地等措施的极端重要性。

与改革派阵营对峙的激进派小组由**尼古拉·斯佩什涅夫**（Nikolai Speshnev/Николай Спешнев，1821—1882）领导，他是陀思妥耶夫斯基的小说《群魔》中斯塔夫罗金的原型。他的目的是让彼得拉舍夫斯基小组转变为一个革命组织，为一场武装起义做准备，不是像十二月党人那样，而要直接吸引农民参加。斯佩什涅夫并非傅立叶的追随者，但自视为共产主

① 《彼得拉舍夫斯基派哲学和社会政治文选》，第 379 页。

义者，他读过的著作包括德萨米、魏特林的作品以及马克思的《哲学的贫困》。在国外旅行期间，他与波兰民主派侨民圈建立起联系。

最活跃的彼得拉舍夫斯基派（其中包括彼得拉舍夫斯基本人和斯佩什涅夫）的特点在于，他们超越了有限的民族目标，将世界主义视为真正进步的必要前提。彼得拉舍夫斯基对这一问题的看法体现在《袖珍俄语外来词词典》中的“民族”这一词条中，其观点与迈科夫并无不同。他在另一篇文章中写道，社会主义“是一种高于民族性的世界主义学说，对于一位社会主义者而言，民族性的差异消失了，只剩下人”。[①] 虽然彼得拉舍夫斯基派并没有鼓励人为地消灭民族差异的计划，但他们仍宣称普世主义目标是一项绝对的首要任务（尽管他们赞同俄罗斯帝国各主要民族拥有自决原则）。在他们的一次会议上，一位重要的波兰成员伊万·亚斯特尔热姆斯基宣称，他“从身体到灵魂都是一个波兰人，他愿意为波兰的独立流尽最后一滴血，但如果他相信波兰的独立会有害于全人类理想的发展，他就将第一个用斧头砍掉波兰的脑袋”。[②]

在俄国进步运动的历史上，彼得拉舍夫斯基派占据重要位置，它是一个中间环节，上承贵族革命者，下接 19 世纪下半期的激进运动，在这场运动中，非贵族出身的知识分子发挥了主导作用。十二月党人思想的一个典型遗存，在于某些彼得拉舍夫斯基派（如哈内科夫）试图将古代罗斯的“共和主义”理想化的倾向。另一方面，他们将乡间村社与傅立叶的“法
156 伦斯泰尔”相提并论，把乡村视为萌芽中的社会主义公社（彼得拉舍夫斯基、戈洛温斯基、哈内科夫和巴拉索格洛均表达过这一观点），这便清晰地发出了民粹派思想的先声。彼得拉舍夫斯基派的社会哲学恢复了启蒙主义者对人性和“自然的”社会关系的看法，这为 1860 年代的“启蒙者”

① 《彼得拉舍夫斯基派哲学和社会政治文选》，第 432 页。

② 《彼得拉舍夫斯基派案件》（*Delo petrashevtsev*）（莫斯科–列宁格勒，1951），第 3 卷，第 431 页。

铺平了道路。最后，彼得拉舍夫斯基派在俄国率先传播了社会主义思想，他们在这一方面所发挥的作用意义深远，很难被高估，例如年轻的车尔尼雪夫斯基就是在一次聚会上从哈内科夫处首次接触到社会主义思想，这次讨论会在伊里纳尔赫·维坚斯基家举行，维坚斯基是彼得拉舍夫斯基的朋友，在诸多方面均追随彼得拉舍夫斯基。

第二节　彼得拉舍夫斯基派的哲学思想

彼得拉舍夫斯基派运动的过渡性质在他们的哲学观中也有明显的体现。这场运动兴起时，欧洲的哲学唯心主义正让位于自然主义，其表现即生物唯物主义以及对科学的实证主义崇拜。在俄国，“哲学时代”也已接近尾声。借助费尔巴哈的唯物主义哲学，诸如别林斯基和赫尔岑等俄国主流思想家正试图超越黑格尔的唯心主义。

《袖珍俄语外来词词典》第二辑中关于“自然主义”（Naturalism/натурализм）的条目可被视为彼得拉舍夫斯基一次最简洁的哲学演讲，以下便是词条“自然主义”的释文：

指一门学问，它认为仅凭思想而无须传统、启示或神的干预，人便可借助其所有自然能力之全面和独立发展在现实生活中赢得永久幸福。在其演进的较低阶段，自然主义认为积极宗教中神性因素的出现是一种欺骗，这些神性因素系人类行为之结果，而非神性行为之结果。在其进一步演进中，这门学问吸收泛神论和唯物主义，认为神是人类智慧的最高、最全面表达，它走向无神论，最终转变为人神论，成为这样一门学问，它宣称唯一至高无上的存在就是作为自然之一部分的人自身。在其理性演进的现阶段，自然主义认为在积极宗教中承

> 认上帝，这一普遍事实是人类对其个性以及其智慧的普遍法则进行神化的结果。自然主义认为，反映人类历史进化的一切宗教均为人神论
> 157 的渐进准备，换言之，均为完全的自我认识以及对生机勃勃的自然法则的意识。[①]

这毫无疑问正是彼得拉舍夫斯基本人所青睐的哲学标签，同样毫无疑问的是，这一语境中的所谓“人神论”（anthropotheism/антропотеизм）即费尔巴哈哲学。彼得拉舍夫斯基哲学中的“自然”范畴并非源自 18 世纪的理性主义，他认为理性主义是自然主义的低级阶段。在他看来，超越这一阶段的中间阶段乃是傅立叶的唯物主义泛神论和黑格尔的唯心主义泛神论，在这一阶段，上帝被视为“人类意识之普遍的、最高的方式”（将黑格尔主义视为“自然主义”的一个阶段，彼得拉舍夫斯基并不觉得这里有任何矛盾之处，因为他认为自然主义是超自然主义的反题，黑格尔曾以上帝内在性的名义拒绝超自然主义）。以费尔巴哈为代表的“自然主义”的最高阶段，因此也就被视为德国哲学发展的高峰。

斯佩什涅夫的观点与此相似，尽管他认为最终否定“超自然主义”的是无神论而非人神论。在他写给波兰侨民埃德蒙德·乔耶茨基的一封长信中，我们读到了以下段落：

> 整个 19 世纪的德国唯心主义，自费希特以来的“伟大的”德国哲学，始终在向人神论演进，最终在其最后的旗手和合唱队指挥费尔巴哈处达到顶峰，更确切地说，它与费尔巴哈一同发出了这样的喊声：Homo homini deus est（人即上帝），人已成为人的上帝。我还发

① 《彼得拉舍夫斯基派哲学和社会政治文选》，第 183—184 页。

> 现，这一源于德国的学说也传播至其他国家，尽管当然不像在其祖国那样影响广泛。我在这里想到的不是德国以外那些盲目模仿黑格尔哲学的人，而仅有两位独特的智者，法国的蒲鲁东和波兰的卡缅斯基。他们两人均接受过黑格尔主义，对于德国的这两位邻居而言，黑格尔主义都是作为人神论而出现的（在同时期的德国更是如此），他们两人此时对费尔巴哈一无所知，就像费尔巴哈对他俩一无所知，这一事实最令人信服地证明，人被神化的前提最早见于黑格尔本人处，费尔巴哈学派是黑格尔在德国的合法继承人。① 158

费尔巴哈的“人神论”之基础，是其“用人的存在取代神的存在”以及“将人类学提升至神学地位”的主张。他写道：“基督教把人的名字和神的名字联结成一个名字，即神人，以此使人的名字获得至高存在之属性的尊严。为与事情的真实状态相吻合，新哲学将属性转化为实质，将谓项转化为主体。”② 因此，神人将被人神所取代：“神是人，人也是神。”③ 费尔巴哈期望他的观点能产生一种解放的效果，使得人类能够伸展四肢，重获新生，人将重新吸收已与他疏远并集中存在于天国的神性因素。与此同时，费尔巴哈也不失时机地强调，人作为一个有躯体的生物也受自然法则之约束。这一切均源于他对只重视灵魂的唯心论的强烈反叛，对仅将人视为思想存在的黑格尔唯心主义的强烈反叛。人神论旨在恢复天性，恢复作为自然之一部分的人，让人重新成为一种感性的、激情的、有血有肉的存在。

---

① 《彼得拉舍夫斯基派哲学和社会政治文选》，第 494—495 页。哲学家、波兰民族解放运动激进派的重要思想家亨里克·卡缅斯基（Henryk Kamienski，1813—1865）撰有《人类社会的物质经济哲学》（*Philosophy of the Material Economy of Human Society*）（波兰语版，两卷本，波兹南，1843—1845），他在书中称，不断工作的、历史发展的人类是人的唯一绝对。

② 费尔巴哈：《关于哲学改造的临时纲要》（L. Feuerbach, *Vorläufige Thesen zur Reform der Philosophi*）（1842）。

③ 费尔巴哈：《基督教的本质》（*The Essence of Christianity*），艾略特译，巴斯序（纽约，1957）。

这一简短评述使我们更易理解，彼得拉舍夫斯基派思想体系的一个典型特征即对费尔巴哈思想元素和傅立叶思想元素的融合。要拒绝傅立叶的泛神论幻想并代之以人神论，这并不困难，因为费尔巴哈赞同傅立叶思想中那些最为彼得拉舍夫斯基派所看重的问题，如天性和感性的恢复、激情的自由和谐发展以及人类复兴的愿景，这种复兴的基础即人性的解放和人类一切潜力的释放。阿赫沙鲁莫夫在傅立叶纪念宴会上的演讲就是一个很好范例，它有机地融合了傅立叶主义和“恢复人的神性”的“人神论”命题：

> 是的，我们所有人都应该这样做，都应该记住，我们在进行一项多么伟大的事业，这就是去恢复被无知践踏在脚下的自然法则，去恢复人的庄严伟大的神性一面，去释放和组织人的崇高和谐的激情，这种激情曾遭到束缚和压抑。我们要去摧毁一座座城池和都市，用它们的砖块和砂浆另造其他建筑；我们要把充满痛苦、不幸、贫穷和羞辱
> 159 的生活变成充满辉煌、和谐、欢乐、财富和幸福的生活；我们要用宫殿和果实覆盖大地，用鲜花去装饰它——看，这就是我们的目标，我们伟大的目标，这个地球上有史以来所有目标中最伟大的目标。①

如这段话所示，费尔巴哈的唯物主义（与福格特和摩莱肖特的庸俗唯物主义不同，费尔巴哈的唯物主义为它们铺平了道路）并不与实证主义的“清醒大脑”相伴，相反，它带有“社会浪漫主义”（social romanticism/социальный романтизм）②时代的印记，对人类普遍、彻底的再生持有坚定

---

①《彼得拉舍夫斯基派哲学和社会政治文选》，第 690 页。

② 这一概念适用于 1815—1848 年间在法国十分流行的关于人类重生的各种社会观念和宗教观念，其中之一为傅立叶主义，尤其是傅立叶本人的最高思想，它极易变成纯粹的幻想。

信仰。另一方面，费尔巴哈哲学也包含一种可被称为前实证主义的倾向。如果说理解哲学（唯心主义哲学）的关键是神学，理解神学的关键是人类学，那么对人性的研究就必定是一个最重要的知识分支。但是，如果我们接受人是自然的一部分，受制于普遍规律的严格的因果关系，那么对人性的研究就是自然科学的一部分，需要运用各种科学方法。这一推理过程解释了彼得拉舍夫斯基派为何如此依赖自然科学，他们相信必须研究人的生理和心理，他们对欧洲思想中的实证主义倾向抱有普遍同情。这种“前实证主义”（prepositivism/предпозитивизм）在政论家瓦列里安·迈科夫的文章中体现得尤为明显，瓦列里安·迈科夫是俄国最早对孔德、利特雷和约翰·斯图亚特·穆勒的著作进行研读的人士之一。

似乎可以正当地设问：这一前实证主义倾向为何未能排挤掉彼得拉舍夫斯基派思想中的人神论和乌托邦社会主义的浪漫想象呢？从长远看，可能会出现此类结果，但他们小组的讨论活动仅持续了数年，时间太短，尚无法令其成员们意识到这两种倾向间的潜在冲突因素。这种二元论特征体现在蒙别利的一个说法中，他认为人无法成为“人间的神”，除非他们完全摆脱“迷信和偏见”。① 这一观点呼应了费尔巴哈的一个信念，即人只有在拒绝一切幻想之后才可能是自由的，蒙别利的这一观点自然会导出这样的结论，即与“迷信”做斗争的方式只能是严格的科学推理以及对自然科学最新发现的不断援引。通过这种方式，彼得拉舍夫斯基派便成了包括德 160
米特里·皮萨列夫的“现实主义”在内的1860年代理性主义的直接先驱。他们的世界观与俄国文学的流行倾向相一致，当时俄国文学中这一倾向的代表即“自然派”，自然派强调艺术的认知功能，偏爱那些能够对社会进行“生理学分析”的文学作品。青年陀思妥耶夫斯基的心理学手法也源于

① 《彼得拉舍夫斯基派哲学和社会政治文选》，第623页。

彼得拉舍夫斯基派对人性的心理学分析之假设。

为阐明彼得拉舍夫斯基派在俄国思想史上的作用，有必要考虑一下陀思妥耶夫斯基在其成熟时期作品中对该派思想的接受。与社会主义的争论构成了陀思妥耶夫斯基所有伟大小说的背景，这一争论在很大程度上就是他与他年轻时那些同伴的思想争论之继续。这场争论的主题就是，社会主义与其说建立在对社会正义的渴望上，不如说建立在让人取代上帝这样一种自负的意图上，这个主题无疑受到人神论的影响，而青年陀思妥耶夫斯

161 基在彼得拉舍夫斯基派的聚会上对人神论一准多有耳闻。

本章涉及作品

米哈伊尔·布达舍维奇—彼得拉舍夫斯基，瓦列里安·迈科夫：《袖珍俄语外来词词典》（*Pocket Dictionary of Foreign Terms*/Карманный словарь иностранных слов, вошедших в состав русского языка），词典

费奥多尔·陀思妥耶夫斯基：《群魔》（*Possessed*/Бесы），小说

第十章
“俄国式社会主义”之起源

赫尔岑的“俄国式社会主义”（Russian socialism/русский социализм）源于斯拉夫派和西方派在1840年代就俄国和欧洲的角色所展开的争论。斯拉夫派声称，他们代表乡间村社所固有的“俄罗斯原则”，拒绝理性主义和个人主义，在他们看来，理性主义和个人主义即西方文明的标志。西方派则捍卫理性和个性的自主权，认为个人的解放与社会关系的合理化密切相关。现代欧洲的历史似乎提供了个人摆脱外部权威和固化传统的范例，因此，西方派对资产阶级发展原则的接受是顺理成章的。

赫尔岑对西方派上述结论的正确性抱有怀疑，这促使他提出了“俄国式社会主义”概念。作为个性原则的坚定信仰者，赫尔岑支持西方派，但即使在1840年代上半期，他也受到社会主义者对资本主义的批判之影响，怀疑“西方”道路是否真的能使个性原则赢得胜利。他与西欧的第一次个人接触使他确信，西欧正处于一场严重的危机之中，俄国应寻找自己“本土的”发展道路。当然，这就相当于与西方主义彻底决裂。

第一节　赫尔岑的观点之演进

信仰危机

1847年1月离开俄国后，赫尔岑前往巴黎。他自幼在法国文化的影
162 响下长大，来到欧洲的这座“政治和社会之都”，意味着梦想的实现，但幻灭接踵而至，甚至他写给莫斯科友人的第一封信即已表明，巴黎剧院中的中产阶级的庸俗令他的审美情感大受冲击。这种审美厌恶中或许掺有一丝贵族的优越感，却也包含深深的道德反感。在其《玛丽尼大道来信》（1847）中，赫尔岑这样定义资产阶级的社会角色：

> 资产阶级没有伟大的过去，也没有未来。只是在它为其权利而战时，它作为一种否定，作为一种过渡，作为一种对立面，才是好的……贵族阶层有其社会宗教，你无法用政治经济的规则来取代爱国主义信条、勇气传统和神圣的荣誉。确实还有一种与封建主义相悖的宗教，但资产阶级的位置就在这两种宗教之间。[①]

与封建主义相悖的宗教自然就是社会主义，在赫尔岑看来，这是贵族阶层的社会宗教的唯一有力的对手。另一方面，在1848年革命中，社会主义被击败，资产阶级再次取得胜利。在赫尔岑看来，大革命的失败决定了欧洲的命运，资产阶级安全坐镇多年，甚至连西方的社会主义者也染上了资产阶级的特点，因此，他们未能抓住他们的巨大机遇。这便给斯拉夫世界，尤其俄国留下机会，使斯拉夫民族和俄国成了人类的最后希望。赫

① 赫尔岑：《赫尔岑文集》，第5卷，第34页。

尔岑如今看到的欧洲就像衰落时期的罗马之化身，欧洲社会主义者就像遭到迫害的早期基督徒，而斯拉夫人则像那些野蛮部落，它们注定要摧毁罗马帝国，对历史做出自己的贡献，同时成为从罗马接续的基督教理想的正宗承载者。

赫尔岑对西方主义失去信心，这使他对黑格尔哲学进行了重新评估。离开俄国时，他仍自视为一名黑格尔主义者，尽管是广义的黑格尔主义者。他或许会抨击人们对 Weltgeist（世界精神）的服从，并进而对黑格尔哲学作出唯意志论的、人格主义的阐释，但他仍对历史不可避免的演进和整个历史进程的合理性抱有信念。而 1848 年资产阶级的胜利，实为资产阶级的存在本身，却破坏了这种乐观主义。贵族阶层的“社会宗教”并未被社会主义的崇高信仰所取代，却被店主们庸俗的、缺乏美感的可恶世界所置换，这在他看来是历史理性的一个明显矛盾。 163

赫尔岑此时所经历的信仰危机造就了他最有趣的作品之一，即 1850 年在德国出版的《彼岸书》。在此书中，这位先前的黑格尔主义者宣称，历史并无目的，历史是一出永恒的即兴演剧，每一代人的目的就是他们自身。历史并非由理性所引导，而是被偶然性和盲目的力量所左右。因此，“欲使个人服从社会、民族、人性和抽象的理想，就是继续牺牲人，就是宰杀羔羊以安抚上帝，把无辜者钉上十字架”。①

虽然历史不能被称为“理性的”，但这并不意味着它不受因果法则之约束。只有道德家或多愁善感者会怨恨历史，因为所发生的一切都是必然。另一方面，“必然性”不能与“理性”相混淆，相反，“必然性”往往是不合理的。历史被自然的盲目力量所掌控，这在因果意义上是必然的，但这并不包含任何一种目的论秩序。历史“很少重复自我……它会

① 赫尔岑：《彼岸书暨俄国人民和社会主义》（*From the Other Shore, and the Russian People and Socialism*），布德伯格译，以赛亚・伯林序（伦敦，1956），第 134—135 页。

利用每一个机会，每一次巧合，同时叩响一千扇门，有谁知道哪扇门最终会打开呢？”① 历史中没有任何东西是预先确定的,因此一切皆有可能。

这种新阐释注定会导致对那些公认神话的质疑，如今在赫尔岑看来，相信不可避免的历史进步，就是相信“一个摩洛神……作为对疲惫不堪、注定灭亡的人群之安慰，这些人山呼万岁，却只能得到一个讽刺性的答案，即在他们死后地球上的一切都将变得美好”。② 在被问到他如今支持什么样的标语和旗帜时，赫尔岑直截了当地宣称，他不是在追寻旗帜，而是在试图摆脱旗帜。他的新建议明确无误：“当人们不是想要拯救世界，而是拯救自己，当人们不是想要解放人类，而是解放自己，他们才能对拯救世界和解放人类做出更多贡献。”③

然而这并非最终答案。尽管赫尔岑如今宣称要彻底摧毁所有神话和“信仰”，但他却已准备接受一种新的信仰，即对俄国和斯拉夫民族的信仰，对“俄国式社会主义”的信仰，这种“俄国式社会主义”的基础就是
164 被斯拉夫派理想化了的乡间村社。这种信仰源自唯意志论的历史哲学，使得赫尔岑能够拒绝俄国西方派的观点，即俄国必须经历西欧之前经历过的历史进化过程。尽管“俄国式社会主义”的前提与《彼岸书》中的极端怀疑主义和悲观主义及其不做承诺的明确信息相互矛盾，但这种矛盾应被辩证地看待。赫尔岑的悲观主义是一个对欧洲未来失去信心的西方派的悲观主义。在一位持怀疑态度的“外来”观察者与一位幻想破灭、但情感坚定的理想主义者的探讨中，赫尔岑自称其绝望是“一位郁闷情人的心血来潮”。他在思想上支持那位怀疑论者，但在实践中更欣赏这位理想主义者的立场，后者对欧洲失去信心，这使得他把希望寄托在其他地方：“我在

① 赫尔岑：《彼岸书暨俄国人民和社会主义》，第 34 页。
② 同上，第 36 页。
③ 同上，第 128 页。

目睹判决，我在目睹行刑和死亡，但我却无法看到复活和怜悯。世界的这一部分已做完它应做的事，如今耗尽了力量，生活在这片区域的人已完成他们的使命，他们变得迟钝、落后。历史的洪流显然又发现了另一道河床，这便是我要去往的地方。”①

“俄国式社会主义”

赫尔岑阐述其“俄国式社会主义”观念的著作大多用法语写成，他一系列小册子的潜在对象主要为西欧读者。这些著作包括：《俄国》（致德国社会主义者乔治·赫尔维格的公开信）、《一位俄国人致马志尼书》、《俄国革命思想的发展》、《俄国人民和社会主义》（致朱尔斯·米希勒的公开信）、《致〈波兰民主报〉编辑》以及《俄国和旧世界》（致林顿的信）。赫尔岑是在境外写下这些文字的，他决定移民国外，就是为了创建一个独立的俄语出版机构。1853 年，他在波兰民主协会的帮助下创办自由俄国印刷所（The Free Russian Press/Свободная русская типография），并出版了《北极星》，这一刊名会让人联想到十二月党人 1823—1825 年间出版的辑刊。自 1857 年起，自由俄国印刷所还出版了期刊《警钟》。尽管《警钟》在俄国境内严格被禁，常被没收，但它仍然很快在俄国获得极大的人气和影响，其读者形形色色，涵盖社会各阶层，从高校学生到帝国法院的法官。

赫尔岑的俄国式社会主义代表了一种塑造俄国历史哲学的独特尝试， 165
他试图将斯拉夫派、恰达耶夫和 1840 年代的西方派（尤其是别林斯基和卡维林）的元素融为一体。从斯拉夫派那里，赫尔岑接受了乡间村社是新的更高级社会形式之萌芽阶段的观点，相信集体主义（在赫尔岑的术语中即“社会主义”甚或“共产主义”）是俄罗斯人民的固有特征。“使欧洲彻

① 赫尔岑：《彼岸书暨俄国人民和社会主义》，第 78 页。

底分裂为截然相对的两大阵营的社会主义，不就是斯拉夫派对我们自己的归纳吗？这是一座可以让我们携手合作的桥梁。”① 和斯拉夫派一样，赫尔岑强调，俄罗斯人民没有被罗马法的遗产或与之相关的关于所有制关系的个人主义观点所腐蚀。和斯拉夫派一样，赫尔岑重视村社的自治原则，强调村社成员之间真挚的自发性关系，他们并不受制于各种契约或人为制定的法律。最后，和斯拉夫派一样，赫尔岑相信，俄国的东正教信仰“比天主教更忠实于《福音书》教义”，俄罗斯人民由于宗教上的孤立，没有接触到西欧病入膏肓的文明。只有这种孤立才能使俄国农民保全他们的村社，村社反过来又使他们既摆脱了“蒙古野蛮”，也躲避了“帝国文明”，并帮助他们避免“权力的诱惑”，最终“看到社会主义在欧洲的出现”。② 欧洲长期思想发展过程的高潮，在俄国即呈现为“自然直接性”的成果。赫尔岑总结道，因其文明而深感骄傲的欧洲能从住在简陋木屋里的俄国农民那里学到很多东西，俄国农民仍忠于村社原则，遵循一个“古老的”观点，即人人有权分享土地及其出产。

赫尔岑此时著作中的泛斯拉夫主义元素激怒了卡尔·马克思及其他西欧激进主义者，这些泛斯拉夫主义元素亦可追溯至斯拉夫派的影响。1840年代，尽管霍米亚科夫在其历史哲学中已奏出泛斯拉夫主义的音符，但斯拉夫派尚未拥抱泛斯拉夫主义。赫尔岑常与霍米亚科夫进行过讨论。赫尔岑1844年的日记显示，斯拉夫派对他的影响因密茨凯维奇在巴黎所做的
166 斯拉夫文学演讲而大为强化，同样是在密茨凯维奇处，赫尔岑还发现了对欧洲理性主义文明的批判，发现了斯拉夫各民族是“未来之人”的观点，甚至还发现了将斯拉夫村社等同于社会主义观念的看法。③

① 赫尔岑：《赫尔岑文集》，第7卷，第118页。
② 同上，第288页。
③ 见瓦利茨基：《密茨凯维奇的巴黎演讲与俄国斯拉夫主义》，载《斯拉夫与东欧评论》（“The Paris Lectures of Mickiewicz and Russian Slavophilism,” in *The Slavonic and East European Review*），第46卷，第106期（1968年1月）。

赫尔岑从恰达耶夫处接受的观点认为，俄国是一个“没有历史的国家”，并坚信（与恰达耶夫的《疯人的辩护》一致）这是一件值得庆贺的事情，因为这使无视过去地建设未来成为可能。缺乏根深蒂固的传统（除村社外，村社始终置身于历史之外），没有那种可能会成为当代人之负担的“历史压舱石”，这反倒使赫尔岑意识到俄国可能更容易与“旧世界”决裂。俄国君主制并非欧洲皇室传统的一部分，被强加给俄国的外来官僚体制其实是拿破仑式的专制，它甚至难以被称为保守，因为它摧毁传统，而非维护传统。现代俄国的历史始于彼得大帝强制实施的“否定过去”，它彻底摧毁了“所有传统，使得任何人均无法将其恢复”①。受过教育的俄国人与他们国家的过去没有任何共同点，他们在世界主义的氛围中长大，不受任何历史传统的约束，他们是欧洲最独立的人。赫尔岑写道：“我们是独立的，因为我们重新开始了生活……我们是独立的，因为我们一无所有；我们几乎没有任何可爱之物，我们所有的记忆都充满了痛苦和怨恨。”②因此，俄国人在社会动荡中会收获一切，却毫无损失。事实上，我们可以模仿马克思关于无产阶级所说的那句名言，称赫尔岑把俄国视为诸多国家中的无产阶级，认为它在革命中失去的只是锁链，得到的却将是整个世界。

另有一个充满活力的国家也未曾受累于其封建的过去：“比如，请你们看一看欧洲两侧这两片巨大的国土。它们为何如此巨大？它们在为什么做准备？这种吞噬一切的行动欲望和扩张欲望意味着什么？这两个世界如此不同，但人们却很容易发现它们之间的相同，这两个世界便是美国和俄国。”③1835 年，德·托克维尔就曾暗示，未来属于美国和俄国。赫尔岑对 167

① 赫尔岑：《赫尔岑文集》，第 7 卷，第 332 页。
② 同上。
③ 同上，第 12 卷，第 136—139 页。

此表示赞同，但附加了一个限制性条款，即只有俄国才能为人类历史贡献出一个真正的新原则。他写道，美国只是看上去没有历史，而实际上它仅为转移至新大陆的新教欧洲。最重要的是，它缺乏俄国的“否定的勇气”，在给米希勒的公开信中，赫尔岑怀着既骄傲又痛苦的心情描述了这种“否定的勇气”：

> 我们被戴上了太多的锁链，目的是让我们心甘情愿再戴上新的锁链……我们屈服于暴力。我们是奴隶，因为我们无法解放自我，但无论发生什么事，我们都不会接受来自敌人的任何东西。
>
> 俄国永远不会成为新教国家。
>
> 俄国永远不会选择中庸立场。
>
> 俄国永远不会发动一场其唯一目的就是推翻沙皇尼古拉的革命，而让其他许多沙皇来取代他，其中包括那些副官沙皇、法官沙皇和警察沙皇。①

在此时的文章中赫尔岑并未认定，历史的缺失与俄国农民天赋的共产主义这两者的结合十分强大，足以带来人们期待的社会动荡。乡间村社自身是一个静态、保守的机制，它扼杀个性和个人的独立。至少在对个人自由的关注方面，赫尔岑始终忠于他早年的理想。因此，需要一种积极的力量，它能唤醒农民，为村社注入新的生命。这种力量即“个人主义原则”（principle of individualism/принцип индивидуализма），它首次体现在彼得大帝身上，这是一位“加冕的革命者”，一位否认传统和民族性的雅各宾派沙皇。②

① 赫尔岑：《彼岸书暨俄国人民和社会主义》，第 200 页。
② 赫尔岑：《赫尔岑文集》，第 12 卷，第 156 页。

赫尔岑对于彼得大帝的这一看法显然呼应了 1840 年代西方派的观点，别林斯基就认为彼得改革使俄国现实获得了能动因素，卡维林将彼得改革阐释为“个人原则在俄国历史中得以落实的第一阶段”。赫尔岑认为，在整个 18 世纪，沙皇制度发挥了文明化的作用，它借助创建一个西方化的精英阶层来鼓励个人解放，这一精英阶层起先支持政府，但后来转而反对它，其转折点即十二月党人起义。由于彼得的专制体制是一种“进步的独 168
裁”，因此，俄国的官僚体制和“德国式”专制在十二月党人起义后就变成了一股明显的反动势力。这就意味着，个人原则的新载体成了开明贵族，他们帮助政府创建了一个“斯拉夫国家内部的欧洲国家”，他们经历了欧洲自我意识进化过程中的所有阶段。[①]赫尔岑指出，在俄国，“受过教育的中产阶级”应被视为贵族阶层的一部分，事实上，任何“不再属于普通民众”的人都应被视为贵族阶层的一部分。因此，将成为“未来革命的温床和思想中心”[②]的社会阶层将不再是拥有土地的贵族阶级，而是这一阶层中受过教育的成员，即贵族知识分子，他们的“普世主义教养”将使他们脱离“不道德的土壤”，逐渐疏远他们所属的社会阶层，最终变成官方俄国的反对者。[③]

因此，俄国的未来取决于是否可能将普通人的共产主义与知识分子所代表的个人原则相互融合。对赫尔岑而言，这相当于将俄国的本土原则与欧洲人的成就，尤其是与盎格鲁-撒克逊国家的个人自由特征相互融合。俄国知识分子作为个人原则的载体，也是西方化的产物，是欧洲文明的继承人。尽管某些断章取义的引文可能会产生歧义，但赫尔岑的俄国式社会主义不仅不是欧洲的对立面，反而是一种综合，它能够保存欧洲遗产中最

① 赫尔岑：《赫尔岑文集》，第 7 卷，第 297 页。
② 同上，第 6 卷，第 215 页。
③ 同上，第 12 卷，第 155、188—189 页。

好的一切。

赫尔岑并不认为俄国式社会主义是历史的必由之路，他认为还有其他可能性：或许，共产主义这一“掉转过来的俄国式专制”将会获胜；或许，沙皇制度会转变为“社会的、民主的专制”。[①]或许，俄国会扑向欧洲，摧毁那些文明国家，和他们一同陷入一场不分青红皂白的大屠杀。赫尔岑强调，历史没有命中注定的道路，它允许人类在众多可能中选择一种可能，并为实现这种可能而斗争。

169 俄国式社会主义的座右铭即“在解放个人的同时保全村社”，这实际上是赫尔岑对他长期关注的问题之重申，他关注的问题即实现没有疏离的自由，调和自主感和归属感。在1840年代，他曾用黑格尔的术语假设特殊与普遍的和解，数年后，同样的问题又再次出现于不同语境下，但我们可以肯定地假定，在这两种情形下，赫尔岑均旨在满足同样的心理需求。

批判“旧世界”

赫尔岑对俄国的过去和未来重新产生兴趣，这与他对“旧世界”的痛苦失望密切相关。他是资产阶级社会的一位目光敏锐的批评家，尽管他的批判并非总是公正的。一位当代读者尤其能被他某些富有远见的观察所打动，这些观察似乎预示着对我们称为“大众文化”的这一复杂现象的批评。赫尔岑在这一方面最有趣的评论见于他总题为《终结与开端》的一组文章，他在这组文章中与伊万·屠格涅夫展开争论，后者在当时已成为俄国自由西方派的道德权威。

对赫尔岑而言，1848年标志着一个转折点，这是欧洲文明之终结的开端，是结束和超越，这也标志着进步、共和主义和民主制等所有理想的幻

---

① 赫尔岑：《赫尔岑文集》，第12卷，第197页。

灭。哲学不再是绝对，宪法原来是谎言。西方已放弃其种种理想，放弃了对各种旨在唤起人们采取行动的乌托邦解决方案的信念，剩下的只有相互冲突的民族利益和赤裸裸的权力争斗。

赫尔岑认为，之所以如此，是因为西方各民族已步入其成熟期，接近于标志着进化过程完成的稳定状态。这一“成熟时代”的代表即**中产阶级**。中产阶级的成功涌现是“一条千头蛇怪的胜利，它能听见一切，看见一切，它梳妆打扮，吞噬一切”。这是“专制的民众”之胜利，是约翰·斯图亚特·穆勒所担忧的“聚合的平庸”之胜利。[①]然而，这场胜利却顺理成章，民众“购买一切，因此也就掌控一切”，“他们冲开一切堤坝，淹没一切，溢出河岸”，他们“吞噬一切，贪得无厌”——这群人就是中产阶级之成功、之力量的证明。这群人可能会破坏美，消除个性，但他们却能促成繁荣。就像待售的商品，人也成为一种批发产品，他们平淡 170
无奇，作为个体差劲且低劣，但作为群体却更庞大，更有力。正是为了群体的提升，“中产阶级有理由获得胜利”，“你无法对一个饥肠辘辘的人说：‘饥饿对你更好，你不用去寻找食物。’”[②]

这一判断显然使赫尔岑有别于俄国民粹派思想家。对于在这一方面追随马克思的民粹派而言，资本主义就意味着对小生产者的强取豪夺，让后者无产阶级化，就意味着“国家富裕”和民众贫困这两者间日益增大的反差。很难想象民粹派能接受这样的观点，即资本主义是由于大众的社会进步而赢得的稳定和平衡状态。他们震惊于原始积累的残暴和为工业扩张而付出的高昂代价。而赫尔岑却在他对中产阶级文明略带贵族意味的、托克维尔式的批评中，从相反的角度看待资本主义，将其视为工业化的最终产物，亦即廉价的生产和大规模的消费及其社会后果。他不同意无产者日

① 赫尔岑：《赫尔岑文集》，第 16 卷，第 141 页。
② 同上，第 138 页。

益贫困化的观点，认为一位工人在西欧属于中产阶级之一员，这一看法在1860年代颇显独特。

自由与必然

如前文所述，赫尔岑“俄国式社会主义”理论的产生前提，即其世界观中唯意志论元素的强化。无论在1848年之前还是之后，他均反对那种目的论式的历史必然，反对那些试图强迫个人和民族走上预设道路的所谓客观历史规律。在《彼岸书》中，他又发展了他的新观点，他在此处激烈地否认历史进程的“合理性”，强调偶然事件和“即兴演剧”的作用，这些看法不仅体现了他先前乐观的历史观之解体，而且表达了一种渴望，即创建一种能给自由的、有意识的个人选择留下更大空间的历史哲学。

与此同时，《彼岸书》中也出现了某些与哲学自然主义相关的主题。
171 赫尔岑曾拒绝相信理性精神对事件的左右，如今他却把历史看作人与盲目的自然力量作战的战场。数年前，在其行动哲学中，赫尔岑曾被费尔巴哈的自然主义所吸引，这种哲学捍卫自然的直接性，对抗普遍性的片面支配。但在1848年之后，受欧洲实证主义倾向的影响，他开始将自然主义视为一种要求对所有现象进行科学解释的哲学。因此在1860年代，他试图（尤其是在《终结与开端》中）为他的俄国式社会主义理论提供科学基础。他强调其观点得到了“自然的、生理学的历史方法”之支持，这其实是试图令其对手失去立足的根基。

为支撑其理论，赫尔岑如今强调**自然界进化选择的多样性**，他认为这种多样性证明，并无一条“生理学定律”要求俄国经历与欧洲一模一样的发展道路：“整体的进化设计允许无限多无法预见的改动，比如象鼻或驼峰。”[①] 不

① 赫尔岑：《赫尔岑文集》，第16卷，第196页。

同的动物有不同的进化方式，直到它们各自抵达其最终形态。以此类推，欧洲已进化至其最终形式，即资产阶级国家，而俄国则是一种尚未完成进化的有机体，其未来形态尚未确定。西欧已经适应资产阶级体制，就像鱼适应了水中的生活、会用鳃呼吸一样，但这并不意味着俄国的命运业已决定，即使它已体现出资本主义发展的某些早期征兆。赫尔岑以鸭子的进化为例来说明这一观点：“主动脉的进化有过片刻犹疑，不知该塑造一根朝下的循环血管，还是构建一个侧支，试图塑造出两片鳃，但是在其心理遗传、习惯和进化机遇的作用下，鸭子最终并未停留于那个比较简单的呼吸器官阶段，而是发育出了肺。”① 通过这些取自自然史的例子，赫尔岑反对那种自然主义的社会进化观，后者是以线性的、欧洲中心主义的进步观为基础的。

然而，“自然主义”一词并不能完全概括赫尔岑在1848年后的哲学立场。他的自然主义历史哲学在其世界观中扮演着一个次要角色，更重要的是，每当他试图拓展其自然主义历史哲学的范围，就必定会与行动哲学的最高价值、与对普遍理想的信仰发生冲突，对普遍理想的信仰也在他的俄国式社会主义理论构建中发挥了重要作用。他坚持认为，有思想的人必须 172
反对资本主义在俄国的发展，因为人类已经找到更高的理想，即社会主义的理想，“工作业已完成，结果业已实现，已为所有智慧的人所理解；这是进步的巨大保障”②。这一论点自然相悖于《终结与开端》中提出的历史哲学的自然主义前提，后者假设并无所谓“进步的保障”，青蛙和母鸡循着不同的路径进化，俄国和西欧亦是如此，并无共同的标准来衡量两者的发展，每个物种都要发展其自身的“活力”，并遵循其“有机自然的目的论”法则不断进化。

---

① 赫尔岑：《赫尔岑文集》，第16卷，第196—197页。

② 同上，第12卷，第186页。

此外，自然主义的历史哲学是建立在严格的“生理”决定论基础之上的，因此它也与赫尔岑的这一信念相悖，即人是自己命运的主宰，或者说应该成为自己命运的主宰。如果历史进化仅为“有机进化的扩展”，如果一个特定民族的发展可以与一只爬行动物或一只鸟的进化做比较（赫尔岑本人就做过这种比较），爬行动物或鸟的最终形状是由胚胎或鸟蛋的特性预先决定的（甚至能接受所有可能的变异），那么就很难言及“个体的主权独立”或对历史进程的有意识的、创造性的引导了。

在身为政治侨民的那些年间，赫尔岑过于专注地投身日常的政治工作，很少有闲暇思考他的理论观点并将之系统化。不过，他一定会时常想到，自然主义的历史哲学以及对科学解决方案的信赖，未必能轻易地与他世界观中早先那些更基本的因素相互调和。至少在他晚年，他似乎越来越强烈地意识到了这种潜在冲突。

在这一方面，赫尔岑于 1868 年写给他儿子（他儿子是一位博物学家）的一封信是一份有趣的文件，这封信是用于发表的，通常被称为《关于意志自由的信》。这份文件表明赫尔岑的思想发生了重大变化，其表现之一即他开始质疑自然科学能否成为解释社会发展，尤其是历史哲学的一种工具。
173 赫尔岑在给儿子的信中写道：“生理学已非常圆满地完成了其任务，它将人分解成无数的行为和反应，将人简化为一种无意识反射之循环。如今，它应该允许社会学完整重建，把人从解剖室里抢出来，把他还给历史。”①

赫尔岑认为，对于人的自然主义看法与社会学看法这两者间的根本区别，就在于对自由意志的不同理解。从“生理学”的角度看，自由意志只是一种错觉，而从社会学的角度看，自由意志却意义重大。生理学的自我只是一个特定的“有机功能的流动形式”，而与生理学的自我不同，社会

① 赫尔岑：《赫尔岑文集》，第 20 卷，第 439 页。

学的自我则“假设意识的存在，有意识的自我既不会应对刺激，也不会参与活动，除非他感到他是自由的，也就是说，他能在一定范围内选择做某事或不做某事”。这种自由感是这样一些人的意识之必然属性，他们“从动物性的梦中醒来”并成为历史的实体。因此，自由的概念必须被理解为“人类理性的现象学必然，一种心理现实”。[①]

显而易见，赫尔岑的思路并非为了消除生理决定论和人的自由这两者间的矛盾，相反，这一矛盾被提升为不可调和的康德式二律背反。赫尔岑不仅搁置了他在1840年代提出的理论和实践相互调和的观点，而且如今还为他之前反对过的二元论找到了哲学论据，即“理论理性”和“实践理性”之间的分裂。然而，赫尔岑追随康德，承认“实践理性”的首要地位，因此仍忠实于其行动哲学的基本意图。客观真理作为自在之物仍是一种 magnum ignotum（伟大的未知），但是至少，道德自由是一种“人类学现实”，因此，它对人类而言就像时间或空间一样真实。

尽管这一解决方案有种种弱点，但它仍鼓励人们拒绝激进派以生理学、历史学或经济学等“客观规律”名义提出的各种理论，认同不可避免的事实，放弃为实现其“乌托邦”目的而展开斗争。在科学常被用来支撑社会主义只有在遥远的将来才有可能在俄国实现这一命题时，赫尔岑对自由和必然问题的阐释对大多数俄国社会主义者而言具有巨大吸引力。事实上，这一理论正是社会学中所谓“主观”方法的根源，该方法由俄国民粹 174
派主流理论家彼得·拉夫罗夫和尼古拉·米哈伊洛夫斯基同时提出。

《致老战友书》

在俄国1860年代的改革之后，赫尔岑的政治态度又发生一次重大转

① 赫尔岑：《赫尔岑文集》，第20卷，第443页。

变。在沙皇尼古拉一世去世前，作为一位无法影响到事件进程的书斋哲学家，赫尔岑发现他可以轻而易举地宣扬坚定不移的激进主义，预言即将到来的灾难，并自豪地宣称俄国永远不会选择中庸之道。而在 1855 年后，他却更愿意妥协：他呼吁新皇帝抓住时机，进一步推进“不流血的进步”；他欢迎每一点进步，无论步子迈得多么小；他在其政治纲领中采用许多“半措施”或“临时”方案；他甚至愿意接受君主制继续存在，只要这一制度能采取一些最紧迫的改革。由于这种立场改变，赫尔岑如今在更为广泛的社会阶层赢得了支持者，其中包括那些支持改革，但肯定不支持革命性变革的人。与此同时，在其庞大读者群的影响下，《警钟》注定会成为公众舆论的喉舌，它引入一种折中调性，并遵循当时广义的“改革阵营”中流行的情绪和公认的观点。

不难理解，这一切促成了赫尔岑与俄国自由派之间的和解，而赫尔岑与激进派之间的某些分歧又进一步强化了这种和解。赫尔岑认为，车尔尼雪夫斯基和杜勃罗留波夫对进步贵族阶层自由传统的拒绝过于激烈，对 1840 年代“多余人”一代的否定是教条主义的判断。[①] 不过，这些差异不应被夸大，因为在所有政治问题上，赫尔岑均站在车尔尼雪夫斯基等年轻激进派一边，而非贵族自由派一边。当十二月党人运动之后的第一个革命组织于 1861 年成立时，其创始人中就包括赫尔岑、奥加廖夫以及车尔尼雪夫斯基，该组织的名称“土地与自由”（Land and Freedom/Земля и воля）原本就是赫尔岑的期刊《警钟》的座右铭。

175 然而不久，一些事件使得赫尔岑在俄国境内的巨大人气和广泛影响告一段落，其中最重要的事件即 1863 年的波兰起义。赫尔岑始终认同一个“教条”，即波兰民族无疑享有独立的权利，“必须建立一个革命性

① 见本书第 206—208 页。

的俄波联盟”。列宁曾在1863年对这一原则坚信不移，他后来写道，赫尔岑挽救了“俄国民主的荣耀”。尽管赫尔岑严重怀疑起义成功的可能性，但他仍立即把他全部的道德威望和政治威望押在这场起义上，把他的精力和新闻才能投放在波兰问题上。他的悲观预测很快便被证明是对的。在俄国，波兰起义激发起一波沙文主义浪潮，政府的巧妙宣传和民族主义媒体（如卡特科夫主导的《莫斯科新闻》）掀起一股疯狂的反波舆论，这一浪潮甚至影响到某些进步人士。《警钟》先前的热情读者们极易受到煽动性言论之影响，那些言论把波兰起义描述为一场贵族反动运动，旨在强化波兰对乌克兰和白俄罗斯的统治，阻碍波兰的土地改革。那些理解波兰的正当要求、赞同赫尔岑立场的客观观察家们被迫保持沉默，《警钟》遭到来自各方的猛烈攻击，因为它不仅背叛了民族利益，而且甚至背叛了社会主义和民主。它的发行量迅速下降，再也未能达到先前的高位。

起义被镇压，激情不再，在这之后，赫尔岑又感受到更多失望，与所谓“年轻侨民”小组之间的误解和争吵尤其令他痛苦。他们之间有许多相互猜疑的理由。年轻、激进的平民知识分子指责赫尔岑有贵族的傲慢，其思想是冷漠的自由主义，不愿为革命做出个人牺牲。赫尔岑则指责平民知识分子在政治上鲁莽，指责他们不择手段地捞钱，目的是进行不负责任的冒险。他因他们的缺乏礼貌、言行“粗鲁”而感到生气，他认为，这表明他们并未成功地摆脱他们在早年所处环境中养成的坏习惯。尽管双方均做出许多尝试，试图达成某种相互和解，但最终的分裂仍在所难免。

赫尔岑的痛苦和孤独在不断加剧，因为他对年轻侨民的态度并非总能被他最亲近的友人们所理解。巴枯宁的威望和影响力迅速提升，尽管他的观点受到第一国际俄国分部的猛烈抨击。在年轻侨民圈中，就连奥加廖夫也比赫尔岑更为自如（奥加廖夫的观点也的确与那些年轻侨民大致相同）。 176

在赫尔岑去世前一年，这种差异通过涅恰耶夫案件再次凸显出来。① 尽管巴枯宁和奥加廖夫两人均提出要求，赫尔岑仍拒绝把钱交给涅恰耶夫，这笔钱是一位名叫巴赫梅季耶夫的人捐给他用于革命事业的。涅恰耶夫事件的结果最终使巴枯宁相信，他的朋友赫尔岑的怀疑态度是合理的，但此时赫尔岑已不在人世。

赫尔岑在 1860 年代末对俄国革命者所持的批判立场和深刻的怀疑态度，以及他对西欧工人运动组织成就的深入了解，使他再次改变主张。他在《致老战友书》中分析了自己的转变动机，这些书信表面上是写给巴枯宁的，但其实是在与他自己 1848—1849 年间悲剧事件之后所持的观点展开争论，他当时对西欧失望至极。

俄国式社会主义的学说源于赫尔岑一个十分坚定的信念，即他所处时代是一个具有决定性意义的转折点。在他看来，旧世界行将崩溃，西欧就像古罗马一样将陷入一场巨大的历史灾难，而俄国人将在这场灾难中扮演新野蛮人的角色。在《致老战友书》中，这种灾难性场景已让位于一个温和得多的判断。事实上，赫尔岑不再预言资产阶级社会即将崩溃，他认
177 为，新近出现的世界尚不完整，旧的秩序仍然具有强大的道德基础和物质基础，试图用暴力推翻它，只会导致毁灭、停滞和混乱。“在你们炸毁资产阶级社会之后，当烟雾消散，废墟被清除，将要出现的只不过是略加修整的、**另一种形式的资产阶级社会**。”②

① 谢尔盖·涅恰耶夫（1847—1882）是高度集权化的秘密革命组织“人民惩戒团”的创建者，他冒充国际联盟代表和全俄革命委员会成员，在这方面得到巴枯宁的帮助，后者给他颁发了一份特别委任状，上面有并不存在的“欧洲革命联盟中央委员会”的大印。涅恰耶夫的《革命者教义问答》主张残酷无情、不择手段的斗争方式。此书宣称，革命者鄙视、憎恨现存社会伦理，“对于革命者而言，一切有助于革命胜利的东西都是道德的，一切阻碍革命的东西都是不道德的”［引自文图里：《革命的根源》(F. Venturi, *Roots of Revolution*)（伦敦，1960），第 366 页］。这一规则被运用于涅恰耶夫小组的一名成员伊万·伊万诺夫，他因怀疑涅恰耶夫的身份、拒绝涅恰耶夫的方式于 1869 年“被判处死刑”。伊万诺夫的遇害使警察发现了“人民惩戒团”的踪迹并逮捕其成员。1871 年于圣彼得堡进行的审判在俄国和西方国家引起了极大愤慨。保守媒体（也包括陀思妥耶夫斯基的小说《群魔》）则利用这一案件来抨击整个革命运动。

② 赫尔岑：《赫尔岑文集》，第 20 卷，第 2 册，第 577 页。

这种对未来的新观点涉及赫尔岑历史哲学的重大转变，即从唯意志论转向重新强调历史进程的必然性和内在一致性。他如今认为，每一种历史形态都曾是其所处时代的“最高真理”：“私有财产、家庭、教会和国家都曾是服务于人类解放和发展的强大训练场，当它们不再必要时，便会被我们抛在身后。”① 只有与历史演进的内在节奏相吻合的事业才可能获得成功。在与巴枯宁争论最为激烈的时期，赫尔岑甚至引用过黑格尔的悖论，即甚至连奴隶制也可能是迈向自由的一步。

赫尔岑接受经济过程所发挥的决定性作用，但与巴枯宁不同，他认为社会变革必须缓慢进行，加速其进程的程度应近似于助产士帮助孩子出生的程度。不过，他的决定论不是纯机械的，似乎与他之前在《关于意志自由的信》中提出的观点相矛盾，这并非是在返回黑格尔的唯心主义，但也不是对“经济主义”的退让，“经济主义”认为变化是自动发生的，并无人类意志或意识的参与。赫尔岑认为，经济变化**仅仅**借助于对民众的意志和意识施加影响来取得进展，因此，意志和意识便成为我们称之为历史进程的这根链条上不可或缺的环节。巴枯宁的革命无政府主义不可接受，不是因为它夸大了人的意志和意识在历史上的作用，相反，是因为它忽视了人的意志和意识，试图把革命者自己的意志强加给大众。这种赫尔岑称之为“反进步主义”（retrograndism/ретроградство）的方式，在最好的情况下也只能导致巴贝夫的“底层奴隶平等”或卡贝的“共产主义农奴制”。赫尔岑的新历史观不需再相信决定事件运动的“**客观**”规律（或曰永恒规律），而仅承认这样一个事实，即最自由的个人之有意识的意志，其意义也远不如受历史制约的意识和民众的意志。

这一观点的实际含义是，赫尔岑开始倾向于渐进的改革而非革命。因 178

① 赫尔岑：《赫尔岑文集》，第20卷，第580页。

为经济变化（以及与之相伴的立场变化）是渐进的，“不可能在人们产生**内在的**自由愿望之前把他们从其外部环境中解放出来”①，最紧迫的任务就是去影响民众的意识，去加速他们的意识，但也不能忽略必要的阶段，即“内心解放”过程。赫尔岑写道，应该用争论取代“残酷的暴力”，“对我们来说，使徒比先遣部队的军官更有用”。②他相当明确地表达了他的意思：“我不相信先前的革命路径，我试图去理解**人们**过去和现在的步履，这就意味着要与他们同步，不能落后，也不能跑得太远，否则人们就不会跟随我，也难以跟上我。”③

这一重新评价是赫尔岑对欧洲，尤其是对欧洲工人阶级恢复信心的体现之一。在《致老战友书》中，赫尔岑多次提及国际工人协会，认为这是旧世界内部成长起来的新制度之萌芽。正如列宁所描述的那样，赫尔岑此次“把他的视线转向国际”④，这与他对“旧有的革命路径”的拒绝并不矛盾。赫尔岑对第一国际的反应受到巴枯宁的影响，巴枯宁指责第一国际承认资产阶级国家，放弃革命，试图成为合法的、和平的反对派。当然，他们两人的不同之处在于，巴枯宁找到的批评理由却成了赫尔岑的赞许理由。因此我们可以看到，《致老战友书》体现了，至少是部分地体现了对俄国式社会主义的拒绝，尽管这些书信并未假设进步只能有一个方向，即强迫俄国经历资本主义阶段，但它们却拒绝了如下判断：将俄国定性为“社会革命的上帝选民”⑤。

1905 年革命后，这些书信在自由主义者圈子里被解释为赫尔岑转向自

① 赫尔岑：《赫尔岑文集》，第 20 卷，第 589—590 页。
② 同上，第 592—593 页。
③ 同上，第 586 页。
④ 列宁：《列宁选集》，第 18 卷，第 27 页。中译见列宁：《纪念赫尔岑》，《列宁全集》，北京：人民出版社，2017 年，第 21 卷，第 263 页。
⑤ 恩格斯曾在其《论俄国的社会问题》（“On Social Relations in Russia”）（1894）一文的跋中使用这一说法。中译见《马克思恩格斯全集》，北京：人民出版社，2020 年，第 29 卷，第 525 页。

由主义立场的证据，尽管这一结论很难被认同。赫尔岑既未接受资产阶级的改革主张，也未放弃社会的彻底变革之理想，他试图做的就是调和这种激进的观念转变与历史的、文化的连续性这两者间的矛盾。如果说他如今 179
不愿去“彻底点燃整个历史领域的土地”①，这也是因为他不再相信这将会带来一场真正的、革命性的除恶运动，因为烧焦的土地还将长满杂草，人类革命理想的实现注定会失败，或至少会被大大地延迟。

无论如何，《致老战友书》并未改变赫尔岑在俄国思想史上的地位。作为一名政治领袖，一方面，他代表着十二月党人与“多余人”（贵族革命者和贵族自由主义者）之间的联系，另一方面，他也代表着十二月党人与1860年代激进民主派之间的联系。作为一名理论家，他伫立在1840年代的西方派、斯拉夫派与民粹派思想家之间。

第二节　尼古拉·奥加廖夫

前文对赫尔岑的宽泛定义也同样适用于他最亲密的朋友和合作者**尼古拉·奥加廖夫**（Nikolai Ogarev/Николай Огарев，1813—1877）。从学生时代直到后来的流亡岁月，奥加廖夫的生平与赫尔岑的生平均十分相似。在青年时期，他俩经历过一个浪漫的友谊阶段，这种友谊建立在相互同情和共同理想的基础之上（他俩曾在麻雀山上宣誓效忠他们的共同理想）。他俩是莫斯科大学的同学，两人共同创建一个学生研究小组，小组成员一起讨论圣西门以及“历史新轮回时期”其他代表人物的思想。1834年，奥加廖夫与赫尔岑一同被捕，并被流放至奔萨省。结束流放返城后，他与赫尔岑一样热切地接受德国哲学，并于1841—1846年间在德国学习。虽然这

① 赫尔岑：《赫尔岑文集》，第20卷，第589页。

两位朋友此时不在一起，但奥加廖夫的思想演进却与赫尔岑惊人地一致，像后者一样，他开始感到自己倾向于“行动哲学”，试图“克服”黑格尔的唯心主义，他仔细阅读了费尔巴哈的著作（事实上，在费尔巴哈 1842 年短暂访问俄国期间，正是奥加廖夫把他介绍给了赫尔岑及其他莫斯科友人）。后来，两位朋友有过短暂分离，当赫尔岑开始在境外创建其俄国式社会主义理论时，奥加廖夫则定居在其庄园，解放他的农民，尝试许多创新举措，旨在通过合理的耕作方法提高乡村的生活水平。然而，待奥加廖
180 夫获得护照（在尼古拉一世去世后），他便即刻离开俄国，加入赫尔岑的自由俄国印刷所。他成为《警钟》的联合主编，与赫尔岑一同经受了该报的所有成功和失败。

作为一名政治思想家，奥加廖夫原则上与赫尔岑立场一致，虽然在一些细节问题上他俩也持有不同看法，甚至意见相左。奥加廖夫尽管也写诗，但他的主要兴趣在于一些实践问题，如革命运动的组织和俄国社会主义的经济方面。即便到了 1857 年，他也像赫尔岑一样仍然相信可以在不使用暴力的情况下实现基本的民主改革和社会改革，他还撰文讨论在俄国组建秘密社团的可取性（《秘密社团手记》）。他对亚历山大二世推行的土地改革的局限性深感失望，于是制订了通过军人和农民革命推翻政府的计划。奥加廖夫的这些计划基于对十二月党人起义和反封建的农民暴动之教训的仔细研究，他得出结论：军队要率先行动，构成基本骨架，再由武装的农民组成大军。

奥加廖夫比赫尔岑更注重吸引革命农民，赫尔岑对农民革命的可能性更多疑虑，他倾向于强调保护精英阶层文化成就的必要性。奥加廖夫还发现，他与普通民众中的同情者更易相处，于是在 1862 年主编一份新期刊，即《共同谓彻》，面向比《警钟》的读者层次稍低的平民读者（农民、工人、士兵和旧礼仪派信徒）。奥加廖夫写于 1860 年代的一封书信

是其个性在这一方面的典型体现：“如果普加乔夫出现在我们身边，我愿做他的副官，因为波兰贵族在我心中激起的仇恨还抵不上俄国贵族在我心中激起的仇恨的百分之一，俄国贵族卑微无耻，死心塌地地效忠俄国政府。”①

如果说赫尔岑关心建立俄国式社会主义的历史哲学基础，那么奥加廖夫则对社会主义的经济方面更感兴趣。借助对具体经济因素的详细分析，他试图证明资本主义在俄国是一种人为现象，没有成功的希望。而农民村社的存在则表明，社会主义不仅是一个“字面上的思想”，像在受到经济个人主义腐蚀的西欧那样，而是一个具有真实根据的概念，它植根于农业经济和民风习俗，仅需把土地的村社所有制过渡至共同耕种，社会主义便 181
可建立。俄国农民对社会主义的自发倾向是建立联邦制政府的保证，因此也可避免自上而下的中央集权或严格管控，而这正是巴贝夫的革命共产主义的主要弱点。

奥加廖夫很清楚他所讨论的是农业社会主义，他从中得出的结论也是始终如一的。例如，他宣称城镇在俄国并无必要，他指责车尔尼雪夫斯基所代表的“都市”社会主义，他也批评西欧的社会主义者并不明白，废除土地私有制是社会主义制度的必要前提。

奥加廖夫的哲学观自他年轻时带有宗教色彩的浪漫主义唯心主义，经由黑格尔主义，最后演变为唯物主义和无神论。他也受到实证主义的影响，他认为唯物主义和实证主义的区别在于，后一种体系并不试图定义存在的普遍“原则”，而对于唯物主义者而言，存在的普遍“原则”即物质。不过奥加廖夫认为，这一点在实践中并不重要，因为这两个体系均以“正面知识”（positive knowledge/положительное знание）为基础。在奥加廖

① 《文学遗产》，第 61 卷（莫斯科，1958），第 824 页。

夫的社会观中，机械唯物主义与历史唯心主义相互结合在一起，一方面，他强调历史进程是自然史的一部分，另一方面，他也赞同启蒙运动的观点，即进步的原动力是科学知识的发展和传播。黑格尔的影响则可追溯至奥加廖夫的这一信念，即进步的过程并非线性的，而是螺旋式上升的。奥加廖夫的另一个典型立场，即他在俄国著名生理学家伊万·谢切诺夫影响下生成的严格的“生理”决定论，依据后者的学说，奥加廖夫拒绝自由意志，将之视为一种唯心主义迷信，并试图用“因果宿命论”取代“先决宿命论”。

这一观点不同于赫尔岑在《关于意志自由的信》中提出的更为复杂的概念。然而，尽管奥加廖夫持这一决定论立场，他在其政治活动中仍倾向于唯意志论（远甚于赫尔岑），其表现之一，即他并未与政治冒险家涅恰耶夫保持一定距离。如今我们得知，奥加廖夫曾与涅恰耶夫密切合作，涅恰耶夫小组传播的声明大多出自奥加廖夫之手。同样值得指出的是，在赫
182 尔岑以《致老战友书》挑起的那场争论中，奥加廖夫站在巴枯宁一边。

本章涉及作品

亚历山大·赫尔岑:《玛丽尼大道来信》(*Letters from the Avenue Marigny*/Письма из Avenue Marigny)，书信集
——:《彼岸书》(*From the Other Shore*/С того берега)，著作
——:《俄国》(*La Russie*)，书信
——:《一位俄国人致马志尼书》(*Lettre d'un Russe à Mazzini*)，书信
——:《俄国革命思想的发展》(*Du développement des idées révolutionnaires en Russie*)，著作
——:《俄国人民和社会主义》(*Le Peuple russe et le socialisme*)，书信
——:《致〈波兰民主报〉编辑》(*To the Editors of the Polish Democrat*)，文章
——:《俄国和旧世界》(*La Russie et le vieux monde*)，书信
——:《北极星》(*North Star*/Полярная звезда)，期刊
——:《警钟》(*The Bell*/Колокол)，期刊
——:《终结与开端》(*Ends and Beginnings*/Концы и начала)，系列文章

——:《关于意志自由的信》(*Letter on Will's freedom*/Письмо о свободе воли), 书信
——:《致老战友书》(*Letters to an Old Comrade*/К старому товарищу), 书信集
卡特科夫:《莫斯科新闻》(*Moscow News*/Московские ведомости), 报纸
尼古拉·奥加廖夫:《秘密社团手记》(Заметка о тайном обществе), 文章
——:《共同谓彻》(Общее вече), 期刊

第十一章

尼古拉·车尔尼雪夫斯基与1860年代“启蒙者”

俄国历史学家在写下“60年代”这一时间概念时，他们脑中通常所想的并非1860年至1870年这十年，而是现代俄国历史上的一个关键时期，它始自1855年俄国在克里米亚战争中的战败，止于1866年卡拉科佐夫刺杀沙皇亚历山大二世未遂。这十一年间的关键一年是1861年，这一年不仅见证了农奴解放和《关于农民脱离农奴依附地位的总法令》的颁布，而且还凸显出此前两年革命热情的高涨。第一个全俄革命社团“土地与自由社”也于1861年底成立。时至1862年，革命成功的概率降低了，1863年波兰起义激起的沙文主义情绪使保守势力得到壮大。尽管如此，政府仍在继续实施社会改革，1864年初，被称为“地方自治会”的地方自治机构建立起来，同年稍后又引入影响深远的法律改革。但与此同时，迫切要求进一步变革的激进派承受越来越大的压力，社会舆论氛围对民主阵营不利。在德米特里·卡拉科佐夫试图刺杀皇帝之后，自由派媒体和保守派媒体均发动了一场针对“虚无主义者”的狂热舆论战。

1861 年的土地改革远远不够充分，它未能满足农民对土地的渴望，还夺走了农民们先前耕种的一些土地，并让他们承担沉重税赋，以偿还政府付给土地前所有者的费用。简而言之，农业问题并未得到最终解决，沙皇专制体制的结构依然如故。不过尽管如此，也应承认一个事实：俄国如今已步入资本主义快速发展的阶段，该国的思想氛围也发生了深刻变化。 183

在塞瓦斯托波尔的灾难性失败（这次失败由于俄国军队的英勇无畏而更令人恼怒）之后，俄国这个直到不久前还被视为神圣同盟的最有力支撑的封建官僚帝国，如今却被视为一个泥足巨人。作为旧体制所有邪恶之象征的尼古拉一世的去世受到大多数人欢迎，人们希望一位新皇帝的执政将开创一个政治和社会变革的时代。甚至连政府圈子里的人士也意识到，某些改革早该进行，其中最主要的即解决农民问题。亚历山大二世感到有必要做出部分让步，其中就包括向公众征询意见，如何在不损害现存体制的前提下实施最迫切的改革。亚历山大登基后这个充满巨大希望和公民自发积极性的时期，后来被称为“解冻”。

但政府的新政策既前后矛盾又支离破碎，使得希望与疑虑混杂。不过，这些让步已足以促成社会思想的大繁荣，促成了俄国严肃新闻业的“黄金时代”。1855 年之后创造力的爆发尤其令人震惊，如果我们将之与尼古拉一世统治的最后七年间近乎完全停滞的状态做比，在那七年间，别林斯基去世，赫尔岑流亡，彼得拉舍夫斯基派遭到审判。自 1848 年至 1855 年，改革运动失去了思想者，在欧洲革命浪潮的影响下，沙皇当局强化了对一切独立思想的迫害，媒体在书刊审查制度的高压下衰落，大学被视为传播有害思想的中心。当局对“思想躁动”的幽灵如此恐惧，甚至下令关闭大学的哲学系，将哲学教学交到东正教神学家们手上。对过去数年间强力镇压的生动记忆使得人们过分信赖新皇帝的自由主义，人们普遍认为，政府和公众将自愿合作，共促发展，不会出现混乱或暴力。几乎所有社会和政治派别的代表均团结一致，全都希望进行改革，使公共生活自由化。皇帝宣布的解放农奴法令受到热情欢迎。赫尔岑对新沙皇欢呼道：“你成
184 功了，加利利人！”

这种高尚的乐观主义与全民和谐的情绪很快便告一段落。事件的内在逻辑造成的态度的两极分化日益增大，民主圈人士对政府的作为越来越失望，他们也越来越容易受到革命思想的影响。在政治领域，最重要的变化即出现了一个强大、独立的激进阵营。当激进的民主派和自由派不仅主张采用不同的社会变革方法，而且还抱有不同的最终目标时，这两者间的联盟也就不复存在了。自由派和激进派均谋求资本主义体制之内的变革，但他们却代表着不同利益。由于俄国缺乏一个能够挑战专制体制的强大的资产阶级，无论自由派还是激进民主派均难以被称为真正意义上的资产阶级代言人。自由派是“贵族自由派”，他们代表渴望适应新时代的地主阶级的改革倾向；相比之下，激进派运动则表达了最广泛意义上的“人民”之欲望和利益，在俄国，“人民”当然指农民。

不应过分拘泥地理解激进民主派代表农民利益这一说法。俄国农民无法直接参与思想斗争。民主派各团体的成员并非来自农民，而是来自平民的知识分子，他们背景不同，非大贵族出身，大多为小官吏、牧师或贫穷小贵族家庭之子，他们必须靠自己的大脑谋生。这个新群体出现在公共生活中，带来了一场重大的思想和文化革命。

在俄国马克思主义者中，1860 年代激进民主主义的主导意识形态被称为“просветительство”，这个单词只能译成“启蒙运动”（enlightenment），这个术语当然也指俄国 18 世纪的启蒙运动。1860 年代这场运动的代表也干脆被称为“启蒙者”（enlighteners/просветители）。普列汉诺夫强调过 1860 年代“启蒙运动”与 18 世纪历史唯心主义之间的联系。对列宁而言，1860 年代的启蒙运动主要是一种支持资产阶级进步、反对封建主义残余的

民主意识形态。普列汉诺夫与列宁的共同看法，即把1860年代俄国启蒙运动与18世纪理性主义联系在一起，普列汉诺夫注意到了这种理性主义的理论弱点，列宁则强调其进步作用和反封建作用。185

俄国1860年代“启蒙运动”与法国18世纪启蒙哲学之间的相似也可追溯至哲学态度（即“人性”与各种封建“迷信”的对立），追溯至这场运动的哲学风格，这种风格是蓄意批判的，富有攻击性的，总是希望强调“是什么”和“应该是什么”这两者间的对比。“启蒙者”自己也意识到了这一点，正如他们中的一员尼古拉·舍尔古诺夫所言：

> 1860年代是我们的精神非同寻常的高涨期，我们的思想力量不曾有过的紧张期，我们的批判思想不曾有过的发展期……在当时，批判思想渗透进了每一个知识领域，触及了每一个社会现象。大地和天穹，天堂和地狱，个人幸福和社会幸福问题，农民的木屋和贵族的大厦——所有这些都经受了批判性思想的审查和检视……我们在1860年代经历的思想革命，其规模并不亚于法国自18世纪中期所经历的思想革命。[①]

第一节　车尔尼雪夫斯基的人本唯物主义

生平

“1860年代”的关键人物无疑是**尼古拉·车尔尼雪夫斯基**（Nikolai Chernyshevsky/Николай Чернышевский，1828—1889）[②]。他是萨拉托夫城

① 转引自《弗·伊·列宁与19世纪至20世纪初俄国社会政治思想》（*V. I. Lenin i russkaia obshchestvenno-politicheskaia mysl' XIX—nachala XX veka*）（列宁格勒，1969），第42页。

② 新近出版了三部研究车尔尼雪夫斯基的英文专著，即兰德尔：《尼·加·车尔尼雪夫斯基》（F. B. Randall, *N. G. Chernyshevskii*）（纽约，1967）；沃林：《车尔尼雪夫斯基：生平及其新闻事业》（W. F. Woehrlin, *Chernyshevskii: The Man and the Journalist*）（马萨诸塞州坎布里奇，1971）；佩雷拉：《尼·加·车尔尼雪夫斯基的思想与学说》（N. G. Pereira, *The Thought and Teachings of N. G. Černyševskii*）（海牙，1975）。

圣谢尔吉教堂一位神父的儿子，他本想子承父业，但自神学院毕业后他并未继续学习神学，而是进入圣彼得堡大学历史语言系。在大学期间，他立即开始研读在公共图书馆里无法读到的禁书。1848 年革命时，他贪婪地阅读法国和德国的报纸，以便了解最新情况。亚历山大·哈内科夫（彼得拉舍夫斯基小组成员之一）使他了解到傅立叶和乌托邦社会主义。带着其特有的追根究底气质，车尔尼雪夫斯基饱览了傅立叶、圣西门、卡贝、勒鲁、孔西代朗、蒲鲁东和勃朗等人的主要著作。他的文学艺术观是在别林
186 斯基的显著影响下形成的。对年轻的车尔尼雪夫斯基有重大影响的另一人是炮兵学校的俄国文学教师伊里纳尔赫·维坚斯基，他俩常在维坚斯基家中促膝长谈。维坚斯基曾是彼得拉舍夫斯基的朋友，因此他也象征着车尔尼雪夫斯基与彼得拉舍夫斯基小组之间的别样关联。

起先，车尔尼雪夫斯基试图将其基督教信仰与“社会主义者与共产主义者的思想、激进的共和派与山岳派的思想”调和在一起，例如在 1848 年，他曾为被判处死刑的失败革命者的灵魂祈祷。后来，在圣西门主义者以及皮埃尔·勒鲁的影响下，他试图将乌托邦社会主义与“新基督教”概念，与“新弥赛亚、新宗教和新世界”等概念联系起来。再往后，他生出新的疑虑，他在日记中写道：“耶稣基督采用的方法或许并不正确。”如果耶稣能发明一种自我调节机制，一种类似 perpetuum mobile（永动机）的装置，这应该更为有用，能使人类从终日操劳，如何获取面包的重负中解脱出来。①

此类言论表明，年轻的车尔尼雪夫斯基的基督教并非源于一种超验的经验，而是源于对神的人间王国的热情信仰。这种信仰极易经历一个世俗化过程，人们在费尔巴哈之后已得出结论，即神学的秘密就是人类学，自

① 见车尔尼雪夫斯基 1848—1850 年间日记（*Diary*）。

这一结论再简单地迈进一步，便可将神的人间王国解释为一个解放人类、让人类充分掌控自己命运的王国。

1851 年大学毕业后，车尔尼雪夫斯基被任命为萨拉托夫中学的文学教师。他是一名才华横溢的老师，很快就受到学生们欢迎。然而，他的激进观点却给他带来麻烦，仅仅过了两年，他便在 1853 年离开故乡萨拉托夫前往圣彼得堡。在圣彼得堡，车尔尼雪夫斯基开始撰写题为《艺术对现实的审美关系》的硕士学位论文。[①] 他也开始在报刊上发表文章和文学批评，并在 1855 年加入涅克拉索夫主编的《现代人》杂志编辑部。别林斯基去世后，《现代人》受到一些有唯美倾向的自由派批评家（亚历山大·德鲁日宁、帕维尔·安年科夫和瓦西里·鲍特金）的影响，因此不再体现出明确的、同仁式的思想路线。然而随着车尔尼雪夫斯基的加入，该杂志又再 187
次开始为具有思想倾向的批判现实主义摇旗呐喊。

车尔尼雪夫斯基的大部分文学批评文章均写于 1854—1857 年间。1857 年秋，他把《现代人》杂志文学批评部的编辑工作交给比他更年轻的同事尼古拉·杜勃罗留波夫，以便专心研究历史、哲学和政治经济学。在他后来所写的文章中，他提出一种新的革命激进主义的基本原则，这种激进主义完全脱离了俄国自由派及其贵族同情者的世界观。车尔尼雪夫斯基在其《哲学中的人本主义原理》中阐述了他的哲学观和伦理观，在《资本与劳动》、篇幅很大的《穆勒政治经济学概论》[②] 以及其他一些经济学论文中，他自“劳动群众的政治经济学”角度对经济自由主义进行了批判性分析。在多篇文章中，尤其在《关于土地村社所有制的哲学偏见之批判》中，他为农民村社辩护，反驳那些资本主义发展倡导者的攻击。他的一组关于法国革命的文章（《卡芬雅克》《路易十八世和查理十世统治时期法国

① 在革命前的俄国，“硕士”学位获得者有资格被聘为教授。
② 这两篇文章曾得到马克思激赏。

的党争》《七月王朝》等）尤为有趣。在他此时期的著作中，车尔尼雪夫斯基强调指出了自由派政治家的摇摆和懦弱，抨击了他们提出的折中措施，他还将自由派的纲领与激进派的纲领进行对比，前者强调政治自由问题（车尔尼雪夫斯基认为这在很大程度上有利于社会的富裕阶层），后者强调人民的福祉。应该指出，整整一代俄国革命者的观点均由这些文章塑造而成。

随着俄国革命情绪的高涨，车尔尼雪夫斯基作为激进阵营思想领袖的作用愈显重要。他的住处是革命活动家（其中包括尼古拉·舍尔古诺夫、米哈伊尔·米哈伊洛夫、尼古拉·乌京和谢尔诺-索洛维耶维奇两兄弟）的聚会场所，大学生们来拜访他，与他商讨他们的政治示威活动。据米哈伊尔·斯列普佐夫称，车尔尼雪夫斯基对革命者的“土地与自由社”表现出极大兴趣，该组织得到过他的指点。甚至连车尔尼雪夫斯基的好友齐格
188 蒙特·谢拉科夫斯基组建的波兰军官革命协会也受到了车尔尼雪夫斯基的影响（该协会成员之一雅罗斯拉夫·达勃罗夫斯基后任巴黎公社总司令，在战斗中英勇牺牲）。

车尔尼雪夫斯基完全熟悉地下斗争方法，是掩盖其踪迹的专家，因此我们对他与革命组织的关联知之甚少，也的确没有证据表明他是“土地与自由社”成员。然而我们知道，他与《好心人致敬老爷的农民》这篇宣言有关，这篇宣言历数了农奴解放法案的种种缺点。[①] 他似乎也是秘密期刊《大罗斯人》的主要灵感源泉，该刊呼吁社会上受过教育的各阶层掌控社会改革和政治改革。

沙皇当局长期以来一直希望拔除他们眼中的这根芒刺，他们终于高兴

① 由于种种不明原因，这份写于农奴解放法令颁布前夕的宣言并未发表。或许是发生在别兹德纳村的农民起义使车尔尼雪夫斯基意识到，之前的农奴已经明白他们被骗走了部分土地；或许是车尔尼雪夫斯基觉得，在缺乏有组织革命运动的情形下，这份宣言只会引起无纪律的骚乱，其矛头会指向整个受过教育的精英阶层，而不仅仅是地主阶级。

地在他们截获的赫尔岑书信中找到了合适借口，这封信似乎提供了车尔尼雪夫斯基与伦敦俄国侨民圈接触的证据。1862 年 7 月，他被逮捕并被关进彼得保罗要塞。然而，在他家中并未搜到任何有罪文件，希望他在监狱里精神崩溃的计划也未能如愿，因此，控方不得不利用间接证据，利用伪造的文件和证词。审判持续近两年，尽管证据不足，车尔尼雪夫斯基仍被判处十四年苦役，终身流放至西伯利亚。皇帝确认了此判决，但将苦役刑期减至七年。

在狱中，车尔尼雪夫斯基写成他著名的长篇小说《怎么办》。这部小说描绘"新人"一代的理想肖像，"新人"（new men/новые люди）即 1860 年代的激进分子，他们代表一种新道德，一种新的理性主义和唯物主义立场。小说中的几位主人公，即洛普霍夫、基尔萨诺夫和薇拉·帕夫洛夫娜，超越社会习俗，不受非理性信仰的引导，而是遵循积极的自身利益诉求，或遵循"合理利己主义"（rational egoism/разумный эгоизм），即让自身利益与整个社会的利益和福祉相互统一。小说中有一整章描写一个相当奇特的人物，即革命家拉赫美托夫，一个"超人"，他对公共利益的奉献 189
精神甚至远超车尔尼雪夫斯基笔下的其他主人公。拉赫美托夫虽是富裕贵族后代，但他深谙人民的命运，他曾徒步走过整个俄国，从事过伐木、采石和纤夫等工作。他是一位被精选的人，是"大地之盐"，为磨炼意志和承受痛苦的能力，这位完美的革命骑士甚至睡在一张布满铁钉的床铺上。

多亏书刊审查官的奇怪失察，《怎么办》居然被允许在《现代人》杂志上连载。待当局意识到他们的错误，已为时太晚。那位书刊审查官被撤职，小说的新版本被禁，但这些措施并不足以阻止这部小说的影响。刊有这部小说的那几期《现代人》被虔诚地收藏，仿佛是传家宝。对年轻一代的许多人而言，这部小说成为真正的"生活和知识的百科全书"。列宁的妻子娜杰日达·克鲁普斯卡娅在其回忆录中写道，她丈夫记得这部小说中的每个小细节。普列汉诺夫并不夸张地宣称：“自印刷机被引入俄国以来，没有任何一部印刷品能像车尔尼雪夫斯基的《怎么办》这样在俄国取得如此之大的成功。”①

车尔尼雪夫斯基在邻近中国边境的地区度过了其流放的前几年。在获得免除矿井劳动的医疗证明后，他致力于写作和研究。他此时写作的自传体小说《序幕》给出了 1860 年代俄国革命史的有趣场景。他在服完前七年刑期后非常失望地发现，他要在流放中度过其余生的地方是东西伯利亚原始森林中一个与世隔绝的雅库特人定居点。他勇敢地面对这新的失望，三年后，他坚决驳回了劝他主动请求减刑的建议。

当局将车尔尼雪夫斯基流放至如此偏远的地区，一个原因在于担心有人非法营救车尔尼雪夫斯基，革命阵营也经常讨论这一问题。第一次这样
190 的尝试由马克思的朋友、流亡革命家盖尔曼·洛帕京实施。②1875 年，激进的民粹派伊波利特·梅什金又进行了一次同样不成功的尝试。车尔尼雪夫斯基的处境直到 1880 年代才有所改善。1883 年，他获准和家人定居阿斯特拉罕。1889 年，在他去世前不久，他获准返回故乡萨拉托夫。

美学

车尔尼雪夫斯基的硕士学位论文《艺术对现实的审美关系》是其成熟世界观的首次披露。车尔尼雪夫斯基的最高哲学权威是路德维希·费尔巴哈。由于书刊审查制度，他起初不能公开提及费尔巴哈，但在结束流放归来后，他在该论文 1888 年第三版序言中言及这一点。③他写道：“作者

---

① 普列汉诺夫：《哲学著作选》（*Izbrannye filosofskie proizvedeniia*）（莫斯科，1956—1958），第 4 卷，第 160 页。

② 洛帕京在与马克思谈话的影响下决定帮助车尔尼雪夫斯基逃脱，马克思常说：“在当代所有经济学家中，车尔尼雪夫斯基是唯一的原创思想家，其他人只是普通的编纂者。”洛帕京：《自传》（G. A. Lopatin, *Autobiografia*）（彼得格勒，1922），第 71 页。

③ 正因为提及费尔巴哈，此版未获书刊审查官认可。

并未宣称他道出了自己的任何新东西。他仅试图把费尔巴哈的思想运用于美学。”①

车尔尼雪夫斯基的这一说法自然是过谦之词。首先，他的美学并非完全源自费尔巴哈哲学；其次，费尔巴哈实际上并无关于美学的论述，因此将他的思想运用于美学论证，这本身就是某种新颖的原创之举。

大多数学者均追随普列汉诺夫的看法，认为费尔巴哈的影响在车尔尼雪夫斯基这篇论文中最为显明，即他的美学目的就是“捍卫现实，排除幻想”。这一观点仅部分正确，因为关于现实高于艺术的唯物主义假设并非费尔巴哈**独具的**观点。费尔巴哈的哲学和车尔尼雪夫斯基的美学都另有一个独特之处，即唯物主义和人类中心主义的融合。

车尔尼雪夫斯基思想中的“人类中心主义”主题在他关于美的理论中体现得最为明显。他认为，美是客观的，是内容问题而非形式问题。当黑格尔把美称为绝对精神之显现时，他理解这一点。但是，黑格尔的绝对概念后被费尔巴哈推翻，后者证明人本身即唯一的绝对价值。自这一命题，费尔巴哈得出结论，即对人而言，“至高的善，至高的存在”就是生活本身：“人创造了其生活所依赖的上帝或神性存在，这只是因为对他而言， 191
生活就是神性存在，就是神性占有或神性事物。”②费尔巴哈的这些观点显然是车尔尼雪夫斯基关于美的定义的源头，这个定义就是：“美即生活。任何事物，凡是我们在其中看见按照我们的理解应当如此生活的，就是美的；任何事物，凡是显示出生活或使我们想起生活的，就是美的。”③

在给出这个关于美的总定义之后，车尔尼雪夫斯基又对贵族和农民关于女性美的不同理想展开详细分析。他指出，一位农人认为一切能显示

① 车尔尼雪夫斯基：《哲学文选》（N. S. Chernyshevsky, *Selected Philosophical Essays*）（莫斯科，1953），第416页。

② 费尔巴哈：《宗教的本质》（*Lectures on the Essence of Religion*），曼海姆译（纽约，1967），第52页。

③ 车尔尼雪夫斯基：《哲学文选》，第287页。

出强壮健康、身体平衡发展的标志都是美的，而贵族心目中的美则必须是苍白、软弱和病态的，这些均为闲适生活，甚或劳动能力缺乏之迹象。这一观点超越费尔巴哈的“人本主义”，显示出对审美想象与有助于确立这一想象的社会环境这两者关系的理解。不过，车尔尼雪夫斯基进而坚持认为，只有一种审美理想才能被认为是“真实的”和“自然的”。贵族的理想是“人为的生活之人为的产物”，只有生活在“正常”条件（即劳动以及与自然的接触）下的人，其理想才与人的真实本性和谐一致。这种从历史相对主义到规范美学的转变对车尔尼雪夫斯基而言自然十分重要，因为这使他能够证明普通人的美学理想并提出最广泛的艺术民主化需求。

车尔尼雪夫斯基学位论文中的“生活”概念也有两种不同含义。首先是狭义的，生活似乎就意味着生命力的充盈和丰富。但更重要的是其广义，也指精神领域。车尔尼雪夫斯基写道：“真正的生活即大脑和心灵的生活。”①因此，美的最高理想就是人的潜能的充分释放，这一定义接近于以歌德、席勒和黑格尔为代表的德国伟大的人文主义传统。的确，车尔尼雪夫斯基拒绝了黑格尔和费希尔关于艺术美高于自然美的命题，但他却赞同他俩的另一观点，即自然中的美只有在与人产生关联时才有意义。“哦，如果这个得到完美演绎的观点是一个基本观点，而不是在幻象中搜寻这个
192 观点的完美呈现，那么黑格尔的美学会有多么出色啊！”②

在车尔尼雪夫斯基的美学中，物质重构采取的形式即自然之美的恢复，这与费尔巴哈典型的“个体的恢复”有关。在黑格尔的观点中，只有思想是真正实在的，脱离“普遍”（“思想”或“精神”）的孤立个体即纯粹的抽象。而对费尔巴哈而言，个体才是实在的，而普遍的一切都是抽象的。车尔尼雪夫斯基完全赞同费尔巴哈的观点，他在其学位论文中

---

① 车尔尼雪夫斯基：《哲学文选》，第288页。
② 同上，第290页。

试图证明：“对人而言，普遍只是个体之苍白、僵死的提取物。”① 若将这一信念应用于美学，必然会导致对艺术概括功能的否定，把据称由文学塑造出的那些“普遍类型”均视为人类个体类型的拷贝，认为我们在现实生活中遇见的典型人物要比文学艺术中的“概括形象”更真实，更有吸引力。在这一观点中，艺术仅为现实的替代品。正如有人恰当指出的那样，这是“费尔巴哈的唯物主义对黑格尔的抽象（即“普遍”）做出的典型反应，这将导致一个形而上学的反题，即普遍就等于抽象，特殊就等于具体现实”。②

因此，车尔尼雪夫斯基的学位论文应被视为对个体和具体的人的热情捍卫，具体的人被唯心主义哲学家们所忽视，仅被视为绝对之工具。车尔尼雪夫斯基的失误之处则在于，其论证过于简单化，是抽象的理性主义。他没有看到艺术和现实之间的辩证关系，像费尔巴哈一样，他把对现实的理解当作一种机械行为，如同镜子对外部物体的被动反映。由此产生的理论或可更好地支撑自然主义的艺术观，而非现实主义的艺术观。这与车尔尼雪夫斯基本人的批评观相悖，显然也与这篇论文中其他有关艺术作用和意义的看法相抵牾。他写道，艺术的功能不仅是再现现实，而且也是解释和评估现实，对再现的真实生活现象“做出评判”。根据这一定义，艺术 193
不能成为一种替代品，因为真实生活现象的替代品无法增添我们对现实的认识或帮助我们对现实做出判断。

皮萨列夫称车尔尼雪夫斯基的学位论文是在“完全摧毁美学”，这表明皮萨列夫完全误解了这篇论文的中心论点。这篇论文自身并不反对美学，而是反对唯美主义。车尔尼雪夫斯基认为，人的精神本质和物质本质

① 车尔尼雪夫斯基：《哲学文选》，第 349—350 页。
② 拉夫列茨基：《为现实主义而斗争的别林斯基、车尔尼雪夫斯基和杜勃罗留波夫》（A. Lavretsky, *Belinsky, Chernyshevsky, Dobroliubov v bor'be za realizm*）（莫斯科，1941），第 221 页。

是一致的，因此，仅由审美欲望而生的纯粹精神活动是难以想象的。对美的爱是无私的，但它与其他人类愿望或需求从未相互隔绝，因此，艺术的范围不能缩小至审美范畴。车尔尼雪夫斯基并未打算贬低艺术的作用，恰恰相反，他认为“为艺术而艺术”是一种危险理论，仅仅因为它可能导致艺术被降低为人类生活中一个不太重要的边境之地。一个仅仅为了美而创作的艺术家将是一个不完整的人，甚或一个残疾人。

自一开始，车尔尼雪夫斯基的审美观便遭到了片面的阐释和误读。他的观点不仅受到那些为独立的“纯艺术”辩护的评论家（德鲁日宁、安年科夫、鲍特金）的攻击，而且还受到一些杰出的俄国现实主义小说家的批评，屠格涅夫对此尤感愤怒，他称《艺术对现实的审美关系》是“盲目的恶意和愚蠢产下的死胎”。尽管遭遇到众多充满敌意的批评者和常有误导之嫌的支持者（如皮萨列夫），车尔尼雪夫斯基的美学思想仍对俄国文学和艺术产生了可观的影响。《艺术对现实的审美关系》的主要命题被奉为俄国进步批评的基本原则，激进派作家和民粹派作家（涅克拉索夫、萨尔蒂科夫-谢德林、格列勃·乌斯宾斯基和弗拉基米尔·柯罗连科）试图将车尔尼雪夫斯基的思想应用于他们的创作。19 世纪最有成就的俄国现实主义画家伊利亚·列宾在回忆录中写道，当时的年轻画家们也如饥似渴地阅读车尔尼雪夫斯基。车尔尼雪夫斯基美学的主要宣传者之一是弗拉基米尔·斯塔索夫，他是俄国视觉艺术中现实主义流派的主要理论家。

人本主义原理

车尔尼雪夫斯基的主要哲学著作《哲学中的人本主义原理》（1860）的
194 标题是对费尔巴哈“人本主义”的致敬。对车尔尼雪夫斯基而言，“人本主义原理”（anthropological principle/антропологический принцип）为人的必要完整性提供了理论基础，废止了肉体和灵魂的永恒二元论。他这样阐述其观点：“究竟什么是精神科学中的人本主义原理呢？……这一原理就是，人必须被视为仅有一种本质的生物，人的生活无法被切成具有不同本质的两个部分，人的活动的每一方面均应被视为他从头到脚整个机体的活动，或者，如果它是人的身体中某个特定器官的特殊功能，这个器官则应被置入其与整个机体的自然联系中来看待。”①

车尔尼雪夫斯基流放归来后写作的《人类知识之特性》一文是对《哲学中的人本主义原理》的有趣补充。在这篇文章中，他提出一种认识论理论，其根据是这样一个观点，即人的机体既是认知者又是认知对象，这一理论因此便论证了物质与意识的不可分割性。车尔尼雪夫斯基认为，对人而言，作为一切之依据的“阿基米德原理”并非“我思”，而是“我在”。由于我们关于自身存在的认知是直接的，不容怀疑的，那么我们对我们构成其中一小部分的物质世界的认知也就同样是可靠的。

车尔尼雪夫斯基并未从这种关于人性统一的理论中更进一步得出结论，即人的所有特征均可用生理学特征的概念来加以解释。他宣称，心理学无法用生理学术语来解释，一如生理学无法用化学术语来解释，或者化学无法用物理学术语来解释，因为在这些情况下，数量差异就会变成性质差异。他强调，重要的是要阻止人被“分裂”，防止人的任何一种功能（“精神”或“天性”）被提升至绝对地位。人是一种不可分割的存在，只有这样，他方能代表一种对于他人而言的绝对价值。

正是这些论点支撑了车尔尼雪夫斯基的“合理利己主义”的伦理理论，该理论基于这样一种前提，即无论做何解释，人的行为的指导原则均为利己主义。在社会规范领域，这一理论更倾向于功利主义、理性主义和平等主义。它假设，判断人的行为的标准就是这些行为所带来的利益，善

① 车尔尼雪夫斯基：《哲学文选》，第 132—133 页。

195 本身并非一种价值，而只是一种持续的利益，“非常有益的利益”。利己主义可能是理性的或非理性的，大量的无私和自我牺牲事例实际上也是理性的利己主义观念之表达：“认为英雄主义行为是明智的举动，是高尚的而非鲁莽的，这在我们看来绝不意味着对英雄主义和高尚行为的贬低。”①一位合理利己主义者承认他人也能成为利己主义者的权利，因为他也接受人人平等的观念，在未能达成一致的争议问题上，他遵循能给最多人带来最大利益的原则：“整个人类的利益高于单一民族的利益，整个民族的共同利益高于单一阶层的利益，人数多的阶层的利益高于人数少的阶层的利益。”②真正的合理利己主义能让人们明白，他们拥有共同利益，他们应该互相帮助。这正是费尔巴哈的所思所想，当他写道：“成为一个个体，就意味着成为一位利己主义者，因此，无论是否心甘情愿，他都会成为一个共产主义者。”③车尔尼雪夫斯基可以将这句话用作他的小说《怎么办》之题词，这部小说叙述的就是一位信仰社会主义体制的“合理利己主义者”的故事。

即使从这段简短的叙述中也能清楚地看出，这种“合理利己主义”与我们通常所理解的利己主义有很大不同。车尔尼雪夫斯基用“利己主义”一词来概括他的伦理理论，这是在向有些人发出挑战，那些人假借至高无上价值的名义谴责“利己主义”，把被压迫者试图改善其命运的一切尝试均指责为利己行为。这是一个征兆，说明车尔尼雪夫斯基已不再相信这样的意识形态，它要求人们为了所谓更高目标而牺牲自己，也就是说，那些目标要高于作为活生生的具体的个体的人。

早在启蒙运动时期，唯物主义哲学家如爱尔维修和霍尔巴赫等就将

---

① 车尔尼雪夫斯基：《哲学文选》，第 123 页。

② 同上，第 125 页。

③ 见费尔巴哈：《因“唯一者及所有物”而论“基督教的本质”》（*Das Wesen des Christenthums in Beziehung auf den “Einzigen und sein Eigentum”*）。

合理利己主义视为唯物主义的逻辑结果。车尔尼雪夫斯基借助费尔巴哈对超个体理性或精神等唯心主义假设的批判，拓展了“合理利己主义”的理论基础。费尔巴哈认为，普遍的事物并无单独的、独立的存在，而仅作为“个体的谓项”而存在。这导致了对那些关于社会的有机论理论和历史主义理论的拒绝，那些理论将社会视为一个超个体的有机整体，它服从于历史必然性的理性规律。车尔尼雪夫斯基写道：“社会生活是个人生活的总 196
和。”[①] 人所服从的法则是自然法则，因此也是人自身机体的法则。车尔尼雪夫斯基否认这一不科学的说法，即可能存在着一些独立的法则，它们按照黑格尔所谓历史理性主宰社会的进化，可社会并非一个生物机体，因此它无法像一个真实存在那样行动。

在《论罗马衰落之原因》一文中，车尔尼雪夫斯基再次回到同一主题。针对赫尔岑关于西欧“衰老”、俄罗斯民族的“青春和强大活力”之评论，车尔尼雪夫斯基认为，这种关于社会的成长、成熟和衰老的谈论纯属拟人手法。文明并非生物体，不会经历有机进化的过程，因此，人们无法谈论文明之不可避免的衰落，将其当作受死亡法则约束的人类。车尔尼雪夫斯基在抨击黑格尔关于历史进程的“合理必然性”概念时尤其充满激情，他宣称，不存在这样一种历史理性，“理性”是由理性的人和创造知识的人引入历史的，“进步是知识的果实”。[②] 进步作为历史的必然结果无法成为一种保障，其成就是脆弱的，如同人类的生活和人类的思想成就一样脆弱。事实上，罗马的衰落是进步的脆弱本质之极好例证，因为它示例了一种文明在野蛮入侵者的影响之下的凋零。

这种阐释可能产生既悲观又乐观的结论。如果我们承认进步并非不可避免，那么事件的进程便只能由巧合来决定；另一方面，任何“合理的

① 车尔尼雪夫斯基：《哲学文选》（列宁格勒，1950—1951），第 2 卷，第 484 页。
② 同上，第 5 卷，第 314 页。

必然性”都无法阻碍人类将理性形态强加于历史。要实现“理应如此”或许十分困难，但永远无法完全排除这种可能性。车尔尼雪夫斯基认为，决定“理应如此”的客观的、科学的标准可从支配“人性”的法则中导出，从人的整个“自然需求”（即物质需求和精神需求）中导出。他认为，从“人本主义”的观点看，人性是不变的，变化的是人在不再“正常”的条件下部分失去其天性后所产生的“人为”需求。借助这一费尔巴哈式观
197 点，车尔尼雪夫斯基回到启蒙运动时期“自然法则”的抽象理性主义。这无疑背离了别林斯基煞费苦心打造的辩证观和历史观，但这也有站得住脚的历史原因。1860 年代的激进民主派代表新兴社会力量的批判“思维”，他们更喜欢把绝对标准强加于注定相对的历史评判。在放弃对黑格尔主义的保守解释之后，别林斯基也重新确立了伏尔泰和百科全书派的理想。车尔尼雪夫斯基在这个朝向上走得更远，因为像法国启蒙哲学家们一样，他也生活在一个危机四伏的绝对体制之下，在这种条件下，呼吁“人性”、理性和基于理性的自在道德，比呼吁历史能赢得更多共鸣。

俄国的未来发展

批判对历史必然性和历史至高法则的盲目崇拜，是车尔尼雪夫斯基思想中反复出现的典型主题之一。甚至在其美学中，他也批评黑格尔的悲剧观，因为黑格尔的悲剧观将历史必然性提高到了绝对原则的地位。事实上，这种倾向并非总能使他得出如他在《论罗马衰落之原因》中表述的那些笼统结论。其他一些文章则表明，他对一些唯心主义假设的拒绝并不意味着，他认为对社会变革的客观规律的探寻是徒劳的。

在这一方面，他的《关于土地村社所有制的哲学偏见之批判》（1858）一文尤其有趣。尽管车尔尼雪夫斯基宣称，任何典型的社会特征均可从个人特征中推断出来，但他认为存在着一种普遍的进化规律，他这样总结

道：“就形式而言，每一种发展的最高阶段均为对始初阶段的回归，在中间阶段，它则被其对立面所取代。”[①]他认为，既然个人可以“跃过”中间阶段，那么作为个人之集合的社会为何就不可以呢？如果个体能以更快的速度进化，其速度公式表现为1，4，64……，那么社会的发展便可遵循这样的公式，即1A，4A，64A……

车尔尼雪夫斯基利用这一论据证明，俄国可以绕过资本主义阶段，土 198
地村社所有制可作为社会主义农业发展的基础。在许多方面，车尔尼雪夫斯基支撑这一命题的论据均早于传流论者在与进化论者的争论中所使用的论据。他认为，加速社会变革的因素是“在特定过程中尚未达到更高阶段的人和已经达到这一阶段的人”之间的文化接触。[②]在这一加速过程中，中间阶段作为变化的逻辑时刻，仅在理论上存在。如果这些阶段能赢得真实存在，那么也仅在一个无穷小的程度上，它们并无任何实际意义。土地所有制形式的演变是从部落的公有财产到私人所有（在资本主义制度下达到其顶峰），再到现代劳动协会的公共所有。车尔尼雪夫斯基毫不怀疑，这最后一个阶段将很快取代发达国家的资本主义所有制关系。车尔尼雪夫斯基认为，俄国的村社土地所有制是一种与人类普遍发展的第一阶段相对应的所有权形式，由于似有可能直接过渡至第三阶段，即后资本主义的集体主义，因此便没有必要废除乡间村社，摧毁俄罗斯人民心中根深蒂固的集体主义传统。相反，应该尝试将村社现代化，用合理的方式使其转变为近似西欧工会那样的劳动者协会。

走资本主义还是非资本主义的发展道路，这是当今引起经济学家和社会科学家关注的主要问题之一，它对第三世界国家而言具有显明的现实意义。赫尔岑业已提出俄国发展道路的问题，比车尔尼雪夫斯基要早若干

① 车尔尼雪夫斯基：《哲学文选》（列宁格勒，1950—1951），第2卷，第473页。
② 同上，第482页。

年，但后者却率先提出了用非资本主义方式加速社会变革的一般理论。

有必要指出，马克思也意识到了这一问题的重要性，他仔细研读过《关于土地村社所有制的哲学偏见之批判》，这篇文章极有可能影响到了
199 他关于俄国未来发展的看法。[①] 例如，在 1881 年 3 月 8 日写给维拉·查苏利奇书信的草稿中[②]，马克思认为俄国的情况十分有利，因为原始共产主义一直留存至今，直到西方的经济、技术和思想已为现代共产主义提供了成熟的前提。俄国并非一个孤立的国家，而是国际市场经济的一部分，因此，它可以利用现代文明和技术的一切成就，吸收资本主义生产的成果，但拒绝其 modus operandi（操作方式）。在这种情况下，俄国没有必要经历资本主义阶段，马克思的这一观点可被用来反驳那些资本主义的倡导者，他们认为没有任何一个发展阶段能被绕过，马克思的这一观点还认为，俄国资本主义自身可以跨越不同发展阶段，借助于对诸如现代机械、铁路和银行系统等外国资本主义完善产物的吸纳。这一观点与车尔尼雪夫斯基的看法惊人地相似。

车尔尼雪夫斯基在俄国思想史中的地位

车尔尼雪夫斯基的传统在 1870 年代被革命民粹派所继承。车尔尼雪夫斯基本人也可被称为广义上的民粹派，但我们若试图确定他在俄国革命思想史中的地位，便不能忽视他与典型民粹派之间的重要区别。

车尔尼雪夫斯基思想体系中的民粹主义元素，即他对农民村社和非资本主义发展道路的捍卫。与后来的民粹派理论家（尤其是尼古拉·米哈伊洛夫斯基）不同的是，车尔尼雪夫斯基并未将“平民的自然经济”或古

---

① 见施泰因：《19—20 世纪俄国社会经济思想史纲》（V. N. Shteyn, *Ocherki razvitiia russkoi obshchestvenno-ekonomicheskoi mysli XIX—XX vekov*）（列宁格勒，1948），第 236 页。

② 对这些手稿的分析见瓦利茨基：《资本主义之争：俄国民粹派社会哲学研究》，第 189—192 页。

老的“本土”民俗浪漫化。毫不奇怪，他不同意历史学家阿法纳西·夏波夫的观点，后者认为村社自治是古代俄国的宝贵遗存，也是父权制传统之保障。米哈伊洛夫斯基认为村社是一种新文明的胚胎，这种新文明既不同于资本主义，又在质量上优于资本主义，而车尔尼雪夫斯基则认为村社代表一个远低于资本主义所有制关系的进化阶段。本质的区别在于，车尔尼雪夫斯基希望俄国能够借助西欧取得的成就**赶上**西欧，并超越西欧，成为其他国家的样板：“欧洲有其远比我们发达的智慧，它不需要向我们学习， 200
也不需要我们的帮助。”[①] 如果说1870年代的民粹派希望俄国走一条与西欧截然不同的道路，那么车尔尼雪夫斯基则坚持认为，俄国的西化应通过去除“亚洲条件、亚洲社会结构和亚洲习惯”来实现。[②]

另一重要差异关涉社会目的和政治目的的关系问题。1870年代的民粹派将政治革命等同于资产阶级革命，将议会制等同于资产阶级政府，这使他们得出这样的结论，即扩大政治民主仅有利于特权阶层，从而进一步加剧民众的贫困。车尔尼雪夫斯基年轻时曾这样表达其信念：“有沙皇或没有沙皇，有宪法或没有宪法，其实并无区别……重要的是如何防止一个阶级吸吮另一个阶级的血。”[③] 直到1858年，他还认为民主是人民繁荣昌盛的一个前提，因此，居民相对富裕的西伯利亚就比遭受“贫困化”的英格兰更“民主”。[④] 然而不久之后（在1859—1861年革命时期），他回过头来看待这个问题，却得出完全不同的结论。那些用来取缔农奴制的不民主方法使他确信，政治自由在俄国是真正社会进步的必要条件。因此，他在《没有地址的信》中站在特维尔的贵族自由派一边，后者要求为俄国制定一部

① 车尔尼雪夫斯基：《哲学文选》，第3卷，第336页。
② 同上，第2卷，第668页。
③ 同上，第3卷，第821页。
④ 见车尔尼雪夫斯基的《路易十八世和查理十世统治时期法国的党争》（“The Party Struggle in France in the Reigns of Louis XVIII and Charles X”）一文。

自由宪法。[①]

车尔尼雪夫斯基这一立场转变源于他得出的一个结论，即俄国最大
201 的恶就是专制体制，由于书刊审查制度，他不得不将之称为“官僚体制”。他指出，在缺乏政治自由的情况下，中央集权的官僚政府会阻碍正常的社会发展，扼杀公众舆论，无视专家的建议。“在官僚体制中，被委以重任的人，其智慧、知识和经验纯属多余。这些人像机器一样行事，没有自己的观点。他们履行职责的依据是偶然的信息或猜度，猜度某个与此无关的人对某一问题所持的看法。”[②]政治形式不是一个无关紧要的问题，这便是车尔尼雪夫斯基的结论。如果新的内容被注入旧的形式，它就会吸收过去年代的气息。因此，“社会的”民主与“政治的”民主密不可分。

在这方面还可发现其他许多差异，它们反映了“60 年代”和“70 年代”之间的代沟，“60 年代”主要致力于“资产阶级的”改革，“70 年代”则见证了资本主义发展中固有的悲剧性矛盾的逐渐积累。车尔尼雪夫斯基的主要敌人是旧的半封建社会结构，直到生命的最后，他仍忠于西方派的理想，并以欧洲科学、文明和政治自由的名义抨击俄国之落后。土地改革后，民粹派持有一个不同角度，他们担心资本主义会吞噬小生产者的前景，他们将俄国的落后理想化，将资本主义发展视为一种倒退，要为俄国寻找一条独特的、“本土的”发展路径。车尔尼雪夫斯基则继续坚定支持激进的资产阶级民主的“开明”理想和理性理想，尽管他对社会主义思想家抱有热烈同情。他的思想遗产并不包含对古代社会结构的理想化，因

① 《没有地址的信》（“Letters With No Address”）原计划刊于《现代人》（*Contemporary*）1861 年 2 月号，但遭书刊审查官查禁。尽管标题注明“没有地址”，但这些信件显然是写给亚历山大二世的。车尔尼雪夫斯基承认，他自己几乎也不相信他能说服皇帝限制其绝对权力。据推测，这些“书信”的真正目的是说服该杂志那些受过教育的读者，让他们对政府施加压力。同年，秘密期刊《大罗斯人》（Великорусс）也提出类似建议，建议开展一场此类运动。关于特维尔贵族自由派地位的分析，见埃蒙斯：《俄国土地贵族与 1861 年农民解放》（T. Emmons，*The Russian Landed Gentry and the Peasant Emancipation of 1861*）（英文版，剑桥，1968）。

② 车尔尼雪夫斯基：《哲学文选》，第 3 卷，第 511、513—514 页。

此，它不仅能被民粹派所接受，也可以得到俄国马克思主义者的认同。全心全意反对民粹派理想的普列汉诺夫却对车尔尼雪夫斯基抱有最大敬意，尽管他从未忘记强调车尔尼雪夫斯基的思想与马克思主义有很大不同。列宁也说（1904 年在与瓦连季诺夫的一次谈话中），车尔尼雪夫斯基是他年轻时最喜欢的作家，“在他的影响下，成百上千的年轻人成为革命者……例如，他就吸引了我的哥哥，也吸引了我，他在我身上留下了一条深深的 202
犁沟”。[①]

第二节　尼古拉·杜勃罗留波夫与“多余人”之争

车尔尼雪夫斯基最有才华的弟子和最亲密的朋友是**尼古拉·杜勃罗留波夫**（Nikolai Dobroliubov/Николай Добролюбов，1836—1861）。他们两人不仅观点高度一致，就连个人历史也惊人地相似，杜勃罗留波夫也是外省（下诺夫哥罗德）一位神父的儿子，上过神学院，受到过进步的俄国文学和文学批评的强大影响。两者也有很大差异，但这些差异很大程度上均可归因于这样一个事实，即杜勃罗留波夫的思想发展比车尔尼雪夫斯基更迅速、更清晰，因为年长的后者已为前者铺平了道路。

一个典型的事实是，当时一些自由派作家均发现这位批评家更让人恼怒。屠格涅夫曾对车尔尼雪夫斯基说：“你是一条普通毒蛇，而杜勃罗留波夫是一条眼镜蛇。”[②] 在另一次同样是与车尔尼雪夫斯基的谈话中，卡维林也做过类似区分：“您和我们（亦即 1840 年代的自由派）有一些共同之处，您也和杜勃罗留波夫这一代人有一些共同之处，但我们和杜勃罗留波

---

① 见瓦连季诺夫：《与弗·伊·列宁的几次会面》（N. Valentinov, *Vstrechi s V. I. Leninym*）（纽约，1953）。

② 引自波良斯基（列别捷夫）：《杜勃罗留波夫：世界观及批评活动》［V. Poliansky（P. I. Lebedev），*A. A. Dobroliubov, Mirovozzrenie i kriticheskaia deiatel'nost'*］（莫斯科，1933），第 18 页。

夫却似乎毫无共同之处。我们有什么法子呢？我们很遗憾，但这就是进步的一部分。”①

卡维林的话很有道理。车尔尼雪夫斯基像“40年代人”一样，经历过一个紧张的哲学思考时期，研读过黑格尔，而杜勃罗留波夫则对唯心主义哲学提出的问题完全不感兴趣，只读青年黑格尔派和费尔巴哈的著作，热衷于他们的无神论观点。在政治问题上，他有时比他年长的老师更不妥协。正是他导致了《现代人》编辑部的分裂，尽管涅克拉索夫曾努力阻止最后摊牌。在读了杜勃罗留波夫的《真正的白昼何时到来？》一文后，屠格涅夫对涅克拉索夫说，要么让杜勃罗留波夫走人，要么让他屠格涅夫离开。涅克拉索夫选择了杜勃罗留波夫，屠格涅夫于是中断了与这份期刊的联系，随后离开的还有托尔斯泰、冈察罗夫和格里戈罗维奇。

203 尽管杜勃罗留波夫尊车尔尼雪夫斯基为他在哲学问题上的最高权威，但在某些细节上他却与车尔尼雪夫斯基有所不同。与车尔尼雪夫斯基一样，他相信“人本主义原理”；他虽是一位唯物主义者，却拒绝毕希纳和摩莱肖特的“庸俗”唯物主义（与皮萨列夫不同）。但与此同时，他对哲学和历史不如对自然科学重视，他的世界观因此更倾向于自然主义。

在其社会哲学中，杜勃罗留波夫是一位典型的“启蒙者”，他根据理性“人性”的固定标准来评判历史现象。在他理性的普通理想与现实之间存在着一道令人不安的鸿沟，这使他发出这样的疑问：“一边是依据自然、理性的程序应该存在的东西，一边是实际存在的东西，这两者之间莫名其妙的不协调之根源究竟何在呢？”② 要说杜勃罗留波夫认为这种不协调

---

① 波良斯基（列别捷夫）：《杜勃罗留波夫：世界观及批评活动》，第9页。关于“40年代”一代与“60年代”一代之间的分裂，见兰伯特：《子辈反抗父辈》（E. Lampert, *Sons Against Fathers*）（牛津，1965），以及以赛亚·伯林：《父与子》，见其《俄国思想家》（“Fathers and Children,” in *Russian Thinkers*）（纽约，1978）。

② 杜勃罗留波夫：《杜勃罗留波夫文集》（*Sobranie sochinenii*）（莫斯科-列宁格勒，1961—1964），第7卷，第247页。

的唯一根源即缺乏教育以及大多数被剥削者未能充分意识到其力量和自然权利，这或许过于简单化，但另一方面，这种路径的争论对他而言又十分典型。他对阶级斗争持一种相当天真的看法，将其视为“劳动人民”（代表人类的“自然”需求和理想）与“寄生虫”（他们的存在偏离了“自然”规范）之间的斗争。他写道：“人类的自然追求可归结为一个简单的分母，可归结为一句话：‘让大家都好起来。’为达到这一目标，根据事物的本质，人们首先要远离它，因为每一个想要获得幸福的人，在确立自我幸福的同时都会妨碍他人，人们尚未学会互不妨碍地获取自己的幸福。”①

杜勃罗留波夫对民众所扮演角色的看法与车尔尼雪夫斯基也略有不同。与1840年代西方派一样，车尔尼雪夫斯基认为普通民众实际上是一种依据习惯行动的保守力量，尽管如此，他与自由派不同，相信民众在特殊情况下能够偏离常规，在历史上发挥创造性作用（例如一场革命，参见其《这是转变的开端吗？》一文）。杜勃罗留波夫则更进一步，他在《俄国普通民众的性格特征》一文中强调，普通民众有能力突破日常生活的陈规，他们具有热爱自由的天性、高尚的情感和无尽的创造力。这种理想化的观点与车尔尼雪夫斯基有很大出入。 204

杜勃罗留波夫称其文学批评为“现实批评”（real criticism/реальная критика），之所以“现实”，或许是因为这种批评在分析一部文学作品时似乎首先把它当作一份客观的社会学文献，其得出的结论完全无视作者的主观意图。杜勃罗留波夫经常而且确实很夸张地拒绝批评家的规范身份，谴责那些用既定批评标准来评判文学作品的企图。他本人最看重的不是作品的思想内容，而是作品对现实的忠实再现。

这位批评家提出的一些公式表明，“现实批评”的作用仅在于显示一

① 杜勃罗留波夫：《杜勃罗留波夫文集》，第6卷，第307页。

部作品如何准确地再现现实，或像车尔尼雪夫斯基所要求的那样，“对文学作品中再现的现实层面做出评判”，而不是去评估文学作品的价值。不过，这将是一个过于草率的结论。杜勃罗留波夫非常真诚地拒绝那些“鬼才知道依据什么理论制造出来的各种格言和判断”，这是他对自由派“暴露文学”明显的道德化和说教做出的反应，这也是他的一种方式，表明他对基于各种审美准则做出的判断不屑一顾。与此同时，他脑中无疑也存在着这样一些“源自事物本质的自然规则”，“我们知道，某些公理不经过思考便不可能存在”，某些“一般概念和规则，每个人无论在考虑什么问题时都一定会诉诸”。[1] 这些公理和规范的体系即杜勃罗留波夫所谓“人性”。因此，他对主观判断的谴责就源于一个坚定信念，相信存在着一种完全客观的、绝对的价值体系。他要求作者仅需展示“事实”，因为他相信事实本身包含意义，朴实无华、毫不掩饰地表现现实，这本身就能向读者提供一种合适的判断。事实上，只有严格遵循事实，才能将人们的思想从“难以带来普遍幸福的非自然观念”中解放出来。[2]

205 尽管杜勃罗留波夫拒绝美学标准，但“人性”标准被运用于文学，这无疑也在暗示毫不妥协的现实主义之优越性，暗示对一切文学陈规的拒绝，并且在最好的情况下也是忽略它们。杜勃罗留波夫写道，文学中的现实主义是“无可争议的、被普遍认可的公理”之一。[3] 此外，杜勃罗留波夫坚持人性和人的“自然”需求相呼应的标准，他得出这样一种阐释，将文学视为“一种服务力量，其意义就在于宣传，其长处取决于它的宣传方式”。[4] 他写道：“我们判断一位作家或一部特定作品之价值的标准，就是看这位作家和这部作品在多大程度上表达了特定时代和特定人民的

① 杜勃罗留波夫：《杜勃罗留波夫文集》，第 6 卷，第 304 页。
② 同上，第 309 页。
③ 同上，第 305 页。
④ 同上，第 309 页。

自然愿望。”[1]从这一立场到把“自然的”愿望和理想与普通人的愿望和理想完全混为一谈，仅一步之遥。在《论人民性在俄国文学发展中的渗透程度》一文中，杜勃罗留波夫将俄国文学史阐释为一个不断接近“自然性”（естественность）和“人民性”（народность）的渐进过程，并在文章的最后呼吁建立文学中的“人民党”。

从历史的角度看，杜勃罗留波夫理论假设的弱点是显而易见的：其方法一方面依赖于陈旧的18世纪的人性观，另一方面依赖于关于“事实”的客观性的实证主义的（广义的）错觉。但这种错觉并未使杜勃罗留波夫在事实面前低头，相反，他坚信“人性”可以作为标准判断的一个不变的、绝对的参照框架，这给他以自信，使他迥异于那些遭到他批评的1840年代自我质疑的自由派。杜勃罗留波夫的“事实”获得了一种新的革命意义，他相信这种意义是事实本身不可分割的一个方面。在他的文章中，俄国的现实似是违背人性的，几乎所有现实主义作家，甚或那些远非激进的现实主义作家，他们的作品所提供的客观事实均证明了这一点。当然，这一切让人印象深刻，并把文学批评变成了一种能使社会意识激进化的强大工具。

杜勃罗留波夫最热衷的主题是“两代人”的问题，或更准确地说，是参与改革运动的两种社会力量的问题。他的那些文章表达了年轻一代激进民主派的洞察力，他们清楚地知道他们与自由派贵族之间的鸿沟，而后者 206
直到新近一直承担着主要反对派之重负。杜勃罗留波夫追随车尔尼雪夫斯基[2]，开始揭示他所处时代的自由主义反对派的犹疑与“40年代人”的心理类型这两者间的密切关联。他认为，由于脱离了具体的社会力量，这

① 杜勃罗留波夫：《杜勃罗留波夫文集》，第6卷，第307页。

② 车尔尼雪夫斯基在《幽会中的俄国人》（“Russkii chelovek na Rendez-vous”）（1858）一文中讨论过“多余人”问题。

些“多余人”没有行动的能力，他们更愿意成为被动的观察者，在口头上赞同政府发起的改革。新的时代需要“新人”，而这样的人已经开始出现。那些被内心的冲突所折磨，因为“反省”而麻痹的自由派理想主义者，将被“拥有坚强神经和健康想象力的真正的人”所取代。①

这些文字引自发表于1859年的《去年文学琐事》一文，在这篇文章中，杜勃罗留波夫巧妙地将两个内容结合为一体，一是对自由派政论家以及所谓“暴露文学”的激烈批评，一是对作为现代俄国自由主义之先驱的“40年代人”的思考。他写道，尽管这些“丑恶的揭发者”谴责各种社会罪恶，但他们的批评却是肤浅的，他们提出的补救措施也只是保守疗法。事实上，自由派害怕持续的激进曝光，因为他们自己就是他们试图谴责的社会现实之产物。

在同年发表的犀利文章《何为奥勃洛莫夫性格？》中，杜勃罗留波夫进一步发展了这些思想。这篇文章从一个令人意外的角度看待奥勃洛莫夫，即冈察罗夫著名小说中的主人公，把他视为俄国文学中最后一位“多余人”，或至少是普希金笔下的叶甫盖尼·奥涅金、莱蒙托夫笔下的毕巧林、赫尔岑笔下的别里托夫、屠格涅夫笔下的罗亭以及屠格涅夫的小说《希格罗夫斯克县的哈姆雷特》中的哈姆雷特。杜勃罗留波夫承认，在懒惰的、完全无动于衷的奥勃洛莫夫与被莱蒙托夫塑造为“当代英雄”的悲剧人物毕巧林之间的确存在某些个性差异，但所有“多余人”均天然地缺乏真正行动的能力，因为他们都是在特权、闲散和缺乏责任感的腐化的温室环境中长大的。他们无权获得荣耀的光环，因为他们每个人都患上了“奥勃洛莫夫性格”的瘫痪症。这确实是对开明贵族自由派的整个文化和
207 传统的严厉指控。

① 杜勃罗留波夫：《杜勃罗留波夫文集》，第4卷，第73页。

这次无情的抨击引发多方抗议。自由派重申了安年科夫在与车尔尼雪夫斯基的论辩中提出的观点，即遭受激进民主派批评的“40 年代理想主义者”实为“当代世界唯一的道德类型”[①]。值得注意的是，赫尔岑也立即挺身而出保护“多余人”。他在其《非常危险！！！》一文中甚至指出，借助对俄国知识分子自由派媒体和自由传统的批评，《现代人》的“小丑们”其实是在挑唆沙皇政权，他们理应因为他们为专制体制的效劳而获奖赏。《现代人》的编辑们发现他们居然成了赫尔岑的攻击目标，为此惊恐不已，就连杜勃罗留波夫也始终视赫尔岑（还有别林斯基）为“优越人物”，他的批评并未涉及赫尔岑。车尔尼雪夫斯基认为有必要亲往伦敦，旨在当面消除误解。他返回时如释重负，确信赫尔岑是一个过去时代的人。误解已消除，但观点上分歧依旧，可以做证的是这一事实，即便在与车尔尼雪夫斯基谈话之后，赫尔岑仍另发一文（《多余人与暴躁人》），语气较为温和，但仍指责杜勃罗留波夫对 40 年代人的排斥是充满偏见的，非历史主义的。

杜勃罗留波夫对俄国社会毫不妥协的批评以及他对一直被视为俄国“最优秀子孙”的人同样严厉的谴责，是与他这样一种决心联系在一起的，即他决心去寻找俄国生活中值得称赞的方面、值得模仿的新模式和新的文学主人公。

在《真正的白昼何时到来？》一文中，他描绘出一个“坚强天性”的生动肖像，一个能推动其祖国沿着进步道路前行的行动家。这一“坚强天性”即英萨罗夫，屠格涅夫的小说《前夜》中的主人公，一个保加利亚人，正在为捍卫其祖国的自由与土耳其人战斗。杜勃罗留波夫认为，英萨罗夫拥有坚定的意志和力量，就因为他与他试图反对的一切没有任何联系。俄国虽然不是一个被征服的国家，但它已被它“境内的土耳其人”所

① 安年科夫：《回忆录及批评笔记》（*Vospominaniia i kriticheskie ocherki*）（圣彼得堡，1879），第 2 卷，第 170—172 页。

统治，它需要像英萨罗夫这样的人。这篇文章给出了乐观结论，称这样的人很快就将出现。

208 《黑暗王国中的一线光明》则表达了另一种革命性抗议。奥斯特罗夫斯基的戏剧《雷雨》（*The Storm*/Гроза）中的角色卡捷琳娜被杜勃罗留波夫阐释为一种象征，象征着民众中不断积聚的自发的反抗力量，是即将到来的“雷雨”之征兆。杜勃罗留波夫认为，卡捷琳娜的命运旨在让观众相信，“活的俄罗斯天性”无法继续接受“黑暗王国”的阴暗现实，被压迫的民众必然会奋起抗议。这种阐释并非这出戏的必然结果，但由于杜勃罗留波夫，它已与这出戏永远难解难分。

杜勃罗留波夫在撰写这几篇关于屠格涅夫和奥斯特罗夫斯基的文章时，已身患严重的肺结核病。1860 年夏，为了他的健康，他的朋友们劝他前往意大利。在意大利，他继续努力写作，他逗留意大利期间的成果是一组令人印象深刻的文章，这些文章分析了意大利民族独立运动的成功和失败。他在 1861 年 8 月回到圣彼得堡，显而易见，气候的变化并未带来改善他健康的希望。之后不久，他于同年 11 月去世。

第三节　德米特里·皮萨列夫与“虚无主义”

在杜勃罗留波夫死去、车尔尼雪夫斯基入狱之后，俄国最有影响力的文学批评家是**德米特里·皮萨列夫**（Dmitry Pisarev/Дмитрий Писарев，1840—1868）。① 虽然他也像杜勃罗留波夫一样发展了车尔尼雪夫斯基提出

① 与车尔尼雪夫斯基或杜勃罗留波夫不同，皮萨列夫出身贵族。在他最初的文章中，他为“纯艺术”与温和自由主义辩护。直到 1861 年，他的观点才变得更为激进。关于皮萨列夫最全面的西方研究著作为：科夸特：《德米特里·皮萨列夫与俄国虚无主义思想》（A. Coquart, *Dmitry Pisarev et iidéologie du nihilisme russe*）（巴黎，1946）。在苏联学者诺维科夫的《虚无主义与虚无主义者》（*Nigilism i nigilisty*）（列宁格勒，1972）一书中，对 1860 年代俄国“虚无主义”的分析被置于俄国和西方虚无主义思想后续发展的背景之中。

的思想，但他赋予这些思想以个人偏好，得出的结论也迥异于杜勃罗留波夫。事实上，皮萨列夫曾这样写道，如果他真的遇见杜勃罗留波夫，他俩可能在任何问题上均难以达成一致。①

皮萨列夫的思想倾向体现在他为《俄国言论》期刊所撰写的一组文章中，他的这一思想倾向常被称为“虚无主义”（nihilism/нигилизм）。这个词曾多次出现于屠格涅夫的小说《父与子》中，但起初并无贬义，尽管其含义是右翼批评家们强加上去的。最初，此词仅意味着对一切既定权威的 209
彻底拒绝，坚决不承认任何无法被理性推理所证明的东西。在《父与子》中，巴扎罗夫（“子辈”的代表）就给自己贴上了“虚无主义者”的标签。皮萨列夫十分崇拜屠格涅夫笔下的这位主人公，将他奉为年轻一代的榜样。像巴扎罗夫一样，皮萨列夫认为，将个人从社会、家庭和宗教所强加的不合理束缚中解放出来（此为虚无主义的中心思想），这在很大程度上可借助于自然科学的普及而得以实现。与此同时，他对“合理利己主义”的功利伦理也有夸张的信奉。他利用他的文章来倡导一种“思考的现实主义者”（thinking realists/мыслящие реалисты，其文学原型即巴扎罗夫）的态度，并攻击“美学”，他用这一概念来指贵族自由派的审美立场。

随着时间的推移，主要是在右翼媒体的影响下，“虚无主义者”的标签也被贴在1870年代的革命者身上［尤其是那些恐怖分子，尽管他们坚决拒绝这一标签，仅保留“皮萨列夫派”（Pisarevites/ писаревцы）之称谓］。民粹派革命家谢尔盖·克拉夫钦斯基（正是他刺杀了警察首脑梅津采夫）曾强调过虚无主义者与革命者这两者间的区别，他在其回忆录《地下俄国》一书中写道：“很难想象还有比这更分明的对比。虚无主义者会不择手段地谋求自己的幸福，其理想就是‘思考的现实主义者’的‘合

① 皮萨列夫：《皮萨列夫文集》（*Sochineniia*）（莫斯科，1955—1956），第5卷，第35页。

理’生活。革命者却在寻求他人的幸福，他甘愿为此牺牲自己的幸福。他的理想就是充满苦难的生活，就是殉道者的死亡。”① 当然，这一评论有些简单化。在此书其他地方克拉夫钦斯基也强调，虚无主义者并非精打细算的利己主义者，他还引用皮萨列夫最亲密的合作者之一弗拉基米尔·扎伊采夫的典型申言：“我们确信我们在为全人类的幸福而战，我们每个人都甘愿为了摩莱肖特和达尔文而走上断头台。”② 然而事实仍旧是，1860 年代的虚无主义并非一场革命运动，毫无疑问，它对既定权威的抨击使得公众舆论变得更为激进，但它并未倡导革命的斗争方法，也未自动树立起革命的目标。

210 这一结论似与皮萨列夫一生中显然具有重大意义的一个事件相悖，这一事件导致他被关进彼得保罗要塞，时间长达四年半。1862 年 6 月，皮萨列夫找到一位拥有非法印刷机的大学生彼得·巴洛德，请他印制自己写的一份公告。皮萨列夫在这份公告中为赫尔岑辩护，反对两本法语小册子对赫尔岑的攻击，这两本小册子的作者费尔克斯男爵是沙皇安插在比利时的奸细，他使用了谢多-费罗蒂的笔名。这份公告的最后一句话听起来像是革命号召：

> 罗曼诺夫王朝和彼得堡的官僚体制必须被消灭。无论像瓦卢耶夫这样的大臣还是像谢多-费罗蒂这样的文学家，都救不了它们的命。
>
> 死亡和腐朽的东西会自动掉入坟墓，我们要做的事就是给它们最后一击，用泥土掩埋它们恶臭的尸体。③

---

① 克拉夫钦斯基：《地下俄国：革命者侧影及生活素描》（S. Kravchinsky, *Underground Russia: Revolutionary Profiles and Sketches from Life*），拉夫罗夫序（第 2 版，伦敦，1883）。

② 同上。

③ 皮萨列夫：《皮萨列夫文集》，第 2 卷，第 126 页。

公告尚未印制出来，巴洛德即已被捕，皮萨列夫也遭到拘留。在审讯中，皮萨列夫试图为自己辩护，借口他精神状况不佳，起因是婚约被解除以及政府采取的一些反动措施（如关闭主日学校，暂时查封《现代人》和《俄国言论》）。即使从字面上来理解他的这些解释，我们也能感觉到，皮萨列夫在其他许多情况下均有可能加入革命阵营。但结果表明，这份公告仅为他一生中的孤立事件。在他被捕之前和之后发表的文章中（他在狱中被允许读书写作），皮萨列夫均明确支持非革命的斗争方式。他认为，在可预见的将来，若对局势持一种冷静、现实的看法，便会意识到革命很难成功。虽然革命在某些情况下不可避免，但“思考的现实主义者们”也应将这种斗争形式当作最后手段。在他纲领性的文章《现实主义者》中，皮萨列夫对比了“机械的影响”（他指的是革命）与“化学的影响”（即为新的“现实主义”观点而进行的斗争以及为改革而进行的系统的合法斗争）。因此，与杜勃罗留波夫相比，皮萨列夫或许并不能被称为革命民主派，他只是一个激进的倡导者，倡导为社会的进步而展开耐心、系统的工作。

当我们看一下皮萨列夫对杜勃罗留波夫最喜欢的文学人物持何种态度时，这种区别就变得非常明显了。例如，皮萨列夫指责屠格涅夫笔下的英 211
萨罗夫不真实，僵硬且浮夸（《论〈前夜〉》）。他也不同意杜勃罗留波夫对奥斯特罗夫斯基《雷雨》中卡捷琳娜的看法，认为她的反抗是纯感性的，非理性的，因此没有正面价值。皮萨列夫认为，热情赞扬卡捷琳娜的杜勃罗留波夫放弃了“现实主义的”观点，无意中是在支持“美学”。

此两人观点之不同，其根本原因在于他们的哲学理念。就对世界的总体看法而言，他俩均为唯物主义者，但就对历史的看法而言，他俩又均为唯心主义者。皮萨列夫的唯物主义具有实证主义的典型元素（比如他认为不可知论是对形而上学的有力防御），并且与他的历史唯心主义一样是极端主义。例如，值得注意的是，他最为热衷的并非费尔巴哈的唯物主义，而是毕希纳、福格特和摩莱肖特等人提出的庸俗化的自然主义版本。与此同时，他那相当天真的理性唯心主义又使他将进步等同于科学知识的进展，从而把科学视为历史的真正创造者。杜勃罗留波夫也相信科学，但他把普通人理想化，视其为不变人性之代表，这使得他很强调大众的作用。皮萨列夫却延续了这样一些俄国思想家的路线，他们认为唯一的进步力量即受过教育的少数人，他们对一切纯粹“自然的”、自发的行为均持有相当大的怀疑。

皮萨列夫关于“新人”和正面主人公问题的看法在他的一篇文章中有一个有趣的表述，这篇文章是对车尔尼雪夫斯基的小说《怎么办》的评论，发表于1865年，题为《一个新典型》（后来再次发表时题目改为《思考的无产者》）。在这篇文章中，乍一看令人惊讶的是皮萨列夫对神秘的革命者拉赫美托夫的赞扬，他称拉赫美托夫为“非同寻常的人”的成功肖像，远胜过屠格涅夫的英萨罗夫（拉赫美托夫的禁欲主义除外）。这一观点不应被认为有悖于皮萨列夫的有机改革纲领，而应被理解为，在他这里“非革命”并非“反革命”的同义词。皮萨列夫写道，拉赫美托夫是一个非同寻常的人，他的活动只能在非同寻常的环境中才能充分展开，而这样的环境无法规划，也无法预见，只有遥远的未来才能揭示这个人的工作成
212 果。然而在当前，普通人在其日常生活中需要有值得模仿的榜样。车尔尼雪夫斯基这部小说中的其他几位主要人物，即洛普霍夫、基尔萨诺夫和维拉·帕夫洛夫娜，也都是这样的榜样。

皮萨列夫最欣赏的文学主人公，即“思考的现实主义者”的最好范例，即屠格涅夫笔下的巴扎罗夫，皮萨列夫写了两篇专论巴扎罗夫的文章，即《巴扎罗夫》（作于1862年）和篇幅更长的《现实主义者》（1864年作于狱中）。这两篇文章的观点之差异令人吃惊。在第一篇文章中，皮萨列夫显然很迷恋巴扎罗夫这一形象，把他视为个人独立和解放的理想，

认为巴扎罗夫象征着对一切“原则”或规范的拒绝，他只想着自己，无法做出任何形式的自我牺牲：“左右他的只有个人的任性和算计。他不承认任何监管者，无论这监管者在他之上、在他之外还是在他之内，他不承认任何道德法则。他没有任何原则。他没有任何崇高目标，头脑中也没有任何崇高的思想，尽管如此，他却代表着巨大的力量。”[①]对于皮萨列夫而言，这种对个体的绝对自我肯定就是个人解放的同义词，因此，它作为批判性意识的必要前提是值得称赞的。

而在《现实主义者》一文中，这一观点却发生了惊人的转变。不道德的个人主义被功利主义所取代，功利主义尽管植根于个人主义的世界观，却与为共同幸福而工作的理念紧密相连。在对自己的立场进行仔细分析之后，皮萨列夫如今认为他应该表明，思考的个体在一切方面都欠社会的债，荣誉感会促使他偿还债务，因此，每一个诚实的人都应该做出力所能及的贡献，以解决“不可避免的问题，即吃不饱、穿不暖的人的问题”，“除了这个问题，再无任何值得我们付出努力、思考或关注的问题”。[②]在他关于巴扎罗夫的这张性格素描中，皮萨列夫如今强调的不再是快乐动机的重要性，而是社会目标，不再是个人摆脱种种束缚的欢快解放，而是心甘情愿地服从严谨的批判性反思，迎合坚定的、“对社会有用的”工作。当然，皮萨列夫并不认为这有悖于利己主义，巴扎罗夫的动机是利己主义，但这是“思考的现实主义者”的利己主义，而非“唯美主义者”的利己主义。

尽管皮萨列夫如此强调要改善“吃不饱、穿不暖的人”的命运，但他
并非社会主义者，在他看来，“思考的现实主义者”不仅存在于民主派知 213
识分子阵营，在开明资本家中间也能见到他们的身影，他称开明资本家为

① 皮萨列夫：《皮萨列夫文集》，第 2 卷，第 11 页。
② 同上，第 3 卷，第 105 页。

“思考的民众劳动领袖”。这种态度不仅源于这样一个事实，即他对民众几乎不抱希望，而且还因为他比杜勃罗留波夫更了解工业化和技术进步的作用。他觉得，在他那个时代的俄国，像巴扎罗夫这样的人只会出现在知识分子中间，民众仍是历史的被动原材料，这种状况似乎还将持续很久。只有受过教育、经济独立的社会阶层才能运用最新的科学技术进步成果，按照合理的方式组织民众的劳动，不断提高生产力。

“虚无主义”是对既有权威的反抗，因此它在建设性的、政治温和的实证主义纲领中只能扮演次要角色，这种纲领与社会未来繁荣的基础相关。仅从艺术或“美学”（皮萨列夫称之为他“真正的噩梦”）的角度看，皮萨列夫的第二篇文章才更加“虚无”。在第一篇文章中，皮萨列夫本人并不完全认同他钟爱的那位主人公的言论，诸如普希金“不值一读”，或“拉斐尔不值一个子儿”。他称这些言论可能是对“父辈”的唯美主义做出的合理反应，但也构成一个“荒谬的过度反应”甚或“狭隘的思想专制”之例证。而在第二篇文章《现实主义者》中，皮萨列夫撤回了这些保留意见。怀着清教徒式的激进主义激情，他甚至宣称，将人类的精力浪费在艺术乐趣的创造和消费上，这与“物质力量和智慧力量的经济学”的原则相矛盾。他认为长篇小说或许具有一定的教育价值，但他怀疑诗歌的作用，并相当激烈地言及音乐和视觉艺术毫无用处，他写道：“我绝对不相信这些艺术形式能对人类的思想完善和精神完善提供任何帮助。”①

这些观点对于《俄国言论》期刊总的倾向而言十分典型，后来，皮萨列夫在他的批评文章《普希金和别林斯基》以及另一篇标题不言自明的文章《美学的毁灭》中又发展了这些观点。前一篇文章是一种激烈的，甚或粗鲁的攻击，既攻击阿波罗·格里高利耶夫倡导的普希金崇拜，也攻击自

① 皮萨列夫：《皮萨列夫文集》，第 3 卷，第 114 页。

由派批评家替“为艺术而艺术”所做的辩护。皮萨列夫也反对别林斯基对
普希金的高度赞扬，甚至称别林斯基为“半个唯美主义者”。后一篇文章 214
《美学的毁灭》是对车尔尼雪夫斯基美学理论片面的“虚无主义”阐释。

皮萨列夫工作的一个重要部分是他那些以自然科学为对象的科普文章，他认为这是传播“现实主义”的最有效工具。他是俄国最早介绍达尔文和进化论的人之一，他在这一领域的贡献受到了植物学家、俄国最著名的达尔文主义者克里门特·季米里亚泽夫的称赞。皮萨列夫这些文采飞扬、饶有兴味的文章被全俄各地的高校学生所捧读。在他那些关于动物生活的文章中，他成功地将科学普及、唯物主义哲学与对人类社会的诙谐嘲讽（借助类比）合为一体。

有理由假设，皮萨列夫如果没有英年早逝，他或许能得出更为平衡的观点，更接近车尔尼雪夫斯基和《现代人》其他撰稿人的立场。他最后几篇文章的调性似乎证实了这一点。其观点转变的另一个证据是，他在出狱（1866 年 11 月）后接触到涅克拉索夫和萨尔蒂科夫–谢德林，此两人在《现代人》被查封后决定创办《祖国纪事》期刊。不幸的是，皮萨列夫来日无多，1868 年 6 月，他在里加附近的波罗的海游泳时溺水身亡。

第四节 对“启蒙者”的批判：阿波罗·格里高利耶夫与尼古拉·斯特拉霍夫

各种形式的启蒙风格理性主义在 1860 年代进步人士圈子中引人注目。唯物主义能在哲学领域取得进展，是因为俄国的大学里并无职业哲学家。值得注意的是，车尔尼雪夫斯基的人本主义原理所遭遇的最严谨的批评者却是神学家**帕姆费尔·尤尔凯维奇**（Pamphilus Yurkevich/Памфил Юркевич，1827—1874），他是基辅神学院教授。他的文章《试论人类精

神科学》和《驳唯物主义》引起一些有影响力的保守派人士的注意，他们助他成为莫斯科大学哲学系主任。然而，尤尔凯维奇的柏拉图式唯心主义太容易让人想起传统的基督教护教学，无法在世俗学界产生更广泛影响。

215 “土壤派”（почвенники）集团对“启蒙者”的批判立场激起了更大兴趣，也更具思想和文化潜力。土壤派号召“返回土壤”［源自俄语中的“土壤”（почва）一词］，该团体的这一呼吁显然会让人想起斯拉夫主义，事实上，该团体的思想家们正是将他们与“启蒙者”的冲突视为关于俄国和欧洲关系之更广泛争论的一部分，从而在一个新的语境中继续1840年代的哲学讨论。从数量上看，这一群体的影响或可忽略不计，但他们对俄国文化所做出的贡献却十分重要，这在很大程度上是因为他们的思想在陀思妥耶夫斯基的创作中发挥了重大作用。①

土壤派的主要思想家是浪漫主义诗人和文学批评家**阿波罗·格里高利耶夫**（Apollon Grigoriev/Аполлон Григорьев，1822—1864）。但是，他本人的浪漫民族主义却与斯拉夫派不同，他指责斯拉夫派将俄国古代大贵族理想化了。他认为，重要的民族原则在未受农奴制影响的社会群体中得到最好的保存，因此不该在父权制农民中、而应在保守的商人阶层中寻求这些原则，他称商人阶层为“古代俄国的永恒精髓”。斯拉夫派却从他们的立场出发合理地质疑格里高利耶夫，既质疑他空洞的“审美”浪漫主义，这种浪漫主义甚至带有他的宗教立场，同时也质疑他因为“多姿多彩”的民族文化而生的浪漫主义喜悦，这种喜悦带有相对主义意味，很难与“真正基督教的”价值系统相协调。或许，格里高利耶夫个性的最突出特征即他对一切“造作之物”根深蒂固的厌恶，对陈规旧俗和毫无生气的厌恶，用他自己的区分就是，他厌恶一切“造就”的东西，推

① 见本书“两位先知作家”一章中关于陀思妥耶夫斯基的相关论述。

崇一切“天生”之物。他以“直接的”直觉认知名义激烈反对一切理性主义理论，将“生命”、“有机”和“历史”与“理论”和“逻辑”相互对立。他在下面这句话中对其哲学做了总结：“不是理性本身及其逻辑需求以及因这些需求产生出的理论，而是理性及其逻辑需求**再加上**生命及其有机体现。”①

在格里高利耶夫看来，黑格尔哲学是最危险的理论之一。在他对黑格尔主义的批判中，他试图解释“启蒙者”如何在俄国知识分子生活中占据了主导地位，别林斯基的黑格尔主义思想如何为车尔尼雪夫斯基和杜勃罗留波夫启蒙风格的理性主义铺平了道路。②针对以成熟时期的别林斯基为 216
代表的“历史批评”（historical criticism/историческая критика），格里高利耶夫提出他所谓“有机批评”（organic criticism/органическая критика）。这种对立基于“历史感”（即作为18世纪理性主义对立面而产生的保守的历史主义）和左翼黑格尔派的“历史观”（即别林斯基等人提出的历史理论，把历史视为无限的普遍进步）这两者间的区别。格里高利耶夫认为后者是18世纪立场的另一变体。他认为，这一理论的危险就在于它代表了宿命论和相对主义的特殊结合，根据这种理论，个人和民族均不对其生命负责，而仅为一个“短暂的时刻”，一种普遍精神的工具。黑格尔本人作为这一“历史观”的创建者是拥有“历史感”的，但在他那些门徒身上，这种感觉已消失殆尽，因此他们仅剩下教条的、目的论的“历史理论”和抽象的进化模型，这种模型将提供预先建构的计划。这一理论像理性主义的所有变体一样，暗示存在一种“抽象的人类精神”，格里高利耶夫认为这一概

① 格里高利耶夫：《格里高利耶夫文集》（*Sochineniia*）（圣彼得堡，1876），第1卷，第624页。

② 格里高利耶夫对别林斯基的态度很复杂。他在别林斯基的著作中区分出两种倾向，一种指向他自己这里，另一种直接指向1860年代的“启蒙者”。他批评作为“自然派”（natural school）理论家的别林斯基，但他接受别林斯基对普希金的阐释，赞扬别林斯基那些“与现实和解”（reconciliation with reality）的著作以及别林斯基1830年代对谢林哲学的热衷，同时却抨击作为左翼黑格尔派的别林斯基。

念是虚幻的，因为在他看来，只有具体的人，无论是个体还是集体，才是真实的存在。①

格里高利耶夫对“历史观”（以及“历史批评”）的主要反驳意见可概括为三点。首先，他指责其代表人物赋予进步的每个“新字眼”以绝对价值，把丰富多彩的生活简化为“逐渐接近”的模式，逐渐接近当下普遍接受的规范。其次，他觉得，“历史观”的代表们坚信进步具有普遍的、必然的本质，这会使他们低估民族的“特殊性”，忽略特殊个体和不可重复现象的重要性，无视一切无法用普遍规律加以解释的事物。再次，他们把自己的意识混同于内在的历史理性，他们的过错就在于，他们试
217 图去有意识地控制生活，声称他们有权强迫生活躺在逻辑的普罗克汝斯忒斯之床上，用手术刀切割它活的组织，并相信这样的手术大有裨益。格里高利耶夫宣称，这是一种荒谬、有害的主张，它没有考虑到这样一个事实，即生命系由神的创造力所引导，神的创造力就是“生命自身最高法则的活焦点”②，因此，人必须去倾听生命的非理性脉动，而不是试图控制它。

格里高利耶夫认为，超越“历史观”的功绩属于晚年的谢林，谢林在其“天启哲学”中坚持上帝的个性，再一次将人的个性确立为绝对价值，他奠定了这样一种认知，即民族同样具有独特的、非理性的个性，这些个性并不受所谓人类进化普遍法则之左右。格里高利耶夫写道，民族是有机体，其中的每个有机体“都是自我封闭的，有自我需求的，拥有按照其特有法则存在的充分权利，它并不需要作为一种过渡方式服务于其他有机体”③。格里高利耶夫“有机批评”的基本前提，即“相信生命是一个有机

① 见《格里高利耶夫文集》第1卷中《现代艺术批评的基础、意义和手法之一瞥》（“Vzgliad na osnovy, znachenie i priemy sovremennoi kritiki iskusstva”）（1858）一文。

② 同上，第205页。

③ 同上，第210页。

整体这一事实”①。这自然会导致对文化中的“有机现象”的偏好，即偏好那些根植于本民族土壤的作品。但是，对于格里高利耶夫而言（他不同于斯拉夫派），“回归土壤”并不意味着拒绝西方价值观或否认个性原则。在他看来，俄国的土壤中不仅扎根着被斯拉夫派理想化了的“温顺”类型，而且还生长着其对立面，即作为个人主义之代表的“掠夺”类型。对传统的尊重和个性原则的有机综合，自发的植物性生长和复杂的理性意识的有机综合，实际上也就是斯拉夫主义和西方主义的有机综合，就其本质而言并非不可能。格里高利耶夫认为，此类综合早已出现在普希金的创作中，它还将出现在社会上，因为一位伟大诗人永远是其民族最完美的精神器官，也是民族未来的可靠预兆。

毫不奇怪，带有这种观点的格里高利耶夫会对俄国生活和文学中“多余人”问题持独特立场。他承认，这些“多余人”确实已脱离其土壤，注定受累于其内在的二元性，但这一过程却必不可少，以便丰富土壤，帮助土壤吸收欧洲元素和个性原则。这些“多余人”已脱离土壤，但他们命中 218
注定要返回家园，不是作为忏悔的浪子，而是作为在“浪游”过程中获得宝贵新经验的人，他们将把这些经验带回故里。格里高利耶夫关于这一命题的得意论证，是屠格涅夫的《贵族之家》中的主人公拉夫列斯基的性格发展。事实上，格里高利耶夫也将从普希金至陀思妥耶夫斯基之间那些最杰出俄国作家的思想演进全都解释为一个类似“扎根”的过程，或曰一个回归本民族土壤的过程。

因此，格里高利耶夫在1860年代的争论中热情支持“多余人”，反对诋毁“多余人”的杜勃罗留波夫。当后者在《何为奥勃洛莫夫性格？》一文中证明“多余人”自身就植根于他们所抨击的农奴制，格里高利耶夫做

---

①《格里高利耶夫文集》第1卷中《现代艺术批评的基础、意义和手法之一瞥》，第223页。

出反击，认为这种“植根”正是他们优于“无根的理论家们”的地方。慵懒的奥勃洛莫夫卡村实际上是“亲生母亲”的象征，对这位母亲，杜勃罗留波夫却“像疯狗一样吐唾沫”。[①] 格里高利耶夫写道，“要热爱工作，避免懒惰”，这一原则在抽象层面上完全正确，值得称赞，然而，一旦“你们拿着解剖刀来解剖你们所谓奥勃洛莫夫性格，那可怜的奥勃洛莫夫性格便会在你们身上发出声音”[②]。

格里高利耶夫思想的核心问题即他关于文学的民族特征的独特认识，他既反对文学服从于社会和政治目的，也反对为艺术而艺术的理想。这使得他能够调和浪漫唯美主义与对现实主义倾向的支持这两者间的矛盾，在他这里，对伟大的浪漫主义诗人（除普希金外他还欣赏密茨凯维奇和拜伦）的崇拜与对涅克拉索夫诗歌的理解和同情并行不悖。由于他的民族性概念为民间元素留有余地，他总体上欢迎文学的民主化，这既包括更多来自不同阶层的作家之涌现，也指文学向民族生活不同层面的更深渗透。但是不要忘记，格
219 里高利耶夫世界观中的民族性概念与浪漫的非理性主义和保守的历史观相关联，在这种观点中，“有机性”与理性思维和塑造现实的有意识尝试相互对立。当然，这也使他无法理解，他所批评的那些“理论家”，即车尔尼雪夫斯基、杜勃罗留波夫和皮萨列夫，其实亦为俄国土壤的有机产物。

“回归土壤”运动的另一位主要思想家是**尼古拉·斯特拉霍夫**（Nikolai Strakhov/Николай Страхов，1828—1896），他是一位训练有素的科学家，是陀思妥耶夫斯基的好友，后与托尔斯泰交往密切。[③] 斯特拉霍夫思想的核心概念，即自然和社会形成了一个有机整体。斯特拉霍夫相信，黑格尔哲学为这样一种看待世界的整体观提供了理论基础。当然，他对黑格尔哲学

---

① 格里高利耶夫：《回忆录（以及他人关于他的回忆）》[*Vospominaniia (i vospominaniia o nem)*]（莫斯科–列宁格勒，1930），第 212 页。

② 格里高利耶夫：《格里高利耶夫文集》，第 1 卷，第 415 页。

③ 见格施泰因：《尼古拉·斯特拉霍夫》（L. Gerstein, *Nikolai Strakhov*）（马萨诸塞州坎布里奇，1971）。

的阐释与格里高利耶夫不同，他认为黑格尔主义不再是理性主义的一种形式，而是“最纯粹的神秘主义”，与巴德尔、迈斯特·埃克哈特和安格鲁斯·西莱修斯的神秘主义有关。[①]他发现有可能调和流行的黑格尔主义、东正教的有神论和斯拉夫派的非理性主义，这也不足为奇。

斯特拉霍夫终身不懈地与原子论和机械论的各种表现展开斗争，他认为这些表现是西方文明病的症状，是1860年代的虚无主义、革命运动和时髦的“启蒙主义”的思想基础。他认为，费尔巴哈哲学是自然科学中原子理论的对应物。他写道，费尔巴哈思想的精髓即认为没有统一，“世上没有统一，也没有整体，只有多样性和各个部分。世上没有任何中心，没有任何联系，每一个事物的中心都存在于它自身，每一个事物之所以存在，正因为它是独立的，与其他事物没有联系。空间中的每一点和每一粒原子都是单独存在的，独自存在的，这便是真正的存在”。[②]包含这段引文的文章写于1864年，此文所针对的虽是费尔巴哈，但毫无疑问，斯特拉霍夫指的是费尔巴哈的俄国门徒尼古拉·车尔尼雪夫斯基。

斯特拉霍夫的主要著作是《作为整体的世界》，他在此书中阐述其自然哲学，并详尽驳斥皮萨列夫在其文章（论述唯物主义、原子论和机械论自然史以及达尔文进化论等问题的文章）中宣扬的思想。斯特拉霍夫认为，世界是一个整体，而且是一个充满精神的整体，其各个部分实际上是 220
处于不同发展阶段的精神之体现。没有一个部分是独立的、自在的，一切事物均与其他事物相联系，没有任何事物是“独自存在”的，正如赫拉克利特所言，一切都是流动的。世界的统一具有和谐、有机的特点，构成世界的各个部分不仅联系在一起，而且相互服从，形成一个等级结构。最

① 见奇泽夫斯基：《黑格尔在俄国》（D. I. Tschizevskij, *Gegiel w Rossii*）（巴黎，1939），第273页。

② 斯特拉霍夫：《与我们文学中的西方做斗争》（N. N. Strakhov, *Bor'ba s Zapadom v nashei literature*）（圣彼得堡，1883），第2卷，第92页。

后，这个世界有一个中心，这个中心就是人，人是大自然的最好成就，是“存在的节点”，是“世界的主要现象和主要器官”。然而，人却始终渴望与整体分离，欲切断那根将他与创造的有机统一连接在一起的脐带。①

斯特拉霍夫自然会对这些离心倾向进行谴责。他周围的世界使他充满疑虑，因为这个世界似乎成了强大的解体力量之战场。为抵消这些力量，他呼吁重建人类存在的“有机”原则，这一原则可借助于宗教情感、与
221 “本民族土壤”的联系以及民族归属感来加以表达。

本章涉及作品

尼古拉·车尔尼雪夫斯基：《艺术对现实的审美关系》（*The Aesthetic Relations Between Art and Reality*/ Эстетические отношения искусства к действительности），论文

——：《哲学中的人本主义原理》（“The Anthropological Principle in Philosophy”/ Антропологический принцип в философии），文章

——：《资本与劳动》（“Capital and Labor”/Капитал и труд），文章

——：《穆勒政治经济学概论》[“Notes on the Founding of Political Economy by J. S. Mill”/Очерки из политической экономии (по Миллю)]，文章

——：《关于土地村社所有制的哲学偏见之批判》（“Critique of Philosophical Prejudices Regarding the Communal Ownership of the Land”/Критика философских предубеждений против общинного землевладения），文章

——：《卡芬雅克》（“Cavaignac”/Каваньяк），文章

——：《路易十八世和查理十世统治时期法国的党争》（“The Party Struggle in France in the Reigns of Louis XVIII and Charles X”/Борьба партий во Франции при Людовике XVIII и Карле X），文章

——：《七月王朝》（“The July Monarchy”/Июльская монархия），文章

——：《好心人致敬老爷的农民》（To the Peasants of the Landlords, Greetings from Their Well-wishers/Барским крестьянам от их доброжелателей поклон），宣言

——：《大罗斯人》（*Great Russian*/Великорусс），期刊

——：《怎么办》（*What Is to Be Done?*/Что делать?），小说

——：《序幕》（*The Prologue*/Пролог），小说

——：《人类知识之特性》（“Character of Human Knowledge”/Характер человеческого знания），文章

——：《论罗马衰落之原因》（“What Caused the Downfall of Rome?”/О причинах падения

① 斯特拉霍夫：《作为整体的世界》（*Mir kak tseloe*）（第2版，圣彼得堡，1892），第vii—ix页。

Рима)，文章

——:《没有地址的信》(*Letters With No Address*/Письма без адреса)，书信集

——:《这是转变的开端吗？》(“Could This Be the Beginning of Change?”/Не начало ли перемен?)，文章

尼古拉·杜勃罗留波夫:《真正的白昼何时到来？》(“When Will the True Day Come?”/Когда же придет настоящий день?)，文章

——:《俄国普通民众的性格特征》(“A Contribution to a Character Sketch of the Russian People”/Черты для характеристики русского простонародья)，文章

——:《论人民性在俄国文学发展中的渗透程度》(“The Role of the Folk Element in the Development of Russian Literature”/О степени участия народности в развитии русской литературы)，文章

——:《去年文学琐事》(“Last Year’s Literary Trifles”/Литературные мелочи прошлого года)，文章

——:《何为奥勃洛莫夫性格？》(“What is Oblomovism?”/Что такое обломовщина?)，文章

——:《黑暗王国中的一线光明》(“A Ray of Light in the Kingdom of Darkness”/Луч света в темном царстве)，文章

伊万·屠格涅夫:《前夜》(*On the Eve*/Накануне)，小说

——:《父与子》(*Fathers and Sons*/Отцы и дети)，小说

——:《贵族之家》(*House of Gentlefolk*/Дворянское гнездо)，小说

亚历山大·奥斯特洛夫斯基:《雷雨》(*The Storm*/Гроза)，剧作

德米特里·皮萨列夫:《俄国言论》(*Russian Word*/Русское слово)，期刊

——:《现实主义者》(“The Realists”/Реалисты)，文章

——:《一个新典型》(“A New Type”/Новый тип)，再次发表时标题改为《思考的无产者》(“The Thinking Proletaria”/Мыслящий пролетариат)，文章

——:《巴扎罗夫》(“Bazarov”/Базаров)，文章

——:《普希金和别林斯基》(“Pushkin and Belinsky”/Пушкин и Белинский)，文章

——:《美学的毁灭》(“The Destruction of Aesthetics”/Разрушение эстетики)，文章

亚历山大·赫尔岑:《非常危险！！！》(“Very Dangerous!!!”)，文章

——:《多余人与暴躁人》(“Superfluous Men and Angry Men”/Лишние люди и желчевики)，文章

谢尔盖·克拉夫钦斯基:《地下俄国》(*Underground Russia*/Подпольная Россия)，回忆录

帕姆费尔·尤尔凯维奇:《试论人类精神科学》(“A Contribution to the Science of the Human Spirit”/Из науки о человеческом духе)，文章

——:《驳唯物主义》(“Against Materialism”/Против материализма)，文章

尼古拉·斯特拉霍夫:《作为整体的世界》(*The World as a Whole*/Мир как целое)，专著

尼古拉·涅克拉索夫，米哈伊尔·萨尔蒂科夫-谢德林:《祖国纪事》(*Notes of the Fatherland*/Отечественные записки)，期刊

第十二章
民粹派的意识形态

导 论

“民粹主义”（Populism/народничество）一词有多种不同含义。[①] 最广义的“民粹主义”指俄国一切民主派意识形态，既包括革命派也包括改革派，他们代表农民和小生产者利益，认为俄国可以跳过资本主义发展阶段。如果我们接受这一定义，那么民粹主义即为一个非常广泛、包含不同倾向的运动，其历史悠久，从赫尔岑和车尔尼雪夫斯基直至20世纪的社会主义革命者。

就历史语境中的狭义而言，俄国1870年代革命者所谓“民粹主义”则仅指俄国激进主义内部的一个流派，这一流派出现于1870年代中期，处在第一波“到民间去”（go to the people/хождение в народ）运动兴起之

① 这在瓦利茨基《资本主义之争》（牛津，1969）一书中有较详细的讨论，第1—28页。另见派普斯：《“民粹主义”语义考》，载《斯拉夫评论》（“Narodnichestvo: A Semantic Inquiry,” in *Slavic Review*），第23卷，第3期（1964年9月）。关于民粹派革命运动最全面的最新史著为文图里：《革命的根源：19世纪俄国民粹主义和社会主义运动史》（伦敦，1960）。

后，该流派与其他革命流派有所不同，即主张“群众对受过教育的精英层次的垄断”。在这层意义上，“民粹主义”与一些革命者的“抽象认知”相互对立，这些革命者试图教导农民，而不是向农民学习，他们希望把西方的社会主义理想强加给农民，而不是去倾听农民的心声，为农民谋求实际利益。从其所主张的斗争方式的角度看，“民粹派”（就此词的第二种意义而言）与成立于1879年的民粹派革命组织“民意党”（People’s Will/Народная воля）[①]的成员们截然相对，因为他们与后者不同，主张仅在人民中间活动，仅借助于人民的力量活动，他们谴责革命密谋活动、个人恐怖 222
行为以及利用职业革命组织夺取政权的企图。

本章对“民粹主义”一词的使用，倾向于遵循前述第一个定义，尽管其涵盖略有收缩。笔者认为，“民粹主义”不该被理解为革命思潮中一个特定的流派，而应被视为一种动态的意识形态结构，其内部可能存在诸多立场。这一意识形态的显著特点，即它将资产阶级民主的激进主义与反对资本主义社会制度的立场合为一体。这种反对立场以各种形式的“社会主义”表达出来，但它实际上更接近列宁所谓“经济浪漫主义”，即一种把前资本主义经济关系和社会关系理想化的怀旧乌托邦。这层意义上的民粹主义直到1870年代才在俄国扎根，当时人们普遍对资本主义发展的进步作用感到失望。车尔尼雪夫斯基可被称为民粹派鼻祖，因为他构建了非资本主义发展这一民粹派概念的基本命题，但他主要属于“启蒙者”，列宁将这些“启蒙者”称为激进的资产阶级民主的倡导者，他们在为清除封建主义残余而战。另一方面（列宁强调），与“启蒙者”相比，民粹派向前迈出了重要一步，因为他们意识到资本主义会给民众带来怎样的悲惨后果。在废除农奴制的斗争中，“启蒙者”主导了民主运动，而民粹主义

① 研究“民意党”思想的最佳专著为特瓦尔多夫斯卡娅：《1870年代与1880年代之交俄国社会主义思想》（V. A. Tvardovskaia, *Sotsialisticheskaia mysl Rossii na rubezhe 1870—1880-kh godov*）（莫斯科，1969）。

则在改革后的俄国逐渐成熟，成为对资本主义的快速发展所做出的反应。“启蒙者”和民粹派均代表广大民众，在 19 世纪的俄国，民众首先是指农民，因此，前者的运动可被视为后者出现的基础。但是，民粹派不同于“启蒙者”，他们将反封建的资产阶级民主激进主义与反对资产阶级进步的小资产阶级立场结合在一起。这就是为什么，“60 年代遗产”（列宁语）显然是进步的，而民粹主义的遗产在这一方面则模棱两可。列宁写道，民粹派是伊阿诺斯，“一副面孔看着过去，另一副面孔看着未来”。[①] 民粹派的
223 社会主义就是看着过去的伊阿诺斯，列宁经常强调，民粹派的社会主义理论是小资产阶级的（以马克思主义者赋予这一概念的意义而言），是反动的，无可救药地受到了“经济浪漫主义”的影响。[②]

1868—1870 年这三年可被视为经典民粹主义的诞生期。许多年轻的激进派此时均放弃皮萨列夫的“现实主义”，拒绝对科学能解放一切之使命的实证主义信念。1868 年，巴枯宁发表他那篇著名文章（刊于侨民杂志《人民事业》），呼吁俄国年轻人离开大学，“到民间去”。一年后，民粹主义的三份经典文献相继发表，这便是拉夫罗夫的《历史书简》、米哈伊洛夫斯基的论文《何谓进步》以及弗列罗夫斯基的著作《俄国工人阶级之处境》。前两部著作质疑“启蒙者们”普遍持有的对于进步的乐观信念，指出历史进程痛苦的矛盾性，并对那种单向进化的概念表示怀疑，这种概念试图证明俄国必须遵循欧洲资本主义发展的普遍模式。弗列罗夫斯基则描绘出一幅生动画面，展示资本主义社会关系被引入农业后农民们的日益贫困，他得出结论，应尽一切可能防止资本主义进一步进展，转而利用农民

① 列宁：《列宁选集》，第 2 卷，第 507 页。中译见列宁：《民粹主义的经济内容及其在司徒卢威先生的书中受到的批评》，《列宁全集》，北京：人民出版社，2013 年，第 1 卷，第 462 页。

② 值得注意的是，列宁本人指出，他是在“哲学历史”的意义上使用“反动”一词的，仅指那些理论家所犯错误，他们使用过时的社会关系作为其理论建构的模型（《列宁选集》，第 2 卷，第 217 页。中译见列宁：《评经济浪漫主义》，《列宁全集》，北京：人民出版社，2013 年，第 2 卷，第 185 页）。

村社的各种潜力。在这些重要文献发表的同年，民粹主义革命运动也开始兴起。这些特殊的革命组织的思想中最具民粹派特质的就是这样一个信念，即决心把重点置于反对资本主义在俄国进一步发展的斗争。

如果说我们看到了“经典民粹主义”把资本主义视为“头号敌人”，那么我们还应补充，1870 年代的经典民粹主义不仅受到马克思主义的影响，而且就某种意义而言也正是马克思主义的产物。俄国民粹主义思想的这一阶段始于《资本论》第一卷（1869）出版之后，这并非偶然，让马克思感到惊讶的是，在俄国出版的《资本论》第一个俄译本（1872）是由民粹派促成的（译本一开始由马克思的好友盖尔曼·洛帕京翻译，后由尼古拉·丹尼尔逊完成，丹尼尔逊认为马克思主义与民粹主义完全一致）。简 224
而言之，俄国民主派对《资本论》印象深刻，尤其震惊于该书中关于原始积累暴行的描述，于是他们决定竭尽所能地避免资本主义在俄国的发展，他们也因此成为成熟的“经典”民粹派。

因此我们可以说，俄国的民粹主义不仅是对俄国内部资本主义的一种反拨（甚至不是对西方资本主义“示范效应”的反拨），而且也是，甚或首先是俄国对西方社会主义思想中的资本主义发展**理念**所做出的一种回应。这是一个处于资本主义发展早期阶段的落后农民国家的民主知识分子对西方社会主义做出的反应，首先是对马克思主义做出的反应，这完全可以理解，因为马克思毕竟是当时欧洲社会主义的领军人物，也是那部关于资本主义发展的最权威著作的作者。

第一节　自“到民间去”至“民意党”

民粹派意识形态的反资本主义特征之最明显体现，是对议会制的不信任以及对各种“政治”形式的有意冷漠。民粹派将“社会主义”革命等同于社会革命，或曰社会经济基础的根本性变革。另一方面，“政治”斗争，亦即以推翻专制体制为目的、旨在争取政治自由的斗争，又仅被视为一场“资产阶级”革命，应被真正的社会主义者所忽视。如此一来，社会主义被视为“政治斗争”的对立面，有人甚至认为，一部自由派宪法或许会加强有产阶级，使社会主义者在未来许多年失去机会。尽管这在我们如今看来是一个奇怪的悖论，民粹派自诩“不关心政治”，并认为这是他们的社会主义不受资产阶级价值观污染之保障。有时他们采取这一立场，是因为他们准备与政府合作，如果政府决定推动必要的社会改革，尽管在更多时候，他们采取这样的策略是因为他们认为，在不改变社会体制的情况下推翻沙皇的专制制度，这只会产生出一个资产阶级政府，只会导致民众经济状况的进一步恶化。

225 政治目标和社会目标之间的关系问题并非一个新问题，早在1860年代，这一问题即为赫尔岑和巴枯宁所关注，尽管他俩对这两种目标的区分既不太激进，也没有原则化，像随后十年间所做的那样。第一个“土地与自由社”（在车尔尼雪夫斯基、赫尔岑和奥加廖夫的启发下于1862—1863年间成立）有政治目标，比如召开国民代表会议（Land Assembly/Земский собор），他们并不认为这是对其社会目标的背叛。直到1870年代早期，对政治斗争的持续拒绝才在民粹主义运动中广为流行。

这种拒绝的背后有许多原因，其中最为显明的原因之一即巴枯宁的影响，他此时已成为国际无政府主义的领袖和首席理论家。他反对马克思和德国社会民主党，他的理由是，争取普选权或是在资产阶级议会中获得席位，这样的事不值得一位社会主义者去做，这是向小资产阶级激进主义投降的一种方式。

另一因素是“忏悔的贵族”（米哈伊洛夫斯基发明的术语）的精神状态，这在拉夫罗夫的《历史书简》中得到了出色描述。1870年代初最大的民粹派组织柴可夫斯基小组[①],其成员就极易产生强烈的道德自我质疑。对于这些年轻人而言，拒绝政治斗争是他们向人民偿还债务的一种方式，因为政治自由对于人民而言并无意义。米哈伊洛夫斯基在他合法发表的那些文章中展示出一种天赋，即用简洁的措辞来阐述革命运动在当前所面临的种种问题和困境，他将这种情绪定义为“良心”（一种道德责任感）相对于“荣誉”（一种自身权利感）的胜利。1873 年初，恰在第一场“到民间去”运动开始之前，他在那篇评论陀思妥耶夫斯基的小说《群魔》的精彩文章中写道：

> 对于一个品尝过人类善恶认知树之果实的人而言，没有什么能比政治自由、良心自由、言论自由、新闻自由、思想交流（政治集会）的自由等更具诱惑力了。我们自然渴望这一切。但是，如果与这种自由相关的所有权利仅仅是为了让我们扮演一朵鲜艳芬芳的花朵之角色，那么我们就不想要这些权利和这种自由！就让这些权利和自由受到诅咒吧，如果它们不仅不能让我们偿还债务，而且还会让我们欠债更多！……我们认为社会改革优先于政治改革，我们仅仅拒绝强化我
> 们的权利，扩展我们的自由，这些权利和自由都是压迫人民的工具， 226
> 会进一步加重我们的罪孽。[②]

最后一点，也是最重要的一点，人们越来越意识到，以英国制度为榜样的政治自由与资本主义的发展相关，这被视为倒退的一步，至少在俄国是如此。有两本书在构建民粹派的资本主义观和资产阶级政治自由观方

① 该小组得名自尼古拉·柴可夫斯基（N. V. Chaikovsky），但实际创建人为尼古拉·纳坦松（N. A. Natanson）。

② 米哈伊洛夫斯基：《米哈伊洛夫斯基全集》（N. K. Mikhailovsky, *Polnoe sobranie sochinenii*）（第 5 版，圣彼得堡，1911），第 1 卷，第 870—872 页。

面发挥了重要作用，即《俄国工人阶级之处境》（1869）与《社会科学入门》。这两本书均出自经济学家瓦西里·贝尔维–弗列罗夫斯基之手，他与当时民粹主义运动的两个主要中心柴可夫斯基小组和多尔古申小组①均联系密切。年轻民粹派也对米哈伊洛夫斯基的文章《何谓进步》以及叶利谢耶夫对“富豪政治”的抨击印象深刻，后者对作为资产阶级之得心应手工具的议会制持轻蔑态度。②最后一种、但并非最不重要的影响是马克思的影响，其《资本论》第一部在民粹派圈子里广为人知，甚至在其俄译本于1872年在俄出版之前（书刊审查官认为此书无害，因为它仅涉及西欧）。马克思本人（不像巴枯宁）从未忽视政治斗争，但民粹派革命者很容易对马克思的著作做出自己的阐释，马克思关于政治的上层建筑总是服务于统治阶级利益的观点，马克思关于资产阶级民主的“形式”性质的敏锐分析，均被民粹派当作有力论据以支撑他们的这一观点，即应优先考虑社会变革和经济变革。

因此，民粹派对政治斗争的拒绝是他们的一种姿态，他们试图证明他们完全摆脱了资产阶级的幻想，他们的主要敌人是资本主义。因此可以理解，随着俄国乡村资本主义进程的加速，民粹派做出的反应就是凸显其意识形态的反资本主义、反资产阶级方面，并越来越多地将村社的所谓社会主义性质理想化。

227 这种对俄国农民社会主义本能的浪漫信仰之真正爆发，是1873—1874年间那场伟大的民粹主义运动。成千上万的青年男女仿效柴可夫斯基小组和多尔古申小组成员，决定“到民间去”。他们身着农民服装，事先未做

① 1869年秋在圣彼得堡创建的多尔古申小组（Dolgushin Circle）的创建人是安东·多尔古申（A. V. Dolgushin）。

② 见叶利谢耶夫《富豪政治及其社会基础》一文，载《祖国纪事》（G. Z. Eliseev，“Plutocracy and Its Social Base，” in *Notes of the Fatherland*），第2期（1872），收入卡拉塔耶夫编：《民粹派经济文献》（N. K. Karataev, ed., *Narodnicheskaia ekonomichcskaia literature*）（莫斯科，1958），第125—159页。叶利谢耶夫对“财阀制”政府的分析，其基础是马克思的《资本论》。

任何安排，甚至时常不经事先沟通，便直接去往乡村，以体验真实、健康、简单的生活。

这种文图里所谓“卢梭主义的集体行为”[①]所显示出的热情前所未有，十分独特。谢尔盖·克拉夫钦斯基写道：“此前和之后均未有过类似现象，这似乎更像天启，而非宣传。起初尚可得知，某本书或某个人对参与这场运动的某某人产生了影响，但是后来便再也无法做出判断。这就像一声响亮的呼唤，它不知自何处响起，却传遍整个国家，召唤所有具有热情心灵的人投身于拯救祖国和人类的伟大事业。”[②]

在这场运动的参与者中，通常能区分出巴枯宁的追随者和拉夫罗夫的追随者这两类人，这两个群体间的差异在1860年代末开始显现，甚至还在“到民间去”运动开始之前，其起因是一场有趣的争论，即如何自革命事业的角度看待教育和科学的价值。在1868年刊于侨民杂志《人民事业》的一篇文章中，巴枯宁呼吁俄国大学生放弃学业，因为学业也是一种剥削方式。他认为，在革命时代没有时间学习，革命者不需要去掌握官方知识，那些知识服务于统治阶级的利益，会加剧社会的不平等。拉夫罗夫更接近“启蒙者”的理性主义传统，他认为必须与巴枯宁的观点划清界限。在刊于侨民杂志第一期（1873）上的《知识与革命》一文中，他言简意赅地论述了这一问题。拉夫罗夫的追随者们被称为“宣传者”（propagandists/пропагандисты），他们在实践工作中重视革命宣传，即希望启蒙农民，让农民为社会主义做好准备。而巴枯宁的追随者们则被称为“反叛者”（rebels/бунтари），因为他们前往乡村不是为了教育乡村居民，而是为了鼓动后者加入自发的、迫在眼前的起义。 228

民粹派运动的结果非常令人失望，警方进行大规模搜捕，而把这些满

① 见文图里：《革命的根源》，第503页。
② 克拉夫钦斯基：《地下俄国：革命者侧影及生活素描》，第25—26页。

怀热情的年轻人交到宪兵们手中的，往往恰是那些被视为潜在革命者的农民。事实证明，俄国农民不太会接受社会主义思想，他们不太愿意反抗，并不像在城市长大的知识分子所认为的那样。民粹主义运动已获得第一个重要经验，如今必须从中得出适当的结论。

成立于1876年底的革命组织“土地与自由社”，其纲领的制定同时基于“反叛者”和“宣传者”这两派的经验。两派的共同之处，即坚信革命者只能在人民中间开展行动，只能借助人民的力量开展行动。他们认为，之前的行动未获成功的主要原因，一是巴枯宁派夸大了农民参加起义的意愿，二是他们所进行的社会主义宣传过于抽象。后一种指责主要针对拉夫罗夫派，但也与巴枯宁派的“反叛者”有关，他们的经验使他们意识到，在农民中进行革命鼓动、对现存社会秩序之基础发起普遍攻击，这种做法是错误的。为避免将来再犯此类错误，“土地与自由社”纲领仅提出一些“在不久的将来即可实现”的目标，亦即那些与农民的直接利益相一致的目标。克拉夫钦斯基宣称，脱下社会主义的德国式外衣，换上农民的服装去往乡村，这还不够，不仅是社会主义者，而且连社会主义本身，都应成为俄国农民的朴素版本。[①]试图抛弃自己的抽象思想和乌托邦主义，使其社会主义纲领对于大众而言更有吸引力、更容易理解，正是这样的意图使得之前很少有人使用的“民粹派”一词广为流行。

装备了新的纲领后，“土地与自由社”的革命者开始了一场新的走向民间运动，这一次运动组织得很好，远胜于第一次。据维拉·菲格纳称，新组织自一开始就倾向于以集中制和有效的领导方式取代“联邦主义者”的原则。[②]地下活动的开展又强化了这一趋势，直到“土地和自由社”最

① 见科兹明：《俄国革命思想史纲》（B. P. Kozmin, *Iz istorii revoliutsionnoi mysli v Rossii*）（莫斯科，1961），第642页。
② 菲格纳：《菲格纳全集》（V. Figner, *Polnoe sobranie sochinenii*）（莫斯科，1932），第1卷，第105页。

终变成列宁所谓“战斗的、集中的组织”（见其《怎么办？》），列宁将其列为俄国革命的马克思主义者效仿的榜样。 229

彼得·特卡乔夫在很久之前就曾提出建立一个强大的集中制组织的建议[①]，不过他的思想却被称为“雅各宾主义”或“布朗基主义”，因为这些观点强调精英革命家的作用，与民粹派公认的借助人民力量展开行动的原则并不相容，更有悖于“土地与自由社”所主张的狭义“民粹主义”。特卡乔夫建议实施的实为职业革命者的密谋活动，他们的目标首先即夺取政权。他认为民粹派的“到民间去”运动是巨大的精力浪费，他建议回过头去采用涅恰耶夫的手段[②]，他与后者在1860年代末有过合作。他还认为可以从19世纪上半期西欧的革命密谋家那里学到很多东西，他尤其赞扬波兰人的经验和密谋技巧。在他侨居国外时，他最亲密的合作者实际上是两位波兰人，即卡罗尔·亚尼茨基和卡斯珀·图尔斯基。[③]

特卡乔夫认为，民众无法通过自身的努力解放自己，他们的支持对于革命的胜利而言不可或缺，但他们的作用却纯粹是消极的，是一种解构力量。决定性的角色应属于强大的领导层以及革命先锋队组织的严谨活动，革命先锋队知道如何利用民众起义造成的混乱。预先在民众中间做工作毫无意义，这仅为一种逃避真正革命活动的方式，是“反动的革命者”杜撰出的便利借口。俄国的革命不能再被推迟了，因为它成功的机会在日益降低。今日之俄国是“绝对的荒谬和荒谬的绝对”，它缺乏任何真正的支撑，

---

① 见本书第244—252页。

② 见本书第177页注释。

③ 卡斯珀·图尔斯基是波兰社会民主协会的联合创始人之一，该协会于1872年在苏黎世成立，隶属共产国际。1877—1878年间，他与巴黎公社的波兰将军瓦列里·弗罗勃列夫斯基保持密切联系，帮助他秘密前往俄国。弗罗勃列夫斯基是共产国际成员，也是马克思和恩格斯的好友。得知恩格斯对特卡乔夫持批评态度，弗罗勃列夫斯基更倾向于对恩格斯（以及马克思）隐瞒他与特卡乔夫小组的联系。见波列沙：《在1848—1895年间的伟大流亡者中间》（J. W. Borejsza, *W kręgu wielkich wygnańców 1848—1895*）（华沙，1963），第68—69、123—124页。关于图尔斯基，见佩特科维奇：《卡斯珀·米查尔·图尔斯基》，载《独立》（K. Pietkiewicz, “Kasper Michal Turski,” in *Niepodległość*）第1期（1930），第103—113页。

“悬浮在空中”。①很快，它就将成为“宪制的，温和的”，能获得目前尚无意捍卫它的社会各阶层的支持。只要俄国资产阶级尚且软弱，资本主义尚
230 处于其早期阶段，就还有可能为俄国规划另一种未来，时不我待，不能坐失良机。

这种诊断与急不可耐的巴枯宁派的情绪相吻合，他们始终渴望诉诸直接的革命行动。另一方面，特卡乔夫对群众的看法以及对极权制革命国家所塑造的未来社会的看法，却与巴枯宁派相去甚远，后者信赖民众的自发性，相信民众有将自治村社结成自由结盟的理想。特卡乔夫则不相信农民村社有助于社会主义的诞生，在他看来，自给自足的农业村社近乎最保守、最静态的社会组织形式，其中并不包含任何进步发展的萌芽。集体主义，即俄国农民“天生的共产主义”，无疑能极大地促进社会的革命性变革，但它并不能构成社会主义的坚实基础。人民无法独自找到一个充满活力的进步社会，他们甚至无法继续保持对其旧有理想的忠诚，保护这些理想不受敌对社会力量的攻击。因此，革命先锋队的任务就不能局限于推翻专制体制。特卡乔夫得出一个结论，即革命政党应接管并强化俄国的绝对权力，将其转化为强大的革命专政工具，并利用它来彻底改变社会的方方面面。管理革命国家的革命政党之权威，应取代“神秘的沙皇”成为俄国人民的新权威。

“土地与自由社”的成员大都强烈反对特卡乔夫，他们指责他为了自己的政治野心而损害俄国革命运动，背叛了人民的事业。尽管如此，特卡乔夫的影响仍加速了“土地与自由社”内部一个新倾向的出现，在这一倾向中，推翻专制体制的有组织的政治斗争优先于“在民间的工作”。

对纯粹的“民粹主义”（狭义的，就此词的历史含义而言）立场的这

① 特卡乔夫在其《致恩格斯的公开信》中使用的表达方式，见本章“彼得·特卡乔夫”一节。

种心有不甘的背离，导致了第二次“到民间去”运动的部分成功和整体失败。以乡村医生、教师或工匠等身份住在偏远乡村的革命者在日常生活中帮助农民，组织他们去对抗地主、富农和地方官员，他们有理由宣称，他们所取得的成就远超1874年的“宣传者”，但与此同时他们也无奈地意识 231
到，他们无法在现有政治条件下继续有效地开展工作。正是由于意识到了这一点，他们中的一些人从狭隘的民粹主义斗争方式转向政治恐怖主义。1878年1月，一个名叫维拉·查苏利奇的姑娘向圣彼得堡省长特列波夫将军开枪，为一名在狱中受到鞭打的革命者报仇。同年5月，宪兵队的黑金格上校在基辅被暗杀。8月，谢尔盖·克拉夫钦斯基刺杀了秘密警察首领梅津采夫将军。1879年4月2日，亚历山大·索洛维约夫刺杀沙皇未遂，他事先向“土地与自由社”通报了他的行动，但并未请求帮助。数周后，独立的恐怖主义组织“不自由毋宁死小组”（Freedom or Death/Свобода или смерть）在“土地与自由社”内部成立。

这一新倾向遭到正统民粹派的谴责，他们在普列汉诺夫领导下[①]，指责恐怖主义者放弃了在人民中间的工作，背叛了把“社会”目标置于首位的传统原则。“土地与自由社”的许多领导成员均愿意继续信奉民粹主义的始初原则，但并不拒绝恐怖主义。这样两面性的典型例证，即克拉夫钦斯基在党的地下刊物第一期（1878年秋）上发表的一篇重要文章，他在这篇文章中试图说服他的同志们，党的主要力量应继续放在乡村工作上，恐怖主义者仅为一支“防御队伍，其作用是保护这些工作者免遭敌人背信弃义的打击”。[②]

然而，无论是克拉夫钦斯基的文章还是1878年的新版党纲，均无法阻止“土地与自由社”的分裂。在沃罗涅日秘密举行的一次会员大会上

① 见本书第409—411页。

② 《〈土地与自由〉杂志纲领》，刊于卡拉塔耶夫编：《民粹派经济文献》，第322—326页。

（1879年6月）达成了一项临时妥协（由于普列汉诺夫的离会方才达成），但这并不足以使“传统派”与“创新派”消除分歧。1879年10月，分裂得到正式承认，“土地与自由社”不复存在。由普列汉诺夫领导的正统民
232 粹派创建名为“黑分社”（Black Repartition/Черный передел）的独立组织，对“创新派”感到失望的维拉·查苏利奇也加入这一组织，这一名称中的“黑”指“黑人”①,“分”则指农民们中间普遍存在的重新划分土地的愿望。“创新派”则取名“民意党”（Народная воля），这一名称在英文中通常被不太恰当地译为“The People’s Will”，因为这个俄文词组有两重意思，既表示“人民的意志”，也可理解为“人民的自由”。这个新组织的纲领就是推翻专制制度，按照人民的意志建立政府。

由于人们几乎普遍认为传统的斗争方法已难以在人民中间产生任何持久结果，“民意党”于是轻松地接管了革命运动的领导权。相比之下，“数量不多的‘黑分社’成员已无法代表任何真正的革命力量”②。“创新者”革命理论中的新意是，他们拒绝传统民粹派对于“社会”目的优先于“政治”目的这一策略的强调，试图通过对俄罗斯国家某些特征的列举来佐证他们的立场变化。该党首席理论家列夫·季霍米罗夫提出两个捍卫这一新路线的主要论据：一是政府积极鼓励资本主义在俄国的发展，二是国家社会主义历史学家的理论（在第八章有过讨论），他们认为在俄国历史中，国家始终不仅是社会各阶层的工具，而且也是这些阶层的创造者，是整个社会生活的最高组织者。季霍米罗夫用后一种理论来支持他本人的命题，即在俄国，反对占有阶级的斗争必然会变成一场反对国家的政治斗争，而正是国家造就了这些阶级（包括资产阶级），是这些阶级主要的力量源泉。

① 俄语中的“黑人”有“干粗活的人”之意。——译注

② 见巴基洛夫：《1878—1881年间的俄国民粹派运动》（Bazylov, *Działalność narodnictwa rosyjskiego w latach, 1878—1881*）（弗罗茨瓦夫，1960），第107页。

当然，接受“政治斗争”这一假设并不意味着在对其含义的阐释上没有重大差异。据普列汉诺夫的说法，“民意党”内部存在两种对立倾向：一种是热里亚博夫代表的“宪制倾向”，另一种是季霍米罗夫本人热衷的“布朗基倾向”[①]（或曰“雅各宾倾向”）。应该补充一点，季霍米罗夫本人并非一以贯之的“布朗基主义者”，他在这一方面被该党执委会的另一名 233
委员玛利亚·奥沙尼娜所超越，后者是特卡乔夫的热情追随者，也是俄国“雅各宾主义”老战士彼得·扎伊奇涅夫斯基的门徒。

根据热里亚博夫的“宪制派”解释，转向政治斗争就意味着去寻求盟友，与一切有志于推翻俄国专制体制的社会阶层结盟，实际上，主要是与自由派结盟。这一联盟的目的是确保建立一个代议制政府，确保民主权利，以便社会主义者为在经济上改善农民和工人的命运而继续进行合法斗争。这一观点得到米哈伊洛夫斯基支持，米哈伊洛夫斯基的立场体现在他的一组文章中，即他于1879年在期刊《民意报》匿名发表的《一位社会主义者的政治书简》。米哈伊洛夫斯基为热里亚博夫的观点提供了理论基础，他认为（与他本人不久前的观点相悖）政治自由也可被用作对抗俄国资产阶级的一件武器，俄国资产阶级与18世纪的法国资产阶级不同，幸运的是，他们尚且软弱，无法在推翻专制体制之后建立自己的统治。

季霍米罗夫的“政治斗争”概念并不十分精确，因为他在传统“民粹主义”和“布朗基主义”间左右为难。与热里亚博夫不同，他强调通过革命先锋队的坚定行动来夺取政权，而非与自由派广泛结盟。另一方面，他也拒绝特卡乔夫的长期革命专政的想法。他认为，革命者应夺取权力，但在民众的社会革命兴起之后则应放弃权力。

---

① 得名自法国革命家和激进思想家奥古斯特·布朗基（Auguste Blanqui，1805—1881）。

尽管有此类分歧，该党所有成员却均认同，推翻专制体制的最迅捷方法即刺杀沙皇。为实现这一目的，他们竭尽所能。前两次尝试均以失败告终，第一次试图炸毁皇帝的专列，第二次是斯捷潘·哈尔图林精心策划的冬宫爆炸，但第三次尝试终于获得成功，1881 年 3 月 1 日，亚历山大二世被“民意党”成员、俄国化的波兰人伊格纳西·格里涅维茨基投掷的炸弹炸死。这次暗杀的结果令革命者深感失望，因为沙皇遇刺带来的并非混乱和革命骚动，而是专制体制的强化。人们等来的并非政治自由，而是一个更加保守的政府，民意党的力量和声望并未如预期的那样得到大幅提升，该党最重要的领导人相继被捕，这使得其活动偃旗息鼓。执行委员会（或
234 更确切地说是那些成功逃脱追捕的委员）给新皇帝发去一封信（大约由季霍米罗夫起草、米哈伊洛夫斯基修改），敦促他召集国民大会，从而避免在未来可能爆发的流血革命。该信以一项庄严的声明作为结束，即革命党将接受自由选举出的代表大会做出的所有决定，并无条件地放弃对政府使用武力。然而，亚历山大三世更倾向于采取这样的政策，即让人们不再对俄国君主制的和平演进抱有任何希望。

参与此次暗杀的那些人，即雷萨科夫、热里亚博夫、米哈伊洛夫、基巴利契奇和索菲娅·佩罗夫斯卡娅，于 1881 年 4 月 3 日被绞死（格里涅维茨基则被他自己投出的炸弹炸死）。在审判过程中，仅有 19 岁的年轻人雷萨科夫精神崩溃，其他人的英勇举止，尤其是热里亚博夫和佩罗夫斯卡娅的坚强不屈，则使法官们惊讶不已，也博得了整个世界的赞赏。

第二节　彼得·拉夫罗夫

生平

彼得·拉夫罗夫（Petr Lavrov/Петр Лавров，1823—1900）是民粹派

的主要思想家，也是 19 世纪俄国革命运动中最有魅力的人物之一。① 他生于富裕地主家庭，曾就读于圣彼得堡米哈伊洛夫炮兵学校，毕业后在多所军校教授数学课。他晋升迅速，1858 年获上校军衔。他对哲学和社会学也感兴趣，并在 1860 年出版他的第一本书《实践哲学问题概述》。在此书中，他表明自己是“人本主义”的追随者。此书引起车尔尼雪夫斯基的注意，他曾在其《哲学中的人本主义原理》中言及此书，他指责拉夫罗夫的折中主义，但仍表示同意后者的推论思路。

此时，拉夫罗夫正与第一阶段“土地与自由社”的革命领导人保持密切联系。1866 年，他在卡拉科佐夫企图刺杀沙皇后的镇压浪潮中被捕，并被判处流放沃洛格达省，接受警方监视。他的系列文章《历史书简》于 235
1868—1869 年间发表在《周刊》上，这使他在年轻激进分子间大受欢迎。1870 年 2 月，他在革命者盖尔曼·洛帕京的帮助下逃往国外，并立即与国际工人协会取得联系，同年秋加入该协会。他参加了巴黎公社，并被公社建立的政府派往比利时和英国组织救援力量，这使他得以与马克思、恩格斯建立起持久友谊。1873 年至 1876 年，他出版革命期刊《前进》，先在苏黎世出刊，后转至伦敦（1874 年起）。在这份刊物中，他对涅恰耶夫式不择手段的革命斗争方式表示谴责，对革命的冒险主义发出预警，强调需要进行漫长而细致的斗争准备。他支持民粹派的一个普遍信念，即社会目的优先于政治目的，他也赞同巴枯宁的观点，即无法在引入社会主义的同时保留现存国家机构，但是（与无政府主义者相反），这并未妨碍他与德国社会民主党保持友好关系，而后者却十分关心政治问题。

自一开始，拉夫罗夫就比俄国境内他的追随者们更为激进。1876 年

---

① 见庞珀：《彼得·拉夫罗夫与俄国革命运动》（P. Pomper, *Peter Lavrov and the Russian Revolutionary Movement*）（芝加哥，1972）。拉夫罗夫的《历史书简》（*Historical Letters*）由斯坎伦翻译出版，译本附有导读和注释（加利福尼亚州伯克利，1967）。

底，他的支持者们在巴黎举行代表大会，不满情绪在这次会上达到顶峰，最终导致分裂，拉夫罗夫辞去他的杂志主编职位。他的部分追随者，尤其是很有影响力的圣彼得堡小组，从“到民间去”运动的经验中得出了一些拉夫罗夫本人无法接受的结论。由于对农民感到失望，这一部分追随者如今集中精力在工人中间进行宣传，他们在开展活动时十分谨慎，强调进行长期的教育工作，而非立即采取革命行动（事实上他们反对一切过早发动的骚乱和暴力行为，甚至反对罢工）。[①] 拉夫罗夫却认为，革命的筹备工作绝不仅仅局限于和平宣传，他虽然赞成在工人中间进行教育工作，但他仍相信农民村社的社会主义潜力，并认为俄国的未来就在于农业社会主义。

236

亚历山大二世被暗杀后，拉夫罗夫加入“民意党”，并与季霍米罗夫一同在日内瓦编辑党刊。随着“民意党”的衰落，他重返学术研究，出版了数部历史社会学和历史社会哲学领域的著作，其中包括《现代思想史论》、《理解历史之任务》，以及在他去世后才面世的《思想史的若干最重要关头》。后两本书分别以 S. 阿尔诺尔蒂（S. Arnoldi/С. Арнольди）和 A. 多伦加（A. Dolenga/А. Доленга）的笔名在俄出版。但在这两部著作之前，他已出版（1880）一部很有价值的巴黎公社研究著作，此书被译成多种语言。1892—1896 年间，他编辑了“俄国社会运动史和革命运动史丛书”。[②] 后来，他在巴黎去世，受到了理论观点和政治立场均不相同的社会主义者们的一致尊重。

---

① 至 1870 年代末，他们开始援引马克思的话为其决定辩护。他们认为，村社是一种保守机制，注定会消失，因此，只有在资本主义建立、无产阶级出现之后，俄国的社会主义革命方成为可能。参见列文：《1860—1870 年代俄国的社会运动》（S. M. Levin, *Obshchestvennoe dvizhenie v Rossii v 60—70–e gody XIX veka*）（莫斯科，1958），第 378—383 页。这一观点与民粹派对政治斗争的传统态度相结合，便导出一种奇怪的“非行动哲学”。

② 他本人为这套丛书贡献了很有价值的专著《1872—1878 年间的民粹派宣传者》（*Narodniki-propagandisty 1872—1878 godov*）。

《历史书简》

《历史书简》在1870年代俄国的激进青年中大受欢迎，这在很大程度上归功于一篇题为《进步的代价》的文章之巨大影响。拉夫罗夫在这篇文章中写道："为了让少数几位思想家坐在他们的书斋里谈论人类的进步，人类已付出高昂的代价。"出身于有教养的特权阶层的少数"有批判性思维的个体"（critically thinking individuals/критически мыслящие личности）之个人发展，其代价是一代又一代受剥削的男女所付出的艰难劳动和可怕苦难。每一个思想、每一种想法"都是数百万人的生命、大海一般的鲜血、数代人无尽的苦难或无穷的劳作换来的"。有教养的少数人永远不能忘记这笔债务，应竭尽所能地偿还它。每一个有道德的、有批判性思维的个体都应该对自己说："我因自己的发展而欠下一笔血债，如果我能用这种发展减轻当下和未来的罪恶，我便承担起了这笔债务。"①

这些话完美地总结了受过教育的贵族阶层中那些进步成员的心境，他们被内疚感所折磨，渴望为民众的幸福而牺牲其个人利益。正是这更为年轻的"忏悔"一代，与更为清醒的平民知识分子一同开始在激进运动中发挥主导作用。拉夫罗夫的这本书用文字表达了这一代人的困境，与此同时 237
也开始回答问题，其中最重要的问题即进步之本质的问题。

坚信自己欠下的债务必须偿还，正是这一信念使得年轻的民粹派愤怒地拒绝了所有那些关于进步的理论，因为那些理论声称进步是不可避免的，是事物的"自然"进程中所固有的。在年轻的民粹派看来，这些理论可以十分方便地被用来为资本主义那些丑陋的方面做辩护，称其为"历史的客观规律"或"政治经济学的铁律"之组成部分。这种"客观主义"将进步与"自发的"发展混为一谈，还将所有与这种发展相冲突的"主

① 拉夫罗夫：《哲学和社会学》（*Filosofiia i sotsiologiia*）（莫斯科，1965），第2卷，第81页（英译见伊迪等：《俄国哲学》，第2卷，第138页）。

观”理想斥为乌托邦理想，对这种“客观主义”的厌恶使得拉夫罗夫和米哈伊洛夫斯基构建出后来被称为“主观社会学”（subjective sociology/субъективная социология）的观点。民粹派的“主观主义”曾遭到普列汉诺夫的诸多嘲笑，但它仍值得被给予更公平的评价。

“主观社会学”（一个不成功的，也并不十分准确的标签）的基本假设可概括为三点。首先，这是对道德标准的捍卫，暗示人们有权从自己的角度出发判断一切，甚至可以抗拒“历史的客观规律”，事实上，即便在无望的情境中，他们也可以因为人类的苦难而发出抗议。其次，这是一种认识论和方法论观点，它对社会科学中“客观”认知的可能性提出质疑，在这一意义上，“主观主义”暗示历史认知和社会学认知永远不可能真正客观，因为它们会被学者的社会地位、无意识情感或有意识选择的理想所浸染。再次，这是一种历史哲学，它认为“主观因素”，即人类的意志和意识（体现于革命党的活动或国家的蓄意干预），可以有效地反对自发的发展趋势，影响历史进程。对于民粹派革命者而言，最后一点当然最为重要。拉夫罗夫以此为基础构建其“实践哲学”，这种哲学宣称，通过组建政党、建立共同纲领，“有批判性思维的个体”可以成为一种能够改变现实、实现其“主观”目标的重要力量。

对于他那些寻求进步之定义的读者，拉夫罗夫明确指出，进步并非一个客观的或不可避免的发展规律。这样的规律并不存在，历史事件永远是
238 独一无二的，不可重复的。（在这里，拉夫罗夫一定程度上预示了文德尔班和李凯尔特的观点。）因此，在观察历史时的主要问题即选择问题，找到一个标准，以便依据这一标准从大量无形态的历史数据中挑选出“重要的、有意义的东西”。这样的标准必须是主观的，因为它取决于某位特定学者所持的社会理想。所有的事实都是分门别类的，所有的历史事件都要依据它们与这一理想的关系来阐释。拉夫罗夫写道：“从我们的道德理想

所确定的历史角度看，我们正处于这一历史进程的尽头，整个过去均与我们的理想有关，作为一系列准备步骤，它们不可避免地将达到确定的目标。”① 因此，根据这一理论，进步被视为一个范畴，需要将秩序强加于历史的原材料，赋予大量混乱的事实以意义。历史本身并无意义，我们可以在历史之中发现意义，但所有这些意义都是人类赋予的。赋予历史以意义也是以理想为前提的，不仅在历史认知领域是这样，在历史行动领域亦是如此。在拉夫罗夫看来，人类历史始于有批判性思维的个体出现之时，他们试图借助“批评”和“理想化”的手段来塑造人类的命运。② 对于那些希望改变世界的人而言，这两个因素不可或缺：一是摧毁旧社会，二是以某些特定的理想为基础建立一个新世界，这些理想总是具有某种程度的乌托邦色彩。

拉夫罗夫这样表述他本人的理想：“个人的身体、智力和道德等得到发展，真理和正义在社会机构中得以实现。”③ 或更准确地说：“进步在我看来就是人类意识的发展过程，就是真理和正义在人类的体现过程，其路径即个体的批判性思维对于当代文化的改造。”④ 拉夫罗夫所谓“文化”是指
一种以宗教、传统和民间习俗为基础的静态社会结构。随着有批判性思维 239
的个体的出现，文化逐渐转变为文明，也就是说，转变为一种动态社会结构，在这种社会结构中，宗教将被科学所取代，习俗将被法律所取代。文明的发展不再是“有机的”、自发的或无意识的，而越来越取决于个体的有意识活动。

---

① 拉夫罗夫：《哲学和社会学》，第 2 卷，第 44 页（《俄国哲学》，第 2 卷，第 131 页）。

② 拉夫罗夫所谓“理想化”（idealization）之含义非常接近弗洛伊德所谓“合理化”（rationalization），或卡尔・曼海姆赋予此词的含义，即“意识形态”（ideology）。此义的“理想化”仅指这样一种努力，它通常是无意识的，试图隐藏其真正动机，并以无私的目的来解释其愿望。“虚假的”（false）理想化旨在掩饰那些令人羞愧的目标，而“真正人性的”（truly human）理想化则能为人类合法需求的满足铺平道路。

③ 拉夫罗夫：《哲学和社会学》，第 2 卷，第 54 页（《俄国哲学》，第 2 卷，第 34 页）。

④ 拉夫罗夫：《尼・康・米哈伊洛夫斯基的进步公式・历史的敌人・文明史的科学基础》（*Formula progressa N. K. Mikhailovskogo, Protivniki istorii. Nauchnye osnovy istorii tsivilizatsii*）（圣彼得堡，1906），第 41 页。

这一理论是人类历史上理性主义者高估智力因素的一个典型范例。在俄国，其巨大影响要归功于这样一个事实，即年轻的民粹派激进分子像拉夫罗夫希望的那样将自己等同于将对历史产生影响的“有批判性思维的个体”。另一方面，这一理论却并不十分呼应民粹派对农民村社及其他古老的父权制社会纽带的理想化，被民粹派理想化了的这一切却被视为低级的静态“文化”（以拉夫罗夫的理论术语而言）的组成部分。在这种语境中指出拉夫罗夫的思想与1840年代西方派历史哲学之间的相似之处，是饶有兴味的。我们发现了许多与拉夫罗夫的观点有惊人相似之处的理论，如别林斯基关于个体不断增强的作用和历史中理性意识的看法，赫尔岑把历史视为个性化之过程的理论，以及格拉诺夫斯基的进步理论，即将进步视为“民众借助思想实现个性化”的过程。拉夫罗夫的思想与1840年代的哲学主题之间的密切联系也体现在他早期研究黑格尔哲学的著作中，如《实践哲学问题概述》以及《关于哲学当代意义的三次对话》。拉夫罗夫的“主观主义”，就像别林斯基对 Weltgeist（世界精神）之专制的反抗一样，就像赫尔岑的行动哲学一样，最初针对的是对历史必然性的迷恋以及黑格尔的“普遍”之专制，而非针对实证的自然主义。他的历史哲学的灵感源自康德（进步被视为一个“调节的思想”，一种实践理性之假设），源自左派黑格尔主义者（尤其是鲍尔的观点，即“批判思想”是进步的原动机），也源自费尔巴哈的“人本主义”（作为“客观主义”和“绝对精神”之对立面的人类中心论）。

显而易见，拉夫罗夫是民粹主义运动中“西化”一翼的最极端代表。我们还可以在《历史书简》中表达的观点与1860年代“启蒙者”的理性主义之间发现显明的相似，1860年代的“启蒙者”像拉夫罗夫一样，高估了思想的历史作用，从而也就高估了思想精英的历史作用。事实上，
240 《历史书简》作为一份民粹派意识形态的文献，其内容似乎也并非始终如

一，这些书简出色地表达了年轻激进派的精神怀疑及其历史使命感，却完全忽略了经典民粹主义的一个重要方面，即对古代社会形式的眷念。拉夫罗夫本人与当代欧洲人道主义的伟大进步传统的联系十分密切，这一传统在俄国的代表就是西方派和“启蒙者”，这使得拉夫罗夫无法抛弃他们，转而支持一种向后看的乌托邦主义。尽管他挑战了个人主义的人道主义的基本概念，即个性的自由发展，坚持认为这种发展是“数百万人的鲜血、苦难和劳作”换来的，但在最终的分析中，他的理论却可以被用来替无情的历史进程作辩护。如果批判性的思想是社会进步的主要动力，那么为此付出的代价就不是浪费。如果个性的开花结果以及真理和正义在社会机构中的落实就是进步的主要标准，那么人们就会被迫得出这样的结论，即欧洲的历史归根结底还是进步的历史，延续很久的大规模剥削和压迫也不该完全遭受谴责，当然，如今到了向民众偿还债务的时候。

社会学观念

在马克思的影响下，拉夫罗夫在其后期社会学著作中更加关注社会发展的经济方面。他的基本思想并未改变，但得到了更充分的推敲和系统化。[①]

拉夫罗夫将社会学定义为这样一门科学，它关注有意识的个体之团结并描述具体的合作方式。对拉夫罗夫而言，“团结”（solidarity/солидарность）是社会生活不可或缺的前提，但这必须是**有意识的**个体之团结，因为在本能层面（比如珊瑚虫群），它属于生物学领域，而非社会学领域。社会学

① 见索罗金：《拉夫罗夫的社会学基本问题》，载《拉夫罗夫论文、回忆录及研究资料》（P. A. Sorokin, “Osnovnye problemy sotsiologii P. L. Lavrova,” in *P. L. Lavrov Stat'i, vospominaniia, materialy*）（彼得格勒“麦穗”出版社，1932）。

有其理论层面，也有其实践层面。它是研究作为一个客观过程的社会进化的工具，但它也具有规范作用，因为它制定社会理想，并展示如何实现这些理想。拉夫罗夫多次指出，由于这一双重角色，他的社会学必须与他的社会主义联系起来看待。

241 拉夫罗夫将形形色色的社会团结形式划分为三种主要类型。第一种是无意识的习俗团结[①]，个人要服从必然性的压力。第二种是纯粹的“情感团结”，它基于冲动而不受批判性反思的控制。第三种是“有意识的历史团结”，这是人们为实现有意识选择的合理目标而共同努力的结果。第三种类型是最高、最重要的社会团结方式，其进化晚于前两种类型，它预示着静态的“文化”向动态的“文明”的转变过程。这一最高团结方式的出现，标志着史前史的结束和一个特定社会中真实历史的开始。

有意识的团结通过“有批判性思维的个体”构成的群体，即知识分子群体来表达，他们负责用思想的方式改变文化。因此，思想的历史便包含了历史进程的精髓，而研究“思想史上最重要的节点”也就成了理解社会进化的一条捷径。

拉夫罗夫对历史动力的看法代表一种多元观点。他认为，社会进化的动因是个体的多样化需求，尤其是食物需要，满足交媾和繁殖本能的需要，以及安全需求和精神刺激需要（他认为对他人陪伴的需要是精神刺激需求的特殊变体）。这些**基本的**生理需求中最重要的即食物需求，食物需求刺激了社会的经济发展。对拉夫罗夫而言，这一命题为“经济”目的优先于“政治”目的的观点提供了佐证。然而他又强调，除了这些作为一个物种必然会有的生理需求外，人还另有需求，他把这些需求归入“历史范

① 拉夫罗夫所使用“意识”（consciousness）一词有两层不同含义：广义指“精神生活”（mental life，将社会学定义为关于有意识的个体之团结的科学）；狭义则仅指反思的、批判的意识，即哲学意义上的自我意识（self-consciousness，就这一层意义而言，习俗的团结自然是“无意识的”团结）。

畴”，因为它们构成了人类存在的历史维度。这些需求中最重要的就是合理的“发展需求”，这种需求对于“有批判性思维的个体”而言十分典型。拉夫罗夫认为，这种需求正变得越来越重要，其重要性与有意识的理性干预在特定社会中所发挥的作用成正比。

将历史视为一个文化转变为文明的过程，这一整体概念与圣西门和孔德的历史观相关，圣西门和孔德认为历史由“有机的”阶段和“批判的”阶段连缀而成。在有机阶段，特定的文化形式开始出现并逐渐成熟，242
主导的社会氛围是团结的氛围；而批判阶段则是个人主义时代，是“批判性思想”展开破坏活动的时代。历史进程以加速度、呈螺旋状运动，其发展阶段变得越来越短，有机阶段和批判阶段间的差异不断缩小。之所以如此，是因为历史的演进为团结与发展、秩序与进步的和谐融合提供了越来越多的机会。历史并非从一个极端到另一个极端的摆动，而更像是在趋向一种“移动平衡”状态，在这种状态下，发展不会与现有的团结方式发生冲突，团结的强化也不会阻碍发展。

从“主观方法”种种假设的角度看，拉夫罗夫的社会学著作似乎对“客观主义”做出了相当大的让步。的确，他仍然强调有批判性思维的个体之作用以及社会学的规范作用，但他已抛弃“主观主义”的内核，即否认社会科学中客观认知的可能性。然而，这是一种调整，而非彻底的结构变化。即便在《历史书简》中，拉夫罗夫也对历史和社会学做了区分，即历史诉诸的是非同寻常的、不再重复的事物，而社会学旨在发现社会发展的某些总体规律。数年后，他在其《论社会学方法》一文中明确指出，在社会学中（与在历史学中相反），两种方法，即主观的方法和客观的方法，都是合理的、适用的。有一段时间，他甚至开始在“历史必然性”（他以此指由社会学制定的某些常规社会进程）中寻找社会革命的客观合理性。当然，这并非对黑格尔的历史崇拜意义上的“客观主义”之让步，也不是在向主张不受控制的“自然”发展的自由派妥协。有人（即赫克）正确地指出，拉夫罗夫的“主观方法”在这一方面非常接近沃德的“人类目的论方法”，沃德强调人为的目的论进程优先于“自然”进程，但他并不否认社会进化的某些一般规律之存在。①

243 无论拉夫罗夫社会学理论的理论内涵或学术价值如何，它无疑具有巨大的历史意义。就总体而言，它证实拉夫罗夫是一个知识分子思想家。一些学者认为，他的理论是特殊的“思想贵族风格”之显现②（即对“有批判性思维的个体”之颂扬），甚或是某些典型的贵族思维方式之表露（将民众视为带有负罪感的惰性群体）③。这些看法虽部分正确，却未能注意到拉夫罗夫的思想与知识分子和科学家对奥古斯特·孔德的社会学理论之推崇这两者间的根本差异。拉夫罗夫的著作中并无对孔德版新知识精英论的暗示，即并未暗示新知识精英将管理未来的等级社会。对这位俄国思想家而言，知识分子首先是社会的良知，而非知识贵族。受过教育的人获益于文明的赐予，但他们却对其时代无处不在的不公正持自私的冷漠态度，拉夫罗夫称之为“文化野蛮人”（cultural savages/культурные дикари），这些个体退回到野蛮部落的史前阶段，他们对批判性思想和无私的发展需求相当陌生。

因此，《历史书简》的作者可被称为知识分子思想家，这里的“知识分子”是一个道德范畴，即此词在 19 世纪俄语中的含义。他并非职业知识精英的代表，而是一个知识群体的思想家，这个群体具有强烈的道德感和突出的认知能力，始终致力于反对社会不公正的斗争。

---

① 见赫克：《俄国社会学：社会学思想和理论史论》（J. F. Hecker, *Russian Sociology: A Contribution to the History of Sociological Thought and Theory*）（纽约，1915），第 118 页。

② 见索罗金：《拉夫罗夫的社会学基本问题》，第 286 页。

③ 见拉多哈：《拉夫罗夫的历史观和社会学观》，载《阶级观照下的俄国历史文献》（G. Ladokha, “Istoricheskie i sotsiologischeskie vozzreniia P. L. Lavrova,” in *Russkaia istoricheskaia literatura v klassovom osveshchenii*），波克罗夫斯基编（莫斯科，1927），第 422 页。

第三节　彼得·特卡乔夫

对拉夫罗夫观点的最严重挑战来自**彼得·特卡乔夫**（Petr Tkachev/Петр Ткачев，1844—1886）[①]，前文曾提及这位俄国民粹派中代表“雅各宾”倾向的主要理论家。1868—1869 年间，他积极参与学生运动，是涅恰耶夫的密切合作者。据说，他曾以他典型的极端口吻宣称，俄国的激进重生需 244
要消灭二十五分之一的人口。[②] 他在 1869 年春被捕，在审判之前被拘留两年，后被判处 16 个月监禁，并流放西伯利亚。由于他母亲的奔走，他被转而流放至自家的庄园，受警察监管。1873 年 12 月，特卡乔夫设法逃到苏黎世，在那里尝试与拉夫罗夫合作，直到他俩之间的分歧过于显露。1874 年，他在他的小册子《革命宣传在俄国的作用》中攻击拉夫罗夫的纲领，之后不久，他断绝与拉夫罗夫的关系，加入“布朗基式的”斯拉夫人小组，该组织由两位波兰人领导，即卡斯珀·图尔斯基和卡罗尔·亚尼茨基。1875 年，他出版《警报》杂志，阐述其思想，即应由少数革命者来夺取权力，必须建立一个强大的集中制组织。

特卡乔夫的观点在其《何谓进步党》一文[③]中得到最充分的阐述，此文系对拉夫罗夫的《历史书简》做出的回应。特卡乔夫的批评触及拉夫罗夫学说中最敏感的要点，凸显出民粹派思想家们的困境，即他们试图调和个体的充分发展与民众的社会进步这两者间的矛盾。

---

① 用各种语言撰写的特卡乔夫研究著作中最全面的一部是黛博拉·哈代的《彼得·特卡乔夫：一位雅各宾派批评家》（Deborah Hardy, *Petr Tkachev: The Critic as Jacobin*）（华盛顿州西雅图，1977），作者十分关注特卡乔夫的世界观与 1870 年代其他民粹派思想家的世界观之区别，并提出一个观点，即特卡乔夫在许多方面更接近 1860 年代的激进派。

② 见科兹明所作导论，载特卡乔夫：《特卡乔夫社会政治论著选》（*Izbrannye sochineniia na sotsialno-politicheskie temy*），科兹明主编（四卷本，莫斯科，1932），第 1 卷，第 13—14 页。

③ 写作日期标注为 1870 年 9 月 16 日的此文手稿被警方没收，首次发表于科兹明主编、前文引用过的特卡乔夫文集，第 2 卷，第 166—224 页。特卡乔夫对拉夫罗夫的批评也见于他的其他文章，并为其同时代人所知。

特卡乔夫对《历史书简》的主要批评就在于，拉夫罗夫用“形式的”进步概念偷换了“真正的”进步概念，其“形式的”进步概念完全无法成为一个衡量反动或进步的标准。特卡乔夫指出，如果一切理想均注定是主观的，那么一切意识形态，甚至反动的意识形态，均有权自称为进步。仅从与人的关系这一角度出发来判定每件事物重要或不重要，是好是坏，这并非一个充分论据。诚然，即便自然科学也无法声称它洞悉“自在之物”，但由此便得出结论，认为自然科学也只是“主观的”，这是荒谬的。进步理论与此同理，它可以具有客观性，因为存在着一些普遍有效的、“不言而喻”的基本真理，它们可被用作衡量进步的绝对尺度。特卡乔夫写道：
245 “存在一种无条件的、客观的真理标准，因此，就存在一种无条件的、衡量各种世界观之合理性的标准，因此，也就可能存在一种绝对正确的世界观，即一种无条件的、普遍有效的进步标准。”①

然而，特卡乔夫对主观方法的拒绝并非一以贯之。虽然他认为相对主义态度会危及对事业的正确性所持的绝对信念，但他本人并未拒绝所有特定规范，也未试图用历史进化的某些客观规律来证明他的理想。他断言，进步的概念以三个因素为前提，即运动、方向和目的。但是，只要拥有这其中两个元素，便足以让人在脑海中构建出清晰的进步概念。在大自然的有机世界中，运动总有一个明确的方向，在这种情况下，目的与运动方向一致。在社会进化中，我们却不可能在给定的方向发现这种稳定的运动，与斯宾塞的观点相反，“历史进程不应被视为一个有机的过程，因为它没有稳定的单一方向，它自身既非进步，亦非倒退”。② 因此，社会进步的定义必须由两个因素来确定，即运动和目的。在历史的运动中寻找一个稳定、客观的方向，就像在自然界寻找一个蓄意的目的一样，均属荒谬。社

① 特卡乔夫：《特卡乔夫选集》，第 2 卷，第 174 页。
② 同上，第 194 页。

会最终的、也是唯一的目标（这对特卡乔夫来说不言自明），是社会所有成员的幸福，因此，要想制定一个关于进步的“绝对”定义，首先就必须为幸福确立一个科学、客观的定义。

为了寻找这样的定义，特卡乔夫利用了他在斯宾塞的《生物学原理》中发现的“既出色又普遍”“既科学又客观”的生命定义。他总结道，这表明幸福就在于人的需求与他为满足这一需求所诉诸的手段之间的调和或和谐平衡。问题在于，正如特卡乔夫所见，人类的需求五花八门，有些人只能以牺牲别人为代价来满足自己的需求。少数享有特权的“高度发达的个体”，其人为的需求即以牺牲劳动群众为代价，后者甚至被剥夺了最基本的生活必需品。这是一个向拉夫罗夫发起攻击的极佳位置，特卡乔夫认为，“个体的充分发展”就是拉夫罗夫进步公式的本质要素，这一事实表明，拉夫罗夫基本上是少数享有特权者的代言人，这少数享有特权者作为思想的创造者，已习惯自视为“大地的精华，历史的推动者，人类幸福的 246
创造者”，他们认为他们的存在自身便是历史进步的充足证据。[①] 特卡乔夫继续写道：“从这一角度看，历史的进步确实不可否认，因为大地精华的数量一直在不断增加，质量也在不断完善，历史的进步因此显而易见。但是，这种进步与社会的进步并无任何共同之处。”[②] 正如拉夫罗夫本人所指出的那样，“有批判性思维的个体”的个人发展是以牺牲民众为代价而实现的，而民众的发展史却是一种不断的倒退。当民众的处境最终变得如此不可接受，使得少数享有特权者感觉到威胁，许多伪进步理论便被设计出来，诸如拉夫罗夫的理论，似在呼吁更公平地划分物质财富和文化财富。但是，所有这些理论均“公开地、更顽固地捍卫这样一种需要，即不仅要保护和支持人类个性处于少数享有特权者所抵达的水准，而且还应保护和

① 特卡乔夫：《特卡乔夫选集》，第 2 卷，第 218 页。
② 同上，第 219 页。

支持人类个性沿着这一方向进一步发展”。① 这一看法凸显了那些理论本质上的反动性。“个性的充分发展”是一种反动的假设，因为社会的幸福需要个体的智力均衡和道德均衡。因此，“进步党”所面临的主要任务，就是“将历史的倒退运动所导致的个性的一切混乱全都归结为一个公分母，归结到一个共同的层次上”。②

针对《历史书简》中提出的进步公式，特卡乔夫提出了他的公式：

> 建立最大程度的个人平等（这种平等不能与政治平等、司法平等甚至经济平等相混淆，这应为一种有机的、生理的平等，它以相同的教育和相同的生活条件为前提），确保所有个体的需求与满足他们需求的手段这两者间的和谐，这是人类社会最终的、也是唯一可能的目标，是历史的、社会的进步之最高标准。一切能让社会接近这一目标的因素都是进步的，一切会使社会远离这一目标的因素都是反动的。③

在特卡乔夫看来，这个公式是其关于社会幸福的定义之逻辑结果。为了满足每个人的需求，就必须使这些需求符合“劳动生产率的当下水
247 准”。因此，社会必须控制和规范需求的激增，有意压抑这样的个体需求，这些需求在当下经济发展水准上只能靠牺牲他人的需求才能得到满足。需求的一致性是一个幸福社会的先决条件，而对精致的精英文化进行清算则是社会必须为此付出的代价。每一个区分过程都会危及人类需求与生产水平这两者间的平衡，从而增加不幸福的总量。所有真正的进

① 特卡乔夫：《特卡乔夫选集》，第 2 卷，第 205 页。
② 同上，第 206—207 页。
③ 同上，第 208 页。

步人士均渴望的强制平等，会让那些具有更大需求，却又不忍心通过牺牲他人需求来满足自我需求的人感到不幸福，因此，他们自身幸福的前提就是，他们的智力和道德发展要与其他欠发达的社会成员之智力和道德发展保持一致。任何需求的增加都应是集体的，并与生产率的提高相匹配。

特卡乔夫的政治理论清楚地表明，“个体的水准提升”是一项会落在革命先锋队身上的任务，这些革命先锋在夺取政权后将组织一个全民的育儿系统和教育体系，并特意抑制杰出个体的发展，以免他们威胁到社会平等的公认水平。因此，革命不以夺取政权作为结束，它只是未来社会全面变革的前奏。

特卡乔夫与拉夫罗夫的争论不仅关乎手段，也涉及目的。特卡乔夫与赫尔岑、车尔尼雪夫斯基的传统划清界限，断然拒绝“人本主义原理”（与拉夫罗夫形成鲜明对比）。对他而言，得到和谐发展、有批判性思维的个体，这一理想是资产阶级个人主义的最高典范，是一种与普通民众对立、让普通民众感到陌生的意识形态。他在一篇文章中写道，个人主义原则由普罗塔哥拉和诡辩家们制定，他们的意识形态反映的是雅典的城市资产阶级文明；而反个人主义也有一个同样值得尊敬，甚或更令人印象深刻的族谱，系由柏拉图制定，他对古代斯巴达的理想化想象十分有力地表达了个人必须完全服从于群体的原则。

这些思想将特卡乔夫与其他民粹派思想家区分开来，其程度不亚于他关于革命斗争的“雅各宾主义”或“布朗基主义”概念与其他民粹派思想家的距离。他的理论很难说属于“资产阶级民主”意识形态范围，即便就这一意识形态最广泛的范畴而言。特卡乔夫是摩莱里、巴贝夫与邦纳罗蒂迟到的学生，在俄国，甚或在整个19世纪欧洲，他都是“原始共产主义” 248
最一贯、最极端的代言人，用青年马克思的话来说，特卡乔夫“到处否定人的个性”①。正如科兹明所言，陀思妥耶夫斯基的小说《群魔》中“希加廖夫体系”的不祥景象其实就是对特卡乔夫“个体均衡”观念的暗示。②

特卡乔夫直接拒绝个体的重要性，这是一种特殊的解决方案，以解决民粹派思想家所面临的一个典型困境，即如何调和他们推崇的农民村社古老的集体主义价值与个体自由的需求这两者间的矛盾，或者换言之，如何调和人民的福祉与知识分子的福祉这两者间的矛盾，前者（根据民粹主义学说）要求停止西方化的进程，后者则是西方化的产物，而且热切期盼进一步的西方化。与赫尔岑、车尔尼雪夫斯基或拉夫罗夫不同，特卡乔夫相信，“个体原则”（以西方化的精英为代表）和公共原则截然对立，两者在完全的“个体均衡”实现之前是难以调和的。

特卡乔夫将其进步理论与直接借自马克思的独特的“经济唯物主义”相互结合。在前面几页论述之后，这一说法或许令人惊讶，然而在俄国革命者中，特卡乔夫是试图认真吸收马克思主义某些元素的第一人。早在1865年，他就在《俄国言论》杂志上写道，他支持“著名的德国流亡者卡尔·马克思”的这一思想，他还补充说，“这一思想如今几乎已成为所有思想者和诚实人的普遍观点”。甚至更早，在1863年底，他就在出版物中阐述了这一观点，即社会生活的所有领域（社会的上层建筑）均依赖于经济领域。③

“社会生活及其所有表现形式，包括文学、科学和宗教以及政治和司
249 法形式，都只是构成所有这些社会现象之根基的已知经济原则的产物。”④

① 马克思：《早期著作选》（*Early Writings*），波托莫尔编选并英译（伦敦，1963），第153页（经济学哲学手稿第三稿）。中译见马克思：《1844年经济学哲学手稿》，《马克思恩格斯全集》，北京：人民出版社，2002年，第3卷，第295页。

② 见科兹明：《彼·尼·特卡乔夫与1860年代革命运动》（*P. N. Tkachev i revoliutsionnoe dvizhenie 1860-kh godov*）（莫斯科，1922），第193页。陀思妥耶夫斯基可能读过特卡乔夫1868年发表在《事业》（*Delo*）杂志上的《未来的人们》（“The People of the Future”）一文，从而了解到特卡乔夫的“个体均衡”概念。

③ 见科兹明：《俄国革命思想史纲》，第374页。

④ 特卡乔夫：《特卡乔夫选集》，第5卷，第93页。

特卡乔夫这句话无疑是对马克思《政治经济学批判》序言中相关内容的改写。必须补充一句，特卡乔夫并未止步于提出原则，他还试图把这些原则应用于对过去和当下意识形态斗争的阐释，并或多或少取得了成功。例如，他把宗教改革解释为封建贵族与崛起的资产阶级之间的斗争，认为妇女解放是资本主义发展的必然结果。在他与拉夫罗夫的争论中，他抨击后者夸大了“有批判性思维的个体”之作用，认为历史事件的结果并不取决于人类的智慧或绝对认知，而取决于“由真切的利益所激起的人的情感状态，这些情感状态因此有其经济关系基础”。[①] 这种独特的“经济唯物主义”并不等于马克思主义，但其中的马克思主义影响却显而易见，或许可以公正地把它描述为马克思主义与特卡乔夫立场的混合，特卡乔夫这一立场是相当原始的功利主义，他夸大了直接的经济动机在个人行为中的作用。

对特卡乔夫思想的阐释带出一个有趣的问题。经济唯物主义作为一种理论，通常与机械决定论一同出现，而特卡乔夫却又持有十分唯意志论的信念，即俄国的未来取决于少数积极革命者的意识和决心。那么，这两者如何能在特卡乔夫的理论中和平共处呢？

特卡乔夫可能在马克思的《政治经济学批判》中读到，社会形态不会消失，在与其相适应的生产力得到充分发展之前。1880—1890 年间的俄国马克思主义者由此得出结论，即社会主义革命在俄国的爆发，必须等到俄国资本主义耗尽其所有发展潜力之后。特卡乔夫自然无法接受这一观点，相反，他认为，革命既可能发生在整个资本主义发展周期结束**之后**，也可能发生在这一周期开始**之前**。他在 1868 年写道，每一经济原则均有其内在发展逻辑，一如在逻辑论证中，我们无法自第一个前提直接跳跃至结

---

① 特卡乔夫：《特卡乔夫选集》，第 2 卷，第 213—215 页［《思想的历史作用》（“Rol’ mysli v istorii”）］。

论，在经济发展中，也不可能跳过所有中间阶段。[①]然而，**有可能**开始一个全新的周期，尤其是在旧的经济关系业已过时、而新的经济关系尚未确
250 立的过渡时期。特卡乔夫因此宣称，乌托邦主义并非那些试图用新经济体系取代现存经济体系的极端激进主义者之专利，真正的乌托邦主义者是温和派，他们希望保护现存经济体系，同时跳过它的一些自然阶段，试图避免这些阶段带来的诸多不可避免的结果。革命在俄国可能会**立即**爆发，在旧的封建体制寿终正寝、新的资本主义形式尚未扎根之时，也可能**在遥远的将来**，在国家经历了资本主义发展的所有痛苦阶段之后。特卡乔夫认为，这个国家的未来目前仍掌握在革命者手中，明天就可能为时已晚。他认为，类似情况也曾出现在德国农民战争期间。在这个问题上，他不同意恩格斯的观点，恩格斯认为，德国农民领袖托马斯·门采尔的失败在历史上是注定的，特卡乔夫则认为门采尔可能会赢，他的胜利会使德国民众摆脱后来资本主义带给他们的种种苦难。[②]

1874 年，特卡乔夫曾向恩格斯发起猛烈攻击。这场争论的语境是国际性的，而不局限于俄国，它源于巴枯宁和马克思之间的意识形态差异以及他俩为争夺第一国际领导权而展开的斗争。巴枯宁曾让第一国际卷入涅恰耶夫事件，在这一事件之后，第一国际做出一项决议，对涅恰耶夫进行谴责，并表示反对密谋手段。特卡乔夫在某种意义上是涅恰耶夫的门徒，他把这一决议解释为对整个俄国革命运动的一次攻击。在他那封著名的《致恩格斯先生公开信》中，他指责恩格斯缺乏革命热情，同时为自己关于革命可以在落后国家爆发的观点做辩护。[③]指责恩格斯过分尊重合法的方式，这对于恩格斯而言或许不太公正，但是第二点，即俄国已为社会主义革命

① 特卡乔夫：《特卡乔夫选集》，第 1 卷，第 260—262 页。

② 同上。恩格斯关于门采尔获胜概率的看法（与特卡乔夫的看法截然相反）常被普列汉诺夫引用，用来反对特卡乔夫的“夺取权力论”。后来，普列汉诺夫也用同样的论据反对列宁。

③ 特卡乔夫：《特卡乔夫选集》，第 3 卷，第 88—89 页。

做好准备，却确实反映了他们在一些基本问题上的重大分歧。恩格斯自然认为，社会主义不可或缺的前提即资产阶级社会发达的经济发展。他写道："可见……资产阶级正如无产阶级本身一样，也是社会主义革命的一个必要的先决条件。因此，谁竟然断言在一个没有无产阶级也没有资产阶级的国家里更容易进行这种革命，那就只不过证明，他还需要学一学关于社会主义的初步知识。"① 251

1870 年代俄国革命者对特卡乔夫的态度最初是充满敌意的，但在两次不成功的"到民间去"运动的影响下，他们的态度开始改变。特卡乔夫见其思想越来越受欢迎，便试图在圣彼得堡出版《警报》，这一行动未获成功，警方发现了印刷厂，该杂志随之停刊。

之后不久，特卡乔夫迁居巴黎，他在那里与法国的"布朗基派"合作，参与该派杂志《不要上帝也不要老爷》的编辑工作。1882 年，他开始出现精神疾病症状，被送往一家精神病院，几年后在那里去世。

第四节　尼古拉·米哈伊洛夫斯基

米哈伊洛夫斯基的进步论

与拉夫罗夫或特卡乔夫不同，尽管**尼古拉·米哈伊洛夫斯基**（Nikolai Mikhailovsky/Николай Михайловский，1842—1904）与革命领袖保持联系，偶尔也会与他们合作，但他并非革命者。② 他的道德威望和思想威望几乎完全归功于他严肃的政论文章，他起先为《祖国纪事》撰稿，后来（1892 年之后）主笔《俄国财富》。米哈伊洛夫斯基是一位多产的政论作

① 《马克思恩格斯选集》(*Selected Works*)（英文版，伦敦，1950），第 2 卷，第 46—47 页。中译见恩格斯：《流亡者文献》，《马克思恩格斯选集》，北京：人民出版社，2012 年，第 3 卷，第 323—324 页。

② 见比灵顿：《米哈伊洛夫斯基与俄国民粹主义》(J. H. Billington, *Mikhailovsky and Russian Populism*)（牛津，1958）。关于米哈伊洛夫斯基与革命者的合作，见本书第 235—237 页。

家，但他最重要的理论贡献却在社会学领域。他提出的第一个历史社会学概念就包含在《何谓进步》一文中，此文发表于拉夫罗夫的《历史书简》面世之后，米哈伊洛夫斯基后来一直坚持他的这一立场，直至去世。

米哈伊洛夫斯基以对赫伯特·斯宾塞进步理论的批判性评述作为其文章的开头，他指责斯宾塞的理论忽略了一个十分重要的事实，即社会的进步并不一定意味着社会每个个体的进步。追随斯宾塞，米哈伊洛夫斯基也将其立论建立在所谓“贝尔定律”的基础之上，根据这一定律，有机世界的进步是一个从简单（同质性）到复杂（异质性）的过渡过程。但是，米哈伊洛夫斯基却得出了与斯宾塞不同的结论，“贝尔定律”使米哈伊洛夫
252 斯基意识到，在斯宾塞的“社会的有机进化”与人类个体多方面发展的理想这两者之间存在着不可调和的对立。有机的社会发展以基于劳动分工的社会分化为前提，由此便剥夺了个体的全能性和完整性，使个体成为一个所谓高级有机整体中的特殊器官。因此，社会的异质性和复杂性便与其个体成员的异质性和复杂性成反比。原始社会是一个同质的实体，但是其每个成员作为个体却都是一种异质的存在，“他已在其体内融合了当时的文化水准和当地的物质条件能够派生出的一切力量和能力”。[①] 在部落社会中，人过着原始却完整的生活，发展了他的所有潜力和“完整个性”（целостная личность）[②]。劳动分工和社会分化破坏了这种平衡，使人变成了社会有机体特殊的单一功能器官。这种有机体的生长与个体的生长并不相容，因为整个有机体的分化必然依赖于其各个器官的“简单化”，亦即由单一的专门化所导致的独立性之丧失。人体以牺牲其各个器官为代价而发展（突出自己），同样，社会有机体也以牺牲其人类成员为代价而发

① 米哈伊洛夫斯基：《米哈伊洛夫斯基全集》，第 1 卷，第 32 页（《俄国哲学》，第 2 卷，第 177 页）。
② 在米哈伊洛夫斯基的术语中，“完整”个性是与“整合”个性相对的，后者经历过旨在适应社会整体的调整（整合），简言之，他用“完整”指“健全”，用“整合”指“专业化”。

展。不过，“社会有机体”这一概念是一种抽象，只有人才是真正的有机体，只有他的快乐和痛苦才是真实的，因此，只有他的福祉才应该是丈量进步的尺度。自这一视角，米哈伊洛夫斯基得出结论，斯宾塞的进步公式原来是一个倒退公式。原因很简单：“个体的进步和社会的进化（就有机进化的类型而言）相互排斥，一如器官的发展和整个有机体的发展也相互排斥。”①

米哈伊洛夫斯基以一种对历史的哲学解释来支撑其论点，即将人类的历史和智性进化与劳动组织或合作方式的变化联系起来。总体而言，其方案十分近似于拉夫罗夫在《历史书简》中提出的观点，但米哈伊洛夫斯基的方案关涉另一维度，因为在米哈伊洛夫斯基的“智性发展不同阶段”概 253
念中，劳动分工及其对人的个性造成的破坏性影响，这两个问题被联系在了一起。

米哈伊洛夫斯基将其历史方案中第一个重要时代称为“客观的人类中心时期”（objectively anthropocentric period/объективно антроцентрический период）。在这一时期，人把自己视作自然界客观、绝对的中心，借助自我参照来解释所有自然现象，他的宗教意识因此带有万物有灵论和拟人化的特征。在这一时期的始初，几乎没有任何社会合作。后来，当自我保护的本能迫使人们聚成群体，便出现了两种合作类型，即简单型和复杂型。前者的原型即“猎人的自由组合”，而后者的原型为父权制家庭，它确立“男性工作”和“女性工作”之区分以及女性的从属角色。简单合作不需要功能的专门化以及随之而来的社会分化，个体可以保持他们的异质性（或多面的全能性），而群体则保持同质性。而在复杂的合作中，情形却恰恰相反：“在第一种情况下，我们拥有一个同质社会，其成员是多样

① 米哈伊洛夫斯基：《米哈伊洛夫斯基全集》，第 1 卷，第 41 页（《俄国哲学》，第 2 卷，第 180 页）。

的、平等的、自由独立的；在第二种情况下，我们拥有一个异质社会，其成员是不平等的，不自由的，专门化的，服从等级制的。”[①]简单合作使人在身体和精神上的渐进进化成为可能；复杂合作启动了社会的进步，却也导致了社会中的个人之倒退。例如，家庭中的劳动分工加大了男女间的差异，从而使男女两性均不再是充分完整的人。

在客观的人类中心时期，简单合作盛行，但它最终被复杂合作取代，随之出现劳动分工和社会分化这一双重罪恶，这标志着一个新时代的开始，即“离心时期”（eccentric period/эксцентрический период）。米哈伊洛夫斯基选择这个不太寻常的词来命名这个时代，旨在强调一种扭曲的世界观，他认为这种世界观是那些为专门化所害的人的典型特征，他所谓“离心”是指缺乏中心，这是整体受损之体现。劳动分工导致人的个性的分裂，这又导致了人的世界观的分裂，现实分裂成众多自主领域，每个领域都声称其“自在”“自为”。人类中心主义尽管名义上仍保留在宗教领域，
254 实际上却已让位于多中心主义，人已经开始把自然现象和社会现象视作他感到陌生的外在力量和“客观”力量。

在米哈伊洛夫斯基看来，这种“离心”的根源在于人际关系的日益复杂。在简单合作中，每个人都在为一个明确意识到的目的而工作，这促进了群体成员之间团结一致、相互理解的感觉。在复杂合作的条件下，共同的目标变得越来越难以捉摸，最终分裂成许多独立的、自主的目标，理论脱离实践，科学、艺术和经济不再为人服务，而成为“自在的目的”，人们不再能彼此理解，尽管他们本可“以最紧密的方式联系在一起”。[②]这导致孤立的、对立的群体之出现，社会团结意识丧失殆尽。类似过程也会发生在认知领域，一方面，认知分裂为若干狭窄的专业化领域，另一方面，

① 米哈伊洛夫斯基：《米哈伊洛夫斯基全集》，第 1 卷，第 82—83 页。
② 同上，第 91 页。

它又成为一门形而上学的科学，这是一种人在孤独中获得的抽象理论，其所谓“绝对”和“客观”的性质均为去人类化之结果。全能、完整的个体所具有的那些功能纷纷脱离了人，最终独自存在，这些功能相互之间即便没有敌意，也变得十分冷漠。当然，这些观点与青年马克思关于人的异化的观点十分近似，马克思认为，人类活动各个领域的异化导致了人的异化。①

米哈伊洛夫斯基并不否认离心时期在艺术、科学和工业领域取得的伟大成就，但他认为，为这些成就付出的代价过于高昂，无论如何，并非所有成就皆为劳动分工之结果。他认为，即便当今时代也依然保留了一些“未分工的”劳动的特区，因为复杂合作尚未完全推翻以社会的共同目的和团结为基础的简单合作，人仍能捍卫其个性，以抵御可能导
致解体的异化力量。对于米哈伊洛夫斯基而言，简单合作的幸存就是人 255
类复兴的可能性之证明，人类的复兴将开启历史上的一个新时代，即人们期待已久的普遍再生时代。米哈伊洛夫斯基将这一新时代称为“主观的人类中心时期”（subjectively anthropocentric period/субъективно антроцентрический период），到此时人类便会明白，他们在客观上并非宇宙的中心，但他却会意识到他的“主观”权利甚或责任，即把自己视为宇宙的中心，并从其独具的、活生生的、不可分割的人类个性的角度出发去判断一切。

米哈伊洛夫斯基这些观点的概括体现即他著名的“进步公式”，其内容如下：

① 马克思写道：“每一个领域都用不同的和相反的尺度来衡量我：道德用一种尺度，而国民经济学又用另一种尺度。这是以异化的本质为根据的，因为每一个领域都是人的一种特定的异化，每一个领域都把异化的本质活动的特殊范围固定下来，并且每一个领域都同另一种异化保持着异化的关系。”（马克思恩格斯：《早期著作选》，第 173 页）。中译见马克思：《1844 年经济学哲学手稿》，《马克思恩格斯全集》，北京：人民出版社，2002 年，第 3 卷，第 344 页。

> 进步就是逐渐趋向完整个性，趋向体力劳动在人的各种器官之间最充分、最多样的分工，趋向劳动在人之间最低程度的分工。任何阻碍这一运动的事物都是不道德的、不公正的，也是有害的、不合理的。任何有助于降低社会的异质性并借此增强其成员的异质性的事物，都是道德的、公正的，也是合理的、有益的。①

从社会学的角度看，这一定义的确十分有趣。它体现了向后看的民粹派乌托邦之实质，将自给自足的原始农民经济理想化。米哈伊洛夫斯基多次强调，整体个性之利益与“未分工的”、非专业化的劳动之利益相一致，或者换言之，与俄国农民的利益相一致。俄国农民和原始人一样，过着贫穷却充实的生活，他们在经济上自给自足，因此他们可被称为全能的、独立的人之范例。他们用自身的努力来满足其一切需要，发挥其一切能力，因此他们既是农民，也是渔夫、牧人和艺术家。农民村社是平等的、同质的，但是其成员却具有不同的、多面的个性。低水平的复杂合作使他们能够保持其独立性，而简单合作则将他们联结为一个相互同情、相互理解的集体。这种道德上的统一也体现在土地的共同所有制和俄国米尔的自治方式之中。

米哈伊洛夫斯基十分清楚，现存的农民村社与他关于农民村社的理想看法这两者之间其实很少有共同之处，但他把这一点归咎于来自外部的破坏性影响和低水平的简单合作。这种特殊解释的基础，即米哈伊洛夫斯
256 基关于社会发展的类型与水平（或曰阶段）所做的区分。从发展**水平**的角度看，农民村社无法匹敌一家工厂，但与此同时，它却代表一种更高的发展**类型**。同样的区分也适用于农民的俄国和资本主义的欧洲，即西方人的

① 米哈伊洛夫斯基：《米哈伊洛夫斯基全集》，第 1 卷，第 150 页（《俄国哲学》，第 2 卷，第 187 页）。

个性更为发达，但就性质而言却不如俄国农民的“整体”个性。从这一论点出发，米哈伊洛夫斯基认为“个性原则”并非如赫尔岑所言，系从外部引入乡间村社，他明确表示，他捍卫“民间原则”，也就是在捍卫一种更高类型的个性。事实上，个性这一概念自身的内涵也在改变，并开始代表“整体”，而非区分不同个体的个性特征。由此可见，伟大的学者或思想家的个性，即“单方面的专家”的个性，仅代表一种较低类型的发展，米哈伊洛夫斯基写道：“严格地说，黑格尔的个性仅为人类个性极其微小的一部分。”

有趣的是，尽管米哈伊洛夫斯基认为“个性原则”是他世界观的基石，但这一思路却使他十分接近特卡乔夫，后者强烈拒绝这一原则，将其视为资产阶级价值观的精髓。当然，米哈伊洛夫斯基永远不会接受特卡乔夫的强制性的“个体均衡”观点，尽管如此，两人却都坚持同质社会的理想，并试图对某种原始的农民平等主义进行理论表述。

不难理解，《历史书简》的作者会对米哈伊洛夫斯基的进步理论产生诸多严重担忧。在一篇题为《尼·康·米哈伊洛夫斯基的进步公式》的长文中[①]，拉夫罗夫提出了他的一些主要反对意见。他指出，废除劳动分工将阻碍科学和技术的进步，绝对的社会“同质化”将阻止作为新思想之载体的“有批判性思维的个体”的出现。米哈伊洛夫斯基的“进步公式”的实施将导致一个停滞不前的社会，事实上，如果这种关于进步的观点被接受，那就等于宣称历史一直是一个倒退的过程。

拉夫罗夫的论点未能说服米哈伊洛夫斯基，相反，米哈伊洛夫斯基在其后来的文章中对公认的进步观点的批评变得愈加激进，其社会理想的向 257
后看倾向也愈加明显。在《何谓进步》一文中，他对卢梭针对文明的批评

① 拉夫罗夫：《尼·康·米哈伊洛夫斯基的进步公式·历史的敌人·文明史的科学基础》，第 12 页及之后。

表现出一定的保留态度，并试图说服其读者，他坚信人类的“黄金时代”仍将到来。然而数年后，他在其一篇文章（《论席勒及许多其他问题》）中明确指出，卢梭和席勒关于“黄金时代”业已过去的说法是正确的。[①]这一观点变化的征兆，即米哈伊洛夫斯基如今开始注重西欧工人阶级意识形态对中世纪的理想化，注重社会主义学者和保守派学者均对古代社会生活方式越来越感兴趣。在《何谓进步》一文中，原始的部落社会就是一种怀旧理想，中世纪作为社会剧烈分化的时代，被视为“离心”时期的顶峰。事实上，米哈伊洛夫斯基“进步公式”的一大特点，即它同时反对封建主义和资本主义，或更确切地说，同时反对这两者的某些共同方面。社会同质化的理想可被用作一种武器，既能防止社会分裂成若干独立的、封闭的阶层，同时也能防范资本主义社会的“复杂合作”。资产阶级的进步作为一种破坏封建特权的进程具有其积极的一面，但它却应被拒绝，因为这一进程剥夺了独立的小生产者在经济上的自给自足。早在 1869 年，米哈伊洛夫斯基即已集中火力批判被斯宾塞理想化了的新的资本主义社会结构，尽管他认为这一社会结构仅为“离心的”封建主义倾向之持续，似乎不值得他“回顾”（除了那些平等和“简单合作”的特区，诸如哥萨克的军事公社）。1870 年代，俄国资本主义的迅速扩张使得米哈伊洛夫斯基对新兴资产阶级体制一些具体的、消极的（从他的观点来看）特征更加敏感，与此同时，这种扩张也从新的视角凸显了他之前很少关注的中世纪社会的某些方面。他尤其因农民村社和中世纪手工业行会间的相似而感到震惊。虽然他并不否认行会和当代俄国村社限制了个人的潜力，但他似乎相信，此类限制之危害远低于资本主义的影响。借用马克思的术语，我们可以说，
258 对米哈伊洛夫斯基而言，公社和行会均优于资本主义的社会结构，因为它

① 尤见米哈伊洛夫斯基关于席勒的文章（米哈伊洛夫斯基：《米哈伊洛夫斯基全集》，第 3 卷）。

们代表一种发展类型，在这种发展类型中，人际关系尚未物化，或者像米哈伊洛夫斯基本人所说的那样，“不是资本与资本结合，而是人与人结合，个体与个体结合”。① 在中世纪，社会发展的后果对个人造成的影响要远低于当代资本主义的发展所产生的影响。米哈伊洛夫斯基声称，这一事实日益显明，既被试图“重建某些纯中世纪机构”（即工会，米哈伊洛夫斯基视其为中世纪行会的重构）的欧洲工人所了解，也被越来越多的学者所意识到，这些学者“回望中世纪，甚至望向更遥远的古代”。② 因此，并无充分理由坚持认为资本主义解放了个人，或坚持认为资产阶级的政治经济学对个人的自由或福祉表现出过度关注，以至于产生了“个人主义和原子主义”。就对人类个体最高价值的设定而言，个人主义是唯一可取的恰当的哲学态度，但它与自由放任的经济学绝无任何共同之处。自由派经济学家有他们自己的幻影［即施蒂纳所谓“Spuk”（幻影）］，他们为了这个幽灵会无情地牺牲具体人的自由和福祉。这个新的幻影即“最大化生产体系”。这一体系甚至无法给富人以快乐，因为它启动了一场疯狂的野心竞赛和需求竞赛，却没有提供任何可以满足他们的真正希望。米哈伊洛夫斯基总结道，真正的个人主义必须回望过去，回望中世纪和古老的黄金时代。

毫无疑问，在对这些理论产生决定性影响的多位学者中，最重要的一位即卡尔·马克思。③ 在《资本论》第一卷中，米哈伊洛斯基可以读到此类悲剧性描述，诸如“大批民众突然被迫放弃他们的生存方式”，作为自由的、“独立的”无产者被投向劳动力市场，通过使生产者与生产资料相分

① 米哈伊洛夫斯基：《米哈伊洛夫斯基全集》，第 1 卷，第 457—463 页。

② 同上，第 432 页。米哈伊洛夫斯基在此提及一些学者，如毛雷尔（G. L . Maurer）、纳斯（E. Nasse）、布伦塔诺（L. Brentano）、缅因爵士（Sir H. S. Maine）和拉弗莱（E. L. Laveleye）。他还写到马克思，他说：“马克思和学院派社会主义的代表均对某些中世纪社会生活方式表现出极大宽容，这种宽容直到最近都是绝对不可能的。”（同上）

③ 见米哈伊洛夫斯基的文章《论马克思著作俄文版的出版》（“On the Publication of the Russian Edition of K. Marx’s Book”）和《卡尔·马克思遭尤·茹科夫斯基先生审判》（“Karl Marx Arraigned Before Mr. Zhukovsky”）。

离的方式，资本主义剥夺了生产者（用米哈伊洛夫斯基的术语）的经济自
259 足性和完整性，使其成为社会有机体（即资本主义的市场机制）的一个专门器官。在马克思的辩证模式中，资本主义将消灭“中世纪的生产方式”（废除自给自足的私有制，即对劳动者的征用），而社会主义作为否定之否定，则将剥夺剥夺者，把生产资料归还给生产者。与其他民粹派一样，米哈伊洛夫斯基由此得出结论，即为了避免原始积累所要付出的代价，俄国应尽一切可能绕过资本主义。此外，结合自己的观点，他在阅读《资本论》后更坚定了他的这一信念，即社会主义与“中世纪的生产方式”，尤其是保存在俄国农民村社中的土地共同所有制，只是同一发展类型的不同“水准”。因此显而易见，在俄国实现社会主义的最短路径，就是发展在俄国乡村和俄国工匠的劳动组合体中业已存在的劳动和财产关系，尽管这些业已存在的关系在形式上还很粗糙。米哈伊洛夫斯基的最终结论看上去十分悖论：“欧洲的工人问题是一个革命性问题，因为在那里它需要将生产资料返还给生产者，这便需要征用现今的有产者。而在俄国，工人问题则是一个保守的问题，因为在这里它仅需要让生产资料继续留在生产者手里，保障现今的有产者不被征用。”①

从这一论点可清楚地看出，米哈伊洛夫斯基误读了马克思，他只采用了马克思理论中很容易被嵌入他本人民粹主义观点总体框架中去的那些部分。不过，马克思对米哈伊洛夫斯基的影响远不止于此。早在1869年，米哈伊洛夫斯基在他的《达尔文理论与社会科学》一文中即已提及马克思关于劳动分工的观点，事实上，在《资本论》中不难发现许多段落，米哈伊洛夫斯基均可用来支持他本人的观点。

在《资本论》第14章（《分工与工场手工业》）中，马克思写道：

① 米哈伊洛夫斯基：《米哈伊洛夫斯基全集》，第1卷，第703页。

> 局部劳动者作为集体劳动者的一个肢体，他越是片面和不完全，就越是完美无缺。仅仅从事一种职能的习惯，使他转化为完成这种职能的准确无误的、自动的器官，而总机构迫使他以机器部件的规则性动作。
>
> 在工场手工业中，集体劳动者（从而资本）在社会生产力上的富 260 有，是以劳动者在个人生产力上的贫乏为条件的。
>
> 某种智力上和身体上的萎缩，同社会的分工也是分不开的。

最后，马克思引用乌尔卡尔特《家常话》中的一段话："一个人如果应受死刑，对他的分割就叫作处死，如果他不应受死刑，对他的分割就叫作谋杀。对劳动的分割就是对民众的谋杀。"①

对于米哈伊洛夫斯基而言，这些观点不仅是对他本人看法的确认，而且很可能就是他那些观点的真正起点。毫无疑问，只有在阅读马克思之后，他才能在卢梭、弗格森和席勒等早先一些作者那里发现劳动分工问题及其对个人整体性的破坏性影响。这一进步理论所依据的基本前提，即社会的进步与个人的进步并不相容，也可能源自马克思的观点，即"集体劳动者"的完善是以个体劳动者为代价的。

当然，米哈伊洛夫斯基的结论却与马克思大相径庭。对于马克思而言，现代资本主义登峰造极的劳动分工代表一种巨大进步，使劳动者"摆脱了个性的束缚"，可以"发展其各种可能性"。米哈伊洛夫斯基则认为，事实恰好相反。他在马克思这里发现了对车尔尼雪夫斯基一个观点的佐证，即把"国家财富"等同于人民的贫困，他因此宣称，人民的福祉，亦即个体劳动者的福祉，必须被视为进步的唯一标准。在从马克思那里了解

① 马克思：《资本论》(*Capital*)（英文版，莫斯科，1954，第 349、361、363 页。中译见马克思：《资本论》，《马克思恩格斯全集》，北京：人民出版社，2016 年，第 43 卷，第 364、377、379 页。

到资本主义发展的高昂代价后，他拒绝付出这种代价，并将他的所有希望寄托在这种所谓可能性上，即恢复古老的社会生活方式并使其适应新的条件。因此，他越来越倾向于他那种回望的乌托邦主义，这近似于列宁的“经济学浪漫主义”范畴，可被称为“社会学浪漫主义”。

“为个性而斗争”

1870年代中期，米哈伊洛夫斯基演绎出一种更全面的社会学理论，他称之为“为个性而斗争”（the struggle for individuality/борьба за индивидуальность，也是他于1875—1876年间发表的一组系列文章的总
261 题）。这个理论的有趣之处在于，它在一定程度上违逆了作者的思想一致性，他似乎对他之前试图反对的一些思想表现出了关注。米哈伊洛夫斯基虽然曾对社会理论中的生物“有机主义”提出批评，可他却在自己的理论构建中屈服于“有机主义”。他虽然拒绝“类比方法”，可他本人的“为个性而斗争”理论却正是以生物学类比为基础的，这一理论将社会当作一个有机体，或至少当作一种越来越具威胁的东西，它可能会变成某个超级有机体，其中的人类成员将降格为顺从的“器官”。他尽管指责社会达尔文主义者是资产阶级社会的辩护者，但他本人却始终停留在自然主义和进化论的范围之内。唯一的区别在于，米哈伊洛夫斯基挑战了“有机论者”的一个颇为自得的信念，即适者生存说及其一个悲观理论，即“自然进化”——既指有机世界的自然进化也指人类社会的自然进化，它们均伴随着持续不断的质量（发展“类型”意义上的质量）下降，因此，从物种个体的角度看，自然进化就是一个退化过程。因此，唯一的希望不是“调整自己”，以让自己去适应“事件的自然进程”，而是与其他意志坚定的个体一起，共同为使社会适应他们的目标而斗争。

米哈伊洛夫斯基的理论建立在这样一个命题之上，即“存在着不同

的个性发展阶段，它们相互斗争，并试图支配对方”。这一命题源自海克尔对生物有机体的分类以及他的这一论点，即整体的完美与其部分（或其反面）的不完美成正比。这就意味着，整体与部分之间的关系永远是对立的，器官始终在压制细胞的“个性”，与此同时又要捍卫自我，不屈服于整个有机体的更高“个性”，作为个体的有机体反过来也要为其个性与种类的更高“个性”做斗争。人代表个性发展中的一个阶段（海克尔分类中的第六阶段），在人之上有一个超人类“个性”的完整等级（作为“复杂合作”单位的工厂、阶层、阶级、民族和国家等等），所有这些等级均试图支配对方。从个体的角度看，所有此类社会个性的发展只能以牺牲人的自由和完整为代价。因此，米哈伊洛夫斯基总结道：“社会是人的第一敌人，是最亲近，也最恶毒的敌人，人必须时刻警惕这个敌人。”① 262

当然必须记住，这一警告仅针对一个其有机发展遵循“自然进化”规律的社会，换言之，即资本主义社会，在米哈伊洛夫斯基看来，资本主义社会代表社会有机体对于个体的人的最大胜利。根据其“进步公式”，米哈伊洛夫斯基假设人类另有一个选择，他们可通过创建一个基于“简单合作”的非有机社会来对抗资本主义的实施。这一类型的社会不会掩盖其构成部分，其福祉能在很大程度上与其个体成员的福祉相吻合。基于最低限度的“社会化”（即把非个人的、超个人的社会机制强加给社会成员），同时基于最大程度的人的有意识团结和利益共同体，这样的社会才是米哈伊洛夫斯基真正的社会主义理想。这一点必须予以强调，因为“为个性而斗争”的理论会给人以这一印象，即米哈伊洛夫斯基的理想更像是一个孤独单子的自给自足。这一理想的回望性质与米哈伊洛夫斯基对古老社会纽带

① 米哈伊洛夫斯基：《米哈伊洛夫斯基全集》，第 1 卷，第 474 页。米哈伊洛夫斯基此话不应被解释为极端的无政府主义宣言。他不是一位国家主义者，但他的主要敌人是资本主义，即“复杂合作”的最危险方式。像其他许多民粹派一样，他甚至认为国家的干预可以阻止资本主义的发展，捍卫人类个体之利益。

的浪漫主义观点有关，古老的社会纽带与新的、有机的社会关系不同，它们是简单直接的，容易理解的，它们借助共同的情感和目标将人们团结在一起，同时也不增加他们的相互依赖。与此同时，米哈伊洛夫斯基又是一个意识十分清醒的知识分子，他不会把对传统的被动接受理想化，或将个人意识与集体的融合理想化。他梦寐以求的是这样一个社会，其基础是**有意识的协同以及对共同目标自由的、理性的选择**，这就意味着他在无意识地回归那个由“资产阶级的”进步而形成的个性模式，这一模式实为古老社会纽带的解体之结果。虽然他觉得他的全部希望就在于提升合作类型的水准，提升以古老的农民村社为代表的群体生活，但他的模式却是一个混合体，将前资本主义的农业经济与“资产阶级民主的”个人自由概念混在一起。米哈伊洛夫斯基的理论实际上是民粹派的伊阿诺斯那张既后顾又前瞻的面孔之形象体现，他的理论清楚地表明，民粹主义世界观的统一性与其说源自其同质性，不如说源自两组相互矛盾的
263 价值观之间的特殊张力。

米哈伊洛夫斯基的“为个性而斗争”理论有许多分支，它们程度不等地解释了生物进化和社会进化的不同方面。其中一个理论分支体现在一篇题为《英雄与民众》的文章中，这篇文章论述社会心理和群体的非理性行为问题，并在一定程度上预示了塔尔德的模仿理论。另一个亚理论涉及“病理学魔法”，作者将不同的精神现象（羞愧、通灵和催眠）解释为人体器官对强迫屈服做出的反抗之结果，亦即在资本主义劳动分工的瓦解作用影响下的个性崩溃之结果。①

在“为个性而斗争”理论的此类二度应用中，最有趣的当属米哈伊洛夫斯基的爱情理论②，这一理论与诸如弗朗茨·冯·巴德尔等浪漫派哲学

① 见其《病理学魔法》（“Patologicheskaia magiia”）（1887）一文。
② 米哈伊洛夫斯基：《米哈伊洛夫斯基全集》，第1卷，第493—579页。

家的理论有着惊人的、令人意外的相似，巴德尔等将爱情视为对业已丧失的原始雌雄统一体的追索渴望。米哈伊洛夫斯基认为，爱情即试图通过在他者身上的自我实现来获得重生。这种冲动普遍存在，这一事实表明，或许的确存在一种“全部”或“整体”之丧失的感觉，这也证明了雌雄同体作为一种个性类型的优越性。为说明这一观点，米哈伊洛夫斯基引用柏拉图《会饮篇》中阿里斯托芬讲述的一个古老神话：这个世界上曾居住着一个雌雄同体的种族，他们身材高大，在身体和智力上都比今天的人优秀得多，他们试图入侵奥林匹斯山，因此受到惩罚，被神分成两半，然而这被分成两半的人却紧紧抱在一起，拒绝分开，因此有许多人死于饥饿，看到这一场景，宙斯很同情他们，便给每一半均赋予一个独立形状，即男人或女人。爱情，就是他们对其失去的统一之眷念的象征。

米哈伊洛夫斯基理论中最奇怪的方面，即借助雌雄同体和原始农民所共有的“自给自足”概念，他将对丧失的统一之浪漫眷念与他对农民村社的理想化联系起来。的确，米哈伊洛夫斯基承认人类从未有过雌雄同体，但是在过去，两性之间的区别远不如后来这般明显，而且在农民中间，男女区别也仍然不如在上层阶级中间那么明显。随着文明的发展，对两性差异的强调以及随之而来的对于爱情重要性的强调都变得越来越醒目。不难 264
猜测，米哈伊洛夫斯基认为这一切均源于劳动分工的强化，因为更加“分裂的”人更需要爱情，他们希望爱能帮助他们恢复原始的完整性。

米哈伊洛夫斯基社会学理论的社会内容

米哈伊洛夫斯基的思想是否构成对社会学理论发展的重要贡献，这一问题尚存争议。然而，作为一份能够揭示出民粹主义思想的特殊本质、内在矛盾和困境的历史文献，其著作读来极富兴味。

客观而言，他对“未分工的”劳动的理想化表达了作为前资本主义社会形态的农民阶层的利益，代表生计受到工业化威胁的小生产者的观点。但是，他的“农民”纲领的性质却毫无疑问地表明，其制定者是知识分子的一员。与托尔斯泰不同，米哈伊洛夫斯基从未试图将其观点等同于父权制农民的观点，他过去是、现在仍然是一个知识分子，是西方化的产物，他试图让其农民乌托邦主义适应俄国“启蒙者”的传统，适应进步知识分子普遍接受的个性价值观，这对他而言十分自然。当他以自己的名义说话时，他自称“门外汉”（layman/профан），他指的并非某一特定学术领域的狭隘专家，而是一个具有广泛知识兴趣和全面能力的人。①“门外汉”就是有意识拒绝屈从于知识领域劳动分工压力的人，一如体力劳动领域的农民。因此，这两者在反对资本主义“复杂合作”的共同斗争中是天然的盟友，资本主义迫使个体仅仅成为更强大的社会机制中的一个齿轮。

尽管有这个所谓利益共同体，米哈伊洛夫斯基也承认，农民和门外汉之间的鸿沟很难弥合。他甚至预见到这种可能性，即这两者之间会由于农民的蒙昧而发生冲突，因此，他总是小心翼翼地区分人民的“利益”和
265 “意见”。②这些“意见”经常被那些声名狼藉的保守派所引用，并用农民对沙皇的忠诚来反衬激进知识分子的不忠，米哈伊洛夫斯基为此痛心，又清醒地意识到这可能会导致一场冲突。他写道：“我是一个门外汉。我的书桌上放着别林斯基的半身塑像，这尊塑像对我来说非常珍贵，还有一个书柜，我们花费了无数夜晚来阅读这些书。如果俄国的生活带着其所有日常特性闯入我的书房，毁掉别林斯基的塑像，烧毁我的书，我是不会屈服于村里人的，我会战斗……即便我被最大的谦卑和自我克制情绪所控制，我至少还是会说：‘真理和正义之神啊，原谅他们，他们不清楚自己在干

① 见其系列论文《门外汉笔记》（*Notes of a Layman*）（1875—1877）。

② 尤佐夫（卡勃里茨）提出一种完全不同的观点，他在《民粹派之基础》（*Osnovy narodnichestva*）（1882）一书中将“人民”和“知识分子”视为截然相对的两极，他对农民古老传统的辩护以及对知识分子的抨击近乎荒谬。

什么。’尽管如此，我还是会提出抗议。”①

另一段引文也充满相似的情绪：

> 乡村的声音常与乡村的利益相左，当务之急就是要真诚地把人们的利益当作我们自己的目标，在乡村里仅保留与这些利益的确吻合的事物。我们要与人民交换价值观，真诚地交换，没有任何欺骗或不可告人的想法，其结果便能获得双方价值观的平等。哦，我可能会淹没在、溶解在这灰色的、粗俗的人群中，不可逆转地淹没，却保存真理和理想的火炬，我是牺牲了人民才成功地获得这支火炬的。哦，读者诸君，但愿你们全都能做出这样的决定，尤其是那些人，他们手握的火炬比我的火炬还要亮，他们的火炬熊熊燃烧，没有黑烟……火光多么明亮啊，它映亮了一个多么伟大的节日啊！历史上从未有过这样的节日。②

这些摘自《门外汉笔记》的引文揭示了米哈伊洛夫斯基思想中的特殊矛盾。与特卡乔夫不同，他试图调和社会同质的平等主义理想以及此类价值观，用他自己的话来说，他“是牺牲了人民才成功地获得”这些价值观的，亦即他在其社会学理论中抨击过的社会分化过程之结果。他承认“真理和理想的火炬”是以人民为代价获得的，这实际上回到了拉夫罗夫的“有批判性思维的个体”理论。这就相当于承认，俄国的西化精英代表着某种价值观，如赫尔岑所言，这种价值观应从外部被引入农民村社的古老世界。出于同样的原因，米哈伊洛夫斯基部分地、不由自主地恢复了与西 266
方资产阶级进步相关的某些理想。列宁据此写道：“米哈洛夫斯基先生的

① 米哈伊洛夫斯基：《米哈伊洛夫斯基全集》，第 3 卷，第 692 页（引自比灵顿在其《米哈伊洛夫斯基与俄国民粹主义》一书中的译文，第 95 页）。
② 米哈伊洛夫斯基：《米哈伊洛夫斯基全集》，第 3 卷，第 707 页。

‘社会学’一开头就讲‘个人’如何反对俄国资本主义，认为它是俄国一时脱离正道的偶然现象，他这样说就是自己打自己的耳光，因为他不了解只有资本主义创造了条件，使个人才有可能去进行这样的反对。”①

当然，这种表述中有某种论战性的简单化，不能仅从字面上理解，因为在米哈伊洛夫斯基关于个性的理想与俄国资本主义的兴起这两者之间并无直接的因果关系，但不可否认的是，“门外汉”的思想只可能作为现代化进程之结果而出现，这一进程在欧洲由资本主义开道，并作为19世纪俄国知识分子发起的西方化运动的一部分被带入俄国。

这一进程所产生的价值观和思想显现出一个明显倾向，即要求获得自主权，要求超越资产阶级社会的框架，而这往往是无法实现的。这可用来解释这样一个事实，即俄国民粹派能够接过这些价值观和思想，并将其融入他们对资本主义的批评。但是，要让这些理想能吻合古老的体制，吻合民粹派试图使其免受资本主义剥削的那些农民的世界观，却很难做到，实际上也不可能做到。这一基本矛盾是民粹主义几乎所有变体的一大特征。在米哈伊洛夫斯基的乌托邦主义中，古老的农民因素占据主导地位，但这一因素也是通过一位知识分子的眼睛折射出来的。在米哈伊洛夫斯基这里，农民因素比在“有批判性思维的”知识分子的代言人拉夫罗夫那里更浓重，但如果忽略米哈伊洛夫斯基思想中的另一个因素，将会对他的作用产生误解。可以说，米哈伊洛夫斯基的世界观代表一种有趣的综合，即反资本主义的、回望的乌托邦主义与别林斯基西化的资产阶级民主理想之综合，这一综合极好地说明了民粹派那些大多不太成功的尝试，即他们试图
267 将俄国农民的古老世界与俄国知识分子的思想遗产融为一体。

① 列宁：《列宁选集》，第1卷，第415页。中译见列宁：《民粹主义的经济内容及其在司徒卢威先生的书中受到的批评》，《列宁全集》，北京：人民出版社，2013年，第1卷，第376页。引文中的米海洛夫斯基即米哈伊洛夫斯基。——本书译者按

本章涉及作品

米哈伊尔·巴枯宁，尼古拉·茹科夫斯基：《人民事业》(*People's Cause*/Народное дело)，期刊

彼得·拉夫罗夫：《历史书简》(*Historical Letters*/Исторические письма)，书信集

——：《知识与革命》("Knowledge and Revolution"/Знание и революция)，文章

——：《实践哲学问题概述》(*Sketches in the Domain of Practical Philosophy*/Очерки вопросов практической философии)，著作

——：《现代思想史论》(*Essay on the History of Modern Thought*/Опыт истории мысли нового времени)，著作

——：《理解历史之任务》(*Problems in the Interpretation of History*/Задачи понимания истории)，著作

——：《思想史的若干最重要关头》(*Stages in the History of Thought*/Важнейшие моменты истории мысли)，著作

——：《进步的代价》("The Cost of Progress"/Цена прогресса)，文章

——：《关于哲学当代意义的三次对话》(*Three Conversations on the Contemporary Meaning of Philosophy*/Три разговора о современном значении философии)，著作

——：《论社会学方法》("On Method in Sociology"/О методе в социологии)，文章

——：《尼·康·米哈伊洛夫斯基的进步公式》("N. K. Mikhailovsky's Formula of Progress"/Формула прогресса Н. К. Михайловского)，文章

尼古拉·米哈伊洛夫斯基：《何谓进步》("What Is Progress?"/Что такое прогресс?)，文章

——：《一位社会主义者的政治书简》("The Political Letters of a Socialist"/Политические письма социалиста)，文章

——：《论席勒及许多其他问题》("On Schiller and on Many Other Things"/О Шиллере и многом другом)，文章

——：《达尔文理论与社会科学》("Darwin's Theory and the Social Sciences"/Теория Дарвина и общественная наука)，文章

——：《英雄与民众》("The Heroes and the Mob"/Герои и толпа)，文章

——：《门外汉笔记》(*Notes of a Layman*/Записки профана)，系列论文

瓦西里·贝尔维-弗列罗夫斯基：《俄国工人阶级之处境》(*The Situation of the Working Class in Russia*/Положение рабочего класса в России)，著作

——：《社会科学入门》(*The Alphabet of the Social Sciences*/Азбука общественных наук)，著作

弗拉基米尔·列宁：《怎么办？》(*What Is to Be Done?*/Что делать?)，著作

彼得·特卡乔夫：《革命宣传在俄国的作用》(*The Role of Revolutionary Propaganda in Russia*/Роль революционной пропаганды в России)，著作

——：《警报》(*Tocsin*/Набат)，期刊

——：《何谓进步党》("What Is the Party of Progress?"/Что такое партия прогресса?)，文章

——:《致恩格斯先生公开信》(“Open Letter to Engels” /Открытое письмо господину Фридриху Энгельсу)，文章

列夫 · 季霍米罗夫等:《民意报》(*People's Will*/Народная воля)，期刊

奥古斯特 · 布朗基:《不要上帝也不要老爷》(*Ni Dieu, ni Maître*)，期刊

威廉 · 亨克尔:《周刊》(*The Week*/Неделя)，期刊

弗拉基米尔 · 柯罗连科:《俄国财富》(*Russian Wealth*/Русское богатство)，期刊

第十三章

无政府主义

除民粹主义外，19 世纪下半叶俄国激进思想和社会主义思想的另一个典型产物即无政府主义（anarchism/анархизм）。这两大思潮在许多方面都相互重叠：杰出的理论家和国际无政府主义领袖米哈伊尔·巴枯宁同时也是民粹主义的倡导者之一；彼得·克鲁泡特金年轻时是民粹主义革命运动的成员。① 然而，民粹主义仅在其本土发展，并特别关注俄国问题，而俄国无政府主义理论家们则积极参与国际工人运动。对无政府主义者而言，最重要的问题就是废除国家；而对民粹派来说，最主要的敌人即资本

① 见卡尔：《米哈伊尔·巴枯宁》（E. Carr, *Michael Bakunin*）（纽约，1961）；赫普纳：《巴枯宁与革命的泛斯拉夫主义》（B. Hepner, *Bakounine et le panslavisme révolutionnaire*）（巴黎，1950）；皮丘尔：《米哈伊尔·巴枯宁的无政府主义学说》（E. Pyziur, *The Doctrine of Anarchism of Michael A. Bakunin*）（威斯康星州密尔沃基，1955）；兰伯特：《反叛研究》（*Studies in Rebellion*）（伦敦，1957）；阿夫里奇：《俄国无政府主义者》（P. Avrich, *The Russian Anarchists*）（新泽西州普林斯顿，1967）；莱宁：《米哈伊尔·巴枯宁及其与谢尔盖·涅恰耶夫的关系（1870—1872）》（A. Lehning, *Michel Bakounine et ses relation avec Sergei Necaev, 1870—1872*）（莱顿，1971）。关于巴枯宁最全面、最好的专著是苏联历史学家斯捷克洛夫的四卷本著作：《米·阿·巴枯宁的生活与活动》（Y. M. Steklov, *M. A. Bakunin, ego zhizn' i deiatel'nost'*）（第 2 版，莫斯科，1926—1927）。关于克鲁泡特金的研究著作见乔利：《无政府主义者》（J. Joli, *The Anarchists*）（波士顿，1965）；伍德考克与阿瓦库莫维奇：《无政府主义王公》（G. Woodcock and I. Avakumović, *The Anarchist Prince*）（伦敦，1950）；米勒：《克鲁泡特金》（M. A. Miller, Kropotkin）（芝加哥，1976）。

主义，他们的主要理论兴趣是要证明，俄国并不一定要成为一个资本主义国家。因此，这两大思潮尽管会同时出现，相互之间却并不统一。即便在1870年代，当巴枯宁在俄国革命运动中的影响处于顶峰，依然有一个民粹派小组（格里高利·叶利谢耶夫及其追随者瓦西里·沃隆佐夫和“合法”民粹派）认为，与资本主义战斗的方式可以强化国家对社会和经济领域的干预，这一假设很不符合无政府主义的原则。

第一节　米哈伊尔·巴枯宁

生平

268 正如我们在第七章所言，巴枯宁一生的第一个哲学时期以他的著名文章《德国的保守派》作为结束，这篇文章认为，必须以革命的方式彻底摧毁旧秩序。现今开始的新时期在很大程度上可被视为未来政治行动的准备阶段，在此期间，巴枯宁与许多欧洲主要的革命领导人建立起联系。在瑞士，他遇见德国乌托邦共产主义者威廉·魏特林（1843），不久之后，他在激进派和社会主义者圈子里声名鹊起，在法国的政治侨民中也非常有名。在法国，巴枯宁遇见两位对其社会哲学产生重要影响的思想家，即蒲鲁东和马克思。他与波兰侨民关系也很好，尤其接近历史学家约阿希姆·列列韦尔，后者的斯拉夫村社自治理论让巴枯宁很感兴趣。巴枯宁认识密茨凯维奇，但不相信后者在法兰西学院演讲中提出的关于斯拉夫人角色的弥赛亚观点。1847年，在纪念1831年波兰起义的大会上，巴枯宁发表了一篇感人的演讲，他宣称只要波兰没有重新获得独立，俄国就永远无法获得自由。这次演讲导致他在俄国大使的鼓动下被驱逐出法国。他前往布鲁塞尔，但是不久，1848年革命爆发，他得以返回法国。

在“人民之春”运动期间，巴枯宁最初举起“革命的泛斯拉夫主义”

旗帜，即主张所有斯拉夫民族结成一个自由、民主的联盟。他急于了解俄国的情况，并相信斯拉夫各国的民族独立运动将成为引爆俄国革命的导火索。起初他打算前往波兹南，试图在那里说服波兰人放弃他们与德国自由派结成的“不自然的”反俄联盟，并把波兹南起义转变成一场全体斯拉夫人的革命。由于他没有必需的经费，于是便向法兰西共和国临时政府申请贷款，申请之所以获准，在很大程度上是因为法国人担心他会现身巴黎。革命期间的巴黎行政长官库西迪尔在谈到巴枯宁时十分巧妙地总结了这种态度：“在革命的第一天他是个珍宝，可在第二天他就该被枪毙。”

巴枯宁的波兹南计划被柏林警方挫败。他被逮捕，在他保证不再前往波兹南后才被释放。他转而去了弗罗茨瓦夫（布雷斯劳），然后来到布拉格参加斯拉夫人大会（1848 年 6 月 2—12 日）。在大会上，他作为波兰代表团成员发言，其理由是，波兰的独立是俄国人和波兰人的共同目标。他 269
与波兰人一起强烈反对捷克自由派提出的合法的奥地利–斯拉夫纲领，并竭尽全力说服代表们采取更具革命性的立场。当大会因布拉格武装起义的爆发而中断时，巴枯宁亲自帮助起义者设置街垒。

巴枯宁的斯拉夫主义活动以及他关于这一问题的文章（如 1848 年的《一位俄国爱国者告全体斯拉夫人书》）遭到了马克思和恩格斯的抨击。他们的批评并非全都公正，因为这些批评基于这样一种假设，即捷克和其他一些较小斯拉夫民族不像波兰人，他们缺乏独立发展的条件，他们的独立运动大体上是反动的。由马克思编辑的《新莱茵报》发表了一份未经证实的报告（1848 年 7 月），称巴枯宁是一名俄国特工，这件事更加剧了马克思与巴枯宁之间的冲突。不久之后真相大白，这是一场诽谤，可能是沙皇政府特意散布的谣言。《新莱茵报》发表了道歉声明，但巴枯宁仍对马克思心存怨恨，并怀疑马克思的行为动机不纯。巴枯宁对马克思和恩格斯的态度也受到他本人对德国人的本能厌恶之影响，这种厌恶在 1848 年大为加强，因为大多数德国民主派表现出的卑躬屈膝的胆怯，尤其是法兰克福议会对斯拉夫人公正要求所做出的民族主义反应。（为还原历史真相，此处应补充一句，马克思和恩格斯对法兰克福议会所持的批评态度并不亚于巴枯宁。）

布拉格起义被镇压后，巴枯宁躲到莱比锡，后来（1849 年 5 月），他成为德累斯顿革命最具活力的领袖。革命失败后，他被逮捕并被判处死刑，不过此判决后被减刑为终身监禁。随后，他被引渡给奥地利政府，在布拉格监狱和奥洛穆茨要塞服刑（他被铐在要塞的墙壁上）。一年后，他再次被判死刑。不过该判决并未执行，因为沙皇当局把他视为一个危险的政治密谋者，如今要求引渡他。

被押至圣彼得堡后，巴枯宁被关进著名的彼得保罗要塞。如同在十二月党人一案中那样，尼古拉一世如今又扮演起父权制君主的角色，急于知道究竟是何内在动机导致他的这位臣民采取如此邪恶的行事方式。因此，巴枯宁开始写作他著名的《忏悔录》，详细描述他离开俄国后的所作所为。
270 这份直到 1921 年才得以发表的文献的确令人称奇。巴枯宁首先表达他对尼古拉一世的尊重，认为尼古拉一世是唯一没有对帝国使命失去信心的君主，巴枯宁还自称为“忏悔的罪人”；与此同时，他的语气却远非谦卑，他也拒绝提供任何可能指控他本人以外任何一个人的证词。他描绘了一幅社会罪恶的阴暗画面，这些罪恶不仅存在于西欧（这一点博得了皇帝的赞许），也存在于俄国，巴枯宁宣称，俄国与其他国家的不同就在于其无处不在的恐惧和欺骗。他承认他到目前为止的努力可能都是错的，但他无法放弃他的大胆计划。更重要的是，他甚至试图改变他的“忏悔神父”，暗示后者应承担起受压迫的斯拉夫各民族的解放者的使命。

1854 年，巴枯宁被转移至施吕瑟尔堡要塞，三年后，新皇帝亚历山大二世允许他定居西伯利亚。由于他的舅舅、东西伯利亚总督尼古拉·穆拉维约夫–阿穆尔斯基伯爵的影响力，巴枯宁获准落户伊尔库茨克并进入政府部门。他娶了一名波兰女子（安东妮娜·克维阿特科夫斯卡娅）为妻，不久又恢复了他早期的革命热情。1861 年，他成功逃脱，取道日本和美国，在伦敦与他的老友赫尔岑和奥加廖夫会合。他立刻参与了两项重大事件，即俄国在解放农奴法令之后出现的“解冻”以及波兰的爱国示威运动。关于俄国的局势，他出版了一本题为《人民的事业：罗曼诺夫、普加乔夫还是彼斯捷尔？》的小册子，为解决危机，他在书中建议通过召开国民代表大会将“彼得堡的帝国统治者”变成“人民的沙皇”。当一月起义在波兰爆发时，他积极支持特奥菲尔·拉平斯基，后者组织了一次无望的突袭，试图向起义者提供支持。起义被镇压后，他把希望转向意大利，因为这个国家具有密谋政治社会的传统，尤其充满紧张的社会冲突。他如今的观点更为激进，认为与社会革命的首要事业相比，民族独立事业和政治自由事业相形见绌，西欧的社会革命将由工人阶级展开，而俄国的社会革命则将由农民来进行。

1868 年，巴枯宁开始对国际和平与自由联盟（League for Peace and Freedom/Лига мира и свободы）产生兴趣，他试图将其变成落实他本人想 271
法和计划的工具。为此目的，他撰写一篇最终未能完成的长文，题为《联邦主义、社会主义与反神论》，这是其无政府主义的第一次成熟表达。在对和平与自由联盟根深蒂固的资产阶级自由主义失去耐心后，他成立了自己的国际组织，名为社会主义民主联盟（Alliance of Socialist Democracy/Альянс социалистической демократии），并多方运作，试图让其以独立自治机构的身份加入第一国际，当这一要求被拒绝后，该联盟解散，其成员加入第一国际的其他分部。然而这纯属一种战术，因为巴枯宁的支持者们加入第一国际，只是为了与以马克思和总委员会为代表的主导派系进行争论。巴枯宁指责马克思实行独裁的集中制，实行“精英主义”，称马克思实际上背叛了革命，因为马克思集中精力进行合法斗争，主张改革和争取政治权利。他认为马克思是资产阶级国家熟练工人的代言人，在他看来，熟练工人自身就带有深重的资产阶级倾向，他声称他代表“苦难的无产阶级”，即贫穷落后国家中的劳动群众。在与马克思的争论中，巴枯宁时常不道德地利用意大利和法国工人的反德情绪，甚至不时发出反犹论调。自一开始，涅恰耶夫案件就加剧了两人的紧张关系，巴枯宁未经授权使第一国际卷入涅恰耶夫案件，有损于全世界公众对第一国际的看法。总委员会则与巴枯宁路线进行了坚决、艰难的斗争，其结果是海牙大会（1872 年 9 月）通过决议，因为巴枯宁的派别活动和个人违规行为将巴枯宁开除出第一国际。后一种指控并不完全公正，正如马克思的许多支持者后来承认的那样。巴枯宁预支了翻译马克思《资本论》的预付款，但据说他未能完成翻译工作，还对要求归还预付款的出版商进行恐吓。

总委员会为其胜利付出了沉重代价，实际上，这次分裂导致了第一国际的终结。巴枯宁的支持者们建立起自己的无政府主义组织，第一国际遭到削弱，其总部迁址纽约，不久即停止运作。第一国际最后一次大会于 1876 年在费城举行，同年 7 月 1 日，巴枯宁去世，一年后，无政府主义的国际组织也宣布解散。

272 巴枯宁在生命的最后几年仍投身于革命活动。1871 年，他参加里昂起义，1873 年参加其追随者发动的西班牙革命，1874 年又参加了博洛尼亚起义。所有这些活动均以失败告终，年迈的巴枯宁几乎死在街垒中，这显然正是他最渴求的死亡。这些年间，他还忙里偷闲写成他最重要的两部理论著作，即《鞭笞统治的日耳曼帝国与社会革命》和《国家制度与无政府状态》。

巴枯宁的哲学观

在其思想发展过程中的无政府主义时代，巴枯宁自视为彻底的唯物主义者、无神论者和实证主义者。他钦佩费尔巴哈、孔德、蒲鲁东和马克思，认为他们是他所处时代最伟大的思想家。他从费尔巴哈那里接受了宗教异化的概念，即认为人创造出上帝，最终却成了其创造物的奴隶，“天上越来越富，人间却越来越穷”。他称赞孔德在“实证科学”的帮助下超越了神学和形而上学的思维阶段，并将哲学设想为由许多学科的内容构成的大系统。在对实证主义与唯物主义的区别进行分析时，巴枯宁称孔德为这样一位思想家，他与黑格尔相反，“把精神物质化，证明精神现象的唯一基础即物质”。[①] 他认为蒲鲁东不仅是一位伟大的无政府主义理论家，而且也是一位试图超越历史唯心主义的哲学家。但是，在这一领域最重要的贡献无疑是由马克思做出的，巴枯宁钦佩作为思想家的马克思，即便在他就政治问题与马克思进行最为激烈的争执之时。巴枯宁写道，蒲鲁东将其论点建立在“抽象的法律观念”之上，仍致力于唯心主义和形而上学，而马克思则相反，他科学地证明了社会的经济结构先于、并决定着法律结构和政治结构。[②] 巴枯宁认为马克思是其时代最伟大的经济学家，称《资本论》是一部“宏伟的”作品。尽管如此，巴枯宁也指责《资本论》的作者迷恋自己的发现，即其理想过于依赖“经济事实”，从而导致了对历史的宿命论解释。

巴枯宁与马克思、恩格斯一样，认为哲学的基本问题即唯物主义者与唯心主义者之争。他对唯物主义的接受不仅出于理论上的考虑，同时也 273
出于道德原则，甚至主要出于道德原则。他宣称：“通过把人类的事务神圣化，唯心主义者总是会为愚蠢的唯物主义的胜利铺平道路……他们在捍卫唯心主义的学说时，往往会不由自主地滑入压迫者和剥削者的阵营。”[③]

① 巴枯宁：《巴枯宁选集》，第 3 卷，第 149、154 页。
② 同上，第 1 卷，第 246—247 页。
③ 同上，第 2 卷，第 179、184 页。

在实践性的日常事务中，他认为唯物主义是地道的唯心主义，因为每一种发展，自身均已包含一种否定态度，或是对起点的否定，因此，如果说起点是物质的，那么否定就是精神的。通过这种方式，唯物主义走向真正的唯心主义，假设社会之全面、彻底的解放，并高举起“经济平等和社会正义的红色旗帜”。① 巴枯宁以意大利和德国两国的相反情况为例来说明其论点，他认为意大利是一个物质文明的国家，而德国则是最崇高的唯心主义的家园。他写道，在意大利，人们可以自由地呼吸，而德国则是“野蛮的、胜利的奴性之同义词”。② 德国人用在玄思领域的精神翱翔来补偿现实生活的缺陷，结果成了最糟糕的非利士人、奴仆和最反人道的政府指令的执行者：“可以说，德国人的精神世界越是高尚，他们的生活以及在活的现实中的活动就越是丑陋，越是庸俗。” ③

巴枯宁认为，人本身就是自然的产物，因此，他发展的起点是动物性阶段。他获得解放的第一步就是思想，这一抽象行为能唤醒理性，人依靠理性获得各种能力，以便有意识地定义自我，掌控其本能反应，感知周围客体的相互依赖，并根据其需要改变周围环境。④ 不过，人最初是借助形象进行思考的，因此，他在克服其动物性的时候会夸大其抽象能力，最终成为其想象物的奴隶。在这些人格化的抽象概念中，最重要、最危险的概念就是上帝。上帝被创造出来，这是一种历史必然，同时也是一个可怕的错误和不幸。上帝的概念是对人的自由的最强烈否定。每一种宗教，尤其是基督教，都暗示“人类为了神性而具有的卑微、奴役和毁灭” ⑤。每一
274 种宗教都是残酷的，都在圣化为了抽象而牺牲生命的原则，并不断要求流

---

① 巴枯宁：《巴枯宁选集》(*Izbrannye sochineniia*)，纪尧作序（彼得格勒-莫斯科，1919—1922)，第 2 卷，第 184 页。
② 同上，第 181 页。
③ 同上，第 1 卷，第 231 页。
④ 同上，第 3 卷，第 170—171 页。
⑤ 同上，第 2 卷，第 159 页。

血。因此，上帝的毁灭就是人类自由的必要前提。巴枯宁推翻伏尔泰的著名格言[①]，他写道："即便上帝真的存在，也必须摧毁他。"[②]

因此显而易见，巴枯宁呼吁拒绝上帝，不仅以科学的名义，而且（首先）以自由的名义。这与他的一个总体信念相吻合，即为了获得彻底解放，仅仅依靠思想还不够，奋起反抗也同样重要。人通过不服从的行为和认知成为人，因此，人的榜样就是撒旦这个"永恒的反叛者，第一位自由思想家，世界上的第一位解放者"。[③]整个人类的历史是三个阶段的合成，其中第一个是动物性阶段，随后第二个是思想阶段，而第三个则是反抗阶段。在关于社会的同步解释中，这三个阶段分别对应着三个领域，即经济学、科学和自由。

对于巴枯宁（如同对于费尔巴哈）而言，所有形式唯心主义的原型均为宗教和神学。正因为如此，他坚持认为唯物主义和实证主义对于唯心主义哲学体系的胜利就是自由之胜利的同义词。科学中的唯物主义或实证主义方法（对巴枯宁而言这两者几乎没有差异）就意味着要制定一种"遵循自然路径、自下而上"的世界观，而不像唯心主义那样，是一种"自上而下、从中心到外围"的世界观。自然界受因果关系左右，这一事实与自由并不相容，因为自由是外部约束的反面，而非内在的必要性。人作为自然的产物必须服从的那些规律，其实是他自己的存在之规律，反抗这些法则是荒谬的。自由的对立面并非决定论，而是反对以宗教和国家为代表的强制和各种形式的异化。依赖自然规律并非羞辱，这不能被称为奴役，因为"没有主人，没有一个外在的、发号施令的立法者，就没有奴役"。[④]

巴枯宁尽管强调科学的重要性，认为科学是一种能将人类从神学和所

---

① 伏尔泰的"著名格言"为："即便没有上帝，也要创造一个上帝。"——译注
② 巴枯宁：《巴枯宁选集》，第 2 卷，第 163 页。
③ 同上，第 145 页。
④ 同上，第 164 页。

275 有外部强制中解放出来的力量，但他也批评科学会将生活的无限多样性简化为一种有序模式。他以一种特殊的、个人的理由来反对科学的抽象，他的理由无法用抽象概念来表达或用理论来解释。巴枯宁世界观中的这种反智特征构成他成熟时期无政府主义哲学与他年轻时的浪漫主义这两者间的联系环节，与此同时，从这里也可看出巴枯宁对柏格森的思想和唯心主义的“生活哲学”的有趣期盼[①]（这是一个惊人的联想，如果考虑到巴枯宁自视为唯物主义者和实证主义的追随者）。他宣称，生活的实质即自发的、不受强制的创造力，这种创造力不会屈服于理性化。科学总是“不变的、非个性的、普遍的、非感性的”，而抽象，正如历史所显示的那样，很容易变成吸吮人血的吸血鬼。[②]科学对人类而言不可或缺，但如果赋予科学以操控人类的力量，即便这是没有任何唯心主义痕迹的“实证科学”，它也将被证明是致命的。有学问的人像神学家一样，既无法理解、也不会同情活的个体生物，他们总是想让生活适应理论，想在社会的躯体上做实验，这一切必须不惜一切代价予以阻止。[③]

这些论点的锋芒是指向马克思主义的。巴枯宁认为马克思是典型的教条主义思想家，他认为“科学社会主义”这一概念本身就显露了一种倾向，即赋予科学凌驾于生活之上的权威，使“未受教育的”大众屈从于社会民主党那些“有学问的”领袖们。[④]

巴枯宁的社会哲学

由于对集体之重要性的强调，巴枯宁的无政府主义不同于蒲鲁东的

① 见捷姆吉诺娃：《巴枯宁与自由的二律背反》（H. Temkinowa, *Bakunin and the Antinomies of Freedom*）（华沙，1964），第 95—96 页。

② 巴枯宁：《巴枯宁选集》，第 2 卷，第 192—196 页。

③ 同上，第 193 页。

④ 同上，第 1 卷，第 295 页。

个人主义的无政府主义，与麦克斯·施蒂纳的反社会、非道德的无政府主义更是截然对立。与施蒂纳不同，巴枯宁既不反抗社会，也不美化利己主义，相反，他明确表示，反抗社会和反抗自然规律一样毫无意义。遵循各种管理社会行为的法则，这并非对个人自主权的限制，因为社会规范与政治立法不同，它们不是外来意志的强加，而代表一种内在的必要性。在没 276
有外部强制的地方，自由感和满足感只可能存在于社会内部，因为这些感觉产生于个人意志与集体意志的自发融合。

这些观点表明，巴枯宁的无政府主义建立在国家与社会截然相对的观点之上。社会是人类的一种自然因素，它提供一种内在化控制，而国家则是一种陌生的、反社会的力量，它必须被摧毁，以解放深埋在人的个性中的社会本能（巴枯宁掩盖了这一事实，即这两个范畴在革命实践中几乎难以区分）。社会是自然的产物，而"社会契约"则是一种有害的形而上学理论，它假设有一种更优越的前社会状态，认为社会是机械的、完全人为的个体之总和，这种理论在实践中会使国家的绝对权威合法化（无论这一理论的持有者是否具有自由主义意图）。[①] 整个政治立法领域实际上都是人类进化过程中思想阶段的人工产物，政治与神学密切相关，两者均假定人就本质而言是邪恶的，必须受到约束，必须服从强制的纪律。每一个国家其实都是一个世俗的教会，而每一个教会也都是一个神性的国家。[②] 若使用更现代的术语，我们可以说，巴枯宁认为国家是一种异化的社会力量，它通过切割"活的""自然的"社会纽带来实现自我扩展。值得补充的是，巴枯宁意识到其观点与康斯坦丁·阿克萨科夫的观点有相似之处，后者将国家视为"外部真理"，是"邪恶的原则，外在强加的原则"。[③] 他们

① 巴枯宁：《巴枯宁选集》，第 3 卷，第 184—185 页。

② 同上，第 195 页。

③ 见博古恰尔斯基：《1870 年代的积极民粹派》（V. J. Bogucharsky, *Aktivnoe narodnichestvo semidesiatykh godov*）（莫斯科，1912），第 20—21 页。

两人观点的部分相同十分有趣，因为这表明无政府主义同样也有向后看的倾向，这一倾向的最显明体现，即对非理性化、非政治化的社会生活的理想化。

在抨击包括君主制和共和制在内的各种政治组织形式时，巴枯宁也呼吁一种普世主义的理想。他写道，国家是“整个人类最可怕、最无耻、最充分的矛盾”[①]，因为它让人类彼此分开，让一个国家的国民反对另一个国
277 家的国民，使自己享有绝对权力，废除了人类团结的普遍纽带。政府培养的爱国主义实际上是为所有罪行辩护的一种手段，只要这些罪行是当局强令犯下的。esprit d’état（政治家风度）的最完美体现即德国军官，他是“文明的野兽”，是“信念的奴仆和职业刽子手”，他将“教养与粗鲁、粗鲁与勇敢、严格的执行力与首创能力、循规蹈矩与兽性、兽性与独特的荣誉感”融为一体，他随时准备执行上级的命令“去毁灭成百上千座城市或村庄”。[②]

巴枯宁的这些观点不仅针对资产阶级国家，而且也针对他所谓“国家社会主义”（state socialism/государственный социализм），他认为后者的代表即马克思和拉萨尔（巴枯宁忽略了他们两人间的本质区别）。他坚持认为，社会主义和自由必须是不可分割的，“没有社会主义的自由就意味着特权和不公正”，而“没有自由的社会主义则意味着奴隶制”。[③] 自由无法与政治组织相互协调，因此必须努力废除国家，或至少通过彻底的去中心化来改变国家，使其每一个组成部分均能获得自愿脱离整体的机会。社会组织应遵循“自下而上”原则，以符合社会不同部分的真实需求和自然倾向。以这种方式，“个体和协会、村社和区域、外省和各民族均可根据自

① 巴枯宁：《巴枯宁选集》，第 3 卷，第 190 页。
② 同上，第 1 卷，第 158—161 页。
③ 同上，第 3 卷，第 147 页。

由联邦的原则团结起来，构成整个人类”。①

巴枯宁社会观的一个典型方面是，他提出这样的要求：“作为一种存在于一般社会生活之外的道德因素、仅为学者们所独享的科学应被取缔，应让科学在广大人民群众中得到传播。”②科学应成为所有人的财产，这一目标可通过人人享有平等的普及教育来实现。科学若能属于群体，放弃其独立组织的性质，便将在一段时间内降低其抱负，但作为回报，它将成为现实生活的一部分，能够更好地服务于现实生活的需要，并将停止制造一个傲慢的、具有社会破坏性的智力贵族阶层。

在私有财产问题上，巴枯宁远不如特卡乔夫那般激进，后者平等主义
的共产主义并不符合巴枯宁的自由理想以及他对统一的拒斥。不过，巴枯 278
宁也坚决反对继承权，他认为，所有逝者的唯一继承人应是“一个公共基金，它致力于抚养和教育所有男童和女童，为他们提供生活费用，直至他们成人”。③

在描述其集体主义理想时，巴枯宁时而会提到“俄罗斯人民古老的社会本能”，俄罗斯人民的制度表达即乡间村社。巴枯宁对村社的态度并非完全不加批判，他在《国家制度与无政府状态》附录 A 中详细讨论了这一问题。在此文中，他列出“俄罗斯人民的理想”的三个主要正面特征，即：一、相信所有土地应属于人民；二、依附于村社土地所有制；三、自治原则以及随之而来的对官员和国家机构的强烈敌意。不过，俄罗斯农民也同时具有三个负面特征，即：一、父权制；二、个人被乡村“米尔”所遮掩；三、对沙皇的信赖。④由于这些原因，巴枯宁不相信村社是一种革命力量，尽管他高度尊重农民古老的集体主义。与此同时，他相信革命只

---

① 巴枯宁：《巴枯宁选集》，第 3 卷，第 192—193 页。
② 同上，第 2 卷，第 201 页。
③ 同上，第 3 卷，第 146 页。
④ 与别林斯基一样，巴枯宁认为农民的宗教虔诚是肤浅的，因此并未将其列为其理想的一个方面。

能以人民理想的名义、用人民的力量来进行，他对斯坚卡·拉辛和普加乔夫农民起义的伟大传统所具有的生命力抱有根深蒂固的信念。他因此倾向于相信，在人民的内部沉睡着一种革命力量，这种力量能够时刻挑战村社的父权制保守主义，并激发大众奋起反抗国家的人工文明。

巴枯宁指出，俄国强盗团伙的悠久历史证明了这种革命力量的存在。他写道："抢劫是俄国一个重要的历史现象"，俄国的第一批叛乱者，第一批革命者，普加乔夫和斯坚卡·拉辛，"都是强盗"。[①] 把农民的强盗行为理想化，将其视为最古老的社会抗议形式，这是巴枯宁主义最典型的方面之一。英国马克思主义历史学家霍布斯鲍姆称巴枯宁是古风的、浪漫的革
279 命家之经典范例。[②] 19 世纪，巴枯宁无政府主义的变体在意大利和西班牙（尤其在安达卢西亚）显著扎根，成为一场最能反映落后农民自发革命愿望的政治运动。[③]

巴枯宁的思想对 1870 年代的民粹派产生了重要影响，我们在前一章中讨论过民粹派的思想体系。在投身 1873—1874 年间"到民间去"运动的两大派别中，巴枯宁派是多数派，代表该运动的"浪漫主义"一面，他们迎合农民的情感和本能，而拉夫罗夫派（另一派别）则希望教导农民，塑造他们的意识。巴枯宁派被正确地称为"反叛者"，他们与巴枯宁一样相信，俄国农民随时准备起义，因此，他们去往乡村，尤其是乌克兰和伏尔加地区的乡村，希望能够复兴哥萨克农民起义的传统。拉夫罗夫的追随者（"宣传者"）来到乡村，和平地宣传社会主义思想，希望启蒙农民，让他们为未来的革命做好准备，未来的革命将是一桩有意识的事业，而非自发的起义。两派都高度重视农民村社，但拉夫罗夫派不太愿意将村社的古

① 引自《巴枯宁论无政府主义》（*Bakunin on Anarchy*），多尔戈夫编译并序（纽约，1972），第 347 页。

② 见霍布斯鲍姆：《原始叛乱：19、20 世纪社会运动的古老方式研究》（E. J. Hobsbawm, *Primitive Rebels. Studies in Archaic Forms of Social Movement in the 19th and 20th Centuries*）（曼彻斯特，1963），第 165 页。

③ 同上，第 82—83 页。

老特征理想化，他们所珍视的与其说是现存的社会关系，不如说是村社自治的社会主义潜力。两派都反对争取“政治自由”的斗争，认为这是“资产阶级的”自由，是一场“欺骗”，但是，拉夫罗夫派同情德国社会民主党，巴枯宁派则认为它是一个背叛革命社会主义理想的政党。

第二节　彼得·克鲁泡特金

生平

19 世纪无政府主义的另一位主角是**彼得·克鲁泡特金**公爵（Petr Kropotkin/Петр Кропоткин，1842—1921），他出身一个古代大贵族家族，其祖先据称可追溯至第一个罗斯国家的传奇创始人留里克。在圣彼得堡武备学校（培养未来政府高官的学校）完成学业后，他选择去外贝加尔地区阿穆尔区一个西伯利亚哥萨克团担任低级军官，这令他的亲戚和老师们颇感惊讶。在西伯利亚期间（1862—1867），他对当地的民族、地质和地理进行研究（他由于此类研究获得金质奖章，并被任命为俄国皇家地理学会 280
秘书）。对波兰流放犯在外贝加尔地区发动的暴动的血腥镇压使他决定放弃军职，他感到从军与他的信念再也难以调和，于是来到圣彼得堡大学从事科研工作。1872 年访问瑞士时，他加入国际工人协会的巴枯宁派，并放弃在大学里颇有成效的研究事业，全身心地投入革命活动。他是民粹派柴可夫斯基小组的创始人之一，为该小组起草了题为《我们是否应该研究未来制度之理想？》的纲领。在“到民间去”运动期间，他非常成功地在圣彼得堡工人中间进行革命宣传。1874 年，他被逮捕，并被关进彼得保罗要塞。两年后，他策划了一次大胆的逃跑计划，狱外的朋友们（他借助于一套特殊的密码与他们沟通）帮助他实施了这一计划。他的逃跑激怒了沙皇当局，尽管警察进行严密搜捕，他仍设法逃至国外。他定居瑞士，很快便被公认为国际无政府主义的主要理论家和领袖之一。1879 年，他创办著名的无政府主义杂志《反抗者》。1881 年被驱逐出瑞士后，他移居法国，两年后在那里被捕，并被判处五年监禁。1886 年，在一次呼吁释放他的抗议活动之后，克鲁泡特金成功获释，定居伦敦，在此写下他几部更为重要的作品。1917 年二月革命后，他回到俄国，但在政治方面并不活跃，他定居莫斯科郊外的德米特罗沃，继续其学术研究。尽管他对十月革命持有重大异议，但在 1920 年他仍向西欧的工人们发出呼吁，号召他们出面阻止他们的政府旨在推翻年轻的苏维埃共和国的一切企图。

克鲁泡特金最著名的书即《一位革命者的回忆录》，是他用英文为《大西洋月刊》所写（1898—1899），他在书中生动地描述了自己的一生，包括那场著名的逃亡。他的理论观点包含在以下著作中：《面包与自由》[1]《无政府主义：其哲学和理想》[2]《作为进化因素的互助》《国家及其历史作
281 用》[3]《伦理学》（用俄文写作，在作者去世后于 1922 年出版）。克鲁泡特金另著有一部很有价值的法国大革命史著（《大革命史》）。

克鲁泡特金的历史哲学

克鲁泡特金的经典著作《作为进化因素的互助》是对资本主义社会无限竞争的抨击，也是对为无限竞争辩护和社会达尔文主义者的抨击。作为一位自然科学家，克鲁泡特金自视为达尔文主义者，但他觉得达尔文发现的那些事实受到了片面阐释，尽管他愿意承认生存斗争以及“个体通过竞争确立自我”都是进化中的重要因素，但他也注意到另外一个同样重要的因素，他认为达尔文已经接受这一因素的有效性（尽管资本主义的辩护者

---

① 英译本 1913 年出版于纽约，1968 年再版。
② 英译本 1897 年出版于伦敦，1898 年出版于旧金山。
③ 英译本 1903 年出版于伦敦，1943 年再版。

们对此保持沉默），这一因素就是同一物种成员之间的合作。克鲁泡特金认为，合作或互助的例子在动物世界十分常见，在一些高度组织化的动物群落，比如蚁丘，竞争却是未知的。随着动物社会在进化阶梯上的进步，它们形成更有组织、更“有意识的”社会群体，允许个体成员有更大独立性，而不剥夺其对于社会组织而言的益处（克鲁泡特金以海狸种群为例）。[①]

克鲁泡特金认为，原始的人类群体也以互助为基础，他否认原始人在所谓前社会状态下始终在与其同类进行斗争，他认为这是荒谬的。他坚持认为，无限的个人主义是现代产物，所谓“野蛮人”无法理解这一概念。部落或氏族群体依靠相互团结的原则而生存，他们分享食物，每个成员均会把其一年间的斩获展示给众人。这一原则只适用于氏族之内，令人遗憾的是，当时就存在将人们划分为“我们”和“他们”的“双重道德”。

独立家庭的出现扰乱了氏族，开启了一个新的、更高的进化阶段，克鲁泡特金称之为“野蛮时代”。在这个时候，实施互助的基本社会单位和组织是农业村社，如今它不再是一个以血缘关系为基础的氏族，而是一个邻里关系单位。所有国家的人口均经历过农业村社阶段（克鲁泡特金以英 282
国历史学家亨利·缅因爵士著作中的例子来说明其论点），村社表现出巨大活力，自身并未消失，尽管资产阶级个人主义的辩护者们会持相反看法。在英国，农业村社部分存在，直到18世纪，而它们在法国也存在很久，直到被杜尔哥的立法和法国大革命所摧毁。

在中世纪，城镇社区达到一个特别发达的互助阶段。克鲁泡特金认为，中世纪的自由城邦（包括俄国的城邦诺夫哥罗德和普斯科夫）是人类历史上的最高峰。当时物质文明发展迅速，给城镇民众带来直接好处（这

---

①《作为进化因素的互助》（波士顿，1955），第2章。

个时代在这一点上与工业革命时代有所不同），体力劳动者在以前和之后都不曾如此富裕。中世纪的城镇是街道、教区、手艺或贸易行会的非正式联合体。克鲁泡特金尤其认为，行会作为一种组织形式，在更高层次上完善了古老的农业村社的合作原则。通过限制竞争，为其成员建立起有效的互助体系，中世纪的行会为稳定和繁荣提供了保障，工作成为一种乐趣，工匠和艺术家之间的区别几乎可以忽略不计，宏伟的中世纪大教堂证明了那个时代极高的工程水平和艺术水平。

读到这些思考，会令人立即想起另外两位 19 世纪思想家，即英国人约翰·罗斯金和威廉·莫里斯。罗斯金是一位作家，他从艺术批评转向社会批评，批判社会之恶，他也欣赏中世纪的大教堂，并以关于美的理想之名来谴责工业文明。莫里斯是一位诗人，他对中世纪的崇拜使他试图复兴中世纪的印刷术和壁纸工艺，他也像克鲁泡特金一样积极投身社会主义运动。克鲁泡特金本人也意识到他与莫里斯观点的相似之处，他称莫里斯为唯一一位了解中世纪并给予中世纪以应有评价的英国人。[①]

在 16 世纪，自由城邦文明被摧毁。尽管克鲁泡特金意识到，城镇内
283 日益增长的社会对立是其衰落的部分原因，但他依然认为，某些外部因素产生了更大作用。这些城邦遭到“新野蛮人”的入侵，这些“新野蛮人”即国王、教士和律师（罗马传统的代表），他们联合其力量，以强化其统治，建立单一的管理中心。这导致基督教文明史上首次建立起真正意义上的国家，根据克鲁泡特金的定义——“当地生活的领导权集中在一个中心之上，换言之，区域集中”，即“社会生活的许多功能，甚至所有功能均集中在少数人手中”[②]。新国家的原型及其有意识的模仿对象是古罗马，其基本目标是撕裂所有直接的人际联系，以便使自己成为联结人们、防止

① 《国家及其历史作用》（伦敦，1943），第 19 页。
② 同上，第 10 页。

“国中之国”出现的唯一力量。古老的联邦主义精神，即非强制的主动精神和自愿的契约精神，逐渐消失，取而代之的是原则精神，是“金字塔式”（等级制）管理组织的精神。[①]

反对绝对君主制的资产阶级革命并未改变社会进化的总体趋势，相反，它们借助打击残存的中世纪合作精神，使得这一总体趋势变得更加稳固。法国大革命是罗马司法传统（就其共和主义的阐释而言）的晚期产物，它强推普通法，不留死角，给农业村社以致命的最后一击。在大革命之后，“国家主义”精神甚至深入到那些质疑现有体制、反对资产阶级政府的各种社会和政治运动之中。克鲁泡特金宣称，当代激进派“就是中央集权者、国家主义者和彻头彻尾的雅各宾主义者，社会主义者们在步他们之后尘”。[②]

人们可能会认为，这样的诊断只会导致一些悲观结论。然而，克鲁泡特金却是一个无可救药的乐观主义者，他对人类与生俱来的善良、合作精神以及未来的和平共处抱有坚定信心。他确信，尽管屡遭失败，民众中自然的合作倾向却并未消失，仅被深埋进他们的潜意识。[③]革命者的目标是彻底改变世界，他们的努力因此应建立在这种自然本能之上。国家在其历 284
史上一直在阻止人们的团结，压制自由，瘫痪地方的主动性，认为它如今会突然转变到相反的立场上去，这是一种危险的幻想。必须在两种相互冲突的传统之间做出选择：一种是罗马的、独裁的传统，另一种是民间的、自由的传统。[④]

克鲁泡特金对人际关系的两种传统和两种类型的反对，可与滕尼斯提出的两种相对的社会关系做比较，即“共同体”和“社会”，克鲁泡特

---

① 《国家及其历史作用》，第 28—29 页。
② 同上，第 41 页。
③ 《作为进化因素的互助》，第 223 页。
④ 《国家及其历史作用》，第 41—44 页。

金在他这本书中谈到斯拉夫派时曾提及滕尼斯。[①] 像克鲁泡特金一样，滕尼斯将两者对立，一是基于相互合作的有机的公共关系［即 Gemeinschaft（共同体）］，二是基于这样一种假设的关系，即社会是相互冲突的个体之集合体，他们的关系必须由强大的外部国家机构来调节［即 Gesellschaft（社会）］。与克鲁泡特金一样，滕尼斯认为农业村社和中世纪城邦是前者，即有机型关系的范例，而罗马文明和资本主义（以竞争，即冲突为基础）为后一种关系类型的典型例证。当然，对于这种比较的理解不能过于宽泛，比如，克鲁泡特金就没有强调传统或宗教在公共关系形成过程中的作用，或是理性主义在建立政治和法律关系中的重要性，而滕尼斯社会学理论的这些方面与斯拉夫派的观点最为接近。然而，将克鲁泡特金与滕尼斯做比较，却为理解克鲁泡特金历史哲学的社会学内涵提供了一个有趣视角，尤其能解释他试图将古代社会的凝聚形式理想化的典型倾向。这种倾向与斯拉夫派有共同之处，尽管斯拉夫主义是一种贵族意识形态，而克鲁泡特金的无政府主义则与俄国民粹主义一样是一种怀旧的表达，眷念那种已经逝去的由直接生产者、工匠和农民组成的理想共同体。

克鲁泡特金的未来观

克鲁泡特金与巴枯宁有所不同，巴枯宁对批判现存社会关系、对实际的革命行动更感兴趣，而克鲁泡特金则可称为无政府主义的系统表述者，例如，他在《面包与自由》一书中十分详尽地描绘了他的无政府主义乌托邦愿景。他们两人的另一个突出区别是，克鲁泡特金的无政府主义不仅具
285 有集体主义性质，而且也有共产主义特征。他宣称，社会革命的直接目的就是改变经济关系，以符合“各取所需”的原则，他认为“各尽所能”的

① 见本书第 108—109 页。

原则并不能确保社会正义，它与个体自由也不相容，因为存在许多不同类型的工作，它们相互之间没有可比性，因此在衡量每一项特定工作的价值时就会讨价还价，换言之，就会出现持续的冲突，这反过来会催生如下必要性，即建立某种凌驾于共同体之上的权威，让其充当调解人，确保社会和谐。如此一来，在实践中，“工作信贷”便无异于金钱。

克鲁泡特金相信，现代技术的巨大生产潜力将使共产主义的“各取所需”原则变得更容易实现。他提出的方案相当详尽，他认为，如果技术能达到普遍运用，普通民众都变得足智多谋，那就会获得超出预期的结果，比如每日工作时长可减至四五个小时，工业和农业的生产力将提高四倍。共产主义公社的成员们工作一定时长，作为回报，他们在食物、住宿、教育等方面的基本需求将得到没有任何限制的满足，那些需求更多的人则可利用其业余时间为自己生产奢侈品。克鲁泡特金对他设计的未来持乐观态度，并暗示这一计划已在资本主义国家得到应用，在那些国家，公共图书馆向所有借阅人提供图书，季票可用于特定距离内的无限制旅行。

克鲁泡特金必须考虑的一个问题是，应该如何对待那些懒得工作的人。他认为，没有人天生懒惰，如果出现例外，他们的基本需求也应得到满足，因为每个人都有权活着。然而，共同体应以不同方式对待这些人，就像对待病人或社交障碍症患者。人类天生不愿被孤立，这种情感足以使这些人参与共同任务（除非他们真的有病）。另一方面，任何有意识地拒绝共产主义基本原则的人都将被允许离开这一共同体，去寻找更适合他们的地方。他们可能会选择志同道合的同伴，去建立一个基于不同原则的新 286
共同体。[①] 克鲁泡特金认为，这样的人很少，因此他们的非共产主义飞地并不会对绝大多数人接受的社会合作原则构成威胁。克鲁泡特金与托尔斯

① 《面包与自由》（纽约和伦敦，1968），第 207 页。

泰、米哈伊洛夫斯基一样反对劳动分工，尽管他对这一问题的看法并不极端。他意识到某些类型的工作需要专业化，无论如何，他认为在他的理想社会中，成千上万个不同的专业协会将满足各种不同趣味，但他坚信一点，即必须废除体力劳动与脑力劳动之间的划分。例如，那些想要写作和出版图书的人应联合起来成立协会，建立印刷厂，成为排字员，排印他们自己的作品。克鲁泡特金评论说，毫无疑问，有些书的篇幅会变得更小，但内容却未必更浅。①

早在作为柴可夫斯基小组之一员起草未来理想社会体制的蓝图时，克鲁泡特金就曾言及脑力劳动和体力劳动的有害划分，在这本书中他仍坚持认为，即便天才学者也应从事各种困难的手工工作：“达尔文从事垃圾清运工作，这样的场景只会让那些无法摆脱当代社会成见的人感到荒谬。”②不仅要废除世袭的特权，而且也应废除接受教育的特权，后者同样是社会不平等的根源之一。

然而，克鲁泡特金并未像特卡乔夫那样呼吁“向下”的持平，他的乐观以及对暴力的厌恶使他注重“向上”的持平，他认为，依靠广泛的机械化和更有效的组织，“向上”的持平将成为可能。这尤其会使妇女受益，
287 使她们最终不再成为家务的奴隶。他预测，洗碗机、擦鞋机、洗衣机等将被广泛使用，也会使用中央供暖和送餐上门，甚至会出现特殊的送餐车，提供全套餐食。他指出，此类节约劳动力的手段已在资本主义制度中被采用，尤其在美国，美国在这一方面领先世界其他国家。

另一个会因废除劳动分工而获益的领域是人类的环境。艺术将与工业

① 《面包与自由》（纽约和伦敦，1968），第 139 页。

② 见克鲁泡特金：《我们是否应该研究未来制度之理想？》，载《1870 年代革命民粹派》一书（P. A. Kropotkin, “Dolzhny-li my zaniat’sia rassmotreniem ideala budushchego obshchestvennogo stroia?”, in *Revoliutsionnoe narodnichestvo 70kh godov XIX veka*），伊坚伯格编（莫斯科，1964），第 1 卷。年轻时的克鲁泡特金曾以社会平等的名义呼吁“关闭所有大学、学院和科研机构，建立教学工作坊，这些工作坊将迅速开设必要的讲座，很快就将达到甚至超过当今大学的标准”。

融合，一如它曾是手艺不可分割的组成部分。克鲁泡特金认为："艺术要想获得发展，就必须与数以千计的不同层次的工业保持联系，这些层次会汇成一体，正如罗斯金和伟大的社会主义诗人莫里斯所说的那样。人周围的一切，如住房及其内部陈设、街道、公共建筑物的内部和外部，都必须具有优美的艺术形式。"[①] 在一个所有人均已获得一定程度的富裕和休闲的社会，在一个所有人均为满足其需要而工作的社会，并不难实现这种美的标准。

克鲁泡特金对革命主题的思考很有趣，尽管这些思考完全是乌托邦式的。克鲁泡特金与巴枯宁不同，后者在其活动中使用从烧炭党人秘密社团处借用的密谋方式，克鲁泡特金则完全拒绝这一传统。他本人非常具有道德感，他如此惧怕暴力，以至于无法与涅恰耶夫这样的冒险家合作，因为后者相信目的可以使手段变得神圣。克鲁泡特金认为，革命一旦取得成功，其成果便不会受到挑战。工厂、商店和住房将被武装的民众接管，他们将实施公平的社会财富再分配，暴力很快便会变得多余。奇怪的是，他认为无政府主义革命可能会在一个相对较小的区域取得成功，例如巴黎及其两个邻近地区（塞纳省和塞纳瓦兹省）。在《面包与自由》中，他解释了他旨在使这种自治成为可能的计划。仅需巴黎及其周边地区一半的成年人每年花费 58 天，每天在土地上（在塞纳省和塞纳瓦兹省）工作五小时，高效的现代农业技术就能使他们自给自足，独立于全国其他地区。[②] 显然，克鲁泡特金认为法国其他地区可能会对其革命的首都实施经济制裁，却不敢诉诸武装干涉。我们难免会产生这样一种印象：尽管克鲁泡特金对资产 288
阶级国家进行了激烈抨击，但他对西欧的民主成就依然抱有坚定信心。这是他深刻信念的一部分，即不利于"互助"本能的进化周期已完成其进

---

① 见《面包与自由》，第 152 页。
② 同上，第 298 页。

程，现代国家已准备“退位”，为自由的社会主动性让出空间。①

无政府主义作为一场运动，其极端革命、极端左翼的倾向往往沦为不负责任的政治极端主义、对暴力的美化以及原始的反智主义，在无政府主义的历史中，克鲁泡特金占据一个十分独特的位置。他无疑是这场运动中最具原则性、最有吸引力的人物之一，他的许多观点的天真是他天生的善良和对人性的无限信仰的一个重要方面。在理论和日常实践中，他是一位革命者，但他的许多思想更接近和平主义，甚或基督教无政府主义（例如托尔斯泰式的无政府主义）。他的理论对合作运动影响甚大，合作运动主张通过建立在互助原则基础上的合作社和协会来和平地变革社会。他的信徒中就有杰出的波兰“无国界社会主义”理论家爱德华·阿布拉莫
289 夫斯基。

本章涉及作品

米哈伊尔·巴枯宁：《一位俄国爱国者告全体斯拉夫人书》（“A Russian Patriot’s Proclamation to All Slavs” /Обращение русского патриота ко всем славянам），文章

——：《忏悔录》（*Confessions*/Исповедь），自传

——：《人民的事业：罗曼诺夫、普加乔夫还是彼斯捷尔？》（*The People's Cause: Romanov, Pugachev, or Pestel?*/Народное дело: Романов, Пугачев или Пестель?），文章

——：《联邦主义、社会主义与反神论》（“Federalism, Socialism, Anti-theologism” / Федерализм, социализм, антитеологизм），文章

——：《鞭笞统治的日耳曼帝国与社会革命》（*The German Empire of the Knout and Social Revolution*/Кнуто-германская империя и социальная революция），专著

——：《国家制度与无政府状态》（*State and Anarchy*/Государственность и анархия），专著

彼得·克鲁泡特金：《我们是否应该研究未来制度之理想？》（“Should We Undertake to Consider the Ideal System of the Future?” /Должны ли мы заняться рассмотрением идеала будущего строя?），文章

——：《一位革命者回忆录》（*Memoirs of a Revolutionist*/ Воспоминания революционера），回忆录

---

①《面包与自由》，第 188 页。

——:《面包与自由》(*The Conquest of Bread*/Хлеб и воля)，专著
——:《无政府主义：其哲学和理想》(*Anarchism: Its Philosophy and Ideal*/Анархия. Ее философия, ее идеал)，专著
——:《作为进化因素的互助》(*Mutual Aid, a Factor of Evolution*/Взаимопомощь как фактор эволюции)，专著
——:《国家及其历史作用》(*The State, Its Historic Role*/Государство и его роль в истории)，专著
——:《伦理学》(*Ethics*/Этика)，专著
——:《大革命史》(*La Grande Révolution*)，专著

第十四章

改革后的保守意识形态

“保守”一词通常有多种不同含义。在思想史语境中，我们应该对内容上的保守思想体系和功能上的（具体情境中的）保守思想体系做区分。在前一种情境中，“保守”是一个描述性用语，用来传达这一事实，即某种特定的思想体系是向后看的，并将之前的社会演进阶段理想化（直接或间接地）。此类回望是民粹主义的典型特征，正是在这个意义上，列宁曾对两种“保守”做出区分，一是“历史和哲学意义上的”保守（他称之为“自过时社会方式引用例证的理论家们犯下的错误”），一是“通常意义上的”保守（即对极右翼势力的政治支持）。[①]

“保守”一词在功能意义上的使用，所指并非某种给定的意识形态之内容，而是其在特定环境中的作用方式。比如，在这一意义上就有可能谈论俄国自由主义的保守性质（是否真的保守则另当别论），因为人们所指

① 见列宁：《列宁选集》，第2卷，第217页。中译见列宁：《评经济浪漫主义》，《列宁全集》，北京：人民出版社，2013年，第2卷，第185页。

并非俄国自由主义思想的内容，而是其功能，因为其反对革命运动的姿态在客观上有助于沙皇体制。因此显而易见，保守的内容往往与保守的功能并不一致。在某些情境下，倡导俄国资本主义发展的自由主义改革的思想体系可能阻碍进步，并因此发挥保守作用，与之相反，1870 年代的革命民粹主义（从功能的角度看）则是当时最激进、因此也最进步的社会运动，尽管它无疑是一种向后看的思想体系。在功能意义上，“保守”一词描述的并非“历史、哲学”的范畴，而主要是政治的范畴，因此它在很大程度 290
上可与更为常用的“右翼”一词互换。

许多作者也对有意识的（主观的）保守和无意识的（客观的）保守做过区分。这种区分意味着，在思想家的主观动机与他所倡导思想的客观内容或功能之间可能存在抵牾，这种区分也可被当作一种辅助的阐释和分析手段。

本章所讨论的几位思想家则与“保守”一词密切相关，无须再做任何补充解释或说明，他们既是客观的保守派也是主观的保守派，他们的思想观点就内容而言是保守的，就功能而言也同样保守。他们不仅激烈反对革命或社会激进主义，甚至还激烈反对亚历山大二世实施的一些改革举措。这种保守思想体系的出现，是 1860 年代思想氛围的变化以及革命运动的进展所导致的两极分化之重要表征。

第一节　尼古拉·达尼列夫斯基

1870 年代最具活力、在某些方面也最具新意的俄国保守派是泛斯拉夫主义（Pan-Slavism/панславизм），这一运动的目的是迫使沙皇政府采取更为激进的沙文主义外交政策，尤其是针对土耳其，以便创建一个在俄国领导之下的斯拉夫各民族的强大联盟。泛斯拉夫运动中最活跃的政治家是伊万·阿克萨科夫（在第六章论及），但他并非泛斯拉夫运动的主要理论家，因为对斯拉夫派学说的虔敬使他无法对该学说做出修正和重新解释。关于泛斯拉夫主义的第一个，或许也是唯一的系统阐述即尼古拉·达尼列夫斯基的《俄国与欧洲》，此书于1869年出版，在随后几年间多次再版。[1]

尼古拉·达尼列夫斯基（Nikolai Danilevsky /Николай Данилевский，1822—1885）是一位自然科学家，也曾是彼得拉舍夫斯基小组的成员，但他从未与地道的斯拉夫主义联系在一起。作为泛斯拉夫主义理论家，他利用了斯拉夫派的思想，但他通过有意识的选择和修正，把斯拉夫派思想融
291 入到一个完全不同的意识形态结构之中。

首先，达尼列夫斯基被迫抛弃了斯拉夫派的国家观，因为那种将国家视为"必要的恶"或"外在真理"的学说显然有悖于这一纲领，即呼吁建立一个由俄国领导的强大的经济和军事联邦。在对彼得大帝的评价中，达尼列夫斯基也更强调那些有助于建立起强大帝国的政治成功和军事成功，而非与改革相伴的有失体面的"模仿"欧洲。最大的变化出现在对俄国历史使命的阐释中：对斯拉夫派而言，目标在于捍卫某些普遍理想（"真正的基督教"，传统的社会纽带）；而对达尼列夫斯基而言，目标则在于建立一个强大的国家体制，其扩张仅受制于进化的自然法则，俄国历史上的所有残忍都会因为这一目的而获得合理性。他愤怒地写道，欧洲拒绝承认俄国的使命，只是让她在"教化"亚洲方面扮演一个最不起眼的角色，没有一个伟大的国家会满足于扮演此类角色。幸运的是，俄国的使命显然完全不同，俄罗斯人民和其他斯拉夫人一样，在其内部孕育着一种新型文明的

① 关于俄国泛斯拉夫主义的最全面研究为法德纳：《俄国泛斯拉夫主义七十年：自卡拉姆津至达尼列夫斯基》。另见波罗-彼得罗维奇：《俄国泛斯拉夫主义的兴起》（M. Boro-Petrovich, *The Emergence of Russian Panslavism*）（纽约，1958）。关于达尼列夫斯基的研究著作见麦克马斯特的最新专著：《达尼列夫斯基：俄国极权主义哲学家》（R. E. McMaster, *Danilevsky: A Russian Totalitarian Philosopher*）（马萨诸塞州坎布里奇，1967）。

萌芽，这种文明与欧洲的日耳曼-罗曼文明没有任何共同之处。这种新文明的开花结果只能有待君士坦丁堡被征服之后，让这座城市成为由俄国解放和统一的斯拉夫帝国的首都。因此，"斯拉夫民族的概念"应在上帝的概念之后，成为每一个斯拉夫人的最高理想，这一理想"高于自由，高于科学，高于教育，高于所有尘世幸福，因为除非这个理想得到实现，否则其余的一切均无法获得"。①

据达尼列夫斯基称，斯拉夫派的错误在于，他们赋予"俄罗斯"原则或"斯拉夫"原则以绝对的，因而是普世的价值。实际上，他们陷入了与西方派相同的误区，后者将欧洲文明与普遍的文化等量齐观。达尼列夫斯基宣称，不可能存在这种全人类共享的"普遍价值"，人类只能以特定的"历史文化"类型来表达自我，这些类型完全不同，无法进行比较。试图从其所谓普遍意义的角度来评估这些类型，这是荒谬的，一如去问询哪种植物能更好地表达"植物的概念"，究竟是棕榈还是柏树，橡树还是玫瑰。 292
既然不可能存在此类普遍的使命，斯拉夫人也就不可能被选中来履行这一使命；作为一个集体，他们也无法在其行动中代表"真正的基督教原则"，因为此类原则只对个体有效。将基督教原则应用于政治，即神圣同盟时期的"神秘主义和感伤主义"，这一需求并未考虑到这样的事实，即只有个体才可能赢得不朽，只能对个体提出作为"基督教道德最高标准"的自我牺牲之要求。而左右国家关系和民族关系的法则却只能基于自身利益，即"以眼还眼，以牙还牙"。根据这一"边沁功利主义原则"，达尼列夫斯基要求拒绝俄国外交政策上的正统主义残余，宣扬针对各种国际联盟的公然的质疑态度。

① 达尼列夫斯基：《俄国与欧洲：斯拉夫世界与日耳曼-罗曼世界的文化和政治关系一瞥》(N. Danilevsky, *Rossiia i Evropa, Vzgliad na kul'turnye i politicheskie otnosheniia slavianskogo mira k germano-romanskomu*)(第4版，圣彼得堡，1889)，第113页。

这种纲领性的、政治上的非道德论自然最适用于俄国的大国沙文主义。在这一语境中，“非道德”一词或许并不完全恰当，因为达尼列夫斯基并未忽视道德标准，而仅仅选择另一种不同的概念，即“斯拉夫历史文化类型”（Slavic historico-cultural types/славянские историко-культурные типы）之落实，并将其作为衡量俄国和所有其他斯拉夫国家的最高道德框架。从这一“斯拉夫”视角出发，他便很容易对“阴险的贵族国家波兰”做出判决，称其为“斯拉夫民族的犹大”，把它比作一只可怕的毒蜘蛛，称它正在贪婪地吞食它的东方邻居，却没有意识到自己的身体正被其西方的邻居所吞食。[1]也正是从这一角度，他谴责沙皇的对欧政策过于“温和”，认为政府为了讨好西方而忽视了俄国及其斯拉夫人兄弟国家的利益。达尼列夫斯基认为，沙皇政府即便在对波兰人的态度上也表现出了过度的骑士精神，同意将波兰并入俄国，而未把它留给非斯拉夫的奥地利和普鲁士。

在国内政策方面，达尼列夫斯基相信，“社会君主制”将超越阶级，通过使个别利益服从普遍幸福来维持社会和谐。起初，他认为亚历山大二世的改革能很好地落实这一理想，但后来他改变看法，尤其是在司法改革方面。在其《俄国与欧洲》的早期版本中，他曾为这些改革辩护，认为它们并非对欧洲的“模仿”，他还援引霍米亚科夫的看法，即陪审制度原本
293 就是斯拉夫人的发明。但是在作者去世后才出版的《俄国与欧洲》第三版中，尼古拉·斯特拉霍夫加入了达尼列夫斯基本人的一些旁注（大约批注于1880—1881年间）。达尼列夫斯基或许对1870年代那些重大政治案件的程序和判决感到不满，他因此承认自己错了，他在旁注中写道：“我在此所写的一切纯属胡说八道。改革才刚刚开始，我们愿意相信，因此也确

① 达尼列夫斯基：《俄国与欧洲：斯拉夫世界与日耳曼-罗曼世界的文化和政治关系一瞥》，第33页。

实相信，改革将是明智之举，可事实上它变成了一幅外国思想的漫画。如果更清醒一些，应该能预见到这一点，也必须预见到这一点。”①

达尼列夫斯基在俄国思想史上的地位不仅归功于其政治学说，而且也得益于其“历史文化类型”理论，这一理论不能仅被视为泛斯拉夫主义的理论基础。

达尼列夫斯基的先驱是阿波罗·格里高利耶夫，格里高利耶夫认为（见第十一章），特定的民族或族群均为独特的、自足的有机体，他们由自身独有的规律所统领，这些规律独立于人类进化的所谓普遍规律。②格里高利耶夫从谢林晚年的观点中演绎出这一概念，并用它来反对黑格尔历史哲学的普遍主义方案。格里高利耶夫与黑格尔“历史观”的纷争似在达尼列夫斯基与达尔文主义的纷争中得以继续。由法国动物学家居维叶男爵完成的物种分类在达尔文主义中所具有的意义，一如谢林的思想对于格里高利耶夫的意义。尽管达尼列夫斯基用自然主义的历史哲学取代了格里高利耶夫的浪漫历史哲学，但在这两种情形下，进化范畴均被形态学观点所替代。唯美主义,或更确切地说是源自“组织类型”③之多样性和独特性的特殊审美标准，也在达尼列夫斯基的学说中占据显要位置。在达尼列夫斯基看来，居维叶的贡献就在于他区分了有机体的“进化阶段”（或水准）与“类型”：“这些类型并非逐渐完善之阶梯上的进化阶段（即处于从属等级序列中的阶段），而是一些完全不同的计划，没有任何公分母，每个实体均以其独特的、清晰的方式发展，趋向其计划范围内的多样和完美。”④ 294

如果把这段话翻译为历史用语，这便意味着取缔单向的、普遍的进步之概念。针对抽象的“全人类”（universal humanity/общечеловечество，指

① 达尼列夫斯基：《俄国与欧洲：斯拉夫世界与日耳曼-罗曼世界的文化和政治关系一瞥》，第 300 页。
② 见本书第 218 页。
③ 达尼列夫斯基：《俄国与欧洲：斯拉夫世界与日耳曼-罗曼世界的文化和政治关系一瞥》，第 xxx—xxxi 页。
④ 同上，第 87 页。

一切与人相关的事物的共同标志）概念，达尼列夫斯基提出了“完整人类”（all-humanity/всечеловечество）的概念。他指的是文化和民族差异的丰富多样性，这些差异不能被简化至一个公分母，或被置入一个进化序列。根据施本格勒[1]和阿诺德·汤因比的后期理论，达尼列夫斯基将人类划分为若干“历史文化类型”，这些类型堪比建筑和绘画中的不同风格。进步不仅发生在某一类型之内，诸如少年期、成熟期和老年期等有机成长的范畴也仅适用于这些不同类型，而不适用于整个人类。鉴于历史现象的异质性和多样性，试图归纳出某种据称能拥抱整个历史的理论是没有意义的，这些理论注定以欧洲中心主义固有的“错误视角”为基础，即无意识地将欧洲的历史等同于人类的历史。

对“进化类型”与不同类型内部“进化水准或进化阶段”所做的这一区分，得到了米哈伊洛夫斯基的高度赞赏。[2]这位民粹派思想家对历史类型的阐释与达尼列夫斯基有所不同，因为他的主要兴趣是经济发展类型，而非独特的民族性格。然而，他们两人均注重对进化类型与进化阶段或水准进行区分，这并非偶然，因为达尼列夫斯基与米哈伊洛夫斯基均希望借助“本土”原则来证明他们对俄国发展道路的坚持，他们因此也不得不拒绝所有普遍的进化方案或单向发展概念。

达尼列夫斯基在过去的文明中区分出十种类型：一、埃及文明；二、中国文明；三、亚述、巴比伦、腓尼基或古代闪米特文明；四、印度文明；五、伊朗文明；六、希伯来文明；七、古希腊文明；八、罗马文明；九、新闪米特或阿拉伯文明；十、罗曼、日耳曼或欧洲文明。这些文明就其自身
295 “原则”而言是“不可通约的”，但可以从形式角度对它们进行比较。例

① 关于达尼列夫斯基的思想可能影响到施本格勒的问题，见索罗金：《现代历史与社会哲学》（P. Sorokin, *Modern Historical and Social Philosophies*）（纽约，1963），第 50、69、73—82 页。

② 米哈伊洛夫斯基：《米哈伊洛夫斯基全集》（第 4 版，圣彼得堡，1906—1914），第 3 卷，第 867—868 页（《门外汉笔记》）。

如，有“单元素”类型和“多元素”类型，前者可在某一文化领域取得成就，后者可在许多领域取得成就；某些类型是完全“独立的”，而另一些类型则能够吸收“文化素材”（但不是原则），这些素材系由同时代的或之前的其他类型所创造。最广泛意义上的文化活动，其发展主要体现在四个重要领域：一、宗教领域；二、文化领域（狭义的文化，即科学、艺术和技术）；三、政治领域；四、社会和经济领域。希伯来文明是一种单元素的宗教类型，古希腊文明则是文化（主要是艺术）类型，罗马文明是政治类型；与中国文明和印度文明不同，这三种类型中的每一种均能吸收其他文化的成就。欧洲文明是由政治元素和文化元素组成的“二元”文明，它具有极强的、创造性的吸收能力。

与斯拉夫派不同，达尼列夫斯基并不反对罗曼-日耳曼原则。在其诸多“历史文化类型”中，欧洲类型最为杰出，它也许是迄今为止的最佳类型，但与此同时，他也重复了斯拉夫派对欧洲衰落的诊断。在其论述中，欧洲历史有过三个巅峰发展时期。第一个时期是 13 世纪，它见证了贵族文化与神权政治文化的繁荣；第二个时期是 17 世纪，时在文艺复兴的智性解放与宗教改革的良心解放之后，这一时期代表欧洲历史的创造性高峰（这也是所有欧洲保守派最眷念的时代，除了那些极端天主教徒，他们想回到更远的过去）；欧洲在 18 世纪末摆脱了封建主义后迎来其第三个、也是最后一个成就卓越的时期，即技术和工业时代。在这一时期（1848）出现了新的力量，这些力量渴望彻底的解放，渴望彻底摧毁旧的欧洲文明。达尼列夫斯基在其著作后期版本的一则注释中写道，巴黎公社便是这些力量的又一个更加可怕的体现，“这是结束的开始”。[①]

然而，欧洲的衰落并未波及俄国或斯拉夫各国。无论俄国西方派提出

① 达尼列夫斯基：《俄国与欧洲：斯拉夫世界与日耳曼-罗曼世界的文化和政治关系一瞥》，第 253—254 页。

296 多少论据以论证俄国的西方属性，俄国仍不属于欧洲，最好的证据便是，欧洲并不认为俄国是“我们中的一员”，而且厌恶地疏远俄国。俄国的独特性之可信证据即农民问题的解决方案，农民问题既包括将土地分配给农民，同时也包括对乡间村社的保护——将其当成一座堡垒，以抵御正在摧毁欧洲的无产阶级。俄国通过疏离欧洲，与欧洲隔绝，通过征服君士坦丁堡，解放和团结其斯拉夫人同胞，由此将创造一种新的、第十一种文化类型。达尼列夫斯基认为，这将是第一种“四元素”类型，因为他声称斯拉夫人能活跃在所有四个文化领域，尤其是在宗教领域（东正教）和社会经济领域（农业解决方案）。由于斯拉夫人具有理解其他文化和吸收他人成就的非凡能力，斯拉夫类型可能最接近“完整人类”的理想。但在这一新的类型完全成形之前，最好将注意力集中于个性和特殊性，而非集中于只有上帝才能完全理解的完整人类理想。在与欧洲的关系问题上，达尼列夫斯基建议将“自主性和爱国热情”当作对抗西方影响的基本制衡力量。为使弯曲的树木变直，必须用最大的力把它拉向相反的方向。①

在当时的日常政治语境中，达尼列夫斯基的理论相当于呼吁发起一场公开战役，其对象不仅是革命运动，也包括温和的自由主义反对派。像当时俄国所有坚定的保守派一样，达尼列夫斯基认为自由主义和一切激进运动皆为一种疾病之症状，欧洲用这种疾病感染了俄罗斯母亲的健康肌体。

第二节　康斯坦丁·波别多诺斯采夫

与达尼列夫斯基不同，**康斯坦丁·波别多诺斯采夫**（Konstantin Pobedonostsev/Константин Победоносцев，1827—1907）既非一个具有原

① 达尼列夫斯基：《俄国与欧洲：斯拉夫世界与日耳曼-罗曼世界的文化和政治关系一瞥》，第109、468页。

创性的作者，亦非一位有趣的思想家。如果说他在俄国思想史上占有一席之地，那么主要因为他是俄国专制体制危机期间保守思想典型的、很有影响力的代表。他的名字永远与亚历山大三世统治期间俄国高压的、成功笼罩一切的保守政治联系在一起。诗人亚历山大·勃洛克在其《报复》一诗中曾这样描述那个令人沮丧的时代： 297

在那遥远的、沉闷的时代，
人们的心充满梦和黑暗。
波别多诺斯采夫遮蔽俄罗斯，
用他猫头鹰一般的翅膀。
既没有白天，也没有黑夜，
只有巨大双翼的阴影……

波别多诺斯采夫是一位法学家，著有三卷本民法学教科书以及多种俄国法学史著作。为进入政界，他放弃成功的大学教职，并迅速地相继担任枢密官（1868）、国务委员会委员（1872）和正教院总监（1880—1905）。任正教院总监时，他鼓励反犹主义，迫害旧礼仪派信徒和非正统派信徒，推行俄罗斯化政策，系统地限制少数民族的宗教权利。他对沙皇政府国内政策的影响不仅归功于其官方地位，而且也仰仗他对沙皇一家的直接影响，因为在 1860 年代他曾受聘担任皇室太傅，负责教育最后两位沙皇，即亚历山大三世和尼古拉二世，这两位沙皇固执而又短视的政策在一定程度上无疑是波别多诺斯采夫的教学努力之结果。

波别多诺斯采夫在其《莫斯科文集》中阐述了他的社会哲学，在这些文章中，他批评西欧文明的理性主义及其对人类善良天性的信仰。他自己则信仰惯性，认为惯性是一种能巩固社会的神秘力量。这种力量主要体现在那些文盲农民的生活中，他们忠于旧的传统，对教会的仪式深信不疑，尽管他们甚至不理解自己背诵的祷文。波别多诺斯采夫追随法国社会学家弗雷德里克·勒普莱（波别多诺斯采夫曾将勒普莱的《人类基本构成》译成俄语），也强调家庭的保守作用和稳定作用。他认为民族的进化是一个有机过程，这一过程受制于一些不受个体意识左右的因素，如土地、民众的集体无意识以及民众的历史。他写道，每一民族皆为其历史的囚徒，每一民族的发展均依据其特定的规律，因此，对其他民族的模仿就永远是不自然的、有害的。在俄国，专制体制是一个真正的民族体制，因此，任何试图使这一体制自由化的尝试，包括亚历山大二世[①]在位期间实施的司法
298 改革，均可能产生致命后果。波别多诺斯采夫对议会制的抨击尤其激烈，尽管他承认议会制在盎格鲁–撒克逊各国享有一席之地，它在那些国家是有机的历史发展之产物。他坚持认为，在其他所有国家，议会制政府会导致普遍的腐败、民众的暴政和不受控制的“党派思想”，亦即为局部利益之争而放弃普遍的福祉。

这些观点与19世纪上半叶的浪漫保守主义有诸多相似之处，这并非偶然，因为波别多诺斯采夫的法学思想是在德国“历史学派”理论家萨维尼的影响之下形成的，在波别多诺斯采夫最喜欢的作者中，我们发现了“封建社会主义者”、浪漫保守派托马斯·卡莱尔的名字。然而，波别多诺斯采夫很不浪漫，他是一个干巴巴的迂腐官僚，以极端的怀疑态度面对一切浪漫的热情或过度的感情表达。尽管他与伊万·阿克萨科夫的关系就总体而言十分友好[②]，对斯拉夫派评价甚高，但他却几乎没有受到斯拉夫派的

① 波别多诺斯采夫对亚历山大二世评价不高，指责他削弱了国家，并坚持认为这与他的不道德生活相关。参见伯恩斯：《波别多诺斯采夫：生平与思想》（R. F. Byrnes, *Pobedonostsev, His Life and Thought*）（印第安纳州布卢明顿，1968），第143—144页。他同样抨击司法改革，并宣称这些改革系皇帝和自由派所为，尽管他其实积极参与了这些改革的准备工作。见伯恩斯：《波别多诺斯采夫》，第54—59页。

② 这种关系并非完全没有冲突，因为阿克萨科夫忠实于斯拉夫派传统，捍卫言论自由和良心自由。

影响，而尼古拉统治时期的官僚保守主义更中他意。与斯拉夫派相反，波别多诺斯采夫不相信“聚合性”的友爱，因为他无法让这一信念与他的另一深刻信念相互调和，即他认为，人之软弱的、的确邪恶的天性需要自外部对其施加强有力的纪律。他相信俄国的“本土原则”，即专制体制的神圣性，坚决拒绝召开国民代表大会的所有吁求，他之所以赞扬彼得的改革，在很大程度上是因为彼得的改革巩固了专制政体。他对农民村社的看法也纯粹出于实际考虑，他起初认为村社是一个保守机构，有助于国家稳定，但他在 1880 年代晚期得出结论：专制体制的利益要求废除土地的共同所有制，并创建一个富裕的农场主阶层（在这一点上他预先提出了斯托雷平土地改革的核心思想）[①]。同样重要的是，波别多诺斯采夫并不反对工 299
业化，他认为，不必进行社会结构或政治制度的根本变革，就有可能实现俄国的经济现代化。

他对人性持悲观看法，对强烈的情感和自发的社会运动缺乏起码的信任，这使得波别多诺斯采夫对泛斯拉夫主义者富有攻击性的民族主义持有相当大的保留态度。的确，在 1877 年与土耳其的战争爆发前夕，他曾屈从于普遍的泛斯拉夫主义情绪，但他很快恢复其冷静的克制，返回其被动的、防御性的外交政策观。事实上，波别多诺斯采夫被其美国传记作家伯恩斯称为典型的孤立主义者。[②]这位正教院总监并不相信俄国肩负的“全斯拉夫”使命。甚或可以说，他对未来完全缺乏任何信心。对他而言，东正教的、专制的俄国是一个“独立的世界”，但又是一个同时遭受内部和外部威胁的世界，它竭力保护自己免遭灾难，而灾难或迟或早总会降临。

① 伯恩斯：《波别多诺斯采夫》，第 301 页。
② 同上，第 119—120 页。

第三节 康斯坦丁·列昂季耶夫

康斯坦丁·列昂季耶夫（Konstantin Leontiev/Константин Леонтьев，1831—1891）是一个更多彩、更复杂的人。他的观点在其担任外交官的十年间（1863—1874）形成，当时他在奥斯曼帝国多地的俄国领事馆工作，在此期间，他经常造访阿索斯山的希腊东正教修士社区。自外交部门辞职后（由于对俄国的土耳其政策持有异议），他在俄国担任书刊审查员，但几年后他再度递交辞呈，后定居以圣徒长老闻名的奥普塔修道院。临终前，他出家为僧。

对“资产阶级平民化”与“街头人”的轻蔑和拒斥，以及“普遍繁荣”的功利理想和“合理的中产阶级幸福”，便是列昂季耶夫的整个创作的情感源泉。他去世之后常被称为“俄国的尼采”。[①] 他对资产阶级价值观之厌恶的一个尤其重要的方面，是他的唯美主义。即便在列昂季耶夫很年轻的时候，他也不喜欢铁路这一资产阶级文明的主要象征，他谴责欧洲的
300 服饰“难以忍受地平庸”，缺乏美感。他写道，人类应以自然为榜样，大自然“喜欢丰富、奢华的形式”。美体现于清晰的区别、特性、个性和独有的色彩，它依赖于差异，因此也就依赖于不平等。借助对极端的社会差异之攻击，自由派的人道主义和个人主义实际上是一种反审美的力量，它“摧毁了人、地区和民族的个性”。[②] 以同样的方式，“感伤主义”或“情感主义”阻止强大、杰出的人物之涌现，此类人物往往是灾难和不公正的

① 见别尔嘉耶夫：《康斯坦丁·列昂季耶夫：俄国宗教思想史纲》（N. A. Berdiaev, *Konstantin Leontiev. Ocherki iz istorii russkoi religioznoi mysli*）（巴黎，1926），第37—39页。有雷维尔英译本：《康·尼·列昂季耶夫》（*K. N. Leontiev*）（伦敦，1940）。

② 列昂季耶夫：《列昂季耶夫文集》（K. N. Leontiev, *Sobranie sochinenii*）（圣彼得堡，1912），第5卷，第147页。

产物。诸如普遍繁荣、对中产阶级价值观的普遍接受等自由平等理想的实现，将使历史变得毫无意义。“如果这种普遍利益、琐碎工作和可耻平庸的拙劣理想能一直获胜，真该为人类感到羞耻。”①

同样的思想在列昂季耶夫的主要著作《拜占庭主义与斯拉夫民族》中得到了更详细的表述。此书对不同社会的进化进行独创性阐释，影响到了施本格勒“从文化向文明”过渡的理论。②列昂季耶夫的这一观点也与奥尔特加·加塞特和其他反平等主义的大众文化批评家有一些共同之处。

列昂季耶夫认为，所有的发展均经历三个基本阶段，这三个阶段不仅涉及生物进化，同时也体现在艺术风格的进化或整个社会有机体的进化上。起始阶段是一个简单化时期，在这一时期，原始的同质性既体现在整体中，也体现在各个组成部分中。向第二阶段的过渡是一个日益复杂化的过程，在这一过程中，整体和各个部分均显示出个性，但同时也被“形式的专制统一”更紧地焊接在一起。这第二阶段的高潮是“复杂的繁荣”，即在具体个性化形态统一体的框架内出现最大程度的分化。从这一时刻起，进化开始步入解体，通过二度简化，达到各组成元素的同水准融合，从而产生一种新的、平均化的简单性。这第三阶段，即“同水准融合和简单性”，预示着有机体即将死亡。

将这一模式应用于历史哲学时，列昂季耶夫借鉴达尼列夫斯基的“类 301
型”，用以取代“抽象的人类”，扮演进化和解体过程中的主角。西欧的历史很自然地为列昂季耶夫提供了一个文化衰落的典型范例，这对俄国而言既是教训，也是警醒。列昂季耶夫认为，欧洲进步的高峰期在文艺复兴至18世纪之间，随后是一段“衰落”时期，预示第三阶段的到来，即分化的形态统一之解体。在这一阶段，一切都变得更松散，更浅显。在工业扩

① 列昂季耶夫：《列昂季耶夫文集》，第5卷，第426页。
② 见索罗金：《当代社会学理论》（纽约与伦敦，无出版年代），第25—26页，注49。

张、社会繁荣的同时，文化却在解体，因为文化的个性（其不可重复的独特性）只有在“形式的专制”下才可能存在，依照这一标准，中国或土耳其要比瑞士或比利时更有文化。

欧洲衰落的主要症状即“自由平等进程”，列昂季耶夫宣称，此为“发展过程的对立面”，“在发展过程中，内在的理想以有组织的专制方式严格控制社会肌体，抑制其分化倾向和离心倾向。而与专制做斗争的进步，与阶层、行会、修道院甚至财富等各种专制做斗争的进步，只不过是一个解体过程……一个毁灭特性的过程，而这些特性是社会肌体有机的（亦即专制的）成分”。①

自这一理论可得出关于政治家之作用的一个特别结论。列昂季耶夫认为，在“繁荣的复杂性”时期到来之前，真理站在进步论者一边，他们领导人民从原始的简单化阶段走向形式的分化和扩散。但在解体阶段，真理则站在保守人士一边，他们试图阻止社会的原子化过程。这种情况不仅出现在欧洲，而且也发生在俄国，在尼古拉一世去世后，“自由平等进程”取得进展。“我们必须冻结俄罗斯，使它免于腐烂。”这便是列昂季耶夫为了替波别多诺斯采夫的极端保守主义纲领辩护而杜撰出的一句险恶格言。

列昂季耶夫赞同达尼列夫斯基的观点，即俄国虽暴露于欧洲的“瘟疫气息”之中，但它却不属于欧洲“类型”。不过，列昂季耶夫对“俄罗斯性”之特殊本质的看法却与达尼列夫斯基有所不同。在列昂季耶夫看来，俄国并非一个纯粹的斯拉夫国家，其文化的原创性也由其亚洲因素所
302 决定。斯拉夫民族是“无定形的，自发的，无组织的”，而俄国则首先是拜占庭文明的继承者，达尼列夫斯基在其“历史文化类型”理论中则忽略

① 列昂季耶夫：《列昂季耶夫文集》，第5卷，第198—199页。

了这一文明。因此，征服君士坦丁堡将使俄国能够创造出一种新的文化类型，它不是斯拉夫类型，而是新拜占庭类型。体现在东正教和专制体制中的拜占庭主义，就是俄国历史中的“组织原则”。自在的“斯拉夫主义”并不存在，因为若无拜占庭主义，斯拉夫人只不过是一种人类学素材，极易遭受源自欧洲的瓦解之影响。列昂季耶夫总结说，如果说南部斯拉夫人保留了其独特性，这也仰仗土耳其，因为土耳其“冻结”了他们的文化，使他们远离自由化的欧洲。

为更好地理解列昂季耶夫，我们必须记住，他在逗留近东期间爱上土耳其人，与此同时却厌恶起斯拉夫人，他尤其不喜欢保加利亚人，声称他在保加利亚人身上看到了过早衰老的症状，即从第一阶段直接过渡至第三阶段，或从猪倌直接变成中产阶级自由派。

列昂季耶夫对斯拉夫人的严厉评判在一定程度上取决于他对19世纪民族主义的更普遍态度，他有一篇文章专论这一问题，题为《作为世界革命工具的民族政策》。他在这篇文章中提出一个观点，即民族只有在代表某种特殊文化时才是一种创造力量，“赤裸裸的”，或纯“部落的”民族主义则是一种摧毁文化和国家的腐蚀力量，最后会成为一个世界主义的均衡过程。事实上，民族主义不过是自由主义、平等主义倾向的一张面具，是普遍解体过程的一种特殊蜕变。

列昂季耶夫以希腊和意大利为例说明这一论点，他坚持认为，希腊和意大利在获得独立后迅速失去其“本土”特性。斯拉夫人的民族主义运动也在朝着同样的方向发展，民族主义激情导致保加利亚人与以希腊主教区为代表的东正教发生争吵，并通过一部欧式宪法。在斯拉夫问题上，列昂季耶夫倾向于同意尼古拉一世的观点，而非波戈金的观点和泛斯拉夫主义者的观点。在《拜占庭主义与斯拉夫民族》中，他认为值得爱戴和支持的并非斯拉夫人，而仅为他们的“独特性”。实际上，这就意味着不应去

支持斯拉夫的民族主义者，而应支持拜占庭主义的坚定持有者，即希腊的
303 “法纳尔人”。这一结论与亚历山大二世政府的“斯拉夫政策”相冲突，也使列昂季耶夫中止了其外交生涯。

如此一来，原为达尼列夫斯基的狂热崇拜者，在某种意义上还是达尼列夫斯基弟子的列昂季耶夫，却出面否定了泛斯拉夫主义这一达尼列夫斯基的思想产物。列昂季耶夫写道：“从现在起，我们应把泛斯拉夫主义视为一件十分危险的事情，如果不把它当作真正的灾难。”[①] 斯拉夫民族的“小兄弟们”受平等自由主义精神感染，事实上已成为独特的东正教拜占庭文化的最危险敌人。列昂季耶夫认为，泛斯拉夫主义与自由主义思想一同在俄国取得进展，这并非偶然，这是因为在“大改革”时期，俄国和衰落中的欧洲之间的区别变得模糊起来。这一观点不应被理解为列昂季耶夫对征服君士坦丁堡不再感兴趣，他真正反对的是对其他斯拉夫民族之“解放”的强调。他认为，奥地利和土耳其应继续长期统治他们的斯拉夫臣民，因为只有在缺乏政治独立的情况下，后者才能培养出他们的文化独特性。事实上，只有当俄国足够成熟，可以履行其使命，在征服君士坦丁堡之后引导斯拉夫民族的未来，土耳其和奥地利的桎梏才应被抛弃。

君士坦丁堡最终一定会被征服，列昂季耶夫对此深信不疑，但他远不能确信这件事本身是否足以让俄国创造出一种崭新的、独创的文明。他不无遗憾地写道，俄国很难被称为一个年轻国家，亚历山大三世的政策是一种“有益的反应”，但尚不知它能否“治愈”俄国社会，这个社会自 1860 年代以来一直遭受腐蚀过程的深刻影响。征服那些具有独特的东正教拜占庭文化的国家，这虽然可以强化俄国的拜占庭主义，但使列昂季耶夫感到惋惜的是，这些国家在获得独立的过程中会成为平等自由主义瘟疫的受害

① 列昂季耶夫：《作为世界革命工具的民族政策》（*Natsional'naia politika kak orudie vsemirnoi revoliutsii*）（莫斯科，1889），第 54 页。

者。在其晚年，即1890年代初，他终于对俄国创造一种独特的新文化类型的能力失去了信心。他预言，未来属于社会主义，俄国沙皇有可能成为社会主义运动的首领，组织并统领这一运动，一如君士坦丁大帝“组织”基督教，或者如他在另一则末日预言中所说的那样，一个民主的、世俗的 304
俄国将成为敌基督的家园。[①]

在对未来的灾难性展望中，列昂季耶夫仅发现了一件聊以自慰的事情，即他相信，那些令他憎恶的自由派永远无法获胜，那些自欧洲文明和俄国文明的危机中涌现出的新统治者们既不“自由”，也不“温和”。他在1880年写道，对病入膏肓的西方的进一步模仿会在俄国引发革命，这场革命最终将建立起“一个极其严厉的体制，其严厉程度或许是我们从未目睹的”。[②]他后来又在另一处写道，欧洲和俄国的社会主义者们将不会为自由派树碑立传：

> 他们的鄙视自有其道理……无论这些人（指革命的社会主义者。——引者按）对顽固的保守主义者及其活动方式和手段持有多大敌意，但保守主义学说的一切基本方面都将被他们所用。他们需要恐怖，需要纪律，谦卑的传统和恭顺的习惯对他们有用。那些已成功地（让我们假设）重建起其经济生活、却未能在尘世找到满足的各民族，将重新点燃对神秘教义等的新激情。[③]

列昂季耶夫在其思想中相当广泛地概括了19世纪初形成的一些保守学说，尤其是德国保守浪漫派的思想以及德·梅斯特尔的神权主义概念。

① 见别尔嘉耶夫：《康斯坦丁·列昂季耶夫：俄国宗教思想史纲》，第212、217页。
② 列昂季耶夫：《列昂季耶夫文集》，第7卷，第205页。
③ 同上，第217页。

保守的浪漫主义实际上是列昂季耶夫与斯拉夫派的共同源头。① 列昂季耶夫本人承认这种关联，与此同时他却又谴责斯拉夫主义是一种前后矛盾的学说，其中有一些他无法接受的因素。② 他写道：

> 在我看来，斯拉夫主义过于接近平等自由主义，无法作为我们抵御当代西方的保护栅栏。这是一回事。这一学说令我不信任的另一方
> 305 面是某种片面的道德感，且这一方面亦与前一方面联系在一起。这一学说在我看来既不是国家的，也不是审美的。从国家的角度看，卡特科夫的态度更令我满意……从美学的角度看，无论是在历史上还是在现实的外在表现中，我都觉得自己更接近赫尔岑，而非斯拉夫派③。

列昂季耶夫在此所指的是赫尔岑对西欧资产阶级的批判，在这一批判中，审美上的厌恶发挥了重要作用。然而毫无疑问，列昂季耶夫的唯美主义更接近格里高利耶夫和达尼列夫斯基，以及他们两人对普遍主义标准的拒绝。在列昂季耶夫这里，我们看到了这一类型的唯美主义与拒绝作为一种指导原则的道德这两者间的密切联系，不道德的行为和特征其实可以是“美的”，因为恶的因素可使多样性、色彩和活力等得以增强。

显而易见，斯拉夫派的古代俄国观，即充满和谐、具有同质传统、没有明确社会划分的俄国，无法与列昂季耶夫的审美理想相调和，与他的“繁荣的复杂性”愿景更为接近的却恰是遭到斯拉夫派批评的西方，以及西方“以武力为基础”的政府、残酷的社会分化、荣耀的骑士制度和对世

---

① 米留科夫因此视列昂季耶夫为斯拉夫主义衰落之产物，特鲁别茨科伊则称列昂季耶夫为“失望的斯拉夫派”。见米留科夫：《俄国知识分子史略》（*Iz istorii russkoi intelligentsii*）（圣彼得堡，1902），以及特鲁别茨科伊：《失望的斯拉夫派》（“Razocharovannyi Slavianofil”），载《欧洲导报》1892 年第 10 期。

② 伊万·阿克萨科夫否认这种相似，他认为列昂季耶夫的观点是“对大棒的淫荡崇拜”。

③ 列昂季耶夫：《列昂季耶夫文集》，第 6 卷，第 335 页。

俗政府抱有霸权野心的教会。不出所料，列昂季耶夫钦佩“古老的”欧洲，并将斯拉夫派对封建主义和西方贵族的批评归因于新的“自由平等主义”的欧洲之影响。[①]这自然会影响到他对俄国历史一些核心问题的阐释，使他认为贵族与平民之间的分裂是一种积极征兆，而这种分裂却曾令斯拉夫派忧心忡忡。

> 在彼得之前，我们的社会和日常生活场景中有更多的同质性，各个组成部分有更多的相似性。自彼得起，我们的社会开始了一种更清晰、更剧烈的分化，产生了多样性，没有这种多样性，便没有人民的创造力。众所周知，彼得进一步巩固了农奴制……就上述社会分化的意义而言，彼得的专制体制是进步的，是贵族化的。叶卡捷琳娜的自由主义也具有完全类似的性质。她带领俄国走向繁荣，走向创造和发展。她强化了不平等。她的主要功绩就在于此。她保护了农奴制（即米尔的完整性，土地村社的完整性），甚至把农奴制引入小俄罗斯，另一方面，她赋予贵族阶层以种种优惠，减轻他们的奴仆感觉，从而提升了贵族的素质，即门第和个性意识。自叶卡捷琳娜时代起，贵族开始稍稍独立于国家，但依然享有特权，凌驾于其他阶级之上。它越 306
> 来越清晰地独立出来，显现出来，变得更具个性。步入了贵族阶层人才辈出的时期，在这一时期涌现出了杰尔查文、卡拉姆津、茹科夫斯基、巴丘什科夫、普希金和果戈理等人。[②]

在政治层面，列昂季耶夫对贵族、阶级分化以及贵族的阶级特权等的态度也不同于斯拉夫派。作为亚历山大三世政府试图恢复“分化”的保

① 列昂季耶夫：《列昂季耶夫文集》，第6卷，第451—452页。
② 同上，第133—134页。

守措施的支持者，列昂季耶夫无法原谅斯拉夫派在1860年代与自由派改革的合作。斯拉夫主义者的反贵族声明（尤·萨马林和伊万·阿克萨科夫），以及他们不断重申俄国贵族是国家“职员”的后裔，因此应该温良恭俭让，所有这一切都激起了列昂季耶夫的愤怒，被他视为对平等主义的公开让步。他甚至拒绝斯拉夫派“民主的”俄罗斯化政策，这一事实表明他的立场有多么坚定。他写道，德国贵族和波兰贵族的贵族传统应受到沙皇政府的小心呵护，尤其是在虚无主义及其他衰落症状在俄国民众间蔓延之时。迫害波兰贵族和天主教，以牺牲立窝尼亚和库尔兰贵族为代价支持拉脱维亚人和爱沙尼亚人，这便是在助长平等主义的分裂力量，加速同质化的致命进程。最为奇怪的是，列昂季耶夫甚至同情1863年的波兰起义，视其为一场“保守”运动，并对起义失败后胜利者注重加速推进民主化进程的举动表示遗憾。[1]

列昂季耶夫对俄国土地改革的态度也十分引人注目。他在其评论中强调土地改革纲领的双重性，即他所谓自由主义、个人主义的（欧洲的）一面，以及村社的、保守主义的（俄国的）一面。[2]列昂季耶夫认为，斯拉夫派，甚至达尼列夫斯基和卡特科夫均混淆了这两个方面，未能对“人民
307 对土地的救赎性依恋”（亦即村社的保护和合法化）与“冒险脱离地主的权力”这两者加以区分，从而落入了“自由主义的陷阱”。

最后一个，但同样重要的问题是列昂季耶夫的宗教观，他对东正教的阐释[3]迥异于斯拉夫派的阐释。这位“俄国的尼采”对说教的福音派基督教的一切形式、对试图“使宗教人性化”的一切企图均抱有根深蒂固的厌

① 列昂季耶夫：《列昂季耶夫文集》，第6卷，第170—171页。有趣的是，蒲鲁东对1863年的波兰起义亦持非常相似的看法，当然他是基于相反的价值判断。关于这次起义是天主教贵族发动的所谓保守运动，这一观点在俄国媒体发动的、得到政府支持的反波兰舆论战中也曾反复出现。

② 同上，第7卷，第322页。

③ 列昂季耶夫：《我的文学命运》，载《文学遗产》（“Moia literaturnaia sud’ba,” in *Literaturnoe nasledstvo*），第22—24卷（莫斯科，1935），第441页。

恶。他同样拒斥宗教感伤主义，拒斥那些忽视恐惧（timor Domini[①]）、服从和权威的爱的学说。在他看来，霍米亚科夫的“教会民主主义”和斯拉夫派的“自由的团结”理想是“玫瑰色”基督教的典型例子，与阿索斯山和奥普塔隐修院的东正教修士们真正的“黑色”基督教完全不同。对列昂季耶夫而言，“苦修的、教条的东正教”之首要特征即其“拜占庭悲观主义”，它对和谐与普遍友爱的可能性不抱信心。他认为，在这一方面，叔本华和哈特曼可能比信奉普遍正义和福祉的自由派社会主义先知们更接近基督教。[②]所有伟大的宗教均为“悲观主义的学说，它们谴责大地之上的苦难、迷误和不公正”。[③]他带着一种近乎虐待狂的满足回忆起《新约》的许诺、却未实现的普遍友爱，并预言这样的时刻正在到来，爱会被削弱，反基督的王国将被建立起来。

列昂季耶夫的这些思想足以显示，他是少数敢于将自己的思想推至其逻辑结论的思想家之一。虽与斯拉夫主义的追随者们截然对立，他却不能被称为“普鲁士”道路或其他任何一条资本主义道路的思想鼓吹者，他是一个彻底的保守分子，是俄国、西欧乃至奥斯曼的封建主义的最后一位坚定捍卫者。他是衰落中的贵族阶级之浪漫保守主义的最极端代表，他如此极端，以至于在其极端主义中他也孤身一人。 308

本章涉及作品

尼古拉·达尼列夫斯基：《俄国与欧洲》（*Russia and Europe*/Россия и Европа），专著
亚历山大·勃洛克：《报复》（“Revenge”/Возмездие），诗歌
康斯坦丁·波别多诺斯采夫：《莫斯科文集》（*Moscow Miscellany*/Московский сборник），文集

---

① 拉丁文，“敬畏上帝”。——译注
② 列昂季耶夫：《列昂季耶夫文集》，第 7 卷，第 232—243 页。
③ 同上，第 230 页。

弗雷德里克·勒普莱：《人类基本构成》（*La Constitution essentielle de l'humanité*），专著
康斯坦丁·列昂季耶夫：《拜占庭主义与斯拉夫民族》（*Byzantinism and Slavdom*/ Византизм и славянство），专著
——：《作为世界革命工具的民族政策》（"National Policy as an Instrument of World Revolution"/Национальная политика как орудие всемирной революции），文章

第十五章
两位先知作家

俄国文学对人类存在意义的哲学反思，对其民族和整个世界之命运的深刻道德责任感，或许超过 19 世纪其他任何一种文学。在 19 世纪的俄国，一如在波兰，伟大的作家们开始将文学视为一项道德使命，一种改变世界的斗争工具。

在这一方面，最典型的作家即两位伟大的文学先知陀思妥耶夫斯基和托尔斯泰。他们两人都曾经历一场精神危机，那场精神危机标示出他们一生的转折点，并使他们成为现代文明的激烈批判者。他们两人都用揭露腐败的有力画面来冲击读者的良心，与此同时也指明了道德重生和宗教重生的路径。他们两人均以深刻的洞察力表达了对上帝和存在意义的彻底绝望，并将其作为基督信仰的解毒剂。在他们两人身上，回归宗教均与接近死亡的可怕经历相关。最后，与俄国农民的接触对这两位作家产生了深刻影响，他俩视普通民众为卓越的、真正的基督教意识之代表。

尽管存在所有这些明显的相似之处，我们却仍旧很难将这两位小说家等而视之。对于他俩作品的任何一种比较分析（此类对比已成为一种历史悠久的批评传统），均会立即给出大量根深蒂固的差异。

本章并不试图自哲学内涵角度对陀思妥耶夫斯基和托尔斯泰的整个创
309 作进行分析[①]，因为这样的分析需要将思想分析与详尽的文学批评合为一体，而这将超出本书的范围。在随后的篇章中，我们将仅介绍这两位作家成熟时期的观点，或他们在经历思想危机后得以确立的观点，这些观点不仅体现在他们的小说中，亦见于他们的其他各类写作。

第一节　费奥多尔·陀思妥耶夫斯基

“水晶宫”与“黑暗的地下室”

与出身贵族的托尔斯泰不同，**费奥多尔·陀思妥耶夫斯基**（Fyodor Dostoevsky/Фёдор Достоевский，1821—1881）生于一个“偶合家庭”[②]，这个家庭遭受持续的困扰，生怕失去通过巨大努力方才获得的体面的社会地位。他的天赋并非在“贵族之家”养成，而形成于一座大城市的忙乱背景

---

① 关于这两位作家的研究著作汗牛充栋。关于他俩的哲学、宗教和政治观，以下英语著作具有特别重要的意义：莫楚尔斯基：《陀思妥耶夫斯基：生活与创作》（K. V. Mochulsky, *Dostoevsky: His Life and Work*）（新泽西州普林斯顿，1967）；别尔嘉耶夫：《陀思妥耶夫斯基传》（*Dostoevsky*），阿特瓦特译（纽约，1957）；吉本：《陀思妥耶夫斯基的宗教》（A. B. Gibbon, *The Religion of Dostoevsky*）（伦敦，1973）；卡罗尔：《水晶宫的出现：无政府主义心理批判。施蒂纳、尼采和陀思妥耶夫斯基》（J. Carrol, *Break-out from the Crystal Palace: The Anarcho-Psychological Critique. Stirner, Nietzsche, Dostoevsky*）（伦敦，1974）；罗扎诺夫：《陀思妥耶夫斯基与〈宗教大法官传〉》（V. Rozanov, *Dostoevsky and the Legend of the Grand Inquisitor*）（这是一部经典之作，罗伯茨译自俄文第3版，纽约州伊萨卡，1972）；以赛亚·伯林：《刺猬与狐狸：论托尔斯泰的历史观》（I. Berlin, *The Hedgehog and the Fox: An Essay on Tolstoy's View of History*）（伦敦，1967）。关于托尔斯泰宗教观研究的奠基之作，威斯本：《托尔斯泰的宗教观演进》（N. Weisbein, *L'Evolution religieuse de Tolstoi*）（巴黎，1960）。关于托尔斯泰的最佳研究专著仍为艾亨鲍姆：《列夫·托尔斯泰传》（B. M. Eikhenbaum, *Lev Tolstoi*）（三卷本，列宁格勒，1928—1931）。另见本书下文有所引用的两部新近被译成英文的苏联学者重要著作，即巴赫金：《陀思妥耶夫斯基诗学问题》（M. M. Bakhtin, *Problems of Dostoevsky's Poetics*），罗采尔译（密歇根州安阿伯，1973）；格罗斯曼：《陀思妥耶夫斯基传》（L. P. Grossman, *Dostoevsky: A Biography*），麦克勒译（印第安纳州印第安纳波利斯，1975）。对陀思妥耶夫斯基与托尔斯泰两人观点的比较分析，见斯捷蓬：《陀思妥耶夫斯基与托尔斯泰：基督教与社会革命》（F. A. Stepun, *Dostojewski und Tolstoj, Christentum und soziale Revolution*）（慕尼黑，1961）；多恩：《托尔斯泰与陀思妥耶夫斯基：两种基督教乌托邦》（M. Doerne, *Tolstoj und Dostojewskij, 2 Christliche Utopien*）（哥廷根，1969）。

② 见《少年》（*The Adolescent*）最后一章中关于世袭贵族和“偶合”家庭（“accidental” families）的议论。

之中，诸如屈辱、无法满足的抱负、每日为生存而进行的斗争、悲剧性的社会冲突等。年轻的陀思妥耶夫斯基最热衷的人物，是“被侮辱和被损害的人”，单调贫乏的人（尤见其文学处女作《穷人》），生活在其自足幻想世界中的浪漫幻想家（《白夜》），或被不健康的雄心和精神分裂症幻觉吞噬的人（尤见《双重人》）。他几乎所有小说的场景均为圣彼得堡，在一个刚刚脱离父权制情愫和感受的人看来，这座城市是一个奇异的、陌生的、不真实的世界。[1]因此，陀思妥耶夫斯基笔下的圣彼得堡便很像果戈理笔下的圣彼得堡：一座雾和白夜的城市，一座脉搏不断加快的鬼城，它象征 310
着那种源自西方、摧毁“神圣罗斯”的和平生活的力量。

如前文所述，年轻的陀思妥耶夫斯基曾为彼得拉舍夫斯基小组成员，是被行刑队执行假死刑的囚犯之一。在宣布改判流放的最后时刻到来之前，在谢苗诺夫广场的等候是他永远无法忘怀的恐怖经历。的确，他没有理由感觉自己有罪，但毫无疑问，这种体验所造成的冲击后来诱导他十分认真地阅读《新约》中的每个字，在他于西伯利亚服苦役的四年中，《新约》是他唯一被允许持有的图书。

在鄂木斯克的苦役结束后，陀思妥耶夫斯基不得不在塞米巴拉金斯克再服五年强制兵役。他于1859年获释离开部队，重新开始写作，但他此时的思想已迥异于他参加彼得拉舍夫斯基小组的时期。1860年，他和哥哥米哈伊尔开始出版文学杂志《时代》，该杂志的主要合作者还有阿波罗·格里高利耶夫和尼古拉·斯特拉霍夫。在刊于这份杂志的文章中，陀思妥耶夫斯基呼吁“返回土壤”、反对激进知识分子的思想，号召回归俄罗斯人民那种“纯粹民族性的”，同时又具有真正基督教性质的价值观。

这种变化是如何发生的呢？在描绘其苦役体验的《死屋手记》一书

---

① 见基尔波京：《青年陀思妥耶夫斯基》（V. Y. Kirpotin, *Molodoi Dostoevsky*）（莫斯科，1947），第341—342页。

中，陀思妥耶夫斯基突出强调了那些他与之朝夕相处的罪犯对他产生的关键影响。这些出身卑微、听天由命的人，在陀思妥耶夫斯基看来似乎就是普通民众的真正代表；他们虽然成了罪犯，却仍然没有放弃俄国农民那种强烈而简单的信仰。陀思妥耶夫斯基告诉我们，就在那时，他敏锐地意识到了俄罗斯人民与西方化知识分子之间的区别，两者之间甚至有一道深深的鸿沟；他也意识到，普通民众的价值观更为可取。

当然，其他一些因素也在他的思想演进中发挥了作用，这一演进是个复杂过程，很难面面俱到地呈现出来（陀思妥耶夫斯基承认他自己也很难做到这一点）。[①] 但我们应该注意到，决定性的转折点就出现在他的西伯利
311 亚苦役时期，正是在这个时候，知识分子和普通民众之间，或曰欧洲价值观和俄国价值观之间的典型对立，成为他世界观的一个组成部分。

1862 年，陀思妥耶夫斯基首次出国，出色的系列特写《冬天记的夏天印象》是他对其西欧之行的描述。伦敦给他留下极深刻印象，世界工业博览会当时正在海德公园的水晶宫举行。他对资本主义文明的力量、生活的极端理性化以及“巨大的体量”感到惊讶和震撼，这种体量不仅是外在的，而且也是“内在的，精神上的，源自灵魂的”。在博览会上，他在钦佩和恐惧之间挣扎；在他的困惑中，他觉得自己见证了某种成就和胜利，某种“终极的”东西已然发生，即“《圣经》中的某些场景，某种巴比伦场景，《启示录》中的某些预言”。帕克斯顿的水晶宫，这个巨大的玻璃和金属结构，对他而言成了资本主义进步力量的象征，尽管这是一种异教力量，一种吞噬人类的“巴尔[②] 的力量”。[③]

在这些特写中，陀思妥耶夫斯基异常敏锐地洞察到这样一个事实，即

---

① 见基尔波京：《陀思妥耶夫斯基传》（*F. M. Dostoevsky*）（莫斯科，1960），第 448 页。

② 巴尔，又译巴力，古代腓尼基人信奉的太阳神。——译注

③ 陀思妥耶夫斯基：《冬天记的夏天印象》（*Winter Notes on Summer Impressions*），任菲尔德译（纽约，1955），第 90 页。

资产阶级个人主义的分裂力量就是西方文明的动力。个人主义创造了一种强大的、具体化的物质力量，但同时也孤立了人类，使人类与自然，与他们的同胞发生冲突。陀思妥耶夫斯基与赫尔岑在伦敦相见，部分地受赫尔岑启发，陀思妥耶夫斯基强调，资产阶级自由是一种纯粹的负面品质，它本质上是“百万富翁”的自由，“能消除一切不平等”的金钱力量，与胜利的资产阶级个人主义构成对立，在削弱个性。[①]这些观点最早出现在《冬天记的夏天印象》中，后又在小说《少年》里得到发挥。

针对欧洲资本主义的理性利己主义，陀思妥耶夫斯基提出一种理想，即东正教和俄国民间传统中留存的那种倡导真正互爱的村社理想。在这样的村社，个人并不反对集体，而是无条件地完全服从集体，不计任何得失；集体也不要求个体付出大的牺牲，却用兄弟般的友爱来保障个体的自由和安全。此类村社必须“自发地形成”[②]，它无法被发明或被创造出来。 312
陀思妥耶夫斯基这些观点的提出或许与斯拉夫派无关，但它们却与斯拉夫派的一些观点惊人地一致，其中就包括霍米亚科夫关于聚合性的“自由的团结”概念。

在《冬天记的夏天印象》写成一年之后，陀思妥耶夫斯基发表了他的中篇小说《地下室手记》，小说描绘一个拒绝一切社会关联的人，他体现着一种抗议，反对一切服从，“对我们来说最珍贵、最重要的东西，就是我们的个体和我们的个性”。叙述者是“一位脱离了人民准则的19世纪人”，他以其自我来反抗客观世界，抵御社会机制中的齿轮，或“钢琴的琴键，外在的自然法则在这些琴键上演奏着其喜欢的任意曲调”。他将自由解释为许可，并坚持认为，接受逻辑和常识作为通行原则，“这就不是生活，而是死亡的开始”。陀思妥耶夫斯基的这位主人公挑战整个道德秩

① 陀思妥耶夫斯基：《冬天记的夏天印象》，第104—105页。
② 同上，第130页。

序：“是让世界毁灭呢？还是让我喝不成茶？我要说，让世界毁灭吧，为了我能永远有茶喝。”①

叙述者有时会道出作者自己的想法，这个事实会使对《地下室手记》的阐释变得复杂起来。在对未来理性社会的描述中，我们再次发现了《冬天记的夏天印象》中出现过的那座“水晶宫”：

> 那时……将出现新的经济关系，它们完全是现成的，同样经过数学的精确计算，于是在一刹那之间，形形色色的问题都将消失，这只是因为已然能够得出形形色色的答案。到那时，水晶宫便将建立起来……因为人是愚蠢的，极其愚蠢。也就是说，人即便完全不愚蠢，也是忘恩负义的，难以找到例外。因为，比如说，在普遍地合乎理智的未来，突然无缘无故地冒出一位什么绅士，他生着一张并不高贵的面孔，确切些说，是一张顽固落后的、嘲笑的面孔，他两手叉腰，对我们大家说道：“怎么样，先生们，我们是否来把这理智整个儿地一
> 313 脚踢开，唯一的目的就是让所有这些对数表都见鬼去，让我们重新按照我们愚蠢的意志来生活？”②

作者和叙述者之间的部分混淆导致了许多错误阐释，即便在今天仍有一些著作开篇就会言及，陀思妥耶夫斯基“重申了单一、独立的个体之绝对价值和完整性”③。这绝非事实，因为显而易见，陀思妥耶夫斯基并不赞成“地下室人”的个人主义，而仅同意“地下室人”对西方资本主义和社

① 陀思妥耶夫斯基：《地下室手记》（*Notes from the Underground*），马加尔沙克译，载《陀思妥耶夫斯基最佳小说》（*The Best Stories of Dostoevsky*）（纽约，1955），第134、136页。

② 同上，第130页。

③ 杰克逊：《俄国文学中的陀思妥耶夫斯基“地下室人”》（R. L. Jackson, *Dostoevsky's Underground Man in Russian Literature*）（海牙，1958），第14页。

会主义共有的、欲将社会关系理性化的愿望所做的攻击（在陀思妥耶夫斯基看来，西方社会主义思想在俄国的代表即车尔尼雪夫斯基，后者当时风头正盛）。在其《地下室手记》中，陀思妥耶夫斯基试图表达一种近乎弗洛伊德式的思想，即在人类意识“黑暗的地下室”中蛰伏着种种非理性的恶魔力量，它们往往会在一个由非理性精神纽带把控的社会中得到升华，但它们很可能会奋起反抗基于“合理利己主义”的文明。由于人并非理性的存在，他们无法安居于一个理性的社会；然而，在一个缺乏真正的团结纽带的社会，“地下室人”非理性的、无政府主义的反抗便是完全合理的。在原稿中，陀思妥耶夫斯基曾用这一论点来证明“必须信仰基督”，但令他愤慨的是，书刊审查官删去了相关段落。尽管如此，作者的意图仍相当清楚，叙述者本人也这样评论了自己的立场：

> 好吧，做吧。给我看一些更有吸引力的东西吧。给我另一个理想吧。给我看看更好的东西吧，我会跟着你们的。……我却害怕这样的大厦，也许因为它是水晶的，是永远不能摧毁的，也许因为甚至不能偷偷地向它吐舌头。……我自己像二乘二得四一样地知道，绝不是黑暗的地下室有多好，而完全是别的什么地方，是一种我所渴望、却无论如何也找不到的地方！让地下室见鬼去吧！

值得注意的是，陀思妥耶夫斯基对“地下室人”的非理性极端个人主义的态度，与霍米亚科夫对麦克斯·施蒂纳的非理性个人主义的态度完全相同。霍米亚科夫写道，施蒂纳的著作《唯一者及其所有物》是对理性主义文明的有效抗议：“这是一种的确不道德的灵魂发出的声音，但它之所以不道德，是因为它被剥夺了一切道德基础。这颗灵魂不断地、却无意识地重申，它渴望能够服从它希望落实并信奉的原则，它怀着愤慨和怨恨拒 314

绝西方那些热衷于分类的人士们的日常实践。西方人自己没有信仰，却要求他人保持信仰，他们创建各种强加的关联，并期望他人顺从地接受。”①

人神的魔鬼之路

个人主义的“许可”与“基督教真理”之间的冲突，在陀思妥耶夫斯基1860—1870年代的几部伟大小说中得到了更深刻的揭示。他在这一时期已得出结论，西方的资本主义和社会主义思想均是人脱离上帝的结果。欧洲文明拒绝基督的道路，拒绝神人的道路，反而选择人的崇拜，选择人神的方式。这一思想贯穿了《群魔》、《卡拉马佐夫兄弟》和《作家日记》。陀思妥耶夫斯基的这一思想可能源自费尔巴哈。陀思妥耶夫斯基年轻时作为彼得拉舍夫斯基小组成员，曾接触到费尔巴哈的著作。费尔巴哈写道：“神的存在即人类，因此，神的自然之所有属性皆为人的自然之属性……人即真正的上帝。”②

费尔巴哈的人神论受到麦克斯·施蒂纳的批评，施蒂纳认为费尔巴哈这位哲学家并未真正停止做一位“神学家”：费尔巴哈宣称的解放，其实就是用“我们内心的上帝”（或作为人类抽象本质的“人”）取代“我们之外的上帝”。因此，这种“人”的宗教只是一种奴役个人、使个人服从“普遍”暴政的新方式。获得个人真正自由的路被神人所禁止，因此，杀死上帝还不够，还必须杀死“人”③。为了解放自己，个人必须犯罪④，必须

① 霍米亚科夫：《霍米亚科夫全集》，第1卷，第150页。
② 费尔巴哈：《基督教的本质》，第14、230页。
③ 施蒂纳：《唯一者及其所有物》[Max Stirner, *Der Einzige und sein Eigentum* (The Ego and His Own)]（柏林，1926），第182页。
④ 施蒂纳写道：“自主的自我一准会犯罪，因为犯罪就是其存在本质……犯罪代表人的意义和尊严。”（同上，第236页）请将这段话与拉斯科尔尼科夫的话做比较：“不仅所有伟大的人，就连那些稍稍有点不寻常的人，甚至那些稍稍能够说出一些新花样来的人，就其本质而言都一准会成为罪犯。”[《罪与罚》（*Crime and Punishment*），加奈特译（纽约，1956），第235页。] 对拉斯科尔尼科夫思想以及施蒂纳相关思想的详细分析见本人的《陀思妥耶夫斯基与自由思想》一文，载瓦利茨基：《个人与历史：俄国文学史与思想史研究》（华沙，1959）。

意识到自己是最高价值，使自己摆脱痛苦的“神的恐怖”，不再害怕违反 315
那些以抽象人性的名义强加于人的道德法则。

在《罪与罚》中，拉斯科尔尼科夫也表达了完全一样的观点。表面上看，他杀死受害者是为了窃取她的钱财，使自己的母亲和妹妹不致落入耻辱的境地；可事实上，他的罪行却是一次纯粹的杀人实验，试图证明他究竟“是一只像其他人一样的虱子”，还是一个自由的人，一个有权违反道德原则并握有生杀大权的拿破仑。他想知道自己是否**有权**杀人：“我开始质疑自己是否有权获得力量。我能否克服（道德）障碍。我是否敢于俯身捡起（权力）。我究竟是一个胆怯的生物，还是我也拥有权力……”①

他为自己行为辩护的理论就是俄国版的施蒂纳哲学，后者写道：“我实施谋杀的权力来自我自身；如果我自己不禁止，如果我不认为谋杀是一件‘不公正’‘不纯洁’的事情，我就有权杀人。”②

拉斯科尔尼科夫的实验以失败告终。他无法忽视自己的人性，也无法跨越那道界限，让他无视善恶：“我扼杀了这个原则，但是我未能超越它。我停在了这一边……”③他被噩梦纠缠，无法面对他人，被迫向那些他曾视为虱子的人承认自己的罪行。在陀思妥耶夫斯基的构思中，拉斯科尔尼科夫进行实验的故事表明这样的立论是荒谬的，即一切皆被许可，道德规范均可被忽视。最终，上帝是作为道德法则的必要保证而存在的。

绝对的自我许可之第二种变体，即自杀实验，则在《群魔》中得到描述。对于基里洛夫而言，自杀是他在一个没有上帝的世界里确定其自由的唯一手段。

---

① 陀思妥耶夫斯基：《罪与罚》，第 377 页。
② 施蒂纳：《唯一者及其所有物》，第 221 页。
③ 陀思妥耶夫斯基：《罪与罚》，第 248 页。

> 如果没有上帝（基里洛夫想），那么我就是上帝。如果上帝存在，那么意志就是他的，我则无能为力。如果上帝不存在，那么意志就是我的，我必须行使我自己的意志，我的自由意志……我无法想象，在我们这个星球上，没有一个人终结了上帝，相信自己的自由意志，敢于在最重要的时刻行使这种意志……我有义务开枪自杀，因为我的自
> 316 由意志的最高姿态就是自杀。[①]

基里洛夫试图通过自杀来杀死他对死亡的恐惧，从而将人类从上帝那里解放出来，以表明人自身就是上帝；在他看来，“只有这一点才能救赎所有人，让他们在下一代人的身体里重生”。[②] 事实上，他仅仅实现了他本人的毁灭，而他的死亡（经他自己同意）却被卑鄙小人用来实现他们的卑鄙目的。旨在落实个人自由的第二个伟大实验就这样结束了。

陀思妥耶夫斯基认为，在社会关系领域，绝对许可的最终结果只能是专制主义。没有上帝的自由会派生出一种“淫荡的”“虐待狂的”权力欲望，从而转化为其对立面。《群魔》中的施加廖夫说：“我从无限制的自由开始，却以不受限的专制主义结束。不过我必须补充一点，除了我的社会问题解决方案,不可能再有任何方案。”[③] “施加廖夫体制”就是一个建立在绝对服从和绝对非人格化基础上的社会之悲哀场景。他提出的最终方案是把人类划分为两个不均等的范畴。“十分之一的人将获得个人自由，并拥有控制剩余十分之九的人的充分权利，剩余十分之九的人将失去个性，变成一群牲口……他们将获得一种原始的纯真状态，类似地球上最初的天堂，尽管他们当然必须工作。”对绝对平等的坚持甚至不允许天赋的差异：

① 陀思妥耶夫斯基：《群魔》（*The Possessed*），麦克安德鲁译（纽约，1962），第 635 页。

② 这一思想亦见于路德维希·费尔巴哈的著作。他在其《宗教的本质》第 274 页中写道：“未来的不朽之人，这不朽之人有别于他在当下有血有肉的存在。”

③ 陀思妥耶夫斯基：《群魔》，第 384—385 页。

“割掉西塞罗的舌头，挖出哥白尼的眼睛，冲莎士比亚扔石头——这就是施加廖夫体制！奴隶必须是平等的；没有暴政，也就没有自由或平等，但在畜群中有平等，这就是施加廖夫体制！”①

陀思妥耶夫斯基第五部长篇小说《卡拉马佐夫兄弟》中的《宗教大法官传》一节给出了施加廖夫体制的一个改进了的高贵版本。此节之前写到伊万·卡拉马佐夫的反叛，即对所谓神圣或历史正义的叛逆，拒绝接受必须付出高昂代价的和谐。伊万拒绝的并非上帝，而是上帝创造的世界，因为这是一个不公正的世界，因为神圣的上帝并不能让无辜的孩子免受痛苦，因为未来的“和谐”并不能补偿一个受折磨孩子的眼泪。②伊万的反 317
叛表明，人们应该把自己的命运掌握在自己手中，拒绝《福音书》中揭示的真理，在人间建立没有神的神王国。当然，这就是陀思妥耶夫斯基对革命社会主义之起源的解释。

《宗教大法官传》原本是一则关于社会主义者试图在地球上建立的正义王国的寓言。宗教大法官用自由交换面包，他夺走自由，是为了给他那些“可怜的孩子”以幸福。然而，这种幸福之不可或缺的条件就是彻底的、羊群般的非人格化。大法官知道人们很软弱，就使他们摆脱了自由、良心和个人责任的重负；他用威权取代自由，用以强迫为基础的团结取代心悦诚服的、自由的团结。教会转变为国家，“使众人团结成一个步调一致的和谐蚁群”。当基督降临人间，以便再次置身于他的子民中间，大法官却试图逮捕基督，并将他作为异教徒烧死。基督默默听着大法官的大段独白，然后吻了他的嘴，作为宽恕的标志；大法官放走基督，

① 陀思妥耶夫斯基：《群魔》，第 399 页。

② 伊万·卡拉马佐夫的反叛会让人联想到别林斯基对黑格尔的反抗，甚至连措辞都很相似。陀思妥耶夫斯基很可能利用了别林斯基致鲍特金的信件之片段，这些片段见于佩平 1876 年所作别林斯基传记。见瓦利茨基：《个人与历史：俄国文学史与思想史研究》，第 405—409 页。基尔波京也有同样发现，见基尔波京：《陀思妥耶夫斯基与别林斯基》（V. Y. Kirpotin, *Dostoevsky i Belinsky*）（莫斯科，1960），第 228—239 页。

但恳求他永远别再返回，以免打扰人们在基督不在时所获得的平静的幸福。

个人的自由借助“个人主义辩证法”转变为普遍的不自由，陀思妥耶夫斯基用他的历史哲学来解释这一“辩证法”，这种哲学显然相近于斯拉夫派对西欧的批评。与斯拉夫派一样，陀思妥耶夫斯基指出，古典遗产作为一种恶的源泉扭曲了西方的基督教信仰。天主教从异教徒的罗马引入人神（皇帝，美景宫的阿波罗）概念以及基于强制的统一观念。①个人对天主教“统一思想”的抗议导致了社会的原子化，使得权力转移到了资产阶级手中，资产阶级的哲学即利己主义（“人人都为自己，仅为自己”）和丛林法则。一种新的否定，即对个人主义和无政府状态的抗议，派生出了社会主义，陀思妥耶夫斯基称之为天主教“强制统一”的世俗
318 化形式。

在《宗教大法官传》中得到强调的天主教与社会主义之间存在有机关系这一概念，是陀思妥耶夫斯基最喜欢的、近乎痴迷的理论之一。它首先出现在《白痴》中，出现在梅什金公爵这段著名的独白中：

> 要知道，社会主义也是天主教和天主教实质的产物！社会主义与它的兄弟、也就是无神论一样，也产生于绝望，它在道德方面是与天主教相对立的，它的产生旨在取代宗教所丧失的道德权力，消除翘首盼望的人类的精神饥渴，它要拯救人类，但不是依靠基督，而同样是要凭借暴力！这是一种借助暴力获得的自由，也是借助刀剑和鲜血实现的团结！②

① 陀思妥耶夫斯基：《作家日记》（*The Diary of a Writer*），布拉索尔译（纽约，1954），第 1005 页。伊万·卡拉马佐夫也表达过相似的思想。

② 陀思妥耶夫斯基：《白痴》（*The Idiot*），亨利·卡莱尔与奥尔迦·卡莱尔译（纽约，1969），第 561—562 页。

陀思妥耶夫斯基在《作家日记》中发展了这一看法，他写道："今天的法国社会主义本身……只不过是天主教思想最真实、最直接的延续，是其最充分、最终的实现，是其数百年演变的致命后果。"①

这个类比似乎并不新颖，如果我们记得法国的圣西门主义者们曾对天主教与社会主义间的关联持同样看法（尽管对他们而言这是一种赞许），想象未来的"有机时期"是一种基于天主教等级制度和权威原则的"新神权政治"。无论如何，陀思妥耶夫斯基关于西方文明进化的看法在俄国并不新鲜。天主教是古罗马的继承者，这一观点源于斯拉夫派的理论，"强制团结"的公式让人联想到霍米亚科夫的"没有自由的团结"，对资产阶级社会原子化的描述可与他的"没有团结的自由"相比较。将社会主义的本质解释为对失去的"团结原则"的寻求，解释为一种欲将这一原则任意强加于原子化社会的愿望，这也能在斯拉夫派思想那里找到对应物。这个主题的另一变体也出现在格里高利耶夫关于西方文明的评论中，这是格里高利耶夫对乔治·桑的一封信所做的评述，他写道：

> 这是对一种生活的可怕揭露，在这样的生活中，诸如爱和兄弟情义等概念只能被臆造出来，普遍的一切只能是强迫性的，只能是对个别和个体的强制……在这样的生活中，归根结底，一定会出现两个极端现象：一是"教皇制度"对个性的强制同化，无论是罗马的教皇制度还是（基本上如出一辙的）傅立叶和圣西门的教皇制度；二是个人 319
> 的激烈抗议，在麦克斯·施蒂纳的教义中，这种抗议最终表现为个性的圣化。②

① 陀思妥耶夫斯基：《作家日记》，第 563 页。
② 格里高利耶夫：《格里高利耶夫文集》（圣彼得堡，1876），第 175—176 页。

1870 年代，陀思妥耶夫斯基与极右翼阵营关系密切。1872 年，他被要求主编保守派的刊物《公民》，并很快成为波别多诺斯采夫的密友。每逢周六，他都去拜访波别多诺斯采夫，与后者促膝长谈，甚至在写作《卡拉马佐夫兄弟》时征询后者的意见。因此，值得强调的是，《卡拉马佐夫兄弟》（与《群魔》相反）不能简单地被理解为对革命社会主义的攻击。陀思妥耶夫斯基带着深刻的理解展示伊万·卡拉马佐夫的反叛，尽管作者本人也急于反驳他自己带着此类洞见描绘出的动机。部分原因可能在于这样一个事实，即《群魔》系在涅恰耶夫案件的影响下写成，而《卡拉马佐夫兄弟》则是在民粹派恐怖分子勇敢斗争的影响下写成，陀思妥耶夫斯基并不怀疑他们的高贵个性和纯洁动机。然而，一个本质的区别在于，伊万·卡拉马佐夫的抗争无疑反映了陀思妥耶夫斯基本人曾经历的一场冲突。作为曾经的彼得拉舍夫斯基小组成员，他一定也曾感受到激进的无神论之诱惑，正如他自己所说，他对“和撒那”的吁求经历过“怀疑的烈焰”。①

波别多诺斯采夫在读了描写伊万·卡拉马佐夫反叛的一章和《宗教大法官传》后有些惊慌，他不无理由地担心，陀思妥耶夫斯基能否给争论的另一方提供出同样出色的论据。波别多诺斯采夫所要求的“平衡”一方即东正教修士佐西马长老，这是一个毫无生气的苍白形象。阿廖沙·卡拉马佐夫天使般的善良也远不能令人信服。至于《宗教大法官传》，从意识形态角度看，这是一篇非常模糊的文章，很可能无法保证其读者意识到，对自由和个性的威胁仅仅源于天主教和社会主义，而非来自这位正教院总监如此忠心耿耿为之效力的东正教专制制度。

① 陀思妥耶夫斯基：《陀思妥耶夫斯基全集》（*Polnoe sobranie sochinenii*）（圣彼得堡，1883），第 1 卷，第 375 页。

民族弥赛亚主义与“全人”理念

针对罗马天主教的“教会即国家”理想，陀思妥耶夫斯基提出了东正教的“国家即教会”理想。正如卢那察尔斯基准确指出的，陀思妥耶夫斯基需要这个乌托邦概念，部分原因是，这能使他免于“在诅咒唯物主义的 320
社会主义的同时完全切断他与社会主义真理的内在联系”。[1] 重要的是，陀思妥耶夫斯基甚至并不否定“社会主义”这一标签，他在最后一期《作家日记》中使用了赫尔岑的术语“俄国式社会主义”，用以描述他寄希望于俄罗斯人民的那些理想，即“国家即教会、普遍的友爱和人类自由团结的理想”。

陀思妥耶夫斯基的东正教乌托邦主题实为斯拉夫派的乌托邦主题，即回归人民、回归“土壤”的理念。陀思妥耶夫斯基的弥赛亚式言论，即对“俄罗斯人民的全人类使命”的强调，其力度远超老牌斯拉夫主义。与高调拒绝普世使命的达尼列夫斯基不同，陀思妥耶夫斯基相信，征服君士坦丁堡以及所有斯拉夫民族以俄国为核心的统一，将预示世界历史上一个新时代的到来，在这个时代，东正教的俄国将道出能给人类带来重生和救赎的“新词”。然而，必须明确的是，这种普世主义并不意味着对“回归土壤”的支持者们所拒绝的“抽象人类”理想的认可。对陀思妥耶夫斯基而言，“全人”（all-human man/всечеловек）是“一般人”（man in general/общечеловек）的对立面。他所说的“全人”是指一种异质性，指一种全面、充实的个性，与抽象人类的抽象理想相反，他指责抽象人类的抽象理想将人类的复杂性降低为一个可怜的公分母，或更有可能只是一种伪装，试图迫使所有人步入同一种模式。

在陀思妥耶夫斯基的小说中，弥赛亚主义有两个版本，其中之一是沙

① 《俄国批评中的陀思妥耶夫斯基》（*F. M. Dostoevsky v russkoi kritike*）（莫斯科，1956），第 442 页。

托夫在《群魔》中的表达：

> 人民就是神的躯体。一个民族之所以成为民族，只因为他们有自己特定的上帝，并排除世上所有其他不可调和的上帝，只因为他们相信，他们在自己的上帝的帮助下能战胜并驱逐所有其他的上帝。但真理只有一个，因此只有一个民族能够拥有真正的上帝，尽管其他民族也可能拥有他们自己独特的、伟大的上帝。当下唯一的载神民族，就是俄罗斯民族。[1]

对陀思妥耶夫斯基而言，人民即普通人的同义词。在他的小说和政论
321 中，我们一次又一次读到他对脱离根基的知识分子的严厉批评，他认为，那些知识分子的无神论是他们脱离“土壤”的结果。“您是无神论者，”沙托夫对斯塔夫罗金说道，“因为您是少爷，最后一位少爷。您已经失去了区分善恶的能力，因为您已经不再能认清自己的人民。……听我说，您要通过劳动找到上帝。这是一切事情的本质。否则您就会消失，像可恶的霉菌一样消失得无踪无影。您要通过劳动找到上帝。”“什么样的劳动呢？”斯塔夫罗金问道。沙托夫回答：“就是农夫的劳动。”[2]

陀思妥耶夫斯基通过他的喉舌沙托夫表达出的极端主义教义既是民族主义的，也是反智的。然而如前所述，《群魔》系在涅恰耶夫案件的直接影响下写成，因此是其作者世界观一种非常片面的反映。另一个版本的弥赛亚主义则略有不同，它并不拒绝“外来的上帝”，而是强调俄国肩负弥合欧洲与俄国、知识分子与人民间的鸿沟之使命。这实为一种普遍的综合，早在1860年代，这一观点即已出现在陀思妥耶夫斯基为《时

① 陀思妥耶夫斯基：《群魔》，第238页。
② 同上，第242页。

代》杂志所写的文章中。这一版本的弥赛亚主义后在《作家日记》中得到发展。

“哦，先生们，你们知道吗，”他在1877年写道，“这个欧洲，这个‘神圣奇迹之地’对于我们而言有多么珍贵吗，对于我们这些斯拉夫派的梦想家们，即你们所谓仇恨欧洲的人，有多么珍贵吗！你们知道这些‘奇迹’对于我们而言有多么珍贵吗！我们怀着比兄弟情谊还要深的感情去爱戴和敬畏那些伟大的民族，爱戴和敬畏他们创造出的伟大而又美丽的一切。”[1]

陀思妥耶夫斯基承认，西方化拓展了俄国的视野，这一点所有人都应心怀感激。俄国知识分子也为此做出了宝贵的贡献：

> 我们必须在人民的真理面前鞠躬并承认它，我们必须像浪子一样鞠躬，因为两百年来，这些浪子一直离家，但浪子毕竟是归家的俄罗斯人……不过我们鞠躬，只能在一个前提之下，这是一个必要前提，即人民从我们这里接受了我们带来的许多东西……这是我们服务人类的需要，尽管这可能损害我们最亲切、最根本的利益，我们要与欧洲文明和解，要理解和认可他们的理想，即便他们的理想与我们的理想
> 并不协调。[2] 322

因此，陀思妥耶夫斯基认为（就像他之前的恰达耶夫一样），脱离土壤和“无家可归的浪游”虽然是一种不幸，但也会派生出新型的“一般人”，这种人没有历史的负担，没有民族偏见的负担，是一个能“承受世界痛苦”的人。陀思妥耶夫斯基同意赫尔岑的观点，即“思考的俄罗斯人

① 陀思妥耶夫斯基：《作家日记》，第782页。
② 同上，第204页。

是世界上最独立的人”。《少年》中的人物维尔希洛夫说，文明的精英层在俄国“大约造就了一千名代表（有少许出入），他们比任何欧洲人都更自由，他们的祖国就是全人类。没有人能比一个属于‘精选的千人’的俄罗斯浪游者更自由、更快乐；我是当真的，这并非一个玩笑。再说了，我永远也不会用这种精神上的痛苦来换取任何其他形式的幸福。”①

不过，陀思妥耶夫斯基还是呼吁这“精选的千人”放弃他们的浪游，返回家中。只有“返回土壤”，服从“人民的真理”，他们才能获得真正的安宁，他们分裂的人格才能被治愈。这一观点之颇具象征意义的表达，是《少年》中维尔希洛夫打碎朝圣老人马卡尔古老圣像画的一幕。在这里，我们目睹了民间（东正教）传统的粉碎，内在的二元论（圣像画裂成相等的两半），以及借助民间女性索尼娅回归人民的暗示。索尼娅和维尔希洛夫的婚姻是迷失的知识分子与人民在未来实现和解的象征，人民尽管受到诱惑（索尼娅受到维尔希洛夫诱惑），却依然保持信仰，充满道德理想，在他们的宗教中保留着纯粹、纯洁的基督形象。

在陀思妥耶夫斯基于莫斯科普希金纪念碑揭幕仪式上发表的著名的《普希金演说》中，可以发现对同一主题所做的更充分阐述，他对自己二十余年的思考进行了总结。在这次演说中，陀思妥耶夫斯基拓展了阿波罗·格里高利耶夫最心仪的普希金形象，即将普希金视为俄罗斯精神的综合呈现，视为一个向俄罗斯国家昭示其使命和未来的“先知”现象。

陀思妥耶夫斯基认为，在《茨冈人》的主人公阿列哥身上，在叶甫盖尼·奥涅金身上，普希金第一个描绘出了“祖国土地上不幸的浪游者，脱离人民的传统俄罗斯受难者”。对陀思妥耶夫斯基而言，“浪游者”（wanderer/скиталец）一词是对整个俄罗斯知识分子阶层的恰当描述，这

① 陀思妥耶夫斯基：《少年》，麦克安德鲁译（纽约，1971），第490页。

既指 1840 年代的“多余人”，也指 1870 年代的民粹主义者。他继续说道：“无家可归的浪游者还在徘徊，似乎很久都不会消失”；目前，他们在阿列 323
哥时代并不存在的社会主义之中寻求庇护，希望通过它获得普遍的幸福，因为，“一位俄罗斯的浪游者需要普遍的幸福，正是这样。这能让他获得最大的满足，当然，当这一命题仅限于理论时”。①

然而，在浪游者找到安宁之前，他必须放弃自己的骄傲，在“人民的真理”面前表现出谦卑。“谦卑吧，骄傲的人，首先要放弃你的骄傲。”这就是陀思妥耶夫斯基声称在普希金的诗歌中找到的“俄罗斯解决方案”。阿列哥没有听从这一建议，因此茨冈人要求他离开；奥涅金没看上塔吉亚娜，一个贴近“土壤”的谦逊姑娘，当奥涅金学会谦卑时已为时过晚。陀思妥耶夫斯基宣称，在普希金的整个创作中，“俄罗斯浪游者”与“人民的真理”之间不断发生对抗，“人民的真理”以“正面的美丽主人公们”为代表，这些立足土壤的人体现着俄罗斯民族的精神本质。陀思妥耶夫斯基列出这些对峙的目的，就是为了让读者相信，需要“返回土壤”，与人民合为一体。

普希金本人也构成一个证明，即这种回归在不拒绝普世理想的前提下也能实现。陀思妥耶夫斯基提请人们注意普希金所具备的“世界呼应性”（universal susceptibility/всемирная отзывчивость），即普希金具有这样的天赋，他把自己当作西班牙人（比如唐璜）、阿拉伯人（《仿古兰经》）、英国人（《瘟疫流行时期的盛宴》）或古罗马人（《埃及之夜》），却同时依然是一位民族诗人。普希金所具有的这一能力要归功于俄罗斯精神的“普世性”：“要成为真正的、完全的俄罗斯人，就意味着……成为所有人的兄弟，成为一个全人。”

① 陀思妥耶夫斯基：《作家日记》，第 968 页。

陀思妥耶夫斯基在这次演说中还谈到斯拉夫派与西方派的分裂，他认为这种分裂是一个巨大的误解，尽管它在历史上不可避免。彼得改革背后的冲动不仅仅是功利主义，而且还有拓展疆界的愿望，甚至包括地道的“全人类”愿望。服务全人类的梦想，甚至成为俄罗斯国家政治策略背后隐藏着的一种冲动：“在这两个世纪的俄国政治里，俄国为欧洲所提供的服务不是大大超过她为自己所做的事情吗？我不认为这种情况的发生仅仅
324 由于我们的政治家们无能。”[1]

“哦，欧洲各族人民真的不知道，”陀思妥耶夫斯基兴奋地喊道，“他们对我们而言有多么宝贵！最后，我相信这一点，我们，当然，不是我们，而是未来的俄罗斯人，他们无一例外都会明白，要成为一个真正的俄罗斯人，就意味着要最终把和谐带入欧洲的一切纷争，以全人类共有的、联合一切俄罗斯人的心灵为欧洲的苦闷指明出路，怀着仁爱之心把我们所有的兄弟装进他们的心灵。最后，也许会按照基督福音的教义道出最终的话语，也就是伟大的普世和谐与各民族兄弟般的水乳交融！”[2]

在发表这次《普希金演说》之前，陀思妥耶夫斯基非常担心他的演说会受到听众的冷落。他的担心被证明是毫无根据的。这次演说取得了空前成功，听众们激情四溢，高声呼喊：“我们的圣人，我们的先知！”听众们簇拥着陀思妥耶夫斯基，亲吻他的手，就连在《群魔》中遭到漫画式描写的屠格涅夫也走上前来拥抱陀思妥耶夫斯基。斯拉夫派与西方派、保守派与革命者之间普遍和解的庄严时刻似乎已经到来。陀思妥耶夫斯基在当晚给妻子的信中写道：“当我在宣布普遍和解的想法时，观众们陷入了疯狂；我无法给你描写，在我的演说结束时响起了怎样的喧闹，怎样的喝

① 陀思妥耶夫斯基此处在与达尼列夫斯基辩论，后者（在其《俄国与欧洲》一书中）曾嘲笑俄国政治家为讨好欧洲而损害本国利益。

② 陀思妥耶夫斯基：《陀思妥耶夫斯基全集》，第 10 卷，第 458 页。

彩，互不相识的人抱头痛哭，互相拥抱，彼此发誓要做好朋友，不再互相仇恨，而要彼此相爱。”①

《普希金演说》所激起的热情未能持久，在其即时影响下相互拥抱的人经过一番思考，发现导致两者分裂的差异并无丝毫减少，仅有伊万·阿克萨科夫继续带着一如既往、不加审视的热情看待这篇《普希金演说》。

热情的听众中有一位民粹派作家，即格列勃·乌斯宾斯基，他在为《祖国纪事》撰写的报道中写道，这次演说产生了名副其实的“惊人效果”，尽管“有关恭顺之类的话题”并未引起听众的注意。在《普希金演说》全文发表出来之后，乌斯宾斯基觉得有必要纠正他的报道，他警告读者，《普希金演说》给人留下的印象并未反映“其真实内容”，演说的成功 325
在很大程度上得益于人们的错误阐释。

保守派的批评来自列昂季耶夫，他称陀思妥耶夫斯基为异教徒，试图用“玫瑰色的基督教”（rose-colored Christianity/розовое христианство）取代教会的教义。他指出，《福音书》并未承诺普遍的兄弟友爱、和睦或和谐，此类理想的实现将会是教会的最大不幸。

从列昂季耶夫本人的出发点来看，他的批评完全正确。仔细阅读一下《卡拉马佐夫兄弟》和《普希金演说》，无疑能感觉到，陀思妥耶夫斯基最关心的并非天堂的救赎，而是尘世的救赎。他强调的是一个没有不公或暴力的世界，是普遍的兄弟友爱，这反映了他对“和谐”的渴望，这与他年轻时的理想构成呼应，也显示了他与波别多诺斯采夫等保守派庇护者之间的鸿沟。②应该记住，“和谐”（harmony/гармония）一词本身就是彼得拉舍夫斯基编纂的《袖珍俄语外来词词典》中的一个词条。

---

① 陀思妥耶夫斯基：《书信集》（*Pis'ma*），多里宁编（莫斯科，1959），第4卷，第144页。

② 见古斯：《陀思妥耶夫斯基的思想和形象》（M. Gus, *Idei i obrazy F. M. Dostoevskogo*）（莫斯科，1962），第492—495页。

第二节　列夫·托尔斯泰

精神危机诸阶段

1870 年代末，**列夫·托尔斯泰**伯爵（Lev Tolstoy/Лев Толстой，1828—1910）正处于其文学声誉的顶峰，《战争与和平》出版于 1869 年，《安娜·卡列尼娜》于 1877 年面世。可是此时，在其创作天赋炉火纯青之时，他却经历了一场道德危机，这标志着他人生的一个转折点。在经历一段时间的抑郁症和自杀念头的折磨之后，他越来越倾向于完全抛弃他所属的富裕精英阶层所接受的价值观体系。

1878—1879 年间，托尔斯泰写成他著名的《忏悔录》，随后，他又相继写成《教条神学批判》和几本小册子，即《我信仰什么？》、《我们究竟该怎么办？》、《论生活》和《天国在你们心中》。1881 年，他请求亚历山大三世免除对刺杀前沙皇的革命者的死刑判决。同年，他朝觐奥普塔修道院，在那里与著名的长老阿姆夫罗西神父多次长谈，坦承了他对官方东正教的不信任。另一个使他改变观点的经历是，他在一年后参与莫斯科人口
326 普查工作，目睹了城市贫民的生活状况。由于家庭因素，他未能如愿把财产交给农民，但他缩减个人开支，放弃之前的贵族生活方式，经常从事体力劳动。在他周围渐渐聚集起许多门徒，其中最重要的一位是弗拉基米尔·切尔特科夫。他俩一起创立“媒介”（The Intermediary/Посредник）出版社，出版面向普通民众的读物。借助这家出版社，托尔斯泰出版了他的好几部作品（如《人靠什么活着？》《上帝看到真理，但不会很快说出口》）。这些出版尝试十分成功，有助于普及他的思想，尤其是在宗教分裂派中间。1891 年大灾荒之后，托尔斯泰试图用一系列揭露农村饥饿场景的文章来唤起公众舆论，他还亲自组织对饥饿农民的救助。几年后，当杜霍

波尔教派遭到政府迫害时，托尔斯泰公开保护他们，并与切尔特科夫一起帮助他们移民加拿大。1901 年，托尔斯泰对官方东正教的批评导致他被正教院革除教籍，这激起了世界范围的愤怒浪潮。

这些情况可以用来解释托尔斯泰的学说如何生成，如何通过那些普及性的哲学宗教小册子继续发挥作用（由于书刊审查制度，这些小册子大多在国外出版）。然而有许多研究者指出，托尔斯泰后期哲学的元素也可在其“转折点”之前的作品中发现。[1] 年轻时的托尔斯泰很迷恋卢梭对文明的批判，15 岁时，他脖子上挂着一个颈饰，里面嵌有卢梭的肖像。[2] 在写于 1858 年的短篇小说《三死》中，我们已能发现一个典型的托尔斯泰式对比，即“上层阶级”对于死亡的恐惧与普通人面对死亡时的平静顺从。1862 年（他当时在其庄园为乡村孩子开办了一所学校）发表在期刊《亚斯纳亚·波利亚纳》上的一篇文章中，也包含了他后来在 1880 年代详细阐述的社会哲学的最初大纲。对个人主义（对于托尔斯泰而言，亦如对于陀思妥耶夫斯基，个人主义的典型体现即拿破仑）的谴责是《战争与和平》中贯穿的主题。在这部小说中，这种个人主义一次又一次地与普通人本能的“真理”构成对比。就连托尔斯泰的悲观主义也不仅仅是其思想危机之 327
后果。从他的一封信中我们知道，他在 1869 年读过叔本华的著作，他在给朋友费特的信中写道，叔本华这位“人类最伟大的天才”的著作给他带来了“不断的狂喜”和前所未有的欢乐。[3]

尽管托尔斯泰在其《忏悔录》中无疑夸大了其观点变化的突然性和严重性，然而，1880 年代危机的重要性仍不应被低估。关于一个忏悔罪人的

① 见谢姆楚克：《列夫·托尔斯泰》（A. Semczuk, *Lev Tolstoy*）（华沙，1963），第 221 页及之后。

② 见古谢夫：《托尔斯泰生活与创作年鉴》（N. N. Gusev, *Letopis' zhizni i tvorchestva L. N. Tolstogo*）（莫斯科，1958），第 30 页。1901 年，托尔斯泰曾在巴黎对一位教授说，他读过“卢梭所有的书，全部 22 卷，包括《音乐辞典》（*Dictionary of Music*）在内”。

③ 同上，第 363 页。

生动故事是一种艺术手法，显然是为了震撼读者，让他们放弃恶的生活方式。然而，《忏悔录》的真诚和激情不言自明，在写作此书之前，托尔斯泰曾患严重的抑郁症，这导致他在1876年试图自杀。他在康复期间转向宗教，最终放弃了他周围人普遍接受的世界观。总而言之，可以说，这场危机虽然只是托尔斯泰思想逐渐演变过程中的一个阶段，但它确实标志着他一生中一个真正的转折点。

托尔斯泰在其《忏悔录》中写道，他受过洗，怀着东正教的信仰长大成人，但他很快就放弃这一信仰，一如他所属阶级的大多数人一样。他在战争中杀人，他曾与人决斗，他挥霍从农民那里勒索的钱财，吃喝嫖赌，生活放荡。可他似乎并未犯过什么罪，他被众人视为一个有道德的人。

那么，是什么取代了他失去的信仰呢？托尔斯泰写道，他像他那个时代大多数受过教育的人一样相信进步，可是当他看到一个人在巴黎被送上断头台，他明白没有任何理论可以证明杀人是正当的。他渴望成名，但他在内心深处并不相信成为世上最著名的作家有什么实质性的价值。当他深爱的哥哥离世时，他该如何解释这一死亡并为这一死亡辩护呢？并无一个有说服力的答案。死亡的必然性使生命成为彻底的荒谬，成为一个残酷而愚蠢的笑话。人的处境堪比一则东方寓言中旅行者的命运。在一头野兽的追赶下，他躲进一口井，却见井底有条恶龙张着血盆大口。这可怜的人既不能上，也不能下，便死死抓住井壁上的一棵灌木。当他的力量开始衰减，他看到两只老鼠，一只白鼠，一只黑鼠（分别象征白昼和黑夜），正
328 在啃噬着他悬挂其上的树枝。这旅行者知道自己终将跌落井底，却仍竭尽全力，舔食树叶上渗出的甜蜜汁液。托尔斯泰点评道：“这并非寓言，而是真实的、无可争辩的、人人都懂的真理。”①

① 托尔斯泰：《托尔斯泰全集》（L. N. Tolstoy, *Polnoe sobranie sochinenii*）（莫斯科–列宁格勒，1928—1958），第23卷，第14页。

人们如果有勇气直面真理，他们就一定能意识到，从一个苟延残喘的人的角度看，人类的存在应归结为这样一句话：“虚空的虚空，万事皆空。”这也是历史上所有智者，如苏格拉底、所罗门和佛陀等全都知道的真理。以叔本华为代表的最新哲学同样得出这样的结论：“从未出生的人是幸福的，死亡胜过生命。”摆脱这一可怕困境的最好办法是自杀，这是强壮有力的人选择的方式。其他一些缓和剂则是伊壁鸠鲁主义和浑浑噩噩，或接受生活本身，同时意识到生命是邪恶的，毫无意义的，就像那些智慧却又软弱的人（比如所罗门或叔本华）所理解的那样。托尔斯泰在《忏悔录》中写道，这也是他本人选择的出路，他深知生活是为人类设置的一个愚蠢笑话，但他仍在继续生活，仍在洗漱、穿衣、吃饭、交谈，甚至写书。

在这里，论证发生了突然变化，类似于康德的转变，后者在证明理论理性导致了不可调和的二律背反之后，用实践理性反对理论理性，从而解决这些矛盾。① 托尔斯泰写道，理性否认生活，但它本身就是生活之子。生活就是一切，个人的理性否认生活有意义，但与此同时，数以百万的人却毫不怀疑他们的存在富有意义。

“这怎么可能呢？”托尔斯泰问道，“只有我们两人，即叔本华和我，才如此聪明，意识到了生活的无意义和生活之恶吗？”② 不是说我们会因我们自己的理性而感到骄傲吗？根据某些有学问的人的理性解释，生活可能是无意义的，但广大民众在非理性理解或曰信仰的基础上找到了生活的意义。信仰不是启示，不是超自然的，也不仅仅关涉人与上帝的关系，信仰就是对人类存在意义的超理性洞察，仰仗这一洞察，人类才不会毁灭自我。 329

① 托尔斯泰本人后来也注意到这一类似。他满怀“愉悦”阅读了康德的《实践理性批判》（*Critique of Practical Reason*）（时在 1887 年）。见古谢夫：《托尔斯泰生活与创作年鉴》，第 679 页。

② 托尔斯泰：《托尔斯泰全集》，第 23 卷，第 30 页。

托尔斯泰在《忏悔录》中提到，他在得出这一结论后，便开始在有宗教信仰的人那里寻求精神上的帮助。起初，他面对他自己这个圈子的人，但他很快明白，这些人的信仰并不真诚，而只是他们诸多伊壁鸠鲁式的乐趣之一。因此，他“将目光转向那些贫穷的、普通的、没有文化的信徒”，即那些朝圣者、僧侣、农民、东正教信徒以及旧礼仪派信徒和反礼仪派信徒。在与他们的交往中，托尔斯泰看到他们默默地、顺从地接受疾病和不幸，在面对死亡时没有恐惧或绝望。他爱上了这些人，明白生活对他们而言具有真正的意义，他因此也接受了这种意义。他重新获得对上帝的信仰，理解了传统所赋予的普遍智慧，这种智慧宣称，世界由一种最高意志所统领，理解生活意义的人必须在这一意志前俯首。

托尔斯泰思想演进过程中接下来的一个阶段，始于他注意到神学家信仰与普通人信仰之间的差异。起初，在霍米亚科夫的影响下，他参加一切教会仪式，甚至是那些他不解其意的仪式。他放低身段，服从传统，因为他相信只有这样才能与过去数代人、与整个人类“团结在友爱之中”。然而他很快发现，神学教条不是在团结人们，而是在分裂他们，这些教条主张迫害，并被用于排他的、世俗的目的。

在考察了官方神学之后，托尔斯泰得出结论，即官方神学对生活的意义并无兴趣，那些模棱两可的教条并无更深刻的意义，而仅为一种转移人们注意力的手段，让人们不再关注宗教信仰中那些清晰、单纯的真理，因为这些真理能被普通人本能地理解，这往往会给他们的统治者造成不便。因此，托尔斯泰以理性为指导，开始对神学进行批判。他对信仰的要求是，不应存在任何无法解释的、超越理性的真理，除了理性在意识到自身的局限性之后本能地加以接受的那些真理。[1] 托尔斯泰对教会的教义进行

① 托尔斯泰：《托尔斯泰全集》，第23卷，第57页。

理性的检验，以消除其中一切与理性不相符的、人为地强加进去的东西。

如此一来，理性如今完全恢复了其权利，它之前曾一度退居次席，以便让作家托尔斯泰接受非理性的，然而充满生活洞见的信仰。后来，托尔 330
斯泰得出结论，理性和宗教之间绝对不可能存在任何不和谐，如果后者并非一种伪信仰。[①]

初看上去，这个论点似乎自相矛盾：理性起先在信仰面前缴械投降，然后却成为信仰问题的仲裁者；所有的理性论点起先均被斥为否定生活（从笛卡尔的怀疑到叔本华的悲观主义），然后却走向另一个极端，我们看到的是对信仰神秘性的、彻头彻尾理性主义的“常识性”批评。[②]事实上，这并非矛盾，而仅为两个思想端点之间的张力状态，这两个思想端点构成一个相互依存的辩证整体。为跟上托尔斯泰的思路，我们必须意识到他指的是两种不同的理性：一是受制于时空的人的**个人理性**，它否定生活，被迫服从信仰；一是**普遍理性**，它与信仰保持和谐。托尔斯泰哲学一个独具的特征，即得到他赞美的超个体的普遍理性与批判性的启蒙思想有某些共同之处，也就是说，它带有理性主义的印记，启蒙时期的宗教批评家们（如拉门内）曾谴责这种理性主义源自**个人**理性，与普遍理性并不相容。

托尔斯泰思想的另一非同寻常之处在于，他部分仰仗对叔本华著作的解读，得出了个人理性徒劳无益的观点。因此，他既不同于自德国浪漫主义者处汲取灵感的斯拉夫派，也不同于受法国传统主义者影响的恰达耶夫。在叔本华的影响下，托尔斯泰开始相信，真实的现实与虚幻的现象世界之间存在着本质区别。叔本华认为，所有的痛苦、死亡恐惧和生活的荒诞感均源于意志对个人的囚禁，意志作为宇宙的形而上学实体存在于个人体内。因此，救赎的途径就是否定自我，摆脱存在于时空中的个性之负

① 见托尔斯泰：《什么是宗教及其实质？》（*Chto takoe religiia i v chem sushchnost’ eyo?*）（1902）。
② 在法国启蒙主义作家中，托尔斯泰不仅欣赏卢梭，也推崇伏尔泰。

担。叔本华写道："救赎对我们的个性而言是完全陌生的东西，为实现救赎，就必须否认并消灭这种个性。"[①] 这是叔本华伦理学的指导思想，它指
331 出了一条通过形而上学的非人格主义走向救赎的道路。去爱自己的同胞，就意味着忘记自己的个性，消除自我和他人之间的障碍："对于主动爱其邻居的人而言，摩耶的面纱会变得透明，principium individuationis（个性化原则）的海市蜃楼也会消失不见。"[②] 另一种救赎方式是借助艺术，艺术对所有永恒的、不变的、非个性的事物均有直观的理解。不过，完全的解放只能在"意志的安乐死"中找到，这种死亡是一种完全冷漠的状态，是步入涅槃。这种道德理想可借助于苦行僧的顺从来实现，其范例即基督教的圣徒或印度的圣人。

由此可见，叔本华在托尔斯泰的精神危机及其解决方式中扮演了相当重要的角色。的确，托尔斯泰并未完整地接受叔本华的哲学（比如，托尔斯泰就没有接受叔本华将意志当作宇宙的形而上学本质这一观点），此外，对于从叔本华那儿接受的东西，托尔斯泰也时有修改，或在其中加入这位德国哲学家绝对会感到陌生的其他一些思想。事实上，正如我们将要看到的那样，托尔斯泰的新观点促使他对上层阶级的整个文化和生活方式发出了激进的质疑，这在叔本华的哲学或生活观中是找不到对应物的。然而，托尔斯泰生活哲学的主导思想之形成仍应归功于叔本华，托尔斯泰的这一主导思想就是，真实生活与其时空存在之间有本质区别。同样是叔本华使得托尔斯泰坚定了这一信念，即受制于时间和空间的个体注定会发现其生活是完全荒谬的，叔本华还向托尔斯泰表明，救赎之路因此便在于克服"个性化原则"。最后，在将托尔斯泰的注意力引向佛教与其他伟大的东方

---

① 叔本华：《叔本华全集》（A. Schopenhauer, *Sämmtliche Werke*）（莱比锡，1922），第 2 卷［《作为意志和表象的世界》（*Die Welt als Wille und Vorstellung*）］，第 482 页。

② 同上，第 440—441 页。

宗教并向他展示东方宗教与基督教的关联这一方面，叔本华也发挥了部分作用。

托尔斯泰的生活哲学

托尔斯泰形而上学的最好阐述见于他的《论生活》(1887)一书。

他写道："人的真实生活，即对幸福的渴望，要通过让自己的个性服从理性的法则来实现。理性和服从理性的程度均不取决于空间或时间。人 332
的真正生活在空间和时间之外进行。"[1]只有这样的生活，承认它存在一分钟与存在五万年并无区别，才可以说是真正存在的生活。

时间和空间是"个性化原则"之基础。由此可见，放弃个人福祉并非一种具有特殊美德的行为，而是必要的生活法则。为了过上真正的生活，而非动物本能的生活，就必须获得重生，成为一种"理性意识"，通过将自己的福祉等同于他人的福祉来超越个性。谁若能做到这一点，便会发现死亡不再有任何恐怖之处，便会将世界视为一个服从单一法律的合理整体。个人的生活并非真正的生活，印度瑜伽士为了涅槃而一连数年单腿站立，他的生活就比所谓文明国家的野蛮居民更真实。[2]通常被称为生命的东西实际上仅为一场死亡游戏(托尔斯泰指出，"最新的悲观主义者"叔本华和哈特曼在这一点上与佛教徒意见一致)。真正的生活不是一个现象世界，而是一种无形的、非个体的"理性意识"，一种不受时间或空间限制的普遍力量。个性是邪恶的，是一种切断人与真实生活之联系的幻觉，它把人囚禁在现象世界里，使他面对痛苦和死亡。超越个性的方式是爱，爱不是一种情感冲动，而是完全屈服于"理性意识"的宁静的清醒，这会

① 托尔斯泰：《托尔斯泰全集》，第 17 卷，第 248 页。
② 同上，第 261 页。

促使人们放弃他们的个人福祉。①

尽管托尔斯泰要求放弃“个人福祉”，而非个性本身，但他也试图指出，真正的个性不应混同于时空世界的“野蛮”本质。个性作为一种身份认同感实际上与个体无关，因为我们的身体在不断变化，个体意识是一系列不断变化的心理状态，而身份认同感则是永久不变的。基于这一论据，托尔斯泰在其论著《论生活》中试图证明，“人的真实自我”不受死亡力量的支配。然而，这些观点并未得到充分发展，它们与其说源自一个原则
333 立场，不如说是某些犹疑之产物。托尔斯泰生活哲学的主要内容无疑是形而上学的非人格主义，且一以贯之，除我们前文提及的若干保留意见外，这一哲学的伦理含义也十分极端。

托尔斯泰伦理学的一些公设，如要求人们爱身边的人、保持禁欲的恭顺等，与叔本华的伦理学并无不同。这种相似也延伸至关于时空世界之虚幻本质的看法，这一观点为上述伦理公设提供了佐证。然而，托尔斯泰的实际结论却与叔本华的理论相去甚远。在叔本华的体系中，对“个性化原则”的克服代表个性发展的高峰，他的“放弃世界”并未导致对前个性化阶段的意识之理想化，也未导致对简单化的崇拜或对于文明的卢梭式谴责。最重要的是，就其政治学观点而言，叔本华是一个保守的自由主义者，他坚决捍卫个人的权利。②托尔斯泰形而上学的非人格主义却使他谴责个人主义，呼吁在“人民的真理”面前保持谦卑，完全融入“民众”，勿以暴力抗恶。《战争与和平》中的卡拉塔耶夫，一个纯朴的农民，就是“人民的真理”的最佳化身，他只是无名无姓的民众中的一分子，他不觉得自己是一种独立的存在。彼埃尔·别祖霍夫渴望体验卡拉塔耶夫的“真

① 托尔斯泰：《托尔斯泰全集》，比留科夫编（圣彼得堡，1913），第17卷，第270页。

② 在屠格涅夫的世界观中，我们也发现了形而上学的非人格主义与对个人权利的自由主义捍卫这两者的结合。见瓦利茨基：《屠格涅夫与叔本华》，载《牛津斯拉夫论丛》（“Turgenev and Schopenhauer,” in *Oxford Slavonic Papers*），第10期（1962）。

理”，他在入睡前沉思：“做一个士兵，就做一个士兵，全身心地步入这共同的生活，接受他们的品质。但是，该如何摆脱这个外在的人所有多余的、恶魔般的重负呢？”

托尔斯泰哲学的独特之处就在于，摆脱“个性化原则”之负担的梦想不仅仅是个人主义危机的一个方面，这一危机在达到高潮之后便会步入其辩证的对立面。托尔斯泰追随叔本华，在东方宗教中为其理论寻找佐证，但他最重要的灵感仍来自他对俄国农民的观察，来自他对农民生活方式充满同情的理解，他所看到的农民生活并不沉重，因为将地主和农民连为一体的父权制关系依然存在。托尔斯泰的家庭属于古老的俄国贵族阶层，这是植根于非西方化、半亚洲式俄国的文化构成的一部分，但这一阶层通过其精英又积极地参与了欧洲的精神生活。毫无疑问，这种特殊处境 334
使托尔斯泰能够吸收精致的欧洲文化，“自内部”体验其危机，同时将欧洲文化与他对俄国农民文化和社会意识的深刻理解对立起来，而俄国农民此时尚处于前个性化阶段。这种对立的结果，便是一些苏联学者（继列宁之后）所谓“滑入宗法制农民的立场”。托尔斯泰的思想体系成为俄国农民社会意识中的“亚洲”因素之反映，列宁因此写道，托尔斯泰的思想不应被视为“什么个人的东西，不是什么反复无常和标新立异的东西，而是由千百万人在相当长的时期内实际所处的一种生活条件产生的意识形态”，是一种“东方制度的即亚洲式制度的意识形态”①。

托尔斯泰的宗教观

作为一名宗教思想家，托尔斯泰代表一种极端理性主义的、道德的福音主义，此为一种基督教异教派，在斯拉夫国家最典型的代表即波希米

① 列宁：《列宁选集》，第 17 卷，第 51—52 页。中译见列宁：《列·尼·托尔斯泰和他的时代》，《列宁全集》，北京：人民出版社，2017 年，第 20 卷，第 102、103 页。

亚兄弟会（托尔斯泰一直钦佩该派思想家彼得·赫尔钦茨基，这并非巧合）和波兰兄弟会。在俄国与托尔斯泰相对的另一极端，则是以弗拉基米尔·索洛维约夫的宗教和哲学思想为代表的思潮。他们两人均宣称基督教复兴和人类宗教复兴的必要性，但他们对宗教的总体看法，包括对基督教的看法却大相径庭，竟使得他俩旨在达成相互理解的所有尝试均以失败告终。托尔斯泰被索洛维约夫的神秘主义所激怒，索洛维约夫也无法忍受托尔斯泰的道德说教。索洛维约夫的一位传记作者写道，这两人的身体几乎无法呼吸同样的空气。①

对托尔斯泰而言，基督教的本质就包含在基督的伦理教义中。他认为，耶稣是人即便置身于诸如孔子、老子、佛陀和苏格拉底等人类最伟大的道德家和导师中间，他也是最伟大的人。基督的教导并不神秘，而是简单清晰的，易于被所有人所理解，其精髓可见于登山宝训。②托尔斯泰自
335 登山宝训中接受五条训诫，他试图把基督的训诫总结为："不可动怒；不可奸淫；不可发誓或论断你的邻居；勿抗恶；爱敌人。"③在托尔斯泰看来，第四条训诫最为重要。《福音书》上有语："你们听见有话说：'以眼还眼，以牙还牙。'只是我告诉你们：不要与恶人作对。"（《马太福音》5：38—39）这句话对他而言是一把能打开一切秘密的钥匙。④当他的被动抵抗理

① 见莫楚尔斯基：《弗拉基米尔·索洛维约夫：生活与学说》（*Vladimir Soloviev, Zhizn i uchenie*）（巴黎，1951），第248页。

② 登山宝训是所有信奉福音派和伦理基督教异教的人士最喜欢的文本。见科拉科夫斯基：《宗教意识与教会纽带》［L. Kolakowski, *świadomość religijna i więź kościelna* (*Religious Consciousness and the Bond of the Church*)］（华沙，1965），第289页。

科拉科夫斯基在此书中为托尔斯泰与索洛维约夫两人宗教意识之对立提供了一个有趣参照。"从最早的时候起，基督崇拜是作为两个不同倾向的冲突之一部分而发展的，得益于两个极端之间的张力：在其中一级，人民仅对基督的教义及其尘世使命感兴趣，他们否认或淡化基督的神性（如苏西尼派、涅斯多留派、阿里乌派等）；而在另一极，人们不太重视基督的尘世生活，甚至仅视其为一个象征……但强调其神性，甚至走得更远，将圣子等同于圣父……（如基督一性论者等）。在各种基督教教义之复杂多样的表述中也不难发现对这两种思想范式的不同侧重：或视基督为道德导师，是人，是遵循的榜样；或视基督为上帝，是灵魂的神秘新郎，是逻各斯，是神圣的光，是绝对之化身。这是基督教的两个极端版本，这两个版本均不为罗马天主教会（以及东正教会。——本书作者按）所接受。"（同上，第288页）

③ 见托尔斯泰：《我信仰什么？》（"What Do I Believe?"），载《托尔斯泰全集》（1913），第23卷。

④ 同上，第311页。

论受到攻击，被贬为一个愚蠢的白日梦时，他回答道，真正的白日梦，或更确切地说，真正的噩梦，如同一个疯子的胡言乱语，就是违逆基督的教导、建立在暴力之上的世界。他写道，基督的教导并不古怪，而是合理的、实际的，其含义可用这句话来最好地表达："基督教人不做蠢事。"① 《福音书》的教义既不要求殉难，也不要求超人的牺牲，因为它倡导生活与人性和谐统一的理想，它保障健康、平静的死亡。而"世俗的教义"则要求人们做出牺牲，召唤人们生活在拥挤不堪的城市，互相憎恨，互相残杀，让他们过分捍卫自己的存在，以至于无暇关注生活本身。"世俗的教义"将生活变成地狱，而基督则向我们展示如何在人间建立天国，在这个永久和平的王国，刀剑将被铸成犁铧，所有人都将成为兄弟。

托尔斯泰试图将宗教简化为一种伦理体系，他因此依据道德主义和理
性主义的标准对基督教教条和仪式进行批判性审视。被他拒绝的教义包括 336
圣三位一体、天启、圣灵感孕和复活，这不仅因为他认为这些教义不合逻辑，最重要的是，在他看来，这些教义并未包含关于"合理的"行为规则的任何暗示。在他生命的最后，他试图将所有四本《福音书》连缀成连续的叙述，在进行这项工作的过程中，他从《新约》中删去有关宇宙论和本体论的所有内容以及所有关于奇迹的描述。最后，他还删去《福音书》中关于"道"的内容（《约翰福音》第 1 章），去除其中神秘的、本体论的含义，并将逻各斯解释为"对生活的伦理理解"。他渴望去除一切具有超自然含义的东西，他甚至拒绝关于神恩和圣灵的教义，称之为不道德的教义，因为它"连根斩断了人性中一切最好的东西"。②

不得不试问一句，一种被剥夺了如此之多重要元素的宗教还能否被称为基督教呢？如果仔细研究一下托尔斯泰的思想，就会发现答案是否定

① 见托尔斯泰：《我信仰什么？》，载《托尔斯泰全集》（1913），第 423 页。
② 同上，第 230 页［《教条神学研究》（"Iisledovanie dogmaticheskogo bogosloviia"）］。

的。在其小册子《什么是宗教及其实质？》中，托尔斯泰认为，真正的宗教包含着所有伟大信仰所共有的基本原则，这些信仰被共同持有，正是仰仗这些信仰，人类才没有灭绝。在这个永恒的、普世的宗教中，基督教并不占有特权地位，尽管托尔斯泰曾视耶稣为人类最伟大的导师，即便耶稣本人不是神，他的教导也是充满神性的。正是在这最后一层意义上，也只有在这层意义上，我们才可以称托尔斯泰的哲学为基督教的哲学。与此同时，托尔斯泰却称官方教会制度化的基督教为世界各种宗教中最堕落的宗教。他认为，每一种宗教皆由两个部分组成，即其伦理教义以及为证明其伦理教义而构建的形而上学教义。当一种宗教用外在的崇拜符号来取代其伦理原则时，就可以说它已开始退化。所有宗教均已出现此类退化，但基督教首当其冲。“形而上学”和“伦理学”这两者分裂的第一个征兆即圣保罗书信，它提出一种与基督本人的教义不同的形而上学的神秘理论。基督教堕落的最后一个阶段，是它采用了君士坦丁大帝时期的官方信条。皇帝与其高级神职人员达成一项特殊协议，依据这项协议他能过上随心所欲
337 的生活，沉迷于谋杀、纵火、抢劫和放荡，同时继续自称基督徒，并确信自己在天堂拥有地位。[①]从此开始，基督教便成为这样一种宗教，它不对其信徒提出任何道德行为方面的要求，并对现存秩序的不道德视而不见。

在对官方基督教的虚伪和谎言的无情谴责中，托尔斯泰完全忽视了基督有关勿动怒的要求。列宁称托尔斯泰的批评表达了“原始的农民民主运动的情绪，在这种原始的农民民主运动中，积聚了由于几世纪以来农奴制的压迫，官吏的专横和掠夺，以及教会的伪善、欺骗和诡诈而迸发出来的极大的愤怒和仇恨”。[②]

① 见托尔斯泰：《我信仰什么？》，载《托尔斯泰全集》(1913)，第 480 页 [《教会与国家》(“Tserkov' i gosudarstvo”)]。

② 列宁：《列宁选集》，第 16 卷，第 324 页。中译见列宁：《列·尼·托尔斯泰》，《列宁全集》，北京：人民出版社，2017 年，第 20 卷，第 20 页。

归根结底，托尔斯泰对宗教的批评可视为对作为一种机构的教会的完全拒绝，是对一切“积极的宗教”之基础的抨击。认为“需要某些特殊的人作为人和上帝之间的中介”，相信奇迹，或是相信“数世纪来被不断重复或记载在书中的某些公式所具有的神奇力量”，所有这些在托尔斯泰看来仅为宗教退化之证据。托尔斯泰或将成为一种真正的普世信仰之先知，这种信仰应当是一种没有祭司、没有教条、没有圣礼、没有仪式的宗教，事实上就是一种没有任何超自然痕迹的宗教。

那么上帝在这种宗教中占据什么位置呢？托尔斯泰的观点无疑与传统有神论少有共同之处。的确，他在其通俗著作中将人与上帝的关系比作儿子与父亲或农民与地主的关系，但这种比较不能仅从字面意义上理解，将其视为神的人化观之证据。似乎有更好的理由将托尔斯泰的上帝哲学归类为神学内在论的一个特殊版本。我们很难给出更为精确的定义，因为托尔斯泰本人并未做过此类尝试，他满足于这样的表达：“上帝作为万物的起源而存在，这一神圣起源的粒子也存在于人的身上，它会依据人的生活方式减少或增加。”[①] 托尔斯泰不愿定义上帝的实质，这不仅是他关注伦理问题的结果，同样重要的是这样一个事实，即他认为这样的定义是徒劳无益的。因此，尽管他对教条神学的批判是极端的理性主义，但《忏悔录》的 338
作者却不能被归为宗教理性主义的代表。他写道：“上帝和灵魂我都十分熟悉，就像熟悉无限一样，不是借助定义，而是通过完全不同的方式。定义只会摧毁我的这些知识。”[②] 一如康德（托尔斯泰曾援引康德），托尔斯泰明确拒绝“理性神学”，的确，他是积极宗教的理性主义批判者，但他像康德一样相信，理论理性作为一种证明上帝存在或分析上帝存在之本质的工具是软弱无力的。

---

① 托尔斯泰：《托尔斯泰全集》（1913），第 15 卷，第 317 页（《什么是宗教及其实质？》）。
② 托尔斯泰：《托尔斯泰全集》（1928—1958），第 23 卷，第 132 页。

托尔斯泰对文明和社会理想的批判

作为一种社会意识形态的托尔斯泰哲学也非同寻常，因为它将两个内容融为一体：一是对现存社会体制和特权阶级精神状态的激进批评，一是对革命学说的同样激进的拒绝，以及不以暴力抗恶的所有企图。

托尔斯泰的批评完全是反历史的。列宁评论说：“他总是抽象地发议论，他只承认‘永恒的’道德原则和永恒的宗教真理的观点。”[①]这是一个有意识的、深思熟虑的选择，托尔斯泰拒绝“历史的观点”，即对历史必然性和理性的信念，因为他认为这种观点已被非道德的相对主义和盲目的乐观主义所扭曲。这种态度自然与其同时代人中所流行的对进步信念的完全拒绝相关。在托尔斯泰看来，进步观如果被阐释为个人完美的永恒法则，它是可以被接受的，但当它“被转而用于历史领域，它就变成了枯燥空洞的闲聊，在替各种无意义的东西和宿命论辩护”。此外，历史进步的概念仅适用于欧洲文明影响范围内的国家，或更准确地说，仅适用于这些国家的一小部分居民。普通百姓只是受到了“进步”的伤害，每个地方的民众“往往对进步怀有敌意，往往不仅不承认进步的益处，而且肯定地、有意识地认为进步对他们有害”。[②]

必须强调的是，一篇包含这些思想的文章早已发表于1862年（发表在教育期刊《亚斯纳亚·波利亚纳》上），也就是说，这篇文章的发表比托尔斯泰的思想“危机”早了将近20年。基于劳动分工之前的社会关系
339 将自然经济理想化，这是托尔斯泰哲学的典型特征，这一特征也可追溯至托尔斯泰1870年代末思想转折之前的时期。关于这一问题的最后表述可在发表于1886年的《我们究竟该怎么办？》中找到。在这本小册

① 列宁：《列宁选集》，第17卷，第50页。中译见列宁：《列·尼·托尔斯泰和他的时代》，《列宁全集》，北京：人民出版社，2017年，第20卷，第101页。

② 托尔斯泰：《托尔斯泰全集》（1928—1958），第8卷，第334—335页。

子中，托尔斯泰诉诸米哈伊洛夫斯基最热衷的主题，即对社会有机理论（尤其是孔德和斯宾塞的理论）及其倡导的劳动分工的批判。托尔斯泰写道，将社会比作有机体的理论是为维护特权阶层的利益而虚构出的东西，劳动分工论更是“游手好闲者的无耻借口”。有趣的是，托尔斯泰也像米哈伊洛夫斯基一样，认为劳动分工对那些使用“欺骗和暴力”来躲避体力劳动的少数特权人士同样有害，因为不断从事各种不同工作，这对健康和幸福至关重要：“一只鸟就是这样被创造出来的，它必须飞翔、跳跃、啄食、斟酌，在做这一切的时候，它才能感到满足和幸福，它才能成为一只鸟。人也同样如此，在他行走、忙碌、提物、搬运的时候，在他用手指、眼睛、耳朵、舌头和脑袋工作的时候，他才成为一个人。”①托尔斯泰建议将根据个人能力进行的劳动分工改为劳动日分工制（即“套马”原则），这样一来每个人每天都有机会从事不同的工作，他的物质需求和精神需求均能得到满足。不难看出托尔斯泰的这一理想与米哈伊洛夫斯基的进步公式之间的相似之处。②

托尔斯泰在激烈反对进步和劳动分工时，想到的当然是资本主义经济，而他对“不可分割的”劳动的理想化显然是他对自然农民经济的浪漫主义观点的一部分。有趣的是，与卢梭和席勒等资本主义文明的批判者不同，托尔斯泰认为劳动分工并非进步的辩证对立物，而仅是“不工作的少数人压迫工作的多数人的一种方式”。③当然，这显然是一种过分简单的社会学，其力量在于其攻击强度，在于其否定态度的“虚无主义的”大胆，

① 托尔斯泰：《托尔斯泰全集》（1928—1958），第25卷，第390页［《我们究竟该怎么办？》（“Tak chto zhe nam delat’?”）］。

② 见本书第336页以下。米哈伊洛夫斯基本人也意识到了其思想与托尔斯泰思想（尤其是托尔斯泰的教育文章）之间的相似，并在其文章《列夫·托尔斯泰的左右手》（“Desnitsa i shuitsa L’va Tolstogo”）（1875）中讨论过这些问题。在托尔斯泰“危机”后的期，两者的相似之处愈加明显。

③ 参见阿斯姆斯：《托尔斯泰的世界观》（V. F. Asmus, “Mirovozzrenie Tolstogo”），载《文学遗产》，第69卷（莫斯科，1961），第1册，第43—51页。在我看来，阿斯姆斯此文是苏联学者研究托尔斯泰世界观的最具代表性的佳作。

而非其精细的哲学分析。

340 托尔斯泰对文明和文化进行了全面谴责，他也没有放过科学。他写道，当代科学的作用是满足富人的人为需求，增强他们控制人民的权力。科学是完全不道德的，因为它已经忽略了真正重要的唯一问题，即理解人类使命的天性和美德的本质。对这一问题的研究既不需要劳动分工，也不需要任何形式的专业化，而用来解决这一问题的科学与被视为伦理体系的宗教并无区别。后者的大祭司即诸如孔子、苏格拉底、马可·奥勒留、基督耶稣和穆罕默德等伟大的道德家和宗教领袖。人类不需要除此之外的任何科学。

不难预料，对于托尔斯泰而言，复杂文明中的一切邪恶之体现便是国家制度。他的世界观发生急剧改变的一个重要方面，是他接受了彻底的基督教无政府主义。国家体制作为一种使人们相互对立的压迫制度，显然有悖于登山宝训。因此，基督教允许自己与国家建立密切的联系，这就是亵渎，这将证明其毁灭，因为“基督教国家”的概念就像“燃烧的冰”的说法一样，是一种矛盾修饰。① 激情满怀的托尔斯泰，如今甚至开始否定勇敢、爱国主义等公民美德和军人美德，他曾在《塞瓦斯托波尔故事》《战争与和平》以及其他一些写于“思想转折”之前的作品中赞扬过这些美德。他在小册子《基督教与对祖国的爱》中写道，爱国主义始终是一种压迫工具，统治者的爱国主义只可能是他们关于其个人福祉的自私关注，而被统治者的爱国主义则意味着放弃人的尊严、理性和良心，亦即奴隶般地服从那些掌权者。被压迫民族的爱国主义尤其危险，因为他们更多的痛苦往往会导致他们使用更多的暴力。②

---

① 托尔斯泰：《托尔斯泰全集》（1928—1958），第 23 卷，第 479 页。

② 在实践中，托尔斯泰并未拘泥地听从自己的建议，他承认民族独立运动的正义性。参见他的高加索题材中篇小说《哈吉穆拉特》（*Hadji Murat*）和短篇小说《为了什么？》（*What For?*）（1906），后者描写了 1863 年波兰起义者的悲惨命运。

托尔斯泰的批评最终导致他对现存秩序的完全否定。他提出一个取而代之的理想，即建立一种能够消除一切暴力和一切社会不平等形式的生活方式，其实现路径即被动的抵抗，谴责现存体制，拒绝与其进行任何合作。托尔斯泰认为自由派的希望纯属幻想，他们试图通过进入政府或与政府进行其他形式的合作来实现零星的改善。与此同时，他也反对革命，因 341
为革命不仅违逆基督教，而且毫无益处，因为它会导致暴力的增多，而非暴力的去除。

日俄战争和1905年革命激发了这位老年作家的活力。他在《你们要反省！》一文中公开反对战争，并谴责于流血的星期日在冬宫对手无寸铁的示威民众进行的屠杀。在《大罪》和《世纪之末》两文中，他捍卫农民积攒财产的权利，并呼吁土地国有化。他抨击政府的镇压政策，但也呼吁革命者放弃斗争（《告政府、革命者与人民书》）。他当然不欢迎《十月宣言》，不支持召开第一杜马，他认为这些均为纯粹的“国家主义”措施，因此无力对抗邪恶，但是，他却从未停止为受迫害的人发声。1908年，他写成愤怒、真诚的宣言《我不能沉默》，抗议反动的斯托雷平政府对革命者的血腥镇压手段。

列宁在关于托尔斯泰的数篇文章中对托尔斯泰的哲学进行了深刻总结，他写道，托尔斯泰作为一名思想家之所以伟大，在于他的思想反映了“直到最底层都在掀起汹涌波涛的伟大人民海洋，既反映了它的一切弱点，也反映了它的一切长处”。①

与此同时，他也强调托尔斯泰的学说“无疑是空想的学说，就其内容来说是反动的（这里是就反动一词的最正确最深刻的含义来说的）”②。作为

---

① 列宁：《列宁选集》，第16卷，第353页。中译见列宁：《托尔斯泰和无产阶级斗争》，《列宁全集》，北京：人民出版社，2017年，第20卷，第71页。

② 同上，第17卷，第52页。中译见列宁：《列·尼·托尔斯泰和他的时代》，《列宁全集》，北京：人民出版社，2017年，第20卷，第103页。

宗法制农民的情感和愿望的表达者，托尔斯泰是向后看、而非向前看的，他想重建一种古老的、前工业化的生活方式，并公开宣称“当代的理想业已过去”。所有这些都是他“反动的”一面。另一方面，列宁也充分意识到了这一点，即托尔斯泰“反动的、空想的”思想却对俄国国家和社会体制的基础构成了有力打击，而这一国家和社会体制则被普遍视为更严格意义上的反动。因此，出于某些原因，后来的许多俄国侨民均指责托尔斯泰帮助
342 过革命者，其方式就是破坏许多革命的反对者们对其正义事业的信念。

托尔斯泰反抗腐朽世界的最后一次悲剧行为也有一种古老的乌托邦意味，即他主动选择了自己的死亡环境。他和妻子在处置他财产的问题上产生分歧[①]，这导致他再次尝试实现他“放弃世界”的旧梦想，抛弃“周围一直存在的奢华”。1910 年 10 月 28 日（公历 11 月 10 日），他与他的门徒之一杜尚·马科维茨基医生一起逃出家门，事先得到他的女儿亚历山德拉的同意，他试图找到一个能让他在孤独和沉默中结束生命的去处。他的计划未获成功，全世界的报纸向公众通报了托尔斯泰行程的每一站。一场感冒转变成肺炎，迫使他留在铁路小站阿斯塔波沃，他于 11 月 7 日（公历 20 日）在此地去世。

托尔斯泰去世的消息传遍了全世界。然而，尽管各国政府和议会均对他表示哀悼，但这位伟大道德家的呼吁以及他的去世所造成的印象却无力阻止第一次世界大战的爆发。

艺术的作用

对艺术本质的思考构成了托尔斯泰思想中不可分割的一部分，这一思考在《什么是艺术？》一文中得到最充分表达。此前多年，在《亚斯纳

① 托尔斯泰在遗嘱中要求把版税留给他的门徒，而非家人。

亚·波利亚纳》杂志上发表的一组关于教育的文章中，托尔斯泰曾称艺术为特权阶级“游手好闲者的空洞娱乐”，认为“富裕阶级”的所有文化成就（包括他本人最为喜爱的普希金作品和贝多芬音乐）与人民的声音相比都是“虚无的，毫无意义的”。

《什么是艺术？》一文是对这些观点的有力重申。在此文开头，托尔斯泰详尽分析了他所处时代的审美信条，这一审美信条声称，艺术的目的就是美，或者换言之，就是摆脱道德价值的审美愉悦。托尔斯泰认为，相信“为艺术而艺术”，就像坚持认为吃饭的目的在于取悦味觉，是完全荒谬的。但在拒绝唯美主义的同时，托尔斯泰也拒绝在柏拉图、早期基督徒、正统穆斯林和佛教徒那里发现的对艺术的禁欲般的厌恶。艺术在他的蓝图中有一席之地，它是一种有助于“让人们团结在共同情感中”的工具，因此是“社会生活的重要方面”。然而，能被称为艺术的不仅有 343
绘画、雕塑、交响乐、十四行诗和小说：“整个人类生活均充满各种各样的艺术，从摇篮曲、笑话、玩笑、家居装饰、服饰、器皿，到教堂的礼拜和宗教游行。”①

艺术本质的最佳体现是民间艺术，民间艺术与宗教的、日常的劳动节奏紧密相连，与作为一个不可分割之整体的人类存在紧密相连，在这一整体中并不存在孤立的或自治的领域。

艺术的功能即借助外在的象征来表达情感，并用这些情感去“感染”他人。因此，一件艺术作品的价值便取决于它试图表达的情感之信念和道德内涵。真正艺术的主要任务是团结人类，而“富裕阶级”的艺术则相反，是排他性的，仅试图传达少数特权阶层的情感。这些情感不能被称为真正的人类情感，因为它加深了人与人之间的分裂，而不是在弥合

① 托尔斯泰：《托尔斯泰全集》（1928—1958），第 30 卷，第 66—67 页。

这种分裂。

托尔斯泰在艺术中区分出三组此类“分裂”情感：第一种是时髦的民族主义和沙文主义情感，是骄傲，是社会或集团的排他性以及对弱者的蔑视；第二种情感迎合那些游手好闲、没有生活目的的人所特有的过分敏感（在文学中，这些情感体现于那些充满色情成分的作品，以及对人的动物性的自然主义崇拜）；最后一种情感呼应百无聊赖和厌倦世界的悲观情绪，这些情感对普通民众而言是陌生的。托尔斯泰宣称，表达这些情感的艺术作品越来越流行，这是一种进步的退化。精英者的艺术越来越脱离人民，越来越排他，其主题越来越狭窄，直到最后，当艺术家们觉得他们再也无话可说的时候，艺术便会完全消失。于是，艺术家们不惜一切代价追求原创性和新奇性，尽管他们所能取得的成就仅为形式上的精致，而这正是一切衰落中的艺术之典型特征。这种形式主义衍生出更大的排他性，因此，艺术最终会变得完全无法理解，而仅仅成为一个狭窄圈子人士的孤芳自赏。

这一智力和艺术退化过程的最后阶段即波德莱尔、魏尔伦、马拉美等
344 法国象征派的“颓废”艺术以及瓦格纳的音乐。不过，托尔斯泰指出，当今的颓废之根源必须在过去的历史中寻找，当代“颓废者”与之前数代艺术家之间的区别仅为数量意义上的。西欧艺术史的转折点是文艺复兴时期，在这一时期，上层阶级失去其宗教信仰，不再能与普通民众共情。此后，精英阶层的艺术从作为一个整体的民族艺术中分离出来，不再只有一种艺术，而出现了两种艺术，即大师的“高雅”艺术和大众的“低俗”艺术。在俄国，彼得的改革也造成了类似转折。托尔斯泰依照其论据得出一个逻辑结论，即在疏远了普通民众的“高雅”艺术之代表中不仅有拉斐尔、米开朗基罗和莎士比亚，而且还有他本人之前深爱的普希金。

与统治阶级的“不道德”艺术相反，托尔斯泰的“未来艺术”理想是

让艺术真正摆脱各种内部和外部约束，不再囿于自私的、不道德感情的巢窠，不再依附于“钱袋子和他人的财富”。他写道：“未来的艺术将把放债的人赶出寺庙。”它将是所有人的艺术，就像《伊利亚特》和《奥德赛》、《圣经》故事和赞美诗以及中世纪的艺术那样，属于每一个人。艺术创作将不再是专业人士的领域，而将由一切有天赋的劳动人民来承担。这将为艺术带来巨大繁荣和活力，因为劳动人民的感情远比富人的感情更丰富，更有价值。

对于有意达到他的标准的艺术，托尔斯泰有两个方面的要求，即真诚的、容易理解的、道德上值得称赞的内容，以及清晰、简单、精练的形式。普列汉诺夫正确地指出，这正是车尔尼雪夫斯基在其学位论文《艺术对现实的审美关系》中提出的艺术品质要求。[①] 因此，托尔斯泰这本小册子受到弗拉基米尔·斯塔索夫的热情欢迎并不令人奇怪，斯塔索夫是车尔尼雪夫斯基传统在艺术批评领域的主要继承人，同时也是托尔斯泰在美学和艺术史方面的首席顾问。[②] 在托尔斯泰和皮萨列夫之间甚至也有某些共同之处，托尔斯泰对“上层阶级”艺术的抨击同样是“虚无主义的”，并在许多方面与皮萨列夫的反“美学”运动相互吻合。 345

这些相似部分源自这一事实，即托尔斯泰像 1860 年代激进民主派一样开始宣传一种现实主义的、“有社会责任感的”艺术。另一种解释是，托尔斯泰的世界观与“启蒙派”的世界观之间有部分亲缘关系。如前文所述，他的“理性”与 18 世纪的理性主义有很多共同之处，尤其近似于 18 世纪理性主义对“终极源泉”的不懈追寻以及它对权威和传统的反历史主

① 见普列汉诺夫：《再论托尔斯泰》，载《俄国批评中的托尔斯泰》（“Eshche o Tolstom,” in *L. N. Tolstoy v russkoi kritike*）（莫斯科，1952），第 438 页。

② 见洛姆诺夫：《与颓废主义艺术斗争中的托尔斯泰》，载《托尔斯泰：论文和资料集》（L. N. Lomunov, “Tolstoy v bor’be protiv dekadentskogo iskusstva,” in *L. N. Tolstoy, Sbornik statei i materialov*）（莫斯科，1951），第 80—81 页。

义的拒斥。因此，托尔斯泰在这一方面可以说与1860年代的“启蒙派”有关联，尽管他弃绝自我的宗教立场以及勿以暴力抗恶的吁求显然与“启蒙派”的“合理利己主义”相去甚远。

第三节　陀思妥耶夫斯基与托尔斯泰：一种比较

我们尝试做一个总结。毫无疑问，陀思妥耶夫斯基和托尔斯泰与其他19世纪作家的区别就在于他俩炽烈的道德热情。然而，“道德家”的标签并非一种恰当描述。一些最伟大的道德家，如斯多葛主义者和怀疑论者，均不相信激进变革的可能性，并有意识地避免表达道德义愤。陀思妥耶夫斯基与托尔斯泰则相反，他俩强烈反对“对公民秩序或道德秩序的任何侵扰或违逆”，并呼吁宗教和道德意义上的彻底重生。[①] 他俩对人类终极命运的关怀具有真正的先知激情的所有特征。

但是，这两位伟大的俄国作家均以其独特的方式成了先知。陀思妥耶夫斯基试图通过神人类概念来洞察历史的神秘意义，托尔斯泰则以基督教福音书永恒真理的名义完全拒绝历史。对陀思妥耶夫斯基而言，俄国历史提供了一条通过基督获得救赎的道路，与人民重新融合、“回归土壤”的理想，就是他与历史、与东正教的历史传统和普通民众的民族传统相和解的具体方式；而对托尔斯泰而言，真实的生活不受时间约束，真理和普通民众置身于历史之外，历史过程只会产生恶，这一进程必须被摧毁，以便在人间建立起绝对道德主宰的王国。两位作家均渴望人间的“和谐”，但
346 陀思妥耶夫斯基梦想把国家转变为教会，并以**神秘主义的**福音派理想的名义谴责理性主义，托尔斯泰则否认任何制度化宗教的必要性，支持**理性主**

① 见瓦赫：《宗教社会学》（J. Wach, *Sociology of Religion*）（伦敦，1947），第355页。

义的福音派异教。托尔斯泰形而上学的非人格主义以及他对个人不朽的拒绝，均让《卡拉马佐夫兄弟》的作者感觉陌生；而陀思妥耶夫斯基同样敌视托尔斯泰的平等主义，认为这种平均化会消灭个性和自由。作为一位先知，陀思妥耶夫斯基更接近于《旧约》中的民族弥赛亚主义（即沙托夫版的弥赛亚主义）。如果说托尔斯泰的哲学中也有某种《旧约》元素，那也仅仅因为托尔斯泰对恶的无情抨击令人想起了那些伟大的希伯来先知们的激情。①

当我们从两位作家与俄国思想中特定派别之关系的角度来考察他们，他俩之间的差异则愈显明晰。陀思妥耶夫斯基是一位浪漫主义的民族主义者，是斯拉夫派传统的延续者，托尔斯泰则是所有版本的民族主义，甚或爱国主义之毫不妥协的批评者，他更倾心于理性主义和启蒙主义的思想模式。在社会和政治观点上，托尔斯泰更接近民粹派和无政府主义者，尽管他以一种反对革命的、福音派的精神重新阐释了他们的学说。这些差异派生出了实际的政治后果：陀思妥耶夫斯基年轻时在西伯利亚服苦役，晚年步入保守派圈子，与波别多诺斯采夫关系密切，梦想吞并君士坦丁堡；而贵族大地主托尔斯泰却拒绝本阶级，三十多年间始终不断地反对一切国家机构的道德罪恶，反对剥削和暴力。

若把陀思妥耶夫斯基等同于1870年代的保守派思想家，这自然有失公允。事实上，许多民粹派领袖均认为（当然是错误地认为）陀思妥耶夫斯基是他们的意识形态盟友。②卢那察尔斯基并非偶然地写道，波别多诺斯采夫及其他一些“位高权重的庇护者并不完全信任陀思妥耶夫斯基，总是担心他会弄出什么不愉快的意外”。③这样一位神经质的、脱离根基的知

① 见瓦赫：《宗教社会学》，第355页。

② 多里宁收集了与此相关的大量证据。见《陀思妥耶夫斯基：资料和研究文集》（*F. M. Dostoevsky, Materialy i issledovaniia*）（列宁格勒，1935），第52—53页。

③《俄国批评中的陀思妥耶夫斯基》，第452页。

识分子，这样一位能以如此高超的直觉描绘卡拉马佐夫兄弟的道德冲突和
347 精神冲突的作家，实际上却比托尔斯泰更接近当时的激进知识分子，因为托尔斯泰是《福音书》永恒真理的布道先知，他半是贵族，半是农民，同时又是一位主教。托尔斯泰的宗教和伦理学说是一个包含既定真理的静态系统，而陀思妥耶夫斯基思想中最有价值的一切却构成一个辩证的复合体。若把陀思妥耶夫斯基的世界观简化为东正教的乌托邦主义和保守的政治学说，或许是错误的。即便在当今，他的一些思想仍具有惊人的新鲜感。而在托尔斯泰这里我们感觉到的却是一种真正的、而不仅仅是表面的陈旧思维方式，这种思维方式十分有力，但同时也显得过时，其十分大胆、过于简单化的感知方式使人震惊，而其“虚无主义”的片面性和摩尼教的二元论也令人不快。

陀思妥耶夫斯基的思想影响到许多具有不同意识形态倾向的思想家，无论是保守派还是进步派，无论是宗教思想家还是世俗思想家。他的声望在20世纪达到顶峰。他和弗拉基米尔·索洛维约夫一同（陀思妥耶夫斯基晚年与索洛维约夫成为友人，他对后者产生了相当大的影响），在20世纪初唤起许多受过教育的俄国人对宗教的兴趣［即所谓“宗教复兴”（religious renaissance/религиозный ренессанс）］。几乎所有俄国唯心主义哲学家，所有宗教思想家，其思想均形成于20世纪初，他们在俄国革命之后流亡国外，继续其学说。这些差异甚大的人士，如别尔嘉耶夫、布尔加科夫、弗兰克、梅列日科夫斯基、舍斯托夫、洛斯基和盖森等，在其人生的不同阶段却均着迷于陀思妥耶夫斯基，把陀思妥耶夫斯基的思想吸纳进自己的世界观。在西欧的思想家中，世俗的存在主义者（尤其是萨特和加缪）对陀思妥耶夫斯基的作品情有独钟。吸引他们的不是陀思妥耶夫斯基的“东正教”，而是他辩证的个人主义观，是他对“反叛”问题和自由之重负问题的理解，总之，是他借以对“自我确立的”主人公们展开分析的

那些思想。

作为一名道德家和宗教思想家，托尔斯泰生前享有世界性威望。他在亚斯纳亚·波利亚纳的家被来自各国的朝圣者们朝觐，世界各地的支持者和反对者寄来成百上千封信件。他的思想，尤其是他的和平主义学说，得到了广泛传播。然而，托尔斯泰的哲学和宗教思想却并未成为一种非常有影响力的学说。托尔斯泰思想的力量完全取决于他充满魅力的个性，在他去世后，他的思想很快即被遗忘，仅有一个例外，托尔斯泰在圣雄甘地的身上至少找到了一个其学说的真正伟大的继承者。 348

本章涉及作品

费奥多尔·陀思妥耶夫斯基：《穷人》（*Poor Folk*/Бедные люди），小说
——：《白夜》（*White Nights*/Белые ночи），小说
——：《双重人》（*The Double*/Двойник），小说
——：《时代》（*Time*/Время），期刊
——：《死屋手记》（*Notes from the House of the Dead*/Записки из мертвого дома），小说
——：《冬天记的夏天印象》（*Winter Notes on Summer Impressions*/Зимние заметки о летних впечатлениях），随笔集
——：《少年》（*The Adolescent*/Подросток），小说
——：《地下室手记》（*Notes from the Underground*/Записки из подполья），小说
——：《群魔》（*The Possessed*/Бесы），小说
——：《卡拉马佐夫兄弟》（*The Brothers Karamazov*/Братья Карамазовы），小说
——：《作家日记》（*The Diary of a Writer*/Дневник писателя），期刊
——：《罪与罚》（*Crime and Punishment*/Преступление и наказание），小说
——：《白痴》（*The Idiot*/Идиот），小说
——：《公民》（*Citizen*/Гражданин），期刊
——：《普希金演说》（“Address on Pushkin”/Пушкинская речь），演讲
亚历山大·普希金：《茨冈人》（*Gypsies*/Цыганы），叙事诗
——：《仿古兰经》（*Imitations of the Koran*/Подражание Корану），叙事诗
——：《瘟疫流行时期的盛宴》（*A Feast During the Plague*/Пир во время чумы），叙事诗
——：《埃及之夜》（*Egyptian Nights*/Египетские ночи），叙事诗
列夫·托尔斯泰：《战争与和平》（*War and Peace*/Война и мир），小说
——：《安娜·卡列尼娜》（*Anna Karenina*/Анна Каренина），小说
——：《忏悔录》（*Confession*/Исповедь），自传
——：《教条神学批判》（*Critique of Dogmatic Theology*/Критика догматического

богословия)，著作
——:《我信仰什么？》(*What I Believe?*/В чем моя вера?)，文章
——:《我们究竟该怎么办？》(*What Are We to Do?*/ Так что же нам делать?)，文章
——:《论生活》(*On Life*/О жизни)，文章
——:《天国在你们心中》(*The Kingdom of God Is Within You*/Царство божие внутри нас)，文章
——:《人靠什么活着？》(*What Do Men Live By?*/Чем люди живы?)，文章
——:《上帝看到真理，但不会很快说出口》(*God Sees the Truth but Waits*/Бог правду видит, да не скоро скажет)，小说
——:《三死》(*Three Deaths*/Три смерти)，小说
——:《亚斯纳亚·波利亚纳》(*Yasnaya Polana*/Ясная Поляна)，期刊
——:《什么是宗教及其实质？》(*What Is Religion and How Is It to Be Defined?*/Что такое религия и в чем сущность ее?)，小册子
——:《塞瓦斯托波尔故事》(*Sevastopol Sketches*/Севастопольские рассказы)，短篇小说集
——:《基督教与对祖国的爱》(*Christianity and Love of the Fatherland*/Христианство и любовь к отечеству)，小册子
——:《你们要反省！》("Bethink Yourselves!"/Одумайтесь!)，文章
——:《大罪》("A Great Sin"/Великий грех)，文章
——:《世纪之末》("Century's End"/Конец века)，文章
——:《告政府、革命者与人民书》("An Appeal to All Russians—Government, Revolutionaries and People"/Обращение ко всем -правительству, революционерам и народу)，文章
——:《我不能沉默》("I Cannot Be Silent"/Не могу молчать)，文章
——:《什么是艺术？》(*What Is Art?*/Что такое искусство?)，文章

第十六章

实证主义诸类型

导　论

波兰的实证主义表达了年轻一代（在 1863 年起义失败后）的现实主义愿望，即借助谨慎的“有机”工作来实现社会变革。与波兰的实证主义不同，俄国的实证主义从未成为一种有影响力的意识形态。实证主义思想当然对当时总的思想环境产生了相当大的影响，一些俄国实证主义理论家不乏才华，但他们中却无人能在俄国思想史上发挥真正突出的作用。

早在 1840 年代后半期，实证主义思想的第一阵回声便在俄国响起。孔德的理论（尤其是他的人类发展三阶段论，即神学、形而上学和实证三阶段）在俄国赢得了支持者，这些支持者大多与彼得拉舍夫斯基小组有关联，特别突出的支持者是瓦列里安·迈科夫和经济学家弗拉基米尔·米留金（1826—1855）。而别林斯基的态度则相当谨慎，他认为孔德是一位有趣的思想家，其“反对神学干预科学”的立场值得关注，但别林斯基认为孔德缺乏才华，认为视孔德为“一种新哲学的创始人”的观点是荒谬的。他写道，孔德试图推翻形而上学，这种形而上学不仅指与“超越的荒谬”相关的科学，而且也指诉诸人类精神本质的科学，这就表明，哲学领域与孔德的天性不符，他仅能把握数学和自然科学。①

1860 年代的“启蒙者”也很难毫无保留地接受孔德，尤其因为他们的唯物主义和社会激进主义立场。不过，孔德的哲学仍对皮萨列夫产生了一定影响，后者在与活力论者就生命的神秘原则展开争论时曾援引实证主
349 义的论点。皮萨列夫对孔德的历史哲学印象更深，他为此撰写一篇长文（《奥古斯特·孔德的历史观》）。对皮萨列夫而言，孔德关于人类发展三阶段的观念出色地佐证了他最热衷的两个理论，即历史进步对知识进化的依赖，以及自然科学肩负的解放使命。

民粹派思想家对孔德的态度甚至更为复杂。他们无疑受到了实证主义之影响，但称他们为实证主义者却毫无根据。② 在拉夫罗夫和米哈伊洛夫斯基著书立说时，社会科学中的实证主义在很大程度上由赫伯特·斯宾塞的进化论所代表。这两位俄国思想家均完全拒绝实证主义的进化论，视其为“客观主义”的极端版本，他们针锋相对地提出其“主观社会学”；他们也很排斥实证的科学主义，尤其是其对价值判断的彻底排除。但与此同时，他们在反对“客观主义”时却发现孔德本人竟然是他们的盟友，因为孔德承认“客观”方法和“主观”方法同样有效。因此，米哈伊洛夫斯基在与斯宾塞争论时便求助于孔德，称孔德为人类历史上“主观的人类中心主义”时代的先驱。这一评价本身就清楚地揭示了米哈

---

① 见别林斯基：《哲学著作选集》（*Izbrannye filosofskie sochineniia*）（莫斯科，1948），第 2 卷，第 326—329 页。

② 他们在雅科文科的《俄国哲学史》（布拉格，1929）和洛斯基的《俄国哲学史》（伦敦，1952）中被归为实证主义者，津科夫斯基在其《俄国哲学史》（克莱恩英译，两卷本，伦敦，1953）中将他们视为“半实证主义者”。

伊洛夫斯基的思想和他所处时代的实证主义之间的本质区别。在19世纪下半叶，只有一小群“正统的”孔德信徒（如拉菲特和罗比内）仍在捍卫孔德的“主观方法”。利特雷是法国后孔德实证主义主流学派的主要代表，他就反对“主观方法”和“人道教”以及孔德哲学体系中的其他浪漫主义元素。

拉夫罗夫不太热衷“社会学的浪漫主义”，他在《实证主义问题及其解决方案》一文中定义了他对实证主义的态度。在文中，他讨论了实证主义思想的不同变体（孔德、利特雷、穆勒、斯宾塞和刘易斯），并称他们不能被低估。他套用黑格尔关于哲学的说法，将实证主义定义为“被三段论俘获的当代”。[①]拉夫罗夫写道，实证主义一个影响深远的贡献，在于它制定了人类理性面临的任务，亦即必须用严谨的科学手段来分析所有现象 350
间的关系，不必求助于形而上学的“自在之物”，以科学手段获得的知识不仅应被用来阐释非人类的世界，而且还应被用来阐释社会和历史。与米哈伊洛夫斯基一样，拉夫罗夫也强调“主观方法”的重要性，并试图通过引用孔德本人的话来表明，这与实证主义的基本前提并不相悖。不过，他的最终结论却是，实证主义无法解决它本身提出的问题，因为它缺乏一个统一的哲学原则。这一原则就是，人是一种有感情、有思想的存在，是精神和肉体真正统一的象征。实证主义的历史作用仅在于提出问题，这些问题的解决方案将由一种人本主义哲学来提供，这种哲学的萌芽可在费尔巴哈、蒲鲁东和穆勒的思想中发现。

拉夫罗夫的“人本主义”在车尔尼雪夫斯基的“人本主义原理”和民粹派社会学的“主观的人类中心论”之间架起了一座桥梁。拉夫罗夫的人本主义虽然吸收了实证主义的许多元素，但它显然是一种独创的学说。

---

① 拉夫罗夫：《哲学和社会学》，第1卷，第584页。

第一节　教条实证主义：格里高利·维卢博夫

孔德实证主义在俄国的第一位坚定追随者即**格里高利·维卢博夫**（Grigory Wyrouboff/Григорий Вырубов，1843—1913），但作为一位哲学家，他主要在法国工作。

维卢博夫在圣彼得堡亚历山大中学上学时，便通过该校一位老师的介绍接触到孔德的学说，这位老师是法国人，名叫波米耶，他是孔德的门徒，利特雷的朋友。在圣彼得堡大学修完医学和自然科学后，维卢博夫去往巴黎，与孔德的遗孀和孔德的门徒们建立起联系。他与利特雷关系密切，与后者联合创办了法国实证主义的主要刊物《实证哲学》。1903 年，在拉菲特去世后，维卢博夫被任命为法兰西学院科学史部主任。维卢博夫虽然永久定居法国，却仍对俄国和俄国文化感兴趣，他与巴枯宁、赫尔岑和拉夫罗夫保持联系，赫尔岑去世后，维卢博夫编成赫尔岑的第一部全集。[①] 1877—1878 年俄土战争期间，维卢博夫作为红十字会代表来到高加
351 索地区，负责组建野战医院，并因此被授予圣弗拉基米尔勋章。他所有的哲学和科学著作（他专攻化学和晶体学）均用法语写成。

维卢博夫的哲学立场在其《确定的可能，绝对的相对》一文中得到最清晰表达，此文刊于《实证哲学》第一期。此文的基本主张是，科学知识宣称其可以把握绝对真理，可绝对真理与相对真理之间的对立本身就是相对的。任何能用科学规律的语言来加以表达的真实事物，均可被称为绝对。实证主义仅拒绝神学的绝对和形而上学的绝对，而不拒绝绝对本身。如果实证主义意识不到任何绝对，那它就不是一种完整的世界观。真理并

---

① 见其在《革命回忆录》（“Revolutsionnye vospominaniia”）中的相关回忆，载《欧洲导报》，1913 年第 1 期。

不存在于科学之外，也不存在于人的认知范围之外，任何一种真理都是经验的结果，这种结果通过经验与先前确立的科学规律的对抗而获得验证。绝对真理和相对真理均属可认知范畴。绝对真理是可证实的、无异议的呈现，而相对真理则是不确定的、有争议的、低概率的。随着科学知识的积累，越来越多的相对真理将转化为绝对真理。①

维卢博夫认为，哲学的作用是在各种专门科学所积累的事实之基础上进行概括。这一观点的惊人之处不仅在于对古典哲学所关注的本体论问题的摈弃（这在唯物主义者对“形而上学”的攻击中体现得尤为明显）②，而且还有对认识论的拒绝，维卢博夫将认识论等同于心理学。他建议用各门具体科学的方法论来代替认识论。他写道，对科学的信仰是一种“基本公理”，可以去除一切怀疑。他认为笛卡尔的哲学怀疑方法是一种空洞的智力游戏，他坚决拒绝穆勒对孔德的批评，穆勒认为孔德对逻辑和心理学的忽视是错误的。维卢博夫坚持认为，真理标准的问题不是一个哲学问题，而属于自然科学领域，自然科学早已确立了此类标准，因此，哲学应接受这一科学公式，即真理的标准是“某一现象借助被视为规律的公式在相同 352
条件下的重复”。③

不难理解，维卢博夫对试图重温康德的任何举动均深怀敌意。在他看来，这位德国哲学家就是孔德的绝对对立面，“实证哲学”的创始人看重的是现实世界，而康德则专注于对思想主体的研究，拒绝认知支配现实的客观规律的可能性。在维卢博夫看来，新康德主义是一种旨在复兴形而上学的尝试，而且它变得越发危险，因为它并未意识到其“形而

① 维卢博夫：《确定的可能，绝对的相对》（G. Wyrouboff, “Le Certain et le probable, l’absolu et le relatif”），载《实证哲学》，第 1 期（1867），第 171、176—181 页。

② 见维卢博夫：《唯物主义哲学与实证哲学》（“La Philosophie matérialiste et la philosophie positive”），载《实证哲学》第 22 期（1879）。

③ 维卢博夫：《确定的可能，绝对的相对》，第 181 页。

上学本质”。①

与康德的批判哲学相反，维卢博夫的实证主义是一个彻底的教条主义体系。它的主要原则之一，是每一种真正的哲学都必须建立在某个“基本公理”之上，这个公理不必成为批评性反省之对象。②维卢博夫在某些问题上与孔德也有所不同，他可能并未意识到这一点（比如他就不认同其导师的现象主义），但他坚持认为孔德的实证主义是实证主义哲学中唯一正宗的版本，也是当时唯一完整的哲学体系。他宣称：“实证主义作为一种哲学是完整的，没有任何缺陷或多余。孔德当然也犯有许多错误，但那是他作为天文学家、化学家或生物学家犯下的错，他作为哲学家则从未出错。”③因此，孔德的门徒们仅需去应用他的准则，尤其是在他们的导师很少关注的那些学科中。④

第二节　批判实证主义：弗拉基米尔·列谢维奇

弗拉基米尔·列谢维奇（Vladimir Lesevich/Владимир Лесевич，1837—1905）则完全是另一类型的实证主义之代表。鉴于其认识论倾向以及其试图运用康德批判哲学原则的尝试，这一类型的实证主义可称之为“批判实证
353 主义”（critical positivism/критический позитивизм）。

列谢维奇的主要著作致力于对“科学哲学”的起源和发展进行批判

---

① 见维卢博夫：《论德国批判哲学》（“Remarques sur la philosophie critique en Allemagne”），载《实证哲学》，第22期（1879）。

② 见维卢博夫：《确定的可能，绝对的相对》，第174—175页。

③ 维卢博夫：《论德国批判哲学》，第394页。

④ 尽管有此声言，维卢博夫仍拒绝孔德的政治哲学。例如，他捍卫普通民众的主权，而孔德则将其视为一种形而上学的教条，维卢博夫还主张权力的去中心化，在此问题上引用过蒲鲁东。见维卢博夫：《确定的可能，绝对的相对》。

利特雷也曾对孔德学说的政治层面进行修正，但维卢博夫在这方面走得更远（可能是受赫尔岑影响），尽管他在其他方面不愿做任何创新。

性反思。[①] 他虽然称孔德的实证主义代表哲学史上的一个转折点，但也发现其许多方面尚有欠缺。比如，孔德低估了康德，没有认识到康德同样也是实证主义的先驱，事实上，孔德完全低估了认识论的重要性，并拒绝将其作为一个单独部分纳入其哲学。孔德对逻辑的态度亦如此，尽管穆勒曾提出批评，孔德仍拒绝承认逻辑是一门独立学科，原本可在他的科学分类中占有一席之地。另一方面，孔德的哲学至少展示出了批判性认识论的萌芽，否则，他的体系充其量仅为一部科学百科全书。然而，孔德的追随者们却浪费了这笔宝贵财富，他们忙于收集科学事实，并把孔德的科学分类当作实证主义最重要的方面。在列谢维奇看来，埃米尔·利特雷对法国以外的哲学史鲜有耳闻，对认识论也一无所知。

列谢维奇把他最严厉的批评指向维卢博夫，他指责后者夸大“科学主义”，即天真地相信科学可以解决所有问题，这使维卢博夫走向“去哲学化”，轻视实证主义哲学。通过将绝对知识和相对知识间的差别缩减至程度上的差别，维卢博夫拒绝了认识论的相关性。[②] 这是一个巨大的错误，因为如果实证主义试图自称为一种哲学，它就必须专注于认知理论。列谢维奇建议，为摆脱这一僵局，实证主义者应回溯至真正的孔德思想，然后通过对洛克、休谟和英国经验主义传统的研习来增强其批判能力。不过，他们首先应克服对康德的偏见，用新康德主义认识论的批判精神来改造实证主义。列谢维奇还热情地推荐了戈林、拉斯、朗格和黎尔等德国思想家的著作，这些思想家均试图在新康德主义者与实证主义者之间谋求和解。与此同时，列谢维奇也强调，这两种体系之间泾渭分明，实证主义者不可 354
能接受先验知识的可能性，实证主义者必须向新康德主义者学习，同时

① 列谢维奇：《实证哲学批判研究尝试》（*Opyt kriticheskogo issledovaniya osnovonachal positivnoi filosofi*）（圣彼得堡，1878）以及《何谓科学哲学？》（*Chto takoe nauchnaia filosofiia?*）（圣彼得堡，1891）。

② 列谢维奇：《实证哲学批判研究尝试》，第 185—186 页。

牢牢植根于现实主义。实证主义不能局限于认识论的思考，而必须吸收康德的批判精神，以便成为“批评现实的哲学”，并借此达到其发展的最高阶段。①

列谢维奇在1870年代阐述了这些观点，大约十年后，他的思想经历某种演变，从康德主义转向奥地利物理学家和哲学家欧内斯特·马赫的经验批判主义。在《何谓科学哲学？》一书中，列谢维奇分别用专章讨论了马赫、阿芬纳留斯，尤其是彼特楚尔特的思想。他强调，是彼特楚尔特最终解决了哲学与科学的关系问题。列谢维奇如今主张，哲学不再是一门独立科学，甚至连认识论很快也会不再作为一个独特的、专门的哲学认知领域而存在。哲学如今的作用是创建一个以实证科学为基础的普遍知识体系，但它是在最高的抽象层次上研究各种科学得出的数据，从整体的角度评估它们，并揭示它们之间的相互联系。这种“科学哲学”将取代之前所有“不科学的”哲学思潮。②

因此，在“科学哲学”（scientific philosophy/научная философия）问题上，列谢维奇的立场最终与标准实证主义并无区别，后者将哲学的作用定义为对特定科学的概括。但是，尽管他不再赋予认知理论、即传统意义上的哲学之最后一个堡垒以单独位置，但他从未低估认识论反思的重要性。事实上，列谢维奇在其整个学术生涯中均代表所谓“第二实证主义”（second positivism/второй позитивизм），即强调认识论的批评性。③他以不懈的精力所倡导的“科学哲学”，其最终的成功之处是使科学成为“哲学”，而非使哲学成为“科学”。

列谢维奇相信，“科学哲学”可能具有巨大的社会意义，它将有助于

---

① 列谢维奇：《实证哲学批判研究尝试》，第161—163页。

② 列谢维奇：《何谓科学哲学？》，第246—251页。

③ 参见科拉科夫斯基：《理性的异化：实证主义思想史》（*The Alienation of Reason: A History of Positivist Thought*），古特曼译（纽约州花园城，1968）。

克服因循守旧和传统主义，明确指出在不同领域进行变革的必要性，并鼓励科学家集中精力解决符合公众利益的问题。就其政治同情心而言，他接近民粹派的立场。（1879 年，他因与民粹派革命者有关联而被流放西伯利 355
亚，获释后在警察监视下定居波尔塔瓦和特维尔，直到 1888 年才被允许返回圣彼得堡。）他高度评价拉夫罗夫和米哈伊洛夫斯基，称他俩为“实证主义最干练的法官”，且赞同他俩对某些流行的实证主义哲学思潮的批判。[①] 拉夫罗夫和米哈伊洛夫斯基的影响清晰地体现在列谢维奇为“主观方法”所做的辩护中。列谢维奇认为，实证主义者摒弃“主观方法”，是因为“实证科学”在认识论方面不够强大。抽象科学，即研究特定现象领域中一般规律的科学，仅使用“客观的”经验方法，而具体的（或曰应用的）科学是针对现实活动的，因此必须解决价值实现的问题。列谢维奇在新康德派的著作中找到了支持这一推理路径的许多论据。

列谢维奇试图在实证主义与新康德主义之间谋求和解，但他的尝试在俄国几乎未引起反响。这在一定程度上可归因于俄国新康德主义者平庸的专业水平，但首先还是由于这一事实，即在俄国，新康德主义的功能与其说是对形而上学体系进行批判，不如说是为形而上学唯心主义的复兴铺平道路。俄国新康德主义的主要代表是圣彼得堡大学教授**亚历山大·维坚斯基**（Aleksandr Vvedensky/Александр Введенский，1856—1925），他是实证主义的坚定反对者，他称他的哲学为“逻辑主义”，其基础即对康德哲学一以贯之的唯心主义的、反经验主义的阐释。维坚斯基版本的康德主义是一种“中间道路”哲学，它有可能规避极端形而上学那些有害的、过时的主张，同时也不落入实证主义的“科学主义”陷阱，维坚斯基指责“科学主义”破坏生活的意义，导致了危险的道德虚无主义。为抵御此类危险，维

① 见列谢维奇：《实证哲学批判研究尝试》，第 241—245 页。

坚斯基捍卫上帝的个性存在、自由意志和灵魂不朽等观点，同时强调这些观点无法被理智所接受，而只能被“有意识的信仰”所感知。①意识到主观唯心主义危险的伦理内涵，他仍坚持认为，“实践理性的假设”之一即
356 相信他人的“主观”存在。与列谢维奇一样，维坚斯基强调认识论的重要性，但其立场却与实证主义相去甚远，他也不认同列谢维奇提出的“科学哲学”。

第三节　实证主义与心理学

在实证主义者对认识论的讨论中，心理学占有突出地位。这并不难理解，如果我们还记得，认识论和心理学在当时常被混为一谈。对维卢博夫而言，对认识论的兴趣不断增加，这便是哲学与心理学相互融合的征兆。卡维林则认为，洛克和康德的理论实际上属于心理学范畴，对认识论问题的关注是心理学在现代哲学中的关键地位之证据。甚至连曾将认识论与心理学做过明确区分的列谢维奇（他曾就此与谢切诺夫展开论战）也确信，认识论在很大程度上是以心理学数据为基础的。②

在心理学领域对形而上学的实证主义攻击由莫斯科大学教授**马特维·特罗伊茨基**（Matvey Troitsky/Матвей Троицкий，1835—1899）发起，他代表的是英国实证主义学派。特罗伊茨基的一部主要著作③就猛烈抨击了德国心理学中的哲学偏见，其出发点即英国的经验主义心理学。弗拉基米尔·索洛维约夫回忆道，特罗伊茨基在开始一年一度的心理学课程时总

① 见维坚斯基：《哲学随笔》（A. I. Vvedensky, *Filosoficheskie ocherki*）（圣彼得堡，1901），第 89、108、205—212 页。

② 见维卢博夫：《确定的可能，绝对的相对》，第 392 页；卡维林：《卡维林文集》（圣彼得堡，1899），第 2 卷，第 364—371、375、578 页；列谢维奇：《实证哲学批判研究尝试》，第 124—125 页。

③ 特罗伊茨基：《本世纪德国心理学》（M. M. Troitsky, *Nemetskaia psikhologiia v tekushchem stoletii*）（莫斯科，1867）。

会简短地介绍一下德国唯心主义，最后高声说道：“瞧，先生们，你们自己也看到了！碎木屑，全是碎木屑！把它们全都扔进火炉去吧！”[1]

思想视野更为开阔的是历史学家**康斯坦丁·卡维林**（见第八章）。尽管他接近实证主义，支持实证主义者所持的反形而上学观点，但他却对普遍存在的对科学事实的崇拜感到苦恼，认为这会使严肃的哲学讨论“几乎像扑着白粉的假发一样可笑”[2]。卡维林认为，实证主义者用物质过程的概念来否定形而上学或解释形而上学问题，这是错误的，相反，他们应挖掘 357
埋藏在形而上学体系中的真正的心理内核（尽管是带有伪装的），并以自己的术语来检验它，也就是说，他们应承认心理过程与物质存在一样拥有其自主存在。[3]实证主义仍未遵循这一假设，卡维林据此认为它尚不是一种科学哲学，而仅为人类思想进化的一个过渡阶段。[4]

在批评实证主义者拒绝承认精神现象的现实时，卡维林运用了一些借自不可知论的论据。他指出，“科学现实主义”的支持者应记住，科学本身是一个“心理事实，它并不存在于意识之外”。[5]我们只能理解现实的符号和性质，而非“自在的”现实。[6]

在其主要著作《心理学的任务》中，卡维林认为，唯物主义和唯心主义本质上均为经院哲学迟到的继承者，它们不记得其起源，认为基督教二元论的两个方面均为绝对。[7]这种二元论无法借助于以物质现象概念解释精神现象这样的途径来克服，反之亦然，用精神现象概念解释物质现象同

---

① 索洛维约夫：《索洛维约夫文集》（V. S. Soloviev, *Sobranie sochinenii*）（圣彼得堡，1903），第 8 卷，第 417 页。

② 此言出于 1874 年，见卡维林：《卡维林文集》，第 3 卷，第 271 页。

③ 同上，第 319—320 页。

④ 同上，第 346—347 页。卡维林强调，实证主义者业已开始超越其先前的片面性。他认为他在乔治·亨利·刘易斯的《生活与思想问题》（G. H. Lewes, *Problems of Life and Mind*）中发现了这一点（《卡维林文集》，第 3 卷，第 338 页）。

⑤ 卡维林：《卡维林文集》，第 3 卷，第 341 页。

⑥ 同上，第 337 页。

⑦ 同上，第 420、438 页。

样也行不通。

心理现象不会有缩减，尽管这并不意味着它们独立于人的身体构造。在论及精神和肉体的关系时，卡维林在身心平行论与身心交感论这两者间持居中立场。他指出，两个平行的现象序列并存的例证随处可见，它们之间无疑存在相互联系，尽管这种关系尚未得到充分研究。人的天性之完整性或许得以保全，如果我们接受这样的假设，即人身上存在着两个有机体，它们起源相同，因此紧密相连，这两个有机体相互影响，同时仍彼此分离。①

在心理学中，卡维林区分出两大主要流派，即源自洛克的经验心理学和源自康德的唯心主义心理学，前者关注心灵中指向物质世界并受其制约
358 的那一部分，后者则仅对意识在其中表现出其自主性和积极性的心理现象感兴趣。②英国心理学代表由洛克发端的流派，而德国心理学则代表由康德发端的流派。显而易见，卡维林本人认为这两种流派均是片面的，并假定它们作为两个相互补充的体系可以彼此调和。

这是卡维林试图对德国唯心主义进行谨慎改造的工作之一部分，他将德国唯心主义解释为一种伪装的心理研究方式，其对象即人类心理的积极方面。卡维林认为，如果把德国唯心主义的思想内涵翻译成心理学语言，它们便难以被理解。人们仅需意识到，这些思想内涵依据的逻辑公式所描述的实为灵魂被分成两半的那一时刻，灵魂看到自己被映射在自己的另一半之上。而现实主义和经验主义流派仅承认心理的接受性一面，它在这一领域没有做出任何贡献，因此无权认定德国唯心主义毫无价值。③

① 卡维林：《卡维林文集》，第 3 卷，第 485、837—838 页。
② 同上，第 507—508 页。
③ 同上，第 509—511 页。

不难理解，卡维林的立场既无法令唯物主义者称心，也不能让坚定的唯心主义者和唯灵论者满意。《心理学的任务》遭受了来自两个方面的攻击，著名生理学家伊万·谢切诺夫批评该书作者将心理过程视为一个自主现象，而斯拉夫派尤里·萨马林则指责卡维林夸大灵魂对肉体和外部环境的依赖，他强调，这与灵魂不朽的教义相抵牾。

卡维林在此书序言中解释说，他对心理学的兴趣与他年轻时信奉黑格尔自由主义有明显联系。在《心理学的任务》以及他的另一部著作《古代俄国司法实况一瞥》中，卡维林的主要关注点是对强大的自主个体的捍卫。[1]1840 年代，他曾自俄国的过去和未来之角度讨论个性的演变；在《心理学的任务》中，他对这一问题的考察角度则是这一演变的普遍意义，或至少是其欧洲意义。他认为，在 19 世纪下半叶出现了个性的减弱，即非个体的大众的出现以及人的孤独。[2]尽管社会性较之以往得到越来越多强调，但人们在现实中仍感到彼此之间日益疏远。政治家和公民领袖将个 359
体的人视为众多统计数据、预算数字或方程式符号。科学家和“哲学现实主义者”把人当成物，当成外部世界的对象，服从于必然的因果关系法则。[3]只有心理学试图抵御这一进程，它替个体代言，恢复个体在宇宙中的核心位置，其方式即揭示所谓客观社会过程实际上皆为个体之工作，科学自身的存在离不开人的思维。[4]

卡维林的另一部重要著作《伦理学的任务》也讨论个体问题。他在书中抨击针对伦理学的功利主义、快乐主义态度及其对幸福的过分强调，认为强大的道德个性的先决条件，是对超个人理想的信奉以及旨在实现完美而做出的不断努力。幸福自身不应被视为人类生存的最终目的，尽管幸福

---

① 卡维林：《卡维林文集》，第 3 卷，第 375 页。见本书第 148—150 页。
② 同上，第 613 页。
③ 同上，第 629—632 页。
④ 同上，第 638—646 页。

最强大的来源即为达到目标（实现理想）而付出的努力。追求幸福和利益有助于外在的、物质的进步，但与此同时这也剥夺了更深层次的生活，使人失去信仰和希望，因此最终摧毁了人的幸福。①

这些观点表明，将卡维林归为实证主义者的通常做法并不完全合理，似有更好的理由称他为“半实证主义者”②。确实，他曾挺身捍卫实证主义，驳斥索洛维约夫对实证主义的攻击，③但他本人也反对对科学事实的夸张崇拜，并试图谋求实证主义哲学与唯心主义间的和解，这确系其哲学工作的主要目的。

尼古拉·格罗特（Nikolai Grot/Николай Грот，1852—1899）是语文学家雅科夫·卡尔洛维奇·格罗特之子，这是一位更激进、更坚定的实证主义者（尽管仅在他思想发展的第一阶段）。他对哲学和心理学的兴趣受到卡维林的激发，卡维林经常到他家做客，并与年轻的格罗特进行关于哲学问题的“逍遥派交谈”。在大学里，格罗特师从特洛伊茨基，还受到谢切
360 诺夫关于神经系统生理学的研究著作之影响。1886 年，他被任命为莫斯科大学教授，不久之后又成为莫斯科心理学会主席④，1889 年，他创办期刊《哲学和心理学问题》⑤。由于身兼多项要职，他成为俄国专业哲学界的领军人物之一。

在其头两部著作，即关于知觉心理学的硕士学位论文以及关于逻辑问题的心理学阐释的博士学位论文中⑥，格罗特显示出一种一以贯之的联想

---

① 卡维林：《卡维林文集》，第 3 卷，第 981、1009—1017 页。

② 见津科夫斯基：《俄国哲学史》，第 1 卷，第 345—348 页。

③ 见其文《先验的哲学还是积极的科学？》（“Apriornaia filosofiia ili polozhitel’naia nauka?），载卡维林：《卡维林文集》，第 3 卷，第 285 页。

④ 仰仗格罗特，该协会（由特洛伊茨基于 1885 年创立）成为知识界的一个重要中心。俄国专业哲学家们经常聚会的另一个团体为圣彼得堡哲学学会，其核心人物是维坚斯基。

⑤ 如果我们不把科兹洛夫主编的短命期刊计算在内，格罗特这份刊物便是俄国第一份专业哲学期刊，当然也是第一份按期出刊的专业哲学期刊。

⑥《感知心理学的历史及其主要原理》（*Psikhologiia chuvstvovanii v eyo istorii i glavnykh osnovach*）（圣彼得堡，1879—1880）；《逻辑理论问题研究》（*K voprosu o teorii logiki*）（莱比锡，1882）。

主义立场。[①] 追随斯宾塞，他将心理过程定义为有机体适应外部环境的手段之一。为解释这些心理过程，他提出“心理循环”（psychic circulation/психическая циркуляция）理论，该理论假设有一种自动反应循环，近似人体内基本物质的循环。在他对精神过程的阐释（其基础是斯宾塞的生物学原理以及他本人的“心理循环”理论）中，他将推理规则简化为六种联想类型，前三种是纯机械类型（简单联想、分裂和心理因素的分离），另外三种是有机类型（整合、解体和分化）。这一方案与对认识论中的“天真现实主义”的辩护有关，与格罗特对于将严谨的进化论运用于心理过程的可能性之迷恋有关。在社会学中，格罗特拒绝“主观方法”，但同时也不太坚决地将人类的幸福视为历史进步的目标。他试图使心理哲学更加“科学”，这促使他呼吁取缔一些形而上学的概念，诸如“灵魂”[他建议代之以“感觉中枢”（sensorium）一词]。他认为“不科学”的哲学是一种主观的创造性艺术，如同诗歌。他的理论之一便是，哲学体系是满足意识主观需求的产物，不同的体系具有相同的心理价值，并根据特定的心理发 361
展规律相互借鉴。

格罗特对其理论有效性的信念未能经受住时间的考验。早在1880年代中期，在研究了乔尔丹诺·布鲁诺、柏拉图、康德和叔本华的著作之后，他便放弃了实证主义，公开宣称他会转向形而上学。他的新哲学，他称之为“一元的二元论”（monodualism/монодуализм），即一元论与二元论之综合，是本体论矛盾的一种解决方案，即上帝的思想是一种调和精神与物质的原则，而灵魂的思想则是一种调和物质与力量的原则。在心理学中，格罗特拒绝将机械论和联想主义视为纯粹的“理论迷信”，他宣称，

① 以下关于格罗特观点的讨论以索科洛夫的《格罗特的哲学观点和学术活动》一文为基础，载《特写、回忆录和书信中的尼古拉·格罗特》（P. P. Sokolov, “Filosofskie vzglady i nauchnaya deyatelnost N. Y. Grota,” in *N. Y. Grot v ocherkakh, vospominaniiakh i pis'makh*）（圣彼得堡，1911）。

陀思妥耶夫斯基一部小说所道出的心理学奥秘就要超过斯宾塞的整个理论体系。①

格罗特的形而上学并不代表朝向德国唯心主义思想内涵的回归，为呼应时代精神，它成为一种归纳的形而上学，试图以内心体验的数据为基础，因此与心理学产生了密切的（有意的）联系。在生命的最后时刻，格罗特甚至试图调和他的这一新体系与实证主义，其原因是他对威廉·奥斯特瓦尔德的能量学产生兴趣，这使他相信，对形而上学问题有可能做出科学的解释。格罗特认为心理能量概念与物理能量概念一样有效，他试图在能量学基础上证明不朽的有效性。他返回进化论的公式，但通过将自然解释为精神的基座，将生物进化解释为实现理性与自由的工具，他给这些公式注入了新的唯灵论内涵。②

第四节　实证主义与社会学

俄国实证主义在社会学领域做出了最有价值、也最具国际性的贡献。不过，俄国实证主义社会学的两位主要代表**叶夫盖尼·德·罗伯蒂**（Eugene de Roberty/Евгений де Роберти，1843—1915）和**马克西姆·科瓦列夫斯基**（Maksim Kovalevsky/Максим Ковалевский，1851—1916）在实证主义和社会学中却均分属两个截然不同的思想流派。

362 德·罗伯蒂是维卢博夫的朋友，也是《实证哲学》杂志的积极撰稿人，他代表实证主义的法国传统和孔德传统，因此，他自哲学角度看待社会学这门孔德分类学中的最新、最高的科学。他本人的《社会学》一书被他恰当地称为“社会学哲学”（philosophy of sociology/философия

---

①《特写、回忆录和书信中的尼古拉·格罗特》，第 118 页。

② 同上，第 120—128 页。

социологии)。[1] 正如此书全称所表明的那样，其主题包括对社会学的基本作用和方法论特征的思考，以及社会学与其他科学，尤其是与生物学和心理学相比较而言的地位。在社会学的历史中，德·罗伯蒂被视为社会学主义第一批最杰出的代表之一，社会学主义有这样一个观点，即社会学研究揭示的那些有规律的社会进程，无法用诸如生物学、心理学或经济学等其他学科的方法来加以还原或解释。[2] 德·罗伯蒂宣称，社会现象是有组织的物体之特定属性的表征 [3]，因此它们无法与所有那些更广泛、更为人所知的现象相比，必须诉诸一门新的基础科学或抽象科学（孔德用语）。各种“普遍理论”不断出现（甚至出现在实证主义者中间），亦即那些还原论理论，它们忽略了不同现象群之间的本质差异，在德·罗伯蒂看来，这在一定程度上反映了一些新的形而上学尝试，即试图发现一种能解释一切的“自在之物”。[4]

德·罗伯蒂的社会学主义主要针对斯宾塞将社会进程等同于生物进程的观点，尽管它也针对约翰·斯图亚特·穆勒的“心理学主义”。德·罗伯蒂认为，斯宾塞，乃至整个英国进化论学派，均有与唯物主义者同样的弱点，即形而上学的“一元论”，他们渴望给出一个包罗万象的假设，试图将生命世界的复杂性与多样性归结为一个公分母。另一方面，心理学主义最极端的表现即新康德主义，它将注意力自外部世界移开，过度关注主观现象。这两种倾向均为“还原论”之过，因为它们均不理解社会学的本质特性。不过，德·罗伯蒂倾向于认为“生物学主义”是一种比心理学主 363
义更重要的理论。和孔德一样，他也接受生物学是一门基础学科，在科学

① 德·罗伯蒂：《社会学：基本任务及方法论特性，学科地位、分类及其与生物学和心理学的关系》(E. de Roberty, *Sotsiologiia. Osnovnaia zadacha eyo i metodologicheskie osobennosti, mesto v riadu nauk, razdelenie i sviaz's biologici i psikhologiei*)（圣彼得堡，1880）。

② 见索罗金：《当代社会学理论》，第 438—463 页。

③ 德·罗伯蒂：《社会学：基本任务及方法论特性，学科地位、分类及其与生物学和心理学的关系》，第 77 页。

④ 同上，第 199 页。

层次结构中是社会学的直接先驱。生物学可能无法解释社会学现象，但它却提供了社会学赖以存在的基础。德·罗伯蒂同样重申了孔德的看法，即视心理学为一个诉诸某些具体现象的学科分支，它部分属于生物学领域，部分属于社会学领域。一个孤立的个体无法成为理性的存在或思想的存在（在这一问题上他经常援引德波纳德），人本质上是社会发展的产物，因此心理学应以社会学为基础，而不是相反。①

虽然在其思想发展过程中，德·罗伯蒂逐渐远离孔德，但他仍继续视孔德和圣西门为真正的实证主义传统的创始人，而非休谟和康德。他称其新概念（他在他那些用法语出版的著作中提出②）为“超实证主义”（hyperpositivism/сверхпозитивизм）或“新实证主义”（neopositivism/неопозитивизм）。这种新实证主义与后来维也纳学派的新实证主义（逻辑实证主义）没有任何共同之处，后者延续了认识论实证主义的传统。德·罗伯蒂则坚决反对当代哲学中他所谓的“认识论痴迷”，他声称这种痴迷甚至在孔德本人的著作中也有蛛丝马迹。③在他看来，认识论问题无法借助认知哲学理论来解决，而必须取道社会学。

德·罗伯蒂思想中的一个典型主题，是他坚决反对哲学中的不可知论，他称之为对“事物本质”的形而上学信仰之残余。针对孟德斯鸠视规律为源自事物本质的必然关系之理论，德·罗伯蒂提出了“事物本质”源自必然关系或法律的命题。由于并不存在其他的“事物本质”，由于事物之间的关系能够被理解，因此，知识的不确定性问题，或曰不

① 德·罗伯蒂：《社会学：基本任务及方法论特性，学科地位、分类及其与生物学和心理学的关系》，第299—301页。

② 罗伯蒂的其他主要著作包括《政治经济学研究》（*Politiko-ekonomicheskie etiudy*）（圣彼得堡，1869）、《逝去的哲学家》（*Proshedsheye filosofii*）（1886）、《论不可知》（*L'Inconnaissable*）（巴黎，1889）、《不可知论》（*L'Agnosticisme*）（巴黎，1892）、《社会学新教程》（*Nouveau programme de sociologie*）（巴黎，1904）、《行为社会学》（*Sociologie d'action*）（巴黎，1908）和《理性概念和普遍法则》（*Les Concepts de la raison et les lois de l'univers*）（巴黎，1912）。

③ 德·罗伯蒂：《社会学新教程》，第187—188页。

可知论便不再有意义。同样，现象和本体的二元论亦被消除，“不可知者”也仅为“尚不知者”。这一论点与对真理之经典定义的拒绝有关，在德·罗伯蒂看来，之前的定义暗示一种形而上学的“自在之物”的存在。他认为，真理不过是诸多思想和诸多概念的相互一致性，而衡量这种一致性的唯一保证和标准即集体经验，因此，真理是集体经验的必然结果，也是集体经验最根本、最有效的表达。[①]客观和主观之差异实质上即两种不同的个人经验之差异，一种是已完全形成的个人经验，它受集体经验左右，另一种个人经验仅在很小程度上受制于集体经验（因为除了在动物界，一切经验均至少部分地具有社会属性）。[②]每一知识分支均起步于主观性，然后依据它对社会经验范畴的适应程度而逐渐变得越来越客观。 364

德·罗伯蒂关于知识的社会起源概念基于这样一种假设，即把社会性解释为一种特殊的、至高的能量形式，这种“超有机能量”产生于许多思想的相互作用。由于这种相互作用，诸如印象、想象、情感和冲动等精神现象［主观的、独特的精神现象，在法语中被称为 conscience（意识），或曰个人意识］会转化为抽象观念，从而生成 connaissance（知识），或曰超个人意识。换言之，一个生物的、知觉的过程转化为一个社会的、概念的过程。[③]社会经验经过不断的更新和增多便会产生一种现象，该现象被冠以各种抽象概念（如时间、空间、因果关系、目的、必然性）的称谓，或被“综合地”称为“理性”。实际上，理性就是社会性，亦即超有机能量。因此，关于认知和意识的理论更应成为社会学家的关注对象，而不仅仅是哲学家或心理学家的事情，社会学自身也应成为能量学，即研究所有形式

① 德·罗伯蒂：《理性概念和普遍法则》，第 30—31 页。
② 德·罗伯蒂：《社会学新教程》，第 193—194 页。
③ 德·罗伯蒂：《理性概念和普遍法则》，第 11—14 页。

能量的一般科学之组成部分。①

似乎有理由假设，与能量学相关的社会学认知理论会认定社会行为先于认知。然而，德·罗伯蒂却强烈反对这一概念。他的社会四因素
365 （或曰四方式）理论就赋予科学认知以决定性作用，这也显露了他本质上的唯心论的知性主义。②这四个因素即：一、详尽的科学认知（分析的、假设的方式）；二、哲学和宗教（综合的、必然的方式）；三、艺术（融合的、象征的方式）；四、社会行为（实践的、目的论的方式）。德·罗伯蒂将其理论描述为对孔德提出的发展三阶段概念的纠正，在孔德的发展三阶段中，宗教和哲学认知（神学阶段和形而上学阶段）先于科学认知。（德·罗伯蒂认为事实恰恰相反。）不过，他大体上反对激进的社会学理论（包括马克思主义），这些理论声称社会实践能导致思想的发展。德·罗伯蒂坚持认为，在基于理性的有组织社会中，人的行为总是先于思想的。思想的最终产物可能是行为，但是，在思维意识的范围内接受实践观点的首要地位，这并不意味着接受关于实践活动高于意识的命题。德·罗伯蒂认为，他本人的社会学理论通过提出一种合乎逻辑和理性的行动主义，解决了“理性主义”与“行动主义”之间的虚假矛盾。这一理论表明，存在着两种实用主义：一种可称为超科学或前科学的实用主义（动物界的实用主义），另一种是以科学为基础的、适用于人类的实用主义。③

在对“行动主义”的批评中，德·罗伯蒂强调“行动主义”与对普通人的崇拜这两者间的关联，他宣称，那些赞美实践的人也试图赞美民众，而无视这一事实，即在社会实践中发挥决定性作用的其实是知识以及理性

① 德·罗伯蒂此说以奥斯特瓦尔德的能量学为基础，尽管他假设三种能量类型（物理能量、化学能量和有机能量）之外还应加上“超有机”能量（《理性概念和普遍法则》，第117—119页）。
② 德·罗伯蒂：《社会学新教程》，第65—81页。
③ 德·罗伯蒂：《理性概念和普遍法则》，第160页。

的领导者。[①] 在他本人的社会理想中，德·罗伯蒂试图调和精英主义（由知识精英领导的政府）与平等主义（最大的教育机会）。他认为进步就是两个规律所发挥的作用：一、社会进步规律，依据这一规律，一些人超越其他人（这一点可用来解释社会的智性差异以及统治精英的出现）；二、知识不断扩散规律，这一规律能保障民主权利。[②]

德·罗伯蒂的观点在俄国很少得到哲学家或社会学家的接受。列谢维 366
奇认为他与维卢博夫一样，也是一位对认识论问题缺乏理解的思想家，败坏了实证主义的名声。拉夫罗夫指责他的理论过于抽象，对当下的紧迫问题漠不关心。不过可以确定，德·罗伯蒂理应得到更多关注。他的哲学社会学，或更确切地说是社会学化的哲学，代表一种有趣的尝试，即试图弥合孔德的实证主义与19世纪末、20世纪初其他哲学体系间的鸿沟。尽管德·罗伯蒂承认他不喜欢"认识论痴迷"，但他并未拒绝面对认识论的基本问题。在许多方面，他关于认知的社会起源的概念均会让人想起埃米尔·涂尔干的社会学哲学。

和德·罗伯蒂一样，当时另一位俄国主流社会学家**马克西姆·科瓦列夫斯基**也在境外生活多年。他曾在柏林、巴黎（在这里与维卢博夫结为好友）和伦敦（在这里结识马克思和恩格斯）学习，完成学业后在莫斯科大学任教，但在1887年因政治上的"不正统"被剥夺教职。他离开俄国，直到1905年才回国，创建温和的自由派政党民主改革党。在国外期间，他多次代表俄国参加国际社会学大会。1901年（与德·罗伯蒂一同）在巴黎创办俄国社会科学高等学校，列宁后来曾在该校任教。1895年，他当选国际社会学研究所副主席，1907年任主席。

在其学术研究中，科瓦列夫斯基代表一种与德·罗伯蒂完全不同的社

---

① 德·罗伯蒂：《社会学新教程》，第211页。
② 德·罗伯蒂：《理性概念和普遍法则》，第24页。

会学类型[①]。后者的兴趣点主要在于其理论的哲学含义,他并未试图将其理论应用于具体的社会学研究（这应被视为一个缺点，尤其在我们将德·罗伯蒂与涂尔干做比较时）。而科瓦列夫斯基则致力于对社会的具体历史演进的研究，他甚至没有发表对其社会学理论的系统阐述。和德·罗伯蒂一
367 样，他也曾遭到指责，被认为他对俄国的特殊问题缺乏兴趣，但对于他而言，此类批评似不太公正。[②]他的著作试图揭示“交换生产”和代议制政府的历史必然性，为其时代的主要意识形态争端做出了贡献，为那些认为俄国无法绕过资本主义阶段的理论家们提供了支撑。科瓦列夫斯基关于农民村社的著作影响到年轻的普列汉诺夫，使普列汉诺夫放弃民粹主义，转向马克思主义。

科瓦列夫斯基自称是“孔德哲学的支持者和马克思的门徒”[③]。他重视自己与马克思、恩格斯的友好关系，也借鉴过马克思、恩格斯对欧洲经济史的研究，而恩格斯也曾高度评价科瓦列夫斯基关于家庭和私有财产演变的著作，并在自己的书中援引过一些材料。然而，几乎很难谈论马克思主义对科瓦列夫斯基观点的影响，对科瓦列夫斯基而言，科学社会学的创始人是孔德，马克思主义则仅为实证主义进化论的一种特殊变体。科瓦列夫斯基本人是一位典型的社会进化论者，他相信社会发展基本规律的统一性和普遍适用性。他写道，社会学是“一门研究社会的组

① 其主要作品包括《村社土地所有制》（*Obshchinnoe zemlevladenie*）（莫斯科，1879）、《高加索的法律与风俗》（*Zakon i obychai na Kavkaze*）（莫斯科，1890）、《家庭与财产的起源及演变》（*Tableau des origines et de l'évolution de la famille et de la propriété*）（四卷本，莫斯科，1895—1899）、《资本主义经济出现之前欧洲的经济增长》（*Ekonomicheskii rost Evropy do vozniknoveniia kapitalisticheskogo khoziaistva*）（三卷本，莫斯科，1898—1903）、《自直接民选制到代议制，自世袭君主制到议会制》（*Ot priamogo narodopravstva k predstavitel'nomu i ot patriarkhal'noi monarkhii k parlamentarizmu*）（三卷本，莫斯科，1906）、《社会学》（*Sotsiologiia*）（两卷本，圣彼得堡，1910）。对其思想的研究见乌西尼奇：《沙皇俄国的社会思想：对普通社会学的追寻，1861—1917 年》（A. Vucinich, *Social Thought in Tsarist Russia: The Quest for a General Science of Society, 1861—1917*）（芝加哥，1976）。

② 见萨夫罗诺夫：《作为社会学家的科瓦列夫斯基》（B. G. Safronov, *M. M. Kovalevsky kak sotsiolog*）（莫斯科，1960），第 19—24 页。

③ 见卡扎科夫：《19 世纪末俄国社会学中的进步理论》（A. P. Kazakov, *Teoriia progressa v russkoi sotsiologii kontsa XIX veka*）（列宁格勒，1969），第 100 页。

织与进化的科学”。这是对孔德将社会学定义为“社会的秩序和进步”的经典公式之修正，因为科瓦列夫斯基认为，并非每个社会组织都能被称为“有秩序的”，进化并非总是进步的同义词。然而，他相信进化的总体运动是进步的，进步是不可阻挡的历史规律之一。他将进步定义为人的团结纽带的强化，亦即“和平共处环境”（environment of peaceful coexistence/замиренная среда）的不断扩大，从部落的团结经由爱国主义到世界主义，再到全人类的团结。这一总的进步公式具有不同形式，这取决于它在社会生活不同领域的应用。在科瓦列夫斯基看来，孔德的发展三阶段定律足以表达思想领域中的进步之本质。科瓦列夫斯基将政治进步定义为个人自主权和人民自治权的扩大，其最终结果是议会政体。 368
这种进步相对独立于国家体制的外在形式，可与君主制相协调。在经济领域，进步就在于经济关系的不断扩大，科瓦列夫斯基认为，国际贸易的增长将带来全世界的经济一体化，消除战争的根源，最终导致民主国家世界联盟的出现。

这些观点清楚地表明，科瓦列夫斯基在其社会进化论中强调的不是斗争，而是这样一些因素，它们能促进一体化并进而有利于团结与和平共处的发展。在这一方面，他不仅不同于马克思，也有异于斯宾塞和社会达尔文主义者。另一方面，他与德国“学院派”社会主义者（Kathedersozialisten）也有某些亲缘关系，他们的影响在他的著作中清晰可辨，他显然还受到社会达尔文主义的俄国反对者们如克鲁泡特金、拉夫罗夫和米哈伊洛夫斯基等人的影响。

人们普遍认为科瓦列夫斯基是人口学派的代表，这一学派认为进步背后的主要驱动力即人口的增长。关于科瓦列夫斯基的这一看法并不完全正确，科瓦列夫斯基确实非常重视人口因素，但这仅限于经济领域。总体而言，他反对一切试图用单一原因来解释社会变化的尝试，而更倾向于用

“诸多因素共时、平行的作用和对抗”来解释进化。[①]他强调，这一立场源于实证主义的本质，亦即源于对社会各领域相互之间的依赖性之理解。

在其政治观点中，科瓦列夫斯基是一个温和自由派，他相信沙皇体制将转变为君主立宪制。他的这些观点与他对“学院派”社会主义的同情并不冲突。在经济问题上，他强烈反对经济自由主义的典型理论，因为他认为自由竞争是一种可能阻碍进步的斗争形式。对他而言，社会主义是一种旨在消除阶级冲突的生产力组织方式。[②]另一方面，革命在他看来则是一种病态现象。这些观点影响到他对许多当代问题的阐释，他关注马克思为反对革命的唯意志论而展开的斗争[③]，强调马克思主义在定义社会进步客观规律方面做出的贡献，认为社会民主党不必成为共和派政
369 党，但他也高度评价德国社会民主党人爱德华·伯恩施坦，赞扬普列汉诺夫一贯支持无产阶级和资产阶级自由派结盟的立场。在他看来，甚至连“全世界无产者联合起来”这句共产主义者的口号也只是在呼吁建立合法的工人阶级协会。[④]

俄国实证主义社会学的另一重要代表为**尼古拉·卡列耶夫**（Nikolai Kareev/Николай Кареев，1850—1931）。与德·罗伯蒂和科瓦列夫斯基不同，卡列耶夫试图将实证主义与拉夫罗夫、米哈伊洛夫斯基的民粹主义社会学结合起来。他在其理论著作中特别强调评价因素（或曰“主观”因素）在试图有序呈现历史数据的所有尝试中的重要性，并抨击那些将决定性历史作用归因于超个体和非个体力量的理论。[⑤]他认为马克思主义的缺

① 科瓦列夫斯基：《当代社会学》（M. M. Kovalevsky, *Sovremennye sotsiologi*）（圣彼得堡，1905），第 xiv 页。
② 见萨夫罗诺夫：《作为社会学家的科瓦列夫斯基》，第 84—85 页。
③ 同上，第 86 页。
④ 见卡扎科夫：《19 世纪末俄国社会学中的进步理论》，第 126 页。
⑤ 尤见卡列耶夫下列著作：《历史哲学的基本问题》（N. I. Kareev, *Osnovnye voprosy filosofii istorii*）（莫斯科，1883），《历史进步的实质与个人的历史作用》（*Sushchnost' istoricheskogo protsessa i rol' lichnosti v istorii*）（圣彼得堡，1890），《历史哲学和社会学研究》（*Istoriko-filosofskie i sotsiologicheskie etiudy*）（圣彼得堡，1895）。

陷之一是其宿命论倾向以及片面的历史非人格化倾向[①]，另一方面，他也认为孔德夸大了思想进化的重要性，这对经济史无益。

卡列耶夫的理论只是一种旨在将实证主义与“主观社会学”和马克思主义的某些元素相互调和的折中尝试。与科瓦列夫斯基一样，卡列耶夫的最重要贡献是对历史的社会学阐释，他诉诸许多具体事实，他的专著《18 世纪后 25 年间法国的农民问题》即为例证，马克思称其为一本出色的书。[②] 370

本章涉及作品

德米特里 · 皮萨列夫：《奥古斯特 · 孔德的历史观》（“The Historical Ideas of Auguste Comte” /Исторические идеи Августа Конта），文章

彼得 · 拉夫罗夫：《实证主义问题及其解决方案》（“The Problems of Positivism and Their Solution” /Задачи позитивизма и их решение），文章

格里高利 · 维卢博夫：《实证哲学》（*La Philosophie Positive*），期刊

——：《确定的可能，绝对的相对》（“Le certain et le probable, l’absolu et le relatif”），文章

弗拉基米尔 · 列谢维奇：《何谓科学哲学？》（*What Is a Scientific Philosophy?*/Что такое научная философия?），专著

康斯坦丁 · 卡维林：《心理学的任务》（*The Tasks of Psychology*/Задачи психологии），专著

——：《古代俄国司法实况一瞥》（*Brief Survey of Juridical Relations in Ancient Russia*/Взгляд на юридический быт древней России），专著

——：《伦理学的任务》（*The Tasks of Ethics*/Задачи этики），专著

尼古拉 · 格罗特：《哲学和心理学问题》（*Problems of Philosophy and Psychology*/Проблемы философии и психологии），期刊

叶夫盖尼 · 德 · 罗伯蒂：《社会学》（*Sociology*/Социология），专著

尼古拉 · 卡列耶夫：《18 世纪后 25 年间法国的农民问题》（*The Peasants and the Agrarian Issue in France in the Last Quarter of the Eighteenth Century*/Крестьянский вопрос во Франции в последней четверти восемнадцатого века），专著

---

① 见卡列耶夫：《关于经济唯物主义的新旧研究》（*Starye i novye etiudy ob ekonomicheskom materializme*）（圣彼得堡，1896）。

② 见马克思 1879 年 4 月致科瓦列夫斯基的信，载《马克思恩格斯与俄国政治活动家通信集》（*Perepiska K. Marxa i F. Engelsa s russkimi politicheskimi deiateliami*）（莫斯科，1951），第 232—233 页。

第十七章

弗拉基米尔·索洛维约夫与形而上学唯心主义

尽管有不利的思想环境，19 世纪最后 25 年仍见证了俄国唯心主义哲学的复兴。实证主义者对各种形式的“形而上学”的一味攻击遭遇了强力抵制。的确，形而上学唯心主义未能恢复它于恰达耶夫时代在俄国思想生活中享有的地位，当时，关于黑格尔的争论如火如荼，经典斯拉夫主义如日中天。形而上学唯心主义的发展独立于社会思想中的若干主要倾向，但另一方面，它如今变得系统化了。当然，这是哲学中出现的更多自主性、更为专业化的总体趋势之一部分。

本章讨论的几位思想家代表不同倾向，他们也时常相互批评。总体而言，他们的共同之处是捍卫形而上学唯心主义，毫不妥协地反对唯物主义和实证主义。他们中间最杰出、最多彩的思想家无疑是弗拉基米尔·索洛维约夫。他的独创性和影响力源于他的这样一种能力，即把创造哲学体系的勃勃雄心与俄国知识分子不愿研究“纯理论”问题的传统相互调和。他的体系也是这一总体进程之产物，即哲学正在成为一个由专业哲学家们把持的自治领域，但是，他的体系却也体现出一种抱负，即以“完整性”理想的名义抗拒这一总体进程，这一理想假设理论哲学应与宗教和社会实践有机地结合起来。

第一节　索洛维约夫的宗教哲学

索洛维约夫生平

弗拉基米尔·索洛维约夫（Vladimir Soloviev/Владимир Соловьев，1853—1900）是著名的西方派历史学家、莫斯科大学教授谢尔盖·索洛维约夫之子。他的祖父是东正教神父，他的母亲在严谨虔诚的氛围中将他抚 371
养成人。他的朋友列夫·洛帕京说，弗拉基米尔·索洛维约夫 14 岁时遭遇一场信仰危机，这使他变成一个“完全的唯物主义者……典型的 60 年代虚无主义者”①。他当时宣称，他这种有些幼稚的无神论与一种火热的信念相关，即相信世界将发生彻底转变，应该补充一句，他从未放弃这一信念。17 岁时，他进入莫斯科大学历史语文系，但在皮萨列夫的文章《我们大学里的科学》的影响下他很快转至科学系。不过，他继续阅读哲学著作（斯宾诺莎、叔本华、康德以及后来的谢林、费希特和黑格尔），由于他的阅读以及思考和经历，他逐渐重新获得对上帝、对基督教深刻哲学意义的信仰。1872 年，19 岁的他再次成为一位坚定的基督徒。他放弃科学研究，在哲学家和神学家帕姆费尔·尤尔凯维奇的指导下全身心地研究哲学。他还时常在莫斯科神学院听课。

索洛维约夫的硕士论文《西方哲学的危机：驳实证主义者》发表于 1874 年，不久，他开始在圣彼得堡大学授课。但在次年，他获准访问英

① 洛帕京：《弗拉基米尔·索洛维约夫的哲学世界观》，载《哲学特征与话语》（“Filosofskoe mirovozzrenie V. S. Solovieva,” in *Filosofskie kharakteristiki i rechi*）（莫斯科，1911），第 123 页。

国，目的是查阅大英博物馆图书馆的资料。在伦敦，他致力于研究神秘主义的历史，尤其是新柏拉图主义传统、德国神秘主义和神智学（雅各布·波墨和弗朗茨·巴德尔）。他曾突发奇想地造访埃及，这趟旅程差点酿成悲惨结果。一天，他身着他在伦敦常穿的衣服走在沙漠上，寻找一个被认为保留着古老神秘术传统的部落。看到他长长的黑大衣和高高的黑帽子，游牧的贝都因人认为他是邪恶的精灵，他差点儿因此丢掉性命。

索洛维约夫埃及之行的真正原因是他目睹了一个神秘幻象，他称之为**索菲娅**（Sophia/София），即上帝的阴性化身，或“永恒温柔”（eternal womanhood/Вечная женственность）的化身。索菲娅在他面前出现过三次：第一次出现在他童年时代，当时他正苦恋一个九岁小女孩；第二次出现在大英博物馆，当时他被告知他应前往埃及；第三次是在沙漠里，在经历了
372 面对贝都因人的冒险之后。二十年后，也会写诗的索洛维约夫在他轻快的自传体长诗《三次相见》中描述了这三次幻觉。

回到俄国（1876 年夏）后，索洛维约夫与斯拉夫派和泛斯拉夫主义圈子（主要是伊万·阿克萨科夫）建立了紧密联系，与陀思妥耶夫斯基也交往密切，他给陀思妥耶夫斯基留下了非常深刻的印象（有充分理由假设小说家陀思妥耶夫斯基以索洛维约夫为原型塑造了阿廖沙·卡拉马佐夫的形象，在描写伊万·卡拉马佐夫时也借用了索洛维约夫的某些特征）。[1]1878 年，索洛维约夫在圣彼得堡做了关于神人类的系列讲座，十分成功。两年后，他提交了他的博士论文，题为《抽象原则批判》，在获“副教授”头衔后，他继续在大学和女子高等学校授课。然而，他的教学生涯为时不长。在亚历山大二世被暗杀后，他发表一次公开演讲，在演讲中既谴责革命者，也呼吁新皇帝赦免革命者的死刑。结果，他被禁止再做公开演讲，

---

① 见莫楚尔斯基：《弗拉基米尔·索洛维约夫：生平与学说》（*Vladimir Soloviev. Zhizn i uchenie*）（巴黎，1951），第 80 页。

不久他又被迫辞去大学教职。

随着索洛维约夫思想的成熟，他开始疏远斯拉夫主义的追随者，最后的决裂发生在1883年，当时他停止在伊万·阿克萨科夫主编的《罗斯》杂志上发表文章，转而成为自由派、西方派杂志《欧洲导报》的撰稿者，这令他的右翼朋友们愤怒不已。这标志着他思想演进第一阶段的结束以及第二阶段的开始，叶夫盖尼·特鲁别茨科伊公爵（著有一套关于索洛维约夫哲学的两卷本著作）称这第二阶段为“乌托邦时期”。[①]

索洛维约夫所渴望的乌托邦即所有基督教会的统一，然后在人间建立一个神权政治的天堂王国。出于这一理想，他抨击一切形式的民族主义，拒绝斯拉夫派将东正教理想化的做法，他谴责对少数民族和少数人宗教的迫害（他就此问题在《欧洲导报》上发表数篇文章，这些文章后来结集出版，即两卷本的《俄国民族问题》）。他还与自由派一样相信资产阶级的进 373
步，这引得他那位极端保守的崇拜者康斯坦丁·列昂季耶夫极为愤怒。然而，索洛维约夫的未来观远非自由主义的，他的这些观点体现在他为躲避书刊审查制度而在国外出版的几本著作中（《神权政治的历史和未来》《俄罗斯理念》《俄国和普世教会》）。作者认为，人类在地球上的终极命运，是罗马教皇统领下的精神统一以及俄国皇帝统领下的政治统一。索洛维约夫试图获得克罗地亚主教约西普·斯特罗斯马耶的支持，并通过他获得教皇利奥十三世的支持。斯特罗斯马耶热衷于斯拉夫普遍统一的梦想，他非常钦佩索洛维约夫，教皇利奥也认为这位俄国哲学家的理想是美妙的，但

---

① 见叶夫盖尼·特鲁别茨科伊：《弗拉基米尔·索洛维约夫的世界观》（*Mirososertsanie V. S. Solovieva*）（莫斯科，1913），第1卷，第87—88页。特鲁别茨科伊将索洛维约夫的思想演进划分为三个时期：一、准备时期，1882年之前；二、“乌托邦”时期，1882年前后至1894年（莫楚尔斯基在其索洛维约夫传记中认为这一时期止于1890年代初期）；三、“实证”时期，索洛维约夫在这一时期已不再相信其乌托邦愿景实现的可能性，而专注于制定其形而上学和伦理学的理论基础。斯特雷穆霍夫在其《弗·索洛维约夫及其弥赛亚意识》（D. Stremoukhoff, *V. Soloviev et son oeuvre messianique*）（斯特拉斯堡，1935）中另区分出索洛维约夫思想演进过程中的最后一个阶段，即末世论阶段。

他认为只有奇迹方能使这一梦想成真。①

1890 年代初，索洛维约夫本人也开始对其理想王国建立的可能性失去信心。他如今进入其思想演进的第三个阶段，在此期间他重返早年对纯粹哲学的兴趣。在生命的最后时刻，他的观点又发生进一步变化，他最终失去对于未来的乐观信念，逐渐沉湎于末世论的灾难预言。

索洛维约夫的性格细腻而又复杂，且不乏神秘。他善解人意的形象使他看上去超凡脱俗，普通人常把他当作神父，跪倒在他面前。与此同时，他并非没有幽默感，他的诗作中常有淡淡的自嘲。他的天性是孩子气的，是轻信的，希望从精神的角度看待一切，把一切均视为“无形世界的反映”。尽管他宣扬通过“神性的渗透”来接受“世俗性”，可他却无法面对自己平凡的日常生活。他会轻易地坠入爱河，他的神秘主义无疑是情色感情之升华，尽管它不能仅被视为情色之替代。他的生活很不规律，经常白天睡觉，夜间工作，很少考虑未来的生活。据说他不知如何打发乞丐，他很可能会把身上所有的钱全都交给对方，甚至是他穿在脚上的靴子。有一次，人们发现他在严寒中瑟瑟发抖，因为他把暖和的衣服全都送人了。和托尔斯泰一样，他也富有远见，但他的远见并非一位宗法制先知的愤怒雷
374 霆，而是一位古怪的浪漫主义诗人的敏感梦想。

万物统一哲学

在索洛维约夫的早期作品中，年长斯拉夫派的哲学浪漫主义之影响显而易见。② 比如，索洛维约夫本人就认为其理论基础即基列耶夫斯基的思想，尤其是后者的“完整整体”概念，这一概念与理性主义的解构效果针

① 见莫楚尔斯基：《弗拉基米尔 · 索洛维约夫：生平与学说》，第 185 页。

② 对索洛维约夫的观点与斯拉夫派哲学的详细比较见瓦利茨基：《斯拉夫派之争》，第 15 章。关于索洛维约夫、陀思妥耶夫斯基与俄国斯拉夫主义间的关系见泽尔诺夫：《三位俄国先知：霍米亚科夫、陀思妥耶夫斯基与索洛维约夫》（N. Zernov, *Three Russian Prophets: Khomyakov, Dostoevsky, Solovyov*）（伦敦，1944）。

锋相对。

在其硕士学位论文中，索洛维约夫将西欧哲学的危机定义为理性主义的危机，即一切抽象的、纯粹的理论认知之危机。他认为，在人类精神的发展过程中，哲学代表个人主义反思阶段，这些形象就像是一个中间环节，上衔原始的宗教统一，下接通过科学、哲学和宗教的普遍综合而恢复的未来的精神统一。哲学体系的多元化是原始统一的解体之产物，是异化的结果，是个体的“我”之自我肯定的结果。西方哲学诞生于个人的理性与信仰的冲突，其连续的发展阶段是：信仰的合理化（经院哲学），对信仰的完全拒绝，最后是对一切直接认知的完全否定，这一观念质疑外部世界的实在性，把存在等同于思想（黑格尔）。在这一斯拉夫主义框架内，索洛维约夫提出其关于欧洲思想辩证发展过程中几个关键节点的看法，并对若干体系予以重点关注，其中包括叔本华体系和爱德华·冯·哈特曼体系。关于黑格尔和后黑格尔哲学的一章尤其有趣，在这一章，从斯拉夫主义立场出发对黑格尔主义进行的批判与陀思妥耶夫斯基关于人的神化（即人神）的破坏性影响所发出的预警合为一体。[①]

对索洛维约夫而言，哈特曼的思想提供了西方哲学危机的最极端范例，尽管矛盾的是，哈特曼的思想也预示了哲学与宗教的融合以及精神统一的重建。在索洛维约夫看来，哈特曼的“无意识哲学”似是遭到实证主义者拒绝的形而上学之复兴，是在回归“万物统一”的宗教概念。
索洛维约夫自哈特曼处引出他本人的思想，他宣称，在相互搏斗的个体 375
那种利己主义的自我肯定被摧毁之后，接踵而至的并非佛教的涅槃，而是 apokatastasis ton panton，即“由绝对精神的普遍性联结为一体的精神王国”。索洛维约夫认为，这一概念是西方哲学（即一般哲学）整个演进

① 见本书第 103、315—320 页。

过程的最终产物，相当于对东方基督教传统中保存着的古老真理的重新发现。

索洛维约夫概述其体系的第一部著作是《完整知识的哲学本原》。这一书名本身即已清楚地表明，索洛维约夫参照了基列耶夫斯基哲学著作中的核心概念“цельность”，即“完整性”。但除此之外，索洛维约夫还引入了斯拉夫派学说中并不存在的一些观点，如孔德的人类概念，即人类是“一个真正的有机体，尽管它是集约的”，是历史的集约主体。①

索洛维约夫认为，每一进化过程均经历三个阶段：原始的、未分化的统一阶段；分化阶段，在这一阶段，各个部分相互分离；新的整合阶段，在这一阶段，统一得到恢复，但此为“自由的统一”，不是取消一切差异，而是借助有机的内在联系使各独立元素联结在一起。在人类进化过程中（上述方案也适用于人类进化过程），第一阶段实为一元论，其代表即东方世界（包括19世纪的伊斯兰教），第二阶段的代表是西欧文明。这两个阶段均为发展周期中必不可少的阶段，但它们自身的价值并不均等，索洛维约夫认为，任何一种一元论均优于原子化，因此，“穆斯林的东方优于西方文明”。

在原始统一时期，人类活动的三个领域，即创造、认知和社会实践，均完全服从于宗教。在创造领域，技术（第一层级，或曰物质层级）与艺术（第二层级，或曰形式层级）和神秘主义（最高层级，或曰绝对层级）融合为一种无差别的神秘创造力，换言之，融合为索洛维约夫所谓**通神术**（theurgy/теургия）。在认知领域，实证科学（物质层级）、抽象哲学（形式层级）和神学（绝对层级）融为一个难以分化的整体，这一整体可称之为**神智学**（theosophy/теософия）。在社会实践领域，生产者或地方自治会的

① 见索洛维约夫：《索洛维约夫文集》，第1卷，第232页。

经济社会（物质层级）、国家（形式层级）和教会（绝对层级）融合，构 376
成同质的**神权政治**（theocracy/теократия）整体。在第二进化阶段（以西欧为代表），每个领域内的不同层级均努力争取自主权和统治权。在由此引发的斗争中，物质征服了精神，西方文明的最终结果即社会领域的经济社会主义（索洛维约夫称之为资本主义的地道产物）、认知领域的实证主义以及创造领域的功利现实主义。然而，这并非人类进化的最后一个阶段，根据普遍有效的发展规律，前两个阶段之后必然会有第三个阶段，即自由统一阶段，在这一阶段，人类的创造、认知和社会实践这三大独立领域或“层级”将再度统一，尽管它们各自仍将保留其独具的特性。在生活的三大领域中，这种新的统一将表现为**自由的通神术**、**自由的神智学**和**自由的神权政治**。索洛维约夫最后总结道：“人类存在的所有领域和层级都将在这历史发展的第三个、也是最后一个阶段构成一个有机整体，它有着统一的基础和目的，其器官和成员均是三位一体的。其所有器官正常、和谐的活动将产生一个新的共同领域，即**完整生活**领域。如我们所见，这种生活在人类中的载体**在起初阶段**只能是俄罗斯人民。”①

我们插一段离题的话，介绍一下索洛维约夫关于俄罗斯人民历史使命的更具体论证。在《完整知识的哲学本原》面世的同一年（1877 年，亦即“为解放斯拉夫人”而进行的俄土战争爆发的那一年），索洛维约夫做了一场题为《三种力量》的公开演讲，他在演讲中指出，“自历史的黎明起就开始统领人类进化的三种力量”，其实际承载者是“三个历史世界”，或更确切地说是三种不同文化，即东方穆斯林、西方文明和斯拉夫民族。第一力量代表一种僵死的、专制的统一，在这种统一中，生活的所有领域均服从于宗教，从而使人变成“缺乏人性的上帝”手中毫无生命力的工

① 见索洛维约夫：《索洛维约夫文集》，第 1 卷，第 262 页。

具。第二种力量让“不信神的人”与“缺乏人性的上帝”对峙，其最终表现即“普遍的利己主义和无政府状态，生活的原子化，科学的原子化，艺术的原子化”。这两种力量从未以其纯粹形式存在（也永远不会存在），它们更应被视为某些特别倾向，这些倾向最终的全面实现就意味着人类的毁
377 灭。第三种力量的使命即阻止这种情况出现，第三种力量能实现“统一”和“多样性”的综合，使上帝成为“具有人性的”上帝，使人转向上帝，调和东方与西方。这种力量只能从神的启示中汲取，而其拥有者只能是一个民族，它能成为上帝与人之间的中间人。这样的中间人必须完全没有排他性或片面性，他必须对神抱有坚定信仰，要有超越自身特殊利益的能力，蔑视此世的万物，不在其他许多活动领域浪费精力。索洛维约夫总结道，这些特征“当然就是斯拉夫人典型的部族特征，更是俄罗斯人的民族特征”。①

现在让我们返回《完整知识的哲学本原》。在引论部分之后，索洛维约夫开始更详尽地解释“自由神智学”［free theosophy/свободная теософия，或曰“完整知识”（integral knowledge/цельное знание）］概念。他区分出三种哲学类型，即自然主义（经验主义）、理性主义和神秘主义。他认为，经验主义和理性主义以不同的途径达到相同的结果，也就是既否认外部世界的客观现实，也否认认知者自身的客观现实。这样一种结论之荒谬表明了所有“经院的”或纯粹的理论哲学之破产。神秘主义是一种更高的认知类型，它运用超自然的知识源泉，寻找“活生生的、完整的”真理，这些真理不仅涉及智慧，而且还涉及“向善的意志”和“美感”。然

① 见索洛维约夫：《索洛维约夫文集》，第 1 卷，第 224 页。这里有陀思妥耶夫斯基的弥赛亚主义的清晰回声，尤其是他的俄罗斯民族“全人类”使命的概念。关于索洛维耶夫的思想与陀思妥耶夫斯基的思想之联系的研究，见盖森：《陀思妥耶夫斯基与索洛维约夫世界观中的乌托邦之争与善的二律背反》，载《教育学报》（S. Hessen, “Der Kampf der Utopie und der Autonomie des Guten in der Weltanschauung Dostoewskis und W. Solowjows,” in *Die Pädagogische Hochschule*）（巴登，1929），第 4 期。

而，神秘主义自身并不能等同于“真正的哲学”，因为后者假定一种融所有类型哲学思想为一体的内在的、有机的综合，近似融科学、哲学和神学为一体的高级的、自由的神智学统一。索洛维约夫总结了他关于完整知识之来源、方法和目的的思考，他写道：

> 自由神智学就总体而言是这样一门知识，其对象即客观呈现中的真实存在，其目的即人与真实存在的内在融合，其材料即所有形式人类经验的数据，具体而言，首先是神秘的经验，其次是内在的或心理的经验，最后是外在的或身体的经验。其基本形式是对观念的精神静观或直觉感知，这一形式借助纯逻辑的或抽象的思考构成一个总的体 378
> 系，最终，其积极源头或曰产生原因即灵感，亦即最高的理想存在对人类精神的影响。①

索洛维约夫还打算详细阐述其自由神智学的三个主要因素，即有机逻辑、有机形而上学和有机伦理学，但《完整知识的哲学本原》在写到有机逻辑这一部分便中断了。索洛维约夫所谓逻辑，是指第一性原则科学或 Urprinzip（基本原则）科学，或更准确地说，是处于其自我分化第二阶段上的逻各斯或第一性原则，对应于圣三位一体的第二构成。索洛维约夫称这种方法为“实证的辩证法”，并认为它与黑格尔的理性主义辩证法有根本不同。“实证的辩证法”允许每一个项通过其与绝对的第一性原则的三种关系来获得定义：一、与第一性原则的实质性统一，即纯粹的潜能或肯定的虚无（圣父）；二、自我分化，即自我实现的行为（逻各斯，或圣子）；三、与第一性原则自由的或间接的统一（圣灵）。不同逻辑范畴（索

① 索洛维约夫：《索洛维约夫文集》，第 1 卷，第 294 页。

洛维约夫试图给出 27 个逻辑范畴）的分化只能在逻各斯中进行，这种分化因此是相对的，因为逻各斯在本质上是一种关系。第一性原则与万物、与自身发生关联的三种方式，可分别称为隐在的逻各斯、揭示的逻各斯和体现的或曰具体的逻各斯（基督）。这些概念在索洛维约夫的“逻辑”与“神人类”主题之间建立起一种联系。

索洛维约夫在认识论、伦理学和社会哲学领域思想观点的系统化总结之作，是他的博士学位论文《抽象原理批判》。在这部作品中，他又重回“自由的神智学”和“自由的神权政治”概念，尽管他如今用“万物统一”（All-Unity/Всеединство）概念代替“完整整体”概念。索洛维约夫所谓“抽象原理”是万物统一的各个不同方面，它们脱离整体，谋得自治，失去其真正特征，彼此冲突，使人类陷入不统一和混乱的状态。在这场危机中，恢复认知领域和社会领域精神统一的任务就将由哲学来承担。为支持这一重新融合计划，索洛维约夫否认“理论哲学”（“抽象知识”）的自
379 主性和伦理学（“抽象道德主义”）的自主性。在论文的其他部分，他再次借鉴斯拉夫派的思想，如信仰是所有知识之根源这一观点即源于霍米亚科夫的认识论，以爱和排除“外在权威”为基础的“自由的村社性”（free community/свободная общинность）理想也显然是斯拉夫派“聚合性”概念的另一版本。

神人类与“索菲娅”

对索洛维约夫而言，认识论问题和伦理问题次于宗教哲学，宗教哲学与人类学、宇宙学和历史哲学密切相关。他的宗教哲学的根基是“神人类”（Godmanhood/Богочеловечество）概念，或曰神秘的“上帝成为人”概念，他认为这是基督教的真正含义。神人类的宗教（索洛维约夫坚持认为它必须与基督教会的官方神学相区分）是宗教意识的最高形式，因为在

上帝能够与人结合、同时却不压制或吞噬人的时候，对上帝的信仰才最有价值。神人类既包含东方的真理，也包含西方的真理，实际上更包含一切宗教的真理，同时并不排除无神论者对人类的信仰。

神人类概念使索洛维约夫得以克服传统基督教神学的神界与俗界二元论，同时也不致陷入泛神论。“上帝成为人”的概念既非对上帝超然性的二元论信仰，亦非认为上帝的内在性是一种普遍原则的泛神论信仰。不过，上帝既是超然的又是内在的，而能让世界被神的精神所灌注的中间环节，亦即上帝与其创造物之间的联系，就是人了。[1] 宇宙的终极目的即俗界与神界的合成，即全世界重新实现活的万物统一。整个大自然在趋向人类，人类在其子宫中孕育神人。作为上帝化身的耶稣基督不仅是人类历史的中心事件，也是整个宇宙进程的中心事件。

索洛维约夫著作中的神人类概念是与“索菲娅”或神圣智慧的思想紧 380
密相连的，关于神圣智慧，《圣经》中有这样的描述：“在耶和华造化的起头，在太初创造万物之先，就有了我。从亘古，从太初，未有世界以前，我已被立。”（《箴言》第 8 章第 22—23 节）索洛维约夫把索菲娅等同于曾在他那三次神秘幻象中出现的神奇存在，他博览汗牛充栋的神秘主义和神智学文献，阅读了有关索菲娅的所有文字。他研究过犹太神秘哲学著作（“索菲娅”在其中以女性面貌出现）、雅各布·波墨的著作（“索菲娅”在其中被等同于“永恒贞洁”）以及斯威登堡、圣马丁和巴德尔的著作。索洛维约夫认为“索菲娅”尤其接近东方基督教的神秘传统，因为她曾被描绘在诺夫哥罗德大教堂一幅古老的圣像画上。晚年，他试图证明索菲娅就

---

① 这些观点与波兰浪漫主义哲学家（尤其是西斯科夫斯基、特伦多夫斯基和克拉辛斯基）的观点惊人地相似，这些波兰哲学家也试图调和有神论与泛神论、超越性与内在性，以便证明“世界不可能没有神性，或上帝也有人性”（西斯科夫斯基语）。别尔嘉耶夫注意到这一相似之处，他认为西斯科夫斯基在某些方面超越了索洛维约夫。见别尔嘉耶夫：《俄罗斯理念：19 世纪及 20 世纪初俄国思想的基本问题》（*Russkaya idea. Osnovnye problemy russkoi mysli XIX i nachala XX veka*）（巴黎，1946），第 213—215 页。

等同于“Le Grand Être”，即孔德哲学中的“理想存在”。①

“索菲娅”的概念在索洛维约夫的哲学中并不十分明确，尤其因为这一概念在他不同作品中有过不同变化。索洛维约夫在演绎其理论时借用过他人的思想，如柏拉图和新柏拉图主义者、莱布尼茨（单子论）和谢林的思想。广义地说，“索菲娅”代表了世界的灵魂、理想的人性和“永恒温柔”。索洛维约夫认为，每种生物体内均有两种类型的统一，即创造性的统一和被创造的统一。在基督（作为上帝的第二实体）身上，积极的、创造性的统一即道，或逻各斯，而被创造的统一即“索菲娅”。她代表神圣原型思想（索洛维约夫视之为活的力量）本质上的“一致性”，她是世界的灵魂，与此同时也是理想的人性，其角色即上帝与世界之间的中间人。作为“肉身的道”或神圣的物，她象征着被动接受的原则，因而是女性的原则。

世界灵魂有其自己的意志，正是这一事实使作为宇宙悲剧之开端的堕落成为可能。“索菲娅”试图脱离上帝，确认其在上帝之外的存在，她因此失去了她的自由、中心地位和对创造的统治力。她脱离上帝的结果就是出现了一个有时空维度的客体世界，在这个世界，统一被瓦解，生命受到死亡的摆布。在万物统一的理想实现之前，这个世界必须与上帝再次统
381 一，即世界灵魂必须与逻各斯再次融合。这一重新融合的过程是缓慢的，因为对万物统一的冲动在自然界首先表现为一种盲目力量（如万有引力定律、化学反应过程中元素的组合等），然后作为一个组织原则（有机生命），最后（在人类出现之后）作为一种有意识的、自由的活动。创造过程的各阶段（宇宙论）在神的谱系，亦即人关于上帝的观念的发展过程中均有其相对应的阶段。基督教的出现构成一个转折点（尽管整个世界和人

① 见索洛维约夫 1898 年的讲座《奥古斯特·孔德的人类概念》（“The Idea of Humanity in Auguste Comte”），载《索洛维约夫文集》，第 8 卷。

类之前的历史导致了这一转折），此时，上帝在历史人物耶稣基督的身上成为人，在之前一系列不完整的、预备性的神显之后，这是一次完美的神显。在这之后，对万物统一的冲动变得比死亡和解体的力量都更强大。不过，耶稣所体现的完美人的理想，即神人的理想，只能在理想的社会，即神的人间王国中才能实现。这将标志着地球上人类历史的最后一个阶段，自然世界将第二次得到救赎，它将“被神性灌注”，并将挣脱死亡的力量，在自由的万物统一中与上帝连为一体。

在这一理论中，实现最终融合的工具就是通过基督与上帝结合的人类，亦即基督教会。但是，基督教却饱受内部分裂之苦。在西方，教会成为世俗权力之诱惑的牺牲品（天主教），或成为骄傲之罪的牺牲品（新教）；在东方，东正教保存了基督的纯粹真理，但尚未尝试将其纳入外部的、历史的文化世界。西方文明发展出了人的原则，而东方文明则仍忠实于神的原则。因此，在人类社会中实现神人类的理想，亦即世界全面转变的基本先决条件，就需要东方与西方的和解以及基督教会的统一。

索洛维约夫的神权政治乌托邦与爱的理论：费奥多罗夫之影响

索洛维约夫想象，神的人间王国将落实为“自由的神权政治”。他认为，既然上帝是至高无上的权威，那么由人执掌的政府便永远会有篡权和暴政。另一方面，上帝并未直接行使其权力，他在人间的代表是高级祭司，是皇帝和先知。合法权力的结构是三位一体的，对应于圣三位一体的三种构成，教皇、皇帝和先知的三位一体即圣父、圣子和圣灵的三位一体 382
之尘世反映。当人类在一位高级祭司和一位皇帝的统领下联合起来，当真正的先知，即“圣灵的自由呼吸”不断出现在民众之中，并对世俗权威和精神权威进行调解，神的王国便将在人间建立。在团结起来并服从上帝之后，人类将完成它在宇宙中的使命，它将把被创造出来的世界与神的世界融为一体，重新组合堕落的自然，并压倒混乱和死亡的力量。

如前文所述，索洛维约夫所选中的代表统一人类的大祭司是罗马教皇。与在他之前的恰达耶夫一样，索洛维约夫也得出结论，即在与拜占庭的争论中罗马是正确的。东正教会脱离普遍的统一，使基督教屈从于民族特殊主义。天主教会同样犯有错误，但它是一种积极的历史力量，致力于建立神的王国，而在东正教中，真正的基督教倾向仅体现在修道院的静观生活中。索洛维约夫批评东正教屈从于世俗权威的看法得到了佐证，即波别多诺斯采夫对宗教少数派和少数民族的迫害，以及教会在国家推行的少数民族俄罗斯化的过程中所起的作用。他在其《圣弗拉基米尔与基督教国家》一文中甚至提出，在俄国，普世教会理想的表达者并非官方东正教，而是受到迫害的旧礼仪派信徒。

索洛维约夫是一个充满奇怪矛盾的人，比如他虽然谴责一切形式的民族主义，却坚信俄国的弥赛亚角色，即俄国将在沙皇统领下的人类政治统一中发挥重要作用，俄罗斯帝国将成为“第三罗马”，并调和前两个罗马。[①] 在索洛维约夫看来，这一使命的成功履行取决于俄国社会的内部转型，尤其是犹太问题和波兰问题的解决。尽管他提出了这些保留意见，但令人惊讶的是，他仍全力坚持俄国专制政体的理想化图景，他的判断也受
383 到他所反对的保守圈子当时所持观点的极大影响。索洛维约夫认为，俄国的专制政体将通过对抗西方世界的不信神力量来复兴和救赎欧洲。诚然，索洛维约夫并未确切陈述其想法，但毫无疑问，他对此类官方政府使命的信仰与他所谓完全良心自由的理想并不相容。

索洛维约夫对波兰问题的看法[②]也是幼稚的，大体上是保守的。他相

① 莫斯科为“第三罗马”的观点最初在 15 世纪末由修士费洛菲伊提出，他宣称，在拜占庭（第二罗马）沦陷后，俄国被上帝选为第三罗马，也是最后的罗马。

② 见特鲁别茨科伊：《弗拉基米尔·索洛维约夫的世界观》，第 1 卷，第 499—508、523 页。

信，波兰对俄国的敌意，其根源是纯粹的精神原因，而在物质方面，与俄国合作对波兰有利。由于他将“波兰性”等同于天主教和贵族的领导地位（斯拉夫派和民粹派普遍认同的一种观点），他自然认为，俄国与罗马的和解将消除波兰对俄敌意的主要缘由，如果波兰受邀在这场和解中扮演调解人的重要作用，则尤其如此。与此同时，如果贵族们被邀请去填补俄国自身所缺乏的独立而活跃的上层阶级的位置，他们的社会抱负也能得到满足。波兰人在道德上的满足会自动导致俄国“虚无主义”的消失，索洛维约夫将虚无主义称为“波兰问题的面具”。

索洛维约夫值得赞扬的是，他能够承认错误。他对保守派圈子的“基督教”越来越失望，在那个圈子里，人们对他也越来越不信任，由于1891年大饥荒，他甚至开始怀疑专制国家的正面作用。在题为《论中世纪世界观的衰落》的演讲（演讲做于大饥荒的1891年）中，他认为不信教的人为人类进步做出了更大贡献，胜过基督徒。（在这次演讲之后，列昂季耶夫谴责索洛维约夫是一个恶棍，是反基督的工具。）次年，索洛维约夫告诉叶夫盖尼·特鲁别茨科伊，他愿意加入不信教者的行列，与他那个时代的基督徒做斗争。[①]毫无疑问，这是愤怒时刻脱口而出的话，但这种愤怒却表达了一位失望的理想主义者的真实痛苦。

尽管索洛维约夫关于俄国的民族使命和政教合一乌托邦的幻想破灭了，但这并不意味着所有乌托邦主题均自动地从他的世界观中消失。相反，在1890年代初，他对具有特殊情色意味的乌托邦愿景有过大量思考，其思考成果就是以《爱的意义》为总题发表的五篇文章。 384

与“永恒温柔”的理想紧密相关的情色主题贯穿着索洛维约夫的整个哲学。他的万物统一愿景之基础是部分与整体之间协作统一的观念，一

① 见莫楚尔斯基：《弗拉基米尔·索洛维约夫：生平与学说》，第195页。

种爱的合作，在这种合作中，对重新融合和完整性的冲动将克服利己主义的分解的离心力。[①] 然而，在索洛维约夫的世界观中，这种“泛色情”却伴有对肉体关系的厌恶，他认为肉体关系是人类堕落的症状。他区分了“性”爱（他以此指将两性联系起来的理想的爱）与仅为身体行为的性交。他也不赞同爱的目的即生育、即物种的延续这一观点，他认为，在自然界中，生育能力与性爱能力之间并无直接的对应关系。对他来说，男人和女人之间的爱是最高价值之一，他拒绝接受叔本华的观点，即爱情就是大自然用来迷惑有情人的海市蜃楼，以便让这对有情人为繁殖后代而牺牲自己。索洛维约夫坚持认为，爱的本质是一种重新融合的冲动，以实现“真正的人”之理想，“真正的人”代表男性元素与女性元素不可分割的自由统一。完全的人是按照其造物主的形象塑造而成的，而性爱最深刻的意义，即它允许人“被上帝所灌注”，并挣脱死亡的掌控。另一方面，爱的身体行为有助于维持死亡的力量，因为它会导致“恶的无限”，导致一代又一代人的荒谬激增，每一代人均仅为下一代人的手段。因此，肉体关系会降低爱，否定爱的真正意义。作为“索菲娅”的堕落之结果的这股强大力量业已向外转向生育，它应被引导向内，成为普遍的重新融合之工具。

这些观念会让人想起德国浪漫派对雌雄同体概念的迷恋。索洛维约夫的观点与巴德尔的关系尤为密切，巴德尔写道：“爱是一种手段，男人和女人通过爱可获得内在的满足（在灵魂和精神上），从而实现完整人类的概念，即人类原始神性的形象。”[②] 索洛维约夫和巴德尔观念的共同来源自
385 然是柏拉图那则关于人类始初的神话，即人类因为其狂妄而受到惩罚，被剖成了两半。

---

① 见索洛维约夫：《索洛维约夫文集》，第 6 卷，第 416 页。

② 见苏西尼：《弗朗茨·冯·巴德尔与神秘浪漫主义》(*Franz von Baader et le romantisme mystique*)（巴黎，1942），第 3 卷，第 569—572 页。

不过必须强调，索洛维约夫的灵感也另有一个纯粹的俄国来源，即**尼古拉·费奥多罗夫**（Nikolai Fedorov/Николай Федоров，1828—1903）的观点。费奥多罗夫是帕维尔·加加林公爵的私生子，他后来在莫斯科鲁缅采夫博物馆（今列宁图书馆）任图书管理员，著有《共同事业哲学》一书（在作者去世后出版）。费奥多罗夫是一个终身默默无闻的怪人，一些俄国侨民历史学家对其重要性的评价似有夸大之嫌。[①]然而值得注意的是，陀思妥耶夫斯基和托尔斯泰均对费奥多罗夫的理论印象深刻，索洛维约夫曾试图在其哲学中进一步发展这些理论。索洛维约夫 1878 年便接触到费奥多罗夫的思想，并立刻认定这些思想“与事实相差不远”，他们两人随后的相识更加深了这一印象。1880 年代初，索洛维约夫视费奥多罗夫为其导师，并称费奥多罗夫的观念是“人类精神在通往基督的道路上向前迈出的第一步”。[②]

费奥多罗夫的世界观是宗教主题、神秘主题与普通功利主义的神奇结合，是对资本主义和工业化的激进批判与对技术和自然科学的崇拜这两者的特殊合成。他有一种近乎神奇的信念，即人类有能力掌握自然界的力量，并利用它们来找到“终极问题”的解决方案。尽管他主张有目的、有计划地改变现实，但他让这种对生活的“投射”态度服从于“共同事业”的乌托邦幻想，在他的乌托邦幻想中，所有努力都将集中于复活死者和征服死亡。这使得他认为，进步从根本上说是非道德的，因为他无法接受“父辈之死”，他拒绝把数代前辈仅视为未来几代人之幸福的垫脚石。这些想法或许给陀思妥耶夫斯基留下了深刻印象，他借伊万·卡拉马佐夫之口批评了所有试图论证神启终极正义的历史神正论。针对“出生意志”（will

---

① 见津科夫斯基和洛斯基的两部俄国哲学史中关于费奥多罗夫的章节。关于费奥多罗夫著作之片段见伊迪等编：《俄国哲学》，第 3 卷，第 16—54 页。

② 莫楚尔斯基：《弗拉基米尔·索洛维约夫：生平与学说》，第 153—154 页。

to birth/воля к рождению），即一代又一代凡人的繁衍，费奥多罗夫提出“复活意志”（will to resurrection/воля к воскресению），即对死亡的征服，用兄弟情谊和孝道替代肉体之爱。他认为，这一目标可以实现，其途径即
386 掌控自然，建立一个以村社所有制为基础的社会体系，排除使人分裂、在人际关系中导致争斗的一切因素。

索洛维约夫从费奥多罗夫处接过后者对“出生意志”的批判以及视战胜死亡为历史悲剧之唯一道德解决方案的观点。他也接受这一看法，即救赎必须是一种集体行为，人类赢得不朽的唯一方法是在神的人间王国中团结为一体。但显而易见，索洛维约夫无法赞同费奥多罗夫的自然主义及其对于科学的表面崇拜，对祖先崇拜以及与之相关的平等共产主义似乎也缺乏同情。此外，索洛维约夫对生育的谴责与一种特殊的泛色情主义有关，一如其普遍复活概念是新柏拉图主义的、浪漫的宇宙复兴和神人类理想的组成部分。总之，索洛维约夫从费奥多罗夫处接受了某些思想，但将它们同化为一个极其复杂的哲学世界观，毫无疑问，这一世界观与诺瓦利斯和巴德尔的思想之间有着更多共同点，胜过其与《共同事业哲学》所提出的那些观点之间的关联。

伦理学与认识论的自主化；末世论预言

索洛维约夫本人的神权政治乌托邦幻想的破灭，使他改变了对文化的不断世俗化以及与之相关的各种思想倾向的看法。他开始对列谢维奇的观点表示赞同（他之前曾认为列谢维奇不具备任何哲学能力）①，他发现了孔德对基督教意识做出的贡献，建议把这位实证主义创始人列入基督教圣徒的行列②，他甚至表达了对车尔尼雪夫斯基学位论文《艺术对现实的审美关

① 莫楚尔斯基：《弗拉基米尔·索洛维约夫：生平与学说》，第 191 页。
② 索洛维约夫：《索洛维约夫文集》，第 8 卷，第 244—245 页。

系》中主要命题的认同。

索洛维约夫观点的逐渐变化，意味着他已较少以批判的目光面对这一现象，即认知、艺术创作和社会实践等领域正不断摆脱宗教的把控。他在对《抽象原理批判》一书进行修订时得出结论，即自己的伦理观念已发生重大变化，以至于他必须彻底修改，这促使他写出了他主要的伦理学著作 387
《善的辩护》。

这部著作最重要的创新即接受伦理学的独立，承认它不仅独立于宗教，而且也独立于形而上学。至于这一独立之程度，学者们尚存不同看法，一些索洛维约夫哲学的研究者认为他倾向于伦理学的完全自主性①，另一些人则认为这种自治实际上仅为假象，因为它设定了一个必要前提，即上帝的存在和灵魂的不朽。②最接近真相的似为这一观点，即索洛维约夫在其《善的辩护》中强调伦理范畴的相对自主性，认为它独立于关于上帝的形而上学认知以及积极宗教的教条。③

在此书第一部分（《人性之善》）中，索洛维约夫试图赋予其伦理学以经验论基础，其方式即分析伦理学与羞耻（shame/стыд）、共情（compassion/сострадание）、虔敬（religious adoration/благоговение）等情感的关联。羞耻（其原型为性羞耻）表达人对低于他的东西之态度，羞耻感提醒他，他是一个精神存在，有着超出物质世界的更高目的。羞耻的进一步发展即良心，良心的作用即恢复个体内心生活的完整性。共情是一种社会情感，表达人对其同类，即其同胞的态度，共情的作用是将社会转变为一个完整的有机体，以传递"共同本质的真理"或所有存在的真正团结。最后，虔敬（崇拜，虔诚）表达人对高于他的东西之态度，其作用即恢复人性的整

① 见莫楚尔斯基：《弗拉基米尔·索洛维约夫：生平与学说》，第229页。
② 见特鲁别茨科伊：《弗拉基米尔·索洛维约夫的世界观》，第2卷，第80页。
③ 见盖森：《陀思妥耶夫斯基与索洛维约夫世界观中的乌托邦之争与善的二律背反》。

体性，路径是将人性与宇宙的绝对中心结合起来。羞耻、共情和虔敬均为普遍存在的情感，这一事实对于索洛维约夫而言构成令人信服的证明，即有可能建立一个普遍有效的、自主的伦理体系（即不依赖于形而上学或积极宗教的伦理体系）。与此同时，索洛维约夫追随康德，坚持认为伦理学不可能建立在心理学数据的基础之上。普遍性和必要性系由理性赋予伦理
388 学，只有当理性从自然数据中推断出内在的伦理内容并确认此内容为独立于其心理基础的**绝对命令**时，伦理学方才成立。①

在《善的辩护》的第二部分（《来自上帝的善》）中，索洛维约夫演绎出善植根于绝对的命题。在最后一部分（《人类历史中的善》）中，他探讨了国际政治和经济关系中的道德问题。他主张伦理考量应在政治中发挥更大作用，他批评国家利己主义，但他也反对世界主义，认为对民族的尊重不能脱离对个人的尊重。他称经济活动为“自然的精神化”，并坚持认为经济活动不应仅被视为生存斗争。在他看来，国家的基本作用是保护弱者（一种“有组织的同情”），因此，其责任便是将经济关系置于更健全的道德基础之上。在这一问题上，他与为自由放任的经济学辩护的奇切林展开争论，也与托尔斯泰意见相左，对托尔斯泰而言，国家自身仅是“有组织的抢劫”。

索洛维约夫越来越倾向于将自在的哲学以及各种哲学原理当作衡量自主性的标尺，这一点在其以《理论哲学》为总题发表的三篇关于认识论的文章中有更明显的体现。作者在这三篇文章的开头公开宣称，一位理论哲学家的首要职责即放弃除纯粹哲学利益之外的一切利益，淡忘除旨在发现真理的意志之外的任何其他意志。②

索洛维约夫关于认识论问题的思考，使他拒绝接受假定有一个认知者

① 见索洛维约夫：《索洛维约夫文集》，第 7 卷，第 130、169、173 页。
② 同上，第 8 卷，第 157 页。

实体的“唯心论教条主义”。他认为，笛卡尔的“我思”并不一定就意味着“我在”，一切能被立即感知的东西均为意识的状态，脱离这一状态的认知主体仅为空洞的形式。①索洛维约夫与他的朋友列夫·洛帕京展开争论，也推翻了他自己之前在《神人类讲座》中表述的观点，他如今认为人的意识并非实体，而仅为一种“本质”。这个词真正含义中的唯一实体即绝对。人只有死后才能在永恒理想中最终获得实体化，因此，实体化是最 389
终的命运，而非人类灵魂的固有属性。

考察一下索洛维约夫关于思辨哲学可能依赖的“三种可信度类型”的讨论也很有趣。第一种类型即意识的主观状态，或曰认知的精神物质；第二种类型是自在的逻辑推理（脱离内容）；第三种类型是有目的的认知［замысел（意图）］，或曰“重要的决策行为”，它引导意识走向绝对真理，把直接的感觉印象转化为复杂的积极认知过程的材料。②“有目的的认知”概念在某种程度上让人想起“意图”和“意图行为”等现象学概念。很难确定这种对应关系的演进程度，因为索洛维约夫的早逝中止了其认识论的进一步发展。

在其生命的最后一年，索洛维约夫的观点似又发生另一次变化。他对自由进步的乐观信念，他关于世俗化本质上是通过耶稣获得救赎的终极进程之一部分的信心，均开始让位于悲观主义情绪。这种情绪的表达见于其哲学对话《三次交谈》，尤见于作为这篇对话之附录的《反基督的故事》。

除去一些不太重要的细节，《反基督的故事》可概述如下：在 20 世纪，欧洲遭到一个黄皮肤种族的入侵。随后，欧洲各民族摆脱了蒙古人的统治。面对共同的危险，他们建立起一个强大的民主国家联盟。在 21 世纪，出现了一个非同寻常的人，他 33 岁，是一个巫师、苦行僧和慈善家，

① 见索洛维约夫：《索洛维约夫文集》，第 8 卷，第 165—172 页。
② 同上，第 203、209、219—221 页。

他信仰上帝（尽管他只爱自己），他渴望人类的幸福。在他的领导下，世界各民族组成一个统一的国家，渴盼已久的永恒和平时代即将到来，社会改革终结了贫困。这位人类的大恩主以基督教精神施行统治，为基督徒（他们已所剩无几）谋求利益。他甚至召集一次普世会议，以便团结各基督教会。然而，他其实并不信奉耶稣，并把自己置于耶稣的位置。在参加普世会议的基督徒中，只有少数人（即罗马教皇保罗二世、东正教会代表约翰长老以及新教徒领袖欧内斯特·保利教授的追随者们）意识到这位人类的恩主是反基督。在实现对基督徒的误导统一之后，反基督宣称自己
390 即上帝的化身，真正的基督徒们意识到罗马教皇才是他们的领袖，他们步入沙漠，等待基督显容。与此同时，犹太人举行起义，他们起初认为反基督是他们期待的弥赛亚，当他们意识到自己的错误时，便把愤怒投向这位篡位者。反基督的皇帝率领其军队去镇压叛乱者，但由于超自然力量的干预，他死在火湖中。犹太人和基督徒前往耶路撒冷，他们在那里看到耶稣降临人间。所有的逝者皆复活，与基督一起掌管这个千年。

索洛维约夫本人（以及他的许多追随者和他著作的研究者）认为《反基督的故事》是一部非常出色的作品。[①]这肯定有些言过其实。如果我们把《反基督的故事》与在很多方面都与之相似的《宗教大法官传》做一比较，陀思妥耶夫斯基描述的场景似乎能给人留下更深刻印象。然而，《反基督的故事》确实清楚地表明，索洛维约夫的世界观发生了某些深刻变化，这部著作也以一种意外的方式显示了索洛维约夫的矛盾本性。

这部作品的独创性在于，它将反基督描绘成一位伟大的慈善家，他促成许多进步的人类理想的落实，甚至试图赋予这些理想以基督教形式。当然，这就是“自由、平等的进步”和“玫瑰色基督教”的一贯批评者康斯

---

① 见莫楚尔斯基：《弗拉基米尔·索洛维约夫：生平与学说》，第 248 页。

坦丁·列昂季耶夫想象出的反基督的王国。索洛维约夫笔下的反基督的最终目的近乎对“自由神权政治”理想的戏仿。我们或可如此理解：索洛维约夫在其生命的最后时刻开始赞同列昂季耶夫的观点，甚或可能觉得其毕生的工作不是在为神的人间王国做准备，而是在为反基督的王国铺路。由于缺乏额外的证据，我们无法给出这一问题的最终答案，但肯定有充分理由提出这一问题。

索洛维约夫的美学

索洛维约夫在其一生中的许多场合均论及美学问题，其论述既包括严谨的哲学著作，也包括文学批评，但是，他在这一领域的观点却并未体现出其思想的演进，或者说并未发生任何本质变化。他美学观点的最系统阐述见于《自然中的美》和《艺术的普遍意义》。

索洛维约夫选取陀思妥耶夫斯基的名句“美将拯救世界”作为他那篇
论自然之美文章的题词。他宣称，自然美是绝对在物质世界中的具体运作 391
之显现；美“映亮”物质，使物质精神化，有助于提升堕落的世界灵魂，将神的因素引入现实。

艺术之美的作用与之类似，艺术是万物统一的工具，创作一件艺术品，就意味着与更高世界的融合，因此，艺术创作与神秘主义有关。艺术的作用就是成为一种能够改变和“映亮”人类世界的神性力量。

美是一种客观事物，无法脱离真或善，一切美的东西均会有助于完善现实。索洛维约夫拒绝为艺术而艺术论，他甚至引用车尔尼雪夫斯基的话来支撑自己的这一看法，即那些为艺术而艺术的理论均为“审美分离主义”之症状。[①]作为他欲使美服务于真和善的尝试之一部分，他强调具有

① 索洛维约夫：《索洛维约夫文集》，第 6 卷，第 424—431 页。

社会责任的现实主义艺术之价值。他援引基于柏拉图和谢林命题的神秘艺术论来证明现实主义的“相对真理”，这是索洛维约夫美学中最奇怪的特征之一。

然而，对索洛维约夫而言，现实主义仅为未来真正的宗教艺术之先驱。他将陀思妥耶夫斯基视为这一未来艺术的前兆，他称赞陀思妥耶夫斯基是一位先知作家，一位能“创造生活”的艺术家，这位艺术家将其艺术视为神的人间王国的实现工具。

在索洛维约夫看来，陀思妥耶夫斯基创作中的预言元素是艺术深刻本质的出色表达。无论如何，每一位伟大艺术家均是某种程度上的先知。这是因为，一件艺术品（据索洛维约夫之定义）即一个特定客体之呈现，这种呈现源自这一客体的最终目的，亦即处于未来世界的光照之中。[①]

索洛维约夫的继承者们

直到索洛维约夫去世后，他的思想才开始产生真正的影响力。毫不夸张地说，整整一代俄国唯心主义哲学家和宗教思想家均在他的哲学中接受过熏陶。仰仗其众多杰出的门徒（十月革命后他们主要在俄国境外工作），他在死后获得了俄国最伟大哲学家的声誉。即使在当今，这也是具有唯心主义倾向的哲学史家们广泛认同的一个观点。

392 索洛维约夫思想的接受问题颇为复杂，但从中可清晰地区分出两个方面：一方面，他的创作极大地促进了宗教唯心主义哲学之影响的传播和巩固（这一点可十分清晰地见于前合法马克思主义者布尔加科夫、别尔嘉耶夫和弗兰克等人的思想演进）；另一方面，他的思想激起了人们对宗教的兴趣，有助于阐明充分实现宗教意识现代化的必要性，同时也将许多明显

① 索洛维约夫：《索洛维约夫文集》，第 6 卷，第 78 页。

的异端主题引入了俄国宗教思想。

谢苗·弗兰克（1877—1950）、列夫·卡尔萨文（1882—1952）以及哲学家兼神学家谢尔盖·布尔加科夫（1871—1944）和帕维尔·弗洛连斯基（1882？—1948）等人，其学说就完全基于索洛维约夫万物统一的形而上学概念以及与之密切相关的“索菲娅”概念。直觉主义者尼古拉·洛斯基（1870—1965）试图将万物统一概念和“索菲娅”概念与从阿列克谢·科兹洛夫处接受的单子论多元主义结合起来。与之相反，谢尔盖·特鲁别茨科伊公爵（索洛维约夫的传记作者叶夫盖尼·特鲁别茨科伊的哥哥）在反对“认识论个人主义”的争论中援引索洛维约夫的观点，他认为个人意识植根于超个体的集体意识，他将超个体的集体意识等同于“索菲娅”。索洛维约夫的影响也见于批评家、小说家德米特里·梅列日科夫斯基（1865—1941）的“新宗教意识”。著名的基督教存在主义者尼古拉·别尔嘉耶夫（1874—1948）同样深受索洛维约夫影响，别尔嘉耶夫主要关注索洛维约夫思想中的弥赛亚主题和末世论主题。上述所有哲学家均认同索洛维约夫坚定的反理性主义、他试图模糊哲学与宗教之界限的努力以及他的神秘主义倾向。

谢尔盖·盖森（1887—1950）是一位于1935年定居波兰的哲学家和教育家，他代表索洛维约夫思想之更为理性主义的延续。盖森也接受万物统一理念，但他对索洛维约夫哲学中的乌托邦主题进行了批判性的重新审视，他捍卫哲学以及其他所有相关文化领域相对于“虚假绝对”的自主权。[①]

索洛维约夫的开创性影响也渗透进俄国象征派诗人的创作，如维亚切斯拉夫·伊万诺夫、安德烈·别雷，不过首先是亚历山大·勃洛克。勃洛

① 盖森：《陀思妥耶夫斯基与索洛维约夫世界观中的乌托邦之争与善的二律背反》。

克早期的《美妇人诗草》即诉诸“永恒温柔”的理想。勃洛克还在其批评
393 文章中运用索洛维约夫的美学理论，尤其是艺术作为一种改变世界的力量的“神力论”概念，以及审美静观与神秘体验有关的观点。象征派诗人也对作为宗教思想家和文化哲学家的索洛维约夫感兴趣。1920年（在《弗拉基米尔·索洛维约夫与当代》一文中），勃洛克称索洛维约夫为“未来的承载者和预见者”，是“第三种力量”的先驱，这种力量终有一天将调和世界，一如基督教曾调和衰落中的古代世界与日耳曼蛮族。

第二节　阿列克谢·科兹洛夫与泛灵论

形而上学唯心主义在俄国的另一位重要代表是**阿列克谢·科兹洛夫**（Aleksei Kozlov/Алексей Козлов，1831—1901）。[①] 与索洛维约夫一样，他也拒绝狭义的唯心主义，即将世界视为纯粹思想的一元论，他将关于唯心主义的这种阐释称为过渡时代的典型哲学，是唯心主义与唯物主义之间的折中，或有神论与无神论之间的折中。[②] 但与索洛维约夫不同，他并不关心恢复哲学与宗教之间的关联，或对基督教真理进行哲学阐释。总体而言，他仅致力于严格的哲学问题，试图找出唯心主义的本体论和认识论基础。因此，他的传记作家谢尔盖·阿斯科尔多夫指出，科兹洛夫的思想和索洛维约洛夫的思想是“自不同的两端诉诸同一问题”。[③]

科兹洛夫年近40岁时才开始认真研究哲学，当时，他读到了弗劳恩施泰特研究叔本华的那本书。几年后，他出版了一部研究哈特曼哲学的著作，1875年，他被任命为基辅圣弗拉基米尔大学哲学系主任。1878年，

---

① 科兹洛夫是诗人亚历山大·普希金的远亲伊万·阿列克谢耶维奇·普希金的私生子。

② 见阿斯科尔多夫：《阿列克谢·亚历山大罗维奇·科兹洛夫》（S. A. Askoldov, *Alexey Alexandrovich Kozlov*）（莫斯科，1912），第212—213页。阿斯科尔多夫是科兹洛夫的私生子。

③ 同上，第217页。

他出版了一部研究杜林的书，他在书中与“科学哲学”的实证主义概念展开争论。1885 年，他开始出版俄国第一份哲学期刊《哲学季刊》，但不久被迫停刊，他因中风而右侧身体瘫痪，卧床六个月。他的传记作者认为，这场疾病迫使他长时间关注自己的内在自我，体验到自我的实体性，从而 394
促成其形而上学的最终形态。

1888 年，科兹洛夫再度开始不定期地出版一份新期刊《自己的话》，他在该刊阐述其成熟的哲学思想（他是该刊的唯一作者，该刊不定期出版）。在刊于这本杂志的文章中，最重要的即哲学对话《与彼得堡的苏格拉底的对话》。在这篇对话中，“俄国的苏格拉底”代表作者的观点，而其主要对手则是实证主义者舒加尔，其他“参与者”还包括伊万·卡拉马佐夫和阿廖沙·卡拉马佐夫两兄弟，毫无疑问，科兹洛夫是在以此暗示，他的哲学对陀思妥耶夫斯基提出的问题做出了回答。

科兹洛夫认为，哲学思辨的出发点既非“纯粹存在”概念（如在黑格尔的逻辑学中那样），亦非休谟的描述，即意识为“一束感觉印象”。对意识的分析表明，它可划分为初级意识（简单、即时的感觉体验之总和）、派生意识和复杂意识（所有精神行为之总和）。初级意识又可区分为：一、对体验内容的意识；二、对人的行为的意识；三、对“自我”的意识，对自己作为个性精神实体之身份的意识。在自我范畴之内，借助自我，经验意识与人的行为意识相互综合，这使得向复杂意识的过渡成为可能。因此，“自我”是理性和意识的先决条件，无法将其作为一个存在范畴去论证或忽略，就像经验主义和唯心主义一元论所做的那样。认知主体是一种实体，而非空的容器，即便舍弃所有具体的存在属性，也不会使存在失去内容，而只会导出一个作为简单的、不可约的精神单子的“自我”之概念。

科兹洛夫将时空世界视为意识状态的总和。他与康德的不同之处在于，他不允许空间和时间成为**先验**认知范畴，但他更反对经验主义者的机械联想。他在总体上把世界视为一个体系，无限多的精神实体在其中相互作用。他认为，我们所谓物质客体实为我们与之产生关联的实体之象征。时间和空间同样也是象征：空间是实体相互关联的象征，而时间则象征这
395 一事实，即实体虽然本身不变，但其非本质属性则是可变的，可移动的。连接实体的相互关系网是非时间的，但由于我们意识的狭隘把握，我们无法把这个相互关系网当成一个整体，因此，我们从一个点移动至另一个点，从而得出“之前”、“现在”和“之后”等概念。世界在演进，但它遵循的是逻辑序列，而非时间序列。存在的每一时刻均由实体发展序列中所有其他的点所决定，并不排除那些自时间角度看似乎属于未来的点。

科兹洛夫将其哲学命名为“泛灵论”（Pan-psychism/панпсихизм），他也使用“多元的一元论”（pluralistic monism/плюралистический монизм）这一定义，这个自相矛盾的标签旨在表明，多元主义原则（独立的精神实体的无限多元化）并不否定世界的统一，因为所有实体均与核心实体，或曰上帝紧密相连。

科兹洛夫哲学的主要来源自然是莱布尼茨的单子论以及莱布尼茨那些19世纪继承者们的观点，尤其是鲁道夫·陆宰以及多尔帕特大学（今爱沙尼亚塔尔图大学）教授古斯塔夫·泰赫穆勒1871—1888年间的观点。科兹洛夫也遵循莱布尼茨基于某种转世论思想提出的关于不朽的概念。

科兹洛夫的主要弟子是尼古拉·洛斯基，如前文言及，他试图将精神单子论与索洛维约夫的万物统一的形而上学结合起来。科兹洛夫的思想也因其子谢尔盖·阿斯科尔多夫（1871—1945）而获得发展。阿斯科尔多夫是洛斯基的大学同事之一，洛斯基和阿斯科尔多夫的学术活动主要在20世纪展开，他俩的工作因此超出了本书的论述范围。

另一位继续研究科兹洛夫思想的哲学家是泰赫穆勒的学生**叶夫盖**

尼·鲍勃罗夫（Evgeny Bobrov/Евгений Бобров，1867—1933）。哲学家和心理学家**列夫·洛帕京**（Lev Lopatin/Лев Лопатин，1855—1920）是索洛维约夫的朋友，他也与科兹洛夫关系密切（他是一个比鲍勃罗夫更具独创性的思想家）。洛帕京是莫斯科大学教授，他在其两卷本著作《哲学的实证任务》中也回到莱布尼茨的单子论，试图将动态构思的唯心论多元主义与“理性的有神论”相结合，在“理性的有神论”中，上帝被解释为“单子中的单子”。这种形而上学唯心主义被其作者称为“动态的唯心论”或“具体的动力论体系”，它为强调人类心灵的活力和创造力的伦理个人主义奠定了基础。 396

第三节　鲍里斯·奇切林与19世纪下半叶的黑格尔主义者

前文关于俄国西方主义的章节曾论及**鲍里斯·奇切林**。[1]奇切林是一位杰出的历史学家和法学家，也是格拉诺夫斯基和列德金的学生。[2]奇切林很早就自视为黑格尔主义者，并毕生忠诚于黑格尔哲学。在政治观点上，他是一个自由主义保守派，是一切激进运动或革命运动的坚定反对者，但与此同时，他也是一个始终如一的西方派，声称有必要捍卫并真正扩展1860年代的自由主义改革。1868年，他辞去莫斯科大学教职，以抗议当局破坏学术独立。1882年，他当选莫斯科市长，但他很快与政府产生冲突，被迫辞职（奇切林宣布地方自治会的权力应得到扩大，地方自治机构的工作应得到“加冕”，即建立人民代表制，这让亚历山大三世及其保守的幕僚们深感愤怒）。奇切林尽管具有伟大的天赋和渊博的学识（体现在其《政治学说史》中），可他却从未成为一个时髦人物。他强烈地意识

---

① 见本书第150—151页。

② 俄国黑格尔主义者彼得·列德金（Petr Redkin，1808—1891）于1840年代在莫斯科大学讲授法哲学。

到自己思想的孤独，回想其青年时代，他常把 19 世纪下半叶称为一个文化普遍衰落的时代。

奇切林在 1870 年代才开始研究哲学，其主要目的在于反对当时盛行的实证主义思潮。奇切林思想的系统化表述见于其《科学与宗教》一书。数年后，他出版《实证哲学与科学的统一》，他在书中对孔德的理论提出异议（但他仍认为孔德的价值高于穆勒或斯宾塞）。奇切林对实证主义的抨击来自黑格尔的立场，对他而言，黑格尔哲学即“绝对的理性主义”①，因此他断然拒绝索洛维约夫唯心主义的神秘主义意味，他在《科学中的神秘主义》中批判了此类神秘主义。他承认索洛维约夫的理解优于“实证主
397 义者有局限的无知”②，但与此同时他又认为，索洛维约夫的理论既不合逻辑，也与事实不符，它在侵蚀宗教启示领域，从而贬低了哲学，为实证主义批评家们提供了弹药。在《逻辑学与形而上学之基础》中，奇切林提出，当今时代即将超越实证主义，见证形而上学的复兴，而形而上学本身则应成为一门“实证科学”。③

奇切林认为辩证法是“至上的哲学科学”，一切发展的动力均为“原则的内在矛盾”。他还认为，辩证发展过程的开端和终结均为绝对。事实上，人类理性为从相对走向绝对而付出的种种努力，甚或绝对概念自身的存在，对他而言均为反对实证主义的决定性论据。他在批判经验主义和唯物主义时指出，如果没有“有规律的进程”概念，就不可能有任何科学，“有规律的进程”概念假设存在一种普遍理性，因为有规律的模式很难仅从经验中获得。在辩证法的本体论方面，他使用传统的术语“形而上学”，在与实证主义者的争论中，他强调整个宇宙系由形而上学（读作“辩证

① 见奇泽夫斯基：《黑格尔在俄国》，第 291 页。
② 见奇切林：《科学中的神秘主义》（*Mistitsizm v nauke*）（莫斯科，1880），第 2 页。
③ 奇切林：《逻辑学与形而上学之基础》，第 2 页。

法”）的法则支配，只有形而上学才能给科学带来理想中的统一。[1]

然而，奇切林的黑格尔主义远非正统。一方面，他批评“绝对理性主义”是一种片面的体系，并宣称如今时机业已成熟，可将理性主义与现实主义（实证主义即现实主义内部的思潮之一）统一为“普遍主义”。另一方面，他在调和哲学与宗教的关系方面比黑格尔更进一步，其途径就是将普遍理性等同于个性化的上帝，坚持认为宗教作为“具体统一”的范例要优于哲学。这一思路与对黑格尔“神学进化论”的背离相关，黑格尔的绝对概念就是通过大写的人来实现自我发展，获得自我意识。在其《回忆录》中，奇切林用宗教体验来解释这一差异，宗教体验给了他一种超越绝对的感觉。他写道：“我明白，如果精神是绝对的终极形式，那么它同样是一种始初形式，一种不竭的、全能的力量，是一切存在之源泉。”[2] 以这种方式，他停留在两者之间，一边是黑格尔的宇宙原则的内在性观点，一 398
边是关于超然的世界创造者的传统有神论概念。他试图用哲学术语阐释三位一体的教义，认为绝对既是内在的，也是超然的；[3] 绝对作为一种力量、理性（道）和精神，它具有人格；绝对之唯一的非人格“时刻”是物质（与理性对立的因素），但物质也能获得人的理性意识。

奇切林区分出绝对的四个阶段：一、能够派生出其对立面的创造力；二、理性；三、物质；四、物质最终与精神统一。在这一问题上，他同样背离了正统的黑格尔观点。奇切林认为，黑格尔从纯粹的不确定存在概念开始其逻辑，这是错误的，推理过程必须始自“某种特殊事物”，即普遍与特殊的具体统一。[4] 此外，这一辩证过程不止三个阶段（如在黑格尔辩证法中那样），而可区分出四个阶段：始初的统一，这种统一会引起抽象

① 奇切林：《实证哲学与科学的统一》（*Polozhitel'naia filosofiia i edinstvo nauki*）（莫斯科，1892），第 318 页。
② 奇切林：《回忆录》（*Vospominaniia*）（莫斯科，1929），第 2、148 页。
③ 奇切林：《科学与宗教》（*Nauka i religiia*）（莫斯科，1909），第 95—98 页。
④ 同上，第 61—62 页。

的普遍性和抽象的特殊性之对立（第二、第三阶段），随后是两者在更高层面的最终统一（第四阶段，之后这一过程再次重复）。在所考察的所有现象中追踪这一方案，这在奇切林看来就是认知的主要目的和试金石。他确信，他对黑格尔辩证法的修改是一个非常重要的发现，通过应用分析与综合这两个基本推理过程的概念，他将发展辩证法与亚里士多德的四因论结合起来。始初统一阶段（绝对所具有的创造力）对应亚里士多德的动力因，抽象的普遍性和抽象的特殊性（绝对中的理性和物质）对应亚里士多德的形式因和质料因，新的、更高的统一（精神）则对应目的因。

现在让我们看一看奇切林的这一方案如何应用于历史哲学，他将历史哲学等同于哲学史哲学，因为他相信，由于思想构成历史的动力，哲学史便是我们理解历史的关键，而不是相反。①

奇切林认为，人类从始初的统一到分裂为两个对立面，再到最终的
399 统一，这三个伟大的演进阶段中的每个阶段又可被分为两个时期，即合成（宗教）时期和分析（哲学）时期，分析时期再构成向下一次合成的过渡。每个时期反过来代表一个或多个循环，每个循环都包含着思想和存在的四个基本阶段的演进，即始初统一（动力因）阶段、两个对立面（形式因和质料因）阶段和最终统一（目的因）阶段。在某一循环的框架内，进步可以是主观的，即通过物质与形式的矛盾从始初统一过渡到最终统一，也可以是客观的，即通过动力因与目的因的矛盾从形式因过渡到目的因。

在奇切林看来，人类已经历两个重要的演进阶段，即始初统一阶段和分裂阶段。第一阶段的综合时期见证了自然宗教的出现，而分析时期（形成向第二阶段的过渡）则见证了希腊哲学从普遍主义经过现实主义向理性主义的发展。随着古代世界的衰落，人类过渡到第二阶段，即分裂阶段，

① 奇切林：《科学与宗教》，第 129、245 页。

在这一阶段，中世纪基督教世界见证了现代哲学从理性主义经过现实主义向普遍主义的发展（与古代哲学的发展顺序相反）。目前，人类正经历现实主义时期，这表现为特殊较之于普遍的双重优势，即唯物主义的现实主义（即唯物主义和实证主义）以及唯心主义的现实主义（即唯心主义的单子论）。奇切林相信，对辩证法规律的理解使准确预测未来成为可能，他宣称，哲学普遍主义时期即将到来，这将为涵盖一切的宗教综合铺平道路。如此一来，人类就会返回其造物主身边。始初的宗教综合是力（圣父）的启示，第二个基督教综合（分裂阶段的综合）是道（圣子）的启示，第三个未来的综合（最终统一阶段的综合）将是圣灵（三位一体的第三位格）的启示。①

有趣的是，这种历史哲学与波兰的黑格尔主义者奥古斯特·切什考夫斯基（他在前文关于赫尔岑的论述中曾被提及）的思想惊人地相似，后者也把历史划分为三大时代，将之描述为始初统一时代、分裂时代以及由发展导致的最终统一时代，他也分别用圣父、圣子和圣灵来称呼这三个时 400
代。然而，也存在一处本质区别：这位具有弥赛亚意识的波兰哲学家在《我们的天父》一书中认为自己是圣灵之工具，其使命是揭示终极的宗教综合之原则；与之相反，奇切林却将宗教与哲学严格区分开来，认为其哲学仅是人类思想史中的一个过渡，过渡至第二分析阶段中最后的普遍主义时期。

奇切林最有趣的理论贡献无疑是他对法律（他认为法律与经济学密切相关）和国家的哲学思考。虽然这两个主题几乎出现在他所有著作中，但它们仍在两本书中分别得到专门论述，这两本书即《财产与法》和《法哲学》。

---

① 奇切林：《科学与宗教》，第 444—451 页。

与黑格尔一样，奇切林也认为国家是人类合作的最高形式。他与黑格尔的不同之处在于，他认为人不是工具，而是人自己的目的，这使他更接近康德。他甚至欲称其立场为“个人主义”，因为他把个人自由和自主置于国家以及一切形式的社会关系之上。①

在奇切林的体系中，国家代表三种社会关联的更高统一，这三种关联为：家庭，或曰自然关联；公民社会，或曰法律关联；教会，或曰道德关联。②然而，国家的更高统一并不影响隶属于它的三种社会关联的相对自治。每一领域均有其明确界限，并受其法律管控。在奇切林看来，国家内部各因素的分治是自由的最重要保障，因此，他谴责某一特定领域（包括最高领域）试图“吞并”其他领域或侵犯其他领域之自治的任何倾向。在中世纪，国家服从于个人，因此它被君主和封建领主所利用，以达到他们的私人目的。现代的进步，其实质就在于把国家从这种依附状态中解放出
401 来，并在私人领域与公共领域之间划定明确界限。与之相反的是国家的一种危险倾向，即试图干涉私人领域，吞没所有其他生活领域，尤其是通过引入社会和经济立法来侵犯公民的经济自由。社会主义是这种破坏性倾向的最极端表现，但绝非唯一表现。

奇切林并非如一些主流的自由派经济学家那样相信进步的自然属性。他并非无限竞争美德的天真倡导者，他认可对自由市场的资本主义提出有效的道德质疑。另一方面，他又强调，以道德假设的名义进行干预并非国家的职责。社会问题的解决应成为提高个人道德标准的一部分，富人有帮助穷人的**道德义务**，但穷人在法律上**无权**要求这种帮助。

① 奇泽夫斯基：《黑格尔在俄国》，第 296—297 页。

② 对奇切林政治哲学的分析见夏皮罗：《俄国 19 世纪政治思想中的理性主义与民族主义》（康涅狄格州纽黑文，1967），第 89—101 页。对夏皮罗阐释的有趣反驳见凯利：《真实即理性：奇切林的政治哲学》，载《俄苏世界研究》（Aileen Kelly, “What Is Real Is Rational: The Political Philosophy of B. N. Chicherin,” *Cahiers du monde russe et soviétique*），第 18 卷，第 3 期（1977 年 7—9 月），第 195—222 页。此文主要论点即奇切林其实并非温和的自由派，而是坚定的保守派。

这些论点如今会令我们产生奇特的时代混乱感，也表明了奇切林思想的局限性。的确，他拒绝自由放任的极端乐观主义，但他无法超越其教条。与他同时代的英国黑格尔主义者托马斯·希尔·格林在对古典自由主义进行修正时，即已考虑到并证明了国家干预的必要性，与格林相比，奇切林的思考似有欠缺。

然而，为对奇切林保持公允，应强调他支持经济自由主义的观点中的一个方面如今在一定程度上仍然适用。他提请人们注意将法律和道德法则相互混淆的做法中所隐含的危险。奇切林认为，法律并非“最低限度的道德”（索洛维约夫的定义），而是一个完全独立的领域，不应与道德混为一谈。法律确定自由的限度，而道德法则确定道德义务的绝对命令。法律有强制权力的支持，它决定什么可为，什么不可为，但它不能成为道德的工具。对自由限度的法律定义并不会破坏个人的自主权，恰恰相反，它界定了个人不受国家或社会干涉的特定领域。另一方面，对道德义务的法律定义与良心自由并不相容，因此与道德自由也不相容，此类尝试的唯一结果或许就是“可以想象到的最糟糕的暴政”。①

这些论点不仅针对社会主义者，奇切林指责他们蔑视法律，这种蔑 402
视源自他们的伦理最高纲领，与此同时，奇切林的这些观点也在同等程度上针对索洛维约夫的神权政治乌托邦。我们可以认为，奇切林也联想到了斯拉夫派的村社理想以及他们对法律的批评，即视法律为“外在的真理”。康斯坦丁·阿克萨科夫的遵循全体一致原则的村社，其中每个人均在没有任何法律保障的情况下保持服从，这无疑意味着个人自由和道德自治的完全丧失。

如果我们可以暂时偏离一下话题，就有必要回顾一下谢尔盖·盖森

① 奇切林：《科学中的神秘主义》，第 60 页。

（他在前文曾被提及）在本世纪为发展奇切林思想所做的批判性尝试，他提出他所谓“法律社会主义”（juridical socialism/правовой социализм）。事实上，他的目的是将奇切林关于法律是捍卫个人自主权之力量的看法与索洛维约夫关于法律是“最低限度的道德”的看法联系起来。“法律社会主义”旨在调和以下两者的矛盾，一是社会关系中的社会主义道德预设，一是对法律的尊重，法律的作用就是保护个体的“超社会核心”免遭国家的过度干涉，免受社会一致性的压力。①

俄国19世纪下半叶的黑格尔主义者还包括**尼古拉·杰博利斯基**（Nikolai Debolsky/Николай Дебольский，1842—1918）和**帕维尔·巴枯宁**（Pavel Bakunin/Павел Бакунин，1820—1900），前者是圣彼得堡神学院教授，黑格尔《逻辑学》的出色译者，后者是无政府主义者米哈伊尔·巴枯宁的弟弟。然而，这两位思想家均彻底背离了正统的黑格尔主义，因此，较之于严格意义上的黑格尔主义者，称他们为新黑格尔主义者或许更为准确。

杰博利斯基是一位受过专业训练的数学家，他试图调和黑格尔的理性主义与传统的基督教有神论。在其主要著作《现象形式主义哲学》②中，他试图明确区分绝对之无限理性与绝对之个性化，后者即有限的人类理性。据杰博利斯基称，黑格尔哲学的根本错误在于，它将人类理性与绝对理性混为一谈。黑格尔将逻辑等同于本体论，这也是一个错误，在现实中，其逻辑并非“存在之体系”，而仅为“关于存在的可能思想之体系”。此外，
403 黑格尔也较少关注经验推理以及形式逻辑的相对有效性和自主性。事实上，杰博利斯基对恢复形式逻辑所抱有的兴趣，促使他尝试让黑格尔的辩

① 见瓦利茨基：“引言”（“Introduction”），载盖森：《文化哲学研究》（S. Hessen, *Studia z filozofii kultury*）（华沙，1968），第35—40页。

② 《现象形式主义哲学》（*Filosofiia fenomenal'nogo formalizma*）。在杰博利斯基的其他作品中还应提及他的《未来哲学：关于其起源、对象、方法与体系之思考》（*Filosofiia budushchego. Soobrazheniia o eyo nachale, predmete metode i sisteme*）（1882）。在此书序言中，杰博利斯基概述了其哲学思想之演进。

证法更接近前康德时代的理性主义。[①]

杰博利斯基将其哲学立场定义为形式主义的元经验主义，他以这一立场既反对经验主义，也反对直接的非话语认知的神秘主义概念。他认为，每一种体验都应分为两个方面，即经验的和元经验的，现象的和形而上学的。元经验认知使人的意识能够获得关于绝对理性的认知，但意识无法获悉绝对之现实，因为只有绝对之形式方面才能被认知。绝对的第一原则之含义无法通过推理或神秘的静观来理解，因为绝对仅在现象世界的形式方面向人展示自己。有限的个人理性无法渗入绝对之内在本质，但是其形式特征却是绝对理性的形式特征之反映。

帕维尔·巴枯宁则代表一个完全不同的哲学流派。他的两本书，即《迟到的40年代声音》和《信仰与知识的基础》，是一位浪漫主义者在黑格尔主义背景下所做的宗教思考[②]，是1830年代末斯坦凯维奇小组讨论的迟到回声。巴枯宁泛神论的世界图景被“绝对之气息”所激活，并结合了有神论和个人主义主题、对灵魂不朽的辩护以及对女性的浪漫崇拜。黑格尔的辩证法出现在“普世争论”的概念中，这场争论即相互争斗、试图相互吞噬的特定实体之间的相互否定。据巴枯宁称，这场“争论”只会在美的面前消失。人的使命是在其“特殊性”中超越其罪孽的自我肯定。仰仗与绝对的关联，人的意识能够把握整个世界并超越主观性，其途径即把现实理解为一种更高的、理性的对立统一。

巴枯宁在构建其思想时有意识地针对实证主义，他指责实证主义推翻了从人间到天堂的“神秘阶梯”。[③] 作为一位迟到的浪漫主义者，他是一个 404
孤独的思想家，少有读者，尽管其《信仰与知识的基础》一书曾得到托尔

① 奇泽夫斯基：《黑格尔在俄国》，第303页。
② 见津科夫斯基：《俄国哲学史》，第2卷，第629页。
③ 见奇泽夫斯基：《黑格尔在俄国》，第315页。

斯泰激赏。①

广义的黑格尔主义的另一变体是剧作家亚历山大·苏霍沃-科贝林（1817—1903）的哲学理论。他的哲学著作尚未发表，直到最近才发表一篇关于其三卷本手稿的短评，他在这部手稿中论述了宇宙的本质（“全世界”学说）和精神哲学。②

与达尔文进化论的强烈反对者奇切林相反，苏霍沃-科贝林似乎认为其哲学是黑格尔思想与达尔文思想的特殊综合。事实上，他认为达尔文的理论是关于绝对理念辩证发展的黑格尔学说的一部分。在其历史哲学观点中，苏霍沃-科贝林将黑格尔主义与社会达尔文主义结合起来，强调生存斗争、自然选择和强者权利在社会中的重要性。他预言理性将于正在到来的最后一个时代赢得胜利，并将其解释为由精神贵族统领的更高级种族的胜利。

苏霍沃-科贝林的哲学著作未能出版，因此很难对它们进行充分的分析或评估。然而，鉴于俄国黑格尔主义者们对实证主义和自然主义的普遍反对，这种将实证自然主义纳入一种以形而上学唯心主义为基础的体系的尝试构成一个有趣的例外，值得一提。

这些俄国的后期黑格尔主义者没有继承人，诚然，立宪民主党人自奇切林处借用了某些思想，但他们感兴趣的仅仅是奇切林的法哲学和国家哲学，而不是他对辩证法或形而上学概念的改革。在马克思主义影响下，对黑格尔的兴趣再度掀起热潮（普列汉诺夫在这方面的贡献尤为重要），但是当然，这是对黑格尔主义一种完全不同的接受，是一种唯物主义的接受
405 倾向。

---

① 见奇泽夫斯基：《黑格尔在俄国》，第 311 页。

② 见《苏联哲学史》，叶夫格拉福夫编（*Istoriia filosofii v SSSR*, ed. V. E. Evgrafov）（莫斯科，1968），第 9 卷，第 911—919 页。关于苏霍沃-科贝林的一章由科尔霍娃（I. A. Korkhova）撰写。

本章涉及作品

皮萨列夫：《我们大学里的科学》（"Our University Studies"/Наша университетская наука），文章

弗拉基米尔·索洛维约夫：《西方哲学的危机：驳实证主义者》（*The Crisis in Western Philosophy: Against the Positivists*/Кризис западной философии: против позитивистов），学位论文

——：《三次会面》（*Three Meetings*/Три свидания），自传体长诗

——：《抽象原则批判》（*A Critique of Abstract Principles*/Критика отвлеченных начал），论文

——：《欧洲导报》（*European Messenger*/Вестник Европы），期刊

——：《俄国民族问题》（*The National Problem in Russia*/Национальный вопрос в России），文集

——：《神权政治的历史和未来》（*The History and Future of Theocracy*/История и будущность теократии），专著

——：《俄罗斯理念》（*L'Idée russe*/Русская идея），专著

——：《俄国和普世教会》（*La Russie et l'Eglise Universelle*/Россия и вселенская церковь），专著

——：《完整知识的哲学本原》（*Philosophical Principles of Integral Knowledge*/Философские начала цельного знания），专著

——：《三种力量》（"The Three Forces"/Три силы），演讲

——：《圣弗拉基米尔与基督教国家》（"Saint Vladimir et l'Etat chrétien"/Владимир Святой и христианское государство），文章

——：《论中世纪世界观的衰落》（"On the Decline of the Medieval World View"/Об упадке средневекового миросозерцания），演讲

——：《爱的意义》（*The Meaning of Love*/Смысл любви），专著

——：《善的辩护》（*A Justification of the Good*/Оправдание добра），专著

——：《理论哲学》（*Theoretical Philosophy*/Теоретическая философия），系列文章

——：《三次交谈》（*Three Conversations*/Три разговора），对话集

——：《反基督的故事》（*Tale of the Antichrist*/Повесть об Антихристе），短篇故事

——：《自然中的美》（*Beauty in Nature*/Красота в природе），论文

——：《艺术的普遍意义》（*The Overall Meaning of Art*/Общий смысл искусства），专著

伊万·阿克萨科夫：《罗斯》（*Rus'*/Русь），期刊

尼古拉·费奥多罗夫：《共同事业哲学》（*Philosophy of Common Action*/Философия общего дела），专著

亚历山大·勃洛克：《美妇人诗草》（*Poems of the Beautiful Lady*/Стихи о Прекрасной Даме），诗集

——：《弗拉基米尔·索洛维约夫与当代》（"Vladimir Soloviev and Our Times"/Владимир Соловьев и наше время），文章

阿列克谢·科兹洛夫：《哲学季刊》（*Philosophical Quarterly*/Философский трехмесячник），

期刊
——:《自己的话》(*My Own Word*/Свое слово)，期刊
——:《与彼得堡的苏格拉底的对话》("Conversations with a Petersburgian Socrates" / Разговоры с петербургским Сократом)，文章
列夫·洛帕京:《哲学的实证任务》(*Positive Tasks of Philosophy*/Положительные задачи философии)，专著
鲍里斯·奇切林:《政治学说史》(*History of Political Doctrines*/История политических учений)，专著
——:《科学与宗教》(*Science and Religion*/Наука и религия)，专著
——:《实证哲学与科学的统一》(*Positive Philosophy and the Unity of Science*/Положительная философия и единство науки)，专著
——:《科学中的神秘主义》(*Mysticism in Science*/Мистицизм в науке)，专著
——:《逻辑学与形而上学之基础》(*Foundations of Logic and Metaphysics*/Основания логики и метафизики)，专著
——:《回忆录》(*Reminiscences*/Воспоминания)，回忆录
——:《财产与法》(*Property and Law*/Собственность и право，两卷本)，专著
——:《法哲学》(*Philosophy of Law*/Философия права)，专著
尼古拉·杰博利斯基:《现象形式主义哲学》(*The Philosophy of Phenomenalistic Formalism*/Философия феноменального формализма)，专著
帕维尔·巴枯宁:《迟到的40年代声音》(*A Belated Voice from the Forties*/Запоздалый голос сороковых годов)，专著
——:《信仰与知识的基础》(*Foundations of Faith and Knowledge*/Основы веры и знания)，专著

第十八章
从民粹主义到马克思主义

导 论

在关于1870年代民粹主义的一章中，我们曾提及民粹派对马克思主义的接受。马克思对原始积累和工业革命之残酷性的描述震撼了民粹派，也证实了他们的这一信念，即需要为资本主义进步付出的代价过于高昂，应竭尽所能地让俄国的发展绕过资本主义。与此同时，1870年代上半叶的民粹派却并不认为马克思主义理论（他们经常引用）与“主观社会学”之间有任何矛盾，“主观社会学”即这样一种观点，认为俄国可依据其“本土”原则走一条独特的发展道路。他们认为马克思主要是一位经济学家，是资本主义的批判者，剩余价值论的创始人，民粹派对剩余价值论推崇备至，认为这一理论揭露了资本主义剥削的内在机制。甚至连民粹派中的巴枯宁派，虽然曾追随巴枯宁指责马克思的政治机会主义，也倾向于接受作为一种经济理论的马克思主义。该派别最具代表性的成员之一雅科夫·斯捷凡诺维奇写道："马克思主义作为一种理论，而非西方社会主义政党的机构及其实际政策的拥护者，并不排斥民粹主义。"①

恩格斯与特卡乔夫的争论（1875 年）②使人们注意到这一事实，即马克思主义也是一种社会发展理论，它假设社会主义不可或缺的前提是资本主义制度下生产力的高水平发展。马克思在《资本论》德文第一版序言中
406 写道，任何一种经济形态均为一个自然历史过程，它是客观的，独立于人的意志，社会"既不能跳过也不能用法令取消自然的发展阶段"。社会发展的法律遵循"铁的必然性"，落后国家必须经历发达国家已经历过的同样阶段："工业较发达的国家向工业较不发达的国家所显示的，只是后者未来的景象。"③

民粹派发现这一观点难以被接受。米哈伊洛夫斯基在其《卡尔·马克思遭尤·茹科夫斯基先生审判》一文中对此做出了最戏剧性的表述。米哈伊洛夫斯基写道，对于西欧社会主义者而言，马克思的社会发展理论为历史提供了一个科学解释，并论证了社会主义的必然性，因此，对这一理论的接受并不涉及道德困境，即理想与现实之间的分裂。然而，一位认可马克思主义理论正确性的俄国社会主义者则可能落入另一境地：对他而言，马克思关于资本主义发展的描述将成为俄国在不久的将来之现实；马克思的历史决定论将迫使他接受资本主义进步的悲剧方面以及它给民众造成的所有痛苦后果。作为一位社会主义者，他必须接受资本主义发展的必然性，亦即接受他自己的理想之破灭。他会面对两种选择，或参与"资本积

① 见《劳动解放社小组》（*Gruppa "Osvobozhdenie truda"*）（莫斯科–列宁格勒，1926），第 4 期，第 196 页。有关民粹派早期接受马克思主义的更多讯息见如下著作：罗埃尔：《1860—1870 年代俄国经济思想与马克思主义》（A. L. Reuel, *Russkaia ekonomicheskaia mysl' 60–70–kh gg. XIX veka i marksizm*）（莫斯科，1956）；普斯塔尔纳科夫：《马克思的〈资本论〉与俄国哲学思想》（V. F. Pustarnakov, *'Kapital' Marksa i filosofskaia mysl' v Rossii*）（莫斯科，1974）；瓦利茨基：《资本主义之争》，第 132—139 页。

② 见第十二章"民粹派的意识形态"第三节"彼得·特卡乔夫"一节结尾部分。

③ 马克思：《资本论》（英文版，莫斯科，1954），第 9 页。中译见马克思：《资本论》，《马克思恩格斯全集》，北京：人民出版社，2016 年，第 42 卷，第 15、16 页。

累骑士们”促成的进步，或为实现自己的理想而斗争（他深知“铁的必然性”预先决定了这场斗争的失败），他无疑会放弃选择，成为一个被动的旁观者，即社会进程的冷静观察者。①

马克思本人在给《祖国纪事》编辑的一封信中反驳了这一观点，米哈伊洛夫斯基的前述文章就刊于该杂志。马克思在这封最终其实并未发出的信中指出，《资本论》中描述的资本积累过程仅涉及从封建主义向资本主义过渡期间的西欧，它并不能被机械地用于世界其他地区，一些或许十分相似、却发生在不同历史环境中的进程可能会产生完全不同的结果。历史经济发展的每一个独立阶段均须根据其自身特点进行研究，并与其他阶段进行比较，人们永远无法对具体的历史发展做出科学的解释，“使用一般 407
历史哲学理论这一把万能钥匙……这种历史哲学理论的最大长处就在于它是超历史的”。②

此信直到1886年才公开发表。③此时，俄国马克思主义者（尤其是普列汉诺夫）已提出他们自己的理论，他们在其中特别强调了“资本主义阶段”不可避免的观点。马克思本人对这种观点表示怀疑，普列汉诺夫对马克思的怀疑只字不提，这种怀疑的重要性也被低估了。1890年代，当工业化在俄国取得明显进展，恩格斯将马克思的怀疑描述为战术考量，他认为，马克思始终不愿冷却俄国革命者的热情，俄国革命者的勇气源自这样一种信念，即相信农民村社未来有可能建成社会主义。④

---

① 米哈伊洛夫斯基：《米哈伊洛夫斯基全集》（第4版，圣彼得堡，1909），第4卷，第167—173页。

②《马克思恩格斯通信集（1846—1895）》（*Correspondence*, 1846—1895）（伦敦，1936），第354页。中译见马克思：《给〈祖国纪事〉杂志编辑部的信》，《马克思恩格斯全集》，北京：人民出版社，2001年，第25卷，第146页。

③ 1884年，恩格斯将马克思此信交给“劳动解放社”。普列汉诺夫小组未发表此信，但两年后此信刊于民粹派刊物《民意党导报》（*Messenger of the “People's Will”*）（第5期，日内瓦，1886），后被俄国一份法律期刊转载（《司法导报》，1888年第10期）。民粹派政论家（米哈伊洛夫斯基、沃罗佐夫和克里温科）将此信解释为一个证据，证明马克思本人并不认同其俄国追随者的观点，并立即在其与俄国马克思主义者的论战中利用了这一证据。

④ 参见《马克思恩格斯与俄国政治活动家通信集》（莫斯科，1951），第296页。中译见马克思：《〈论俄国的社会问题〉跋》，《马克思恩格斯全集》，北京：人民出版社，2020年，第29卷，第525页。

恩格斯的解释与马克思于1881年致维拉·查苏利奇信的三份草稿相矛盾，这三份草稿清楚地表明，马克思相信俄国有可能绕过资本主义阶段，并认为这一问题具有重要的理论意义。[①]不过，对马克思关于不发达国家之未来的看法进行详细分析，这已超出本书范围。此处只需说明，马克思仅泛泛地提出这一问题，他的看法虽然非常敏锐，但并不广为人知，而他那些最有名的著作却包含这样的公式，即资本主义是每个国家注定都会经历的一个自然发展阶段。

马克思主义的观点开始在俄国革命者中广为传播，因为后者对之前使用的斗争方法越来越失望，也无法忽视资本主义在农业领域取得的明显进展。与民粹主义的分道扬镳艰难而又痛苦，在立场出现彻底的两极分化之前，人们做出许多尝试，试图把马克思主义与绕过资本主义阶段的旧梦想
408 加以调和。

第一节　在民粹主义与马克思主义之间

在这一语境下，**格奥尔基·普列汉诺夫**（Georgy Plekhanov/Георгий Плеханов，1856—1918）的思想演进尤为有趣[②]，他年轻时与正统民粹主义革命运动（“正统”的意思即仅倡导“在人民中间”的活动以及“通过人民”的活动）联系密切。在其1879年1月刊于《土地与自由》杂志的《社会经济发展规律与俄国社会主义的任务》一文中，普列汉诺夫试图把马克思主义理论解释为一种符合“土地与自由社”纲领的学说。

这篇文章的开头抨击了特卡乔夫的追随者及其“夺取政权”理论，从

① 见本书第199—200页。

② 关于普列汉诺夫最重要的英文专著为巴伦：《普列汉诺夫：俄国马克思主义之父》（S. H. Baron, *Plekhanov: The Father of Russian Marxism*）（加利福尼亚州斯坦福，1963）。

普列汉诺夫后来政治演进的角度来看，这是一个非常重要的事实。即便如此，普列汉诺夫仍是正统民粹派的代言人（他后来始终对所有形式的“布朗基主义”抱有深刻敌意），但是，他却在此时转向马克思主义，以反对其对手的政治冒险主义。他写道，那样的时代已经过去，曾经人们以为，为建立一个更好的社会体制，仅需“精心密谋，夺取政权，并向居民颁布一些仁慈的法令”。这类观点是社会学中**神学**阶段的一种表现。但那样的时代已经过去。如今，社会学意识已进入**实证**阶段，以马克思和恩格斯的社会主义理论为代表（洛贝尔图斯和杜林也被提及）。普列汉诺夫继续写道，《资本论》的作者揭示出，国家的社会制度由经济发展决定，社会由不能随意改变的法律所管理。这并不意味着人们必须赞同那些自由派政论家的观点，他们利用这一思路佐证其看法，即在落后的俄国为社会主义而斗争没有意义。在不同的地方，经济发展规律也有所不同，“历史并非一个单调、机械的过程”，卡尔·马克思也不属于“那类人，他们很乐意把人类塞进‘普遍法则’的普罗克汝斯忒斯之床”。

在这一点上，普列汉诺夫自己可能并未意识到，他其实重复了特卡乔
夫的主要论点，即社会主义在俄国之所以可能，只是因为资本主义尚未在 409
俄国取得进展。普列汉诺夫宣称，马克思告诉我们，当一个社会“走在其运动的自然规律之正确轨道上”，它“既不能跳过也不能用法令取消自然的发展阶段”，但普列汉诺夫又坚持认为，俄国尚未步入这条灾难性的轨道。西欧被迫沿着资本主义道路发展，因为那里的乡间村社在与封建主义的斗争中早已瓦解，而在俄国，乡间村社却保存得相对完好。在欧洲，社会主义的客观基础是由资本主义导致的“劳动的社会化”，而在俄国，社会主义的客观基础是土地的公共所有。另一方面，随着技术的进步和农业机械的引入，劳动的社会化（亦即土地的公共耕种）将在农业中出现。俄国人民能够在社会生活的一切方面建立起符合社会主义原则的自发的组织

形式，他们可能遭遇的障碍只有国家的干涉和涣散人心的影响（普列汉诺夫与特卡乔夫在这一点上产生了分歧，因为后者如我们所知，不相信民众的“自发性”）。普列汉诺夫总结道，即便政府成功摧毁了乡间村社制度，民众的集体主义理想和传统也要经过一段时间才会发生变化。因此，“土地与自由社”的纲领是建立在坚实的基础之上的，无须修改。

对于普列汉诺夫而言不幸的是，他的论点所依据的是对马克思一句话的错误翻译（和错误阐释）。马克思原话之正确的、未经删节的版本如下：

> 一个社会即使探索到了本身运动的自然规律——本书的最终目的是揭示现代社会的经济运动客观规律——它还是既不能跳过也不能用法令取消自然的发展阶段，但是它能缩短和减轻分娩的痛苦。①

显而易见，“探索到发现自然规律的正确轨道”（to get upon the right track for the discovery of the natural laws/ напасть на правильный путь к открытию естественных законов）与“走上自然规律的正确轨道”（to get upon the right track of the natural laws/вступить на правильный путь естественных законов）是两回事，普列汉诺夫将其阐释为“步入这些自然规律的影响范围”。马克思在《资本论》中想说的是，即使是对经济发展规律的科学理解，也无法改变社会发展的自然后果。因此，普列汉诺夫
410 认为资本主义发展规律并不适用于俄国，因为俄国尚未步入资本主义的轨道，这一结论出于一种误读。

我们如果循着普列汉诺夫的思路抵达其逻辑结论，向他提问，如果俄国最终步入资本主义的轨道，那又会发生什么呢？我们只能得出一个悲

① 马克思：《资本论》，第 10 页。中译见马克思：《资本论》，《马克思恩格斯全集》，人民出版社，2016 年，第 42 卷，第 16 页。

观的答案。特卡乔夫可能会说，这一切均取决于两种相互冲突的力量之较量，一种是自发的资本主义倾向，一种是纪律严明的革命先锋队。对于普列汉诺夫这样一位不赞成政治密谋、反对自然发展规律的人而言，这一问题愈显艰难。意识到资本主义是一种自然倾向，这就意味着他必须背弃民粹主义。由此出现了一种特殊的历史悖论，即普列汉诺夫放弃俄国的发展可以绕过资本主义这一经典的民粹派论点，可他的这一态度正源自他在民粹主义运动中所持的正统立场，即他对“布朗基主义”所持的反对立场。在“土地与自由社”的成员们分道扬镳之后，普列汉诺夫试图在“黑分社”组织中继续坚持他的“反布朗基主义”立场。甚至可以说，普列汉诺夫之所以成为社会民主党人，正因为他试图忠于旧的“土地与自由社”纲领，该纲领宣称“革命是由群众创造的，是由历史准备的”。

然而，普列汉诺夫的马克思主义之路并非孤例。在1880年代的俄国，在圣彼得堡、基辅、下诺夫哥罗德、喀山以及伏尔加河流域的其他城市，存在着大量革命社团，其成员逐渐转向马克思主义，他们往往在继续尝试把马克思主义的经济理论与“民意党”的英雄崇拜传统融为一体。①

此类过渡个性的一个有趣而重要的范例，是列宁的哥哥**亚历山大·乌里扬诺夫**（Aleksandr Ulianov/Александр Ульянов，1866—1887），即便在关于民粹派接受马克思主义过程的简单描述中，乌里扬诺夫也必须被提及。乌里扬诺夫当然只是一个最广泛意义上的民粹派，他自视为“民意党”传统的继承者，但在其《民意党恐怖主义集团纲领》② 中，他却放弃了公认的“社会主义民粹派”之称谓，直接称其追随者为社会主义者。他的观点并无倒退，他在《纲领》中提及的主要革命力量是城市工人阶级，而 411

① 参见乌捷钦：《1880年代俄国革命运动中的“预备”倾向》，载《苏联问题》（“The ‘Preparatory’ Trend in the Russian Revolutionary Movement in the 1880s,” in *Soviet Affairs*）（伦敦），1962年第3期。另见波列沃依：《马克思主义在俄国的诞生》（Y. A. Polevoy, *Zarozhdenie marksizma v Rossii*）（莫斯科，1959）。

② 见卡拉塔耶夫编：《民粹派经济文献》（莫斯科，1958），第631—636页。

非农民，社会主义被解释为“资本主义生产和资本主义阶级构成的必然结果”。他写道，这并不意味着“没有另外一种更直接的向社会主义过渡的方式，如果在人民的传统中，在知识分子和政府的性格中存在诸多特殊的有利条件”。从资本主义向社会主义过渡的规律“表现为一种历史必然性，这种必然性左右着每个国家朝向社会主义的发展进程，如果这一进程的发展是自发的，没有某一特定社会集团的有意识参与”。①

如果我们记得乌里扬诺夫翻译过马克思早期一篇题为《黑格尔法哲学批判》的文章（译文发表在瑞士，附有拉夫罗夫有趣的序言），那么他试图将民粹主义与马克思主义结合起来的奇特尝试便很容易理解。马克思该文的主要内容是对宗教的批判，可这对乌里扬诺夫而言却是次要的，他感兴趣的主要是马克思的这一观点，即一个国家的历史发展有可能被压缩，其路径即在意识形态层面跨越这一过程的某些阶段。年轻的马克思认为，德国的政治发展就超越了其历史发展，因为德国在思想上已经历了法国在现实中经历的一切。乌里扬诺夫相当正确地看到了这其中的一个重要论点，即在历史方面落后（但在意识形态方面发达）的国家有可能跨越或压缩其“自然”发展的某些阶段。关于这一观点，复兴的“民意党”圣彼得堡小组成员鲍·柯尔佐夫有如下评论：“我们经常谈论马克思的这篇文章，乌里扬诺夫总是认为，德国在思想上经历了其他国家在实践中经历的一切，这一观点与马克思后来的观点并不矛盾，也适用于俄国……后来，我曾从其他俄国社会民主党人那里听说，他们也曾用这种方式阐释马克思主义。”②

乌里扬诺夫的死亡中止了其思想的进一步发展，他是刺杀亚历山大三世（所谓“1887年3月1日事件”）行动的主谋，他在行动失败后被绞死。

① 见卡拉塔耶夫编：《民粹派经济文献》，第631页。
② 转引自波列沃依：《马克思主义在俄国的诞生》，第315页。

列宁的妻子克鲁普斯卡娅写道："哥哥的命运无疑深刻地影响了弗拉基米尔·伊里奇。"这位未来的布尔什维克革命领袖也对辛比尔斯克当地自由派的懦弱印象深刻，他们在乌里扬诺夫被捕后对其一家态度冷淡。克鲁普 412
斯卡娅认为："年轻时的这段经历无疑在列宁对待自由派的态度上留有印记。"[①] 有趣的是，列宁一开始便对自由派持有怀疑和厌恶，这显然有别于普列汉诺夫。

第二节　普列汉诺夫与"理性现实"

如前所述，普列汉诺夫在1870年代末所关注的主要问题，是能否（以及在多大程度上）将资本主义视为俄国经济中的一种"自然"趋势。因此，他怀着不无激动的心情研究了奥尔洛夫采集到的关于俄国乡村资本主义关系发展的统计数据。

然而，普列汉诺夫对资本主义在俄国进展的观察，并非他拒绝民粹派所谓绕过资本主义的观念之唯一原因。他与民粹派的决裂在同等程度上也源于民粹派的革命鼓动工作所得来的教训，即社会主义宣传更能吸引城市工人阶级，而非生活在乡间村社中的农民，俄国社会主义者的首要任务就是推翻沙皇体制。"民意党"成员们最早得出这些结论，这自然意味着必须放弃民粹派漠视政治斗争的典型态度，但在最终目标上，"民意党"成员们却存在分歧。一些人（季霍米罗夫派）试图夺取权力，另一些人（由热里亚博夫领导）则试图引入一部保障民主自由的宪法。普列汉诺夫是最倾向"非政治"民粹主义的人士之一，他拒绝季霍米罗夫的纲领，视之为"布朗基主义"的纲领；他也批判热里亚博夫的纲领，因为它接近于放弃

① 克鲁普斯卡娅：《列宁回忆录》（N. K. Krupskaya, *Memories of Lenin*）（伦敦，1930），第4—5页。

社会主义。他认为，德国社会民主党已找到步出这一困境的办法，它正在进行合法的政治活动，同时也并未放弃其社会主义性质。

如果我们回忆一下俄国革命者当时对德国社会民主党的流行看法，普列汉诺夫转向社会民主制的意义便愈加明显。与普列汉诺夫共同创办“劳动解放社”的列·捷依奇曾给出关于社会民主制的如下定义：“在整个文
413 明世界，‘社会民主制’这一概念是与某种和平的议会政党及其活动联系在一起的，其活动特点是几乎完全避免一切特定的、革命的斗争方式。”①正是由于这一原因，捷依奇和维拉·查苏利奇不愿采用“社会民主党”这一名称。普列汉诺夫却喜欢这一称谓，因为这一称谓具有某种温和意味，他希望制定出一部自由派也能接受的政治纲领，这样的纲领“不会用尚且遥远的红色幽灵吓唬任何人”，它会吸引“所有人，除了民主制公然的敌人”②。最终达成一项妥协，普列汉诺夫的追随者们创建了一个马克思主义组织，取了一个中立的名称，即“劳动解放社”（1883），但与此同时，他们仍千方百计地强调对德国社会民主党的同情。

对于普列汉诺夫而言，社会民主制提供了一个机会，可以挽救标准民粹主义中他所谓“实践”的方面。他在其第一本马克思主义小册子《社会主义与政治斗争》（1883）的序言中写道：“追求**在人民中间**工作，为人民工作，坚信工人的解放，这就是我依旧珍视的我们民粹主义的**实践的**倾向。”③

在《社会主义与政治斗争》以及《我们的分歧》一书中概述的纲领，简而言之，是对政治斗争的热情呼唤以及对“布朗基主义”的坚决反对。普列汉诺夫在一篇批评“民意党”成员的“布朗基主义”倾向的文章中写

---

① 转引自瓦加里扬：《普列汉诺夫：社会政治观特点试析》（V. Vaganian, *G. V. Plekhanov. Opyt kharakteristiki sotsial'nopoliticheskikh vozrenii*）（莫斯科，1924），第 94—95 页。

② 普列汉诺夫：《普列汉诺夫文集》（第 2 版，莫斯科-彼得格勒，1920—1927），第 2 卷，第 83 页。

③ 同上，第 27 页。

道，革命阶级（即无产阶级）的专政与某些革命者团体的专政毫无共同之处，“没有任何执委会、管委会或其他任何名称的委员会可以代表历史上的工人阶级”。[①] 他继续写道，工人阶级的伟大使命是完成由彼得大帝开创的俄国的西化进程，革命的社会主义者夺取权力只会阻碍这一进程，这确为一场灾难，最终只能是一个巨大的倒退。只有当经济发展和无产阶级的意识达到特定的高水平，真正的社会主义方能建立。试图在一个落后的国家组织社会主义生产的政治当局，将不得不“诉诸宗法制的、威权的共产主义理想，唯一的改变或许就是，秘鲁的‘太阳之子’及其官吏将 414
被社会主义的阶层所取代”。[②] 普列汉诺夫补充道：“毫无疑问，这种监护下的人民不仅无法养成社会主义意识，而且要么会丧失进步的能力，要么虽然能保持这一能力，但代价就是革命政府希望废除的经济不平等将再度出现”。[③]

这一论点的逻辑结论是，俄国人必须选择“漫长而艰难的资本主义道路”。[④] 在政治革命（即推翻沙皇制度）和未来的社会主义革命之间必须留出足够长的时间，方能使资本主义生产力完全建立，让俄国无产阶级在一个守法的议会制国家中接受政治训练。这个间隔可能比在西方国家更短，因为在俄国（由于西方的影响），社会主义运动很早便被组织起来，而资本主义尚处于起步阶段。俄国社会主义者很早就接受了马克思主义，他们因此可以加速俄国工人的无产阶级意识之发展。另一方面，资本主义阶段的持续时间也不应太短，缩短某一个“自然的”过程是可能的，但每一次尝试若用力过猛，或试图用一个“人工的”过程去取代“自然的”过程，

① 普列汉诺夫：《普列汉诺夫文集》，第 2 卷，第 166 页。
② 同上，第 3 卷，第 81 页。
③ 同上。
④ 同上，第 325 页。

均会面临出现不良的“化学变化”之危险。[①]

有趣的是，普列汉诺夫从未放弃上述观点。他在四分之一世纪之后写道，他在战术方面的立场始终没有任何重大改变，在布尔什维克和孟什维克的争论之中，他仍坚定地忠诚于“劳动解放社”提出的那些观念。[②]他这样说，并非夸大其词。在生命的最后，他反对两个相反的倾向，他认为这两个倾向均会给俄国工人阶级运动带来极大危险：一种倾向是工人们的
415 工会心态，这一心态的极端形式即右翼社会民主党（普列汉诺夫视之为先前的“非政治的”民粹主义的另一版本）的“经济主义”；另一倾向是“布朗基主义”，它夸大了历史中的“主观因素”，显示出试图“跨越”自然发展阶段的危险倾向。在晚年，普列汉诺夫指责布尔什维克是后一种倾向的继承者。在民粹主义者的革命派别中，普列汉诺夫的纲领被认为是对社会主义的背叛。“民意党”幸存者们的情绪在列夫·季霍米罗夫的文章《我们对革命有何期待？》[③]中得到总结性表达。季霍米罗夫是民意党的主要理论家，后来却成为沙皇制度的坚定支持者。季霍米罗夫在文中认为，一位社会主义者竟然宣称资本主义的必然性和进步性，那么他必然是个怪人，尽管他深知千百万人遭受的痛苦，却愿意为了某种遥远的目标而接受这种痛苦。为了言行一致，这样的社会主义者应把自己变成资本家，因为只有资本家才能真正推动资本主义的发展。季霍米罗夫坚持认为，普列汉诺夫的理论对于一个真正的革命者而言是不可接受的，其真正来源是俄国的一种积习，即迎合西方，效仿西方国家的做法，尽管那些国家的发展道路与俄国大相径庭。

普列汉诺夫本人当然也意识到了他可悲的两难处境，即他发现自己是

① 普列汉诺夫：《哲学作品选集》（莫斯科，1956—1958），第 4 卷，第 140 页。普列汉诺夫援引了车尔尼雪夫斯基的一个观点，即尽管可以缩短干燥雪茄的过程，但这样处理的雪茄会失去香味。

② 普列汉诺夫：《普列汉诺夫文集》，第 19 卷，第 283 页。

③《民意党导报》，1884 年第 2 期。

个社会主义者，却主张在其国家发展资本主义。他之所以激烈抨击“主观主义”，强调对必然性的有意识接受，这也是主要原因之一。称“必然性”是普列汉诺夫式马克思主义的核心范畴，或许并非夸张。在他的著作中，我们能分辨出基于不同理论假设的两条推理路线：他时而认为，欧洲路线的资本主义发展是最可取的选择（他暗示另有其他一些不太可取的选择，如“秘鲁式的”独裁共产主义）；但在有些时候，他又断然拒绝任何选择的可能性，声称他的政治纲领基于对“客观发展规律”的理解，其预测的有效性可以得到“数学般精确”的论证，其目标一定能实现，如同太阳将在明日升起。在其早期马克思主义著作《社会主义与政治斗争》和《我们的分歧》中，第一种思路得到更清晰表达，而第二种思路后来才占据优势（尤其在其哲学著作《论一元论历史观的发展问题》和《论个人在历史 416
上的作用问题》中）。针对民粹派的“主观社会学”，普列汉诺夫提出他刻板的“客观主义”，嘲笑并拒绝一切以“应该是什么”为思考内容的尝试。他坚持认为，科学的社会主义者为社会主义而奋斗，并非因为社会主义更可取，而是因为它是“历史辉煌而又不可抗拒的前程”的下一个阶段，“社会民主制顺应历史的潮流”，而历史发展的动因“与人的意志和意识无关”。①

从“可取的”到“不可抗拒的”，这一重点的转变并不难解释。普列汉诺夫转向马克思主义，其根源是一种取决于其价值观体系的选择行为，在他的价值观体系中，“自然的”过程优于“人工的”过程。为了消除革命的社会主义者们的反对立场，普列汉诺夫很自然地试图同时说服自己和那些人，称其选择是唯一科学的选择，严格地说，他只是在遵循历史本身划定的路径，任何“主观的”抗议均难以改变这条路径。由于他坚信资本

① 普列汉诺夫：《哲学著作选》，第 1 卷，第 392 页；第 4 卷，第 86、113—114 页。

主义必然导致民众的苦难，他就不得不着重强调这一进程的必然性，而绝对的必然性（而且还可被接受为“合理的”必然性）毕竟是让人类接受痛苦的唯一理由。

因此显而易见，普列汉诺夫的“必然性”并不能完全用他那个时代盛行的科学决定论和实证主义进化论来解释。他呼吁的“必然性”不可能是一个简单的客观事实问题，因为让人仅仅适应于事实，这就是纯粹的机会主义。因此，这必须被视为宇宙结构中固有的**本体论的**必然性。我们可以说，普列汉诺夫需要一种神正论，他在黑格尔关于历史必然性和历史的理性发展思想中发现了它。

从这一角度看，普列汉诺夫关于别林斯基的几篇文章尤其醒目，它们有助于凸显普列汉诺夫在俄国思想史中的地位。这些文章中最重要的一篇，即《别林斯基与合理的现实》，写于1897年，在某种意义上是对米哈伊洛夫斯基的回应，米哈伊洛夫斯基在与司徒卢威的争论中比较了俄国马克思主义者的“客观主义”与别林斯基“与现实和解”时期的观点。米哈
417 伊洛夫斯基断言，无论在前者还是后者的观点中，“个人”与历史现实之冲突的结果最终均有利于后者，在这两种情形下，个体均要服从于所谓合理的、有益的必然性。但是，别林斯基意识到了自己的错误，他反对“合理的现实”，并拒绝继续接受所谓不可避免的人类痛苦。

普列汉诺夫并不否认别林斯基与俄国马克思主义者之间有一些相似之处，相反，他本人时常强调这些相似点。但与米哈伊洛夫斯基不同，他看重的并非别林斯基对现实的反抗，而是别林斯基先前与现实的和解。在普列汉诺夫的阐释中，“与现实和解”时期是别林斯基整个思想发展中成果最丰硕的时期。[①] 他称别林斯基为俄国马克思主义的先驱，别林斯基并未

① 普列汉诺夫：《哲学著作选》，第4卷，第271、542页。

凸显某个“抽象的理想”，他意识到有必要证明，革命的否定就是历史进程正常发展的组成部分。

普列汉诺夫把别林斯基的思想演进过程划分为三个阶段，即“和解”之前、“和解”阶段以及“和解”之后。在第一阶段，别林斯基“为理想牺牲现实”；在第二阶段，他“为现实牺牲理想”；在第三阶段，他则努力调和理想与现实，借助生成概念将抽象的理想变成具体的理想，其途径是对社会的动态方面的强调。在普列汉诺夫的阐释中，这种划分方式也反映了欧洲思想演进的三个主要阶段。

第一阶段，即“抽象的理想”阶段，体现为启蒙时期的理性主义，它运用个人理性的主观尺度来评价社会现实。普列汉诺夫认为，俄国民粹派的“主观社会学”就是这种抽象的、非历史的理性主义之遗迹。然而，当启蒙理性与现实相对抗时，它却被击败了，法国大革命之后的事件清楚地表明，社会进程由一些独立于人类意志、阻碍人类计划的客观规律所支配。意识进化新阶段的代表即反启蒙的德国唯心主义哲学，它提出一个与个人理性相对的普遍的历史理性概念，这个概念可被视为一个隐喻，喻示一种客观模式，喻示历史进程的内在必然性和“内在逻辑”。这也是“与现实和解”的一个具体版本，它基于这样一个假设，即真实的事物应该是 418
合理的，因为历史由必然的、理性的规律所把控。在黑格尔的保守哲学中，“和解”似乎是对普鲁士国家的辩护，但这一结论与黑格尔本人的辩证法相矛盾，黑格尔的辩证法表明，现实的每个方面均受规律支配，所有已经过时的存在形式均会被否定，并转化为其对立面。因此，黑格尔的**辩证法**提供了一个超越黑格尔**体系**的工具，并向人类思维提出一个亟待解决的新问题，即如何发现历史发展的客观规律，并创建一个意识形态，这一意识形态既能顺应那些客观规律，也能包含对经验现实的革命性否定，同时避免乌托邦主义。这个问题被马克思解决了，他发现了支配经济发展的规律，将社会主义从乌托邦体系转变为科学，从而为克服理想与现实之间的悲剧性冲突奠定了基础。

在这一方案中，别林斯基的“与现实和解”对于普列汉诺夫而言的重要性便不难理解了。在不同主题、不同时期的多种著作中，普列汉诺夫多次援引此例，作为无所畏惧的思想诚实之榜样，作为对“抽象的理想”之无能和“主观主义”之荒谬的深刻理解之范例。在其“和解”阶段，别林斯基是一位“社会学天才”，他本能地意识到，黑格尔关于一切存在皆合理的学说为社会科学提供了唯一可能的基础。别林斯基的错误并不在于他对现实的一般态度，而仅在于他对现实过于静态的理解，他将现实的动态理性（即其固有的进步倾向）等同于现存的“经验”现实。米哈伊洛夫斯基认为别林斯基修正了先前的错误，奋起反对黑格尔的权威。普列汉诺夫则指出，米哈伊洛夫斯基的观点有误，恰恰相反，别林斯基对黑格尔的反叛是一种“理论原罪”，降低了严谨的思想标准，其原因只可能是被压抑的激情之爆发。[①] 别林斯基在返回其先前的乌托邦主义时淡忘了自己的这一论点，即“和解哲学”基于一个良好的假设，假设社会发展的所有阶段
419 均有其有效性，仅需把这一理念与“否定的概念”的发展融为一体。[②]

普列汉诺夫煞费苦心地强调，别林斯基在其“和解”阶段并未接受保守观点，他对“抽象的理想”的拒绝源于他对必然性的承认，应被视为一种自我否定行为，而非随波逐流。普列汉诺夫这篇文章的聪明读者一定会得出这样的结论：别林斯基拒绝“抽象的英雄主义”，普列汉诺夫本人拒绝民粹派所持的直接过渡至社会主义的“抽象的”理想，这两者十分相

① 普列汉诺夫：《哲学著作选》，第 1 卷，第 458 页。

② 普列汉诺夫此处指别林斯基致鲍特金的信（1840 年 12 月 10 日）中的这段话：“当然，我在评论格林卡关于波罗金诺战役一书的文章中试图发展的那些思想，其基础是正确的，但是还应发展否定的思想，作为一种历史规律……没有这种规律，人类的历史将变成一片僵死的、腐烂的沼泽。”别林斯基：《别林斯基全集》，第 11 卷，第 576 页。

似。普列汉诺夫及其战友所接受的马克思主义，也可被称为以历史必然性名义"与现实和解"（现实即俄国资本主义的现实）的一种特殊变体，这一变体自然已剔除了别林斯基的错误，代表对作为生成过程的动态现实的接受，外加"否定的概念"。值得注意的是，在其未完成的《俄国社会思想史》中，普列汉诺夫曾试图将别林斯基的"与现实和解"与俄国马克思主义相提并论。[1]

对普列汉诺夫而言，"合理的现实"即现实作为依据历史进步的理性规律而展开的动态过程，就是俄国资本主义关系之发展。在这一问题上，他也援引了别林斯基的话，即"只有当我们的贵族阶级转变成资产阶级时，俄国内部的公民发展进程方能开始"[2]，他称这是对"俄国作为一个文明国家的未来命运"之敏锐预测。[3]

普列汉诺夫认为别林斯基是俄国马克思主义的真正先驱（或更准确地说，是普列汉诺夫特定版本的马克思主义之先驱），而"主观的"社会学家们则视别林斯基为他们的意识形态之先驱，但普列汉诺夫并不认为这两者间有任何矛盾。普列汉诺夫承认，别林斯基并未完全克服其"乌托邦主义"，他在"否定"俄国现实时经常放弃辩证观，转而支持启蒙理性主义（просветительство）的主观主义态度。俄国马克思主义者以别林斯基强大 420
的一面为基础，而"主观社会学"则回到别林斯基软弱的一面，即他在针对黑格尔主义的精神反叛中所表现出的"理论原罪"。后来，普列汉诺夫试图证明布尔什维克的"主观主义"策略也源于这种"原罪"。引人注目的是，在普列汉诺夫生命的最后，亦即在他认为是有意违反历史规律的十月革命之后，他继续关注别林斯基的反乌托邦主义斗争，感觉有必要向胜

① 普列汉诺夫：《普列汉诺夫文集》，第 20 卷，第 xxviii 页。
② 见本书第 146 页。
③ 普列汉诺夫：《哲学著作选》，第 4 卷，第 521 页。

利的布尔什维克党发出警告，让他们避免“抽象的理想”之危险。[①]同样值得注意的是，他曾希望被葬在圣彼得堡别林斯基的坟墓旁边。

普列汉诺夫对别林斯基思想发展过程的解释却显示出了他本人的一种悲剧。如果我们停下来考察一下他所谓“历史必然性”概念的确切含义，这一点便会变得愈发清晰。对普列汉诺夫而言，最重要的思想家就是黑格尔和斯宾诺莎，他甚至认为斯宾诺莎（从唯物主义角度来阐释）比黑格尔更值得尊重，他还说过：“马克思和恩格斯在他们发展**唯物主义**的时期也从未放弃斯宾诺莎的立场。”[②]在斯宾诺莎和黑格尔的体系中，普列汉诺夫所钦佩的是他们两人的一元论和严格的决定论，决定论被视为宇宙理性结构中固有的本体论必然性。因此，普列汉诺夫的必然性在本质上即斯宾诺莎的理性的必然性，但斯宾诺莎的这种必然性被黑格尔赋予动态性质和历史感，得到了马克思主义的重新解释。在自然科学中得到广泛接受的决定论原则（因果关系）被普列汉诺夫引入社会科学，并提升到“理性的”必然性层次，它因此获得更大意义，胜过普通的经验必然性，或曰可通过经
421 验推导出的规律模式。普列汉诺夫能以戏剧般的洞察力描绘出别林斯基的理想与现实之间的悲剧冲突，因为他钟爱的主人公同样将必然性视为一个本体论原则，也就是说，如果说别林斯基的“与现实和解”仅仅是对经验现实的屈服，而非对历史理性的屈服，那么这便只是一个绝望之举或从众行为，仅具有心理学层面的意义。

当然，“必然性”的概念无法离开“自由”的概念。普列汉诺夫在

---

① 1918 年，普列汉诺夫仍主张必须经历资本主义阶段：“科学社会主义的创造者之一恩格斯说过一句名言：‘没有古希腊罗马的奴隶制，就没有现代的社会主义。’让我们思考一下这一观点：这在一定程度上相当于对奴隶制的辩护，也就是对某个特定历史时期的辩护，这难道不是对理想的可耻背叛吗？请安静！这里没有任何背叛。这只是对一种乌托邦理想的拒绝，这种乌托邦诞生于抽象的迷雾之中，与特定的历史和地点条件没有任何关联。恩格斯拒绝这样的理想毫无过错，而是一大功绩。一个抽象的理想长期以来一直阻碍着人类思维的发展。我们的别林斯基曾受到这一理想的有害影响，也情有可原。”普列汉诺夫：《在祖国的一年》（*God na rodine*）（巴黎，1921），第 2 卷，第 260 页。

② 普列汉诺夫：《哲学著作选》，第 2 卷，第 360 页。

《论个人在历史上的作用问题》一书中骄傲地宣称，马克思的俄国追随者们已克服理想和现实的二元论，达到了更高层次的一元论，并将自己视为历史必然性的有意识的工具。他们的自由植根于必然性：“更确切地说，这就是一种等同于必然性的自由，这就是一种已转化为自由的必然性。”①

考察一下普列汉诺夫所谓“必然的”或“有规律的”社会进程之所指，同样很有意义。首先，他清楚地意识到这些品质与自发的、“有机的”发展过程相关，只有一个“有其内在原因、从内部开始而不是从某个外在的‘无关’开始的”进程，才符合他的历史必然性概念。如果我们补充说，他谴责始自“无关”的每一种尝试，即革命者组织（或政府）试图抵制经济发展“内在逻辑”的举动，或曰对历史的主观主义强暴，那么显而易见，他所谓不可避免的发展趋势往往是指与自由放任的资本主义相关联的独特发展模式。这当然是一种“经济唯物主义”形式，它被葛兰西恰当地定义为资产阶级自由主义的政治经济与被阉割的、被简化的马克思主义之混合。②此外，尽管普列汉诺夫声称他是客观的，但其“有规律的”“必然的”等概念也难免包含关于理想发展过程的标准看法。“观念过程”由“事件过程”所决定，从这一观点出发，他常会得出这样的结论，即人有责任**不去**尝试从外部干涉事件，有责任不去改变事件进程，以使其适应自己的理想。显而易见，这是一个规定性的论点，是在为了做出价值判断而有意偏离事实。

这里的另一因素即普列汉诺夫的“欧洲中心主义”，这是其西方主义的一个重要组成部分。在这一具体问题上，他最坚决地与自己的过去一刀两断，并自豪地接受了民粹派针对俄国马克思主义者的所谓“西方主 422

① 普列汉诺夫：《哲学著作选》，第 2 卷，第 308 页。

② 见葛兰西：《现代君主论及其他》（A. Gramsci, *The Modern Prince and Other Writings*）（伦敦，1957），第 155—161 页。

义”之指责。他敌视“亚洲专制”①（他认为其支柱即农民村社），加之他又认为有规律的发展过程即普遍历史理性之不可抗拒的规律，这就意味着他的“历史必然性”概念是极端抽象的、孤立的，脱离了“发展的历史条件和地理条件”，一如别林斯基关于其“抽象的理想”所言。具有讽刺意味的是（也是普列汉诺夫悲剧的一部分），普列汉诺夫承认历史必然性，他认为这将使他摆脱“乌托邦主义”，可这最终实际上变成了他本人的乌托邦主义。在俄国革命最初的成功之后，普列汉诺夫指责布尔什维克忽视了“时间和地点的具体条件”，因为他有自己的抽象理想，这一理想为社会主义俄国的建立提供了一条最合理的途径。这是一位俄国西方派的理想，他希望他的国家走一条“正常的”欧洲发展道路，遵循合理的“不同阶段”序列，始终与经济和文化增长的内在趋势完全协调。在以高度发达的资本主义民主为坚实基础的西方化进程全部完成**之后**，在俄国建成社会主义的理想便能最终实现，其结果是，普列汉诺夫的这一理想被证明与俄国民粹派的理想同等“抽象”。

第三节　普列汉诺夫的文学批评与美学

普列汉诺夫关于艺术和文学的著作应被视为他整个创作不可分割的一部分。的确，这些作品中有许多均写于20世纪早期，但它们所表达的观点大多是在之前很久形成的。《没有地址的信》《自社会学角度看18世纪法国戏剧文学与法国绘画》《艺术与社会生活》等美学著作中的主题，是试图以艺术为例来展示历史唯物主义作为一种阐释工具的价值。普列汉诺夫这些著作的主要内容与其说是唯心主义的美学，不如说是试图从自然主

423

① 有关普列汉诺夫观点这一方面的出色分析参见巴伦：《普列汉诺夫：俄国马克思主义之父》，第295—307页。

义的唯物主义（尤其是达尔文进化论）或实证心理学的角度解释艺术。在普列汉诺夫看来，这两种观点的共同点，是试图通过引入超历史的“人性”概念或这一概念的各种变体（如泰纳的“种族论”）来解释艺术。普列汉诺夫承认，存在某些“人类心理学的普遍规律”，存在某些天生的倾向，如模仿的本能或对立的本能（如达尔文的“对偶原则”），但他认为，这些规律和倾向的表现方式，乃至它们是否出现，即是否会从潜在转变为现实，均由不同的历史环境所决定。

普列汉诺夫直接从进化论导出这一论点，在他看来，达尔文进化论与历史唯物主义之间的区别可简化为这一命题，即在历史发展中起决定性作用的并非自然环境（尽管必须考虑到自然环境），而是由生产力水平决定的**社会**条件。普列汉诺夫在关于原始部落生活的民族学和社会学文献中发现了许多支持这一命题的论据。他指出，比如在装饰图案中，当部落的人不再是猎人而成为耕者时，动物题材便会让位于植物题材，音乐的节奏取决于工作的节奏，因此便也取决于生产力的发展。他还着重指出这一事实，即有用的活动，亦即工作，其实比游戏更古老，且人对物体的使用价值的认知要先于任何美学判断。普列汉诺夫的美学理论（以及其哲学）的一个特殊悖论，即尽管他坚持历史唯物主义优于自然唯物主义，但他关于美的社会学阐释却依然运用了诸多自然主义的范畴，他宣称他对社会现象的研究将运用达尔文用于生物学王国的那些原理，这并非偶然。[①] 普列汉诺夫的社会学把艺术史解释为外在条件对人的心理自然的作用史，认为人并非其自然和历史的创造者，而仅为一种产物，是服从“自然的必然性”之严格决定论的客观过程的被动材料。

除实证自然主义的明确痕迹外，普列汉诺夫的美学还带有黑格尔的影 424

① 普列汉诺夫：《普列汉诺夫文集》，第 14 卷，第 10 页。

响，这种影响主要取道别林斯基的二手传导。黑格尔认为，艺术是绝对精神的一种独立形式；普列汉诺夫则视艺术为一种独立的、不可还原的社会意识形态形式。他写道，美的领域不是理智，而是本能，一个真正的艺术家，就像别林斯基所正确强调的那样，是借助形象进行思维的。暗示艺术有其独具的特殊规律，其发展所遵循的规律并非社会规律的直接反映，这一论点与实证主义者的还原论背道而驰。这一论点还暗示，作家应避免创作过程的过度理性化，避免用政治新闻语言代替适合于艺术的语言。这是普列汉诺夫严格奉行的一个标准，与他对某部艺术作品思想内涵的个人态度无关，比如，他曾批评民粹派作家尼古拉·纳乌莫夫将文学当作民粹主义宣传的载体，后来他又批评马克西姆·高尔基在其小说《母亲》中让艺术服务于马克思主义的宣传。

作为他所强调的"客观性"的一部分，普列汉诺夫还认为，批评家们在表达政治偏好时应保持分寸。由于所有的社会理想与美学理想均有其历史合理性和社会合理性，美学中的规范方法显然是不科学的。如果美学试图成为一门真正的科学，它就必须停止向艺术家们宣扬艺术应该是什么，理想的艺术应该宣传什么，而应该尝试解释艺术究竟是什么，它为何会在特定的时代采取特定的形式。在文学批评和艺术批评中，严谨的科学准则自然较少强制性，约定俗成的观点更为得体。不过，普列汉诺夫认为，即便是一位批评家，他也不应用其抽象理想的主观尺度来判断一件艺术作品，尤其是，一位批评家不应要求艺术家用其艺术去支持某种特定的政治路线，因为这会削弱作品的真实性及其美学影响和思想影响。艺术的功能是反映社会的意识，如果它想做好这一点，它就不必关注批评家们关于艺术应该何为的种种观点。

普列汉诺夫在其"唯物主义文学批评的两种行为"理论中概述了他关于批评家之作用的观点。"第一种行为"是追踪和调查"所讨论的艺术作品的社会学等价物”，将所分析作品的思想从艺术形象语言转换为社会学语言。“第二种行为”是对作品的艺术分析，即确定其形式如何恰当地表达了内容。①

虽然这一理论并未建议批评家从他们自己的审美理想与社会理想角度 425
出发去判断艺术品，但更仔细的考察表明，普列汉诺夫的“客观主义”在这一问题上同样并未一以贯之，无论在理论上还是实践上。普列汉诺夫背离了他对规范美学的理论反驳，其最明显的例证即他接受了他所谓“别林斯基美学准则”。应该指出，这一准则与其说是普列汉诺夫自别林斯基处接受来的，不如说是普列汉诺夫把它算在了别林斯基头上，这一准则对艺术作品提出五项要求：一、必须借助形象、而非三段论来真实地再现生活；二、不加修饰或不加歪曲地描绘事实；三、表达一个能够涵盖整个被表现对象的具体思想；四、有适合其内容的形式；五、表现出形式的统一，即形式各部分的和谐一致。②显而易见，这五项要求实际上是对19世纪现实主义美学原则的重复，并把它们拔高到了普遍规范的地位，这不仅与普列汉诺夫所宣称的反对评判美学的立场并不相容，而且也有反历史主义之嫌。

如果更仔细地考察普列汉诺夫作为一位批评家的贡献，我们会惊讶地发现，他似乎更愿意在评判过去的艺术成就时接受历史相对性，而在面对当代思潮时则无法坚持这一原则，其最典型体现即他对现代主义运动，尤其是象征主义的激进谴责，他是以现实主义的标准去评判象征主义的。

这种不一致源自普列汉诺夫立场的内在矛盾。一方面，他的立场基于这样一种假设，即一切存在均具有历史合理性，均是不可避免的；另一方面他又假定，对发展规律的科学理解能够确定哪些流派是进步的，因此，

① 普列汉诺夫：《普列汉诺夫文集》，第14卷，第183—189页。
② 同上，第23卷，第156—157页。

任何与这一判断相矛盾的存在均应受到谴责。就其对当代思想运动和艺术运动（他不赞成的运动或他没有预见到的运动）所持态度而言，普列汉诺夫表现得不像一个试图探究这些运动之社会根源的客观学者，而更像一个试图自“应该何为”的科学洞察高地做出终审判决的法官。当然，这是同样的教条自信的另一种表现，这种自信使他对布尔什维克革命发出谴责，认为布尔什维克革命违反了得到科学确立的历史发展规律。

426 普列汉诺夫坚持 19 世纪现实主义的绝对价值，无法预见或接受现代主义艺术的其他流派，这一切均表明普列汉诺夫的历史唯物主义与黑格尔的历史唯心主义有着同样的局限，即能够解释过去**有过的**一切之必然性，却无法成为预测未来的指南针。不过，以这一判断作为结束，对普列汉诺夫似有失公允。如今，他的美学当然业已过时，但重要的是要记住，他是马克思主义艺术批评的先驱。非常有趣的是，他试图创建关于社会心理学的马克思主义阐释，使其成为一个领域，以解释那些与生产力的发展没有直接关联的艺术作品之特征。在他的著作《自社会学角度看 18 世纪法国戏剧文学与法国绘画》中，这些思想得到最详尽的发挥，这部作品依然能为当代读者提供许多富有启发的洞见。

第四节　合法民粹主义

1880 年代初，以政治手段进行斗争的必要性已为俄国革命运动中的所有派别所接受。这并不意味着民粹派的“社会”目的高于“政治”目的的旧有原则已被完全抛弃。革命的民粹主义以政治为导向，而在民粹派运动中存在已久的社会改革派却并未如此，对于该派而言，1880—1890 年代是一个如火如荼的活动时期，俄国学者习惯称这一派别为“自由的民粹主义”（liberal Populism/либеральное народничество），尽管这一标签无论从政治角度还是经济角度看均不十分贴切，称它为“合法的”民粹主义或非革命的民粹主义（“legal” or nonrevolutionary Populism/«легальное» или нереволюционное народничество）或许更为合适。就字面意义而言，这一派别的代表比革命者更加“非政治”，他们不提倡自由的议会制度，对经济自由主义均抱有敌意。事实上，称他们为“自由派”，仅是就这一概念非常广泛的、地道俄国式的意义而言的，即他们反对革命并希望进行自上而下的社会改革。早在1870年代初，这一派别的典型代表格里高利·叶利谢耶夫即已宣称，俄国没有议会制的政府，俄国人对此应心怀感激，由于没有这样的政府，国家方能继续引入对民众有利的各项改革，保护民众免受富农、“村社掠夺者”和贪婪的财阀统治集团伤害。[①] 427

起初，合法民粹主义与革命民粹主义间的界限并不明确，比如，米哈伊洛夫斯基大体上是一位合法民粹主义者，尽管他同情革命者并与革命者合作。他在其理论著作中制定了革命民粹派和非革命民粹派均能接受的民粹主义运动的普遍理想。民粹派经济学家、《俄国工人阶级现状》一书的作者**瓦西里·别尔维-弗列罗夫斯基**（Vasily Bervi-Flerovsky/Василий Берви-Флеровский，1829—1918）与革命派关系密切，但他却呼吁当局释放善意，他也不相信俄国“政治革命”的必然性。他甚至向地主们发出呼吁，建议他们如何在不放弃社会地位的情况下与民众友好相处，并为民众的利益而劳作。[②]这些呼吁源于他的这一信念，即绕过资本主义的发展道路符合整个俄罗斯国家的利益，且确为避免国家灾难的唯一途径。

1880年代，在革命者们显然放弃了他们对政治方式的冷漠之后，合法民粹主义成为一场具有其独特意识形态的独立运动。这一运动的成员构

① 见前文第十二章《民粹派的意识形态》第1节“自‘到民间去’至‘民意党’”中关于叶利谢耶夫的注释。

② 别尔维-弗列罗夫斯基：《经济学著作选》（V. Bervi-Flerovsky, *Izbrannye ekonomicheskie proizvedeniia*）（莫斯科，1958），第1卷，第612—613页。

成十分庞杂，将他们联结为一体的公分母是这样一个假设，即非资本主义的工业化必须由国家发起和指导，国家应维护小生产者的利益。这一派别主要的、最具特色的代表是**瓦西里·沃隆佐夫**（Vasily Vorontsov/Василий Воронцов，1847—1918），他在发表著作时常以其姓名的缩写形式 B.B. 署名[①]。他的《俄国资本主义之命运》一书是分析俄国资本主义具体特征的第一个雄心勃勃的尝试，与此同时，这也是关于非资本主义道路经济发展的理论假设之原创表述。

1870 年代的民粹派思想家们深感悲观，他们认为时代于他们不利，所谓"客观的"事件进程，即经济发展的自发性质，正推动他们的国家沿着资本主义道路前行。比如，米哈伊洛夫斯基所质疑的并非这一"客观的"进程之存在自身，而仅为其必然性，他以其"主观的"道德假设的名义反
428 对这种必然性，但他也承认，这些道德假设成功实现的机会正逐年减少。沃隆佐夫的书则提出一种较为乐观的观点，即俄国的环境并不完全有利于资产阶级。不过，这种乐观主义只是局部的，因为沃隆佐夫认为，资本主义虽然不可能成为俄国的主导生产方式，但也不排除一种可能，即资本主义在将来会成为一种剥削民众的方式。

沃隆佐夫对俄国资本主义存在条件的分析基于这样一种信念，即资本主义路线的工业化终将失败：

> 我国大规模工业的历史特征是，它是在其他国家已达到很高发展水平时才被迫发展起来的。这导致两种后果：其一，我们的工业可以利用西方创造的所有方式，不必以蜗牛般的速度从一个阶段爬向另一

① 关于沃隆佐夫经济学观点以及"合法民粹主义者"（legal Populists）与"合法马克思主义者"（legal Marxists）的有趣讨论见孟德尔：《沙皇俄国的进步困境：合法马克思主义与合法民粹主义》（A. P. Mendel, *Dilemmas of Progress in Tsarist Russia. Legal Marxism and Legal Populism*）（马萨诸塞州坎布里奇，1961）。

个阶段，换言之，它有可能发展得非常迅速；其二，它必须与那些有经验的、高度工业化的国家竞争，而与这些对手的竞争可能会完全扑灭我们刚刚重新燃起的微弱的资本主义火花。

沃隆佐夫在结论部分补充说明了这一观点，即俄国的落后可被视为一种历史优势：

在历史发展道路上落后的国家较之于走在它前面的国家有一个巨大优势，即它能以那些前行国家的经验为基础，为自己接下来要迈出的一步制订更为可行的计划，然后再有意识地追求或获取其他国家仅靠本能获得的一切。①

落后可能成为一种优势的观点之前已由赫尔岑提出（在恰达耶夫的启发之下），车尔尼雪夫斯基也有同样的表述，即他的这句名言："历史就像一位祖母，特别宠爱最小的孙子。"②在革命民粹派的宣言、也是该派最早的文献之一《致青年一代》中，作者（舍尔古诺夫和米哈伊洛夫）也表达了同样的想法："我们作为一个民族是后来者，这正是我们的救赎。"因此，沃隆佐夫也继承了某种传统，但他有别于其几位先驱的是（与车尔尼 429
雪夫斯基部分相同），他将重点置于这一问题的纯经济方面，认为"后发优势"的思想不仅可被用来建立一个公正的社会制度，也能用来加速工业化进程。

在沃隆佐夫看来，与更发达国家竞争时的劣势是俄国**资本主义**发展的

① 沃隆佐夫：《俄国资本主义之命运》（V. Vorontsov, *Sud'by kapitalizma v Rossii*）（圣彼得堡，1882），第 13—14 页。这部著作的重要片段刊于卡拉塔耶夫编：《民粹派经济文献》。

② 车尔尼雪夫斯基：《哲学文选》（列宁格勒，1950—1951），第 2 卷［《反对土地公共所有制的哲学偏见之批判》（"Philosophical Prejudices against the Communal Ownership of the Land"）］。

另一障碍。他认为，俄国的资本主义企业没有国外市场，其国内市场也在不断萎缩，原因是资本主义征地导致的居民购买力下降。在现有的现代技术的基础上，俄国的大型资本主义企业即便能在没有市场的情况下通过提高生产率得到集中发展，但它仍难以获得**广泛**发展，亦即为数量不断增长的工人提供就业机会。它可以创造出一座座现代化生产的岛屿，以满足上层阶级的需求，但它却难以成为一种主导的生产方式；它可以剥削大众，给许多独立的小生产者带来灭顶之灾，但它却无法给他们提供就业机会，并培训他们掌握优越的“社会化”生产方法。在西欧，资本主义作为一种“劳动社会化”方式是具有历史必然性和进步意义的；而在俄国，在所有落后国家，它只能是一种剥削方式，“一种失败的努力”，是“历史的私生子”。俄国政府将工业化与**资本主义的**工业化混为一谈，尽一切努力通过人工投入和慷慨补贴的方式，即“小心呵护”的方式来支持本土的资本主义，所有这些努力的结果更像是一场“资本主义游戏”，即对真实事物的一种戏仿。俄国资本家们也觉得有必要为他们的不成功寻找解释，他们发现乡间村社是一个合适的替罪羊。

俄国农业也被沃隆佐夫用来当作俄国资本主义失败的证据，他甚至声称，除英国外的所有欧洲国家均在退出资本主义的农业生产方式。（要理解这一奇怪说法，就必须意识到，沃隆佐夫所谓农业资本主义是指对小所有者的征用，而非面向资本主义市场高度发达的商品生产，即便是小规模的商品生产。）沃隆佐夫将农业产量的下降和农民村社的持续解体归因
430 于政府荒谬的财政政策，甚至包括鞭打农民以迫使他们出售牲畜和玉米种子，亦即摧毁他们的生产力。尽管如此，农民仍奋起捍卫其独立，甚至取得了成功，尽管他们付出的代价便是最大限度地限制自己的消费。此外，大庄园的所有者受高租金之诱惑更愿意出租土地，而不是雇佣劳力来耕种土地，他们以这种方式在把农业托付给农民这一问题上发挥了作用。

沃隆佐夫提出的资本主义的替代方案，是由国家发起和管理的工业化。他建议政府将大型工业国有化，将小型企业逐步转变为可间接控制的工人劳动组合体，并鼓励工匠和家庭工人组成合作社，此类合作社将在购买原材料和销售其产品方面得到国家援助。类似的帮助也应推广至农民村社。如果由此得出结论，认为沃隆佐夫试图永久保存乡村手艺，则是错误的，他追求的仅是确保顺利地、无痛苦地过渡至“社会化的生产方式”。他仅在某些方面是米哈伊洛夫斯基的信徒，他并不支持不分工的、非社会化的劳动之理想，他甚至经常援引马克思的话，他在马克思处学到将社会化的生产视为历史必然性和经济发展不可或缺的前提。在他看来，经济发展经历了三个阶段：一、工业化前的“民间”生产；二、作为工业化进程之一部分的劳动的社会化；三、社会化的“民间”生产（由于书刊审查制度的存在，沃隆佐夫被迫避免使用“社会主义”一词）。在国家支持下的非资本主义的工业化似乎是抵达经济发展这一最终、最高阶段的最有效途径。因此，沃隆佐夫认为他有理由得出这一结论，即俄国仍可以教给西方一些有价值的东西：“我们希望俄国将成为这样一个国家，它将在重组工作方面成为一个榜样，俄国的历史使命就在于实现平等和友爱，尽管它并不注定要为自由而战。”①

希冀沙皇俄国在不首先解决政治自由问题的前提下走向社会主义，这个想法源自沃隆佐夫的一个信念，即国家需要工业化，但不应通过资本主义方式来实现这一目的。他写道：“遵循资本主义道路，我们永远无法建 431
成先进的大规模工业。一个国家的工业化发展得越晚，它就越难以通过资本主义的方式完成这一发展。”② 国家是唯一不为利润，只为公共利益而投资的机构，只有政府指导下的有计划的工业化才能确保俄国的经济独立，

① 沃隆佐夫：《俄国资本主义之命运》，第 124 页。
② 同上，第 15 页。

并防止俄国遭受其他更发达的资本主义国家的剥削，只有国家支持的经济发展才能使俄国与其西方对手展开竞争，将不列颠从亚洲市场赶出去，在谷物出口方面取代美国的地位。

马克思《资本论》的俄译者**尼古拉·丹尼尔逊**［Nikolai Danielson/Николай Даниельсон，笔名尼古拉-翁（Nikolai-on/Николай-он），1844—1918］也得出类似结论，他在与马克思、恩格斯的多年通信（始自1868年）中为他俩提供了关于俄国经济发展的第一手信息。丹尼尔逊是一位民粹派，他有理由自视为马克思主义者。他的主要著作《我国改革后的社会经济概述》系在马克思本人建议下写成。丹尼尔逊千方百计地强调他和那些经济政论家们的区别，后者“仅从狭隘的农民角度出发捍卫人民的事业”[①]。他特意避免援引沃隆佐夫（尽管他事实上自沃隆佐夫处借鉴甚多），他也不失时机地提及马克思和恩格斯的权威，甚至引用与他俩的私人通信。然而毫无疑问，丹尼尔逊属于合法民粹派，在一些基本问题上他与沃隆佐夫观点一致，他们之间的唯一区别是着重点不同。比如，丹尼尔逊就不认为俄国的资本主义工业化不可能实现，但与沃隆佐夫一样，他也强调俄国缺乏国外市场的问题，并关注农业的灾难性局面，他将这一问题与其他问题一起作为理由，试图向政府说明，资本主义发展有悖于俄国真正的国家利益。与沃隆佐夫一样，他也是小生产者的代言人，他为家庭手工业和乡间村社辩护，因为他相信，家庭手工业和乡间村社为
432 未来的社会化生产奠定了坚实基础。总之，他与沃隆佐夫抱有同样的信念，即得到国家支持的工业化将使提高生产率与增加大规模消费这两者的结合成为可能。

---

① 转引自《俄国经济思想史》(*Istoriia russkoi ekonomicheskoi mysli*)（莫斯科，1960），帕什科夫、扎戈洛夫编，第2卷，第2册，第329页。

> 我们面临的问题可总结如下：我们该怎么做，才能让我们的工业达到西方工业的水平，才能防止俄国成为更发达国家的附庸，与此同时提高全体人民的生活水平呢？然而，我们却将重工业等同于资本主义的工业方式，于是把上述问题带入这样一个困境：我们应该为谁牺牲我们的轻工业呢？是为了我们自己的资本主义工业还是为了英国的工业？当事情到了这个地步，事情也的确到了这个地步，那么，我们的轻工业就注定会失败，我们开始发展我们自己的资本主义工业了。①

丹尼尔逊的读者有所不知，他试图以虚妄的两难选择形式表达出的疑虑其实源自恩格斯。1892 年 9 月 22 日，恩格斯致信丹尼尔逊："我看，实际上对你们来说是这样一个问题：俄国人必须做出抉择，他们的家庭工业是由**本国的**大工业还是由**英国商品的输入**来消灭。如**采用**保护关税政策，这就要由**俄国人**来完成；如**不采用**保护关税政策，就要由**英国人**来完成。"② 在谈到这一虚妄的两难选择时，丹尼尔逊其实在与恩格斯进行一场隐蔽的争论。这并非此类分歧之孤例，尽管丹尼尔逊自视为马克思主义者，但他并不愿放弃他关于其祖国经济发展所长期持有的观点。他千方百计说服恩格斯，要后者相信他的想法是正确的；当他无法说服恩格斯时，他仍继续坚持自己的观点。如果需要，他便会求助于马克思和恩格斯的权威，但在他不同意他俩的观点时，他便不再提及他俩的名字，以免有损他作为正统马克思主义者的名声。

---

① 尼古拉-翁（丹尼尔逊）：《我国改革后的社会经济概述》[Nikolai-on (Danielson), *Ocherki nashego poreformennogo obshchestvennogo khoziaistva*]（圣彼得堡，1893），第 390—391 页。此书相关片段见卡拉塔耶夫编：《民粹派经济文献》。

② 《马克思恩格斯通信集（1846—1895）》，第 499—500 页。中译见恩格斯：《致尼·弗·丹尼尔逊（1892 年 9 月 22 日）》，《马克思恩格斯全集》，北京：人民出版社，1972 年，第 38 卷，第 466 页。

在马克思主义的影响下，丹尼尔逊努力凸显他对“经济浪漫主义”的反对，因此，他拒绝了由沃隆佐夫、克里温科及其他民粹派作家提出的计划，即要求政府对乡村工匠和家庭手工业者提供有组织的帮助。他坚持认为，劳动必须实现“社会化”，“宗法制生产”必须转变为恰当的大规模工
433 业，而这只有通过整个经济体系的结构性转变方能实现。事实上，丹尼尔逊本人并未完全摆脱这一倾向，即对前资本主义的“宗法制生产”之遗迹的浪漫化。从根本上说，他与沃隆佐夫均持一个共同的总体目标，即一个工业化纲领，这一纲领要防止“征用小生产者”，防止生活水平的下降。他们两人之间的主要差异在于，沃隆佐夫主张为工匠们提供低息信贷，降低税赋，为农民提供免费咨询，把这些措施当作反对资本主义的方式，丹尼尔逊则对这些措施心存疑虑，他因此强调国家体制的全球化转型。

最后，不应忘记，这两位民粹派思想家均坚信，他们的经济纲领能在不进行任何政治改革的前提下实施。合法民粹主义的这一特点激起了俄国马克思主义者的愤慨，普列汉诺夫在给恩格斯的一封信中写道：“让我们假设村社真的是能拯救我们的定海神针。那么由谁来实施尼古拉-翁提出的那些改革呢？沙皇政府吗？一场瘟疫都胜过诸如此类的改革者们所进行的改革！由俄国宪兵引进的社会主义，这是一头怪兽！”①

以此言结束这段论述未必公允。从当代视角来看，我们不仅能在沃隆佐夫和丹尼尔逊的理论中看到旨在保护农民的合理尝试，而当时太多的社会主义者均轻易断言农民在劫难逃，而且，我们还可以看到他俩为提出和解决一些问题所做的最初尝试，一些第三世界国家如今依然面临这些问题。沃隆佐夫和丹尼尔逊或许低估了俄国资本主义发展的潜力，或许对调和非资本主义的工业化与大规模消费的稳步增长这两者矛盾的可能性过于

① 《马克思恩格斯与俄国政治活动家通信集》，第 334 页。

乐观，很有可能，他们对一些事实做出了错误解释，也经常对统计数据进行有倾向性的阐释，从而给出了俄国经济趋势的错误图景。另一方面，他们率先意识到经济落后造成了自身的一些具体问题，欠发达国家不仅不应该、而且也不可能以西欧发达国家的发展为榜样。沃隆佐夫认为俄国资本主义工业永远无法赢得国外市场，他的这一看法或许有错，但正如他所言，这一问题本身，即国际条件对落后国家的工业化所产生的影响，当然并非伪问题。他希望沙皇政府能按照人民的利益实现俄国非资本主义的工 434
业化，这无疑是一种幻想，但这一幻想却源于对经济落后与国家在启动经济发展方面的作用这两者之间关系的正确把握。

第五节　合法马克思主义

关于资本主义的争论在 1890 年代达到高潮，此时马克思主义在俄国已成为一种有影响力的思潮，并在工人运动中被广泛接受。就在此时，财政大臣维特伯爵的各项政策正在迅速改变这个国家，民粹主义者与马克思主义者之间的争论使得俄国知识分子的注意力聚焦于资本主义工业化问题。所谓“合法马克思主义”（legal Marxism/легальный марксизм）在这场争论中发挥了重要作用，列宁称这是“一种非常独特的现象”，它似乎不可能出现在 1880 年代或 1890 年代初。

> 在一个完全没有出版自由的专制制度国家里，在猖獗的政治反动势力对于稍有一点政治上的不满和反抗的苗头都横加迫害的时代，革命的马克思主义的理论忽然在受检查的书刊上打开了一条道路，虽然说明这个理论的语言是伊索式的，但一切“感兴趣的人”都是可以理解的。政府只是习惯于把（革命的）民意主义的理论当作危险的理

> 论，照例没有发觉这一理论的内部演变，而欢迎一切对这个理论的批评。等到政府醒悟过来的时候，等到书报检查官和宪兵这支笨重的队伍侦察到新的敌人而猛扑过来的时候，已经过去不少（照我们俄国的尺度来计算）时间了。在这段时间里，马克思主义的书一本又一本地出版，马克思主义的杂志和报纸相继创办起来，大家纷纷变成了马克思主义者，人们都来奉承马克思主义者，向马克思主义者献殷勤，出版商因为马克思主义书籍的畅销而兴高采烈。①

列宁此处所言“合法”马克思主义当然是就此词最广泛的含义而言的，即所有可以合法出版的马克思主义作品。马克思主义文献的广泛传播是由于（如列宁所强调的）“极端分子同十分温和的分子结成了联盟”，亦
435 即革命的马克思主义者与严格意义上的“合法”马克思主义者之间的结盟，后者主张采用合法的斗争方法，他们视马克思主义为一种强调资本主义工业化和政治自由之必然性的理论。这一派别的主要代表为**彼得·司徒卢威**（Petr Struve/Петр Струве，1870—1944）。在司徒卢威的《俄国经济发展问题批评意见》发表之后，合法马克思主义便成为一个有影响力的派别，有其定期出版物，许多大学教授成为该派代表人物（如亚历山大·斯克沃尔佐夫、亚历山大·楚普罗夫、米哈伊尔·图冈-巴拉诺夫斯基等）。事实上，对于普通俄国知识分子（如果他与革命运动没有直接联系）而言，俄国的马克思主义并非始自普列汉诺夫，而肇起于司徒卢威。②

司徒卢威的先驱是尼古拉·季别尔，他是基辅大学教授，著有《大

① 列宁：《列宁选集》，第5卷，第361页。中译见列宁：《怎么办？》，《列宁全集》，北京：人民出版社，2017年，第6卷，第14—15页。

② 关于司徒卢威思想（1905年之前）的最详尽研究见派普斯：《司徒卢威：左翼自由派（1870—1905）》（*Struve, Liberal on the Left, 1870—1905*）（马萨诸塞州坎布里奇，1970）。

卫·李嘉图与卡尔·马克思》，此书得到马克思本人首肯。[①]此书直到1885年才完整出版，但其中的某些部分，如关于李嘉图价值理论的学位论文（1871）以及总题为《马克思的经济理论》的系列论文，发表于1870年代，这些文字大大促进了马克思主义在“土地与自由社”成员间的传播。值得注意的是，季别尔的著作对年轻的普列汉诺夫产生了相当大的影响，普列汉诺夫在其《社会经济发展规律与俄国社会主义的任务》一文中引用过季别尔的观点。苏联学者对季别尔的评价通常远高于司徒卢威，他们强调季别尔在马克思主义的俄国传播方面所发挥的先驱作用。另一方面，如果我们考察一下俄国马克思主义不同变体的一般类型学，便无法否认，季别尔也是对马克思主义进行自由经济学阐释的发起人，这种阐释后来被合法马克思主义者所采用。对季别尔而言，马克思首先是李嘉图的门徒和继承者，他写道：“《资本论》只不过是对李嘉图和斯密的学说所奠定的原则之继承和发展。”[②]

季别尔强调的主要一点即资本主义进化的必然性。他写道，社会的形
成并非一个选择问题，而是自然发展的必然结果，人的有意识干预所能产
生的效果不会大于一个或许能降低分娩痛苦的助产士。经济发展的普遍规
律决定了资本主义发展阶段的必然性，借助英国模式的工厂立法或可抵消
工业化的某些有害的社会影响，但“试图在资本主义准备好取缔自己之前 436
就取缔它，就等于试图抓着自己的头发把自己提起来”[③]。经济发展是进化
的，其自然阶段不能被跳过或人为地缩短，因为国家的体制结构永远会依
据经济基础自动地做出调整。

季别尔对自主进程的信念如此坚定，以至于他相信，社会主义只要在

---

① 见《资本论》德语第二版后记。

② 季别尔：《经济著作选》（N. I. Ziber, *Izbrannye ekonomicheskie proizvedeniia*）（莫斯科，1959），第1卷，第556页。

③ 同上，第2卷，第673页。

经济上变得合理，它就能成功实现，无须一场革命。他认为，一种新体制的引入应由那些高度工业化国家的代表组成的国际大会来决定。

一个持有季别尔观点的人肯定会对民粹主义怀有深刻敌意。季别尔确信，农民村社注定灭绝，经济的发展需要雇用大部分俄国农民，使他们无产阶级化。他常说："如果一位俄国农民没有经历过工业熔炉，那他就会一事无成。"对他来说不言自明的是，独立的小生产者的分散产出必须被大规模的资本主义生产所取代。无怪乎阿克雪里罗德在给普列汉诺夫的一封信中说道，季别尔的理论让俄国社会主义者得出一个令人沮丧的结论："农民只能听任历史自发势力的摆布，要么成为自由派，要么袖手旁观。"[①]

有趣的是，在这一问题上司徒卢威却持有不同观点，他认为，不是社会主义者应成为自由派，而是自由派（如果他们想要产生影响）应至少在一段时间内把自己变成社会民主党人。当然，这一评论揭示出了俄国自由主义运动在政治上的软弱。

司徒卢威在其《俄国经济发展问题批评意见》中抨击民粹主义学说，捍卫资本主义工业化的进步本质。在与"主观社会学"论争时，他坚持认为个人的意志及其主观理想毫无用处，因此，对资本主义的正确态度不是"意识形态的"态度，而是一种客观态度，是一位能证明特定进程之必然性的科学家所持的立场。他这部著作的结论是："只能得出这一结论，即我们缺乏文化，我们应该向资本主义学习。"

437 这一立场自然会在民粹派阵营激起愤怒。为理解这一点，我们必须考虑到这样一个事实，即无论普列汉诺夫还是德国社会民主党人，在对待农民的问题上均犯过严重错误，他们将农民视为"同类的保守大众"，而1891年在爱尔福特代表大会上通过的德国社会民主党纲领也将独立小企业

① 《普列汉诺夫与阿克雪里罗德通信集》(*Perepiska G. V. Plekhanova i P. B. Akselroda*)（莫斯科，1925），第2卷，第197页。

（包括农场）的消失视为经济发展的“自然必要性”。所有这些因素的叠加导致这样一种局面，即民粹派思想家怀疑每一位马克思主义者均主张征用农民，甚至怀疑后者代表资产阶级的利益。在马克思主义者与民粹派的争论中，最积极的参与者之一是米哈伊洛夫斯基，他不仅抨击司徒卢威和合法马克思主义者，而且抨击马克思主义本身，他指责马克思主义是宿命论和僵化的教条，外加辩证的诡辩、教条的自负和对人的命运的公然漠视。

“向资本主义学习”这句话被认为特别不恰当，然而却只有年轻的列宁觉得有必要否认此言，并清楚地指出司徒卢威的观点与革命的马克思主义之间的区别。在当时其他多数马克思主义者中间，《俄国经济发展问题批评意见》为司徒卢威赢得巨大声誉，他的修正主义观点被忽视了，因为他为反对民粹主义的斗争做出了贡献。在1898年于明斯克举行的第一次俄国社会民主党代表大会上，司徒卢威受邀撰写该党宣言。这份在代表大会上获得通过的纲领搭建了一个合法马克思主义者与革命马克思主义者均有可能赞同的共享平台，其中并未提及无产阶级夺取政权或无产阶级专政，工人阶级所面临的任务被定义为在争取政治自由的斗争中取代“软弱的”资产阶级。司徒卢威本人后来承认，对他个人而言，政治权利问题远比社会主义的最终目标更为重要。他“满怀激情地热爱自由”，而社会主义却从未激起他的任何情感，更遑论激情：“我仅凭思考成了社会主义的信徒，我因此得出这样一个结论，即社会主义是经济发展客观进程不可避免的历史结果。”①

值得注意的是，即便在其早期著作《俄国经济发展问题批评意见》中，司徒卢威业已预见到伯恩斯坦“修正主义”的一些核心思想。他 438
拒绝资本主义最终崩溃论（Zusammenbruchstheorie）和工人阶级贫困论

① 司徒卢威：《我与列宁的接触和冲突》，载《斯拉夫评论》（P. B. Struve, “My Contacts and Conflicts with Lenin,” *in Slavonic Review*），第12卷（1934年4月），第577页。

（Verelendungstheorie），尽管他承认马克思主义是社会发展的“唯一科学的理论”，但他仍认为马克思主义的哲学基础尚嫌不足，应补充以康德的批判理论。无怪乎，1890年代末，他就已准备积极参与德国的修正主义运动。在关于马克思主义社会发展理论的一篇论文（《马克思主义的社会发展理论》）[①]中，他对马克思的批评在某些方面比伯恩斯坦的观点还要激进得多。司徒卢威指责马克思是一个“乌托邦主义者”（他之前曾以马克思的名义对民粹派发出同样的指责），他把社会革命描述为一种实际上的进化过程，坚持认为社会主义并非对资本主义的“否定”，而是资本主义本身自然发展的必然结果。

对马克思主义的修正在俄国比在德国出现得更早，这一事实不应使我们感到惊讶。当普列汉诺夫写道：“我们最近历史的一个特征就是，甚至我们资产阶级的西方化都是在马克思主义的旗帜下完成的。”[②]他所指的正是司徒卢威的观点，后者称合法的马克思主义本质上是“为资本主义辩护”，它在俄国思想发展过程中所起的作用，堪比经济自由主义在西方所起的作用。事实上，合法马克思主义是吸引俄国知识分子的第一种前资本主义意识形态，它之所以广为流行，在很大程度上是因为它并不具有公开的资产阶级特点，且似乎源于社会主义传统。另一方面，一种与资本主义关联如此之深的理论不得不自一开始便对马克思主义做适当修正，这不足为奇。

约在1900年，大多数前合法马克思主义者最终断绝了与俄国社会民主运动的联系，他们与地方自治会的自由派领袖联手组成一个联盟，这成为后来的立宪民主党的核心。司徒卢威本人成为这一自由主义派别的右翼领袖。那些自一开始便将合法马克思主义者视为资产阶级鼓吹者的民粹派

① 载《社会立法和统计学档案》（*Archiv für soziale Gesetzgebung und Statistik*）（柏林，1899），第14卷。
② 普列汉诺夫：《普列汉诺夫文集》，第24卷，第281页。

领袖（米哈伊洛斯基是其中之一），如今被证明言之有理。然而，普列汉诺夫的立场却很独特，他并不觉得必须中止与司徒卢威的政治联盟，他奉行其早期纲领，依然坚信与资产阶级进步阶层的合作是实现俄国西方化的唯一途径。 439

对司徒卢威而言，合法马克思主义仅为一个短暂的过渡期。在随后几年，他的思想演进使他从马克思主义（补充进康德主义）转向新唯心主义（他与人合著一部重要文集，书名很有挑战性，即《唯心主义问题》）。1909 年，他参与著名文集《路标》的编辑和出版工作，这部文集呼吁彻底破除俄国知识分子的革命传统和唯物主义传统，回归俄国宗教思想，尤其是斯拉夫派、陀思妥耶夫斯基和索洛维约夫的思想。

类似的思想演进（从合法马克思主义到《路标》）也出现在尼古拉·别尔嘉耶夫、谢尔盖·布尔加科夫和谢苗·弗兰克的学术生涯中，这几位思想家在 1905 年革命后成为所谓俄国宗教复兴运动（Russian religious renaissance/русский религиозный ренессанс）的主要代表。

第六节　列宁的早期著作

普列汉诺夫虽然活到 1918 年，但他仍是一位 19 世纪人。列宁与普列汉诺夫不同，无论作为政治理论家还是作为政治领袖，他均为名副其实的 20 世纪人。然而，鉴于他在关于资本主义的争论中做出的重大贡献，且关于资本主义的争论又是贯穿了此前半个世纪的关于俄国未来发展的讨论之延续，因此，不应将他排除在一部 19 世纪俄国社会思想史的范围之外。

与其哥哥亚历山大一样（与普列汉诺夫截然相反），年轻的弗拉基米尔·乌里扬诺夫在情感上倾向于“民意党”传统。毫无疑问，他是俄国工人运动的领袖之一，这些工人运动领袖们在年轻时均“热烈地崇拜过从事恐怖活动的英雄”，“要抛弃这种英雄传统的令人神往的印象，必须进行斗争，而且必须同那些始终忠于‘民意党’而深受年轻的社会民主党人敬重
440 的人决裂”[①]。娜杰日达·克鲁普斯卡娅关于其丈夫的回忆录中引用了列宁的小册子《怎么办？》的结尾部分，并评论道：“这一段落便是弗拉基米尔·伊里奇传记的一部分。”[②]

列宁在喀山一个大学生马克思主义小组中开始了其革命家的职业生涯，该小组由年轻的马克思主义者**尼古拉·费多谢耶夫**（Nikolai Fedoseev/Николай Федосеев，1871—1898）组建。1880年代，费多谢耶夫在伏尔加河流域组建了若干此类小组。这些小组的成员并不认为自己是民粹主义的反对者，他们甚至希望继承民粹派运动中革命派别的崭新传统。费多谢耶夫当然坚决反对合法马克思主义者的“为资本主义辩护”以及对农民的征用，事实上他坚持认为，革命斗争的主要目的之一就是把1861年的土地改革从农民手中夺走的土地再归还给农民。因此，他认为米哈伊洛夫斯基对俄国马克思主义者的抨击使他个人受到了侮辱，于是在1893年11月，即米哈伊洛夫斯基对俄国马克思主义者发起攻击之时，费多谢耶夫给米哈伊洛夫斯基写去一封长信，说明自己的立场。[③]他声称无法理解米哈伊洛夫斯基的指责，因为民粹主义者和马克思主义者均同样为被剥削大众发声，试图保护农民，在可能的情况下还试图把乡村无产阶级转化为独立的农民所有者。他承认“无风不起浪”，他本人也听说过奥伦堡的一些马克思主义者，他们认为帮助饥饿的农民就意味着“阻碍资本主义的建立”，但是像米哈伊洛夫斯基这样的人，不应将俄国马克思主义与某些外省大学生的胡言乱语混为一谈。

---

① 列宁：《列宁选集》，第5卷，第517—518页。中译见列宁：《怎么办？》，《列宁全集》，北京：人民出版社，2017年，第6卷，第171页。

② 克鲁普斯卡娅：《列宁回忆录》，第43页。

③ 费多谢耶夫：《论文书信集》（N. Fedoseev, *Stat'i i pis'ma*）（莫斯科，1958），第96页及之后。

费多谢耶夫接下来一封信的篇幅相当于长篇论文，其基调在很大程度上是调和的，目的是让米哈伊洛夫斯基相信，真正的俄国马克思主义者与斯科沃尔佐夫、楚普罗夫等资产阶级经济学家毫无共同之处（此信写于司徒卢威的《俄国经济发展问题批评意见》发表之前），那些资产阶级经济学家以马克思主义的措辞掩盖了其真实本性。费多谢耶夫甚至承认，他觉得米哈伊洛夫斯基的观点使他个人受辱，这或许不妥，他应在前一封信中采用另一种语气。

费多谢耶夫几年后的自杀为这场通信设置了一个悲剧性尾声。1898年，他在流放地服苦役，当他发现一些流亡者同人指责他作为一位马克思主义者却代表资产阶级的利益时，他感到十分沮丧，这种绝望是他自杀的 441
主要原因。[①]

费多谢耶夫所希望的民粹主义者与马克思主义者之间的结盟不可能实现，部分原因即民粹主义在1890年代几乎完全被其合法派所代表，在合法派民粹主义者中，仅米哈伊洛夫斯基在革命者小组中享有一定权威，而沃隆佐夫、丹尼尔逊和尤扎科夫则因他们面对专制制度的和解态度受到广泛质疑。一方面，合法马克思主义者（如司徒卢威）使得民粹派有理由指责所有马克思主义者为“资产阶级的代理人”；另一方面，以沃隆佐夫等人为代表的民粹派则因其对政治权利问题所持态度，被马克思主义者称为“警察”民粹派。这种情况极大地导致了思想立场的两极分化，并迫使年轻的列宁断绝了他与作为“人民之友”的民粹派的联系。

然而，列宁批评意见中尖锐的论战语气不应掩盖这一事实，即他对民粹主义的态度既不同于司徒卢威，也有异于普列汉诺夫，这些差异清晰地体现在他的《民粹主义的经济内容及其在司徒卢威先生的书中受到的批

① 见沃林（B. Volin）为费多谢耶夫《论文书信集》一书所撰序言，该书第24—28页。

评》一文中。在此文开头一段，我们读到这样的表述：“马克思主义与黑格尔主义，与‘对每个国家必须经过资本主义阶段的信仰’以及其他许多纯粹是《新时报》的胡说毫无关系。”①（在后来几年，列宁承认马克思主义与黑格尔主义之间有密切联系，但认为这种联系在于对立面的斗争之概念，而非普列汉诺夫强调的霸道的“合理的必然性”概念。）列宁还嘲笑米哈伊洛夫斯基的表述，即人能对客观的“事物进程”产生影响，他写道，“事物进程”就是人民的活动和“影响”，因此，米哈伊洛夫斯基的话“又是一句废话”。②这些话虽然是针对米哈伊洛夫斯基的，但它们同样也适用于普列汉诺夫和司徒卢威，这三人均相信独立于人而存在的“客观的事件进程”，唯一的区别在于，米哈伊洛夫斯基呼吁进行一场抵抗这一进程的英勇斗争，而普列汉诺夫和司徒卢威则将这一立场斥为“主观主义”。

442 如此一来，在关于“主观”因素与“客观”因素之历史作用的典型的俄国式争论中，列宁不仅拒绝民粹派的主观主义，而且也拒绝那些年间被视为历史唯物主义内在组成部分的“客观主义”。列宁在谈到司徒卢威时机智地写道：“客观主义者证明现有一系列事实的必然性时，总是有站到为这些事实辩护的立场上去的危险；唯物主义者则是揭露阶级矛盾，从而确定自己的立场。”列宁认为，客观主义是调查一般过程，而不是那些具体的各个对抗阶级，虽然过程就是由这些对抗阶级的斗争形成的；另一方面，唯物主义却要求人们在对事变做任何评价时都必须公开地站到一定社会阶层的立场上。③简而言之，列宁没有将历史视为一个受客观必然性驱动的具体过程，而将其当作一片战场，一个场景，真人演员参与表演，这

---

① 列宁：《列宁选集》，第 1 卷，第 338 页。中译见列宁：《民粹主义的经济内容及其在司徒卢威先生的书中受到的批评》，《列宁全集》，北京：人民出版社，2013 年，第 1 卷，第 298 页。

② 同上，第 399 页。中译见列宁：《民粹主义的经济内容及其在司徒卢威先生的书中受到的批评》，《列宁全集》，北京：人民出版社，2013 年，第 1 卷，第 361 页。

③ 同上，第 401、499 页。中译见列宁：《民粹主义的经济内容及其在司徒卢威先生的书中受到的批评》，《列宁全集》，北京：人民出版社，2013 年，第 1 卷，第 363、458 页。

便意味着对某个阶级有意或无意的认同，因此也就意味着对某种价值观有意或无意的选择。根据这一概念，“客观的事件进程”（为普列汉诺夫和合法马克思主义者所强调）与个体的有意识意志（为民粹派所强调）这两者的对立便失去了意义，因为任何一个客观进程只能用人类行动的概念来认知，而个体的有意识意志也无法脱离其社会决定因素。

列宁在关于资本主义的争论中所持的立场也同样十分独特，出人意料。沃隆佐夫坚持认为，资本主义永远无法在俄国取得任何真正进展，列宁予以反驳，且提出一个惊人论点，即资本主义不仅已在俄国立足，而且已经“完全形成了”。[①] 这一论点首先在与司徒卢威的争论中被提出，后在《俄国资本主义的发展》一书中得到详细演绎。这一观点直接针对民粹派，但也针对当时俄国马克思主义者普遍接受的一个看法，即俄国资本主义已进入其初始阶段。但他们同时也在千方百计地强调，俄国资本主义的“最终完全形成”要等到沙皇体制在政治上失败之后。

是否可以宣称资本主义的确是于 19 世纪最后十年间在俄国最终建立起来的，这是一个有趣的问题。列宁是否相信，在政府被资产阶级接管之前，在一个国家工业化的早期阶段，资本主义经济关系有可能牢固地、不可逆转地建立起来？例如，一些西欧和美国学者认为，列宁故意夸大了生 443
产力的发展程度，以便为更具革命性的政治策略做辩护。[②] 这个问题的答案，自然完全取决于我们对列宁的分析所依据的那些基本前提的理解。重要的并非他对俄国落后程度的低估，而是他在诊断俄国的经济发展状况时强调了生产与基本的阶级矛盾之性质这两者间的现存关系问题。他所言的资本主义彻底的、不可逆转的形成，是指建立在剥削雇佣劳动基础之上的

① 列宁：《列宁选集》，第 1 卷，第 495 页。中译见列宁：《民粹主义的经济内容及其在司徒卢威先生的书中受到的批评》，《列宁全集》，北京：人民出版社，2013 年，第 1 卷，第 454 页。

② 参见派普斯：《布尔什维主义的起源》，载《革命俄国》（“The Origins of Bolshevism,” in *Revolutionary Russia*）（马萨诸塞州坎布里奇，1968），第 40 页。

商品生产。因此，列宁的论点并不涉及资本主义发展的程度，而仅涉及基本的阶级对立的性质和强度，此外，与合法民粹派不同，他特别强调农民内部的阶级分化。似有理由认为，列宁与其他俄国马克思主义者不同，他认为马克思主义的核心是阶级斗争理论，而非经济发展的阶段论。因此，“经历资本主义时代”对他而言首先就是“经历资本主义条件下的阶级斗争考验”，而不一定是经历资本主义生产潜在的最高发展。

遵循这一思路，我们发现了列宁与对马克思主义的“客观”解释之间的另一本质区别。1923 年，他在《论我国革命》一文中嘲笑了那些认为“按考茨基思想编写的教科书可以预见今后世界历史发展的一切形式”的人，针对这些人的决定论的教条主义，列宁引用了拿破仑的格言，即“On s’engage et puis ... on voit”（“首先要投入真正的战斗，然后便见分晓”）。[①] 仔细阅读列宁的早期著作，我们可以获悉，他自一开始就拒绝把马克思主义视为一个封闭的现成真理体系。他不接受马克思主义的决定论版本，这不仅因为他的行动主义，而且还出于他对先验的进化方案的经验式的不信
444 任。当他写道，他坚决拒绝“信仰三段式、信仰不需要事实检验的抽象教条和公式”[②]，他并不仅仅是在做出一次文字声明。在他的阐释中（一如在马克思的阐释中），这一论点，即社会经济形态直到耗尽其生产潜力之后才会崩溃，成为一个描述经典发展模式的公式，而非一个抽象的普遍方案，时时处处都必然会得到确认，无论某一国家的客观情况如何。[③]《俄国资本主义的发展》构成一个例子，表明列宁对俄国经济的所有方面均有敏锐观察，此书详尽分析了俄国资本主义的诸多特性，这些特性源于“最先

① 列宁：《列宁选集》，第 33 卷，第 480 页。中译见列宁：《论我国革命》，《列宁全集》，北京：人民出版社，2017 年，第 43 卷，第 376 页。

② 同上，第 1 卷，第 394 页。中译见列宁：《民粹主义的经济内容及其在司徒卢威先生的书中受到的批评》，《列宁全集》，北京：人民出版社，2013 年，第 1 卷，第 356 页。

③ 列宁提及马克思致《祖国纪事》编辑的信。马克思在 1881 年 3 月 8 日致维拉·查苏利奇的信中明确肯定俄国非资本主义发展的可能性，此信 1924 年才发表。

进的工业形式与半中世纪的农业形式同时存在”[①]，这种分析提供了一个具体答案，可以回答这些问题，即十月革命为何能在20年后获得成功，这场革命的诸多特征究竟源自何处。

同样有趣的是，在与民粹派的争论中，列宁关于资本主义是社会主义的必要前提这一命题的阐释与普列汉诺夫有所不同。普列汉诺夫强调资本主义生产力扩张的重要性以及资产阶级民主作为政治训练场所的作用，而列宁却强调在资本主义经济关系和阶级斗争的学校中能学到哪些课程。他的著作清晰地表明，他认为即便在沙皇俄国的专制体制下也有可能学到这些课程。社会主义运动的一个必要前提，就是破坏“使得生产者愚钝和没有可能自己掌握自己命运的、旧有的狭隘生活条件”。[②] 这些障碍在很大程度上已被俄国资本主义所推翻，正如列宁所言：

> 在俄国，这一过程是在改革后的时代充分显示出来的，当时旧的
> 劳动形式异常迅速地破灭，劳动力的买卖占了第一位，使农民脱离了
> 半农奴制的父权制家庭，脱离了使人愚钝的农村环境，并以纯粹资本
> 主义的额外价值占有形式代替了半农奴制的额外价值占有形式。这一
> 经济过程在社会方面的反映就是“人格普遍提高”，地主阶级被平民 445
> 知识分子排挤出“社会”，著作界激烈地攻击对于个人的种种荒诞无
> 稽的中世纪束缚，等等。正是改革后的俄国造成了人格和自尊心的提
> 高，这一点民粹派大概是不会争辩的。[③]

---

① 列宁：《列宁选集》，第3卷，第594页注释。中译见列宁：《俄国资本主义的发展》，《列宁全集》，北京：人民出版社，2013年，第3卷，第548页。

② 同上，第1卷，第414页。中译见列宁：《民粹主义的经济内容及其在司徒卢威先生的书中受到的批评》，《列宁全集》，北京：人民出版社，2013年，第1卷，第375页。

③ 同上。中译见列宁：《民粹主义的经济内容及其在司徒卢威先生的书中受到的批评》，《列宁全集》，北京：人民出版社，2013年，第1卷，第375—376页。

列宁在民粹派与马克思主义者的争论中是一个重要人物，这不仅因为他撰写了一部关于俄国资本主义发展的奠基性著作，而且还因为他表现出了对民粹主义意识形态之社会内容的最深刻洞察。他称民粹主义为小生产者（尤其是作为小所有者和工匠的农民）的意识形态，这些小生产者十分热衷于清除封建剥削的最后残余，尽管他们已被资本主义扩张所摧毁。因此（如本书前文所引），列宁将民粹派形容为“一副面孔看着过去，另一副面孔看着未来”的伊阿诺斯。①

民粹主义向前看的面孔是其反封建的一面，是其对民主的强调，而向后看的面孔是它的社会主义。列宁经常强调，民粹派的社会主义理论就是小资产阶级的（马克思所用概念意义上的）、乌托邦的、充满反动成分的“经济浪漫主义”，他指的就是民粹派对前资本主义时期和早期资本主义时期农村经济的理想化。②马克思主义者应由此得出两个结论：首先，必须明确拒绝民粹派的社会主义；其次，愿意与民粹主义结盟，将其作为一种资产阶级民主意识形态，这一意识形态反对的并非资本主义本身，而是得到自由派和大地主支持的反民主的资本主义版本。因此，列宁在其《民粹主义的经济内容及其在司徒卢威先生的书中受到的批评》一文中指责司徒卢威（他当时将司徒卢威视为盟友），认为后者只强调了民粹主义与马克思主义的差异，却忽视了这两种意识形态共同的基本目标，即两者均代表小生产者。他完全拒绝司徒卢威赞扬大规模资本主义工业、将其视为合理化生产的企图，而且，列宁还将司徒卢威关于必须向小生产者提供廉价信贷等帮扶措施的观点与民粹派（甚至是合法民粹派）的同类观点进行比较，他坚定地站在民粹派一边，他写道：“民粹派在这一方面是无比正确

① 列宁：《列宁选集》，第 1 卷，第 503 页。中译见列宁：《民粹主义的经济内容及其在司徒卢威先生的书中受到的批评》，《列宁全集》，北京：人民出版社，2013 年，第 1 卷，第 462 页。

② 列宁：《评经济浪漫主义》，第 1 卷，第 503 页。

地了解和代表了小生产者的利益的。马克思主义者摒弃他们纲领的一切反动部分之后，不仅应该接受其一般民主的条款，而且应该更确切、更深入、更进一步实现这些条款。"① 446

列宁对自由派和民粹派的态度均遭到普列汉诺夫反对。1895年，在他俩第一次会面时，普列汉诺夫告诉列宁（列宁其实给他留下了很好的印象）："您背对着自由派，我们却转过身来面对他们。"②这种观点差异暗含着在战术选择方面，甚至在马克思主义的阐释方面的严重分歧，尽管他们双方当时均未充分意识到这一点。普列汉诺夫赞成与自由派资产阶级结盟，自由派资产阶级作为资本主义进步的代表正在继续推动西方化进程；列宁则认为，马克思主义者不应对自由主义的本质抱任何幻想。对普列汉诺夫而言，俄国农民是最落后的阶级，他们也是"亚细亚的"专制体制的主要支柱；列宁同样强调农民是落后的，是"亚细亚的"，但他仍认为农民是即将到来的资产阶级民主革命的主要力量。普列汉诺夫认为民粹主义主要是一种知识分子的意识形态，强调"主观主义"和"抽象理想"；列宁则较少关注民粹主义理论，他视之为虚妄意识的表达，他认为民粹主义的基本"经济内容"并非其反资本主义的宣言，而是在为争取最民主的资本主义发展模式（农民模式）而展开的斗争中对小生产者具体利益的捍卫。因此，列宁认为自己更接近民粹派而非自由派，尽管较之于民粹派，自由派关于俄国资本主义的看法更接近马克思主义。

列宁在1890年代的这些争论中所持的独特立场显然也预示了他后来的政治发展，比如他对农业问题重要性的强调，他拒绝将农民视为"反革命"群众（此为孟什维克以及整个第二国际的典型态度），最后是他的政

① 列宁：《评经济浪漫主义》，第1卷，第504页。中译见列宁：《民粹主义的经济内容及其在司徒卢威先生的书中受到的批评》，《列宁全集》，北京：人民出版社，2013年，第1卷，第462页。

②《普列汉诺夫与阿克雪里罗德通信集》，第1卷，第271页。

治策略，这一策略的基础不是与自由派资产阶级结盟（如普列汉诺夫所假
447 设），而是与小资产阶级和农民中的民主派力量结盟。① 列宁本人也意识到了这种连续性，他在 1912 年指出，布尔什维主义的开端与自民粹派的乌托邦主义提取其“宝贵的民主主义内核”的种种尝试有关。②

事后回顾历史，我们可以补充一句，列宁对民粹派的借鉴远不止于此。毕竟，他实现了民粹派的梦想，即推翻沙皇专制体制，直接过渡至社会主义的建设事业。然而，这一目标是如何实现的，又付出了怎样的代
448 价，这些将成为另一本书的主题。

本章涉及作品

尼古拉 · 米哈伊洛夫斯基：《卡尔 · 马克思遭尤 · 茹科夫斯基先生审判》（“Karl Marx Arraigned Before Mr. Zhukovsky”/Карл Маркс перед судом г. Ю. Жуковского），文章

格奥尔基 · 普列汉诺夫：《社会经济发展规律与俄国社会主义的任务》（“The Law of Society’s Economic Development and the Tasks of Socialism in Russia”/Закон экономического развития и задачи социализма в России），文章

——：《社会主义与政治斗争》（*Socialism and Political Struggle*/Социализм и политическая борьба），小册子

——：《我们的分歧》（*Our Differences*/Наши разногласия），著作

——：《论一元论历史观的发展问题》（*A Contribution to the Development of the Monistic Conception of History*/К вопросу о развитии монистического взгляда на историю），专著

——：《论个人在历史上的作用问题》（*On the Role of the Individual in History*/К вопросу о роли личности в истории），专著

——：《别林斯基与合理的现实》（“Belinsky and the ‘Rational Reality’”/Белинский и разумная действительность），文章

——：《俄国社会思想史》（*History of Russian Social Thought*/История русской общественной

① 列宁在 1909 年底写道：“孟什维克在把民粹主义当作一种不正确的社会主义学说而与之大战的时候，教条主义地忽略、遗漏了民粹主义的历史现实的和进步的历史内容，没看到民粹主义是小资产阶级群众反对自由派地主的资本主义而主张民主的资本主义、反对‘普鲁士式的’资本主义而主张‘美国式的’资本主义的理论。由此便产生出他们那种极为荒诞、愚蠢和背叛成性的思想，说农民运动是反动的，说立宪民主党人比劳动派分子进步。”（《列宁选集》，第 16 卷，第 119—120 页）中译见列宁：《致伊 · 伊 · 斯克沃尔佐夫-斯捷潘诺夫（1909 年 12 月 16 日）》，《列宁全集》，北京：人民出版社，2017 年，第 45 卷，第 285 页。

② 同上，第 23 卷，第 359 页。中译见列宁：《两种乌托邦》，《列宁全集》，北京：人民出版社，2017 年，第 22 卷，第 133 页。

мысли），专著
——：《没有地址的信》（*Letters Without Address*/Письма без адреса），书信
——：《自社会学角度看 18 世纪法国戏剧文学与法国绘画》（*French Dramatic Literature and Eighteenth-Century French Painting from the Standpoint of Sociology*/Французская драматическая литература и французская живопись XVIII века с точки зрения социологии），专著
——：《艺术与社会生活》（*Art and Society*/Искусство и общественная жизнь），专著
亚历山大·乌里扬诺夫：《民意党恐怖主义集团纲领》（*Program of the Terrorist Faction of the "Peoples Will" Party*/Программа террористической фракции Народной воли），纲领
列夫·季霍米罗夫：《我们对革命有何期待？》（"What Should We Expect from Revolution"/Чего нам ждать от революции?），文章
马克西姆·高尔基：《母亲》（*Mother*/Мать），小说
瓦西里·别尔维-弗列罗夫斯基：《俄国工人阶级现状》（*The Position of the Working Class in Russia*/Положение рабочего класса в России），专著
瓦西里·沃隆佐夫：《俄国资本主义之命运》（*The Fate of Capitalism in Russia*/Судьба капитализма в России），专著
尼古拉·舍尔古诺夫，米哈伊尔·米哈伊洛夫：《致青年一代》（*To the Younger Generation*/К молодому поколению），专著
尼古拉·丹尼尔逊：《我国改革后的社会经济概述》（*Outline of Our Social Economy After the Enfranchisement of the Peasants*/Очерки нашего пореформенного общественного хозяйства），专著
彼得·司徒卢威：《俄国经济发展问题批评意见》（*Critical Remarks on the Economic Development of Russia*/Критические заметки к вопросу об экономическом развитии в России），专著
——：《马克思主义的社会发展理论》（*Die Marxische Theorie der sozialen Entwicklung*），论文
——：《唯心主义问题》（*roblems of Idealism*/Проблемы идеализма），文集
——：《路标》（*Signposts*/Вехи），文集
尼古拉·季别尔：《大卫·李嘉图与卡尔·马克思》（*David Ricardo and Karl Marx*/Давид Риккардо и Карл Маркс），专著
——：《马克思的经济理论》（"The Economic Theory of Marx"/Экономическая теория Маркса），系列文章
弗拉基米尔·列宁：《民粹主义的经济内容及其在司徒卢威先生的书中受到的批评》（"The Economic Content of Populism and Its Criticism in Mr. Struve's Book"/Экономическое содержание народничества и его критика в книге г. Струве），文章
——：《俄国资本主义的发展》（*The Development of Capitalism in Russia*/Развитие капитализма в России），专著
——：《论我国革命》（"On Our Revolution"/О нашей революции），文章
谢尔盖·克拉夫钦斯基等：《土地与自由》（*Land and Freedom*/Земля и воля），期刊

人名索引

（条目后页码为英文版页码，见本书边码）